XIN GONGSIFA
24 JIANG

新公司法二十四讲

SHENPAN YUANLI
YU
YINAN WENTI
SHENDU SHIJIE

审判原理与疑难问题深度释解

王毓莹 著

法律出版社 LAW PRESS · CHINA
北京

图书在版编目(CIP)数据

新公司法二十四讲：审判原理与疑难问题深度释解 / 王毓莹著. -- 北京：法律出版社, 2024(2024.4 重印)
ISBN 978-7-5197-8497-3

Ⅰ. ①新… Ⅱ. ①王… Ⅲ. ①公司法-研究-中国 Ⅳ. ①D922.291.914

中国国家版本馆 CIP 数据核字(2023)第 255254 号

新公司法二十四讲：审判原理与疑难问题深度释解
XIN GONGSIFA ERSHISI JIANG: SHENPAN YUANLI YU YINAN WENTI SHENDU SHIJIE

王毓莹 著

责任编辑 薛 晗 魏艳丽
装帧设计 汪奇峰 贾丹丹

出版发行 法律出版社
编辑统筹 法商出版分社
责任校对 郭艳萍
责任印制 胡晓雅
经　　销 新华书店

开本 710 毫米×1000 毫米 1/16
印张 38 **字数** 718 千
版本 2024 年 1 月第 1 版
印次 2024 年 4 月第 6 次印刷
印刷 三河市龙大印装有限公司

地址:北京市丰台区莲花池西里 7 号(100073)
网址:www.lawpress.com.cn
投稿邮箱:info@lawpress.com.cn
举报盗版邮箱:jbwq@lawpress.com.cn

销售电话:010-83938349
客服电话:010-83938350
咨询电话:010-63939796

书号:ISBN 978-7-5197-8497-3 **定价**:138.00 元
凡购买本社图书,如有印装错误,我社负责退换。电话:010-83938349

一本跨越理论与实务鸿沟的公司法研习书

新《公司法》修订历时将近五年终于公布，可谓千呼万唤始出来。相较于原《公司法》，新《公司法》在资本认缴制、公司民主治理、股东权益保护、实际控制人规制等重要维度均发生了令人应接不暇的调整变化。新《公司法》的迭代升级，意味着理论实务界“公司法学习行动”的再次系统重启。我一直在思考，如何让大众以最快的速度、最愉悦的阅读体验和最充实的智识感受新《公司法》的魅力，而毓莹教授所著的《新公司法二十四讲——审判原理与疑难问题深度释解》恰逢其时地解决了这一问题。

公司法理论博大精深，公司法实践丰富多彩。如何搭建理论与实践之间的桥梁，让理论真正能够指导实践，让实践反哺理论，贯通理论与实践是公司法学术界与实务界的共同期待。

我欣喜地看到，更多的公司法学者开始关注于司法案例的研究，而更多的法官也在发表学术文章。理论与实务相结合，一定是公司法研究未来的发展方向。而毓莹在这方面具有得天独厚的优势。毓莹是我的学生，她天资聪颖、坚韧不拔，长期关注于公司法理论研究。她的本科、硕士以及博士毕业论文均是我指导的，研究的问题分别是公司法人格否认，公司法定代表制以及公司章程自治，直至今日，上述问题依然是公司法的热点与难点问题。毕业后她以优异的成绩直接入职到最高人民法院工作，从事了近二十年的民商事审判工作，后又到最高人民检察院挂职第六厅副厅长，从事民商事案件的抗诉工作，现在，她还担任多家仲裁机构的仲裁员。基于此，她有着一般公司法学者难以企及的实务经验。她曾是一名出色的法官，所承办的案例多次入选人民法院公报案例，更难能可贵的是，她承办的案件还多次入选最高人民法院指导性案例，她还是最高人民法院审判理论研究会类案同判专项研究首席专家组成员。丰富的司法实践经验，使她能够了解到哪些问题才是公司法学界应当关注与研究的真问题。同时她参与和见证了公司法各部司法解释与《九民纪要》的起草工作,作为全国人大常委会法工委《公司法》修改组工作组成员,她也参与了本次公司法的修订工作。在法院工作期间,她笔耕不辍,在《法律适用》《人民司法》《人民法院报》《民事审判指导与参考》《商事审判指导》等实务期刊上发表论文上百篇。这为她回归母校,投身学界打下良好的基础。作为长期从事实务工作的法官,回归学术后,她披荆斩棘,在短短两年的时间内,陆续中标了国家社科基金项目,最高人民法院重大课题,最高人民检察院重点课题,本书也是她担任课题主持人的最高人民法院中国应用法学理论研究所课题《公司法修改问题研究》的课题成果,我本人也参与了该项课题。她还在《比较法研究》《法学评论》《清华法学》《华东政法大学学报》《中国法律评论》等权威学术期刊上发表论文十余篇,并获评"2021 年度中国商法年度人物"。我欣慰地看到,她成长为一名既精通理论,又深谙实务的学者。这本书正是她多年审判工作经验和学术研究的成果总结。

商业实践中,交易模式、组织形式的创新层出不穷,变化不断,在便利商业交往,最大化发挥资产价值的同时,这些创新的手段也对现行公司法规则构成挑战。立法面对纷繁复杂的商业实践难免会有滞后性,在立法不能对所有问题一一及时作出回应的情况下,通过案例研习能够有效解决冲突,这也使得案例研究成为公司法研究必不可少的手段。本书作为一本理论研究与案例研习兼具的公司法著作,并未局限于就个案进行孤立的分析,而是围绕实践中聚讼不绝、争议不断的问题,从理论与实务两个方面,展现观点碰撞、评析理论争点、总结实务审判,抽丝剥茧地对争议问题给出现实答案。

本书具有以下四大特色:

第一,鲜明的问题意识。本书并没有贪大求全、面面俱到地涉猎公司法上的各个问题,而是把火力聚焦于近几年公司治理纠纷司法实践中的高频纠纷、疑难复杂命题,重点突出、层次分明,近些年公司法实务"大事记",在本书中几乎都有涉及。发起人责任、"人走股留"、公章效力、股权变动、股东知情权、对赌协议、控股股东责任、资本维持、董事义务等这些问题既是实务中的痛点问题,也是理论研究中的前沿问题。在梳理学术争议、裁判脉络后,作者均能提出自己独到的观点,并指出最新的裁判趋向。

第二，独特的编排体例。本书形成了兼具理论与实务视野且独具特色的读者友好型编排体例。考虑到公司法问题虽林林总总、复杂多面，但是读者所关心的无外乎是公司法实践中经常发生纠纷的是哪种案件类型，法律与司法解释是怎么规定的，理论界有何观点争鸣，典型的案例法院的裁判趋向是什么。本书站在读者的角度，从读者的需求出发，对于每一专题的安排，采用了对一个个小问题进行专题探讨的体例，对每个小问题，则沿着"规范梳整""理论基础""审判实务"和"典型案例"的脉络展开，形式新颖，富有针对性。

第三，精到的案例分析。作为一本兼具理论深度与实务视角的著作，本书在编排体例上，至少有一半内容聚焦于对实务问题的探讨，粗略统计，本书涉及近百个典型案例，案例丰富、生动鲜活。对于实务案例，其并未将判决书全文呈现给读者，而是对案例进行精到的裁剪，突出争议的焦点问题。除了作为主体部分的"典型案例"，"审判实务"部分也是以大量的案例为基础，梳理了司法实务中针对研究问题的裁判脉络、观点冲突、审判误区以及作者本人认为较为合理的裁判观点，既回应理论的争鸣，也为实务工作提供指引。书中援引的案例绝大多数为最高人民法院的指导性案例，人民法院公报案例，具有较高的参考价值。

第四，真切的立法回应。本书涉及的专题对于公司法各部司法解释，《九民纪要》以及对本轮公司法历次修订草案一一作出回应，分析条文的历史沿革，变化原因，指出其中的利弊得失，提出应然的观点。既有回顾，也有展望。本书充分展现了公司法司法实践中的难点、痛点，对于立法回应司法，增强公司法的可裁判性寄予更高的期许，其阐述切中要害，鞭辟入里。

这本七十万字的著作，其中许多问题，王毓莹教授此前曾进行过专门研究，选取的部分案例她还参与过审理，因此，其对问题与案例的理解更为深刻，本书具有较强的借鉴意义。不过，本书难免存在一些瑕疵，譬如个别观点还需进一步推敲，有些内容还可以进一步丰富。但总体来讲，瑕不掩瑜。通读本书，字里行间能体现作者深厚的学术功底，抽丝剥茧的案例分析能力以及独特的裁判视角。更能体现作者对待学术的匠心态度以及对待读者的用心态度。

王毓莹教授积聚其近三十年公司法研学功力、近二十年最高人民法院民商事审判工作经验以及参与《公司法》起草的工作经历，耗时三年，几易其稿，以二十四章七十万言将新《公司法》的修订变化、理解与适用、实务痛点等最真切的问题为读者娓娓道来，其理论问题剖析宏阔却平和接地气，实务难点解构细腻又见其学术忧思、人文情愫。在这本跨越理论与实务鸿沟的公司法研习书即将付梓之际，我将本书隆重推荐给大家，希望能够对公司法理论研究者与实务工作者有所助益。

是为序。

赵旭东

2024 年 1 月 1 日

给自己写一本公司法的书(代自序)

时光无逆向前,人生兜兜转转,我自己当初亦未曾想过,时隔近二十年,我会告别我深爱的审判工作,离开最高人民法院,又回到当初出发的地方,回到母校中国政法大学任教。重返校园,我感觉既熟悉,又陌生。熟悉的是这里安放着我的青春与梦想。军都山下,小月河畔,都曾留下过我十年苦读的身影。陌生的是,从课堂到讲台,这种位置与角色的转换,让我面临巨大的挑战。新职业,新起点。学校安排我的教学任务是为学生讲授公司法案例研习课程。巧合的是,这也是我上学时最喜欢的课程。

有时在教室里,我总有种时空穿越的感觉,看到求知若渴的学生,我仿佛看到当年的自己。面对一张张年轻的充满期待的笑脸,我总觉得不能误人子弟,这给我带来很大的压力。作为教师,只有站稳讲台,方能安身立命。面对工作上的转型,我突然感到无所适从。虽然以前我也在法院系统、检察院系统、律协以及行业协会授课,但这与系统地、完整地讲述一门课程完全是两码事。我深感备课任务的繁重。从讲课与备课的关系看,我感觉如果讲课要讲一滴水,就要准备个黄河水。如果讲课要讲一粒沙,就要准备个撒哈拉。这对从未专门从事过教学工作的我来说,无疑是个巨大的挑战。为了给学生备课,我几乎翻遍了市面上所有的公司法教材,其中不乏体例完整、质量上乘的好教材。以教促学,这对于我来讲,当然无疑是一个提高自身水平的有利契机,但对于授课来说,似乎还远远不够。学院的培养目标是学生不仅要掌握好法学理论,毕业以后还要能够尽快熟悉实务工作。一本看得懂,学得会,用得上的公司法教程,既是学院的期许,更是学生的期许。市面上大多数教材比较偏重理论研究,虽然也有案例方面的书,内容也很丰富,但讲授习惯与个人经历的不同,使得这些书与我想在课堂上给学生呈现的东西相去甚远。教课是个良心活儿,备课似乎是个永无止境的过程。在备课过程中的学习与思考,我想记录下来,形成一本我自己用起来比较“趁手”的书,也方便学生学习,这直接促成了本书的撰写。另外,从某种意义上讲,我也想对于自己从事了二十年的审判工作所积累的经验做一个系统的梳理,给自己的审判生涯画上一个完整的句号,这也算是对自己有个交代。

因为原来工作的原因,我有幸成为全国人大常委会法工委《公司法》修改组工作组的成员,这使我能够近距离地了解本次《公司法》修法的背景、理念。在最高人民法院工作期间,我也有幸见证、参与了《公司法》各个司法解释以及《九民纪要》关于《公司法》部分的起草工作。从我自身的经历看,我先在基层法院北京市西城区人民法院锻炼一年,然后到最高人民法院从事了近二十年的民商事审判工作,去年我又在最高人民检察院第六厅挂职,从事民商事案件的抗诉工作。这种机缘巧合下的独一无二的经历,使我得以全方位、多角度地观察公司法的立法与司法。公司案件的一审、二审、再审以及抗诉诉讼程序的整个完整的过程,我都亲历过。我想把这些难得经历中的感悟呈现给学生。对于《公司法》条文的修改,我希望学生们能够了解条文背后的东西,做到既能知其然,更能知其所以然。同时我想让学生们更直观了解民商事审判实践中的热点与争议问题。通过最高人民法院民一庭、民二庭以及巡回法庭的审判工作经历,我感受到民事法官与商事法官的审判理念不尽相同,即使同为商事法官,在不同的时期,裁判理念也是发展变化的。我个人理解,最高人民法院对公司法案件的裁判逐渐从债权人主义倾向于投资人主义转变。我希望学生能够及时感知这种变化,并了解这些变化背后更深层次的原因。到最高人民检察院第六厅挂职后,我的工作内容主要集中于判断法官的裁判是否发生偏差,以及这种偏差是否达到了足以提起抗诉的程度。这些宝贵的经历,使我能够以更广阔与更独特的视野审视公司法的理论与实践问题。

当然,长达二十年的审判工作经历,使我在本书的撰写过程中很难完全脱离裁判者的视角,开始我对此有些担忧,但从我授课的经历以及后期和学生以及法律实务人士的沟通交流情况看,他们似乎对于裁判者视角更为感兴趣。因为无论从事法官、检察官还是律师的工作,都需要掌握法官的裁判视角与思路,这或许也是本书区别于绝大多数公司法书籍的特点。本书并没有按照传统公司法教材的体例撰写,而是采取专题写作的方式,聚焦公司法领域的热点难点,将公司法中的问题分为公司本体、股东与股权、公司资本与公司治理四大主题,下辖二十四个公司法实务问题,分别对上述问题的理论争鸣与实务困惑予以解读。

理论来源于实践,理论又能指导实践。脱离理论的实践是迷茫的,脱离实践的理论是空洞的,只有将两者紧密结合,才能让它们同时大放异彩。在理论研究的阐述上,我尽可能关注国内外最新的研究成果。在案例的选取上,我大多选择了最高人民法院的指导性案例与公报案例,其中有些还是我审理或参与审理过的案件。在具体确定每个主题应该关注哪些问题时,我利用讲课的机会,多次和学生以及法官、检察官、律师进行过沟通,同时也组织学生召开线上会进行过讨论,写作的方向也在不断修正。写作的过程无疑是艰苦的,但也是充满乐趣的。学术的道路崎岖不平,今年夏天,我骨折了,这反而使得我有完整的一段时间,专注于写作。《公司法》公布后,为了让读者第一时间能够了解新《公司法》的变化,我又加班加点地对于全书的内容进行相应的梳理、修订与校对。需要特别说明的是,本书仅是我自己对于公司法理论与实践的感悟和思考,纯属我的个人观点,而且也在随着立法与司法实践的变化而不断发展与深化。这些观点并不代表我过去供职的单位,更不代表我现在供职的单位的立场,且难免会有疏漏。

写作如同人生,永远是遗憾的艺术。我虽资质鲁钝,但却已竭尽全力。是否付出足够的诚意,相信时间会看得见,学生会看得见,读者也会看得见。从我有限的人生经历看,我一直觉得人生中的每一次告别、转身、相逢,其实都是源于热爱,奔赴每一份热爱,不辜负每一份热爱,尽力就好。

我要感谢我可爱的学生们,他们对我最初教学的青涩给予了最大的包容。他们毫不吝惜地赞美与鼓励,使我有信心开始这本书的撰写。感谢我的导师赵旭东教授,是他激发了我学习公司法的热情,并引领我走上公司法研究的道路。感谢我的女儿,为她我有愿放弃全世界的勇气,促使我重新作出职业规划与选择,才得以有本书的诞生。还要特别感谢我的先生,正是他无私地承担起了养家糊口的几乎全部责任,才成就了我的恣意人生。更要感谢我的父母,培养出两名法学博士的他们,始终教诲我通往成功的捷径是“永远不要走捷径”,这种人生大智慧,启迪我能够认真对待每一件事,且少走了不少人生弯路。

最后要特别感谢的是,此时正在打开这本书阅读的你。或许从序言的写作风格上看,你已经发现这是一本与众不同的书。在自媒体盛行的今天,肯掏银子买书,意味着对于作者莫大的肯定与信任,而我要做的是尽可能不辜负这份信任。

是为序。

王毓莹

2024 年 1 月 3 日于北京

简称目录

1. 历次修订/修正后的《中华人民共和国公司法》:《公司法》(2024)、《公司法》(2018)、《公司法》(2013)、《公司法》(2005)、《公司法》(2004)、《公司法》(1999)、《公司法》(1993);

2.《中华人民共和国公司法(修订草案)》:《公司法(修订草案一审稿)》;

3.《中华人民共和国公司法(修订草案)(二次审议稿)》:《公司法(修订草案二审稿)》;

4.《中华人民共和国公司法(修订草案)(三次审议稿)》:《公司法(修订草案三审稿)》;

5. 最高人民法院《关于适用〈中华人民共和国公司法〉若干问题的规定(一)》:《公司法司法解释(一)》;

6. 最高人民法院《关于适用〈中华人民共和国公司法〉若干问题的规定(二)》:《公司法司法解释(二)》;

7. 最高人民法院《关于适用〈中华人民共和国公司法〉若干问题的规定(三)》:《公司法司法解释(三)》;

8. 最高人民法院《关于适用〈中华人民共和国公司法〉若干问题的规定(四)》:《公司法司法解释(四)》;

9. 最高人民法院《关于适用〈中华人民共和国公司法〉若干问题的规定(五)》:《公司法司法解释(五)》。

10.《全国法院民商事审判工作会议纪要》:《九民纪要》

简目

第一部分　公司本体

第二部分 股东与股权

第三部分　公司资本

第四部分　公司治理

目录

第一部分　公司本体

第二部分　股东与股权

第四部分　公司治理

Part

第一部分

公司本体

01

专题一　公司设立与公司发起人

导　语

公司作为最典型的营利法人，与自然人一样会经历出生、成长、繁荣、衰败乃至死亡的过程。《公司法》则为这一系列过程提供了基本的框架，让公司所经历的每一个阶段都有制度上的引导和规范。公司的生命始于设立，其后所有的经营和发展都离不开公司设立制度的铺垫。公司的设立依赖发起人，而发起人通常是公司最为原始的股东，也是为公司设立提供初始条件的主体，发起人及其行为对于公司能否设立起到决定性的作用，因此探讨公司设立通常也绕不开公司发起人。公司的设立是公司生命的初始，也是《公司法》研究的起点，因此，本书第一专题即聚焦于公司的设立与公司发起人。

公司的设立有着较为清晰的制度体系，《公司法》(2024)对于公司设立的基本条件、设立程序乃至设立标志都有着明确的规定，并且为了鼓励大众创业，公司设立的门槛也在不断降低，相应的程序也在逐步简化。例如，出资的缴纳从完全实缴到部分认缴到全面认缴的转变、程序要件从审批制向备案制变化、《公司法》(2024)扩大出资形式允许债权出资等。《公司法》不断放宽公司设立的管制，使得公司设立这一命题在学术界渐渐被边缘化，因为既然程序和条件在不断减少，随之而来的问题也将不再重要。但实务中的情形却远非如此，以设立中公司名义签订之合同应当由谁来履行？发起人对于公司设立中签订的合同应当承担何种责任？公司设立瑕疵应当如何处理？这些问题不仅困扰着实务工作者和学者，同时也对法律规范的精细化提出挑战。鉴于此，本专题聚焦实务中相对复杂且争议较大的问题，探讨争议的现实表象和深层理论，以期为理论和实务工作提供借鉴。

问题一 设立中公司的法律地位与债务承担

从法律评价角度看,公司设立要与公司成立相区分,前者兼具程序意义和实体意义,包含一系列的法律行为,强调从发起人签订设立协议至公司设立登记期间的整个过程;而后者则更强调设立登记的时点,是一种法律结果和事后评价。二者之间以设立登记为连接点,公司设立成功之结果便是公司成立,但公司设立亦可能存在失败结果,公司自然未能成立。既然公司设立是包含一系列法律行为的过程,那么自然存在一个特殊的区间,即发起人签订设立协议后到公司成立前,这个阶段是公司的孕育和筹备过程,需要完成包括缴纳出资、制定公司章程以及组织公司机构等筹备事项。公司成立之前在这一区间内的形态一般被称作设立中公司。

【规范梳整】

《公司法》(2024)及司法解释对设立中公司与成立后公司的衔接作出了明确规定。首先,针对公司成立的时间点,从《公司法》(1993)至今都保留着对于公司成立时间的规定,即签发营业执照之日为成立之日。其次,针对公司的合同责任,《公司法司法解释(三)》(2011)第2条第2款规定发起人以自己名义签订的合同需要公司确认,或者已经实际享有合同权利、履行合同义务,但该条在2020年修正后,删除了公司确认或者实际享有合同权利、履行合同义务的要求,而径直明确公司成立后合同相对人请求公司承担合同责任的,人民法院应予支持。《民法典》第75条也明确,设立人为设立法人从事的民事活动,其法律后果由法人承受。以上两条精神为《公司法》(2024)吸收,并分别规定于第44条第1款和第3款。不过,《公司法司法解释(三)》(2020)第3条仍然为公司保留了抗辩的权利,即证明发起人为个人利益签订合同的,公司可以不承担合同责任。但该条内容并没有被《公司法》(2024)吸收,同时,《公司法司法解释(三)》(2020)第5条还指明,对于发起人因履行公司设立职责而导致的侵权责任,公司承担的是不真正连带责任。

可以看出,《公司法》(2024)及司法解释并未直接明确设立中公司的法律地位,而仅仅解决了设立中公司可能出现的具体法律纠纷,从这些具体的规范中,可以大致看出立法者在何种意义上认识设立中公司的法律地位和法律性质。一方面,设立中公司并非独立主体,债权人不能请求设立中公司承担法律责任。《公司法》(2024)第 44 条第 1 款即明确股东为设立公司从事的民事活动,其法律后果由公司承受,这一公司显然是成立后的公司。此外,《公司法》(2024)第 44 条第 2 款与《公司法司法解释(三)》第 4 条也规定,在公司未能成立的情况下,合同责任要由设立时的股东承受。由此可以看出,现行规范下,设立中公司既缺乏法律意义上的法人独立性,也欠缺事实意义上的公司组织性,设立中公司本质上仍然是由发起人构成的契约。另一方面,设立中公司与成立后公司又不能断然割裂,先公司合同对成立后公司仍然有约束力,设立人的行为仍需要由公司来承担,不论是合同责任还是侵权责任。可以看出,《公司法》(2024)及司法解释并未机械地以成立之日划分设立中公司与成立后公司之间的地位,而是承认二者之间的关联。但是对规则的不同理解又可能产生对设立中公司不同的认识,例如,倘若认为发起人扮演着类似监护人的角色,那么设立中公司可以理解为无民事行为能力人或者社团,待其恢复民事行为能力后得以承担合同责任;倘若认为该规则的实质是表明发起人与成立后公司之间的关系类似于一种无权代理,那么设立中公司将不具有任何主体地位,本质上可以理解为契约。而至于应当采取何种观点,现行规范并没有给出明确答案,我们当然可以基于前述对于公司设立失败责任追究的规则认为,《公司法》(2024)及司法解释不认可设立中公司的组织性,但基于对《公司法》(2013)第 94 条的认识,学者反而主张该条"已经隐含将'设立中公司'作为组织对待的前提"。[1] [本条内容已经为《公司法》(2024)第 44、107 条部分吸收]

而针对债务承担问题,如前所述,《公司法》(2024)及司法解释存在以下特征:一方面,《公司法》(2024)及司法解释并未禁止成立后公司承担先公司合同责任,甚至表现为成立后公司默认承担先公司合同责任;另一方面,成立后公司对发起人的侵权承担不真正连带责任,并且该责任承担有着"因履行公司设立职责"的前提限制。依据《公司法》(2024)以及《公司法司法解释(三)》(2020)第 5 条,对于发起人过错导致的侵权责任,债权人可以请求成立后公司承担责任,但同时赋予公司追偿权。总的来看,《公司法》(2024)及《公司法司法解释(三)》(2020)要求成立后公司承担一定条件下的先公司债务,但这一债务范围存在过宽的嫌疑,例如"为设立公司而从事的民事活动"就可能包含一些并非设立公司必要的合同。

---

① 参见方斯远:《先公司合同问题研究》,载《中国法学》2015 年第 3 期。

【理论基础】

对规范的梳理让我们看出法律并无意解决设立中公司法律地位的问题，而是更加倾向于解决实际问题，但这将带来更大的疑问，为什么要明确设立中公司的法律地位？笔者认为，有以下两个方面的原因，一方面，这关系到公司设立阶段的行为对成立后公司的效力，例如，公司设立中签订的合同是否对成立后的公司有效、成立后的公司对设立人故意或过失行为是否应当承担法律责任、股东之间就公司治理的约定能否适用于成立后的公司等；另一方面，这关系到公司不能成立的法律责任问题，公司不能成立包含设立人之间约定不成立和由于瑕疵设立使公司设立无效或被撤销两种类型，前一类型涉及设立中行为的法律责任问题，后一类型还包括针对瑕疵设立行为人的法律追责问题。因此，明确了设立中公司的法律地位，能够更加清晰地厘清成立后公司的债务承担以及设立瑕疵的处理等（将在后文详述）。

一、设立中公司法律地位的学说

设立中公司处于一种十分特殊的法律状态，由于公司尚未完成设立登记，自然没有取得完全的法人地位，不能独立地作为法人来实施法律行为，但此时其又与每个发起人个体之间有所区别，因为其已经形成了初步的团体性，已设立初具模样的组织机构，有自身的财产甚至在设立过程中需要以自身之名义对外开展交易行为，在法律层面确实需要赋予设立中公司一定的组织体身份。在进行精细化的法律评价时也必须对设立中公司的法律地位予以认定，因为这直接影响着其所开展的交易行为的效力，以及与设立成功或设立失败公司之间的衔接问题。

对于这一问题，学界多年来的研究形成了较为多元的学术观点，①在此予以简要梳理和介绍。

1. 无权利能力社团说。该说主张设立中公司具有一定的团体性，但尚未取得法人资格，因而宜定性为无权利能力社团。这一学说将设立中的公司视作一个整体的社团，而不是发起人个体的简单相加，此乃一项重要的定性突破。团体性意味着在相应的磋商与交易中，设立中公司可以有其独立的名义，但无权利能力限制了其单独为法律行为的能力，这也是设立中公司与成立后公司最大的不同。

2. 同一体说。该说主张设立中公司与成立后公司只是公司的不同阶段，本质

---

① 参见赵旭东主编：《公司法学》（第 4 版），高等教育出版社 2015 年版，第 117 页。

上并没有区别,因而成立后公司应当继受设立中公司的合同。这一学说显然从根本上解决了设立中公司与成立后公司的衔接问题,即认为二者并无任何实际差别,但该说显然忽视了公司设立本身的价值,相当于认为公司设立程序本身并无意义,将公司成立的始点提前到发起人签订协议之时,这样的理解与事实也存在出入。

3. 修正的同一体说。该说是对前述的同一体说之修正,认为设立中公司与成立后公司在主体层面有高度的关联性,从设立到成立是一个连续的过程,但该说同时认为二者之间有严格的界限,成立后的公司由于获准登记而取得主体资格,而设立中公司则并无主体资格。在权利义务的归属上,该说主张设立中的公司行为只有为设立公司所必需时,成立后公司才予以继受。这一学说认识到了设立中公司与成立后公司之间的身份区别,但其主要问题在于并没有针对设立中公司给其一个根本的法律定性,即并没有回答设立中公司的法律地位这一问题。

4. 合伙说。该说认为设立中的公司属性属于发起人之间的合伙,可以类推适用合伙的法律制度来解决设立中公司的相关问题。该说给设立中公司进行了具体的法律定性,合伙之法律特点也确实与设立中公司存在高度的相似,例如并无法人人格、有自身独立的财产、存在自然人之间的协议关系等。但该说的局限在于,如果将其视作合伙企业,那么公司设立完成后合伙企业应当依照《合伙企业法》之规定经历相应的清算程序,这也与实践中做法不一致,如果视作个人合伙,又很难解释为何会有章程以及组织机构,而且发起人协议也并不存在明显的个人间成立合伙的意思,故这种学说同样存在一定的局限。

5. 非法人团体说。该说认为设立中公司有一定的独立地位,有独立财产、名称、住所等,类似非法人的团体。非法人团体与我国现行立法下的非法人组织概念基本相同,符合设立中公司的法律特点,但由于设立中公司在程序上未经合法登记成立,属于一种过渡性的组织体,而非法人团体一般是依法登记成立的,故二者间也存在一定的区别。

总体来看,上述学说均有一定道理,却也都存在一定的局限性。学界一般认为无权利能力社团说为通说,因为其准确地识别了设立中公司的过渡性状态,且契合设立中公司的法律特点,笔者亦支持这一观点,但应当意识到,无权利能力社团说在法律适用上的障碍在于我国法律其实并没有无权利能力社团的相关规定,这一概念仅属于理论概念,从而导致制度上并无直接的规定可以适用。① 评价设

---

① 参见李建伟:《公司法学》(第5版),中国人民大学出版社2022年版,第73页。

立中公司法律地位的意义在于明确设立中公司的权利、义务的归属，寻找到设立责任的承担者。由于现行法并无直接的关于无权利能力社团的规定，故只能通过对现有法律的一般性规定以及既有裁判案例的一般性做法加以梳理和概括，以准确地界定设立中公司与成立后公司的衔接问题。

二、成立后公司对设立中公司债务的承担

从我国法律的一般规定来看，公司成立后就享有法人人格，以公司名义进行的交易自然应当由公司所承担，其享有合同权利并履行合同义务。但在公司设立过程中，同样可能出现一些以公司名义进行的交易行为，这类交易在学理上一般统称为“先公司交易”。[①] 实践中先公司交易在名义上可分为两种类型，一是直接以设立中公司或将来公司之名义签订；二是以发起人之名义签订。而这类先公司交易的内容有的是设立公司的必要行为，如采购物资、设备等；有的是营业行为，如直接开展了成立后公司所从事的主要业务。不同类型和内容的先公司交易应当如何认定效力以及成立后公司在什么样的范围内就先公司交易予以承继，是设立中公司所涉及的最主要的法律问题。

对于以设立中的公司或将来公司之名义所为的法律行为，按照前文所述“同一体说”之观点，应当由成立后公司承担。虽然目前我国学界普遍并不认同“同一体说”的观点，但司法实务界却广泛接受该主张，这一观点在《民法典》和《公司法司法解释（三）》中亦有所体现。一般而言，发起人以设立中公司或将来公司名义订立的合同，公司成立后自然承受合同义务，但如果公司设立失败，那么相应的法律后果应当由发起人承担，发起人为多人的，则承担连带责任。但是如果公司成立后有证据证明发起人是为自己之利益而签订该合同，且合同相对人对此明知，则不应由成立后公司承担责任，因为此时设立中公司并不是实际的合同主体，发起人实际是在滥用代理权且相对人非善意，自然不应归责于公司。[②] 虽然《公司法》（2024）并未明确这一内容，但从第 44 条第 1 款的规定来看，“为设立公司从事的民事活动，其法律后果由公司承受”，显然已经将“发起人为自己之利益签订的合同”排除在外。

对于以公司发起人之名义所为的法律行为，严格来讲，发起人作为具有完全民事权利能力和行为能力的自然人或法人，所为的法律行为当然应当由其自身承受法律后果，即便是为了公司设立等特殊目的，也应该根据合同的实际名义人确

---

① 参见李建伟：《公司法学》（第 5 版），中国人民大学出版社 2022 年版，第 73 页。

② 参见许中缘：《论发起人对公司设立中债务的承担》，载《法学》2021 年第 12 期。

定权利义务关系。但对于合同相对人而言，在许多情况下允许其请求成立后公司来承担责任是更有利的，因为公司往往相较个人拥有更多的责任财产，况且发起人虽是以自身之名义来从事法律行为，实际却是为公司之利益，尤其在相对人明知这种情况时，应当可以构成隐名代理，故在发起人或合同相对人主张公司承担责任时，也可由成立后的公司承受合同权利义务。

需要进一步探究的问题是，以设立中公司之名义所为的法律行为是否都应由成立后公司来承受，答案自然是否定的。一般而言，由成立后公司承受法律后果的应当是公司设立过程中所必要的法律行为，或至少是服务于公司设立的行为，这类行为可统称为"必要设立行为"。如果是为发起人个人利益而实施的法律行为，不论是否以设立中公司之名义订立，都不应由成立后公司承担。另外，如果实施了营业行为，则应判令为无效或至少应当评价为效力待定，因为公司在正式成立之前尚未取得民事权利能力与行为能力，如果允许其从事营业行为，则实际上否定了公司设立制度的价值和必要性。对于必要设立行为的界定，一般法律上会进行一定的扩张解释，不仅限于以公司设立为直接目的的行为，也应包括为满足公司设立的法定条件而进行的各种必要的行为，还包括为实现公司如期营业而实施的准备行为等。对于各种能够被解释为公司必要设立行为的法律行为，原则上由成立后的公司来承受法律后果，当然如果公司最终设立失败，则由发起人之间来连带承担。这也是目前我国司法实践当中通用的做法。

【审判实务】

一、设立中公司的法律地位

司法审判中，较为普遍的观点认为，设立中公司已经具备一定的民事主体地位，这也与学界主张之"无权利能力社团"中的"社团"有一定的契合。

例如，在"施某民与杨某买卖合同纠纷案"[①]中，法院指出，公司在登记完成之前是准民商事法律主体，具有有限的法律人格，可以以自己的名义从事为公司设立和开业所必需的民商事活动，并享有权利和承担义务。在"恒有源科技发展集团有限公司与天津济源科技有限公司服务合同纠纷案"[②]中，法院认为，设立中公司已经具备了民事主体的一些特征，因而可以在一定范围内享有权利与承担义

① 浙江省湖州市中级人民法院民事判决书，(2009)浙湖商终字第136号。

② 北京市第一中级人民法院民事判决书，(2018)京01民终3158号。

务。在“于某深、于某租赁合同纠纷案”[①]中，最高人民法院则直接以设立中公司具有一定财产主张其能够形成团体意思，因而设立中公司可以以自己名义从事部分活动。这一主张在其后的山东省高级人民法院裁判中也有体现。[②]

持有相似观点的裁判不在少数，[③]这类观点多是源于对《公司法司法解释（三）》第3条的解释，即认为成立后公司应当承担以设立中公司名义签订的先公司合同责任这一规则，足以证明设立中公司具有一定的法律地位甚至享有一定的民事权利能力。当然，基于部分事实的认识也成为这类观点的佐证，例如，设立中公司已经有一定独立财产，或者有独立的组织机构，可以形成团体意思。综合来看，我国审判实务中，司法机关普遍认为设立中公司具有相对独立的民事主体地位，享有部分民事权利，可以承担部分义务。这一裁判观点与学界主流观点还是存在一定的出入，即裁判观点认可其社团属性和法律地位，同时也承认其具有一定的权利能力，甚至于可以以设立中公司名义对外交易。

二、先公司合同责任承担

1. 以发起人个人名义签订的先公司合同责任承担

对于以发起人个人名义签订的先公司合同责任承担，当前司法裁判大多是遵循《公司法司法解释（三）》第2条的规定。所不同的是，对于公司成立后发起人的责任应当如何认定，司法裁判中有不同的意见。例如，在“南通联达置业有限公司、陈某居间合同纠纷再审审查案”[④]中，最高人民法院以成立后公司实际享有合同权利为由认定公司应当承担合同责任，由此排除了发起人的责任。在“泸州窖醇酒业有限公司与广东东方喜炮酒业有限公司、郑某波加工合同纠纷案”[⑤]中，一、二审法院亦认为，成立后公司既已承担合同责任，债权人不能再请求发起人承担合同责任。但是在“许某智、颜某德房屋租赁合同纠纷案”[⑥]中，福建省高级人民法院则持相反观点，其认为在这类情形中，发起人仍然是第一责任人。2020年修正后的《公司法司法解释（三）》第2条虽然明确合同相对人可以请求发起人或成立后公司承担合同责任，但并未明确二者责任的性质，即是否为连带责任等，这也

---

① 最高人民法院民事裁定书，（2019）最高法民申785号。

② 参见山东省高级人民法院民事裁定书，（2021）鲁民申9104号。

③ 参见郭某、太原市晋源区义井街道办事处北堰村民委员会租赁合同纠纷案，山西省高级人民法院（2021）晋民申1211号民事裁定书。侯某、黑龙江省鸿脉房地产开发有限公司商品房销售合同纠纷案，黑龙江省高级人民法院（2020）黑民再384号民事判决书。

④ 最高人民法院民事裁定书，（2016）最高法民申3163号。

⑤ 最高人民法院民事判决书，（2016）最高法民再353号。

⑥ 福建省高级人民法院民事裁定书，（2018）闽民申1873号。

造成了司法裁判观点上的分歧。

在2020年《公司法司法解释(三)》修正后,其第2条的重点落到了合同必要性审查上。例如,在“江西三龙建设工程有限公司、山东通达路桥工程有限公司纠纷案”①中,一审法院以协议并非设立必要事项为由主张成立后公司不应承担责任。

笔者认为,以发起人个人名义签订之合同,首要审查的应当是合同签订的必要性问题,因为如果不是以设立中公司名义签订的合同,合同责任自然应由合同签订人承担,仅仅在该合同是为成立公司而签订,才对成立后的公司生效,即合同之必要性。而对于成立后公司承继该合同后,自然应当排除发起人之法律责任。这一方面是发起人在出资范围内承担有限责任的公司法基本原则的必然要求,另一方面则是设立后公司承担合同义务所产生的应然结果。

2. 以设立中公司名义签订的先公司合同责任承担

《公司法司法解释(三)》第3条明确了以设立中公司名义对外签订合同的,合同相对人可以请求成立后公司承担合同责任,但针对该条在司法实践中的理解也存在歧义,即合同相对人是否还可以要求发起人承担合同责任。例如,在“江苏飞龙装饰工程有限公司、平潭豪威酒店有限公司装饰装修合同纠纷案”②中,再审申请人主张该条实际上是赋予了当事人选择权,即既可以选择向成立后公司也可以选择向发起人主张权利。但最高人民法院再审认为,“根据该规定,发起人以设立中公司名义对外签订的合同,原则上由公司承担责任” 。在“於某珍、东风商用车有限公司买卖合同纠纷案”③中,再审申请人也主张该条规定“是针对合同相对人的救济措施,而不是针对设立公司一方当事人的”,再审法院依然驳回该申请,理由是成立后公司对该合同进行了确认。可以看出,司法裁判观点较为统一,即认为此种情况下,当然由成立后公司承担合同责任,笔者亦赞同这一观点。

三、先公司侵权债务承担

《公司法司法解释(三)》第5条虽然明确公司承担赔偿责任后可以向有过错的发起人追偿,但司法实践更多是径行裁判该赔偿责任为公司的责任。例如,在“南宁声色娱乐有限公司与中国音像著作权集体管理协会侵害作品放映权纠纷案”④中,法院认为设立中公司的侵权行为视为成立后公司的侵权行为。

---

① 最高人民法院民事判决书,(2018)最高法民终1307号。

② 最高人民法院民事裁定书,(2019)最高法民申1438号。

③ 最高人民法院民事裁定书,(2019)最高法民申3815号。

④ 广西壮族自治区高级人民法院民事判决书,(2013)桂民三终字第58号。

在“上海戴比尔斯矿业公司与乌鲁木齐铁路局财产损害赔偿纠纷案”[①]中，法院甚至直接提出，设立期间的侵权责任由成立后公司承担，而不应当由发起人承担。部分案例还关注到了案件事实部分，例如在“西安中盛流体技术有限公司与西安中健冶金设备科技发展有限公司、李某民侵害企业名称权纠纷案”[②]中，法院认为“李某民在公司名称预先核准程序中的行为系履行公司设立职责……”，故而主张成立后公司应当承担侵权责任。而在“程某琪、中山市赢禾照明科技有限公司侵害外观设计专利权纠纷案”[③]中，法院则依据“无证据显示展示被诉侵权产品的行为是设立公司所必需的行为”，认为该案不适用《公司法司法解释(三)》第5条，继而排除了成立后公司的法律责任。可见，在侵权责任的认定上，法院关注的依然是发起人的行为是否为公司设立所必需的行为。笔者认为，侵权责任本应由侵权人承担，依据职务侵权之原理，自然应由单位承担责任，但前提必须是职务行为。因此，前述裁判在作出责任认定前，首先应审查该行为是否为职务行为。

【典型案例】

深圳市维业装饰集团股份有限公司山东分公司与香港恒生公司等建设工程设计合同纠纷案[④]

基本案情：

2007年10月16日，路通公司与香港恒生公司签订协议书，约定双方共同出资成立中外合资公司，名称暂定恒生酒店公司，同时香港恒生公司出资2680万元，占股25%，路通公司以现有资产出资，占股75%。该协议后经补充协议作出变更，但总体出资比例并无变化，并且后续补充协议约定由香港恒生公司向路通公司提供企业注册相关法律文件。协议签订后，香港恒生公司以自己名义与深圳市维业装饰集团股份有限公司山东分公司(以下简称维业山东分公司)、维业公司就公司住所设计、装修等达成协议，约定恒生酒店公司住所装修设计等事宜。其后，恒生酒店公司在香港恒生公司与路通公司未完成注资的情况下领取了营业执照，维业山东分公司、维业公司因装修设计等款项与香港恒生公司、恒生酒店公

---

① 新疆维吾尔自治区高级人民法院民事判决书，(2014)新民二初字第44号。

② 陕西省高级人民法院民事判决书，(2016)陕民终585号。

③ 广东省高级人民法院民事判决书，(2019)粤民终303号。

④ 参见最高人民法院民事判决书，(2013)民提字第212号。

司、路通公司发生纠纷。

裁判要旨：

一审判决认为，香港恒生公司系以自己名义与维业山东分公司和维业公司履行的装修设计事宜，系香港恒生公司从事的个人行为，与设立公司无关，并非为设立恒生酒店公司所产生的费用和债务。恒生酒店公司无实收资本，没有进行实际经营，公司成立后也未对香港恒生公司进行设计的行为予以确认或者已经实际享有设计成果，因此维业公司、维业山东分公司主张恒生酒店公司支付设计费的请求，没有法律和事实依据，对其主张不予支持。

二审判决认为，虽然泰安市工商行政管理局为恒生酒店公司颁发了企业法人营业执照，但由于路通公司和香港恒生公司均未实际出资，恒生酒店公司对外不具备承担民事责任的能力，且恒生酒店公司也没有享受委托设计的成果。因此，一审判决驳回维业山东分公司和维业公司对恒生酒店公司的诉讼请求是正确的。

再审判决认为，恒生酒店公司取得企业法人营业执照，已合法成立，故该案应当适用《公司法司法解释（三）》（2011）第2条之规定。根据该规定，公司需要明示或默示认可设立中合同才应当承担法律责任。该规定体现了严格的合同相对性原则，合同必须经成立后的公司同意方可约束该公司，其目的在于防止发起人在公司设立过程中滥用权利损害公司和其他发起人的利益。如发起人以自己名义为设立公司对外签订合同，公司因故未能成立，只有全体发起人共同明示或默示认可合同，才由全体发起人承担连带责任。因此，该案的核心问题是恒生酒店公司是否明示或默示同意受案涉建设工程设计合同的约束。该案中，恒生酒店公司成立后没有开展经营活动，既未明示确认由其支付设计费，也未实际使用设计成果或履行合同义务，因此不承担合同责任。

裁判评析：

该案的典型意义在于其既体现了对于《公司法司法解释（三）》（2011）第2条的不同理解，又隐含了审判实务对设立中公司的不同认识，因而值得关注。

一审裁判以合同相对性原理为裁判依据，指出由于合同当事人为香港恒生公司和第三人，因而该合同约束的是作为发起人的香港恒生公司。虽未提及《公司法司法解释（三）》（2011）第2条，但在说理部分切中该条的关键，即成立后公司既未对该合同进行确认，也未实际享有设计成果，因此其行为不符合明示和默示任何一种。同时公司并未因该合同获益。总体而言，一审裁判较为契合主流裁判观点。再审与一审保持相同观点，仅在论述上略有区别，不再赘述。

二审裁判开辟了新的论证思路。其认为，根据《公司法》（2013）关于公司设立条件的规定,除了公司章程、住所、工商登记等,股东出资也是企业设立的重要条件。二审对企业的设立采取了实质观点,即认为企业应当在满足股东出资而具有独立财产情况下才可以算作具备了承担民事责任的能力,而不论其是否已经完成公司登记并领取营业执照。然而,遗憾的是,当前关于企业设立的主流观点仍然是企业登记领取营业执照,即便其尚未满足企业设立所需要的诸多条件。

笔者更倾向于一审与再审的裁判说理。纵观整个案件的裁判过程,可以看出,关于公司是否应对公司设立人在公司成立之前的行为负责,裁判者关注的是成立后公司是否受益,以及是否有公司的明示或默示接受。然而 2020 年《公司法司法解释(三)》修正删除了成立后公司的明示或默示接受条件,这使得该条的适用重点转向了该行为是否为公司设立所必需以及公司是否因该行为而获益。

问题二 发起人应当承担的法律责任

不论是成立后的公司还是设立中的公司,其设立和运营虽然可以以团体意志的形式呈现,但归根结底仍然要依赖具体人的行为。发起人是公司设立最直接的责任人,连接着设立中公司与成立后公司、发起人与股东,其行为所形成的法律关系较为复杂,由此产生的法律责任也最容易产生争议。从具体类型上来看,发起人所应当承担的法律责任包含三类:发起人的合同责任、发起人的侵权责任以及设立瑕疵或失败时的发起人责任,相较于前述成立后公司的债务承担问题来说,发起人的法律责任问题更多,也更为复杂。

【规范梳整】

《公司法》(2024)及司法解释、《证券法》、《民法典》都对发起人法律责任有着较为详细的规定,包含民事责任和行政责任。按照前述分类,其规范可以大致梳整如下。

一、发起人的合同责任

发起人的合同责任包含其以个人名义签订合同时的责任、以公司名义签订合同时的责任以及公司未能成立时的合同责任。如前所述,《民法典》第 75 条第 1 款明确了设立人(即发起人)为设立法人从事的民事活动,其法律后果由法人承受;而在第 2 款中又规定,设立人与设立法人以自己的名义从事民事活动产生的民事责任,第三人有权选择请求法人或者设立人承担。发起人以公司名义签订之合同,在两种情况下也要承担合同责任,即为私人利益签订的合同和公司未能成立情况下签订的合同[《公司法司法解释(三)》第3、4条]。但是,在公司正常成立的情况下,发起人是否应当承担合同责任则存在争议,因为《公司法司法解释(三)》第3条仅表述为授权交易相对人可以请求公司承担法律责任,并非排除发起人责任,而《公司法》(2024)第44条第1款与《民法典》第75条第1款虽直接明确行为后果由法人承受,但也未直接排除发起人责任。

在公司因故未能成立的情况下,发起人对因设立公司行为所产生的费用和债务承担连带清偿责任[《公司法司法解释(三)》第4条第1款],其承担责任的比例按照约定、出资比例和等额分担顺序判定[《公司法司法解释(三)》第4条第2款],因发起人的过错导致公司未成立的,发起人应当承担过错责任[《公司法司法解释(三)》第4条第3款]。

二、发起人的侵权责任

发起人的侵权责任包含两个方面,一方面是对象为第三人的侵权行为,即发起人因履行公司设立职责造成的侵权损害,对此,受害人可待公司成立后请求公司承担侵权赔偿责任,但在发起人存在过错的情况下,公司仍可以向发起人追偿[《公司法司法解释(三)》第5条]。这一侵权责任规定与公司成立后公司法定代表人侵权责任承担相似。另一方面系侵权对象为公司的侵权行为,例如,发起人虚假出资、抽逃出资的情况下,对此《公司法》(2024)规定了较为严格的行政处罚措施[《公司法》(2024)第252、253条]。

三、设立瑕疵或设立失败时的发起人责任

理论上而言,设立瑕疵或设立失败时,发起人的责任范围应当包含对债权人的民事赔偿责任和对发起人的行政处罚。

《公司法》(2018)第94条规定,股份有限公司的发起人在公司不能设立的情况下,要对设立行为所产生的债务和费用负担连带责任,对于认股人的股款和利息负担连带责任。其中,认股人的股款返还与股息赔偿责任还发生在发起人未能在30日内召开创立大会的情况下[《公司法》(2024)第44、105条吸收了以上内容]。

虽然立法形成了体系性的责任规范,但具体问题上仍有待完善,例如前述公司设立成功后发起人的责任能否排除问题,立法没有给出明确回答。不过,依笔者前述观点,在由成立后公司承担的情况下,自应排除发起人的法律责任。

【理论基础】

从前述规范可以看出,发起人的责任大致可以分为公司设立成功时可能承担的责任，这些责任包含合同责任和侵权责任；公司设立失败时的责任，这些责任同样包含合同责任和侵权责任，同时还可能包含部分行政责任。

一、公司设立成功时发起人可能承担的责任

《公司法司法解释（三）》第3条第2款明确，发起人为自己利益以公司名义签订合同，公司可以不承担责任。也就是说，原则上根据合同记载确定当事人，除非公司能够举证证明其并不享有合同利益，但即便如此也不能对抗善意相对人。当然，若因第三人善意而导致公司需承担责任，公司可以向发起人追偿，请求权基础应为不当得利的返还请求权。

在设立公司的过程中，发起人可能对第三人或公司造成损害，在公司设立失败的情况下，发起人应直接向第三人承担侵权责任，但若公司设立成功，对于给第三人造成的损害，原则上应由公司承担责任，但公司可以向有过错的发起人追偿。从性质上来看，该项侵权责任近似于雇主责任，即与《民法典》第1191条第1款的规定基本一致。

此外，发起人之间可能相互承担出资担保责任，如《公司法》（2024）第50条规定出资补足的连带责任。该条规定了发起人之间的出资担保义务。发起人之间就出资承担连带责任的规定充分体现出我国《公司法》在资本维持原则的理念下对资本流入端的控制。除了债权人保护的目的之外，要求发起人之间互保也是防止发起人“空手套白狼”，损害嗣后加入的股东及公司之利益。不过，也有观点认为这种强化发起人对公司资本看护责任的做法，“进一步造成了发起股东不肯或不能放弃自己对公司的控制的恶性循环”。[①]

二、公司设立失败时发起人可能承担的责任

对于发起人之间的法律关系，主流学说认为是一种合伙关系，[②]当公司设立失败时，发起人需共同对第三人承担责任，责任形式一般为连带责任。但就发起人内部的责任分担问题，发起人之间可能在发起协议中存在约定。基于民商法中意思自治的基本价值追求，《公司法司法解释（三）》第4条第2款也详细规定了责任承担的比例。此外，公司设立失败可能是可归咎于部分过错发起人，若要求没有过错的发起人也承担责任，有违过错责任的原理。因此，《公司法司法解释（三）》第4条第3款进一步就过错责任作出具体规定。

从具体的责任内容来看，发起人对第三人承担的责任主要包括三个方面。第

---

① 邓峰：《普通公司法》，中国人民大学出版社2009年版，第252页。

② 参见施天涛：《公司法论》（第4版），法律出版社2018年版，第110页。

一，对第三人负担的债务和费用。在公司设立的过程中，发起人需要与第三人签订各种类型的合同，以服务于公司设立，例如，可能需要租赁房屋作为注册地址，可能需要购置办公用品等。第二，其他认股人已经缴纳的股权及利息。对于股份公司而言，《公司法》(2024)规定了发起设立和募集设立两种情形。但实践中，公开募集设立公司比较难以满足《证券法》关于公司上市条件的相关规定，因此我国大多数的股份公司是发起设立的。对于发起设立的股份公司而言，发起人可以向其他人募集股份，若公司发起失败，那么发起人应返还募集的股款及相应利息。第三，对第三人的侵权责任。在公司设立的过程中，发起人很可能在履行职责的过程中侵害第三方合法权益，即构成职务侵权，从而需承担相应的侵权责任，该责任则由全体发起人承担，责任类型为不真正连带责任。

除了对第三人承担的责任之外，发起人之间基于其设立公司的共同目的而互负信义义务，该信义义务的基础是发起人之间签订的发起人协议。《公司法》(2018)第83条还明确规定发起人协议可以作为发起人承担违约责任的基础，因此，当发起人没有尽到信义义务而导致发起失败或给其他发起人造成损失时，应承担违约责任。不过，该条内容在《公司法》(2024)中被删除。当然，信义义务的解释并非学界主流观点，但其未尽履约义务而承担违约责任则是毋庸置疑的。

【审判实务】

司法实践中涉及发起人法律责任的案例也分为公司设立成功时的法律责任和设立失败时的法律责任。

一、公司设立成功时发起人可能承担的责任

在“青岛祥云和瑞游艇租赁有限公司、青岛金博洋船艇科技有限责任公司等船舶买卖合同纠纷案”①中，法院审查成立后公司是否应当承担法律责任的重点，是该事项是否属于为设立公司而从事的民事活动，并对其提出了两项标准，即签订合同属于设立法人期间从事的民事活动，以及该行为是为了设立法人而实施。当然，对于何为“为了设立法人”的事项，该案并没有作出较为全面的回答。理论上，依据《公司法》(2018)的规定，公司设立的条件之一为公司住所，这也就意味着房屋租赁是《公司法》(2018)规定的一个设立必要事项，但实践中的情形却是五花

---

① 山东省高级人民法院民事裁定书，(2022)鲁民终1305号。

八门,例如实践中还存在将融资合同、劳动合同纳入其中的案例。[①] 也有案件中,法院对《民法典》第75条和《公司法司法解释(三)》第2、3条的适用结合了公司的明示或默示认定。[②] 而与此相反,有些案例中,法院依据《民法典》第75条第1款,认为成立后公司不予认可该项先公司合同视为违背了诚信原则。[③] 当然,也有部分案例省略了前述认定过程,而径直认定成立后公司的法律责任,[④]或是依据该条来判定当事人主体是否适格。[⑤] 即便是企业尚未登记,法院也会依据前述规定认定应当由成立后企业承担法律责任。[⑥] 不过,也有司法裁判提出,在公司正式成立之前,该合同责任仍归于设立人承担。[⑦]

我们可以看出,在公司设立成功的情况下,对《民法典》第75条、《公司法司法解释(三)》第2、3条的适用已经接近于认定公司为唯一的责任主体,只是部分裁判观点提出,在公司尚未成立时还应当强调发起人的法律责任。当然,在本专题"问题一"的审判实务部分也提及了要求发起人承担责任的案例,但整体而言,由于2017年《民法总则》(现已为《民法典》取代)的颁布和2020年《公司法司法解释(三)》的修正,以发起人个人名义签订合同已经删除了明示或默示接受的审查,先公司合同的责任承担主体基本已经落到成立后公司上,发起人仅在为个人利益签订合同的情况下需要承担合同责任。即便如此,在司法实践中,审查发起人是否为个人利益签订合同的案例也并不多见。

与公司合同责任不同的是,发起人的侵权行为在裁判中可能存在两种解释,

---

① 参见王某阳、青岛环亚太商品交易中心股份有限公司劳动争议案,山东省高级人民法院(2019)鲁民申339号民事裁定书。

② 参见厦门橙美文化有限公司、彼岸星辰(厦门)商务咨询有限公司合同纠纷案,福建省高级人民法院(2020)闽民申3134号民事裁定书;张某星、开封市迪胜物业管理有限公司物业服务合同纠纷案,河南省高级人民法院(2020)豫民申3938号民事裁定书。

③ 参见武汉华士威机电技术有限责任公司、武汉华大机械工程有限公司确认合同无效纠纷案,湖北省高级人民法院(2018)鄂民申4479号民事裁定书。

④ 参见河南弘士博教育信息咨询有限公司、河南嘉凡教育信息咨询有限公司等建设工程合同纠纷案,河南省高级人民法院(2021)豫民申6182号民事裁定书;湖南娄底农村商业银行股份有限公司、娄底市三业房地产开发有限公司合同纠纷案,湖南省高级人民法院(2020)湘民申3127号民事裁定书;四川勇拓集团实业有限公司、重庆勇拓置业有限公司借款合同纠纷案,四川省高级人民法院(2019)川民终800号民事判决书。

⑤ 参见广宏建设集团有限公司、利辛县第五中学建设工程施工合同纠纷案,安徽省高级人民法院(2020)皖民终385号民事判决书。

⑥ 参见石家庄精英中学、大名县金池中学商业贿赂不正当竞争纠纷案,河北省高级人民法院(2019)冀知民终222号民事判决书。

⑦ 参见南京友筑建筑劳务有限公司、山东科信达建筑安装有限公司建设工程施工合同纠纷案,山东省高级人民法院(2019)鲁民申1602号民事裁定书。

即公司责任和发起人的个人责任。前者在前述“问题一”的审判实务中有所体现。针对后者，在“程某琪、中山市赢禾照明科技有限公司侵害外观设计专利权纠纷案”①中，广东省高级人民法院驳回上诉人（发起人）的请求，理由为发起人未能证明其行为属于因履行公司设立职责而为的职务侵权行为，因此应当承担举证不能的不利后果。

由此可以看出，在《民法典》第75条与《公司法司法解释（三）》第2、3条的规范调整下，当前公司设立成功情况下的发起人法律责任更多倾向于承担侵权责任，这类侵权责任既包含针对第三人的侵权，也包含对公司的侵权。当然，侵权行为在经过职务行为的判断后，法院也可能判决由成立后的公司承担相应侵权责任。

二、设立瑕疵或设立失败时的发起人责任

如前所述，当前较多规则集中于公司设立失败时发起人责任，而对于设立瑕疵则更多交由行政法律规范调整。司法实践中，发起人设立失败时法律责任的调整规则主要为《公司法》（2018）第89条第2款、第94条［该条在《公司法》（2024）中未保留］以及《公司法司法解释（三）》第4条，而上述规范都属于股份有限公司，尚未关注到有限责任公司。通过司法裁判数据来看，公司设立失败时发起人的法律责任更多是一种合同责任，《公司法》（2018）第94条和《公司法司法解释（三）》第4条对发起人责任有着详细规范，在实践中争议较少，案例的区别主要在于责任分担的比例。② 而对于设立失败时发起人之间的法律关系，主流裁判观点认为发起人之间为合伙关系，并以此来认定发起人的责任承担。

【典型案例】

谢某桥与南昌市红谷滩新区乡镇企业城管理委员会与江西智光实业发展有限公司联营合同纠纷案③

基本案情：

1997年6月22日，第七菜厂、中建二公司与南昌市红谷滩新区乡镇企业城管

---

① 广东省高级人民法院民事判决书，（2019）粤民终303号。

② 参见赵某林、大连鑫奇房地产开发有限公司发起人责任纠纷案，辽宁省高级人民法院（2017）辽民终1299号民事判决书；姚某友、新疆润田科技发展有限公司与马某龙发起人责任纠纷案，新疆维吾尔自治区高级人民法院（2018）新民终199号民事判决书。

③ 参见最高人民法院民事裁定书，（2016）最高法民申37号。

理委员会(原江西省南昌市长凌乡镇企业城管理委员会,以下简称长凌管委会)签订《合资经营南昌中建江南名优商品交易城有限责任公司合同书》,约定筹建公司事宜,其中,第七菜厂的主要负责人为谢某桥,合同书约定合营公司投资总额18,000万元人民币,采用三方投资和募集方式筹措资金。第一笔投资额为8600万元,其中,中建二公司投资3000万元,以经审核后的建筑工程量造价作为资金投入,占34.9%,长凌管委会投资2400万元,以约200亩土地的40年土地使用权转让金计算约为2400万元作为投入,占27.9%,第七菜厂以现金方式投资3200万元,占37.2%。三方根据出资比例和出资形式,保证交易城A、B楼工程竣工后,按三方实际出资额确定各自在合营公司所得股份。中建二公司以交易城大厦A、B楼竣工验收为投资到账时间,长凌管委会以办好土地使用权证手续并领取土地使用权证为到账时间,第七菜厂应在1997年7月底之前进资1500万元,其余1700万元在8月28日前进资完毕。

之后三方均违约,公司未能成立。但交易城大厦A、B楼建设工作已经进行,1998年1月13日,中建二公司、长凌管委会与第七菜厂签订《南昌中建江南名优商品交易城有限责任公司关于交易大厦B楼的协议》约定,交易大厦B楼移交第七菜厂继续进行投资建设直至竣工,前期施工造成的施工损失由第七菜厂与中建二公司共同承担。1998年5月20日,长凌管委会出具证明,批准前述交易大厦B楼移交第七菜厂谢某桥独资投资建设,原施工单位已投资建设的工程款由第七菜厂谢某桥负责偿还。后第七菜场将该项目分包给第十五公司建设。

1999年8月6日,长凌管委会委托会计师事务所对该在建工程价值进行评估,之后长凌管委会与中建二公司就该大厦A、B楼施工签订协议遗留问题的处理,约定由长凌管委会接收中建二公司移交的在建工程。对此,谢某桥承认参加第一次会议,但对处理大厦A、B楼之事不清楚。1999年10月20日,长凌管委会与嘉宝公司签订《土地及相关建筑物转让合同书》,将该在建建筑转让给嘉宝公司,2000年2月22日,长凌管委会又将该在建建筑转让给智光公司,三方签订了三方协议,由智光公司取得建筑物产权和土地使用权,对A、B楼进行续建。之后由于前述合资协议发生纠纷,谢某桥将长凌管委会诉至法院,请求其承担因违约导致的投资开办费、招商费、差旅费、员工工资、工程款等费用。

裁判要旨:

一审判决认为,三方均未按合同的约定履行出资义务,致使合资公司一直未注册成立。在合资公司未依法设立、合同已终止履行情形下,当事人可依照合同约定,依出资比例对公司筹建期间积累的财产进行分配。当事人在公司筹建期间的关系属合伙关系,按照合伙理论,公司筹建期间积累的财产应当包括公司股东投入的财产和筹建期间积累的收益。对谢某桥提出的赔偿费用,由于证据不足,无法证明,故而不予支持。对于谢某桥主张的合伙期间积累的财产收益,长凌管委会将该在建建筑和土地使用权转让后,实际价值远远低于投资,因而合伙期间并无收益,反而是亏损状态,故而不予支持。

二审判决认为,经由(2005)赣民一初字第2号裁判文书,谢某桥部分损失赔偿已有裁判,不得再行主张。谢某桥主张赔偿证据虽未予认定,但其接手大厦B楼建设事实客观存在,而长凌管委会与中建二公司终止该施工合同并处理遗留问题时并未与谢某桥商议,侵犯了谢某桥的财产权益,鉴于时过境迁10年多,已无法查明具体投入和损失,酌定长凌管委会赔偿谢某桥损失80万元。对于合伙期间是否有收益的问题,由于三方均违约,合资公司尚未成立,资金来源与资金占用相抵赤字6831.57元,基本持平,账目上面没有收益,故而对其主张不予支持。

再审判决认为,关于该案定性问题。该案纠纷系由长凌管委会和两个案外人未能依约共同设立合资公司而引起,由于合资企业未能依法设立,当事人在公司筹建期间的关系应属合伙关系,公司筹建期间各方当事人投入和积累的财产收益归各方当事人共同共有。原审法院根据当事人的具体诉讼请求将该案定性为联营合同纠纷并将各方当事人在公司筹建期间的关系认定为合伙关系并无不当。

裁判评析:

该案从一审、二审到再审,均以公司未成立,发起人之间为合伙关系作为裁判依据,略有差异的是,二审法院更进一步,将公司设立期间的所有行为均纳入合伙关系的裁判中,因而长凌管委会与中建二公司就大厦A、B楼的协商行为显然是违背了合伙关系的要求,长凌管委会在第七菜厂经三方协商接受后续建设项目的情况下,仍私自转让大厦A、B楼权益,显然既违背了合伙关系的共同决议要求,也存在无权处分之嫌疑,只是谢某桥在诉讼中仅仅主张长凌管委会的违约责任,而未主张大厦A、B楼的处分合同无效或可撤销。司法实践中将发起人之间的关系认定为合伙,更为务实,在法律关系的处理上更为简洁明了。

问题三　公司设立瑕疵的法律后果

公司设立是一系列行为的组合,其中任何环节出现问题都可能导致最终成立的公司出现瑕疵,而公司设立出现瑕疵时如何处理又将直接关系到公司、股东、债权人甚至劳动者一系列主体的权益。因此，准确理解公司设立瑕疵的一系列制度设计和裁判逻辑将有助于合理妥善地处理公司设立瑕疵纠纷案件。

【规范梳整】

从我国的立法和司法实践来看，公司设立是一个关联私法和公法的问题，前者主要为发起人私法意义上的发起行为，如签订合同、召集成立大会，后者则主要指公司登记机关的登记及撤销。因此，公司设立瑕疵的规范包含《公司法》(2024)《行政许可法》《市场主体登记管理条例》等，相关问题则包含公司瑕疵的情形界定、设立瑕疵的法律后果、申请撤销公司登记的主体和期限、登记撤销或无效的法律后果等。

一、公司设立瑕疵的类型界定

我国当前关于公司设立瑕疵的规范主要为《公司法》(2024)第250条，该条罗列了公司设立瑕疵的情形，主要包括虚报注册资本、提交虚假材料或者采取其他欺诈手段隐瞒重要事实取得公司登记。从兜底条款可以看出，公司设立瑕疵的主要情形为通过欺诈手段取得公司登记。

虽然公司设立登记是属于行政许可还是行政确认在理论上存在争议，但实践中经常将其视为行政许可。由于该部分涉及实务内容较多，为梳理实践中出现的问题，抛开其性质本身，①仍将行政许可相关规范列置于此。因此，设立瑕疵的类型还应当包含《行政许可法》规定的一般情形。依据《行政许可法》第69条第1款，瑕疵的许可情形还包括：(1)行政机关工作人员滥用职权、玩忽职守作出准予行政许可决定的；(2)超越法定职权作出准予行政许可决定的；(3)违反法定程序作出准予行政许可决定的；(4)对不具备申请资格或者不符合法定条件的申请人准予行政许可的；(5)依法可以撤销行政许可的其他情形。前款规定情形为“可以撤销”，该条第2款则规定“被许可人以欺骗、贿赂等不正当手段取得行政许可的，应当予以撤销”。《公司法》较之于《行政许可法》在公司登记问题上属于特别法规范，在《公司法》没有规定的情况下应当适用《行政许可法》，后者对于公司登记撤销的情形主要为行政机关及其工作人员的违法行为，而《行政许可法》第69条第1款第4项“不具备申请资格或者不符合法定条件”则引致《公司法》或《市场主体登记管理条例》关于公司设立的要求，包括发起人人数、公司章程、公司名称、公司住所等。

---

① 关于公司登记的法律性质问题，本书将在专题二中详细探讨。

二、公司设立瑕疵的后果

公司设立瑕疵的后果大致可以分为三个方面，一是针对公司，依据《公司法》(2024)第250条，以欺诈手段取得公司登记的，首先由公司登记机关责令改正，并对公司处以罚款，在瑕疵严重的情况下，由公司登记机关对该登记予以撤销，或者吊销公司营业执照。二是针对责任人，根据《市场主体登记管理条例》第40条第3款，公司登记被撤销后，直接责任人将被处以3年内不得再次申请市场主体登记的处罚。三是针对其他相关人员，根据《公司法》(2024)第257条，承担资产评估、验资或验证机构提供虚假材料的，由公司登记机关对其作出行政处罚。倘若是因过失出现遗漏，视情节对其实施责令改正、罚款或者吊销资格证书、营业执照等行政处罚。

除此以外，《市场主体登记管理条例》第41条还细化了《行政许可法》第69条第3款，对"可能对公众利益造成重大损害的，不予撤销"，增加了"撤销市场主体登记后无法恢复到登记前的状态"这一具体情形，和"法律、行政法规规定的其他情形"这一兜底条款作为撤销登记例外情形。

三、申请撤销公司登记的权利主体与期限

关于申请撤销公司登记的权利主体，《市场主体登记管理条例》第40条第1款规定，"……受虚假市场主体登记影响的自然人、法人和其他组织可以向登记机关提出撤销市场主体登记的申请"。而对于申请撤销公司登记的期限，《公司法》(2024)与《市场主体登记管理条例》均未予以规定。

依据《行政许可法》第69条，能够撤销行政许可的单位为作出行政许可决定的行政机关或者其上级行政机关。依据《公司法》(2024)第250条，责令改正的机关为公司登记机关，依据该条的文义解释，撤销公司登记的主体同样应为公司登记机关。至于撤销公司登记的期限，《市场主体登记管理条例》第40条第2款仅规定了在无法联系相关市场主体和人员或者拒不配合的情况下，登记机关可以在通过国家企业信用信息公示系统公示45日后撤销该市场主体的登记。

四、公司登记被撤销或被宣布无效的法律后果

《公司法》(2024)并未明确规定公司登记被撤销后的债权人保护规则，但如前所述，在公司因故未能成立的情况下，以发起人之间为合伙关系处理相关债权债务。对于该条是否能够将公司登记被撤销解释为公司因故未能成立，立法并未给出明确答案。同样的，由于我国并未建立公司设立无效制度，故更无法从既有规范中演绎出公司登记无效的法律后果。

【理论基础】

从现行规范来看,一方面,针对公司设立瑕疵,我国只规定了瑕疵补正和撤销制度,并未规定设立无效制度;另一方面,针对瑕疵撤销的模式,不论是责令补正还是撤销登记,行使机关都是公司登记机关而非司法机关,因而是一种行政否定模式。由此可以看出,我国公司设立瑕疵的处置模式为单一的行政撤销模式,同时,我国对于公司设立瑕疵的类型列举较为狭窄,这也意味着,仍然存在其他种类的瑕疵情形尚缺乏法律的规范。

一、公司设立瑕疵的类型

一般而言,公司设立出现瑕疵大体可归结于如下三个方面的原因。

第一,设立主体相关原因。其是指发起人或者股东主体资格欠缺或者其意思表示有所缺陷,主要表现为发起人或股东中有无民事行为能力人或限制行为能力人,这类主体所实施的设立行为如未经法定代理人追认则当然无效;发起人或股东所实施的设立行为并非其真实的意思表示,如因受欺诈、胁迫而作出意思表示;发起人或者股东明知其行为将侵害债权人利益,而作出设立的意思表示。

第二,设立行为原因。设立行为的原因主要涵盖公司设立时违反了法定的条件或者法定程序要求,抑或设立行为违反了其他强制性的法律规定。具体包括发起设立的发起人没有依法认足公司应发行的全部股份,或者募集设立所发行的股份超过招股说明书规定的截止日期而未募足;发起人不符合法定资格或不足法定人数;没有公司名称或住所、建立的组织机构不符合公司的要求、公司章程绝对必要记载事项欠缺或记载违法、公司发行股份存在重大缺陷,或者没有召开创立大会;发起人向登记机关提交了虚假的登记申请材料等。

第三,设立目的原因。我国《公司法》关于公司目的的管制主要是限制公司的经营范围,但经过历次《公司法》修改,绝大部分公司经营范围的限制或是通过行政许可形式的行政监管来实现,或是已基本取消限制,因而公司设立目的瑕疵在实践中并不多见。但跳脱监管的视角可以发现,仍然存在严重的公司设立目的违法现象,例如为洗钱而设立公司,不过这一类瑕疵还需要区分是设立目的违法还是成立后公司从事的违法行为。

从上述不同原因来看,公司设立瑕疵在形式上可以大致包含设立主体不合法、欠缺公司设立的文书、通过欺诈手段骗取登记、公司设立程序违法、公司设立目的违法等。而当前我国关于设立瑕疵的立法更多关注的是虚假出资、通过欺诈手段设立公司等情形,同时对于瑕疵出资则通过个人法律责任而非否定公司设立登记的方式予以规范。

二、公司设立瑕疵的否定模式

从世界范围来看,公司设立瑕疵通常会导致瑕疵补正、设立撤销和设立无效,部分国家还规定会产生司法解散的后果。在我国,设立瑕疵还会导致吊销营业执照这一法律后果。公司作为商事主体,关联股东、董事、监事、供应商、劳动者、消费者等主体的利益,轻易否定其法律主体地位往往会产生大量纠纷,不利于经济稳定,因而不论是立法还是司法实践,都对否认公司设立采取极为谨慎的态度,这也是我国《公司法》对于出现设立瑕疵情况时首先要求其进行瑕疵补正的原因。但在出现严重瑕疵的情况下,仍然需要采用否定公司设立方式来维护利益相关者的合法权益和避免瑕疵设立的公司带来更大的损害,其中,瑕疵设立的否定模式包含撤销和无效,而依据行使主体的不同,否定模式还包含司法否定和行政否定。

"公司瑕疵设立指已经获得登记注册的公司,有违反公司设立条件(实体或者程序条件)的情形"①,公司设立无效是指"公司设立虽然在形式上已经完成,甚至公司已经获得了经营执照,但实质上却存有条件或程序方面的缺陷,或者说设立有瑕疵,故法律上认为该公司应当撤销,该公司的设立应当被认为无效"②。单从概念界定来看,公司设立瑕疵被撤销与被宣告无效之间并无实质差异,甚至设立无效仅仅是设立被撤销的结果。这与通常所理解的撤销、无效乃至不成立存在差别。撤销与无效的划分来源于法律行为理论的演绎,当法律行为中出现欺诈、胁迫等影响到当事人意思真实或意思自由的情形时应当允许被欺诈或胁迫的当事人申请撤销,而当法律行为违反公序良俗、有害公共利益、违背法律强制性规定时,该法律行为应当被宣告无效。由此可以看出,无效与撤销的区别在于法律行为瑕疵的程度。我们从前述规范梳整中的瑕疵情形可以看出,倘若将公司登记视为与法律行为等同地位,则通过提交虚假材料或虚假证明获取企业登记的行为则相当于欺诈在法律行为中的地位,因而公司设立的撤销与法律行为的撤销并无二致。但公司设立瑕疵的情形又远不止欺诈这一种情形,学者提出,设立瑕疵同时还应当包括股东瑕疵、章程瑕疵、组织机构瑕疵、程序瑕疵、目的瑕疵、设立人意思表示方面的瑕疵等。③ 我国《公司法》及相关法律法规尚未涉及这些问题,因此上

---

① 汪世虎、蒙瑞华:《我国公司瑕疵设立法律制度建构》,载《河南财经政法大学学报》2014 年第 5 期。

② 张乐新、赵亮:《公司设立无效制度的理论阐释与制度建构》,载《学术交流》2014 年第 6 期。

③ 参见汪世虎、蒙瑞华:《我国公司瑕疵设立法律制度建构》,载《河南财经政法大学学报》2014 年第 5 期。

述情形应当如何处理成为一个棘手问题。

在域外,上述不同情形大致会导致撤销、无效和司法解散等几种结果,例如,在我国台湾地区,出资瑕疵和伪造、编造公司登记文件的,以单一的行政撤销方式处理,而出资瑕疵在德国则可能会导致公司设立无效。公司设立目的瑕疵、股东能力或人数瑕疵在意大利和法国是公司设立无效的法定事由之一。而在英美法系中,针对公司设立目的违法、不实陈述骗取证书这些严重瑕疵的情形,一般会采取司法强制解散的方式处理。可以看出,英美法系对于设立瑕疵更加注重处理手段,而大陆法系在撤销或宣布无效之前,至少在逻辑上需要先确认该公司设立是无效还是可撤销。

无效与可撤销更加符合大陆法系的特征,因此总结来看,设立行为违反私法而引发平等主体之间的诉争时,通常以法院判决设立无效或设立撤销的方式处理,而设立瑕疵本质上是违反公法规定,若公司设立损及登记权威与社会公益,则由行政撤销手段处置。因此,从逻辑上看,撤销和无效应当分别用来处理一般瑕疵和严重瑕疵的情形,但现实中,不同国家还要依据司法与行政体系的不同分工来划分撤销与无效,并且,从多数国家来看,司法裁判往往用来处理设立无效问题,这也导致部分学者认为,设立无效为国际通行做法。①

三、公司设立无效之诉的诉讼要点

公司设立无效之诉在各国公司立法例中属于十分常见的制度,许多国家将此种司法裁判作为公司设立无效的终局性法律评价方式。公司设立无效是一种对公司人格全面、永久、不可逆转的否定,其与公司法人人格否认制度存在本质区别,法人人格否认制度只是对公司人格个别的、暂时性的、可恢复的否认。他国公司法普遍将公司设立无效以利害关系人向法院提起无效之诉为前提,此种诉讼制度主要包含以下要点内容。

首先,诉讼的主张是公司设立无效,而无效的原因包括公司设立违反法定条件、法定程序以及其他相关强制性规定等,一般仅限于不可补救的严重客观瑕疵。在有些国家的公司法中规定了公司设立撤销制度,因发起人的身份导致设立无效的情况一般被归入公司撤销制度下。而在未规定公司设立撤销制度的立法例之下,发起人不具有行为能力或者意思表示不真实等主观瑕疵同样可作为设立无效的理由。

其次,提起诉讼的原告通常包括公司股东、董事、监事与债权人,个别国家的公司法将诉讼原告仅限于股东,诉讼的被告自然是设立完成的公司。当诉讼原告

---

① 参见郑曙光:《公司设立无效之诉的比较法考察》,载《法学评论》2011 年第 1 期。

为公司股东时,与原告股东持相同立场的其他股东可以作为共同原告,而持不同立场的股东可能被法院通知作为第三人参与诉讼。

再次,诉讼的受理与审理方面,一般由被告公司的所在地法院管辖,诉讼受理后公司应立即告知利害关系人。设立无效之诉应从公司成立之日起一定期限内提起,具体期限、时长各国有不同规定,且该期限不作为诉讼时效期间对待,不会发生中断或中止等问题。如果最终法院判决公司设立无效,公司应公告判决内容并向社会公众告知。

最后,公司设立无效之诉的法律后果分为两类,即原告胜诉或者原告败诉。原告胜诉的法律后果是,公司设立无效具有对世效力,任何人不得再次提起设立无效之诉,但无效判决不具有溯及力,只对将来发生效力,判决之前的公司将成为一种"事实上的公司",已经发生的法律关系不受影响。公司一经被判决设立无效,即应当进行解散清算,清算后办理注销登记以彻底消灭公司。原告败诉的法律后果是,公司继续存续,其他利害关系人可以再提起设立无效之诉,但法院有权责令恶意起诉的败诉原告对公司承担赔偿责任,以抑制滥诉行为。

四、述评

整体上来说,我国采用的是单一行政否定模式,即行政撤销公司登记的方式,这与学界所谓的公司无效之诉有所不同,其为司法否定模式。但应当采用何种模式既与本土实践相融合,也与公司设立的属性相匹配。一方面,我国公司登记部门为行政机关,因而当公司登记存在瑕疵时,可以理解为登记部门受到欺诈,或者因为登记部门的行为而导致的瑕疵登记(如通过贿赂获得的登记),因此从行政法的基本原理来看,公司登记的撤销部门应当为行政部门。而域外部分国家采用司法否定的方式,有部分原因在于其公司登记部门为法院。另一方面,公司设立登记为具体行政行为,倘若认为该具体行政行为不合法或有瑕疵,可通过申请撤销、行政复议以及行政诉讼的方式实现救济,因而欠缺公司设立无效之诉并不意味着在我国对于公司设立瑕疵当事人诉讼无门。当然,行政否认模式仍存在一些问题,建立公司设立无效之诉制度在学术界仍然得到强力的支持,笔者也持此观点。

但反过来,我国公司设立瑕疵的处理仍然存在不足之处,其一,部分公司设立瑕疵未被包含在内,例如,公司设立目的违法;其二,公司设立瑕疵被撤销后的法律后果未有明确,例如,撤销设立是否溯及既往、如何保护善意第三人等。这些问题仍然有待司法实践的探索和立法的改进。

【审判实务】

由于我国采取的是公司设立瑕疵的行政撤销模式,因而诉至法院的纠纷主要可以分为三类，第一类为行政诉讼，即对公司登记机关撤销行为不服的；第二类为公司设立被撤销后，对其先前行为的法律效力产生争议的；第三类为公司设立无效诉讼，虽然我国尚未建立公司设立无效制度，但实践中仍然出现了部分无效之诉，颇值得关注。这三类中，第一类诉讼主要审查撤销行为是否合法，因而多为程序性实务，故而不再对其作过多介绍。笔者更为关注第二类与第三类情形。

一、公司设立登记被撤销后的争议

公司设立登记被撤销后，较易引发争议的通常为其先前的行为是否有效，即撤销行为是否具有溯及力。实践中，主流的观点认为撤销行为不具有溯及力，公司设立登记被撤销后并不会影响在先的合同效力。在"范某琦、范某芳等与深港贸易公司等股权转让纠纷案"①中，法院指出，我国之所以采用行政撤销方式，主要是出于维持企业成立有效的价值取向，公司在被撤销之前仍然有效存在。即便是域外采用了公司设立无效诉讼制度，也是要求在一定限期内提起诉讼，也明确保留法人资格至清算结束，即设立无效不溯及既往，立法意旨仍体现企业维持原则。在"江苏建兴建工集团有限公司与唐某柱等建筑设备租赁合同纠纷案"②中，法院认为，"建兴北京公司系刘某岭以欺骗手段于 2008 年 10 月 14 日取得设立登记行政许可，后被北京市工商行政管理局门头沟分局撤销，属于公司设立无效的情形。公司设立无效被撤销，并无溯及力……签订《模板租赁合同》不存在法定合同无效的情形"。在"孟某莉等与中国石油天然气股份有限公司北京销售分公司企业承包经营合同纠纷案"③中，法院指出，"就公司设立无效是否具有溯及既往效力的问题，因公司行为所影响的既有内部关系，还有外部关系。无效设立的公司事实上可能已经以公司名义从事了一系列的交易行为，如果认定其法人资格自始无效，就可能对交易人的利益产生重大影响，极易造成社会交易秩序的混乱。故公司设立无效不具有溯及力"。

二、公司设立无效诉讼

最早在 2000 年，安徽省高级人民法院在（2000）皖经终字第 154 号民事判决书中认定"美国培德公司、交行蚌埠分行注册成立的中外合资经营企业安徽淮美公司设立无效"，该判决的主要事实依据为一方出资行为违约。事实上，虽然公司设立无效问题在许多司法裁判文书中有出现，其中也提到公司设立无效之诉，但

---

① 安徽省合肥市中级人民法院民事判决书，（2013）合民四初字第 00001 号。

② 北京市第二中级人民法院民事判决书，（2019）京 02 民终 8726 号。

③ 北京市第二中级人民法院民事判决书，（2017）京 02 民终 2209 号。

法院实际裁判公司设立无效的案例寥寥无几，大多数裁判以我国尚未规定公司设立无效之诉制度，应寻求行政撤销为由驳回诉讼请求。例如，在“成亨投资有限公司与南京金厦实业有限公司公司设立纠纷案”①中，法院明确指出，要求确认公司设立无效，应当通过申请公司登记机关撤销设立登记，或者通过行政诉讼请求判令公司登记机关撤销设立登记的途径寻求救济。在“上诉人赫某、于某琴与被上诉人冯某颖股权确认纠纷案”②中，法院指出，“第三人冯某颖主张远望公司设立无效。虽远望公司设立中存在瑕疵，但公司法仅规定了公司瑕疵设立情节严重的采用可行政撤销理论，尚未设置公司设立无效。故对第三人冯某颖的该主张本院不予支持”。而在部分案例中，法院裁判虽然认为公司设立无效，其本质上仍然是建立在公司设立被撤销的基础上。例如，在“孟某莉等与中国石油天然气股份有限公司北京销售分公司企业承包经营合同纠纷案”③中，法院指出，“……以欺骗、贿赂等不正当手段取得行政许可……作出撤销开业登记、行政许可登记的决定，属于公司设立无效”。

如前所述，公司设立无效制度有公司设立撤销之诉所不可替代的价值，但《公司法》(2024)依然未设立这一制度。司法实践大多数法院不认可公司无效之诉，其通常会向当事人释明，让当事人通过行政撤销之诉寻求救济。

【典型案例】

成亨投资有限公司与南京金厦实业有限公司公司设立纠纷案④

基本案情：

金厦公司系我国香港地区与内地合资企业，股东为成亨投资有限公司(以下简称成亨公司)、田园公司、金智公司，其中金智公司持股72.14%、田园公司持股21.86%、成亨公司持股6%。金厦公司章程第21条规定：“合营公司设董事会，董事会是合营公司的最高权力机构。”第23条规定：“董事会由七名董事组成，其中甲方(即田园公司)委派二名，乙方(即成亨公司)委派一名，丙方(即金智公司)委

① 江苏省高级人民法院民事裁定书，(2015)苏商外终字第00039号。

② 辽宁省沈阳市中级人民法院民事判决书，(2015)沈中民三终字第297号。

③ 北京市第二中级人民法院民事判决书，(2017)京02民终2209号。

④ 参见江苏省南京市中级人民法院民事裁定书，(2014)宁商外初字第67号；江苏省高级人民法院民事裁定书，(2015)苏商外终字第00039号；最高人民法院民事裁定书，(2016)最高法民申586号。

派四名。……”第29条规定:“董事长应在董事会开会前十天书面通知各董事,写明会议内容、时间和地点。……”第30条规定:“董事会会议应有过半数的董事出席方可举行。董事会就下述事项作出的决议,必须经全体董事的2/3以上通过方为有效:……(四)对外投资,包括但不限于……投资设立新企业……”第32条规定:“董事会每次会议,须作详细的书面记录,并由全体出席董事签字,代理人出席时,由代理人签字……”2011年7月30日,康厚公司在江宁工商局登记设立,金厦公司是其唯一股东。

2012年6月11日,成亨公司将江宁工商局作为被告、金厦公司和康厚公司作为第三人,向一审法院提起行政诉讼,要求判令撤销康厚公司的工商设立登记。该案审理过程中,江宁工商局向法院提交了2011年6月15日金厦公司董事会工作决议一份,该决议载明了设立康厚公司的内容,并有马某设、丁某异、李某坤、王某寿、吴某全、徐某六人的签字,且印有“仅限办理接受江宁工商局调查康厚设立询问使用”字样。后成亨公司申请撤诉,2012年7月18日,一审法院出具(2012)宁行初字第34号行政裁定书,准予成亨公司撤回起诉。2014年9月24日,成亨公司将金厦公司诉至南京市中级人民法院,请求法院判令康厚公司设立无效。

裁判要旨:

一审判决认为,对康厚公司设立效力争议的处理是否属于人民法院受理民事诉讼的范围,根据《公司法》(2013)第6条、第7条及第198条的规定,我国目前对公司法律人格的获得和对公司设立行为的否定,皆为行政主导模式,即由公司登记机关运用行政职权作出。即使公司设立上存有瑕疵,一般情况亦是由公司登记机关责令补正。该案中,成亨公司认为金厦公司在没有依法召开董事会、没有形成有效董事会决议的情况下投资设立康厚公司系违法设立,并以此为由主张否定康厚公司的设立效力。但金厦公司就设立康厚公司已经形成董事会决议,公司登记机关亦有备案。成亨公司以该案民事诉讼的方式主张金厦公司对康厚公司的设立行为无效,没有法律依据。成亨公司要求确认康厚公司设立无效,应通过申请公司登记机关撤销设立登记,或者通过行政诉讼要求判令公司登记机关撤销设立登记的途径寻求救济。该案并非属于人民法院受理民事诉讼的范围,不符合民事诉讼案件的起诉条件,依法应当不予受理;已经受理的,应当予以驳回。

二审判决认为,我国法律对公司设立和公司登记后争议的处理有明确的规定。依据《公司法》(2013)第6条、第198条的规定,公司登记及违法取得公司登记的处理都只能是登记机关依行政职权作出,当事人如对该行政行为不服,可以依法提起行政诉讼。该案中,成亨公司如认为金厦公司没有依法依章程召开董事会及未通过有效董事会决议就设立康厚公司的设立行为无效,应当依法向公司登记机关请求撤销登记。如不服公司登记机关的处理决定,且符合行政诉讼起诉条件,可以依法提起行政诉讼。故康厚公司设立效力争议的处理不属于人民法院受理民事诉讼的范围,成亨公司提起民事诉讼,请求判令康厚公司设立无效,没有法律依据。此外,最高人民法院《民事案件案由规定》规定的公司设立纠纷,是指公司设立过程中产生的民事纠纷,而不涉及行政纠纷。故成亨公司以该条规定为由,主张该案属于人民法院受理民事诉讼的范围,亦缺乏法律依据。由于康厚公司设立效力争议的处理不属于人民法院受理民事诉讼的范围,故该案不对康厚公司设立程序是否合法作出认定。综上所述,成亨公司关于康厚公司设立效力争议的处理属于民事诉讼范围的上诉理由不能成立,其上诉请求应予驳回。

再审判决认为,该案系公司设立纠纷。金厦公司关于设立康厚公司的董事会决议是南京市江宁区工商行政管理局在行政诉讼中向南京市中级人民法院提交的,在公司登记机关亦有备案,可以作为认定该案事实的依据。该董事会决议上有六位董事签字,即便如成亨公司所言缺少一人的签字,也已经符合金厦公司章程关于重大投资应经该公司2/3以上董事通过的相关规定。成亨公司所称的《关于外商投资企业境内投资的暂行规定》(2000)第7条是针对外商投资企业在鼓励类或允许设立类领域投资设立公司行为的规定,该暂行规定系由原对外贸易经济合作部和国家工商行政管理总局于2000年联合公布,不属于法律的强制性规定,其相关内容也不属于法定程序。成亨公司对金厦公司董事会决议的真实性、合法性虽有异议,但并未依照《公司法》(2013)第22条第2款的规定在该董事会决议作出之日起60日内行使撤销权。成亨公司也没有证据证明金厦公司设立康厚公司的行为损害了国家、集体或者他人的合法权益。因此,成亨公司在该案中对金厦公司董事会决议真实性、合法性提出的质疑不能成立,法院不予支持。

裁判评析:

该案的一、二审判决将说理重点放置于对公司设立无效之诉是否属于民事诉讼范围的讨论,两审法院对此的观点十分统一,即认为我国目前对公司法律人格的获得和对公司设立行为的否定,皆为行政主导模式,即由公司登记机关运用行政职权作出。即使公司设立上存有瑕疵,一般情况亦是由公司登记机关责令补正。当事人如对该行政行为不服,可以依法提起行政诉讼。公司设立无效纠纷是行政纠纷,该案并非属于人民法院受理民事诉讼的范围,不符合民事诉讼案件的起诉条件,故依法应当不予受理,已经受理的应当予以驳回。但是在最高人民法院再审过程中,其将案件讨论重点置于金厦公司董事会决议的真实性、合法性方面，对于成亨公司申请再审的第三项理由，即“金厦公司设立康厚公司的民事行为，应当遵循民事法律行为生效的一般规则。该民事行为缺乏真实有效的意思表示，违反了法律的强制性规定，应当确认无效”，并未予以特别回应，采取了回避的态度。

从立法的解释论上分析，有观点认为，既然《公司法》（2024）并未直接规定该类诉讼，法院则不应该创造此种诉讼类型，否则便超出了法院的职权范围；也有观点主张，公司设立属于法律行为，根据《民法典》关于无效法律行为的规定，法院当然可以受理此类案件并对于设立行为的效力作出审查判断，《公司法》（2024）没有直接依据并不能成为相应的阻碍。依笔者所见，公司设立无效之诉在法理层面并不存在任何的障碍，实践中是否应当肯认这类诉讼其实更多是一种立法和司法政策层面的取舍和考量。[①] 由于当前我国的立法机关和司法机关对于这类案件仍然抱有十分谨慎的态度，所以法律上也并没有直接的规定。笔者认为，结合他国的司法实践和我国的国情，公司设立无效之诉在我国确有其存在的必要性，理由如下：第一，我国目前设立了较为严格的公司设立规范，规定了十分严格的设立程序，但是如果我国司法层面缺失了设立无效之诉，将很大程度上损害我国的法治严肃性，没有相应的法律后果也就使得制度设立的意义丧失。第二，我国目前对于公司设立无效所采取的行政撤销制度不足以充分维护公司设立的法治秩序，有违行政权与司法权的衔接关系，由法院来宣告公司设立无效相较于由行政机关来强制解散公司更加符合企业维持原则的要求和理念。第三，公司设立无效的情况下，合同相对人的利益应当得到法律上的维护和保障，目前实践中不乏通过建立公司来逃避债务的行为，只有建立起公司设立无效之诉方能够实现对受害人的司法救济。第四，行政权的行使应当尽量保持谦抑性，尤其对于公司设立这种民事纠纷，应当慎用行政权的公法力量来解决，确立公司设立无效之诉制度更有利于维护整体的社会经济秩序，也更加符合公法关系与私法关系二分的基本法律原则。

---

① 参见李建伟：《公司法学》（第5版），中国人民大学出版社2022年版，第78页。

专题二　公司登记问题

导　语

公司登记是指，公司将应予公示的事项向公司登记机关予以登记，以便监管部门对公司经营活动进行监督和管理。同时公司登记能够降低市场交易的信息成本，有利于市场交易的安全。依据《市场主体登记管理条例》第3条第2款，公司登记包括设立登记、变更登记和注销登记。其中设立登记是指，在设立公司的最后阶段将公司的主要事项报公司登记机关进行登记，登记被认可有效后，公司成立，其产生的效力包括公司取得法人资格、取得公司名称的专用权、在登记的经营范围内开展经营活动等；变更登记是指，公司成立后其已登记事项有变化的，比如公司营业地变更、法定代表人更换等，应进行相应的变更登记；注销登记是指，公司因破产等原因需要解散，应进行注销登记。除此之外，对于登记违法现象，还可以申请撤销登记。公司登记并非公示公司信息那么简单，其涉及公司、股东、第三人等的利益衡量，例如，公司登记行为是产生生效效力还是对抗效力，将直接影响到权利变更的时点以及在此期间发生的交易行为的效力。因此，在其他专题具体探讨公司登记的效力之前，我们需要系统地认识公司登记的法律性质和法律效力，以及各项登记事项所对应的法律效力。鉴于此，本专题对公司登记本身所产生的法律问题作“公约数”式的梳理，在为后续专题涉及具体事项提供讨论基础的同时，也便于为学术研究和实务工作提供观点参考。

问题一 公司登记产生的法律效力

公司法实务与理论均密切关注公司登记能够产生什么效力。实践中具体的公司行为涉及一系列的行为组合，例如，公司注册资本的变化，涉及召开公司股东会形成公司增减资的决议、股东认购或公司回购、公司向债权人发布公告、公司向登记机关申请变更登记等。这期间倘若发生了商业交易，具体的行为能够产生什么效力、登记与否对交易会产生哪些影响等都是商业实践中较为棘手的问题。因此，我们需要首先明白，公司登记究竟是什么性质的行为，公司登记能够产生哪些效力。

【规范梳整】

《公司法》（2024）及相关法律法规并未明确公司登记的法律性质，但部分行为的法律效力较为明确。具体如下。

一、关于公司登记的法律性质

《公司法》（2024）中专章规定公司登记问题，具体内容涉及公司的设立登记、变更登记、登记撤销、与登记相关的处罚等。条文在表述上并未明确公司登记是行政确认还是行政许可，似乎我们既可以将其解释为行政许可，也可以解释为行政确认。笔者更倾向于认为公司登记是行政确认。《行政许可法》第 12 条第 5 项将企业设立登记纳入"可以设置行政许可"的范畴，这意味着，在一般法与特别法的关系上，《公司法》可以将公司设立登记定义为一种行政许可。但如前所述，《公司法》（2024）并未明确公司登记的性质，更何况《行政许可法》也仅仅是将"企业设立登记"纳入其中，且还明确该登记为"确定主体资格的事项"。因此，公司登记的法律性质在立法上并不明确，如何认定只能看实践中如何解释，由于结合了《行政许可法》，公司设立登记被解释为行政许可的可能性就有所增加。至于股权、经营范围、法定代表人、公司资本等变动的登记问题，则更加难以确定其法律性质。

二、公司登记的法律效力

较之于公司登记的法律性质，《公司法》（2024）、《民法典》及其他相关法律、行政法规等对于公司登记的效力则存在较为明确的规定，例如，《民法典》第 65 条规定，法人的实际情况与登记不一致的，不得对抗善意第三人，由此可以看出登记至少产生了对抗效力。《公司法》（2018）第 32 条也明确，对于股东名册记载事项，公司应当向公司登记机关登记，未经登记或者变更登记，不得对抗第三人。《公司法》（2024）第34条第2款进一步明确，凡属公司登记事项，其未经登记或未经变更登记，不得对抗善意相对人。我们可以看出，对于法定的登记事项，公司登记至少能够产生对抗效力。

依据《民法典》第77条的规定，营利法人依法登记成立。《公司法》（2024）第29条进一步明确，设立公司，应当依法向公司登记机关申请设立登记。我们可以看出，立法倾向于对公司设立登记采生效效力。

总结来看，事关公司登记的法律性质，法律没有明确。事关公司登记的效力，对立法的粗略解释可以衍生出对抗效力和生效效力，至于这两种效力分别对应哪些事项，详见后文。

【理论基础】

关于公司登记是行政确认还是行政许可，在理论上长期存在争议，笔者主张是行政确认。同时，通过对前述立法的解释和对理论探讨的总结发现，公司登记的效力体系应当包括生效效力和对抗效力。

一、公司登记是行政确认而非行政许可

明确公司登记是行政确认还是行政许可，并不具有显见的实务效果，但有助于厘定公司登记机关的权力边界，也与优化营商环境有所关联。近年来，理论界与实务界对公司登记在公法上属于行政许可行为还是行政确认行为进行了较为集中、深入的讨论。导致这场讨论最主要的因素之一是法律之间存在冲突。倘若如前述《行政许可法》所表述的，行政许可事项包含企业登记，那么较之于行政确认，行政机关对于行政许可有着裁量权，可以依据自身的判断予以登记或不予登记。这显然与我国长期以来采用的公司登记准则主义不符，即只要公司登记符合条件，登记机关就应当予以登记，并没有裁量权。因此，笔者认为，公司登记是行政确认而非行政许可，理由如下。

一方面，现行法并未将企业登记作为强制许可事项。对《行政许可法》第12条第5项规定进行文义解释可以发现，对企业登记设立行政许可是"可以"而非"应当"，也就是说《行政许可法》并未将企业登记作为一项强制许可事项，所以将企业登记作为行政许可仅是一种实践中的做法。同时，《行政许可法》第13条第4项也明确，可以采用事后监督等方式解决的可以不设行政许可。依据"放管服"的理念，在确认制改革过程中以确认代替许可，放宽市场准入，由此造成的监管风险可以通过加强对申请人、公司的事中、事后监管来应对。因此，笔者认为公司登记

不应被视为行政许可。

另一方面,将企业登记认定为行政许可事项具有特定的历史原因。这是特定历史时期的产物,并不能适应新经济形势的变化。我国曾长期采取高度集中的计划经济体制,在经济活动领域设置了大量的行政审批事项。就公司登记制度而言,在2013年工商登记制度改革之前,绝大多数的经营范围需要通过行政审批才能取得。这意味着,公司在注册登记之前,必须先取得相应经营范围的行政审批并获取相应的"许可证",进而才能向工商登记管理部门申领办理营业执照,这种现象被称为"先证后照"。此外,在对经营范围的管制下,公司想要申请设立,必须进行营业登记。但实际上,我国公司登记并不区分主体登记和营业登记,营业执照兼具证明公司法人主体资格和经营资格的双重作用,这意味着,获得对经营范围的行政审批的同时还获得了企业法人资格,这就使得许多人就此以为行政许可是对企业法人资格的许可。笔者认为,这是在特定历史时期下的认识。随着"先照后证"改革的不断深入,前置审批事项目录和负面清单的出台基本消灭了公司登记滞后于各类行政许可的现象。因此,在"先照后证"改革已经基本完成的背景下,有必要重新审思公司登记的法律性质。

二、公司登记效力体系包括生效效力和对抗效力

公司登记效力体系是指在向登记机关登记后所能够产生的法律效力的总和。很显然,公司登记不会只产生一种法律效力,因而对其识别和分类也成为学界争议的焦点。有学者认为,登记效力分为一般效力和特殊效力,①其中,一般效力是公信效力,为实践中较为常见的一种,在立法中通常表述为"未经登记,不得对抗善意第三人",因此,只要经过登记,登记人就可以据此对抗第三人;而特殊效力则包含创设效力、宣告效力、免责效力、弥补效力。也有观点主张,特殊效力是一般效力以外的其他效力。② 除这一区分外,也有学者认为,登记不产生设权效力,在登记机关进行登记则类似于借助行政机关的权威获得一种证据证明力,因此,登记效力可以分为证明效力、公信效力和对抗效力。③

上述理论虽有不同,但总体上存在相通之处,有些效力也可以归为一类。例如,学者所提出的公信效力和对抗效力,本质上是公示效力的一体两面,只是从不

---

① 参见郭富青:《论商事登记制度的若干法律问题——兼论我国商事登记的改革与完善》,载《甘肃政法学院学报》2002年第3期。

② 参见石慧荣:《商业登记的制度检讨与立法展望》,载《西南民族大学学报(人文社科版)》2008年第7期。

③ 参见王远明、唐英:《公司登记效力探讨》,载《中国法学》2003年第2期。

同的角度来观察，登记义务人一旦登记，就产生了公信效力，第三人可以据此对抗登记义务人，而对抗效力则是一旦进行登记，登记义务人就可以对抗善意第三人。而宣告效力则与公示公信效力更是有着相似的构造。免责效力、弥补效力参考日本做法，在我国的司法实践中并不多见。

因此，对上述进行归纳总结可以发现，在实践中比较重要的效力主要为公示效力和创设效力，前者也可称为对抗效力，后者也可称为生效效力。这一区分也暗合民法上的物权登记。民法中以是否产生生效效力，将登记效力区分为登记对抗主义和登记生效主义。对应到公司登记事项中，例如在公司的住所、法定代表人、董事成员等事项登记后，第三人可以据此产生信赖，倘若其与实际情形不一致，第三人可以依据公司登记对抗登记义务人，但这些事项的变更并不会因为登记方才生效，登记发生在上述事项的确定或变更生效后。而在另一类事项中，如公司的设立，通过公司登记可以宣告公司的成立，在学界和实务中，多数认可其产生的是生效效力。

【审判实务】

一、公司登记的法律性质

虽然关于公司登记的法律性质在理论界和实务界都存在争议，但司法裁判的认识却较为单一，即普遍基于对《行政许可法》的解释认为公司登记为行政许可。在“杨某、美国新都兴业有限公司质量监督检验检疫行政管理：质量监督行政管理（质量监督）案”[①]中，最高人民法院指出，公司变更登记的性质取决于公司登记的性质。而公司登记的行为性质在《行政许可法》颁布实施前存在较大争议，但在其全面实施以后，依第 12 条第 5 项，公司登记应属行政许可。因此，登记审查是必不可少且最为关键的一环，决定了登记能否得到准许。该案之后，在“徐某伟与常州市武进区行政审批局、徐某等行政批准、行政处罚案”[②]与“裴某芹与被告威海经济技术开发区市场监督管理局、第三人威海科源国际货运代理有限公司、夏某兴、戚某青行政撤销纠纷案”[③]中，江苏省常州市中级人民法院与山东省威海市环翠区人民法院就直接援用最高人民法院的论述，指出公司登记的法律性质为行政许可。实务中，行政机关也多是将公司登记视为行政许可，例如“大连市市场监督

---

① 最高人民法院行政裁定书，（2017）最高法行申 4779 号。

② 江苏省常州市中级人民法院行政判决书，（2019）苏 04 行终 360 号。

③ 山东省威海市环翠区人民法院行政判决书，（2020）鲁 1002 行初 49 号。

管理局、卢某华质量监督检验检疫行政管理案”[①]中，上诉人大连市市场监督管理局也提出，“公司登记是行政许可机关依申请人申请而实施的行政行为”。

然而我们仔细分析就可以发现，上述案例中认为公司登记为行政许可的观点皆是以公司设立登记的相关规范为分析对象，而针对其他行为的性质则并未明确。公司登记包含设立登记和公司成立后的诸多具体记载事项的变更登记，以设立登记涵射所有事项不仅不具有规范解释上的合理性，也与实证不相契合。更为重要的是，司法实践中并未注意到其中的差别，与其将设立登记说成是行政许可，倒不如说是一种登记生效，因为上述案例并未解释行政许可与行政确认在公司登记问题上的差别，仅仅是想通过行政许可的论述表明公司登记能够确定公司成立。

二、公司登记的效力体系

公司登记倘若为行政许可，其效力显然较之行政确认要强，但实际上，对其法律性质的认识与其效力的认识在司法实践中却呈现出某种分离状态，即认为公司登记为行政许可，但登记本身的证明力并不强。例如，在股权变动问题上，湖北省荆门市中级人民法院指出，公司登记的性质并非财产权登记，股权归属应依相关法律规定审理后作出判断。依《公司法》(2018)第 32 条第 2 款，记载于股东名册的股东，可以依股东名册主张行使权利，因此，是否变更登记不是判断股东身份变动的基准。[②] 可以看出，至少公司登记在面对内部关系问题时并不具有显然的证明力。但在对外关系上，法院仍坚持“公示效力说”，即主张对抗效力。[③] 不过，在关于公司设立登记、注销登记甚至撤销登记问题上，法院则认可其生效效力，例如，在“张某永与朱某保执行异议案”[④]中，法院援引市场管理局的说明，指出撤销公司登记的效力实际是取消企业法人资格的行政行为，该公司并非从未存在过，撤销登记导致公司解散，公司清算结束后，应申请注销登记。虽然该案对撤销登记、注销登记有混淆使用之嫌，但由该案的说理可以看出，法院对撤销登记、注销登记的法律效力倾向于认定为生效效力。由此可以看出，司法实践中对于公司登记的效力，也可以总结为生效效力和对抗效力。

---

① 辽宁省大连市中级人民法院行政判决书，(2020)辽 02 行终 432 号。

② 参见唐某强、周某执行异议之诉案，湖北省荆门市中级人民法院(2018)鄂 08 民终 153 号民事裁定书。

③ 参见石某芳与刘某平、熊某跃等买卖合同纠纷案，重庆市第五中级人民法院(2015)渝五中法民终字第 03460 号民事判决书。

④ 江苏省扬州市中级人民法院民事判决书，(2020)苏 10 民终 321 号。

【典型案例】

北京公达房地产有限责任公司与北京祥和三峡房地产开发公司房地产开发合同纠纷案[①]

基本案情：

北京祥和三峡房地产开发公司(以下简称三峡公司)法定代表人为刘某章,其于1994年4月与背景厨房设备集团公司签订土地使用转让协议,标的为某地的房屋产权。同年7月,三峡公司与北京公达房地产有限责任公司(以下简称公达公司)就该项目签署了合作开发协议。同年8月,刘某章被上级单位停职,当月9日刘某章收到该决定。直至1995年2月28日,三峡公司才向工商局申请将法定代表人由刘某章变更为张某利,同年4月22日,工商局完成变更。但在1995年4月13日、15日、17日,刘某章持三峡公司公章,以法定代表人身份与公达公司就上述项目签订了转让协议及补充协议,约定将此项目全部转让给公达公司。次年,公达公司将三峡公司诉至法院,要求其继续履行上述协议,并且赔偿损失,三峡公司则辩称刘某章签订合同系其停职后行为,不能代表公司,合同应属无效。

裁判要旨：

一审法院认为,刘某章在明知被停职后,仍然以三峡公司法定代表人的身份签订项目转让协议,系无权代理行为,该行为侵害了他人利益,应当无效。

二审中,公达公司称一审法院混淆了法定代表人与代理人的基本法律关系,公达公司积极履行合同义务,三峡公司应当承担违约责任。二审法院认为,刘某章有违诚信原则,属于欺诈行为,因而该协议应属无效,无效的法律责任应由刘某章承担,故而对一审裁判予以维持。

公达公司不服,提起再审。最高人民法院再审认为,该案争议焦点在于项目转让合同是否有效。刘某章以法定代表人的身份与公达公司签订协议符合企业法人对外进行民事活动的形式要件,并且该协议也加盖了三峡公司的公章,因此,双方签订的项目转让协议应当依法成立并生效。刘某章的停职决定属三峡公司内部调整,其代表三峡公司对外进行民事活动的身份仍应以工商登记的公示内容为依据;不能以其公司内部工作人员职务变更为由,否认其对外代表行为的效力。

---

① 参见北京公达房地产有限责任公司与北京祥和三峡房地产开发公司房地产开发合同纠纷案,载《最高人民法院公报》2010年第11期。

遂判决撤销一、二审判决，认定项目转让合同有效。

裁判评析：

该案的争议焦点是公达公司与三峡公司于1995年4月13日、15日、17日签订的合同是否有效。一审与二审作出相同的裁判结果，即在刘某章被停职而不再具有代表权的情况下，与公达公司签订合同，或是构成无权代理，或是欺诈行为，据此而认定该合同无效。一、二审法院并未引入对工商登记的考察，仅仅停留在无权代理层面，说理显然不妥。最高人民法院再审将相关事实统一考量，指出公达公司基于工商登记产生合理信赖，又因刘某章携带三峡公司公章，有权利外观，刘某章代表三峡公司对外进行民事活动的身份仍应以工商登记的公示内容为依据，不能以其公司内部人员职务变更为由否认其对外代表行为的效力。最高人民法院认为，工商登记在对外关系上产生了对抗效力，对此笔者表示赞同。公示工具除工商登记外，还有股东名册、公司章程，但相较而言，工商登记能够产生对外的对抗效力，在外部第三人善意的情况下，可以依工商登记产生合理信赖，公司不得以内部人员调整而对抗第三人。

对此，在实务操作中，公司法定代表人发生变更或者其他实务变更的，应当及时办理变更登记，未经变更登记，他人因信赖而与法定代表人签订合同的，公司不得以该法定代表人无权或者越权为由对抗善意相对人。

问题二 生效效力的内涵与登记事项

公司登记生效效力意味着登记对行为介入的加深。在登记的实践中，如前所述，登记生效的事项以物权变动为主，但即便如此，在我国债权形式主义的物权变动模式下，引起物权变动最为根本的原因仍然是关于变动的合意，而非在债权合意之外另设物权合意。① 也正基于此，对于登记生效，我国法律往往采取较为谨慎的态度，这也使得在《公司法》中，登记具有生效效力的事项并不常见。

【规范梳整】

我国《公司法》及相关法律法规对于公司登记的事项大致可以分为两类，一类事关主体资格问题，如公司设立登记、公司形式变更登记和公司注销；另一类事关

① 参见王利明：《论债权形式主义下的区分原则——以〈民法典〉第215条为中心》，载《清华法学》2022年第3期。

公司内部的具体事项的登记,依《公司法》(2024)第 32 条,公司登记事项主要包括公司名称、住所、注册资本、经营范围、法定代表人的姓名、有限责任公司股东、股份有限公司发起人的姓名或者名称。实践中,产生争议的也主要是股东身份、公司主体设立、法定代表人等问题。

针对第一类问题,《民法典》第 77 条和《公司法》(2024)第 29 条明确公司设立需要申请设立登记,公司法人依登记成立。《公司法》(2024)第 33 条第 1 款进一步明确,登记机关签发营业执照之日为公司成立之日,而在此之前的公司形态,如本书专题一所述,为先公司状态,尚未取得法人地位,在此泾渭分明的立法保护下,公司的设立登记具有公司成立的生效效力;公司由有限责任公司变更为股份有限公司,同样需要申请变更登记,虽然《公司法》(2024)未明确规定公司形式变更的登记事项,但准用《公司法》(2024)第 29 条,由有限责任公司变更为股份有限公司,转变为股份有限公司形式同样应当是在登记后生效;《公司法》(2024)第 239 条明确公司注销需要办理注销登记,对该注销登记的性质,我们从《关于适用〈中华人民共和国公司法〉若干问题的规定(二)》[以下简称《公司法司法解释(二)》]第 10 条、第 23 条可以看出,在公司注销登记前,债权人可以请求公司偿还债务,当出现非法清算等情形时,债权人在公司注销登记后只能以清算组成员、股东等为被告。因此,注销登记具有生效效力。

针对第二类问题,通常情况下,如公司资本、名称变更的情况,由于需要严格的审批程序,对于登记效力以生效效力解释为宜。对于股东、法定代表人的变更,《公司法》(2024)与《民法典》则采取了登记对抗主义。因此,整体而言,对于第二类问题,登记生效的情形较少。

【理论基础】

一、公司登记生效效力的内涵

公司登记生效效力是指相关法律事实须经登记才能生效的效力。从现有研究来看,学者提出的创设效力、弥补效力都可以纳入生效效力的范畴。[①] 前者是指,公司登记是公司成立的生效要件,只有公司被法律创设出来,才可能发生其他各类公司登记的效力。如前所述,除公司设立外,公司类型变更、注销登记,乃至

---

① 参见郭富青:《论商事登记制度的若干法律问题——兼论我国商事登记的改革与完善》,载《甘肃政法学院学报》2002 年第 3 期;石慧荣:《商业登记的制度检讨与立法展望》,载《西南民族大学学报(人文社科版)》2008 年第 7 期;叶林:《商业登记法的基本问题》,载《扬州大学学报(人文社会科学版)》2011 年第 2 期。

于认股登记，都有可能产生生效效力。后者是指，公司登记具有弥补法律行为瑕疵的效力，例如，日本法上就将其称为登记的填补效力，即登记能产生与填补瑕疵相同的效力，[①]也就是说，在基础权利存在瑕疵时，通过公司登记能够弥补这一瑕疵，并成为该权利或法律关系生效的依据。例如，认股合同存在瑕疵，但认购的股份已为公司登记，认股仍然有效。弥补效力的逻辑前提是某个事项的登记原则上不具有生效效力，只有当基础法律关系存在瑕疵时，才"劣后"地发生生效效力。[②]

值得注意的是，将登记作为相关法律事实的生效要件是对当事人行为自由的一种约束，至少是一种"不便利"。[③] 通常情况下，登记不应作为法律事实的生效要件，这也是"私人自治"的要求。民事立法应坚守否定性、自治性等形式主义品性，若必须创设例外，应有正当充分的理由。[④] 在公司登记中是否应具有此种例外？答案是肯定的。首先是为了实现产权界定和税收征管的需要，只有通过公司登记将产权主体固定下来，进而才能确定产权的归属，实现税收征管。其次是为了收集经济数据实现经济调控的需要，通过公司登记构筑庞大而精细的系统，为政府收集第一手经济数据提供了可靠的制度平台，从而为科学制定和实施经济政策提供依据。最后是立法的惯性使然，自国务院于 1962 年 12 月 30 日发布施行《工商企业登记管理试行办法》（已失效）以来，我国一直对包括公司在内的市场主体采强制登记主义，未经登记发证，不具有法律主体资格和经营资格，因此赋予公司登记以创设效力是基于我国立法传统和经验而作出的科学选择。

二、产生生效效力的登记事项

我们在前述规范梳整部分提到，依据《民法典》第 77 条，法人的设立登记具有生效效力。可以说，营利法人的成立登记是营利法人取得法人资格的生效要件。[⑤]同样的道理，公司形式的变更，公司的合并、分立，乃至公司的注销登记，都涉及公司主体资格的变动，资格的产生、消灭或者形式的变更，均以国家的认可为基础，即便该认可仅仅是行政确认，也都是以登记为生效要件的。

类似事项，在域外也较为常见，例如，《澳门商业登记法典》第 9 条第 2 款专门

---

① 参见[日]近藤光男：《日本商法总则 · 商行为法》，梁爽译，法律出版社 2016 年版，第 37 页。

② 参见赵旭东、邹学庚：《商事登记效力体系的反思与重构》，载《法学论坛》2021 年第 4 期。

③ 即使是在登记准则主义模式下，与经当事人合意即可产生相应法律后果相比，登记仍然是一种负担。

④ 参见易军：《私人自治与私法品性》，载《法学研究》2012 年第 3 期。

⑤ 参见陈甦主编：《民法总则评注》（上册），法律出版社 2017 年版，第 523 页；张新宝：《〈中华人民共和国民法总则〉释义》，中国人民大学出版社 2017 年版，第 144 页；李适时主编：《中华人民共和国民法总则释义》，法律出版社 2017 年版，第 235 页。

规定了商事登记的生效效力,登记生效的事项包括企业设立、章程及修改等。[①]《德国商法典》第2条、第3条第2款、第105条第2款和第123条第1款进行的任意商人登记和普通商事合伙登记都具有生效效力。[②]《德国民法典》第22条则规定得更为直接:“在没有特别的联邦法律规定的情况下,以经济上的营业经营为目的的社团因国家的授予而取得权利能力。”[③]我国台湾地区“民法”第30条规定,法人非经向主管机关登记,不得成立。

可见,事关商事主体资格的事项,不论是在我国境内还是境外,普遍认为登记是主体资格取得、变更、消灭的生效要件。

三、其他登记事项生效效力的理论争议

对其他登记事项是否具有生效效力,我国实证法并未有明确的规定。《民法典》第65条虽正面规定了法人登记的公示效力,但从法律解释的角度看,第65条并未排除法人登记可以具有生效效力,故而在《民法典》的规范体系下,仍具有解释公司登记生效效力的空间。

其他登记事项的数量较多,限于篇幅难以逐一分析,试以股权转让登记为例。早期的法律法规认为,股权登记具有使股权发生移转的“物权”效力,未经变更登记不发生转让的效力。[④]《公司法》(2005)修订后,股权变动的生效要件发生了变化,学术界也产生了较多争议,对此,我们将在股权转让专题中详细阐述。但可以肯定的是,包括《九民纪要》的颁布都未能对股权变动模式的争议定分止争,登记是否产生股权变动的生效效力变得更加扑朔迷离。

因此,总的来看,我们倾向于认定,公司商事主体资格的登记应适用生效效力的解释,例如公司的设立、形式变更、合并、分立、注销等。而对于其他事项,如股权变动、公司注册资本变更等的登记是产生生效效力还是对抗效力,在理论上还存在一些争议,对这些事项,我们也将在“问题三”中进行深入探讨。

【审判实务】

公司登记生效效力或创设效力的司法裁判集中于《公司法》(2018)第6条的规定,即公司设立登记,立法与司法通常不会直言设立登记产生生效效力或创设效力,其往往体现在具体的公司权利上,例如证明公司的存在、是否具有诉讼主体

---

① 《澳门商业登记法典》(第56/99/M号法令)第9条第2款。

② 参见[德]C. W. 卡纳里斯:《德国商法》,杨继译,法律出版社2006年版,第74页。

③ 陈卫佐译注:《德国民法典》,法律出版社2015年版,第12页。

④ 参见原国家工商行政管理总局《关于股权转让有关问题的答复》(工商企字〔2000〕第263号)。

地位等。

司法裁判中，法院普遍认为，“企业法人需经登记成立，未经设立登记，不是企业法人，不具备诉讼主体资格”[①]。登记具有证明公司主体存在的效力，[②]未经登记，公司不成立，[③]登记日也成为区分公司是否登记及其法律行为（是否有效）的重要因素，[④]因此，未经登记主体所为之行为或是无效或是应予撤销。[⑤] 此外，公司登记不仅产生公司成立的效果，对于公司相关文件的效力也起到重要作用，例如，“公司章程经公司登记机关核准登记，随公司的成立而生效”[⑥]。不过章程修正案则并非以登记为生效要件。[⑦]

由此可见，关于公司设立登记的效力，司法裁判普遍认为其产生生效效力，而这一生效效力也不仅仅是单薄地存在于正常设立行为中公司登记使其取得法人主体地位，同时还在于否定登记以前依公司所为行为的法律效力。因此，在司法裁判中，由于公司登记具有较好的公示公信效果，甚至其足以否定已经具备了公司的诸多实质运行条件的企业法人主体地位。

【典型案例】

李某广与展钰铝材（东莞）有限公司、刘某山、张某敏、郭某棠、陈某荣合伙协议纠纷案[⑧]

基本案情：

展钰铝材（东莞）有限公司（以下简称展钰公司）是一家外商独资企业，成立

① 万某才诉安顺市人民政府案，贵州省高级人民法院（2020）黔行终 1083 号行政裁定书；朱某斌、贵州省黔商小微企业金融服务有限公司请求变更公司登记纠纷案，贵州省高级人民法院（2018）黔民终 721 号民事裁定书。

② 参见乐都县力强建筑材料有限公司与海东市乐都区人民政府、海东市人民政府行政复议案，青海省高级人民法院（2019）青行终 5 号行政裁定书。

③ 参见山西秦鹏煤炭科技发展有限公司与阳城县顺益经贸有限公司、上海协希实业有限公司等股权转让纠纷案，山西省高级人民法院（2018）晋民终 680 号民事判决书。

④ 参见克拉玛依市瑞鑫房地产开发有限公司与新疆汇恒投资管理有限公司、王某勇等民间借贷纠纷案，新疆维吾尔自治区高级人民法院（2018）新民终 100 号民事判决书。

⑤ 参见河南锦宏置业有限公司、孟某强民间借贷纠纷案，河南省高级人民法院（2019）豫民再 787 号民事裁定书。但这一解释过于绝对，本书专题一中，对于以设立中公司名义签订之合同，普遍认为有效。

⑥ 张某春、彭某亮、张某渊与成都帅君美容有限公司、张某损害公司利益责任纠纷案，四川省高级人民法院（2015）川民终字第 321 号民事判决书。

⑦ 参见最高人民法院民事判决书，（2014）民提字第 00054 号。

⑧ 参见广东省高级人民法院民事判决书，（2013）粤高法民四终字第 102 号。

于2001年。李某广、刘某山等四人于2005年8月26日签订一份《股东协议书》,约定四人合伙经营熔铸铝合金棒的加工业务。合伙体租用展钰公司场地,对外以展钰公司名义经营,四人各有出资和分工,约定李某广占股35%、刘某山占股25%、陈某荣占股15%、郭某棠占股25%。合伙体开展业务后一直处于亏损状态,现已停止经营。后因四人无法就合伙体停止经营后的债权债务分配问题达成一致,李某广向法院提起诉讼,要求展钰公司、刘某山、张某敏、郭某棠四被告归还合伙投资款。

裁判要旨:

一审判决认为,案件属于涉港台挂靠经营纠纷,合伙体四人均来自中国台湾地区,依照《外资企业法》(已失效)第6条的规定,设立外资企业应首先提出申请,由国务院对外经济贸易主管部门或者国务院授权的机关审查批准方可成立。4人既未申请批准,也未申请登记,其《股东协议书》属于故意规避法律法规的强制性规定,应属无效。原告主张应在合伙体清算结束后才能进行出资返还,该清算应当依据《外商投资企业清算办法》办理。因此,李某广在没有清算的情况下请求刘某山、郭某棠等全额返还出资款,没有法律依据,一审法院并未支持李某广的诉讼请求。

二审判决认为,该合伙体违反了我国法律强制性规定,合伙体无效,进而四人所签订的以营利为目的《股东协议书》无效。于是根据《合同法》(现已失效)第58条,取得财产的展钰公司、刘某山、张某敏应当返还给李某广,改判支持了李某广的诉讼请求。

再审判决认为,四人签订之《股东协议书》实质上为合伙协议,虽以展钰公司名义经营,但内部有独立的财产,独立经营核算,显然合伙体没有也不打算进行工商登记注册,设立外资企业。因此二审认定《股东协议书》无效适用法律错误,但4人合伙关系已经终止,李某广未经清算要求返还投资款的行为于法无据,原一审判决并无不当。

裁判评析:

该案历经一审、二审、再审,最终改判不支持李某广的诉讼请求,过程可谓跌宕起伏。一审认定《股东协议书》无效,原因在于该协议书违反了法律关于外商投资建立企业的强制性规定,但一审转而又主张应当按照《外商投资企业清算办法》进行清算,显然这两者之间存在逻辑矛盾。再审支持了原一审判决结果,但认为《股东协议书》有效,因而四人之组织实质上仍然是合伙体,李某广要求偿还投资款,需要先对合伙体进行清算。可见,抛开事实认定与法律适用,再审实现了逻辑自洽，即主张其为合伙体，因而合伙的财产返还应当经过清算。二审认定合伙体无效，虽然效果同一审认定《股东协议书》无效相似，但却存在本质差异，即二审将合伙体的设立到运营作为整体进行评价，认定该合伙体整体无效。由此主张，《股东协议书》因合伙体的无效而归于无效，合同无效后，因该合同取得的财产，应当予以返还。

我们可以看出，一审和再审始终围绕着《股东协议书》作判断，并未阐释整个合伙经营本身是否合法，因而认定的《股东协议书》有效或者无效，最终都缺乏对合伙体属性的明确界定。二审贯彻了登记生效主义的观点，值得肯定。未经登记的合伙体本质上违反了法律的强制性规定，因而合伙体并不是有效成立的公司，对其裁判应当以合同为基础，依据合同的无效规则作出判断。

问题三 公示效力的内涵与登记事项

公司登记的公示效力较之于生效效力在效力层级上较弱，其面向的是特定或不特定的第三人，在无法确定相关事项的登记是否具有生效效力的情况下，至少登记产生的对抗效力较为明确，即便该对抗的范围并不是通常意义上的不特定第三人。[①] 登记对抗虽然不能解决生效的时间点问题，却能够比较实际地解决围绕登记而引发的与外部第三人的争议问题，在一定程度上能够维护交易的安全和效率。因此，公司登记的公示效力较广，尤其是《公司法》（2024）以专章规定公司登记问题，明确扩大了登记的对抗范围，使得公示效力的范围包含了所有登记事项。

【规范梳整】

公示效力，在立法上通常表现为对抗效力，《民法典》第 65 条、《公司法》（2024）第 34 条分别规定了公司实际情况与登记不一致的、股东取得股权后未经登记的，不得对抗善意第三人或第三人。依据对《民法典》的解释，不论是公司股东，还是公司经营范围、法定代表人等，若是与公司实际情况不一致，均不得对抗善意第三人。这与《公司法》（2018）在范围上有所区别，《公司法》（2024）将该范围予以扩大，明确公司登记事项未经登记或未经变更登记，不得对抗善意相对人。由此《公司法》在登记对抗范围上向《民法典》有所靠拢。依据《公司法》（2024），

---

① 例如，股东资格的确定，工商登记虽然产生对抗第三人的效力，但在纠纷仅涉及公司内部人员时，工商登记有时会劣后于股东名册甚至股东协议，此时的登记对抗范围就不包括公司及公司内部人员。

公司股东、法定代表人、注册资本为法定登记事项，依据《公司法》（2024）第33条第2款，公司营业执照记载事项也包含上述几种，该记载事项发生变更的，公司应当依法办理变更登记，并由登记机关换发营业执照。因此，结合《民法典》《公司法》（2024）之规定，公司股东、法定代表人等公司登记事项发生变更时，未经登记不得对抗善意第三人，该变更登记具有对抗效力或公示效力。

【理论基础】

一、公司登记公示效力的内涵

公司登记公示效力是指登记产生的“依据登记事实可以对抗另一方”的效力，根据主张效力的主体不同，可区分为公信效力与对抗效力，前者是指善意第三人得以登记事实对抗登记义务人；后者是指登记义务人得以登记事实对抗第三人。具体而言，登记事项一经登记公示，就形成了一个登记事实，该登记事实构成一个商事外观。一方面，出于对第三人交易安全的维护，登记事实具有公信效力，即便登记事实与客观事实不一致，第三人亦可以向登记义务人主张相关登记事实存在；另一方面，出于对登记义务人利益的平衡，登记事实还具有对抗效力，相关事项一经登记，登记义务人就可以向第三人主张其知悉相关登记事实。我国立法通常将公示效力表述为“未经登记，不得对抗善意第三人”，这引发了学界争议，有学者将其解释为公信效力，[①]，有学者将其解释为对抗效力。[②] 实际上，这一争议并无必要，因为公信效力和对抗效力是公示效力的一体两面，二者只是从登记义务人和善意第三人的不同角度进行区分，本质上是一对相应的权利，旨在共同平衡善意第三人与登记义务人之间利益风险的分配。[③] 由此可见，立法用语“不得对抗”，既包含公信效力，也包含对抗效力，二者共同构成公示效力。

当然，区分公信效力与对抗效力也有着域外的经验，例如《德国商法典》第15条规定了商事登记簿的公示效力，并在其第1款、第2款分别规定了公信效力与

---

① 如“善意第三人也可以依照登记簿的记载主张权利，登记义务人不得以登记失实，法人的实际情况与登记的事项不一致为由进行抗辩”。参见王利明主编：《〈中华人民共和国民法总则〉条文释义》，人民法院出版社2017年版，第141页。

② 如“凡是在法人登记中登记之事项，法人可以依照其登记事项对抗相对人”。参见陈甦主编：《民法总则评注》（上册），法律出版社2017年版，第445条。

③ 对于善意第三人而言，登记具有保护交易安全的作用是显而易见的，例如第三人通过查阅公司的经营范围，保护自身交易安全；对于登记义务人而言，登记亦可以起到限制经营风险、保护交易安全的作用，例如公司将其经营范围进行公示，限制了高级管理人员对外的代理权限，控制经营风险。

对抗效力。[①]《法国商法典》第 L123 - 9 条规定了商事及公司注册登记簿的公示效力，并在其第 1 款和第 2 款分别规定了公信效力与对抗效力。《日本商法典》第 9 条第 1 款第 1 句规定了商事登记的宣示性效力，日本学界通说认为该宣示性效力包括了消极性公示力与积极性公示力。前者是指未经登记，登记义务人不得对抗善意第三人，即善意第三人可以以登记事实对抗登记义务人。后者指一经登记，登记义务人可以登记事实对抗第三人。[②]《欧共体第一号公司法指令》第 3 条第 5 款、第 6 款规定了公司登记的公信效力与对抗效力，[③]该指令经过多次修改，现已被 2017 年欧洲议会颁布的《关于公司法特殊问题的指令》[④]所取代。《关于公司法特殊问题的指令》第 16 条第 6 款、第 7 款[⑤]延续了《欧共体第一号公司法指令》第 3 条第 5 款、第 6 款的规定，同样规定了公司登记的公信效力与对抗效力。

公示效力来源于外观主义的理论支撑，该理论由德国著名法学家莫瑞茨·维斯派彻提出，旨在保护善意第三人的信赖利益，与英美法系中的禁反言有异曲同工之妙。之所以要在民商事法律中确立外观主义原则，是因为在现代社会中，信赖是社会活动和经济活动得以顺利进行的重要介质，是市场经济得以正常有序运转的重要因素。因为信赖，人们才能互相建立起一种稳定的预期，减少沟通、接洽的成本，从而建立一个有序而稳定的社会秩序。因此，对信赖的保护是法秩序责无旁贷的使命，促成信赖并保护正当的信赖，是属于法秩序必须满足的最根本要求之一。[⑥] 公司登记中，相关事项一经登记就产生公示效力，这是外观主义原则在公司登记制度中的贯彻，是为了实现信赖保护目标而构建的具体制度效力。此外，在我国，公司登记机关为行政机关，行政行为具有行政公定力，[⑦]又称效力先定性，[⑧]除非存在重大且明显的无效情形外，行政行为一经成立就被推定为合法有效，所有个人和组织都必须予以尊重。[⑨] 因而，公司登记公示效力的产生，还源于我国登记机关乃是行使国家公权力之代表，其依照相关法律之规定，对申请人申请登记的事项进行审查登记，是公权力对登记事项的一种肯定，赋予了登记事项

---

① 参见杜景林、卢谌译：《德国商法典》，法律出版社 2010 年版，第 15 页。

② 参见刘成杰译注：《日本最新商法典译注》，中国政法大学出版社 2012 年版，第 22、23 页。

③ See First Council Directive 68/151/EEC, Article 3(5)(6).

④ See Directive (EU) 2017/1132 of the European Parliament and of the Council.

⑤ See Directive (EU) 2017/1132 of the European Parliament and of the Council Article 16(6)(7).

⑥ 参见[德]卡尔·拉伦茨：《法学方法论》，陈爱娥译，商务印书馆 2003 年版，第 392 页。

⑦ 参见冯翔：《商事登记效力研究》，法律出版社 2014 年版，第 130 页。

⑧ 参见罗豪才、湛中乐主编：《行政法学》，北京大学出版社 2016 年版，第 117 页。

⑨ 参见姜明安主编：《行政法与行政诉讼法》（第 3 版），北京大学出版社 2007 年版，第 240 页；胡建淼、江利红：《行政法学》，中国人民大学出版社 2018 年版，第 146 页。

以公权力的色彩，增强了其权威性。

二、产生公示效力的登记事项

根据前述规范梳整，发生公示效力的登记事项能够直接在立法上找到渊源，例如《民法典》第 65 条以及《市场主体登记管理条例》。在具体登记事项上，包括公司的股东、法定代表人、注册资本等，这些法定的登记事项都能够产生登记的公示效力。同时还应当意识到，在前述“问题二”中，能够发生生效效力的公司登记事项在实际效果上还包含一定程度的公示效力，例如，在公司的对外交易中，第三人基于公司母公司的设立登记而产生对交易对象偿债能力的信赖，本质上是一种公示效力。

除此之外，我们还应当注意到，《市场主体登记管理条例》第 8 条和第 9 条将登记事项区分为一般登记事项和备案事项，前者包括名称、主体类型、住所、注册资本、法定代表人、股东姓名或名称等，后者包含公司章程、公司董事、监事、高级管理人员、股东或发起人认缴出资额等。一般登记事项与备案事项有哪些区别，在一定程度上关系到交易的安全和效率问题，例如公司对外担保问题（详见专题十九）。但我们也应当看到，不论是一般登记事项还是备案事项，对于交易的影响都不是直接的，因为即便是法律解释加重了相对人的审查义务，登记与备案也仅仅是尽职调查便捷的问题，其核心还是在如何解释具体的法条。而事关尽职调查便捷的问题，实际上与企业信息公示的手段有关，在我国，这表现为统一的企业信息公示系统。

【审判实务】

结合《民法典》第 65 条与《公司法》（2024）第 34 条的规定，所有登记事项都能够产生公示效力，相较于《公司法》（2018）则有明显的扩充。

一、股东登记事项

登记对抗通常适用于日常商业交往中，例如在“华侨基金管理有限公司（以下简称华侨公司）与陈某旻执行异议之诉”[①]一案中，最高人民法院指出，华侨公司作为实际出资人，其虽然主张权利归属，但并未登记或者变更登记，因而不得以股权代持关系对抗合同之外的第三人。在“张某莉、天风证券股份有限公司（以下简称天风证券公司）借款合同纠纷案”[②]中，法院认为，天风证券公司作为善意第三

---

① 最高人民法院民事裁定书，（2022）最高法民申 728 号。

② 最高人民法院民事判决书，（2020）最高法民终 767 号。

人对上市公司的股票登记公示有合理信赖，基于此而为股票质押等商事交易行为有效且应当被保护。

但是当纠纷为单纯的执行程序时，由于登记对抗所面对的对象变成了法院执行机构，因而其对抗效力应区别对待。例如在“齐某、金域投资管理有限公司等案外人执行异议之诉”①一案中，一审和二审法院均认为，股东姓名未经登记不产生对抗效力，隐名股东在公司对外关系上不具有公示股东的法律地位，不享有对抗第三人的权利。然而在再审程序中，最高人民法院认为，虽然登记产生对抗善意第三人的效力，但该案为执行异议之诉，申请执行股权的行为有别于因信赖登记而作出的民事行为，并且该案并非基于股权代持而导致的登记不一致，而系登记错误，因此不符合《公司法》(2018)第32条和《民法总则》(已为《民法典》取代)第65条之情形。与此相同，在“韩某、上海垦丰天和石油化工有限公司执行异议之诉”②中，最高人民法院也指出，股权变更仅对民商事主体的第三人产生对抗效力。法院查封、扣押或冻结等强制措施系司法执行权对私人财产的审查及限制，在审查方式和强度上与民商事活动及执行异议之诉中的审判活动应有所区别，不应简单地将股权登记作为司法确权和执行的充要条件。

笔者对此区分持赞成态度，执行程序重在实现债权人利益，当登记成为一种躲避执行的手段时，其所提倡的价值保护就失去效力，此时的价值衡量不再是交易的安全和效率，而是执行的效率。因此，区分对待执行程序与普通的民商事交易较为合理。

二、其他登记事项

早在《民法典》颁布前，相关司法实践已对公司登记事项的效力作出了法律补充，例如最高人民法院认为法定代表人③、章程④、住所⑤等登记皆具有公示效力。当前，基于对《公司法》(2018)第32条的扩大解释和对《民法典》第65条的适用，登记对抗在实践中已经拓展至其他登记事项中。例如在“敖某贵、西双版纳天瑞

---

① 最高人民法院民事判决书，(2022)最高法民再247号。

② 最高人民法院民事判决书，(2023)最高法民终45号。

③ 参见北京公达房地产有限责任公司诉北京市祥和三峡房地产开发公司房地产开发合同纠纷案，载《最高人民法院公报》2010年第11期。

④ 参见万某裕、丽江宏瑞水电开发有限公司股东资格确认纠纷案，最高人民法院(2014)民提字第00054号民事判决书。

⑤ 参见河北长天药业有限公司、中国工商银行股份有限公司保定朝阳支行金融借款合同纠纷案，最高人民法院(2017)最高法民申2890号民事裁定书。

房地产开发有限公司(以下简称天瑞公司)民间借贷纠纷案”①中,法院将登记对抗范围拓展至公司增资登记,认为“虽然敖某贵称其在向天瑞公司出借款项时了解到天瑞公司股东会已决议增资,并修改了公司章程,但其并未提供证据证明。即便是其确实了解到此情况,但因天瑞公司尚未办理注册资本的变更登记,注册资本变更为2亿元不是既成事实,不具有对外公示的效力”。前已述及,这类观点也得到了《公司法》(2024)的肯认,只要是登记事项,未经变更都不得对抗善意第三人,即只要进行了登记或变更登记,就足以产生对抗效力。

【典型案例】

上海触控科技发展有限公司与金华多胜网络科技有限公司计算机软件开发合同纠纷案②

基本案情:

上海触控科技发展有限公司(以下简称触控公司)与金华多胜网络科技有限公司(以下简称多胜公司)签订了计算机软件开发合同。后双方发生争议,触控公司认为,该案应由北京知识产权法院管辖。

国家企业信用信息公示系统关于触控公司的企业信用信息公示报告显示,触控公司成立于2014年2月25日,该公司登记的住所是“上海市宝山区上大路668号287K室”。触控公司主张,法人的住所地为主要办事机构所在地,而非登记机关登记地址,其主要办事机构所在地位于北京市朝阳区宏昌路望京西园二区220号,并非上海市宝山区上大路668号287K室,应将该案移送北京知识产权法院审理。

裁判要旨:

一审法院认为,公司住所为确定地域管辖的连接点。公司未将主要办事机构所在地登记为住所的,则以登记住所为主要办事机构所在地。触控公司登记的住所具有公示效力,其住所所在地上海知识产权法院对于双方所产生的争议具有管辖权。

二审法院认为,住所信息是公司在登记机关办理主体信息登记时的必要事项,公司选择登记何地作为公司住所是具有法律后果的民事行为。登记部门会根

① 最高人民法院民事裁定书,(2021)最高法民申3538号。

② 参见最高人民法院民事裁定书,(2020)最高法知民辖终291号。

据公司提交的信息对外公示，第三人也会对代表国家行使市场监管公权力的登记部门所发布的法人登记信息产生合理信赖。《民法总则》已为《民法典》取代第64、65条分别规定，法人登记事项发生变更的应当进行变更登记，实际情况与登记事项不一致的，不得对抗善意第三人。因此，将法人在登记机关登记的住所作为确定民事诉讼地域管辖连接点的依据，于法有据。维持了一审法院的判决。

裁判评析：

该案的争议焦点是哪个法院对于双方当事人的争议有管辖权，双方当事人对于将公司住所作为确定法院管辖的连接点均不持异议。因此，该案的核心在于如何认定公司的住所地。

依据《关于适用〈中华人民共和国民事诉讼法〉的解释》（以下简称《民事诉讼法司法解释》）第3条第2款，法人主要办事机构所在地不确定的，以其注册地或登记地为住所地。住所的确定顺序是主要办事机构所在地、登记地。而依《民法总则》第63条之规定，“法人以其主要办事机构所在地为住所，依法需要办理法人登记的，应当将主要办事机构所在地登记为住所”。《公司登记管理条例》（现已废止）第9、12、26、29条亦规定，公司在登记机关办理主体信息登记时，住所是被要求登记的事项之一，并且，其若要以主要办事机构所在地为住所，必须进行变更登记。由此可以看出，就该案而言，触控公司若要主张其主要办事机构，即“北京市朝阳区宏昌路望京西园二区220号”，为其住所地，必须举证证明其进行了变更登记。显然，诉讼中，触控公司并未举示相关证据，其主张的住所地未经变更，不得对抗善意不知情的第三人。因此，一审和二审法院基于触控公司登记的住所具有公示效力，将该登记住所认定为其住所地。

该案中，法院的裁判，实际上彰显出登记的公信效力，即对于公司登记义务人来说，其不得以实际情况与登记情况不一致，而主张对抗善意第三人。相反，善意第三人有权信赖登记机关公示的法人登记事项，以登记事实对抗登记义务人。一旦法人在存续期间原先登记的事项发生变化，其应当依法履行变更登记手续，否则不得对抗善意不知情的相关公众。总体而言，以上关于公司法人住所事项登记、变更事项登记和相关法律后果的规定，核心意旨均在于增强市场信息透明度、维护市场交易安全、优化市场营商环境，因为这些属于市场经济的内在要求，市场经济的本质归根结底乃是信用经济和法治经济。如果法人在登记部门初始登记或变更登记的信息不可信赖，公众势必不得不自力调查法人的各项情况与登记信息是否一致，由此必然导致社会交易成本的提升和交易负担的加重，显然不符合市场交易透明化、规范化、法治化和可预期化的市场经济要求。因此，将法人在市场监管登记部门登记的住所作为确定民事诉讼地域管辖连结点的依据,于法有据。因此,一审和二审法院将公司登记住所认定为公司住所地,继而认定公司住所地法院有管辖权是正确的。这也提示公司,登记事项发生变动时,一定要向登记机关申请变更登记。

专题三　公司章程及其自治边界

导　语

公司章程既是公司登记注册的必备文件,也是公司维系经营管理的基本制度规范,由“人治”“协议治理”走向“章程自治”亦是现代公司治理程式的基本走向。《公司法》(1993)受立法理念、立法技术所限,赋予公司章程的自治空间非常有限,彼时,公司章程的主要功能角色是作为公司设立的登记审查文件而存在,实践中公司章程自治的意识尚未形成,公司章程“照抄”“照搬”公司法条文的现象比比皆是。《公司法》(2005)则不然,尊重公司自治,系彼时修法所遵循的最核心立法原则,相较于《公司法》(1993),《公司法》(2005)大幅增加了关于公司章程的法律条款,“公司章程另有规定,从其规定”“公司章程另有规定除外”等条款成为《公司法》(2005)的一大亮点。① 实践中的公司章程也逐渐摆脱了过去“照抄”“照搬”公司法条文的“旧习”。“千人一面”的公司章程现象日益减少,取而代之的是公司的个性化色彩日渐浓郁。② 到了资本市场大事件“宝万之争”发生的2015—2017年,A股有600余家上市公司密集修改公司章程,增加反收购等条款,公司章程俨然成为公司间展开制度竞争的利器。

与实践中公司章程的个性化色彩逐渐浓郁的形势相对的是,《公司法》(2024)对于公司章程的规定却仍有诸多不尽如人意之处,公司法理论界对公司章程的研究探索仍存在诸多争点,凡此种种在某种程度上使得公司越权担保合同纠纷、公司章程设限股权转让纠纷、上市公司章程反收购条款效力认定纠纷等“涉章纠纷”经常成为公司法实践中的“难办案件”,同案不同判的情形频发。有鉴于此,从规

---

① 参见钱玉林:《公司章程“另有规定”检讨》,载《法学研究》2009年第2期。

② 参见吴飞飞:《论公司章程的决议属性及其效力认定规则》,载《法制与社会发展》2016年第1期。

范与实践两个层面对公司章程及其自治边界问题作系统性梳理与研判，无疑具有鲜明的理论与实践意义。

问题一　公司章程的法律属性

公司章程的法律属性，是探讨涉公司章程问题的起点。在《公司法》(2024)并未明确公司章程属性且理论和实务对其属性均有争议的情况下，涉公司章程的司法裁判出现了大量同案不同判的情况。因此事关公司章程的纠纷中，公司章程的属性界定成为了最为首要的问题。

【规范梳整】

历经2005年《公司法》的修订，公司章程的自治空间虽得到大幅拓展，但其法律属性却始终未有明文规定。《公司法》(2024)第5条为公司章程的统领性规定，对公司章程的角色定位和效力范围作了总括性规定，该效力范围包括了公司、股东以及公司的管理层。第45、59、94、104、112条则分别规定了公司章程的制定、修改主体。从形式的要求来看，有限责任公司章程的制定需要全体一致同意，而股份有限公司章程的制定、有限责任公司与股份有限公司章程的修改需要遵循"多数决"的表决权与决议的程式要求。由此可以看出，公司章程在形成方式上遵循决议程式，在效力范围上则布及公司、股东以及以董事、高级管理人员为代表的管理层。以上特征使得公司章程既具有了契约的属性，也呈现出决议的特性，同时还表现出一种自治法规的性质。因此，从现行立法规范上，着实难以确定公司章程的法律属性，对此，后文将详细探讨。

【理论基础】

在公司法理论上，有关公司章程的法律属性，主要有"合同说"、"自治法规说"、"折中说"以及"决议说"四种观点。在司法裁判中，四种观点分别导向不同的裁判规则、裁判路径，进而导致涉公司章程类案件的同案异判现象。

一、公司章程"合同说"及其脉络线索

公司章程"合同说"在过去的很长一段时期内，在公司法理论实践中具有重要学术影响力，甚至一度成为有关章程属性的主导性学说范式。该说有两条理论脉络来源，一是"大民法思维观"。该观点认为民商合一，商法是民法的特别法，而公

司法则可视作是合同法的特别法,公司章程则是股东彼此间订立的一种特殊商事合同或者称之为组织合同。在司法实务界,很多人士的观念意识深受“大民法思维观”的潜在影响,直观地认为公司章程不过是一份股东间订立的特殊合同,与股东协议别无二致。二是经济学上的“公司合同理论”。该理论认为,公司是股东或者说公司各成员间订立的一份“长期性关系合同”,即具有长期性、关系性两大特征的组织合同。遵循该逻辑,公司是一份“长期性关系合同”,则公司法是一份“标准格式合同”,旨在为商主体提供一份有关公司设立、经营管理的合同范本,一方面其可以节约商主体的缔约和试错成本,另一方面其还具有身份上的中立性,可平衡协调各主体间的利益天平。① 沿着该逻辑线索解释,既然公司法都是一份“标准格式合同”,公司章程自然也是合同,是商主体自己订立的私人合同。“公司合同理论”具有极为形象的理论解释力,其对公司法的公司合同范本定位刚好契合了我国强化公司自治、放松法律管制的立法价值观,一经本土引入,在公司法理论与实务界均产生了重要的影响力。

具体到法律适用环节,公司章程“合同说”产生的最直观影响是,在公司章程相关条款的效力及约束力认定问题上,部分裁判者会直接适用合同的效力及约束力认定规则,即以合同法规则适用于公司章程。其中,最为典型的例证是司法实践中高发的“章程限制股权纠纷”,如“章定人走股留”。一旦发生纠纷,认定该类条款的效力成为案件裁判的核心争点。对此,部分案件的裁判思路是,该种限制甚至是禁止、剥夺股东权型条款,若系经由修订公司章程得来,且未经被限制、禁止或者剥夺股东权的股东的事前同意,则属无效条款或者对该股东不发生效力。在该思路影响下,公司法理论界部分观点认为,初始章程系由全体股东一致同意制定,具备合同的合意机制,可限制甚至剥夺股东权;章程修订案系由股东会多数决定机制形成,一般不具备合意机制,所以其对股东权利的限制性,尤其是剥夺性规定,有效力瑕疵。②

公司章程“合同说”的价值体现在两个层面:第一,在宏观价值取向上,其重申了公司法的自由主义精神,有利于章程自治的进一步实现。第二,在具体层面突出了股东个人意志的独立性,对于保护股东权,尤其是中小股东、异议股东合法权利,具有其他几种学说所不具备的解释优势。然而,遗憾的是,该说的缺陷与不足亦十分明显,具体而言:第一,该说对“公司合同理论”的理解存在误区,有穿凿附

---

① 参见罗培新:《公司法的合同解释》,北京大学出版社 2004 年版,第 5—21 页。

② 参见钱玉林:《公司章程对股权转让限制的效力》,载《法学》2012 年第 10 期。

会的嫌疑。“公司合同理论”是一套经济学理论，该理论意在说明公司关系是一种自治型而非管制型关系，即借合同的名义申明公司法的自由主义价值理念，类似于卢梭借用社会契约一词呐喊出人的自由、平等价值。换言之，“公司合同理论”并非真正将公司关系视作是合同关系，而是一种“隐喻”或者说比喻性描述。而公司章程“合同说”误将其理解为法学意义、规范意义上的合同，进而对其适用合同法的裁判规则。第二，该说有助长公司内部个人主义风气的潜在风险，与公司法的组织法定位、合作主义精神[①]不符。以股东除名制度为例，该制度具有清除公司内部异己分子、维系公司人合性的功能作用，[②]但遗憾的是在公司章程“合同说”的解释逻辑之下，公司章程，尤其是修订案中的除名条款经常容易陷入无效风险之中，而导致股东除名制度的价值功能无法发挥出来。第三，导致初始章程和章程修订案被割裂，分别适用两套裁判规则，这使章程修订案的效力层级被降低，给公司章程治理带来不便。

二、公司章程“自治法规说”及其适法逻辑

公司章程“自治法规说”是早期有关公司章程属性界定的主导性学说，该说认为公司章程系凯尔森意义上的国家法律秩序之下的“次级秩序”，是公司自己的法律。[③]“自治法规说”与大陆法系国家的“法人实在说”一脉相承，可视为后者在公司章程属性界定问题上的具体化体现。该说在我国早期公司法理论上占据重要地位，系彼时有关公司章程属性定位的主导性观点，至“公司合同理论”引入后，“合同说”逐渐与之呈分庭抗礼之势。该说最大的优势在于契合了公司法的团体法、组织法定位，以及公司法人格独立化的价值导向，强化了公司章程在公司经营治理中的法律地位。根据该学说，公司章程某条款是否有效并不取决于其是否具备合意机制、是否事先征得异议股东同意，而是取决于该条款本身的制定或者修改程序及条款内容本身是否合法、合规。所以，与“合同说”相比较，“自治法规说”更符合公司章程法律属性的法理与逻辑定位。

然而，“自治法规说”的局限性亦比较显见。具体而言：第一，“自治法规”并非一个确定性概念、规范性称谓。我国的实定法体系中，有法律、行政法规、部门规章、地方政府规章以及司法解释乃至其他规范性文件，唯独没有“自治法规”之说。有观点将“自治法规”纳入软法体系之中，尽管逻辑上可以自圆其说，但何为

---

① 参见蒋大兴：《走向“合作主义”的公司法——公司法改革的另一种基础》，载《当代法学》2021年第6期。

② 参见吴芳：《有限责任公司股东除名规则之检讨与完善》，载《现代法学》2021年第2期。

③ 参见陈彦晶：《公司章程性质的二元论路径与展开》，载《经贸法律评论》2020年第6期。

软法?软法本身也非规范性称谓。用一个非规范性语词解释界定另一个非规范性语词,显然会陷入学术观点的自循环困境。既然"自治法规"到底是何物都有待研判厘定,公司章程"自治法规说"必然也会成为一个模糊性概念。第二,"自治法规说"与私法逻辑相左。"自治法规"从直观文意上看,有显著的行政法风格。而公司法属于私法,公司章程自治属于私法自治范畴,私法自治以法律行为为其基本工具,单方行为、合同无不如此。换言之,在民商合一的立法体例下,公司章程自治也应该以法律行为为其工具,法律行为理论可作为章程效力及其约束力的解释渊源。而公司章程"自治法规说"没有深入到法律行为理论层面,也就无法从私法自治的底层逻辑解释清楚公司章程的效力来源问题。[①]

三、公司章程"折中说"及其观点立场

"折中说"是以钱玉林教授为代表性学者提出的,该说认为,公司章程在内容上庞杂多样,非"合同说""自治法规说"任何一种学说可完全涵盖,应从类型化的视角,具体地认定某些章程条款,如关于公司组织管理的条款属于自治法规,而另一些条款如关于股东权益的条款具有合同属性。[②] 诚然,"折中说"认识到了"合同说"与"自治法规说"的局限性,其类型化路径对我们细化公司章程内容的认识也颇具启发意义。然而,该说亦有其明显的局限性,具体而言:第一,公司章程属性界定的主要困境之一就在于属性认知多元化,不同的性质界定导向不同的裁判规则,进而出现同案异判现象。而"折中说"的解释逻辑下,公司章程中的哪些内容属于"自治法规",哪些内容又具有"合同"属性,并非没有争议,隐蔽在公司章程属性界定背后的同案异判难题并不能得到有效缓解。第二,同一份公司章程,里面各条款按照同样的程序制定抑或修订,却在性质上作分别认定,恐难以自圆其说。

四、公司章程"决议说"及其解说进路

公司章程"决议说"系近几年兴起的一派观点,与法律行为理论中的决议行为理论一脉相承。该说认为,在民商合一的立法体例下,法律行为理论应当贯通适用于个人法、团体法两个法律领域,其中,合同法归属个人法,而决议行为归属团体法行为。公司章程的制定与修改须经股东会决议,其发生效力也基于决议行为。公司章程条文林林总总、纷繁复杂,其隐含的制定逻辑是多数同意的意思民

---

① 参见吴飞飞:《论公司章程的决议属性及其效力认定规则》,载《法制与社会发展》2016年第1期。

② 参见钱玉林:《作为裁判法源的公司章程:立法表达与司法实践》,载《法商研究》2011年第1期。

主逻辑而非意思一致逻辑。基于此,既然公司章程制定抑或修订之行为,均可归之于决议行为,公司章程就具有决议的法律属性,即为公司章程“决议说”。[①]

公司章程“决议说”项下,章程条款的效力可以适用决议的效力性规则,如效力瑕疵等,其认定同样可分为内容瑕疵与程序瑕疵,其中程序合法性主要指章程制定或者修订的程序是否合法、合规。除此之外,公司章程效力认定还有下述几条线索:第一,公司章程的目的性审查。章程经由决议行为而产生,决议属于“公议”[②],既然是“公议”,就必须符合目的的公共性、正当性,以改进、提升公司整体福祉为其目标指向,而不能沦为强势股东固化其个人利益、实施股东压制的“私人工具”。因此,若公司章程的某个条款显著缺乏目的正当性,则其效力应被作否定性评价。反之,若公司章程的某个条款目的正当且符合必要性、关联性原则,哪怕该条文会对部分股东的权益施加限制或者剥夺其权益,仍旧合法有效。第二,公平性审查。公司章程具有“共益性”,代表公司整体利益,而公司整体利益又通常具体化为多数股东利益。进而言之,在有些时候,公司章程为了维护、增进公司的多数股东利益,不可避免地会对少数股东、异议股东的权益作出一定的限制,甚至剥夺特定股东的权利。尽管符合多数股东利益时,公司章程可以满足其目的正当性要求,但对待少数股东权亦必须体现公平性,否则其效力也会受到影响。典型的例子是,公司章程中的“人走股留”条款,公司为了维护内部人合性氛围、股权激励等目的而在章程中规定这类特殊条款,满足目的正当性要求,但允许“人走股留”的同时还必须保证“走”的股东的股东权益获得公平补偿,尤其是股权的支付对价应当公平。实践中,有的公司章程的“人走股留”条款规定的股权计价方式是“原价计算”,即按照股东最初的出资款原价强制回购其股权,而强制回购通常发生在公司经营状况比较好的情况下,此时“原价计算”的回购方式显然是不公平的,该类章程条款的效力应为无效。

笔者认为,相对而言,公司章程“决议说”既兼顾了公司的组织法定位与股东私权之间的冲突平衡关系,又契合了民商合一立法体例下法律行为理论贯通适用于公司自治行为的体系自洽下的要求,观点较为科学。但这并不意味着“决议说”所提倡的所有观点都应得到适用,尤其是针对章程程序瑕疵与内容瑕疵,无须设置章程无效或可撤销之诉。对于章程内容或者程序出现的瑕疵,仍应当遵循决议

① 参见吴飞飞:《论公司章程的决议属性及其效力认定规则》,载《法制与社会发展》2016 年第 1 期。

② 周淳:《组织法视阈中的公司决议及其法律适用》,载《中国法学》2019 年第 6 期。

瑕疵的撤销或效力认定程序,在决议被撤销或宣告无效后,在决议上形成的章程自应进行修改。由此既节省立法成本,又能够与现行制度接轨。此外,对于章程问题,实践的审查重点仍然是其权限范围和约束力范围,即我们通过章程的决议属性,认定当事人受到该决议的约束,在当事人认为章程所载内容无效,或形成过程可撤销时,可通过提起决议的相关诉讼予以解决。

【审判实务】

关于公司章程的法律属性,审判实务可以主要分为三种,即契约说、自治法规/宪章说和区分说。

一、契约说

前已述及,契约说相当长时间内在审判实务中具有较广的市场,典型表达认为公司章程系股东间的契约。例如,在"张某新与张某新1、江苏大通风机股份有限公司(以下简称大通风机公司)与公司有关的纠纷案"①中,法院指出公司章程的法律性质是股东之间的契约或公司自治法。就案涉大通风机公司章程修正案而言,主要修正内容是股东持股的变动情况,系股东之间关于持股情况的确认,属于股东契约性质。事实上,随着公司章程地位的提升,契约说的适用范围主要限制在股东间就自身权益约定的问题内,如股权转让的限制、股东出资等,这一观点在后面的区分说中体现得较为明显。

二、自治法规/宪章说

自治法规/宪章说以公司组织体为视角,主张公司章程作为公司、股东、董事、监事、高级管理人员等行为规则的法律地位。在"姜某兰与烟台三环锁业集团有限公司股权转让纠纷案"②中,一审法院认为公司章程是公司的"宪章",对于公司而言,章程是最为重要的自治规则,它是公司高效有序运行的重要基础,是维护公司利益、股东利益、债权人利益的自治机制,是公司、公司股东,特别是公司大股东和公司高级管理人员的行为规则。自治性法规说在实践中还为当事人所主张,例如在"李某军、信阳茶城运营管理有限公司民事纠纷案"③中,当事人主张"公司章程是公司最重要的法律文件,是公司的宪章性文件,以至于理论上将公司章程的性质理解为'自治性法规'"。

---

① 江苏省南通市中级人民法院民事判决书,(2014)通中商终字第0141号。
② 山东省烟台市中级人民法院民事判决书,(2014)烟商二终字第355号。
③ 河南省信阳市中级人民法院民事判决书,(2022)豫15民终6387号。

三、区分说

区分说主张将公司章程记载的内容作不同认识，例如在“刘某朝等股东出资纠纷案”[①]中，一审法院对公司章程的本质属性作了较为详细的探讨，提出公司章程存在契约说和自治规范说两种观点，二者的核心区别在于制定和修改的主体为公司还是公司与股东。由于公司章程规定的内容较多，不宜对其性质作统一认定，应当根据具体内容认定。例如在出资问题上，该说认为应当遵守股东意思。二审法院对该观点持认可态度，因而在该问题上，应当认定公司章程的契约属性（该案将作为典型案例在后文中详细分析）。但这类区分内容的观点属于少数，在“李某与珠海迈特尔金属有限公司、珠海迈特尔投资有限公司股东出资纠纷案”[②]中，法院认为“结合协议书的目的及公司章程的性质，针对同一事项存在不同约定……设立协议效力应让位于公司章程”，而该案同样涉及股东出资问题，既未区分探讨章程规定的具体事项，也未区分同意的人数。

虽然契约说在较长时间内为理论和实务界所青睐，但从审判趋势来看，公司章程的非契约特征正在不断得以彰显。例如，在大多数案件中，法院对涉案股东协议认定为公司章程或者具有公司章程属性，[③]进而主张其对公司的约束力，这也表明了法院将契约与章程相区分的认识。

【典型案例】

刘某朝等与畅阅公司股东出资纠纷案[④]

基本案情：

畅阅公司于2016年11月1日成立，注册资本为300万元。股东分别为郭某

---

① 北京市第一中级人民法院民事判决书，(2022)京01民终11150号。

② 广东省珠海市中级人民法院民事判决书，(2016)粤04民终641号。

③ 参见杨某、河南恒爱动物医院有限公司股东资格确认纠纷案，河南省新乡市中级人民法院(2021)豫07民终1306号民事判决书；天津康晖企业管理合伙企业、董某波股权转让纠纷案，天津市第三中级人民法院(2020)津03民终5256号民事判决书；温某华、曾某良股权转让纠纷案，广东省深圳市中级人民法院(2020)粤03民终633、634号民事判决书；王某东、庞某婷股东出资纠纷案，安徽省六安市中级人民法院(2018)皖15民辖终161号民事裁定书；重庆中汽西南汽车(集团)有限公司与重庆尚诚汽车销售有限公司损害公司利益责任纠纷案，重庆市第一中级人民法院(2017)渝01民终6325号民事判决书；于某与黄某文、孙某月合同纠纷案，安徽省合肥市中级人民法院(2016)皖01民终843号民事判决书；梅某启与信阳天龙餐饮管理服务有限公司、黄某新、田某丽、王某义、李某军股东出资纠纷案，河南省信阳市中级人民法院(2015)信中法民终字第2027号民事判决书。

④ 参见北京市第一中级人民法院民事判决书，(2022)京01民终11150号。

轩（出资105万元，持股35%）、高某（出资105万元，持股35%）、刘某朝（出资30万元，持股10%）、韩某光（出资60万元，持股20%）。2016年12月13日，畅阅公司法定代表人由吴某变更为高某，其后于2021年11月4日又变更为吴某，二人系夫妻关系，但现已离婚。韩某光与刘某朝均通过股权受让方式成为股东，前者从原股东牟某处受让20%股份，后者分别从高某、郭某轩处受让10%股份。二人均办理了变更登记。2017年12月1日，高某、郭某轩、韩某光、刘某朝等人签订《股东协议书》，约定投资人应于2018年12月31日将出资额存入指定银行账号。而2021年11月4日工商登记的公司章程记载韩某光与刘某朝的认缴出资日期为2030年10月10日。后畅阅公司与韩某光、刘某朝就该《股东协议书》与公司章程记载的出资义务发生争议，畅阅公司主张公司章程为照章填空的产物，并不代表各方意思，且该公司章程仅有郭某轩、高某签名，应以《股东协议书》为准，韩某光与刘某朝则主张应当按照公司章程记载的出资期限为准。

裁判要旨：

一审判决认为，公司章程的性质存在契约说与自治规范说两种观点。从制定主体上而言，契约说强调制定和修改主体为公司和股东，自治规范说强调制定和修改主体仅为公司。前者强调相互合意，后者强调公司社团意思，强调依据是资本多数决原则下股东会或者股东大会决议的结果。但由于公司章程规定的内容较多，并不能笼统地将公司章程概括为契约或自治规范，应视具体事项而定。股东协议用于调整股东之间的法律关系，需要缔结各方一致的意思表示，因此能够反映各方真实意思。在股东出资问题上，一致的意思表示要大于“多数决”，况且公司章程未有全体股东签名，其合意方面欠缺。同时，该案并未涉及外部第三人，因此应当尊重各方在股东协议中达成的合意，被告韩某光与刘某朝应依据《股东协议书》履行出资义务。

二审判决认为，股东出资是股东向公司交付财产或履行给付出资义务，因此公司属于股东出资纠纷的适格当事人。对于股东出资，公司内部应以股东之间最后的约定来认定股东出资义务。《股东协议书》系各方一致意思表示，2021年的公司章程是依据2021年11月4日的股东会决议修改，但该会议股东并未就出资期限问题召开会议并形成决议，修改内容仅涉及执行董事和法定代表人变更问题，因此不应认定该公司章程系各股东就变更期限问题达成了新的合意，出资义务仍应以《股东协议书》为准。

裁判评析：

该案一、二审均支持了畅阅公司的诉讼请求。其核心问题是公司章程与股东协议发生冲突时应当以何者为准，这涉及对公司章程属性的认识。该案一、二审裁判意见体现出其对公司章程属性的不同认识。该案中，韩某光与刘某朝主张公司章程实际上为时间在《股东协议书》之后的章程修正案，根据畅阅公司提供的证据，章程修正案系依据股东会就法定代表人变更所形成的决议，该股东会决议上并未就股东出资问题达成新的意见，决议后提交的章程修正案对出资义务部分并没有作修改，其仍然延续旧有章程的规定，即出资期限为2030年。而《股东协议书》约定的出资期限为2018年，对于为何会有这一冲突，畅阅公司主张公司章程系"照章填空"的结果，并不能反映各方的真实意思。对此，一审法院以"区分原则"作为基础，认为股东出资应当看股东之间的真实意思，而非公司意思，即在股东出资问题上，公司章程具有了契约的属性。二审法院则径直以股东出资应当依股东的真实意思作出判断。可见，一审、二审法院都是从内容上认定公司章程具有契约属性。这种以实际内容认定公司章程属性的路径比较具有现实意义，对该案的判决也较为妥当。但如前所述，这一观点并不具有普适性，一旦该案涉及外部第三人、涉及其他章程记载的事项时，"区分原则"就显得力有不逮了。

问题二　公司章程的对外效力

公司章程的对外效力是指公司章程对《公司法》规定的效力范围以外的交易第三人所产生的对抗效力，但公司章程是否应该产生对外效力在理论上始终存在争议，各方观点在公司章程的公示效力、对外交易的利益保护、债权人的审查义务、章程对外效力的规范基础等问题上长期达不成一致意见，这也导致司法裁判在公司担保等既涉及对外交易又涉及公司章程限制的问题上长期存在同案不同判的现象。因此，明确公司章程该不该产生对外效力，以及在何种情况下产生对外效力是一个亟待解决的问题。

【规范梳整】

《公司法》及相关规范中涉及公司章程对外效力的条款可以分为两类，一类为对外效力的直接来源条款，另一类为通过登记获得对外效力的条款。

一、对外效力的直接来源

《公司法》(2024)第15条授权公司章程对公司对外担保作出了限制性的规定，是当前公司章程对外效力最常见的直接来源，公司章程可以对投资和担保设定限额,对这一限制的解释直接衍生出公司章程的对外效力。《九民纪要》与《关于适用〈中华人民共和国民法典〉有关担保制度的解释》(以下简称《民法典担保制度司法解释》)明确担保债权人的审查义务,由此确立了章程的对外效力。《公司法》(2024)第84条关于股权转让中公司章程的另有规定也可能产生对外效力,例如,当公司章程不允许股东向公司股东以外的其他人转让股权,或者对股权转让的条件作出其他限制时,不符合公司章程设定条件的股权转让是否有效及章程是否产生对抗效力等问题,本质上是一个是否认可公司章程对外效力的问题。

二、登记产生的对外效力

《公司法》(2024)第30条统一规定公司设立登记应当提交公司章程等文件。但提交材料并不意味着登记产生公示对抗效力,《市场主体登记管理条例》将公司登记分为一般登记和备案,其中第8条将公司名称、主体类型、经营范围等列为一般登记事项,第9条则将公司章程列为向登记机关备案的文件。依据"知情—对抗"原理,公司章程的公示登记使得其成为可供第三人查阅的文件,由此在解释论上产生两种解释,一种为公示登记产生对抗效力,第三人被默认为知晓公司章程的内容;另一种为公司公示登记不产生对抗效力,第三人没有义务了解公司章程的内容,持何种解释则关涉公司章程能否产生对外效力。

这两类章程对外效力的规定,理论与实践中都存在不同的解释,虽然《九民纪要》与《民法典担保制度司法解释》明确担保债权人的审查义务,但是章程是否能够产生对外效力,如何产生对外效力等仍然是学界讨论的热点问题。

【理论基础】

一、公司章程对外效力问题的由来

在公司制的域外早期实践中,公司设立奉行特许主义,须根据国王或者议会颁发的特许状才能设立,典型如英国的东印度公司。彼时的公司,具有国家意志、国家利益属性,为贯彻国家对公司的干预意图,国王或者议会在颁发的特许状中会对公司的目的范围作出明确规定,并推定一切与公司交易的第三人均知悉特许状对公司目的范围的规定。一旦公司超越其特许状所规定的目的范围与第三人发生交易行为,则该交易行为为无效行为,这就是"越权无效原则"。在"越权无效原则"之下,彼时的特许状,即如今的公司章程,对于外部第三人而言,就具有了对抗效力(对外效力),推定与公司交易的第三人知道且应当知道特许状(公司章程)对公司行为能力、行为方式的限制或者禁止性规定,即“推定通知功能”。[①] 后来,随着公司设立由特许主义发展到准则主义阶段,公司逐渐成为纯粹的私法主体,除国有公司外已经不再贯彻执行国家意志,此时为了鼓励第三人与公司进行交易,促进交易便捷,增加市场活力,维护交易安全,法律不再假定第三人知道或者应当知道公司章程对公司经营管理行为的限制性规定,第三人在与公司进行交易时也不再有义务审查其章程,公司章程逐渐成为纯粹的公司内部治理规则,不再具有“推定通知功能”,也就不再具有对外效力。[②] 此后,公司章程系公司内部治理规范,不具有对外效力的观念逐渐成为公司法理论实务界的共识。

然而,公司越权担保合同效力认定纠纷的理论纷争使得公司章程是否具有对外效力的问题重新成为学术焦点,公司章程没有对外效力的学术论断亦不再是颠扑不破的客观真理。具体而言,《公司法》(2024)第 15 条第 1 款授权公司章程限制公司对外担保的决议形式、数额等,但法定代表人超越该权限,该担保合同应该如何认定问题成为了公司法上的“悬案”。此前的很长一段时期内,由于受公司章程不具对外效力的观念影响,法院几乎普遍性地认为担保债权人对公司章程没有审查义务,此类越权订立的担保合同仍旧有效,公司应当承担清偿责任。然而,该种带有显著的“担保债权人偏向”[③]的裁判立场极易置公司财产安全、公司利益相关方权益于不顾,有失公允。对该种裁判立场,公司法理论界进行了长达 10 余年的学术批判,直到 2019 年《九民纪要》与《民法典担保制度司法解释》明确担保权人的“形式审查义务”乃至“合理审查义务”,章程对外效力才得以从规范上确立。

二、公司章程能够产生对外效力的事项

笔者认为,公司章程在一般意义上而言不宜具有对外效力,但是在下述几种特殊情形下,可产生相应的对外效力。

1. 依据法律的转致而具有对外效力。尽管自“越权无效原则”废止后,公司章程不再具有“推定通知作用”,但法律自公布之日起就推定其调整对象知道且应当知道其内容,即所谓“不知法律者不免责”。以公司越权担保问题为例,《公司法》(2024)第 15 条明确将公司决议机关、担保数额的规定权赋予了公司章程。在第三人同公司订立担保合同时,其知道且应当知道《公司法》(2024)第 15 条对公司章程的赋权。而《公司法》(2024)第 15 条已经将担保规则的细化规定权转致于公

---

① 参见陈进:《公司章程对外效力研究》,载《甘肃政法学院学报》2012 年第 5 期。

② 参见孙英:《公司目的范围外经营规制:从外化到内敛——兼论双重性民事权利能力对公司越权的适用》,载《法学论坛》2010 年第 1 期。

③ 罗培新:《公司担保法律规则的价值冲突与司法考量》,载《中外法学》2012 年第 6 期。

司章程，因此有学者认为该条具有转致条款的功能。[①] 既然如此，第三人基于《公司法》(2024)第 15 条的转致功能，根据最普通的常识理解，也应当知道提供担保的公司一方的章程极有可能会对担保问题有特殊规定，然后基于最基本的交易诚信、契约附随义务，自然应当去审查对方公司章程，以确认担保合同的订立是否存在越权情形。

2. 因相对人非善意获得对外效力。依据《公司法》(2024)第 28 条与《公司法司法解释(四)》第 6 条，公司决议被宣告无效或撤销，依该决议与善意相对人所形成的民事法律关系不受影响。该两条综合起来被学界称之为决议外部效力的“善恶二分制”。[②] 该“善恶二分制”虽然是针对决议行为，但是当公司决议违反公司章程时，决议的外部效力与公司章程的对外效力别无二致。根据该“善恶二分制”的基本逻辑推导，当相对人恶意时，公司章程可对其产生对抗效力，即相对人明知或者应当知道公司相关决议、代表或者代理行为违反了公司章程，超越了公司章程的授权范围，仍旧与公司进行相关交易行为或者缔结相关合同时，公司章程关于公司法定代表人、代理人权限的限制性规定可对抗该相对人，相关交易行为、合同对公司不生效。

其实，公司章程是否具有对外效力，本质上是一个利益衡量命题，不存在非此即彼的确定答案。当相对人对公司章程的审查成本非常低廉，通过稍加审查就可以化解巨大的商业或者合同风险时，理论上公司章程就应当对其产生对抗效力，不然不足以倒逼其积极履行审查义务。当对相对人施加对公司章程的审查义务，不利于维护交易便捷、无端增加交易成本时，公司章程对相对人就无对抗效力。[③]

【审判实务】

一、公司对外担保中的章程对外效力

审判实务中，关于公司对外担保问题，涉及担保合同的效力、债权人的审查义务、越权代表等认定，对这些问题的详细探讨，本书将在“公司对外担保”这一专题中详细阐释。而公司担保中的章程对外效力问题相较而言无须过度深入，认定违背《公司法》(2018)第 16 条第 1 款的担保合同无效，或是认定债权人对公司章程有审查义务就可认定公司章程产生了对外效力。因此，本专题将公司担保的审判

---

① 参见梁上上：《公司担保合同的相对人审查义务》，载《法学》2013 年第 3 期。

② 参见李建伟：《公司决议的外部效力研究——〈民法典〉第 85 条法教义学分析》，载《法学评论》2020 年第 4 期。

③ 参见吴飞飞：《公司章程对外效力重述》，载《广西社会科学》2015 年第 12 期。

实务分为公司章程产生对外效力和不产生对外效力。事实上，笔者以最高人民法院在“裁判文书网”上所涉及之司法裁判文书为分析对象，发现法院对待公司担保中的章程对外效力的态度存在反复，但整体上仍然呈现从否定到肯定的趋势转变。

例如，在2013年，最高人民法院的裁判文书否定了第三人的审查义务，①认为《公司法》(2018)第16条第1款并非效力性强制性规定。这一观点在其后的几年中占据着主导地位。② 直至2017年以后，最高人民法院的司法裁判才开始陆续出现部分认可公司担保中的公司章程对外效力。其认为，《公司法》(2018)第16条第1款就公司对外担保事项对法定代表人的代表权进行了限制，因此，在判断公司法定代表人违反该规定越权签订担保合同对公司是否有效时，还应该考察其代表行为是否构成表见代表、相对人是否为善意、是否尽到了合理审慎的义务。③ 在“和昌(福建)房地产开发有限公司、王某栋民间借贷纠纷案”④中，最高人民法院认为，债权人应当知道债务人超越权限，却未要求其提供董事会决议，显然存在明显的过错。类似裁判观点在《九民纪要》之后逐渐成为主流。⑤

二、其他问题中的章程对外效力

如前所述，除公司担保问题上公司章程可能产生对外效力外，在涉及股权转让、公司登记等问题上同样可能产生公司章程的对外效力。例如，在股东出资问题上，“中清化能源投资有限公司等上诉鑫苑(中国)置业有限公司房地产咨询合同纠纷案”中法院认为，公司法律关系具有较强的涉他性，公司章程虽然是调整公

---

① 参见周某与青海贤成矿业股份有限公司、西宁市国新投资控股有限公司等民间借贷纠纷案，最高人民法院(2014)民一终字第270号民事判决书。

② 参见青海贤成矿业股份有限公司、周某与青海贤成矿业股份有限公司、周某等民间借贷纠纷案，最高人民法院(2015)民申字第2086号民事裁定书；中国农业银行股份有限公司仙游县支行与福建省浩华房地产开发有限公司、福建省德馨古典家具有限公司等金融借款合同纠纷案，最高人民法院(2015)民申字第1558号民事裁定书；加某杰与何某恒、张某仪与襄阳骏盛置业有限公司、湖北裕景担保有限公司股权转让纠纷案，最高人民法院(2016)最高法民申1007号民事裁定书；洪某设与泰龙电力集团有限公司、叶某松等民间借贷纠纷案，最高人民法院(2016)最高法民终158号民事判决书；邱某枝与江西佳利商城住宅开发有限公司、白某魁等民间借贷纠纷案，最高人民法院(2016)最高法民终384号民事判决书。

③ 参见十堰市辰泓木材有限公司、中国信达资产管理股份有限公司湖北省分公司金融借款合同纠纷案，最高人民法院(2017)最高法民申4565号民事裁定书。

④ 和昌(福建)房地产开发有限公司、王某栋民间借贷纠纷案，最高人民法院(2018)最高法民申404号民事裁定书。

⑤ 参见中国信达资产管理股份有限公司四川省分公司、资阳精益制药有限公司等金融借款合同纠纷案，最高人民法院(2021)最高法民终968号民事判决书；雪松国际信托股份有限公司与欧浦智网股份有限公司合同、无因管理、不当得利纠纷案，最高人民法院(2022)最高法民申828号民事裁定书。

司内部事项的文件，但对内部人的限制往往会延伸至外部第三人乃至公众利益，因此法律要求其进行备案公示，相对人可以通过工商登记查阅信息，从而获取交易合理预期。认缴制改革虽然赋予股东期限利益，但并不意味着其可以通过恣意修改出资期限的方式损害债权人利益。基于保护债权人利益，出资期限虽经多次章程修改得以延长，但是仍应以债权债务关系发生时登记的公司章程确定之出资期限为准。① 可以看到，该案中，股东出资本应当为股东之间的问题，但是当该问题涉及第三人时，即应当保护第三人基于公司章程对外公示而享有信赖利益，应当肯定公司章程对外产生的效力。在“四川亚特南斯国际旅游有限公司与陶某岳股东出资纠纷案”②中，法院也指出，在公司章程与股东协议就股东出资问题出现不一致时，应当区分公司章程的对外效力和出资协议的对内效力，前者用于登记备案，而后者则反映协议签订当时股东之间就出资问题的真实意思，因此，在股东出资并不涉及对外关系时，应以股东之间的出资协议为准。

【典型案例】

亿阳信通股份有限公司与天元天润投资集团有限公司等借款合同纠纷案③

基本案情：

2016年10月10日，天元天润投资集团有限公司（以下简称天元天润公司）（甲方）与民生银行济南分行（乙方）签订了《委托贷款委托合同》，约定委托贷款对象（借款人）为亿阳集团，委托贷款金额为1亿元，并就贷款发放、偿还、利息等作出约定。同日，亿阳集团（借款人、甲方）与民生银行济南分行（贷款人，乙方）签订《委托贷款借款合同》，约定乙方按照《委托贷款委托合同》向甲方发放贷款等事宜。同日，邓某（保证人、甲方）与天元天润公司（债权人、乙方）签订《委托贷款保证合同》，约定邓某为主合同项下全部债务提供保证。亿阳信通股份有限公司（以下简称亿阳信通公司）（保证人、甲方）也与天元天润公司（债权人、乙方）签订了《委托贷款保证合同》，约定甲方同意依照合同约定为主合同项下的全部债务提供保证。其后，借款期限届满，亿阳集团未能按照约定偿还借款本息，亿阳信通

① 参见中清化能源投资有限公司等上诉鑫苑（中国）置业有限公司房地产咨询合同纠纷案，北京市第三中级人民法院(2016)京03民终9248号民事判决书。

② 四川省南充市顺庆区人民法院民事判决书，(2018)川1302民初560号。

③ 参见最高人民法院民事裁定书，(2021)最高法民申146号。

公司、邓某也未承担担保责任，被诉至法院。其中，亿阳信通公司主张其为上市公司，为亿阳集团提供担保未经股东大会通过，该担保无效。

裁判要旨：

一审法院认为，依据对《公司法》(2018)第16条第2款以及亿阳信通公司章程的解释，亿阳信通公司对外提供担保需要经过股东会决议，天元天润公司未能提供充分证据证明亿阳信通公司为其股东亿阳集团提供担保确实经股东大会决议通过，天元天润公司对此也未尽到审查义务，亿阳信通公司与天元天润公司签订的《委托贷款保证合同》应当认定为无效。

二审判决认为，天元天润公司提交的"股东大会/董事会决议"与亿阳信通公司章程规定不符，其虽然主张已经审查了"股东大会/董事会决议"，但又未能依据公司章程的规定审查亿阳信通公司是否存在相应的股东大会授权董事会的材料或者证明文件。因此，认定该担保合同无效。

再审判决认为，亿阳信通公司为其股东亿阳集团提供担保，未依照法律规定提交股东大会决议，债权人也未审查亿阳信通公司对外担保是否经过股东大会决议，未尽到审查义务，因此该担保协议无效，原一审、二审认定并无不当。

裁判评析：

2017年爆出的"亿阳信通违规担保案"引发了理论界和实务界的热议，该案中，控股股东亿阳集团为了达到让亿阳信通公司不经决议为其提供关联担保的目的，连续撤换多名不敢签字的董事长，最后迫使继任董事长以亿阳信通公司名义签字为其违规担保44.82亿元，最终导致亿阳信通公司被证券监管部门行政处罚，公司被实施退市风险警示。在此背景下，该案裁判需要解决三个问题，一是对《公司法》(2018)第16条的解释，二是亿阳信通公司是否经过了《公司法》(2018)第16条要求之股东会决议，三是债权人是否履行了审查义务。

首先，法院裁判虽未在说理中说明《公司法》(2018)第16条是管理性规范还是效力性规范，但在裁判结果的认定上，违背该条之担保合同无效便已经表明法院对其效力性的规范属性的认定。其次，由上可知，亿阳信通公司对外担保实际并未经过股东会决议，董事长对外签字则是迫于控制股东之压力，因而其违背了内部管理规定。最后，再审中，最高人民法院指出债权人未履行审查亿阳信通公司是否召开股东会的义务，而该义务不仅来源于《公司法》(2018)第16条，还来源于亿阳信通公司章程的特别规定。因而，揆诸这三个核心问题，从对《公司法》(2018)第16条效力性强制性规范属性的解释到公司章程针对公司对外担保的股东会决议要求，都表明法院在认定公司担保问题上，公司章程具有对外效力。

问题三　公司章程的自治边界

2005年修订的《公司法》赋予公司更大的自治权限，其法定治理方式通常为公司章程。但公司治理的不规范以及商业创新一直在不断挑战公司自治的边界，由此引发大量关于公司章程相关自治条款的效力争议，例如公司章程中的“处罚条款”“章定人走股留”等问题。本专题也以这几个较为典型的问题为分析对象，探讨公司章程这一法定形式的自治边界。

【规范梳整】

公司章程的自治范围体现在两个方面，即公司章程的规范内容与“另有规定”。

公司章程的规范内容。《公司法》中对于公司章程可直接规范内容的条款达30余条，包括公司经营范围、决议、名称住所等基本登记事项，股东出资，公司机构及其产生办法，议事规则，股东会的职权，董事会职权，股东会会议召开程序，股东会的议事方式和表决程序，董事长、副董事长的产生办法，董事任期，执行董事的职权，监事会的职工代表比例，监事会的职权，董事会的议事方式和表决程序，监事会的议事方式和表决程序，股份有限公司的利润分配方法、解散事由与清算方法，公司的通知和公告方法，公司董监高的信义义务，公司聘用、解聘承办公司审计业务的会计师事务所等。

公司章程的“另有规定”，包括股东会会议表决权行使比例[《公司法》(2024)第65条]、股权转让[《公司法》(2024)第84条]、股东资格的继承[《公司法》(2024)第90条]、股份有限公司临时股东大会的召开情形[《公司法》(2024)第113条]。股东利润分配[《公司法》(2024)第210条]。

我们可以看出，《公司法》(2024)授权公司章程规定公司治理、股东权益处置等公司的方方面面，但是对于“处罚权”“人走股留”等突破性商业创新问题，并未予以明确。

【理论基础】

实践中，有关公司章程的争议问题主要集中在公司章程相关条款的效力认定。如公司章程中限制或者剥夺股东权条款的效力、“人走股留”条款效力、处罚性条款效力等等。近年来,随着理论界和实务界对公司章程认识的不断深入、裁判经验的不断积累,在该方面已经产生了一系列的裁判规则,基于此,本部分主要围绕公司章程效力认定问题的司法裁判规则的梳理与反思展开。

一、公司章程中的"处罚权"条款效力认定问题

公司法是团体法,为了维系公司团体治理的权威性,公司不可避免地要对内部的异己分子、损害公司利益以及名誉的成员施加一定处罚,以维护团体秩序的稳定性,而公司对股东等成员的处罚在规范层面主要通过公司章程中的"处罚权"条款予以落实,这本无可厚非。然而,公司法同时又属于私法范畴,公司与股东等成员间系平等的民事法律关系,平等主体之间一方对另一方施加处罚,似乎与民事法律关系的一般属性相背离。此外,在公司对股东等成员施加处罚时,不可避免地会涉及对股东财产权、身份权的限制甚至剥夺,而剥夺公民的身份、财产权利在某种程度上又要遵循宪法、法律保留原则,因此公司章程中的"处罚权"条款是否有效就产生了争议。不过,总体而言,当前无论是司法实务界还是公司法理论界,都已经逐步认可公司章程"处罚权"条款的效力,公司通过章程、股东会决议对股东施加处罚,逻辑上与合同法上的惩罚性违约金相似,可视作是一种特殊的"合同罚",并不违反宪法、法律保留原则。① 影响其效力的因素不在于"处罚权"的设定本身,而在于该类条款的制定程序是否合法、是否借此实施股东压制以及是否公允等。下文笔者将通过最高人民法院公报案例"南京安盛财务顾问有限公司诉祝某股东会决议罚款纠纷案"解析公司章程中的"处罚权"条款效力判定规则的进展与不足。

二、公司章程"人走股留"条款的效力争议

近年来,因公司改制、实施股权激励以及维系创业团队人员结构稳定性等原因,实践中很多公司在章程中规定了具有强制收回股权特点的"人走股留"条款,因此而引发的诉讼纷争层出不穷。早前,司法裁判中,很多法院认为类似"人走股留"条款的强制收回股权做法属于对股东权的直接剥夺,除非经被剥夺股东权的股东事先同意,具备合意机制,否则无效。直到2018年最高人民法院发布96号指导性案例"宋某军诉西安某有限责任公司股权转让纠纷案"(以下简称96号指导性案例),"人走股留"条款是否有效的争议才获得初步共识,形成初步的裁判规则。不过,由于96号指导性案例案情所限,"人走股留"纷争中的部分裁判争点并

---

① 参见蒋大兴:《社团罚抑或合同罚:论股东会对股东之处罚权——以"安盛案"为分析样本》,载《法学评论》2015年第5期。

未在该案中展现出来，导致该案对后续类案裁判的指导意义亦受到一定程度影响。

公司章程中的“处罚权”条款与“人走股留”条款，都是公司章程突破《公司法》赋予公司章程自治权限的典型。笔者认为，以“合同罚”证成“处罚权”条款的合法性，虽然有着合理性，但这仍然是建立在认为公司章程是合同这一观点的基础上，这与笔者前述关于公司章程法律属性的探讨不相符合。笔者认为，从私法自治的角度来看，“处罚权”虽然涉及对个人财产甚至资格的剥夺，其本质上仍然是在私法自治的基础上对个人权利作出的处分，个人法中可以通过合同处分私人财产和权利，团体法中同样可以达成此种处分，只是二者对这一权利处分的程序或者要件要求不同，团体法中要看权利人的权利处分是否经过合法的程序，即公司章程是否经过股东会表决，表决权数量是否达到法定要求。同样地，“人走股留”也是个人对权利的处分，只要满足合法的程序，这一条款就应当具有合法性。

【审判实务】

一、公司章程的“处罚权”

关于公司章程设置“处罚权”最为典型的案例莫过于“南京安盛财务顾问有限公司诉祝某股东会决议罚款纠纷案”，该案的具体情况本书将在下面的典型案例部分详细介绍，该案肯定了公司章程设置“处罚权”的效力，但主张公司章程对于处罚权的规定必须清晰明确。该案的裁判思路为类似公司章程设置“处罚权”案例提供了裁判思路，但公司章程的“处罚权”来源并不明确，既可能是合同罚，也可能是一种社团罚。笔者认为，不论是合同罚还是社团罚，都是建立在私法自治基础上对个人财产和权利的处分，只要符合程序要求，就应当认可其效力。

二、公司章程对股权转让的限制

司法实践中，针对公司章程对股权转让的限制，法院通常采取尊重公司自治的态度，即认可章程对股权限制的效力。例如，关于“章定人走股留”问题，曾经产生过一定的争议，但早在2014年就有法院主张“人走股留”的合法性，在“姜某兰与烟台三环锁业集团有限公司股权转让纠纷案”①中，二审法院认为公司章程是规定公司组织及其行为的基本规则的重要文件，订立公司章程是股东的共同行为，除公司法规定的公司章程必要的记载事项外，股东在公司章程中约定股东离开公司时以股权转让的方式退股，属于公司意思自治的范畴，不违反法律的规定。在

① 山东省烟台市中级人民法院民事判决书，(2014)烟商二终字第355号。

2018 年最高人民法院发布 96 号指导性案例后，法院针对“人走股留”的裁判基本上持合法有效态度，例如在“李某波、大连港隆科技有限公司等公司决议效力确认纠纷案”[①]中，大连市中级人民法院指出，“公司章程关于‘人走股留’的规定，符合有限责任公司封闭性和人合性的特点，亦系公司自治原则的体现，不违反公司法的禁止性规定”，持有相似观点的判决不在少数，[②]并且部分法院将这一裁判原则贯彻得更加彻底，例如在“江苏省化工设计院有限公司与张某升有关的纠纷案”[③]中，一审和二审法院均主张，“张某升本人已参会，虽然其提交了反对票，不同意章程‘人走股留’的规定，但此并未影响最终的表决结果，故张某升应当遵守”。该案裁判更加符合公司章程的本质特征，即公司章程对股东、董事、监事等的效力并非来源于合意，或者不仅仅来源于合意，更重要的是来源于自治，即同意在自己决议中投反对票的情况下仍然接受章程约束的自治。

但章程对股权转让的限制性规定并不能约束法院的执行行为，此为章程自治的边界所在，例如在“边某玺与烟台市威利发食品有限公司其他执行申请复议执行案”[④]中，法院指出，公司章程对公司、股东、董事、监事和高级管理人员有约束力，人民法院依据生效判决强制执行被执行人质押的股权，不受《公司章程》中关于股东不得向股东以外的人转让股权之规定的约束。

【典型案例】

南京安盛财务顾问有限公司诉祝某股东会决议罚款纠纷案[⑤]

基本案情：

南京安盛财务股份有限公司（以下简称安盛公司）成立于 2002 年，祝某在该公司从事会计审核工作。2006 年，祝某向安盛公司出资 2 万元，占公司注册资本的 1.11%，成为该公司在册股东。安盛公司章程中载明了“人走股留”条款，同时还明确，强制取消股东身份时的股权转让价值，应当按当时公司账面净值折算后

① 辽宁省大连市中级人民法院民事判决书，(2023)辽 02 民终 2660 号。

② 参见徐某君、深圳市航天物业管理有限公司公司盈余分配纠纷案，广东省深圳市中级人民法院(2019)粤 03 民终 18320 号民事判决书；烟台市牟平区健民大药房有限公司、刘某保请求公司收购股份纠纷案，山东省烟台市中级人民法院(2022)鲁 06 民终 2388 号民事判决书。

③ 江苏省南京市中级人民法院民事判决书，(2020)苏 01 民终 1830 号。

④ 最高人民法院执行裁定书，(2014)执复字第 6 号。

⑤ 参见南京安盛财务顾问有限公司诉祝某股东会决议罚款纠纷案，载《最高人民法院公报》2012 年第 10 期。

扣除给公司造成的损失及股东会决议的罚款后的余额计算，但该章程中未明确记载罚款的标准及幅度。

2008年7月，祝某向安盛公司提交了辞职报告，并与安盛公司解除了劳动合同关系。其后，安盛公司经查，祝某违反公司章程，在公司从事审核会计工作时存在损害公司利益行为以及竞业禁止行为。于是，安盛公司2009年1月作出股东会决议，根据公司章程规定，决议作出对祝某罚款5万元的决定。祝某不履行该罚款决定，被安盛公司诉至法院。

裁判要旨：

法院认为，有限公司的股东会无权对股东处以罚款，除非公司章程另有约定。

该案中，原告安盛公司章程第36条第2款明确记载有“股东会决议罚款”，鉴于上述约定是安盛公司的全体股东所预设的对违反公司章程股东的一种制裁措施，符合公司的整体利益，体现了有限公司的人合性特征，不违反公司法的禁止性规定，祝某亦在章程上签字予以认可，故包括祝某在内的所有股东都应当遵守。据此，安盛公司的股东会享有对违反公司章程的股东处以罚款的职权。

但有限公司的公司章程在赋予股东会对股东处以罚款职权的同时，应明确规定罚款的标准和幅度，股东会在没有明确标准和幅度的情况下处罚股东，属法定依据不足，相应决议无效。祝某行为确系违反安盛公司章程，安盛公司股东会可以对祝某处以罚款。但公司章程中未明确记载罚款的标准及幅度，使得祝某无法事先预料违反公司章程的后果，且安盛公司实行“股东身份必须首先是员工身份”的原则，而《安盛员工手册》的“奖惩条例”第7条所规定的五种处罚种类中，最高的罚款数额仅为2000元，安盛公司股东会对祝某处以5万元的罚款已明显超出了祝某的可预见范围。故安盛公司股东会所作出对祝某罚款的决议明显属法定依据不足，应认定为无效。

裁判评析：

“安盛案”一经公布，即在公司法理论实务界引发很大反响，该案所形成的两个裁判规则对后续类案裁判产生了重要影响。(1)“公司章程可以设定处罚性条款”，即裁判要旨中的“公司章程关于股东会对股东处以罚款的规定，系公司全体股东所预设的对违反公司章程股东的一种制裁措施，符合公司的整体利益，体现了有限公司的人合性特征，不违反公司法的禁止性规定，应合法有效”这句话。此后在诸多类案裁判文书中，这句话原封不动地被裁判者照搬过来，成为一条重要裁判规则。(2)“公司章程在赋予股东会对股东处以罚款职权时，应明确规定罚款的标准、幅度，股东会在没有明确标准、幅度的情况下处罚股东，属法定依据不足，相应决议无效”。此裁判规则形成后,不仅对后续类案裁判产生重要影响,还对非诉业务产生一系列影响,最直观的表现是实践中律师在为当事人设计公司章程时,凡涉及“处罚权”条款问题的,一般要规定得十分具体、明确,以避免产生无效风险。若仅从规范公司治理行为的视角而言,该条裁判规则无疑具有显著的积极意义,敦促、引导实践中的公司章程细化其“处罚权”条款规定,“先说断后不乱”显然有利于化解纷争。

然而,该案作为公报性案例,在指导示范性意义上亦有其局限性。第一,该案裁判路径具有典型的“以理找法”特点,案件背后的法理、情理与法院实际使用的裁判规范、形成的裁判规则之间存在一定的逻辑缝隙。具体而言,尽管法院在裁判文书中并未明述,但导致其最终认定案涉股东会罚款决议无效的背后原因极有可能是因为裁判者认为5万元的罚款数额过大,《安盛员工手册》规定的对员工的最高罚款额为2000元,祝某尽管兼具股东身份,但其相关竞业禁止行为等遭受处罚行为主要是以员工身份实施,照此看来5万元的罚款数额显然过大。而祝某对5万元罚款数额又未提出调整、酌减请求,而是主张该决议无效。一系列因素加总后,裁判者内心极有可能已经形成了案涉股东会决议无效的裁判结论,然后再找寻裁判依据论证该结论。这就使得最后形成的裁判规则与案件事实之间出现裁判缝隙。最直观的表现是,法院在裁判要旨中一方面认可公司章程可就处罚股东事宜作出规定,该类条款有效;另一方面又以公司章程中罚款条款未约定明确的处罚标准和幅度为由认定案涉股东会罚款决议无效。而罚款标准与幅度问题显然属于定量问题而非定性问题,以定量问题作为股东会决议无效事由,显然与法律行为无效理论的基本原理相左。根据法律行为无效理论,无效行为的认定属于定性问题、价值判断问题,不论“量”之多少,无效就是无效。举个例子,假使某公司章程中并未有该类“处罚款”条款,在公司经营期间,公司发现不处罚某些股东不足以维系公司人合性,不足以维持内部管理秩序,于是以股东会决议的方式对某股东作出相应处罚。该处罚决议是否无效的判定应当从决议本身是否目的正当、手段是否合比例、程序与内容是否合法进行判断,而非以是否存在事先规定好的章程依据作为判断标准。根据“安盛案”的裁判规则,如果公司章程中没有“处罚权”条款或者规定得不具体、不明确,为了避免无效风险,公司在作出罚款决议前不得不先修改公司章程,这显然是徒增治理成本。如果股东会决议系以全体股东所持表决权2/3以上通过,这与公司章程事先规定又有何区别?第二,该判决错将行政处罚的规制逻辑用于认定股东会决议这类私法行为。“安盛案”中法院认为,若公司章程事先未规定明确的处罚标准和幅度,属法定依据不足,股东会罚款决议无效。法院使用的该种“法定依据不足”表述,系将股东会的罚款决议类比于行政机关作出的行政处罚。行政处罚遵循“法无明确授权即禁止原则”,因此需要事先有明确的处罚依据和处罚标准,否则行政处罚就无效。而公司章程与股东会罚款决议的关系显然不是处罚依据和行政处罚之间的关系,公司章程亦非法律,公司章程系可通过股东会决议的方式修改自治规则。公司法属于私法,无论是公司章程中的“处罚权”条款还是股东会作出的具体处罚,均属私法范畴,私法讲究“法无禁止即为允许”显然不适用“法无明确授权即禁止原则”。基于此,笔者认为,“安盛案”作为公报案例,其最大的示范意义在于一般意义上承认了公司章程中“处罚权”条款的合法性,终止了理论界和实务界多年来关于公司章程中的该类条款是否有效的争议,但是除此之外所形成的关于处罚标准和幅度的裁判规则之指导意义十分有限。

专题四　公司决议及其效力瑕疵

导　语

公司法的整体框架可以分为资本规则与治理规则两大部分，股东出资责任、公司法人人格否认、利润分配、增减资、公司担保等事宜可纳入资本规则部分，治理规则部分则主要包括于股东会决议、董事会决议等公司决议，而即便是资本规则的适用通常也要通过公司决议的方式为之，由此可见公司决议在公司法上有至关重要的地位。我国《公司法》(2013)第22条对公司决议效力规则的基本框架作了初步规定，将公司决议内容瑕疵与程序瑕疵两分：若公司决议内容违法则决议无效；若公司决议程序违法，内容仅违反章程，则决议可撤销，即为学界所称的公司决议瑕疵的“二分法”。2017年《公司法司法解释(四)》在《公司法》(2013)第22条基础上引入了公司决议不成立规则以及轻微瑕疵驳回裁量规则，自此公司决议瑕疵规则由无效与可撤销“二分法”变为无效、不成立、可撤销“三分法”。“三分法”为《公司法》(2024)正式以法律形式确立。“三分法”相较于过去的“二分法”丰富了公司决议瑕疵体系的层次性，有效地填补了公司决议无效规则与可撤销规则之间的规则缝隙，使公司决议瑕疵规则向前迈进了一大步。除前述公司决议瑕疵规则之外，《公司法》(2024)对公司决议规则的规定还体现在关于股东提案权、表决权、股东会和股东会召集和表决程序的规定。我国为民商合一的立法体例，受大陆法系潘德克顿法学的法律行为理论影响，我国公司法上的公司决议规则主要体现为一系列效力瑕疵规则，而在英美法系国家公司法中，公司决议规则主要体现为相关的损害以及救济规则。基于此，本部分将主要围绕公司决议效力瑕疵规则展开并予以讨论，对当前公司法理论与实践中争议较大的伪造股东签名的公司决议效力问题、公司决议不成立之诉的存废与定位问题分别进行讨论。

问题一　伪造股东签名的公司决议效力认定

伪造股东签名的公司决议效力问题长期以来困扰着学者和实务工作者,由于伪造股东签名的情形不尽相同,针对公司决议的法律性质又长久存在争议,这导致面对伪造股东签名的公司决议问题时,司法裁判往往莫衷一是,难以形成统一意见。事实上,虽然伪造股东签名的公司决议效力问题是一个显见的实务问题,但如何认定公司决议效力根本上仍然源于对公司决议的认识,甚至是对公司组织法本质属性的认识。因此,在探讨伪造股东签名之决议的效力问题时,需要回溯到决议本身的法律性质以及决议瑕疵的诸多类型,以此从源头认识伪造股东签名之决议的效力问题。

【规范梳整】

关于伪造股东签名的公司决议效力问题,立法并未直接规定,因此仅能从现有立法中为该问题寻找规范上的解释渊源。首先,针对公司决议的法律性质,《民法典》第 134 条第 2 款规定,“法人、非法人组织依照法律或者章程规定的议事方式和表决程序作出决议的,该决议行为成立”。该款置于《民法典》民事法律行为一章,被视为《民法典》民事法律行为收编决议行为的标志。其次,针对公司决议的瑕疵问题,《公司法》(2024)第 25 条明确规定,股东会决议内容违反法律、行政法规的无效。第 26 条明确规定,股东会会议召集程序、表决方式违反法律、行政法规或者公司章程,或者决议内容违反公司章程的,股东可请求人民法院予以撤销。同时在第 27 条增加了公司决议不成立这一诉讼类型,即决议不成立的情形包括:(1)未召开股东会、董事会会议作出决议;(2)股东会、董事会会议未对决议事项进行表决;(3)出席会议的人数或者所持表决权未达到本法或者公司章程规定的人数或者所持表决权数;(4)同意决议事项的人数或者所持表决权数未达到本法或者公司章程规定的人数或者所持表决权数。最后,关于公司决议问题的司法解释,《公司法司法解释(四)》以及《公司法》(2024)对公司决议瑕疵问题作出细化规定,尤其是其中包括了对原告股东的范围解释、轻微程序瑕疵裁量驳回等。

上述关于公司决议的法律性质和决议瑕疵问题的规定,共同成为伪造股东签名的决议效力问题的法律渊源。因此我们可以认为,当伪造的对象为全体股东的签名时,该决议本身符合不成立的法定情形,应以决议不成立处理;当被伪造签名的股东所持表决权刚好可以影响到决议的成立与否时,该决议应被认定为是不成立还是可撤销则需要法解释学的具体分析;当被伪造签名的股东所持表决权并不影响决议成立所需表决权数时,该决议是不成立、无效还是可撤销,则存在争议。我们可以看出,有关公司决议的现行规范并没有对伪造股东签名的公司决议效力作出直接回答,对该问题的解决仍然依赖理论上的深入阐释。

【理论基础】

对于伪造股东签名的决议效力最为直接的审判思路为扣减被伪造的表决权数,看是否仍然满足公司决议成立的表决权数量。但这一思路与主流观点存在出入。主流观点认为,公司决议的成立并非表决权数量的简单叠加,公司决议程序是一个意思冲突的"化合反应",抛开程序而仅关注表决权数量实为对公司团体法属性的忽视。我们可以看到,这两种观点代表了对公司决议本质属性的不同看法,如何解决伪造股东签名决议的效力问题,根本上是要解决公司决议的法律属性问题。只有明确公司决议的本质属性,才能够更好地解释伪造股东签名决议的属性。

一、公司决议的法律性质

关于公司决议到底是什么,在理论界与实务界存在巨大争议,尤其是自《民法总则》(已为《民法典》取代)第134条将决议行为纳入法律行为体系后,相关争议不仅没有消弭,反而有愈演愈烈之势。关于公司决议的定性,主要争议观点有"意思形成说"与"法律行为说"两种。"意思形成说"认为,公司决议不是法律行为,其不调整公司内部成员间的法律关系,而是公司意思的形成行为,法律行为理论原则上不可适用于公司决议。[①] "法律行为说"则认为,法律行为分为个人法行为与团体法行为,前者如单方行为、合同,后者的典型是以公司决议为代表的决议行为,公司决议系调整公司内部股东间、股东与公司间团体法律关系之行为,法律行为理论可贯通适用于公司决议,填补公司决议瑕疵规则之漏洞。[②] 下文将对两种观点及其各自的观点依据作系统性梳理分析。

(一)"意思形成说"及其主要理由依据

"意思形成说"论者认为,法律行为规则是意思表示的规则,而公司决议规则

---

① 参见周淳:《组织法视阈中的公司决议及其法律适用》,载《中国法学》2019年第6期。

② 参见吴飞飞:《决议行为归属与团体法"私法评价体系"构建研究》,载《政治与法律》2016年第6期。

则是意思形成的规则,二者虽有交叉但并非同一事物。例如,A 公司因经营发展需要,拟通过增资扩股的途径引进战略投资人张三,该增资扩股事宜须先经由 A 公司股东会决议通过,然后才能实施,并由公司法定代表人李四代表 A 公司与张三签订增资扩股协议。该增资扩股事宜最终系通过签订增资扩股协议的方式实施,该签订增资扩股协议的行为系合同行为,属于典型的法律行为。而此前 A 公司关于同意增资扩股方案的股东会决议,不过是形成了增资扩股协议中 A 公司一方当事人的意思而已,甚至都还没有通过法定代表人李四表示于张三。据此可知,所谓公司决议不过是模拟自然人的大脑形成公司意思的途径而已,并非法律行为。如德国法学家拉伦茨教授所提出的:“决议不调整团体(即全体成员)或法人与第三人之间的关系。要调整这种关系,必须以全体成员的名义或者以法人的名义,同第三人订立法律行为。”①

“意思形成说”主要有以下理由依据:(1)公司决议并不遵循法律行为理论的意思表示规则。② 首先,公司决议不奉行意思自治原则。在法律行为理论上,单方行为也好,合同行为也罢,均完全奉行意思自治原则,任何一方当事人的意思不自治则法律行为无效或者不成立。公司决议则不然,公司决议实行的是资本多数决或者人头多数决,即多数决定制,多数派的意思自动转换为公司的意思,少数派的意思则自动归零。最终形成的公司决议文件对于少数派股东、异议股东而言,似乎并不符合其意思自治原则。其次,在法律行为理论中,当事人的意思表示因欺诈、胁迫、乘人之危、重大误解等原因出现瑕疵时,当事人可以撤销该行为,即法律行为理论上的意思表示瑕疵规则。但公司决议则不然,某一成员即便因被欺诈、被胁迫等导致其表决的意思表示违背其内心的真实意思,也不能因此而撤销整个公司决议,由此可见公司决议不适用于法律行为理论上的意思表示瑕疵规则。(2)公司决议奉行的民主与正当程序原则在法律行为理论中未见其根源依据。③ 具体而言,资本多数决也好,人头多数决也罢,均遵循民主原则的逻辑,同时公司决议的议事程序与表决程序又均遵循正当程序原则。④ 民主与程序的瑕疵可导致公司决议瑕疵进而影响其效力评价。如根据《公司法》(2024)第 25、26、27 条及

---

① [德]卡尔·拉伦茨:《德国民法通论》(下册),王晓晔、程建英等译,法律出版社 2013 年版,第 433 页。

② 参见李永军:《从〈民法总则〉第 143 条评我国法律行为规范体系的缺失》,载《比较法研究》2019 年第 1 期。

③ 参见吴飞飞:《决议行为“意思形成说”反思——兼论决议行为作为法律行为之实益》,载《比较法研究》2022 年第 2 期。

④ 参见陈醇:《意思形成与意思表示的区别:决议的独立性初探》,载《比较法研究》2008 年第 6 期。

《公司法司法解释(四)》第5条规定,公司决议出现重大程序瑕疵,导致决议不成立;公司决议出现一般性程序瑕疵,导致决议可撤销。如果公司决议属性系法律行为的子行为,公司决议所奉行的民主与正当程序原则应该可以在法律行为理论中找寻到其根源依据。然而,既有法律行为理论中并无民主原则与正当程序原则之说,更无所谓民主与程序瑕疵,整套法律行为理论以意思表示为中心,法律行为的解释与适用也是围绕意思表示展开,未见民主与正当程序之线索根据。

综上,既然法律行为理论的意思自治原则无法适用于公司决议,公司决议所遵循的民主与正当程序原则在法律行为理论中也未找到其根源依据,因此也就没有将公司决议纳入法律行为体系的正当性和必要性。"意思形成说"的概念逻辑非常生动形象,同时又迎合了商法的独立化诉求,在民商法理论界具有重要学术影响力。

(二)"法律行为说"及其观念逻辑

"法律行为说"认为,单方行为、合同行为、公司决议在底层逻辑上高度共通,即都是私法自治工具。单方行为、合同行为是个人自治工具,公司决议则是团体自治工具。至于公司决议与合同等传统法律行为类型在意思表示规则与程序上的诸多差异,不过是因适用领域不同所致,不影响其根本意义上的共通性。针对"意思形成说"的理由依据,"法律行为说"论者进行了系统性批驳。具体内容如下。

第一,公司决议的资本多数决也好,人头多数决也罢,仅仅是改变了当事人意思自治的方式,并未违反意思自治原则。自某一投资人自愿加入公司的那一刻起,就意味着他认同公司决议的多数决定制,这本身就是其意思自治的体现。再者对于有限责任公司股东而言,如果其在公司重大事项的股东会决议中不幸成为少数派异议股东,尽管不能改变股东会决议的结果,但是可以通过行使异议股东评估权的方式选择退出公司,合则留、不合则去,这本身是异议股东意思自治的体现。对于上市公司股东而言,一旦在公司决议中成为少数派,其可以立马在资本市场抛售股票,意思完全自主、自治,而且意思自治原则不等于意思表示一致原则,意思一致仅仅是意思自治的一种实现方式而已,私法中的多数决定制本身也是意思自治原则的一种实现方式。因此,"意思形成说"以公司决议的多数决定制不同于意思表示一致规则为由,否定其私法自治工具属性。

第二,民主与正当程序尽管于公司决议而言至关重要,但该二者同公司团体自治相较,不过是实现后者的手段而已。换言之,公司决议对民主与正当程序原则的遵循,不过是为了更高质量、更便捷地实现公司团体自治。如果公司内部全体股东、全体董事可以在股东会决议、董事会决议中轻松地达成一致同意,那么民主与正当程序原则就丧失其存在的意义。如布坎南教授所言的:“当组织(团体)决策的总成本为零时,全体一致规则将会是最佳决策方案。”①以公司法上双层股权结构为例,当初阿里巴巴拟在香港联交所上市,前期与联交所交涉了一年时间,终因联交所无法接受阿里巴巴推行的“合伙人制度”而导致阿里巴巴选择赴美上市。当时在联交所看来,阿里巴巴的“合伙人制度”核心是双层股权结构,该股权结构与我国香港地区的资本市场奉行的一股一权、同股同权的股东平等、股东民主精神相背离。而事后,痛失阿里巴巴的联交所经过反思修正,最终引入了双层股权结构,我国资本市场科创板也于2019年允许科创类上市公司推行双层股权结构。双层股权结构表面上看,似乎与民主原则相冲突,但基于股东彼此间利益异质化的需求,只要全体股东或者大多数股东同意采取该模式,双层股权结构的适用就意味着股东自治或者公司自治可以超越民主原则。简而言之,自治可以超越民主。同理,在有限责任公司治理中,根据《公司法》(2018)的规定,有限责任公司经全体股东书面一致同意可以不召开股东会,形成书面的决议文件即可。进而言之,股东自治可以免除决议程序。通过前述例子可以清晰地认识到,公司团体自治、股东自治在公司决议中居于价值优位,民主与正当程序原则虽然也至关重要,但主要是作为实现前者的工具手段而存在。

在“法律行为说”看来,公司决议除了在私法自治工具的底层逻辑上满足法律行为理论的要求之外,法律行为理论还可以在具体规则上贯通适用于公司决议。不仅如此,公司决议纳入法律行为体系后,还可促使法律行为理论获得提取“新公因式”“老树开新花”的机会。比如,法律行为理论中的意思表示瑕疵规则,正本清源后的规范逻辑应当是意思表示瑕疵则意思表示可撤销,在单方行为、合同行为中,当事人意思表示被撤销后,法律行为的效力状态为不成立;在公司决议中,股东或者董事的意思表示被撤销后,根据公司决议是否还能满足公司法、公司章程所规定的最低通过比例可区分为有效和不成立两种效力状态,自此法律行为理论的意思表示瑕疵规则可以被贯通适用于公司决议。又如,程序并非公司决议所独有的,公司决议中的议事程序、表决程序等程序规则在法律行为理论中有其根据,法律行为中的形式规则与公司决议的程序规则是相对应的,形式是静态的程序,程序是形式的高级形态,形式与程序可以合并统称为“程式”,而“程式”通常作为

① [美]詹姆斯·M.布坎南、[美]戈登·图洛克:《同意的计算:立宪民主的逻辑基础》,陈光金译,上海人民出版社2017年版,第86页。

法律行为的成立要件而存在。[①]

对此,笔者持“法律行为说”立场,因为一方面,《民法典》第134条已经确认了决议行为的法律行为属性,在此情况下尊重实定法的规定,严格解释与适用实定法规则无疑是明智之举。[②] 另一方面,既有的公司决议瑕疵规则基本上是借鉴甚至照搬自法律行为的效力评价规则,而“意思形成说”显然没有能力在法律行为理论体系外再造一套公司决议效力评价规则,因此承认公司决议的法律行为定性也是对现实的尊重。

二、伪造股东签名决议的法律性质

公司决议系独立的法律行为,而非另一法律行为的意思形成过程。因此,我们应当给公司决议以独立的评价过程,伪造股东签名的决议也与依该决议所为之法律行为无关,其本质上属于公司决议这一法律行为瑕疵的一种类型。而作为法律行为的公司决议,并非如个人法上以一致的意思表示为成立基础,其体现出组织法上的程序关切。因此公司决议瑕疵包含意思瑕疵、内容瑕疵、程序瑕疵。本书认为,伪造股东签名的公司决议属于意思瑕疵的类型。

但《公司法》(2024)仅规定了后两种情形,进而导致伪造股东签名决议的效力认定规则出现法律漏洞。而将公司决议纳入法律行为体系后,意味着法律行为理论中的意思表示瑕疵规则可以贯通适用于公司决议。既有的意思表示瑕疵规则的经典模式是,当事人意思表示瑕疵则法律行为可撤销。然而若将该模式直接适用于公司决议,即股东意思表示不真实则决议可撤销,这与公司决议规则的多数决定制不符,也不利于维护公司治理决策的安定性。据此,我们重新反思法律行为理论中的意思表示瑕疵规则,发现其本身存在明显的逻辑缺陷。具体而言,根据法律行为一贯秉承的私法自治原则,法律行为中当事人一方意思表示有瑕疵的,应当是能且仅能撤销自己一方的错误意思表示,而不能撤销整个法律行为。因为如果撤销整个法律行为,就意味着他方当事人的意思表示也被撤销,导致他方当事人意思不自治,这不符合私法自治原则。因此,正本清源的意思表示瑕疵规则的逻辑结构应当是,意思表示有瑕疵则该意思表示可撤销。那为何作为德国潘德克顿法学之精髓的法律行为理论,会在意思表示瑕疵规则上出现如此明显的缺陷呢?原因在于,过去法律行为理论,尤其是意思表示瑕疵规则的适用领域长

---

① 参见吴飞飞:《论决议对法律行为理论的冲击及法律行为理论的回应》,载《当代法学》2021年第4期。

② 参见徐银波:《〈民法总则〉决议行为规则之解释适用》,载《私法研究》2017年第2期。

期局限于合同行为。在合同行为中,任何一方意思表示出现瑕疵,其撤销该瑕疵意思表示后,合同行为的合意机制直接无法达成,则整个合同丧失其存在的意义,即对于合同行为而言,究竟是撤销错误的意思表示还是撤销整个合同,在结果意义上差别不大。既然如此,为求简便,各国民法典以及民法学理论界没有再去深究可撤销行为的撤销对象究竟是意思表示还是法律行为。① 然而,在公司决议纳入法律行为体系后,前述为求简便的实用主义逻辑不再成立。根据多数决定制,任何一位股东均不能因其意思表示不真实而直接撤销决议。对此,实定法也规定的是程序瑕疵时公司决议才可被撤销,并未规定股东意思表示瑕疵决议就可撤销。因此,正本清源后的意思表示瑕疵规则可以直接贯通适用于公司决议,即股东因伪造签名等导致其意思表示瑕疵的,可撤销自身错误的意思表示,该瑕疵意思表示被撤销后,根据公司决议是否能够满足公司法、公司章程规定的最低通过比例,判定公司决议是否成立。

综上所述,伪造股东签名的决议既非内容瑕疵也非程序瑕疵,而是股东意思表示瑕疵,应适用意思表示瑕疵规则,撤销该被伪造签名的股东及其所持有股权份额的意思表示,在该决议中扣减其表决权比例,然后根据公司决议成立规则判断该决议是否还满足成立要件。若仍旧满足,则决议成立并生效;若不能满足,则决议不成立。

【审判实务】

针对伪造股东签名的决议效力问题,绝大多数法院倾向于认定决议无效,但是不同案件中法院认定决议无效的裁判理由依据有所不同。总结来看,存在以下三种依据。

一、股东意思表示不真实决议无效

"股东意思表示不真实决议无效"②,近年来已经成为伪造股东签名的决议纠纷审理中形成的一条重要裁判规则。具体而言,《民法典》第 143 条规定,具备下列条件的民事法律行为有效:行为人具有相应的民事行为能力;意思表示真实;不违反法律、行政法规的强制性规定,不违背公序良俗。该规定与《民法通则》的相关规定完全一致。仅从文义解释,似乎可得出意思表示真实系法律行为生效要件

---

① 参见李宇:《基础回填:民法总则中的意思表示与法律行为一般规则》,载《华东政法大学学报》2017 年第 3 期。

② 王延川:《伪造股东签名的股东会决议效力分析》,载《当代法学》2019 年第 3 期。

的解释结论。既然如此,伪造股东签名的决议中,被伪造签名的股东之意思表示必然不真实,而《民法典》第134条又明确了公司决议的法律行为属性,如此推理解释,可得出伪造股东签名的决议无效的裁判结论。如在"北京神州新纪录规划设计研究院有限公司(以下简称新纪录公司)与刘某等公司决议效力确认纠纷案"中,北京市第三中级人民法院认为,根据《民法通则》第55条规定,民事法律行为应具备意思表示真实的条件。据此,当事人的意思表示真实是民事法律行为应当具备的生效条件。该案中,新纪录公司第七届第1次股东会决议上刘某、卢某亭的签字均非其本人所签。故该股东会决议既不是刘某的真实意思表示,也不是卢某亭的真实意思表示,应属无效决议。①

笔者认为,该裁判规则在逻辑上有值得商榷的空间。尽管《民法典》第143条在形式上将意思表示真实作为法律行为的有效要件,但是实际上法律行为效力评价规则从未将意思表示不真实作为法律行为的阻却生效要件。最直观的例证是,因欺诈、胁迫、乘人之危、重大误解所为的法律行为均属于意思表示不真实的法律行为,但是实定法却规定此类行为属于可撤销行为而非无效行为。在法律行为效力评价规则中,有且仅有通谋虚伪此一类行为因意思表示不真实而无效。之所以在意思表示不真实问题上法律行为效力评价规则持缓和立场,是因为当事人意思表示真实与否系法律行为内部自治问题,不涉及国家利益、社会公共利益、第三人利益,一般也不涉及社会公共秩序。既然如此,把法律行为效力瑕疵认定的启动权赋予当事人则更为科学。以合同行为为例,一方当事人因重大误解而订立对其显失公平的民事合同,但完全有可能该当事人并不介意该显失公平的结果,既然当事人都不介意,合同又未侵害外部第三人利益,法律也就没有必要使其无效。反之,如果当事人对合同公平很看重,那么其在除斥期间内请求法院撤销合同即可。进而言之,对于意思表示不真实的法律行为,法律行为无效规则没有介入的必要性。举轻以明重,既然合同行为等传统法律行为类型都不会因当事人意思表示不真实而直接导致行为无效,公司决议相对于合同行为而言具有更强的安定性追求,更不应该仅因股东意思表示不真实而被作无效认定。

二、公司决议侵权无效

就伪造股东签名的决议,"决议侵权无效规则"也是法院常用的一条裁判规则。具体而言,在部分案件审理中,法院认为,伪造股东签名系侵犯了股东的表决权和对公司治理的参与权,并且具体决议事项还会涉及侵犯股东的优先认缴权、

① 参见北京市第三中级人民法院民事判决书,(2014)三中民终字第2996号。

分红权等实体权利,[①]决议侵权系违法行为,故此类决议应为无效决议。如在“林某旺、张某英等第三人撤销之诉案”[②]中,法院认为,“股东会决议侵犯了当事人对表决事项发表意见的权利和优先购买权,属于违反法律规定的侵权行为,故对确认该两次股东会决议无效的诉讼请求依法予以支持”。在有的案件中,为强化裁判文书的说理论证强度,法院会将意思表示不真实、决议侵权、违反法律或行政法规的强制性规定等几个理由捆绑进行混合论证。诚然,决议侵权在很多情况下也会违反法律、行政法规的强制性规定,二者有时会发生竞合。但侵权本身并不等同于违法,法律行为侵权也并不是其法定的效力阻却事由。在民法学界,关于侵犯宪法基本权利能否作为法律行为效力阻却要件的问题已经讨论得比较充分,目前形成的共识是:法律行为侵犯宪法基本权利不会直接导致行为无效,只有在同时违反法律、行政法规的强制性规定或者违反善良风俗的情况下才会无效。原因在于,第一,法律行为是私法自治的体现,本身也是一种自由权利,以侵犯宪法基本权利为由压缩民事主体的法律行为自由权,是以一种基本权利碾压另一种基本权利的现象,有失公平。第二,宪法基本权利在民事活动中会转化为各种具体权利,这些权利与法律行为的冲突不可避免地会时有发生,若动辄以侵犯宪法基本权利为由认定法律行为无效,私法自治的基本理念会被动摇。举重以明轻,法律行为侵犯宪法基本权利都不会直接导致行为无效,公司决议侵犯股东权也不应该直接作为公司决议无效的事由。[③]

三、公司决议程序违法可撤销

针对伪造股东签名的决议,理论界与实务界有一种观点认为,伪造股东签名属于表决程序违法,根据《公司法》(2024)第26条规定,相关股东会决议应为可撤销决议。若仅仅从逻辑上分析,伪造股东签名确实可以纳入表决程序瑕疵,然后嵌套进可撤销决议的规则框架中。然而,实际情况并非如此简单。首先,假使某有限责任公司共有A、B两名股东,分别持有公司股权的比例为60%、40%,公司现拟就增资扩股事宜作出股东会决议。如果A与B均到会参与讨论并投票,投票结果为A赞同、B反对,则根据《公司法司法解释(四)》第5条规定,该股东会决议未满足公司法规定的2/3以上的通过比例,属于决议不成立。假如A看B反

---

① 参见郑州鑫德亿实业有限公司、焦某莉公司决议效力确认纠纷案,最高人民法院(2021)最高法民申38号民事裁定书。

② 西安市中级人民法院民事判决书,(2018)陕01民撤1号。

③ 参见吴飞飞:《伪造股东签名决议效力之判别——兼论意思表示瑕疵规则与公司决议瑕疵规则的适用对接》,载《南大法学》2020年第3期。

对,于是在事后伪造了 B 的签名,使该决议在形式上满足公司法规定的通过比例。根据前述伪造签名属表决程序瑕疵的观点,则该决议属于可撤销决议。这就出现一个轻重倒置的诡吊局面,前者中 A 未伪造 B 的股东签名,决议不成立;后者中 A 伪造了 B 的股东签名,情节更恶劣,反而结果更轻,仅为可撤销决议。逻辑上不成立。其次,假使某有限责任公司共有 A、B 两名股东,分别持有公司股权 80%、20%,现公司严重缺少资本周转,拟向银行申请 1 亿元贷款,银行要求公司出具股东会决议文件。在关于公司贷款融资的股东会决议中,A 投了赞同票,B 弃权。A 为了获得一种团结一致的外部形象的效果伪造了 B 同意公司贷款融资的股东签名,并获得了银行贷款,解决了公司的燃眉之急。在该案例中,其实即使 B 股东反对,股东会决议仍旧可以通过,A 伪造 B 股东签名的情形并不会对决议结果产生实质性影响,相反如果以该股东会决议存在程序瑕疵为由允许 B 股东撤销决议,反而不利于公司的整体发展。

上述三种裁判理由依据实际上反映了前文所指的三种公司决议瑕疵类型,即意思瑕疵、内容瑕疵和程序瑕疵,均认定为无效。事实上,对伪造股东签名的公司决议效力问题作类型化分析具有实用主义的价值,但与此相对的应当是不同类型所对应不同结果。如笔者所主张的,以意思撤销为原理,认定该决议是否有效、是否成立以及是否可撤销,而非全部认定为无效。

【典型案例】

西藏林芝江南实业有限责任公司与艾某宇、何某濛公司决议效力确认纠纷案[①]

基本案情:

2011 年 3 月 2 日,江南实业公司成立,注册资本 8000 万元,股东艾某宇认缴出资 240 万元,占 3% 股权;2012 年 4 月 4 日,何某濛入股江南实业公司,认缴出资 80 万元,占 1% 股权。2012 年 4 月 17 日,西藏金秋会计师事务所出具验资报告,全部认缴资本已缴足。2014 年 2 月 26 日,江南实业公司伪造艾某宇、何某濛签名,通过了江南实业公司 2014 年 2 月 26 日股东会决议,决议内容为:七位股东按原持股比例对公司进行增资,共增资 1 亿元,其中艾某宇增资 300 万元,何某濛增

① 参见西藏自治区高级人民法院民事判决书,(2020)藏民终 50 号;最高人民法院民事裁定书,(2020)最高法民审 6122 号。

资100万元。2014年3月14日,江南实业公司变更注册资本为1.8亿元,实收资本8000万元。2017年11月25日,江南实业公司向一审法院提出破产申请,一审法院已受理并于2018年2月1日指定西藏珠穆朗玛律师事务所担任破产管理人。股东袁某贵,占83.5%股权,下落不明。艾某宇、何某濛起诉请求确认江南实业公司2014年2月26日的股东会决议无效。

裁判要旨:

一审判决认为,针对股东会决议是否有效问题,《公司法》(2018)第22条与《公司法司法解释(四)》并未规定哪些情形导致股东会决议无效,司法实践中也没有倾向性意见,因违反法律、行政法规导致无效的情形一般为强制性规定,在该条未明确情况下,应适用《民法总则》(已为《民法典》取代)的规定,《民法总则》(已为《民法典》取代)第134条第2款将决议行为纳入民事法律行为范围,对其是否有效应当适用《民法总则》(已为《民法典》取代)第143条之规定。该案系增资决议纠纷,涉及原告财产利益,应受上述法律规定的约束。依司法鉴定意见书证实,该决议中原告签名系虚假的,故股东会决议内容未经原告同意,系其不真实的意思表示,应当认定为无效。

二审判决认为,针对该决议是否有效的问题,该案股东会决议已经公司2/3以上表决权的股东通过,符合法律规定,属合法有效。虽未通知艾某宇、何某濛,但依据股东会决议而进行的工商变更登记具有了公示效力,且江南实业公司已经申请破产,为保护债权人利益角度考量,不宜轻易否定伪造行为的法律效力,故股东会决议应认定有效。

再审判决认为,依据《公司法》(2018)第22条规定,股东会决议瑕疵分为内容瑕疵和程序瑕疵两种情形,其中,程序瑕疵是指会议召集程序瑕疵、表决事项瑕疵、表决瑕疵、决议方法瑕疵等,其法律后果一律为可撤销。该案中,股东会决议内容不违反法律、行政法规,不属于无效情形,未通知艾某宇、何某濛参加股东会的情形属于会议召集程序的瑕疵,应在60日内提起撤销,艾某宇、何某濛未在除斥期间内及时提起撤销之诉,撤销权消灭,二审认定股东会决议有效,并无不当。

裁判评析:

该案的典型意义在于,一审、二审和再审法院对伪造股东签名的公司决议效力问题采取了不同的解释,而这些不同的解释反映了实务界对《公司法》(2018)第22条、《民法总则》(已为《民法典》取代)以及对决议行为的不同认识。首先,一审法院认为,《公司法》(2018)第22条以及《公司法司法解释(四)》并未明确伪造股东签名的公司决议效力问题,因此应当援引《民法总则》(已为《民法典》取代)第

134 条和第 143 条对于民事法律行为效力的规定。由此认为，伪造股东签名的公司决议系意思表示不真实的行为，该民事法律行为应当归于无效。其次，二审法院认为，伪造股东签名的公司决议行为本质上属于违反了公司会议召集程序的行为，因此属于可撤销的范畴。同时，该决议本身已经满足 2/3 表决权通过的要求，因此，应当认定该决议有效。最后，最高人民法院再审并未通过"2/3"表决权认定公司决议的效力，而是主张伪造股东签名的公司决议为违反公司会议召集程序的行为，属可撤销范围。而除斥期间经过，撤销权已丧失，该决议由此而取得效力。

针对一审法院认为该决议伪造股东签名，非为真实的意思表示，应当无效。该解释认识到了伪造股东签名的本质是违背股东的真实意思，系以意思表示来认识作为民事法律行为的公司决议行为，笔者较为赞同。但一审法院显然没有意识到一个问题，即公司决议本身遵循多数决和私法自治，并非出现任一违背真实意思的情形就足以否定整个决议的法律效力。此时应当遵循多数决的要求和私法自治的原则，扣减被伪造股东所持有的表决权，进而认定公司决议是否有效，而不是一概否认决议的整体效力。二审与再审法院观点均建立在伪造股东签名系违反召集程序，因而属于可撤销的决议瑕疵中的程序瑕疵。笔者对该观点并不赞同，但也能够理解，因为本身《公司法》(2018)第 22 条并未规定意思瑕疵的类型，从规范的角度而言，对《公司法》(2018)第 22 条进行解释并将其纳入其中是成本最小的方法。但笔者认为，伪造股东签名并非单纯地违反召集程序那么简单，召集程序意在保护股东参会的权利，其涵射范围不能包含表决权，且《公司法》对于表决权的看重程度多过对程序本身。这虽然饱受学界诟病，但也反映了资本多数决的本质属性。因此，将表决权捆绑于召集程序问题上，显然并不妥当。故笔者主张，对于该案的裁判应扣减原告的表决权数，再看其是否满足决议成立的要求。

问题二 公司决议不成立之诉的存废与定位

公司决议纳入民事法律行为后，依法律行为的成立、生效和撤销之逻辑演绎，公司决议也应当包含不成立之诉。但是，严重的程序瑕疵如完全伪造的决议若归属可撤销之决议，受 60 日除斥期间的影响，会导致本就不应当成立的决议最终因期间经过而有效，这一结论显然是荒谬的。因此，在实务界和学术界的呼唤之下，《公司法司法解释(四)》增设了公司决议不成立之诉。但与之相关的争议并未消失，公司决议不成立之诉应当保留还是废除以及如何定位，关系到实务的操作和审判的思路。因此,本专题也将重点探讨公司决议不成立之诉的存废与定位。

【规范梳整】

关于公司决议不成立之诉的规定目前只存在于《公司法司法解释(四)》第5条,即股东会或者股东大会、董事会决议存在下列情形之一,当事人主张决议不成立的,人民法院应当予以支持:(1)公司未召开会议的,但依据《公司法》第37条第2款或者公司章程规定可以不召开股东会或者股东大会而直接作出决定,并由全体股东在决定文件上签名、盖章的除外;(2)会议未对决议事项进行表决的;(3)出席会议的人数或者股东所持表决权不符合公司法或者公司章程规定的;(4)会议的表决结果未达到公司法或者公司章程规定的通过比例的;(5)导致决议不成立的其他情形。

《公司法》(2024)第27条吸收《公司法司法解释(四)》之规定,将第1项简化为"未召开股东会、董事会会议作出决议",保留第2、3、4项,删除第5项兜底条款。

公司决议不成立的情形指向的是程序上的违法或违规,但该程序的违法或违规因其违反程度较为严重,又不足以为公司决议撤销之诉所吸收。由此可以看出,公司决议不成立之诉填补了公司决议瑕疵中的一个重要空白,即严重的程序瑕疵。

【理论基础】

一、公司决议不成立规则制定出台的背景

我国《公司法》(2013)第22条采纳的是公司决议瑕疵"二分法",将公司决议瑕疵分为无效与可撤销两种效力状态。"二分法"在司法适用过程中反映出了一些问题,最终2017年《公司法司法解释(四)》借鉴法律行为成立理论增加了公司决议不成立这一情形,自此公司决议瑕疵规则由"二分法"时代进入到了"三分法"时代。具体而言,《公司法》(2013)第22条规定的公司决议瑕疵"二分法"主要存在下述问题:第一,内容与程序的法律地位悬殊,不利于突出公司法的程序价值。根据《公司法》(2013)第22条,公司决议内容违反法律、行政法规的,属无效决议。而决议的议事程序、表决方式违反法律、行政法规的,则属可撤销决议。无效的公司决议自始无效,而可撤销的公司决议受仅有60日的客观除斥期间限制。由此可见,根据《公司法》(2013)第22条,公司决议内容的重要性远甚于程序。即便是公司根本未召开股东会而是直接伪造决议,只要经过60日的客观除斥期间,当事人也难以再撤销决议。众所周知,公司法的一大特色就是重视程序,化民法上的意思表示为公司法上的程序,是公司法规则的重要生成路径。而该法第22条重视决议内容、轻视决议程序的规则设定逻辑,显然不利于突出公司法的程序价值。第二,对公司决议程序瑕疵的评价缺乏层次性,不利于公司决议瑕疵的精准判定。根据《公司法》(2013)第22条,理论上所有程序瑕疵决议均属于可撤销决议。然而,程序瑕疵具体表现纷繁多样、轻重缓急不同,如伪造公司决议等严重背离公司决议的基本程序要求,应当属于重大程序瑕疵;股东会或者董事会召集程序、主持程序瑕疵等,则只能算是一般程序瑕疵;而某些并未对表决结果产生实质影响的程序瑕疵,则属于轻微程序瑕疵。① 根据比例原则,程序瑕疵的轻重不同,应该对公司决议效力评价产生不同的作用力,不能等同视之。基于此,《公司法司法解释(四)》才在《公司法》(2013)第22条的基础上进一步规定了重大程序瑕疵决议的不成立规则和轻微程序瑕疵的裁量驳回规则。由此可见,《公司法司法解释(四)》对公司决议不成立规则的规定,是公司决议瑕疵规则的一次重大进步,《公司法》(2024)吸收以上成果,引入了"三分法"。

二、公司决议不成立规则的质疑之声

公司法理论界有一种观点认为,公司决议不成立规则应当被废止,公司决议瑕疵规则应当由"三分法"重回"二分法"。理由如下:第一,公司决议不成立与无效之间并无实质性差别。根据法律行为理论,法律行为的成立与生效是二分的,理论上法律行为成立与否属于事实判断问题,而生效与否则属于价值判断问题。但在实然层面,二者并无本质区别,公司决议被认定为不成立后也是自始不发生效力,与无效别无二致,区分二者仅有逻辑意义而无实质意义。第二,增设公司决议不成立情形还会引发一系列法律解释适用问题。比如,既然《公司法司法解释(四)》第5条规定了5种公司决议不成立情形,那何为公司决议的成立要件就会成为一个无法回避的问题。而实定法并未抽象提炼出公司决议的一般性成立要件,司法裁判中法院如何解释公司决议的成立要件又将引发争议。又如,公司决议不成立之诉的时效期间究竟应当如何设置。理论上确认之诉不适用诉讼时效,而实定法及司法解释又没有对其规定相应的时效期间,这就导致理论上当事人随时可以提起诉讼。这不仅影响公司决议的安定性,还与公司决议无效之诉高度重合。此外,"三分法"之下,实践中当事人重复起诉的问题无疑会增加,这会加重法

---

① 参见南玉梅:《公司瑕疵决议诉讼中裁量驳回规则的建构与适用——兼评法释[2017]16号第4条》,载《法学评论》2018年第6期。

院的司法成本。第三，从比较法上看，公司决议不成立规则也没有坚实的比较法基础。公司决议瑕疵规则最为健全的德国，其实定法并未规定公司决议不成立这一瑕疵情形，公司决议不成立仅仅是德国公司法理论界的学术观点而已。[①] 即便是在司法裁判环节，有关公司决议不成立的判例也是昙花一现而不具有代表性。在日本公司法上，其使用的是公司决议不存在这一用语，与我国公司法意义上的决议不成立也非同一概念。同时从比较法经验的整体考察来看，即便是规定了公司决议不成立情形的域外公司法，其所谓的决议不成立通常也带有显著的实用主义的权宜色彩，而非严格根据法律行为理论上的成立规则逻辑推演得来。基于此，《公司法司法解释（四）》第5条对公司决议不成立情形的规定应当被废止，公司决议瑕疵规则应当重回“二分法”模式。

三、公司决议不成立规则的规范定位

笔者认为，公司决议不成立规则于公司决议瑕疵规则体系而言，不仅必要而且必须。理由如下。

第一，法律行为的成立规则于公司决议的规范意义远甚于合同行为等传统法律行为类型。在传统法律行为理论中，成立规则一直不受重视，长期被生效规则所遮蔽。其主要原因是传统法律行为类型以意思表示为中心，长期奉行形式自由主义，法律行为的成立规则对于传统意思表示行为而言规范意义并不显著，似乎可有可无。以合同行为为例，原则上合同订立即成立，成立即生效，也就是说合同行为的订立、成立与生效几乎是同步发生的。既然同步发生，也就没有细致地甄别成立与生效二者差异的现实意义。公司决议则不然，其本身有一个复杂的、渐进的作出过程，决议成立本身是一个过程性概念，程序意义突出，过程中某一环节出现瑕疵，影响的是决议是否成立而非是否生效。以生效规则取代成立规则，则会导致公司决议程序的独立价值、独立意义无法彰显。

第二，以决议无效替代决议不成立，会弱化公司决议对灵活性、安定性的追求。因为法律行为无效是自始无效，且理论上不可被追认。但是法律行为不成立则不然，当某个公司决议因缺少成立要件而未能成立时，理论上可通过补齐成立要件或者事后追认的方式使其满足成立要求。所以相对于无效而言，不成立规则提升了公司决议灵活性、安定性的机能。以董事会超越职权范围就股东会决议事项作出的决议为例，如果没有公司决议不成立规则，该类决议则属于典型的无效

---

① 参见胡晓静：《德国学理及司法实践中的股东会决议不成立——兼评〈公司法司法解释（四）〉第5条》，载《山东大学学报（哲学社会科学版）》2018年第3期。

决议,自始无效。然而,根据公司决议不成立规则,董事会超越职权范围作出决议,属于表见决议,决议不成立。假使该董事会决议虽然超越了自身职权范围,但决议结果有利于公司,则股东会可追认该决议的效力,如此可以避免因被认定无效而影响公司治理决策的安定性、灵活性。

第三,有学者提出,在域外公司法上公司决议不成立规则的主要作用是用以解决公司决议无效事由范围过窄的问题。因为在域外法国家,鉴于公司决议无效事由对公司治理决策安定性的冲击力,其公司法通常对公司决议无效事由作明确的列举规定。而该种列举规定的方法存在一个共同的缺陷,即无效事由范围过窄,于是公司决议不成立规则才应运而生。[①] 但是,我国《公司法》(2024)并未对公司决议无效事由作出明确列举或者限定,公司决议无效事由范围过宽而非过窄。[②] 因此,有观点据此认为,在我国公司法框架内,并不需要公司决议不成立规则。对此观点,笔者并不认同,在我国《公司法》(2024)上,公司决议不成立规则的价值定位体现在两个方面:一是为提升公司决议的程序主义理念,这方面前面已经论及,此处不再赘述;二是为解决公司决议可撤销规则对当事人救济力度不足的弊病。《公司法》(2024)第26条针对可撤销决议仅规定了60日的客观除斥期间,导致实践中很多"抽屉决议"的当事人无法获得救济,公司决议不成立规则的引入可以分担由可撤销决议所承载的部分瑕疵事由,弥补其救济力度不足的缺陷。

【审判实务】

关于公司决议不成立之诉存废之争历时已久,《公司法司法解释(四)》所确认的公司决议不成立之诉还是在一定程度上起到了定分止争的效果。实务中遭遇严重的程序瑕疵时,径直认定公司决议不成立的案例也逐渐增多。

关于决议在何种情形下应当认定为不成立,实务中法院多关注会议是否实际召开以及公司决议是否满足法定表决权数量,而对于其他程序瑕疵,则多是留待公司决议撤销之诉予以解决。例如,在"江西某燃气公司诉中广核某公司决议纠纷案"[③]中,法院认为,只有按照规定的程序形成的决议才能保证决议参与者平等、充分地表达意思,也才能发生公司决议的效力。该案中,公司章程已经通过书面

① 参见殷秋实:《法律行为视角下的决议不成立》,载《中外法学》2019年第1期。

② 参见叶林:《股东会决议无效的公司法解释》,载《法学研究》2020年第3期。

③ 该案系江西省吉安市中级人民法院发布的中小投资者合法权益保护十大典型案例之四:江西某燃气公司诉中广核某公司决议纠纷案。

协议代替董事会决议作出了严格的制度性安排，即“送达议案 + 指定期限内签回”，该案中公司既未提供证据证明其送达了议案，也未提供证据证明签回时间，在会议的议事方式和表决程序两方面都存在瑕疵，应当认定该决议不成立。在“韩某与甲公司决议效力确认纠纷案”①中，法院指出，未按法律或者公司章程规定的议事方式和表决程序作出的公司决议不成立，该案中，公司并未召开股东会，股东会决议签字系伪造，因而该股东会决议不能成立。在“威海汤泊温泉度假有限公司、烟台虹口大酒店有限公司等公司决议效力确认纠纷案”②中，法院指出，讼争股东会决议并无占比66%的股东参加，该股东会决议所持表决权数不符合公司法或公司章程规定，应属不成立。在“四川堂宏实业集团有限公司、绵阳临园宾馆有限责任公司民间借贷纠纷案”③中，法院也指出，有严重程序瑕疵的股东会决议不成立，会议召集程序或者表决程序仅有轻微瑕疵，不对决议产生实质影响的，推定其为有效的决议。在“张某萍、臧某存公司决议纠纷案”④中，凯发公司股东会决议解除张某萍股东资格，在排除其表决权的前提下，又排除了尚未被除名但被怀疑存在抽逃出资的李某国所持有之35%的表决权。原审法院判决该决议有效，后被最高人民法院纠正，指出该决议未达到法定表决权比例，应属不成立。

针对决议不成立的确认程序，法院还是主张应当通过诉讼程序予以确认。在“佘某林、贵州湘贵投资股份有限公司（以下简称湘贵公司）损害公司利益责任纠纷案”⑤中，法院指出，即使存在湘贵公司所述严重瑕疵，也应经过有效法律程序确认该决议不成立、无效或者可撤销。

综上来看，在《公司法司法解释（四）》出台之后，公司决议不成立之诉已经在很大程度上填补了严重程序瑕疵的规范空白。因此在已经形成的路径下，《公司法》（2024）也应当将决议不成立之诉纳入其中。

---

① 该案系北京市第一中级人民法院发布公司类纠纷案件十四大典型案例之八：韩某与甲公司公司决议效力确认纠纷案——未按照法律或者公司章程规定的议事方式和表决程序作出的公司决议不成立。

② 最高人民法院民事判决书，（2022）最高法民再215号。

③ 最高人民法院民事裁定书，（2020）最高法民申3256号。

④ 最高人民法院民事判决书，（2018）最高法民再328号。

⑤ 最高人民法院民事裁定书，（2018）最高法民再439号。

【典型案例】

某食品饮料公司诉某商贸公司公司决议效力确认纠纷案①

基本案情：

某商贸公司与某管理公司合资经营某食品饮料公司，双方在公司章程中约定了董事会的职权范围、议事方式及表决程序等事宜，其中包括“召开董事会会议的通知应包括会议时间和地点、议事日程等，且应当在会议召开的30日前以书面形式发给全体董事”。此后，某商贸公司以EMS形式通知某管理公司，要求其在15日内配合某食品饮料公司换领新版营业执照，并马上缴清成立该公司时的出资款。该邮件被拒收。3天后，某食品饮料公司以EMS形式向某管理公司寄送“关于召开某食品饮料公司股东会(董事会)的通知”，该内容载明了董事会、股东会的会议时间及会议讨论内容：某管理公司配合某食品饮料公司换领营业执照。该邮件被签收。但通知人并未通知某管理公司委派的董事参会。后在该次董事会上，参会人员一致通过并形成的董事会决议载明：某管理公司股东代表、董事未到场参会，鉴于某管理公司多次收到某食品饮料公司催告函，要求其配合办理营业执照变更手续但置之不理，其历史上也多次不作为、不配合，造成损失金额数百万元，且由于其不作为，损害公司利益以及其至今未按照合资合同履行出资义务，多次催告缴纳出资时，均拒收催告函，某食品饮料公司认为此系该股东以实际行为表明其拒绝缴纳出资，属于在催告后的合理期间内仍未缴纳出资的行为，根据有关规定，某食品饮料公司以董事会决议解除该股东的股东资格。参会董事均签字同意解除某管理公司股东资格。其后，某食品饮料公司诉至法院要求确认该决议成立且有效。

裁判要旨：

一审判决认为，首先，某商贸公司在以EMS形式通知某管理公司在15日内配合某食品饮料公司换领新版营业执照并马上缴清成立某食品饮料公司时的出

---

① 参见该案为北京市第三中级人民法院发布二十个公司类纠纷典型案例之八：某食品饮料公司诉某商贸公司公司决议效力确认纠纷案。网址：https://www. pkulaw. com/pfnl/c05aeed05a57db0a49a3aa0f2ae3938d2abb2e5df632f800bdfb. html? keyword = %E5%8C%97%E4%BA%AC%E4%B8%89%E4%B8%AD%E9%99%A2%E5%8F%91%E5%B8%83%E4%BA%8C%E5%8D%81%E4%B8%AA%E5%85%AC%E5%8F%B8%E7%B1%BB%E7%BA%A0%E7%BA%B7%E5%85%B8%E5%9E%8B%E6%A1%88%E4%BE%8B&way = listView.

资款时,并未明确某管理公司缴纳出资的方式、亦未约定合理期限,也未告知相应的除名程序等。在邮件被拒收后,某商贸公司和某食品饮料公司并未以其他方式催告某管理公司缴纳出资。某食品饮料公司未给予某管理公司缴足出资的合理期限就召开董事会并作出决议,不符合前置程序的法律要求。其次,根据章程规定的董事会的议事方式和表决程序,通知人并未向解除股东资格的公司全部董事发送通知,并未通知到全体与会人员,且涉诉董事会决议内容为解除某投资公司股东资格与通知的议题不符,案涉董事会会议存在严重程序问题,决议不成立。最终判决驳回了某食品饮料公司要求确认董事会决议有效的诉讼请求。

二审判决认为,一审判决的事实认定和法律适用准确,维持了一审判决。

裁判评析:

该案涉及两个问题:一是股东除名的程序,二是公司决议的成立与生效问题。该案系北京市第三中级人民法院发布的典型案例。针对第一个问题,法院明确指出,依据《公司法司法解释(三)》第17条第1款,有限责任公司股东的除名有三个适用条件和程序,第一,只适用于根本违反出资义务的情形,即完全未出资和抽逃全部出资;第二,公司履行了催告的前置程序;第三,通过合法程序召开股东会,形成股东会决议。该案中,某食品饮料公司的催告中并未明确缴纳时间,而径直开会除名,显然不符合法定程序。针对第二个问题,即公司决议的成立与生效,该案当事公司存在的主要问题在于召集程序的严重瑕疵,一方面,当事公司向某管理公司发送的"关于召开某食品饮料公司股东会(董事会)的通知",其载明的议题是换领营业执照,但实际召开的内容却是股东除名;另一方面,当事公司召开之董事会并未通知被除名股东委派的董事,除名股东会排除被除名股东的表决权,尚且可以理解,但在董事会上,排除将要除名的股东委派的董事之表决权,断无道理。因此,该案单从召集程序以及最终的决议表决程序而言,该董事会决议当属未成立。

我们可以看出,该案并非典型的公司决议不成立之诉。当事人请求确认公司决议有效被法院驳回,似可以理解为法院认为该决议无效,但显然该决议并未违反法律的强制性规定,法院在说理中对此也未有相关阐述,因此该案本质上是决议不成立之诉。该案的裁判逻辑值得肯定,法院首先认定该决议未通知全体董事,其次主张不应排除该部分董事的表决权,进而认定该决议不符合法定的表决权要求,最后否定该决议的效力。这一决议不成立的事由应属《公司法司法解释(四)》第5条第2项之规定的事由。

专题五　公司人格否认问题

导　语

公司制度的基石是公司独立的法人人格和股东有限责任，因此，股东与公司是相互独立的两个主体。享有独立于成员的人格是现代公司的最主要特征，也是公司能够获得民事权利能力和民事行为能力的基础。作为一个具有独立人格的组织体，虽然公司意思的形成和对外表示都需要借助自然人之手完成，但在对外关系中，公司是以自己的名义享有权利、承担义务，公司的股东则受到有限责任的保护。股东在以公司名义做出决策、与他人发生法律关系时都“披着一层公司的面纱”。在自身利益最大化的驱动之下，股东有可能利用其对公司的控制权滥用公司独立人格和有限责任的保护，将利用公司名义实施的行为所产生的消极影响转移给债权人。在这种情况下，如继续坚持公司的独立人格与有限责任将会对公司债权人造成极大的不公平，公司人格否认制度正是在这一实践需求下适时而生。为防止有限责任公司股东滥用公司法人的独立地位，法律在某些情况下会否认公司的有限责任，允许公司的债权人直接向股东追偿。在英美法系，这种情形被形象地称作“刺穿公司面纱”，或“揭开公司面纱”。在大陆法系被称为“法人人格否认”。我国在《公司法》(2005)修订中引入公司的人格否认制度，但施行后在司法实践中该制度渐渐呈现出被滥用的趋势。《九民纪要》为统一裁判标准，将适用公司人格否认的情形分为三类，即人格混同、过度支配与控制以及资本显著不足。这一规定在一定程度上起到了裁判指引的效果，但并未消弭争议，尤其是如何适用公司人格否认制度、如何判断人格混同、是采用严格的还是宽松的适用标准等问题仍有待进一步厘清。此外，公司人格否认在域外有着纵向和横向之分，《公司法》(2024)增加了横向公司人格否认，扩充了公司人格否认的类型，对此如何理解以及司法实践如何适用同样也是当前亟须回答的问题。鉴于此，本专题从理论与实务两个方面直面公司法人人格否认制度的新老问题,并尝试回应本次《公司法》修订带来的新挑战。

问题一 公司人格否认适用的困境

公司人格否认制度的建立是对现实中股东滥用公司法人人格独立和股东有限责任,逃避债务,损害债权人利益问题的有力回应。但司法实践中,对于该条款的适用却存在滥用的倾向,尤其是针对一人公司的人格否认更是数不胜数。虽然这与实践中本就存在的问题不无关联,但也反映了司法实践对待公司人格否认制度的态度,长期以来,部分法院"追首恶"的裁判思路使得在司法实践中在一定程度上将公司视为股东的臂展,未真正意义上尊重公司的人格独立。因此,对于公司人格否认制度的适用,应当采用严格还是宽松的态度,是当前亟须确定的问题。

【规范梳整】

如前所述,关于公司人格否认的规则,当前主要集中于《公司法》(2024)第23条的规定。规定了公司人格否认的条件,即股东滥用股东有限责任和公司独立人格,逃避债务,并且严重损害公司债权人利益,责任形式为连带责任;针对一人有限公司作出了更加严格的规定,即不能证明公司财产独立于自己财产的,则应当对公司债务承担连带责任;以及横向人格否认(下文详述)。这条规范一方面明确了公司人格否认的主体要件、行为要件、损害后果要件、因果关系要件以及过错要件。但因为其没有明确具体适用情形,该一般条款的规范方式还是引发了司法适用中的争议,在一定程度上成为司法滥用该制度的主要原因。另一方面,针对一人有限责任公司,由于该类型公司人格混同、财产混同的情形较多、风险较大,且其本质上并不符合法人团体性,因此成为公司人格否认制度适用的重灾区,立法也对其采用了更加严格的规范,即举证责任倒置。

本次《公司法》修订中,针对一人有限责任公司人格否认的规则多轮审议稿表现出了徘徊,即先是删除,复又保留,这也反映了这一制度在理论与实务中的争议。一方面,一人有限责任公司在实践中大量存在,其人格混同、财产混同的现象也是不胜枚举,对其股东施加更加严格的限制并无不妥。另一方面,由于该规则较之一般规则对股东的严格限制,使得实践中出现了大量规避行为,例如通过极少的股份引入其他股东,改变一人有限责任公司的性质,即可以完全规避这一严格规则的限制,由此使得这一规则成为具文。为何《公司法》(2024)又选择保留该条款?笔者认为,这是因为实践中仍然存在大量一人有限责任公司,不能因为部分规避行为而完全抛弃该规则。

为统一司法裁判,《九民纪要》以4条专门规定概括了公司人格否认的审判思路和情形。总结来看,《九民纪要》强调,作为公司法基石的公司人格独立和股东有限责任,不宜轻易否定,否定仅是例外情形。在适用《公司法》(2018)第20条第3款时,应当强调对债权人利益损害的严重性,以及在条件上要符合股东滥用法人独立性和股东有限责任,且并非全面、彻底、永久地否定公司法人资格,而是具体案件中例外地判令股东承担连带责任。《九民纪要》列举了三种情形,包括人格混同、过度支配与控制以及资本显著不足,并明确了这三种情形的具体内容。

总的来看,《公司法》(2018)及《公司法》(2024)对于公司人格否认制度采取了一般条款的规定方式,但其模糊的规则并未解决个别法院对该制度在司法适用上的滥用,《九民纪要》通过明确具体情形的方式意图定分止争,这起到了一定的作用,但在理论中,这些情形仍然存在争议。

【理论基础】

公司独立人格和股东有限责任是现代公司的基本特征,是公司区别于合伙企业、个人独资企业等其他形式企业的主要特征,也是鼓励投资、促进社会经济发展的动力。我国《公司法》(2024)对公司独立人格和股东有限责任作出了明确的规定。然而,公司独立人格和股东有限责任是一把双刃剑,当公司股东滥用公司人格时,公司债权人的合法权益会因此受到损害。故而,英美法系在判例法中建立了公司人格否认制度,后为我国《公司法》(2005)所学习借鉴,专设两个条文建立具有中国特色的公司人格否认制度。但应当如何适用公司人格否认条款,公司人格否认的司法适用标准是应该严格抑或宽松,理论界与实务界均存在争议。

一、公司人格否认是股东有限责任原则的例外

公司人格否认制度是股东有限责任原则的例外,是中外学者达成的普遍共识,这是由股东有限责任对公司内部的有序运营以及社会经济发展的重要意义所决定的。

股东有限责任原则被誉为比蒸汽和电更伟大的发明。① 美国伊斯特布鲁克法官和费希尔教授系统地将股东有限责任的重要性概括为六个方面:第一,有限责任减少了股东监督公司经营者的必要,从而潜在地降低了公司的运营成本;第二,有限责任降低了公司股东之间相互监督的成本;第三,有限责任使得公司股东可以更自由、高效地转让其所持有的公司股份,当该股份含有表决权时,有时甚至还可以进一步起到督促经营者忠实勤勉、努力提高经营管理水平和经营效率以避免因控制权移转而被裁撤的效果;第四,有限责任使股票的市场价格体现公司价值的附加信息,降低投资成本,使得投资公司对于投资者而言更有吸引力;第五,有限责任使投资者进行多元化投资成为可能,同时也降低了公司融资的难度;第六,有限责任控制了投资风险,使投资者敢于尝试风险较高的项目,有利于投资者作出最优化的投资决策。② 有鉴于此,股东有限责任原则不应被轻易地否认或推翻,仅当该原则已经丧失其成立的基础——公司独立人格已经不复存在时,其例外规则才有适用的空间。

具体来说,否定公司法人独立人格的例外性体现在三个方面。第一,在适用条件方面,仅当特定行为满足了法律规定的全部条件,公司人格否认制度才有适用的空间,并非以公司名义做出的所有行为均可被消极评价;第二,在适用对象方面,公司人格否认制度仅适用于从事了法律所禁止的滥用公司独立人格和股东有限责任行为的个别股东,未从事该等行为的公司股东对公司债务的责任范围依旧以其出资为限;第三,在制度效力方面,公司人格否认制度只是在个案涉及的个别法律关系中否认公司的独立人格,其效力范围是有限的、暂时的,不影响公司在已经发生或将要发生的其他法律关系中的独立人格以及公司股东受到的有限责任的保护。因此,公司人格否认制度的适用应当是谦抑而谨慎的,过分强调债权人保护,忽视公司独立人格和股东有限责任便会走向另一个极端,不仅会损害公司股东的合法权益、影响公司的正常经营活动,还可能挫伤投资者的积极性、阻碍市场经济的发展。

---

① 此观点最先由时任哥伦比亚大学校长的尼古拉斯·默里·巴特勒(Nicholas Murray Butler)于1911年提出,后被中外学者所广泛接受。参见王利明:《公司的有限责任制度的若干问题(上)》,载《政法论坛》1994年第2期;朱娟:《公司股东直索责任边界研究》,法律出版社2015年版,第19页;Henry Roger E. Meiners, James S. Mofsky & Robert D. Tollison, *Piercing the Veil of Limited Liability*, 4 DEL. J. CORP. L. 351, 351 (1979); Stephen M. Bainbridge & M. Todd Henderson, *Limited Liability: A Legal and Economic Analysis*, Edward Elgar Publishing Limited(2016), p. 19。

② 参见[美]弗兰克·伊斯特布鲁克、[美]丹尼尔·费希尔:《公司法的经济结构》,罗培新、张建伟译,北京大学出版社2014年版,第41—44页

在我国，公司人格否认制度的引入对于我国公司法律制度而言是一个重大的突破。但同时，受制于成文法的局限性，《公司法》(2005)建立的公司人格否认制度过于抽象，准确适用难度较大。这使得我国司法裁判者对具体个案中公司人格否认制度的适用条件、适用范围、一人有限公司人格否认制度的特殊性和一般性应当如何把握等问题产生了不同的理解，导致我国公司人格否认率畸高。[①] 这也是《九民纪要》着重强调否定公司法人人格例外性的原因。

二、公司人格否认制度的适用难点

从条文内容来看，我国《公司法》(2024)第 23 条采用“工具”理论建构公司人格否认制度，构成要件包括主体要件、行为要件、结果要件、因果关系要件和过错要件。准确理解这些要件的适用难点才能把握好公司人格否认规则的适用尺度，使之在股东有限责任原则的例外范围内发挥作用。

(一)责任主体的范围

公司人格否认的主体主要包括滥用行为的实施者和受害者。根据我国《公司法》(2024)第 23 条的规定，前者指“公司股东”；后者指“公司债权人”，包括自愿债权人和非自愿债权人。相较于“公司债权人”，“公司股东”的概念范围具有模糊性，由此引起学界的争论。

第一个争论焦点是：名义股东是否应与实际出资人一并对公司债务承担连带责任。对于实际出资人应当对其滥用公司独立人格的行为承担连带责任，理论上存在争议，但整体争议较小，但名义股东是否如此，学者有不同观点。持否定说的学者认为，名义股东并非实际支配公司行为的人，也不是直接从公司获取经济利益的人，因此在公司人格否认案件中不应追究名义股东的法律责任；[②]持肯定说的学者则认为，隐名投资系实际出资人与名义股东的合意行为，名义股东对于实际出资人的滥用行为或知情或合谋或监督或制约，因此名义股东应当与实际出资人连带赔偿公司债权人的损失。[③] 名义股东选择与实际出资人达成隐名投资协议，无论从中收益与否，均意味着其在承担着《公司法》规定的不得实施滥用行为的义

---

① 例如美国斯蒂芬·M. 班布里奇教授和 M. 托德·亨德森教授研究认为，中国法院判决公司人格否认的概率明显高于其他国家，而出现这一现象的原因是我国法官的自由裁量权过大，但法官却未意识到或不愿承认公司法人独立人格，进而未能谨慎且限缩地适用“刺破公司面纱”制度，See Stephen M. Bainbridge & M. Todd Henderson, *Limited Liability: A Legal and Economic Analysis*, Edward Elgar Publishing Limited, 2016, p. 267 – 274。在《九民纪要》中，最高人民法院同样认为我国司法实践中存在滥用公司人格否认制度的现象。

② 参见朱慈蕴：《公司法人格否认制度理论与实践》，人民法院出版社 2009 年版，第 60、61 页。

③ 参见雷金牛：《刺破隐名投资人的双重面纱》，载《法学杂志》2014 年第 3 期。

务，同时一并承担着监督实际投资人不得实施该不法行为的义务。因此，哪怕实际投资人才是滥用行为的策划者和/或实行者，名义股东也应与其共同就公司债务承担连带责任。但是，在名义股东和实际投资人内部，双方责任应当按照过错的大小、从滥用行为中不当获利的多少等因素进行划分。笔者认为，仅在名义股东实际参与实际投资人滥用行为的情形下，方可要求其承担责任。一方面，隐名持股并非单一类型，实际出资人滥用公司人格独立和股东有限责任的情形往往是名义股东仅持股，而不参与公司经营，也无法了解公司经营情况，以代持股关系的存在径直要求名义股东承担监督义务显然并不符合实际，对名义股东而言亦是强人所难；另一方面，主张依照过错大小认定责任是一种侵权法的路径，侵权法对"过错"的要求是基于对传统结果追责模式的反思演化出的一种尊重主体性的追责路径，即对"过错"的惩罚往往是基于满足受害者"泄愤"的考量。① 但在商事活动中，严格责任往往比过错责任更加有效，因此仅以名义股东代持股时有过错就要求其承担滥用人格的责任，不符合私法的要求，反而更像是一种惩罚。因此，仅在名义股东实际参与该滥用行为时，基于其股东身份，可适用《公司法》(2024)第23条。

第二个争议焦点是：实际控制人、董事、高级管理人员是否可以解释为"公司股东"，即如果此类主体同样存在滥用公司独立人格的行为，公司债权人能否要求他们承担连带责任。对于能否将公司人格否认扩张适用于实际控制人，我国学界争议较小，《九民纪要》也作出了相关规定。② 至于董事和高级管理人员是否同样如此，我国学者有不同看法。少数学者曾认为，董事和高级管理人员作为公司的代理人，其行为后果应当由公司承担，追究其滥用经营权的行为应当通过信义义务的相关规定。③ 但当下越来越多学者开始采相反的观点，支持将公司人格否认的适用范围扩大至董事和高级管理人员。④ 董事和高级管理人员属于广义上的实际控制人，享有的经营权使其具有滥用公司独立人格的机会，判令其对公司债务

---

① 参见郑智航：《从互惠性到宽容性：法律责任构造逻辑的嬗变》，载《山东大学学报(哲学社会科学版)》2018年第2期。

② 《九民纪要》第11条第2款规定："控制股东或实际控制人控制多个子公司或者关联公司，滥用控制权使多个子公司或者关联公司财产边界不清、财务混同，利益相互输送，丧失人格独立性，沦为控制股东逃避债务、非法经营，甚至违法犯罪工具的，可以综合案件事实，否认子公司或者关联公司法人人格，判令承担连带责任。"

③ 参见朱慈蕴：《公司法人格否认制度理论与实践》，人民法院出版社2009年版，第61、62页。

④ 参见李新天、吴杨：《〈民法典〉视域下公司法人格否认主体要件之扩张》，载《河北法学》2022年第4期；朱慈蕴：《将实际控制人纳入公司法人格否认适用中的法律思考》，载《中国法律》2011年第4期；张天玉、高桂林编著：《公司法理论与实务》，中国政法大学出版社2017年版，第28页。

承担连带责任也有利于保护债权人的合法权益。以违反信义义务的方式追究董事和高级管理人员的责任固然符合公司与董事和高级管理人员之间的“委托—代理”关系,但从结果和效率上都对债权人不利。因此,将公司人格否认的适用范围扩大至董事和高级管理人员具有合理性,笔者亦持此观点。

（二）可责行为的样态

滥用公司独立人格是构成公司人格否认的核心行为。滥用公司人格的行为在实践中的具体形态多样,学者对这些形态各样的行为也有着各种各样的分类方法。综合现有分类,笔者认为,公司股东滥用公司独立人格的行为理论上包括人格混同和过度控制,不包括我国传统观点所主张的资本显著不足,而域外公司法理论上的欺诈行为及利用公司规避法律义务的行为不适用于我国公司人格否认制度。①

人格混同是一个抽象的概念,字面含义是公司的人格与其股东的人格混为一体,难以区分,理论上或称公司人格形骸化现象。在分离原则之下,公司的独立人格意味着公司拥有独立财产和能够独立表达的意志。相应地,公司人格与股东人格混同体现在两个方面,一是公司财产与股东个人财产不分,理论上称之为财产混同或资产混同;二是公司意志完全受到股东控制,控制方式在理论上可概括为人员混同和业务混同。

过度控制是指股东通过控制权将个人意志强加于公司使其丧失自我意志和自我决策能力,多发生在公司集团之中。过度控制与人格混同的主要区别在于,过度控制不似人格混同那样有着明显的股东和公司在财产、人员、业务方面同一而不可区分的外在表征,但本质上,无论是在人格混同还是过度控制的情形下,公司思想和行动均受股东操控,其所体现的均是股东意志而非公司意志。《九民纪要》第 11 条概括了我国司法实践中过度控制的四种典型情形:利益输送,母子公司交易时收益与损失分配不均衡,抽逃资金成立新公司规避债务或是解散公司以其场所、设备、人员等另设公司逃避债务。

资本显著不足是指公司注册资本或实缴资本明显不足以应对公司的经营风险,之所以会导致公司人格否认是因为法律认为此时股东缺乏诚信经营的诚意,恶意将公司的经营风险转嫁给公司债权人。传统观点认为,资本显著不足不是公

---

①　参见朱慈蕴:《公司法人格否认制度理论与实践》,人民法院出版社 2009 年版,第 63—68 页;高旭军:《我国公司人格否认制度适用研究——以与德国比较为视角》,法律出版社 2014 年版,第 100—103 页。

司人格否认的充分条件，法院通常不能仅以资本显著不足为由揭开公司面纱，而是仅在公司的资本显著不足达到非常极端的地步才或有例外。笔者认为，所谓的资本显著不足有可能作为否认公司独立人格充分条件的"非常极端"的例外，在实践中几乎不存在。因此资本显著不足既不是适用公司人格否认制度的充分条件，也不是必要条件。诚然，公司资本数额与其经营风险不匹配会影响公司债权人实现债权，但这并不是否认公司独立人格的充分理由。一方面，公司资本是法定公示事项，自愿债权人可以通过公开渠道查询公司的资本数额，其自愿与公司开展交易应推定为接受了相应的风险；但对于容易引起大规模侵权事件的行业，法律应当对从事相关行业经营活动的公司的资本数额作出特别规定，以此保护非自愿债权人。另一方面，就实缴资本显著不足而言，股东的出资义务是相对公司而言的，即便股东未履行出资义务、未全面履行义务或抽逃出资也应由股东对公司而非债权人承担责任，责任范围也仍以认缴出资或认购股份为限。因此，资本显著不足不是否认公司人格的行为要件。

（三）可责行为之结果的严重程度

公司独立人格和股东有限责任是立法者为适应现代市场经济发展的需要创设的法律制度，当这一制度实施所产生的负外部性已经超过制度成本可以容忍的范围时，便应走向反面，否认公司的独立人格和股东的有限责任。而所谓公司独立人格和股东有限责任制度实施所产生的负外部性，在我国《公司法》（2024）中被称为"逃避债务，严重损害公司债权人利益"。在民事法律关系中，债务人完全履行债务是债权人利益得到完整实现的前提，债务人"逃避债务"，无论是完全不履行还是不完全履行，都将使债权人的利益受到损害。从我国《公司法》（2024）第23条规定的字面含义来看，并非公司债权人因公司股东滥用行为受到的一切损失都能引起公司人格否认制度的适用，它应当是"严重"的。至于何为"严重"的损失，我国《公司法》（2024）并没有进一步说明。理论上，首先应当明确的是，"严重"不应是一个固定的具体数额，否则就会使公司人格否认制度的适用过于僵化；其次，"严重"损害不应限于债权完全得不到实现，即公司完全不履行债务，至于公司未清偿比例达到多少才能否认公司独立人格应由法官在个案中具体判断。

（四）因果关系的举证责任

公司人格否认制度中的因果关系要件，是指公司股东的滥用行为是否构成公司债权人利益受到严重损害的直接原因，如果公司债权人受到的损害并非由公司股东的滥用行为引起，而是因市场、公司经营不善等原因所致，公司人格否认制度就不存在适用的空间。按照"谁主张，谁举证"的原则，在法律没有规定举证责任倒置的情况下，证明公司股东权利滥用行为与公司债权人受到严重损害之间具有因果关系的责任由债权人承担。这是大多数学者所支持的观点，仅有少部分学者认为，公司人格否认制度中的因果关系要件应当由公司股东证明。此外，一人有限责任公司中存在举证责任倒置的规定，容后详述。笔者认为，倘若将举证责任统一分配给股东，即对全部公司都适用一人有限责任公司的举证责任倒置规则，这甚至是一种“滥用推定”，那么《九民纪要》为扼制公司人格否认规则滥用现象所作出的努力将化为泡影。公司具有独立人格是公司法的基本原则，我们不应当轻易刺破这层面纱。因此，在非一人有限责任公司中，仍应当适用“谁主张，谁举证”的原则。

（五）主观心态是否在所问范围之内

公司人格否认本质上是一个追究公司股东侵权责任的法律制度。[①] 侵权责任分为过错责任和严格责任，行为人存在主观过错是过错责任的构成要件，而严格责任的构成则不要求行为人主观上存在故意或过失。从字面意思上理解我国《公司法》（2024）第 23 条中规定的“滥用”一词，构成公司人格否认应当要求公司股东存在规避法定或约定义务的主观过错，这也是早期持“主观滥用论”学者所支持的观点。但如今，越来越多的学者转向“客观滥用论”，认为公司人格否认制度下追究的是严格责任，“滥用”指的不是公司股东做出特定行为时的心理状态，而是指特定行为本身客观违反了法律规定的公司人格独立的制度精神。笔者亦主张“客观滥用论”，在上述名义股东是否应当承担责任问题上，笔者认为应当采用严格责任而非过错责任，在此处，笔者亦主张，对于主观心态的探讨并无必要。

三、人格混同的判断标准

人格混同理论上意味着公司财产与股东个人财产不分、公司意志完全受到股东控制，在实践中具体情形包括财产混同、机构混同和业务混同，我国司法裁判者也通常适用“人、财、物”标准判断股东与公司之间是否存在人格混同。在这一标准之下，财产混同是构成人格混同的核心标准。例外情形是公司集团内部的统一管理。基于公司集团的特殊性，其内部统一管理虽表面符合了“人、财、物”标准，但却不是构成人格混同的充分理由。

（一）构成人格混同的原则：以财产混同为核心的“人、财、物”标准

我国司法实践主流观点认为，人员、财产、业务是表征公司人格的基本要素，

---

① 参见朱慈蕴：《将实际控制人纳入公司法人格否认适用中的法律思考》，载《中国法律》2011 年第 4 期。

人员混同、财产混同、业务混同也是判断公司人格混同的基本标准。人员混同可形象地概括为“一套班子、两块牌子”,主要涉及三种情形:一是公司组织机构中特定岗位的工作人员与股东或关联公司组织机构中特定岗位的工作人员相同,例如母公司的经理同时任职子公司的经理;二是公司组织机构中特定岗位的工作人员与股东或关联公司组织机构中特定岗位的工作人员存在交叉任职的情况,例如母公司的经理同时任职子公司的财务负责人;三是公司的人事任免交由股东或关联公司决定。财产混同是指公司与股东或关联公司的资产难以区分,在实践中通常表现为公司与股东或关联公司之间共用同一账户、共用同一办公设备或办公地点、股东无偿使用公司财产且不作财务记载、不区分公司账簿和股东账簿、公司财产记载于股东或关联公司名下等。业务混同则是指公司在经营管理和日常事务方面的决定权由股东或关联公司完全掌握,公司无法形成独立决策,实践中的典型情形包括公司与股东或关联企业从事同一业务、由股东或关联公司实际履行加盖公司公章的合同等。

“人、财、物”混同在个案中通常一起出现。就三者与人格混同构成之间的关系而言,我国司法实践大都认为,并非三种情况同时满足才构成人格混同,但财产混同是构成人格混同的必要条件。换言之,仅存在财产混同的情形可被判定为人格混同,存在财产混同和人员混同和/或业务混同也可被认定为人格混同,但仅存在人员混同和/或业务混同一般不能直接认定为人格混同。对此,《九民纪要》第10条指出,财产混同往往出现业务混同和人员混同,但其关键仍然是财产混同,其他的只是具有补强作用。①

(二)不构成人格混同的例外:公司集团内部统一管理

在扩大生产规模、降低经营成本、优化资源配置等现代市场经济的需求和驱动下,各国经济市场中出现了由多个在法律上各自独立的公司联合组成的大型企

---

① 《九民纪要》第10条规定:“[人格混同]认定公司人格与股东人格是否存在混同,最根本的判断标准是公司是否具有独立意思和独立财产,最主要的表现是公司的财产与股东的财产是否混同且无法区分。在认定是否构成人格混同时,应当综合考虑以下因素:(1)股东无偿使用公司资金或者财产,不作财务记载的;(2)股东用公司的资金偿还股东的债务,或者将公司的资金供关联公司无偿使用,不作财务记载的;(3)公司账簿与股东账簿不分,致使公司财产与股东财产无法区分的;(4)股东自身收益与公司盈利不加区分,致使双方利益不清的;(5)公司的财产记载于股东名下,由股东占有、使用的;(6)人格混同的其他情形。在出现人格混同的情况下,往往同时出现以下混同:公司业务和股东业务混同;公司员工与股东员工混同,特别是财务人员混同;公司住所与股东住所混同。人民法院在审理案件时,关键要审查是否构成人格混同,而不要求同时具备其他方面的混同,其他方面的混同往往只是人格混同的补强。”从该条第1款列举的6种情形及第2款列举的其他方面的混同可见,该条中所称“人格混同”指“财产混同”而非本书所指的广义上的人格混同。

业联合体，即公司集团。公司集团的特点之一是集团之中的各个公司均受到处于主导地位的母公司的统一管理。管理上的协调产生了替代市场机制协调的“交易内部化”效应，给公司集团整体带来了更大的生产力、更低的交易成本以及更高的利润，这是公司集团的经济优势。[①] 公司集团内部的统一管理在人员任用方面体现为母公司在整个集团的层面决定各子公司的机构设置和人员管理及向子公司派遣劳务等，在财务方面体现为制定统一的财务管理规则、集中管理各公司资金合并财务报表等，在经营业务方面体现为建立统一的业务规范、下达统一的生产经营计划并统一考核等。从表面上看，公司集团内部统一管理在一定程度上与前述人员混同、财产混同、业务混同的情形相吻合。但是，在公司集团的情境下，人格混同的判断标准不应机械地套用，否认公司集团中某一公司人格不应简单地以公司之间存在统一管理为依据，更重要的是判断母公司对子公司的控制是否超出法律规定的统一管理的必要范围，导致债权人完全无法区分各公司的独立人格。

四、一人公司人格否认制度的适用

一人公司仅有一名股东。在缺乏其他股东制约的情况下，公司的经营和管理由股东一人全权决定，一人公司股东因此更有机会滥用公司独立人格，使公司成为实现其私人意志的工具。因此，一人公司的债权人对于公司人格否认制度的适用有着更加迫切的需求，但同时也面临着一人公司的封闭性带来的举证困难。有鉴于此，《公司法》(2024)第23条第3款对一人有限公司人格否认制度作出了特别规定。

我国学者对《公司法》(2024)第23条第3款的含义有两种解读。第一种观点侧重于文义解释，认为只要一人有限公司的股东没有办法证明公司财产与自己的财产互相独立就可以推定股东滥用了一人公司独立人格和股东有限责任，进而就应该对公司债务承担连带责任。而不论债权人受到的损害是否严重，也不论损害是否由公司和股东之间的财产混同引起。持第一种观点的学者将《公司法》(2024)第23条第3款的规定概括为“一人公司法人格滥用推定制度”[②]。第二种观点则侧重于体系解释，认为《公司法》(2024)第23条第3款只是第1款在举证责任方面的特殊规定，适用一人公司人格否认同样需要满足《公司法》(2024)第23条第3款规定的主体、行为、结果、因果关系等构成要件，只不过对一人公司与

---

① 参见孙静芹：《集团公司资金集中管理研究》，中国经济出版社2004年版，第36—38页。

② 毛卫民：《一人公司“法人格滥用推定”制度的法理评析——兼论公司立法的价值抉择》，载《现代法学》2008年第3期。

其股东之间存在财产混同的行为事实的举证义务转由公司股东承担而非公司债权人承担罢了。第二种观点是对《公司法》(2024)第20条第3款和第1款关系的更客观且全面的解读,因此也为我国更多学者所支持,笔者亦持赞成态度。

【审判实务】

如前所述,公司人格否认制度一度遭到滥用,其根源在于对适用条件把握的尺度过宽,因此,适用条件是公司人格否认制度在实务中首要探讨的问题。此外,鉴于本轮《公司法》修订对一人公司人格否认制度的反复,笔者也对其审判实务作重点梳理。

一、公司人格否认制度的适用条件

前已述及,《九民纪要》明确了公司人格否认规则的适用态度,即否定是例外,尊重人格独立和股东有限责任是原则。适用的条件是债权人利益受到严重损害、股东滥用公司独立人格和股东有限责任,以及二者之间存在因果关系。这反映了审判态度的转变。事实上,较之于早期轻易否定公司法人人格,近些年的裁判标准已经逐步转变。例如,在最高人民法院2017年的公报案例中,最高人民法院指出应当抛弃单一情形否定公司人格的裁判思路,认为该规则的适用,应当综合公司的情形、股东、控制人以及主要财务人员的情况,乃至公司纳税、交易背景等诸多因素进行判断。①

对于具体适用标准,主流审判观点认为,公司人格混同最根本的是判断该公司财产是否独立,以及公司是否能够独立作出意思表示,这里认定的度是达到"滥用"的程度,即达到"严重"损害公司债权人利益的程度;②对于过度支配与控制,《九民纪要》列举了五种情形,同样要达到"滥用"和"严重"的程度;对于资本显著不足,由于其时常与"以小博大"这一正常经营方式相混同,因而应当谨慎适用,主要判断标准是,投入的资金与经营的风险明显不成正比,由此可认定为资本显著不足。

当前司法裁判也主要是遵循以上思路展开,例如在"河南森源电气股份有限

① 参见邵某与云南通海昆通工贸有限公司、通海兴通达工贸有限公司民间借贷纠纷案,载《最高人民法院公报》2017年第3期。

② 参见最高人民法院民事审判第二庭编著:《〈全国法院民商事审判工作会议纪要〉理解与适用》,人民法院出版社2019年版,第151页。

公司与濮阳兴业能源有限公司等损害公司债权人利益责任纠纷案”[①]中，生效裁判指出，人格否认规则只有在股东实施了滥用行为，且该行为导致公司财产不足以清偿债权人债务，严重损害了债权人的利益之情况下才得适用。遵循这一原理，在“谢某旭与黄某阳、某合公司某佳公司买卖合同纠纷案”中，法院甚至经过了两次人格否认，最终认定母公司的股东承担人格否认的连带责任。[②] 该案同时涉及针对大股东和实际控制人适用法人人格否认的情形，其适用标准都是存在某方面的混同，比较具有典型性。

此外，实践中还出现关于民事执行中能否直接适用公司人格否认制度的问题。早在2010年的“珠海市北大希望之星实验学校与珠海佳润投资有限公司等案外人执行异议纠纷案”[③]中，法院就认为，人格混同的认定是实体认定，非程序性事项认定，不宜在执行程序中审查。但2016年出台的最高人民法院《关于民事执行中变更、追加当事人若干问题的规定》第20条中则采取了相反的态度，该条直接指出，一人公司与其股东存在财产混同的，在执行过程中，申请执行人可以申请其股东作为被执行人，对公司承担连带责任。此后，在“雷某桦与重庆蓝宇公司等案外人异议之诉案”[④]中，最高人民法院指出，在执行程序中，倘若被执行人与其控股的一个公司共同投资设立有限责任公司，且存在财产混同情形，应认定该有限责任公司实为个人独资企业，法院可以列其为被执行人并强制执行其名下财产。

二、一人公司人格否认

本文前已述及，理论界对于一人公司人格否认规则的认识主要形成了两种观点，第一种为“法人格滥用推定”，第二种为“举证责任倒置”。这一争议影响到了司法实践。多数司法裁判遵循第二种理论观点，例如在“东兴市京华实业有限公司与梅县光明垃圾发电有限公司等买卖合同纠纷上诉案”[⑤]中，针对一人公司，法院首先假设该公司具有独立的法人资格，通过调查，未发现其中存在向标的公司缴纳之电费被转入其全资控股股东账户的事实情形，因而不存在损害债权人利益的故意。该案的裁判要旨在于，运用法人人格否认之法理追究公司股东滥用有限

---

① 河南省许昌市中级人民法院民事判决书，(2019)豫10民初140号；河南省高级人民法院民事判决书，(2021)豫民终533号。

② 参见该案为福建省厦门市中级人民法院发布十五起保护中小投资者典型案例之八：谢某旭与黄某阳、某合公司某佳公司买卖合同纠纷一案——通过连续两次人格否认穿透式地揭开法人面纱。

③ 广东省珠海市中级人民法院民事裁定书，(2010)珠中法执复字第13号。

④ 最高人民法院民事裁定书，(2018)最高法民申178号。

⑤ 广东省梅州市中级人民法院民事判决书，(2008)梅中法民三初字第2号；广东省高级人民法院民事判决书，(2008)粤高法民二终字第158号。

责任逃避债务、严重损害公司债权人利益的责任，具有维护社会公平、正义的功效，但同时也应当防止适用法人人格否认法理滥用情形的出现，以避免摧毁公司法人制度和一人公司制度。但也不乏支持第一种理论观点的个案判决，山东省高级人民法院和最高人民法院在“罗某凯、威海利招投资有限公司等合同纠纷案”中所作的判决体现了此种不同的理解。①

除此之外，最高人民法院还在司法判例中形成了通过进行财务年度审计判断是否存在财务混同的观点。该观点指出由于一人公司缺乏股东之间的监督，股东有着控制公司的便利，在此情况下，公司法规定年度审计来加强法律规制，②倘若一人公司未逐年进行财务审计，则不足以排除其存在财务混同的合理怀疑。

公司人格否认制度的适用条件在《九民纪要》施行之后有所收紧，包括一人有限公司人格否认，虽然该条特殊规则最终得以保留，但总体上的趋势是达到“滥用”和“严重”程度才得以适用。但与此同时，执行中的人格否认制度适用却有所放宽，这也与司法实践中的执行难不无关联。笔者主张，出于对公司法人人格独立性以及股东有限责任的尊重，公司人格否认应当谨慎适用，即便是“滥用”也要强调持续性，人格否认还应当强调非永久性。更为重要的是，应当拓展公司人格否认的类型，关注到实践中存在的大量其他主体损害公司人格独立的情形。

【典型案例】

中国华融资产管理股份有限公司深圳市分公司与青海水泥厂、青海水泥股份有限公司等金融借款合同纠纷案③

基本案情：

1996年10月29日，青海水泥厂为新建第二条生产线，与建行大通支行签订《借款合同》，向建行大通支行借款人民币1500万元，建行大通支行依约发放了贷款。贷款到期后，青海水泥厂未偿还贷款本息，双方于2002年10月28日签订《借款展期协议》，约定展至2003年10月29日，同日，建行大通支行与青海水泥股份有限公司（以下简称青海水泥公司）签订《保证合同》，约定青海水泥公司为上述贷款承担连带责任保证。同年11月27日，青海水泥厂与建行大通支行签订《抵

① 参见最高人民法院民事判决书，(2020)最高法民终727号。

② 参见韵某明、青海元鑫矿业有限公司案外人执行异议之诉案，最高人民法院(2019)最高法民终1364号民事判决书。

③ 参见最高人民法院民事判决书，(2015)民二终字第244号。

押合同》,以自有设备作为抵押物提供担保。借款展期届至,建行大通支行催收,青海水泥厂未偿还本息。2004年6月28日,建行大通支行将包括上述贷款在内的八笔贷款转让给信达兰州办,双方在《青海日报》上对债权转让进行了公告,并督促债务人履行债务。后信达兰州办于2004年11月29日将上述贷款转让给东方兰州办,并履行登报公告手续。2013年7月20日,中国华融资产管理股份有限公司深圳市分公司(以下简称华融公司)通过公开拍卖方式从东方兰州办受让上述债权,并进行了登报公告等程序。

1999年10月15日,青海省人民政府批复同意青海投资公司以其持有青海水泥厂和青海水泥制品厂之国有法人股,同其他人发起设立青海水泥公司。该公司随后登记成立。2002年12月31日,青海投资公司、数码网络公司与青海水泥公司签订协议,约定相关财产的转让,主要为:数码网络公司以6800万元受让青海投资公司持有的青海水泥公司全部股份;数码网络公司以800万元收购青海投资公司拥有的青海水泥厂新老矿山、石灰石矿及粘土矿开采权、固定资产、土地使用权及其他相关资产等所有资产和权益;青海水泥公司以承担债务方式受让青海投资公司拥有的青海水泥厂二期工程全部资产,青海水泥公司受让上述资产及承担四项债务(包括承担建行债务1500万元)的金额为1.5931亿元,除此之外的债务仍由青海水泥厂承担,与青海水泥公司无关,转让价格为零。2003年2月19日,经青海国资委同意,上述资产转让得以完成。

2003年6月19日,青海水泥公司股东大会通过增资扩股决议,数码网络公司缴足新增出资,持股比例达到76.30%。

2008年,数码网络公司更名为盐湖工业公司,当年6月10日,盐湖工业公司将原数码网络公司拥有和控制的包括该公司持有的青海水泥公司83.57%的股份,账面价值12,840万元在内的所有资产、负债及权益以账面价值分离转让给了盐湖新域公司。2011年3月21日,盐湖工业公司被盐湖钾肥公司换股吸收,2011年盐湖钾肥公司更名为盐湖股份公司。

华融公司诉至法院,请求判令青海水泥厂偿还本金;青海水泥公司承担连带责任;盐湖新域公司、盐湖股份公司对青海水泥厂、青海水泥公司所负债务承担连带清偿责任。同时提出,盐湖股份公司通过盐湖新域公司对青海水泥公司于人力资源、财务、资产监管与绩效考核、档案与信息、监审及文化、产品营销、技术规划、投资与预算管理等八个方面实施一体化管理,青海水泥公司毫无独立性,完全成为盐湖新域公司、盐湖股份公司的附庸,存在人格混同。盐湖新域公司、盐湖股份公司应当对该债务承担连带责任。

裁判要旨：

该案争议焦点较多，笔者仅截出人格混同问题的裁判意见。

一审法院认为，数码网络公司收购青海水泥厂的资产以及二期工程项目等的行为，本质上是资产收购，并非企业收购，盐湖股份公司作为上市公司，对其关联公司的资产、负债等经营情况统一公告，符合对上市公司信息披露的要求。华融公司未提交证据证明盐湖股份公司或盐湖新域公司滥用公司独立人格，导致青海水泥公司与盐湖新域公司或与盐湖股份公司人格、财产混同，并由盐湖新域公司或盐湖股份公司对青海水泥公司进行了过度支配和控制等。故对华融公司主张不予支持。

二审法院认为，关于一体化管理是否表明青海水泥公司丧失独立人格。因该案中盐湖股份公司是盐湖新域公司的控股股东，盐湖新域公司是青海水泥公司的控股股东，其中通过间接控股方式对青海水泥公司等企业的统一管理，可以是基于股权法律关系，即通过股权来实现。并不能简单因一体化管理就认定子公司必然丧失独立人格。关于合并报表是否表明青海水泥公司丧失独立人格。合并报表仅是控制的一种方式，母公司对子公司的控制是基于股权的正常控制，不能以合并报表简单认定子公司丧失独立法人人格。因此，对华融公司主张不予支持。

裁判评析：

上述判决理由体现了最高人民法院在判断集团公司人格混同问题上的审慎态度，公司集团内部的一体化管理不是否认公司人格的充分理由。但遗憾的是，在该案的裁判文书中并未详细说明母公司对子公司控制的合法边界。不过，基于对实践的总结，可以看出，过度支配与控制应当包含利益输送、收益与损失的不对等、抽逃资金、解散公司成立新公司逃避债务等行为。该案一审与二审观点相似，但相较而言，二审说理更加充分合理。其对案涉盐湖股份公司、盐湖新域公司与青海水泥公司之间控制与被控制的关系作出较为细致的分析，指出一体化管理与合并财务报表本身是合法控制的方式。笔者比较赞同这一观点，实践中母子公司在人员、管理上存在重叠往往是正常的管理行为，若要证明存在人格混同，在一体化管理和合并财务报表的基础上，至少还要提供证据证明其间存在利益输送、抽逃资金等行为。

问题二 公司人格否认的类型

我们应当承认单一的还是多元的公司人格否认类型，这一问题在理论中存在长期的争议，而实践中早已出现的不同类型也在不断挑战着立法和司法适用。因此,本部分旨在厘清公司人格否认的具体类型,以期为立法的完善和实务中的适用提供思路借鉴。

【规范梳整】

较之于域外“揭开公司面纱”制度,其具有更悠久的发展历程和更全面的公司否认类型,我国法律仍然有较长的路要走,尤其是在公司人格否认类型的方面,我国目前只承认纵向的正向人格否认,以及本次《公司法》修订增加了的横向公司人格否认。

我国《公司法》(2024)关于人格否认一般规定和一人公司人格否认的规定,属于典型的纵向人格否认中的正向否认。《公司法》(2024)相较《公司法》(2018)增加了横向公司人格否认制度,第 23 条第 2 款规定“股东利用其控制的两个以上公司实施前款规定行为的,各公司应当对任一公司的债务承担连带责任”。

【理论基础】

公司人格否认存在不同类型,以连带债务人之间是否存在投资与被投资关系为标准,公司人格否认可以划分为纵向公司人格否认和横向公司人格否认,前者又可进一步划分为正向公司人格否认和反向公司人格否认。我国《公司法》(2024)仅承认正向公司人格否认,但司法实践中已经出现了适用反向公司人格否认和横向公司人格否认的需求。面对实践中的需求,我国司法机关或是采取目的性扩张解释的方式将《公司法》(2018)中关于正向公司人格否认的制度类推适用于其他类型公司人格否认的情景,或是直接以法律未有明确规定驳回当事人的诉讼请求。同案不同判削弱了法律的可预见性,也引起了我国学术界的讨论乃至批判。本轮《公司法》修改,增加了横向公司人格否认规则,这在一定程度上丰富了公司人格否认的类型,为司法裁判提供了法律依据,解决了部分前述问题。

一、纵向公司人格否认

通过持股与被持股,单一股东与公司之间的关系呈纵向线性样态。在这一关系样态之下,纵向公司人格否认是指在认定股东与公司之间人格混同,进而否定标的公司法人人格的基础上,仅能要求特定股东为公司债务承担连带责任或要求公司为股东债务承担连带责任。前者为正向公司人格否认,后者为反向公司人格否认。

(一)正向公司人格否认

正向公司人格否认是指公司债权人要求否认公司独立人格,使股东不受有限责任保护,而应对公司债务承担连带责任。正向公司人格否认在实践中的简易模型可以表示为:A 为 B 公司提供 100 万元借款,双方约定 B 公司在收到借款后 6 个月内返还借款本金和利息;随后,B 公司股东 C 私自将 B 公司资产挪作私用,导致 B 公司无法按约定清偿 A 债务;A 要求 C 和 B 公司连带偿还 100 万元借款及利息。正向公司人格否认在学理上亦称“顺向人格否认”,起源于英美法系的判例法,是最传统的公司人格否认制度,也是我国公司立法最先承认的一类公司人格否认制度。理论上,关于正向公司人格否认的适用标准形成了多种观点。例如,“第二人格”(alter ego)理论认为,如果股东完全控制公司以致公司无法形成独立的意志或无法独立存在,那么公司的独立人格实际不存在,股东应当对以公司名义做出的行为负责;“扩展的第二人格”(alter ego plus)理论则认为,使得股东为公司行为负责的条件除“他我”理论所强调控制因素外,还应包括股东利用其对公司的控制力实施欺诈、错误行为或其他侵犯债权人合法权益的行为;“特殊工具”(instrumentality)理论则在“扩展的第二人格”理论的基础上进一步强调,股东控制公司实施不法行为与债权人受到的损害之间还应当存在直接的因果关系。①

(二)反向公司人格否认

顾名思义,反向公司人格否认是正向公司人格否认的逆向形态。以请求否认公司独立人格的主体是否为公司内主体为标准,反向公司人格否认可进一步划分为内部反向人格否认和外部反向人格否认。

内部反向公司人格否认同样是一个起源于英美法系判例法的制度,目前尚未被我国立法认可。综合英美法系判例法经验及理论研究,内部反向公司人格否认制度可概括为:由公司或其股东主动诉请否认公司独立人格,目的是使公司享受原本只有股东才能享有的特权或豁免。例如,美国 Cargill 公司诉 Hedge 案,内部反向公司人格否认的简易模型可以表示为:A 是 B 公司的股东,登记在 B 公司名下的一处房产是 A 及其家人的住所;C 与 B 公司签订买卖合同,约定 C 向 B 公司提供一批原材料和服务,B 公司支付价款,后 B 公司未能按照合同约定支付价款;C 公司诉至法院要求 B 公司清偿债务,并要求拍卖 B 公司名下房产;法律规定,自然人的生活住所可免于执行;在执行过程中,A 请求法院否认 B 公司的独立人格,目的是将同为 A 住所的 B 公司名下房产视为 A 的个人财产,避免被强制执行。在 Cargill 公司诉 Hedge 案中,美国明尼苏达州最高法院支持了公司股东提出的反

① See Stephen M. Bainbridge & M. Todd Henderson, *Limited Liability: A Legal and Economic Analysis*, Edward Elgar Publishing Limited, 2016, p. 86 – 102.

向公司人格否认请求，判决同为公司股东住所的公司名下房产免于强制执行，主要原因有三：第一，A 与 B 公司之间构成人格混同，B 公司是 A 公司的“他我”（alter ego）；第二，否认 B 公司人格进而使涉案房产免于强制执行符合相关法律蕴含的公共政策；第三，即便豁免涉案房产的强制执行损害了 C 的合法权益，但这一损害是在法律允许的范围之内的，因为立法已经对自然人居住的房屋给予了特殊的保护政策。① 可见美国明尼苏达州最高法院对于是否应当适用反向公司人格否认采取的是“正向公司人格否认＋公共政策”的判断标准，这一裁判思路也为美国其他法院所沿用。“公共政策”毕竟是一个模糊和难以准确把握的概念，美国法院在适用内部反向公司人格否认时的态度比正向公司人格否认更加谨慎，但总体还是承认内部反向公司人格否认制度存在的合理性。② 然而，我国传统观点却走向了反面，从根本上否认内部公司人格否认的合理性，认为公司和公司股东不能作为公司法人人格否认之诉的主张者。③ 近年来，随着内部反向公司人格否认制度所具有的社会公共利益维护的制度价值被越来越多的学者所认识，我国理论界逐渐承认了这一制度的合理性，④辩证地看待内部反向公司人格否认的适用问题。⑤

外部反向公司人格否认是指股东债权人要求否认公司独立人格，令公司对股东所负债务承担连带责任。具体而言，若仍以前述正向公司人格否认中的案例模型为例，在反向人格否认制度的语境下，A（债权人）、B（公司）、C（B 公司股东）三者的关系为：A 为 C 提供 100 万元借款，双方约定 C 在收到借款后 6 个月内返还借款本金和利息；随后，C 将 100 万元转入 B 公司账户内，并无法按约定清偿对 A 的债务；A 要求 C 和 B 公司连带偿还 100 万元借款及利息。虽然外部反向公司人格否认制度尚未被规定在我国《公司法》中，但我国学者普遍认为反向公司人格否认是公司法人理论发展的必然，《公司法》关于正向公司人格否认的规定可类推适用于外部反向公司人格否认。⑥

---

① *Cargill, Inc. v. Hedge*, 375 N. W. 2d 477（Minn. 1985）.

② See Stephen M. Bainbridge, *A Critique of the Corporate Law Professors' Amicus Brief in Hobby Lobby and Conestoga Wood*, 100 Va. L. Rev. 1, 9（2014）.

③ 参见王新新：《论我国公司法人人格否认制度》，载《东南学术》2009 年第 3 期；朱慈蕴：《公司法人格否认制度理论与实践》，人民法院出版社 2009 年版，第 57—60 页；石少侠：《公司人格否认制度的司法适用》，载《当代法学》2006 年第 5 期。

④ 参见施天涛：《公司法论》，法律出版社 2018 年版，第 42 页。

⑤ 参见林承铎、胡兵：《内部人反向刺破公司面纱的构成要件研究》，载《浙江大学学报（人文社会科学版）》2017 年第 5 期。

⑥ 参见朱慈蕴：《公司法人格否认制度理论与实践》，人民法院出版社 2009 年版，第 51 页；陈林、贾宏斌：《反向刺破公司面纱——公司法人格否认规则的扩张适用》，载《人民司法》2010 年第 14 期。

二、横向公司人格否认

横向公司人格否认又被称为“关联公司人格否认”“集团责任”(enterprise liability)或“三角刺破”(triangular piercing),是指公司债权人要求否认公司人格,进而要求与该公司不存在持股与被持股关系的“姐妹”公司承担连带责任。这一类型的公司人格否认的简易模型可以表示为:A 公司是 B、C 两家公司母公司;B 公司向 D 借款 100 万元,双方约定 B 公司在收到借款后 6 个月内返还借款本金和利息;随后,在 A 公司的控制下,B 公司将 100 万元转入 C 公司账户内,并无法按约定清偿对 D 的债务;D 要求 B、C 公司连带偿还 100 万元借款及利息。可见,与纵向公司人格否认相比,横向公司人格否认的特殊之处在于,后者仅发生在公司集团之中,承担连带责任的是“姐妹”公司而非母子公司。横向公司人格否认实质上是将滥用“姐妹”公司人格的股东的责任延伸至由其控制的其他“姐妹”公司上,以此规范股东进行“财富转移”的不法投机行为,为合法权益受到损害的债权人提供救济。简而言之,横向公司人格否认相当于先进行一次正向公司人格否认,将 B 公司对 D 的债务转移到 A 公司;而后再进行一次反向公司人格否认,将 A 公司对 D 的债务转移给 C 公司;最终达到 B、C 公司共同对 D 公司债务承担连带责任的法律效果。

早前,我国公司立法并未对横向公司人格否认作出规定,面对司法实践中出现的相关问题,我国司法裁判者选择类推适用《公司法》(2018)第 20 条第 3 款关于正向公司人格否认的规定,典型案例包括最高人民法院指导性案例 15 号——“徐工集团工程机械股份有限公司诉成都川交工贸有限责任公司等买卖合同纠纷案”(详情容后叙)。该案从结果来看,判令“姐妹”公司承担连带责任符合横向公司人格否认的精神,但通过参照适用《公司法》(2018)第 20 条第 3 款的做法以达到这一结果之合理性却受到了学者的质疑。[①] 为减小我国司法实践和理论研究在横向公司人格否认上的分歧,本次《公司法》(2024)新增横向人格否认规则,我国司法裁判者今后再遇相关问题时直接有法可依。

【审判实务】

鉴于纵向人格否认中的正向人格否认已为我国立法肯定且是长期以来最为常见的情形,本书已在本专题“问题一”中有所阐述,在此便不再赘述,此处主要集

---

① 参见王军:《人格混同与法人独立地位之否认——评最高人民法院指导案例 15 号》,载《北方法学》2015 年第 4 期。

中于探讨其他几种公司人格否认类型。

一、反向人格否认

《九民纪要》在正式颁布前曾发布征求意见稿，其中第2章第4节提出，实践中存在股东为逃避债务，而将其财产转移至公司，损害债权人利益的情形。对此，在债权人请求公司承担连带清偿责任时，人民法院可基于对《公司法》(2018)第20条第3款的解释，支持债权人的诉讼请求。虽然正式颁布的《九民纪要》未保留前述规定，但最高人民法院支持反向公司人格否认的态度仍体现在个别司法解释中，例如《关于审理与企业改制相关的民事纠纷案件若干问题的规定》[①]和《关于审理民间借贷案件适用法律若干问题的规定》。[②]

二、横向公司人格否认

有学者对关联公司人格否认的司法裁判做过实证研究，发现横向法人人格否认占关联公司人格否认案例的75.7%。[③] 可见，横向人格否认案件在实践中并不少见。实务中对横向法人人格否认的裁判主要是基于指导案例15号的精神作出(详见后文"典型案例")。

在"江西安发达酒业有限公司(以下简称安发达公司)、中国农业银行股份有限公司福州鼓楼支行股东损害公司债权人利益责任纠纷案"[④]中，法院以"安发达公司、绿得公司、胜龙公司上述虚假诉讼行为将绿得公司、胜龙公司巨额资产转移至安发达公司，构成关联公司之间的财产混同"为由，判决三关联公司对债务承担连带责任。该案中，当事人的主张以指导案例15号作为支撑。

除此之外，还有依据最高人民法院《关于审理与企业改制相关的民事纠纷案件问题的规定》作出裁判的案例。例如，在"吴某春、肇某江等股东损害公司债权人利益责任纠纷案"[⑤]中，一审法院指出，对于判断关联公司混同主要表现为：股东

---

① 《关于审理与企业改制相关的民事纠纷案件若干问题的规定》第6条规定："企业以其部分财产和相应债务与他人组建新公司，对所转移的债务债权人认可的，由新组建的公司承担民事责任；对所转移的债务未通知债权人或者虽通知债权人，而债权人不予认可的，由原企业承担民事责任。原企业无力偿还债务，债权人就此向新设公司主张债权的，新设公司在所接收的财产范围内与原企业承担连带民事责任。"第7条规定："企业以其优质财产与他人组建新公司，而将债务留在原企业，债权人以新设公司和原企业作为共同被告提起诉讼主张债权的，新设公司应当在所接收的财产范围内与原企业共同承担连带责任。"

② 《关于审理民间借贷案件适用法律若干问题的规定》第22条第2款规定："法人的法定代表人或者非法人组织的负责人以个人名义与出借人订立民间借贷合同，所借款项用于单位生产经营，出借人请求单位与个人共同承担责任的，人民法院应予支持。"

③ 参见李建伟：《关联公司法人人格否认的实证研究》，载《法商研究》2021年第6期。

④ 最高人民法院民事判决书，(2019)最高法民终20号。

⑤ 最高人民法院民事判决书，(2022)最高法民再89号。

对公司的不当控制；财产混同，公司的财产不能与该公司的股东或其他公司财产作清晰的分别；业务混同；组织机构混同。最高人民法院则指出，依据最高人民法院《关于审理与企业改制相关的民事纠纷案件若干问题的规定》第7条，公司若存在剥离财产设立新公司，而保留债务于原公司的情形，新公司应当在其接收剥离的优质财产范围内同其“姐妹”公司承担连带责任。

当然，存在关联关系并不意味着一定会出现人格混同、财产混同等，更为重要的是，在“北京格林伟迪科技股份有限公司与长城宽带网络服务有限公司等股东损害公司债权人利益责任纠纷案”①中，法院对关联公司人格混同与集团行为作出区分，其指出，关联公司间代收货款并不违反法律法规、公司章程或会计准则之规定，而关联公司之间存在控股关系，个别工作人员相同属于正常现象，二者共用一个经营地址亦不能说明二者存在业务混同。只要关联公司有独立经营场所及组织机构，有自己的财产并建立独立账册，独立经营，独立核算，即便关联公司之间有人员交叉任职、经营业务交叉，也不足以认定产生人格否认层面混同的法律后果。

公司人格否认类型的拓展是对现实中较为隐秘的人格混同、财产混同的识别与规范，但囿于实践中部分类型的案件尚不常见，主流仍然是横向公司人格否认，因此本次《公司法》修订对其进行了回应。笔者主张，横向人格否认应当同纵向人格否认一样谨慎适用，不宜过分扩张。

【典型案例】

徐工集团工程机械股份有限公司诉成都川交工贸有限责任公司等买卖合同纠纷案②

基本案情：

川交机械公司、瑞路公司、成都川交工贸有限责任公司（以下简称川交工贸公司）分别成立于1999年、2004年和2005年，经过多轮公司股东变更，三公司股东主要为王某礼、倪某，或王某礼的妻子张某蓉等。三公司中，经理均为王某礼、财务负责人均为凌某、出纳会计均为卢某、工商手续经办人均为张某。同时，三公司之间存在人员交叉任职情形，如过某利兼任川交工贸公司副总经理和川交机械公

① 北京市高级人民法院民事判决书，(2021)京民终652号。

② 参见徐工集团工程机械股份有限公司诉成都川交工贸有限责任公司等买卖合同纠纷案，最高人民法院指导案例15号(2013年)。

司销售部经理等。三公司的经营范围基本相同。此外,三公司还共用业务手册、结算账户;对外宣传、招聘中,所留电话、传真,企业发展,主营业务等均相同。尤其在公司财务上,三公司共用结算账户,其股东或工作人员的银行卡中发生高达亿元的资金往来,资金来源主要为三公司的款项。在对外签章问题上,三公司公章还存在混用现象。

另查明,2009 年 5 月 26 日,卢某在徐州市公安局经侦支队对其进行询问时陈述:川交工贸公司目前已经垮了,但未注销。又查明徐工集团工程机械股份有限公司(以下简称徐工机械公司)未得到清偿的货款实为 10,511,710.71 元。

徐工机械公司据此将三公司诉至法院,认为其存在人格混同,应共同承担连带责任。

裁判要旨:

一审法院认为,三公司存在资产混同,川交机械公司、瑞路公司应对川交工贸公司的债务承担连带责任。理由为:三公司重要部门人员相同、经营范围重合、企业资料宣传信息相同或混同,尤其是其中存在财务混同,其间三公司还向徐工机械公司出具申请,为了统一核算,将川交工贸公司、瑞路公司 2006 年的所有业绩、账务都计算到川交工贸公司名下。以上事实表明,三公司表面是独立的有限责任公司,但是均无证据证明其资产、财务的独立性,已实际构成资产混同。该行为损害了债权人的利益,对徐工机械公司的诉讼请求,应予支持。

二审法院认为,三公司存在人格混同,表现在人员混同、业务混同、财务混同三个方面(具体描述同前一审判决)。依据《公司法》第 3 条第 1 款、第 20 条第 3 款,三公司违背了法人设立的宗旨,违背诚信原则,本质和危害与《公司法》第 20 条第 3 款规定情形相当,故参照该条规定,三公司应当承担连带清偿责任。

案例评析:

该案认定三关联公司人格混同的事由主要为人员、业务、财务三方面混同,各自财产无法区分,已经丧失独立人格构成人格混同。可以看出,该案对人格混同的判断标准是综合性的,即结合了人员、业务、财务三个方面。但事实上,该案在这三个方面的认定中仍然存在侧重,生效裁判文书援引法条为《公司法》(2018)第 3 条第 1 款和第 20 条第 3 款,后者为公司人格否认的法律渊源自无疑问,前者内容为强调公司具有法人独立性,但该条的重点落在财产的独立性上。事实上,公司法人独立性有着诸多方面的体现,例如,公司意志形成的独立性、公司对外交易的独立性等,而财产独立性仅是其中一个方面。但显然,财产独立性在根本上塑造了公司的法人独立属性,因为正是股东放弃财产权以获得股权和有限责任为公司的法人独立性创造了条件，拥有独立的财产是公司法人独立性的核心特征。因此，在认定是否存在人格混同时，财产的独立性是重点标准。基于对该案的解释，横向人格否认的标准应当是综合性的，但其核心却是财产混同，本书前已述及。有法院指出，人员交叉、业务交叉都不足以认定公司人格混同，只有在伴随着财务混同时，才得以认定存在人格混同。该观点与该案意旨有相通之处。

专题六　公司公章的功能与效力

导　语

印章在人类社会中总是有着特别的意义。古人将印章称作“印信”，因“印”生“信”的观念由来已久，印章上附着人们特殊的信赖。印章也是权力的象征，大到代表皇权的玉玺，小到每间店铺的掌印，谁掌握了印章谁就掌握了核心的权力。公司除公章以外还常制备财务专用章、合同专用章等各类特定用途的印章。就公司而言，公司公章在某种意义上是标志公司话语权的图腾，掌握公章便掌握了签发各类文件的权力，而一旦股东间陷入纷争，把持公章的一方便仿佛多了一分获胜的筹码。这一点在近年来频发的公司公章抢夺事件中尤为凸显，股东间为争夺公章可大打出手甚至不惜采取偷盗、抢夺等违法手段而达到目的，令人惋惜的同时也不难窥见公章对于公司的重要意义。

公章的法律问题之所以复杂，是因为其与法人意思表示、代表权与代理权以及表见行为的认定之间存在千丝万缕的联系，令人头疼的是，其中几乎每一项问题都是相对模糊的。在具体的司法裁判中，对公章效力作出判断不单单是法律推理的问题，在很大程度上也取决于个案的事实认定情况，其中又涉及证据规则的适用。《九民纪要》第41条对于公章问题作出了专条阐释，这从侧面证明公章问题实属民商事审判工作中的疑难问题，但遗憾的是，理论与司法实践的困境远非凭此单一的指导性条文所能突破，公司公章相关问题的解决仍需仰仗更为精细的逻辑分析与大量裁判案例的归纳与统计。本书以“公司公章的功能与效力”为专题，尝试探索这一公司法上的显著难题，对公司公章的抽象法律功能与实务中认定公章效力的判断标准加以分析和概括，以求为读者提供参考。

问题一 公司公章的法律功能

通常情况下，当公司公章的问题出现时，大多已经进入到交易的末端，对其审查更多的是证据学上的问题。但实际上，由公司公章引发的纠纷不在少数，这表现在对公章所代表的权限的态度，此与代理制度、代表制度相关。因此，公司公章在公司交易过程或管理过程发挥着怎样的功能就是一个需要厘清的问题。

【规范梳整】

《公司法》(2024)并未直接规范公司公章问题，相关规范主要存在《公司登记管理条例》(已废止)、《九民纪要》以及各省出台的政府规章，如《上海市印章刻制业治安管理办法》，以及公安部起草的《印章业治安管理办法》(尚未生效)中。

已经废止的《公司登记管理条例》第25条规定，依法设立的公司，凭公司登记机关核发的“企业法人营业执照”刻制印章，开立银行账户，申请纳税登记。各省政府规章结合本地情况制定的政府规章则更加全面地规范了印章问题，包括印章的种类和效力，印章的管理部门和管理程序，更换印章的程序，印章的规格、式样、印文、质料，印章的年审、停用、保存，申报印章的条件，印章的使用范围以及罚则等。

《九民纪要》在第41条中对盖章行为的法律效力作了较为详细的解释，其指出，实践中存在有些公司私刻多套公章，或公司法定代表人或其他员工私刻公章，在签订合同时加盖未备案公章或假公章，而在遭遇纠纷时又主张该公章系假公章或未备案公章而企图逃避责任。对此，法院在审查时，应主要审查代理权或代表权而非公章的真实性，根据代理与代表规则来确定合同的效力。

总体而言，专门针对印章的既有规则在很大程度上只是为了方便管理，并非为了明确公章本身的法律效力或法律功能，这以各省政府规章最为明显。而《九民纪要》则对因公章私刻等问题引发的纠纷作出较为明确的裁判指引，在一定程度上可以解决由公章引发的一系列纠纷。

【理论基础】

对于公章的法律评价，在实务层面和理论层面存在较大的区别：在司法裁判中，法官更多关注的是公章的真伪情况，双方当事人各自围绕公章问题举证，最终目的往往在于证明系争的公章是“真公章”还是“假公章”。而从裁判结果上看，如果公章最终认定为真,则意味着该枚公章所指向的公司需要承担加盖这一公章的合同所约定的义务和责任;反之,如果公章为假,则大概率意味着加盖该"公章"的合同与虚假公章上刻印名称的公司并无关联,该公司也就无须承担相应的合同义务。但在法学理论研究中,公章的真伪并不是一个严谨的法律评价,理论研究更应关注的是公章的效力问题,即公章作为一个具有特定法律功能的介质,是否能够在法律层面发挥其应有的功能。然而目前理论界对于公章的法律功能尚缺乏系统性的概括,这也间接导致了实务中对公章问题的处理难以达成统一。事实上,我们需要对公章本身的属性、特征及其在法律上的功能和意义进行梳理,以此才能更好地理解公司公章与公司的真实意思表示、公司代表人或代理人之间的法律关系,进而对相应合同责任的承担提供裁决思路。

通常情况下,公司作为当事人签署合同时,体现公司同意之意思的标志包含三种,即法定代表人或代理人的签字、公司公章以及兼具两者——既有公章又有签字。后两种情况涉及公章法律功能的讨论,而基于代表和代理规则的区别,根据合同上是否存在自然人的签字,公章所具有的法律意义应当有所区别。此外,由于公章根本的效力来源于公司的授权与认可,而根据公司对于公章的授权的时点不同,公章的法律功能也可能有所差异。根据不同情况下公章授权方式的差异和书面意思表示作出标识的不同,笔者尝试将公司公章的法律功能和意义概括如下。

一、公司书面意思表示做出的标志

公司虽为独立的法人组织,但其意志的形成以及对外做出意思表示还要依赖自然人来完成。因而,在公司的对外交往中,通常就会存在一个潜在的问题,即法定代表人或代理人做出的意思如何归属到公司,或者说,做出意思表示的主体是法人还是代理人。若认为意思表示可以由法人直接做出,则相当于法人直接依自身意思表示而承受法律后果,但如果认为意思表示只能由自然人做出,则相当于法人是依托法定代表人或代理人的意思表示而通过代表或代理规则承受了相应的法律后果,此时虽然法律后果由法人承受,但意思表示从根本上讲并非由法人做出。

对此问题的分析,还需回归法人与意思表示的根本特征上来。通说认为,意思表示在主观方面包含行为意思、表示意思和效果意思,[①]这些要件的成立要依托

① 参见[德]汉斯·布洛克斯、[德]沃尔夫·迪特里希·瓦尔克:《德国民法总论》,张艳译,中国人民大学出版社2012年版,第233、234页。

于人的理性,而对法人本质不论采“拟制说”还是“实在说”,都不可否认的是,法人并不直接拥有哲学意义上的人的理性。有学者指出,法人的理性其实根本上源于法定代表人的理性,[①]因此,在对外交往中,法定代表人做出了意思表示并与第三人发生交易行为,而最终这一法定代表人的意思表示通过拟制而成为了法人的意思表示,由此二者实现了关联,但为了表述简便,通常不再区分法人意思表示与法定代表人意思表示。[②] 不过,与法定代表人存在差别的是,在出现代理人的场景中,代理人所做出的意思表示并不能通过拟制而成为法人意思表示,代理人只是因其得到授权而获得代理权限,进而可以将其意思表示所为之法律后果归属法人。

但公司作为独立的法人也应当有专门的表意机制,公章便是将法定代表人意志与公司意志相贯通的媒介,故公章经由法定代表人以不同方式的授权而永久性地、概括性地取得了法定代表人意思表示的替代性标志。交易的过程通常包含多次的磋商、沟通才能达成合意,而将双方之合意落到实处,并向交易相对方表示自愿接受合同约束,履行合同义务的标志,是加盖正式的公章。从某种程度上讲,公司公章代表了公司的真实意思表示。一方面,加盖公章是对合同相关时间的肯认。在民事法律行为中,有几个较为重要的要素,例如合同、双方当事人、当事人的履约情况、时间。这其中,时间是一个至关重要的因素,其不仅是确定双方当事人的履约期限以及交易过程的重要关节,而且在发生纠纷时,诉讼时效期间的判断、利息的计算等都与合同签订的时间有关。这两个重要的问题都可以通过公司公章加盖的时间来确定,加盖了公司公章意味着对合同上写明的签订时间、约定时间做出最终认定,其产生之法律效力较之其他证据更加明确且证明力更强。另一方面,加盖公章意味着内部程序履行完成。公司内部对于合同的管理通常有着较为复杂的流程,例如销售部门、财务部门、市场部门等对合同有审核的权利,不论合同是在法定代表人与交易相对方在合同签订当时加盖公章,还是将合同带回经公司内部审核程序完成后加盖公章,最终都意味着公司已经完成内部审核程序,相对人得以公章对抗公司。

此外,作为公司书面意思做出的标志,公章能够产生的法律效力同时还表现在证据法层面。加盖公司公章意味着能够产生民事证据意义上的法律推定效力。

---

① 参见蔡立东:《论法人行为能力制度的更生》,载《中外法学》2014 年第 6 期。

② 参见辛海平:《论公司公章的法律功能与公司合同主体地位认定之联动》,载《法制与社会发展》2022 年第 2 期。

举个简单的例子,同是主张与公司之间存在某种基础法律关系,A 举示的证据为微信聊天记录、银行转账、货物签收单等一系列证据,法院需要综合对这些证据进行审查,逐一辨别真伪,同时还要对证据的三性进行审查,意图证明的基础法律关系也可能因为部分证据存在的问题而无法得到支持。相反,B 仅需举示经过公司盖章的合同,即可证明两者之间存在法律关系,其他如银行转让、货物签收单等则可以作为佐证,或者用来证明合同的履行情况等。而对于 B 举示的合同,只要公章不存在真伪争议,法院可以依据该签章径直认定二者之间的法律关系,而无须在对公章的法律效力进行审查。这也是前述所说的更强的证据证明力。

公司公章之所以能够产生民事证据意义上的法律推定效力,根源在于两个方面:一方面,如前所述,对于公章的行政监管向来比较严格,公司仅能申请刻制一套公章,该公章必须在行政机关备案,这无形中增加了公章的公示公信效力。另一方面,正是因为前述对于公章严格的行政管理要求,使得实践中公司对于公章也有着较为严格的管理。通常情况下,公章的使用需要经过较为严格的审批手续,因此,能够加盖公章也就意味着已经经过了严格的手续,因而其证明效力也强于一般的签字。

二、对有权代理的确认或对无权代理的追认

加盖公司公章的行为表明了公司对意思表示的确认,但在实际情况中,伴随着公司公章的通常还有当事人的签名,这又可以分为两种情况。

第一种情况是,公司的法定代表人签字加盖公司公章。这种情形下,由于法定代表人对公司有着天然的代表权限,因此,可以默认公章加签字的行为是公司的意思表示。不过有几种例外情形需要注意,例如,在公司对外担保这种可能存在越权代表的场景中,哪怕是法定代表人的签字,也不一定能够代表公司的意思表示,相对人还需要审查是否存在合法股东会决议或董事会决议。

第二种情况是,公司的代理人签字加盖公司公章。代理人签字与法定代表人签字不同之处在于,后者通常无须通过授权文书证明自己有权代表公司签字,因为通常情况下,相对人会认为法定代表人的意思表示为公司的意思表示,这也是《公司法》设定法定代表人的意图。需要注意的是,法定代表人既是个人,也是机关,在公司这一团体组织中,法定代表人是专门就公司对外交往所设立的交流机关,代表公司洽谈磋商,签订合同,甚至代表公司出庭诉讼。而在实践中,交易人在与公司交易时,首要寻找的也是法定代表人。但代理人则有所不同,其不具有天然代表公司做出意思表示的权利,在合同上签字也仅能代表其个人的意思表示而非公司。此时,相对人需要查询公司对代理人的授权文件。但事实上,在实践中,公司的员工代表公司签订合同的情况比比皆是,公司不会也不可能对每个员工单独授权,相对人在与公司的员工签字时,也很少会检查其是否有授权文书,此时唯一能够让相对人产生信赖的就是公司公章。对于公司代理人签字加盖公司公章的情形,又可以区分为两种:第一种为有权代理,这种情况下加盖公司公章可以看作是一种对代理人权限的确认,即从法律效果上形成公司对代理人代理公司的肯定。第二种为无权代理,这种情况下,可能存在多种情形,例如,代理人主动出示虚假授权证书,博取相对人的信任,或是相对人基于长期以来与代理人的合作关系而产生的信任。而此时加盖公章,可以认作是公司对该无权代理人代理权限的追认。当然,代理人可能基于其他原因获得公司公章,但至少对于相对人而言,这一公章所产生的效力是对代理权的确认或追认。而对于公司而言,盖章行为产生的权利外观足以使相对人产生合理信赖,进而迫使公司基于表见代理而承担法律责任。当然,为何公司需要对此承担责任,也是基于前述对公司公章严格管理的事实认定。

三、公司公章与公司合同主体地位的认定

司法实践中,对公章的效力作出判断往往并不是终局性的裁判结果,法官对公章有效或无效作出认定的最终目的在于判断公章所代表的公司是否需要作为合同主体承担合同责任。因此,在厘清公章的效力认定标准后,更为重要的实务问题是概括出公司公章与公司合同主体地位之间的相互关系,即分辨哪些情况下公司是合同主体,哪些情况反之。合同加盖公章的情况大体有两种,第一种是落款处仅加盖了公章而无自然人签名,第二种是落款处加盖公章的同时附有公司法定代表人或者代理人的签名,对于此两类情况,通常有两种对应理解。

(一)合同仅加盖公章时:公章未备案不影响公司承担合同责任

合同文本的公司落款处仅加盖公司公章是较为常见的外在表征,这一表征中仅公司意思表示是需要注意的部分,公司的意思附着于公司公章中,公章是否有效就成为判断公司是否承担合同责任的主要标准。由于公司对于公章的授权和公司内部对于公章加盖行为的预先审核批准是公章代表公司意思表示的前提,故而只要合同上加盖的公章是公司认可或通常使用的公章,即可认定公司愿意接受合同内容进而成为合同当事人,受其约束。相反,如果加盖的公章为公司明文禁止,或者说该公章就是代理人临时私刻,甚至是与公司毫无关联的人私刻的公章,此类公章未经公司认可,也未有其他证据证明公司曾经认可或使用过该公章,因此加盖这类公章的合同并不能代表公司真实的意思表示,公司也不承担法律责任。质言之,在仅仅加盖公司公章的情况下,只有加盖的是公司认可的公章,公司

才受合同约束。

但需特别强调的是，如前文所分析的，公章的备案与非备案与公章效力之间并无直接的对应关系。正如《九民纪要》第41条所述，实践中许多公司制备了多套公章，其中很可能有多枚公章的印文未在公安部门备案，但公司仍会使用此类公章在合同文本上加盖。此时公章虽然未完成备案，但只要附着了公司的授权，仍应被认定为有效公章，从而产生与备案公章相同的效力。从实际的判例上看，各级法院在大量裁判中也几乎采取了一致的观点，公司使用曾在其他文件上加盖过的未备案公章不影响合同的效力。这背后的逻辑也与笔者所述一致，公司在其他文件上加盖过的公章则相当于是对公章效力的认可，可推定其包含了公司自身的意思表示。当然，即使无法证明公章曾在其他文件上加盖，也不一定会否决公章的效力，只要能够证明合同上包含了公司的意思表示，公章也同样可以产生书面意思表示标识的功能。

(二)合同既有自然人签名又加盖公章时：重点审查签约人是否有权限

合同文本既有自然人签名又加盖公司公章的情况与纯粹只有公司公章的情形相比，前者法律结构略显复杂，最主要的原因在于需要审查签字人的权限问题，但这并不是说，公章加签字反而减弱了公章的效力，而是需要探讨在部分公章无效的情况下，签字是否能够产生补强效果。笔者以签字人的类型和公章的类型为横竖坐标，如表1所示，组合起来一共可以形成六种情况。针对情形①和情形②，这两种情形是最为理想的状态，无论是代表人还是代理人，都有权代表公司签署合同，加上有效公章，公司因此而受合同约束。相反，针对情形⑥，前已述及，无效公章不能代表公司意思，因此无法形成对无权代理人的追认，此时合同责任自然不能归属公司。这两类极端情形比较容易判断，实践中更加复杂且争议最大的是剩余的三类情形，即签字人和公章一方有权(有效)而另一方无权(无效)。

表1　公章与签字人组合

签字人	有效公章	无效公章
法定代表人	①	④
有权代理人	②	⑤
无权代理人	③	⑥

对于"人有权、章无效"的情形，除了有权代理人为方便签约而私刻公章的情况外，实践中绝大多数的此类情形是由于相对人未能就公章效力充分举证而被法院认定公章无效。然而，虽然合同相对人对于公章有效的举证存在困难，但对于

代理人的代理权并无须承担特别的举证责任。基于《民法典》第170条所确立的职务代理规则，代理人代理权的授予取决于其在公司中特定的职位和职权，其在职权范围内代理公司从事法律行为可视为取得公司的事先概括授权，故只要相对人证明签署合同未超出该签字人的职权范围，法律则推定该签字人拥有代理权，更何况《民法典》第170条第2款规定法人对工作人员职权限制不得对抗善意相对人，除非公司证明合同相对人明知签署合同超出了签字人的职权范围，否则代理行为仍然有效，此时举证的难度显然在公司一方。故而，签字人为有权代理人而公章为无效公章的情形可能是许多案件最终认定的法律事实。

《九民纪要》第41条对这种情形的法律处理给出了指导性的意见。按照该条的规定，审判中的审查重点应当是签字人的代表权或代理权，在情形④和情形⑤中，如果最终认定该公章为无效，但签字人为有权代理人或者有权的法定代表人，同样不影响公司成为合同主体承担合同责任。这样规定或解释的原因在于，在合同中既有公司加盖的公章，又有代理人或代表人的签字，如果代理人为无权代理，而公章为有效公章，诚如前述，公章起到了追认代理人有权的效果。但如果公章为无效，这是否意味着代理人的签字因而无效呢？显然并非如此，公章无效仅能代表公司未能对其代理权进行确认或者追认，并不能代表对合同的否认。在代理人本身就有代理权的情况下，是否加盖有效公章并不影响该行为的法律效果。《九民纪要》出台以后，对于此类案件，司法实践中也基本采取了此种一致的处理方式。

但在此种结论之下，一个必然的疑问会被提出，即如果经证据证明，合同的签约人是无权的法定代表人或代理人，但合同上加盖的公章是为公司认可的有效公章，此时，公司是否为合同的主体责任人？《九民纪要》似乎未能解决此种情况难题。如果仍以签约人的权利情况进行处理，则无权的代表人或代理人签字不能将公司纳入合同主体之中，但是否意味着此时公司有效公章的法律意义也完全被忽视了呢？由于目前实务界并未对此问题形成共识性的处理意见，笔者在前面提到，有效公章构成对无权代理人代理权的追认，在此处笔者对此问题再从法理层面作进一步推断。

合同加盖公章为公司认可的有效公章，但签字的自然人却是无权的法定代表人或代理人，可以想象的情形大体有两类，一类是公司失去对公章的掌控，但又未声明废止该公章，此类情形如之前影响较大的当当网抢夺公章事件；另一类是保管公章的主体被免职或取消代理职务，但尚未及时或故意不归还公章。这两类情形的共同特征是，公章无法体现出公司的真实意思表示，二者出现了某种不受控制的分离,此时是否因此而主张公司承担合同责任,出现不同的争议观点。支持观点关注的是相对人利益保护,重申公章的公信效力,相对人没有理由不相信公章的效力;反对观点显然侧重于保护公司利益,公章被盗取或抢夺本就是非正常的状态甚至是违法行为所致,倘若让公司承担自身完全不知情的合同责任,显然有违公平。两种观点本质的分歧在于维护交易相对人与维护公司自身利益之间的抉择与衡量问题,此时通常需要重点探查的是善意第三人是否具有更高的保护价值以及公司本身是否存在过错。

笔者认为,此种情况下交易相对人的利益相较于公司利益而言具有更高的保护价值,此类案件处理的结果是原则上公司需要承担责任,例外情况下公司可以免责。交易相对人在与无权的法定代表人或代理人磋商时其实很难通过外观清晰地知晓该主体事实上并不拥有代表或代理权限,尤其是当其掌握公司有效公章时完全可以自我出具授权委托书,从而表现出完全正规的权利外观。质言之,相对人判断该自然人是否拥有权限通常是通过判断公章的效力来进行,而如果公章本身是有效的,则相对人完全有理由相信签约人已经取得了公司的授权。谨慎的相对人甚至会认真比对该公章与备案公章、公司在银行预留的印鉴或是其他交易文件上的公章,从而确信该枚公章具有效力,此时法律应保护的不仅仅是公章的公信力,还包括更为广泛意义上的交易安全,因为很难想象相对人已经尽到如此的审查和注意义务而最终却无权要求公司承担合同责任。而对于公司而言,尽管要求其承担不知情的合同责任略有不公平,但其实公司完全有能力事前避免此种结果的发生,如果公章被盗窃、抢夺或是被已经免职的工作人员控制,公司完全可以选择报案同时对外公开发布公章作废的公告,而一旦公司公开发布公章废止的公告,该枚公章便成为了无效的公章,进而可推定相对人是明知签字的自然人无代表权或代理权,公司未及时采取上述行为本身便是对公章的妥善管理存在过错,同时也相当于默认了该枚公章还可以继续产生效力,自然也应当承受因该公章加盖而产生的合同责任。由此可见,公司有能力避免不利后果却未采取行动,而相对人的善意在更大程度上与交易安全紧密结合,故而此时令公司承担责任当为更妥善的选择。

【审判实务】

通常认为,理论与实务领域关于公司公章问题的探讨似乎并不相同,后者在很大程度上是一个证据学上的问题。但实际上,由于公司公章与法定代表人、公司的真实意思表示、越权代表/代理问题相关联,这使得对公司公章的实务判断也变得尤为复杂。通过“中国裁判文书网”进行检索,以最高人民法院近些年的裁判案例为主要样本,可以发现,公司公章的法律效力并不具有决定性,判断合同是否成立以及合同的效力,往往需要综合多种因素。例如,在“李某华、海口新南洋大酒店(以下简称新南阳酒店)等股权转让纠纷案”①中,法院指出,案涉《股权转让协议书》所加盖的新南阳酒店章非备案公章,但并不必然影响合同效力。案涉协议是否有效,还应当重点审查该公章是否为时任法定代表人所加盖,加盖公章时,该法定代表人是否具有相应的代表权。同样地,在“真功夫餐饮管理有限公司(以下简称真功夫公司)、潘某海等损害公司利益责任纠纷案”②中,一审法院认为,真功夫公司的起诉状虽然加盖了公司公章,但这仅仅是认定公司意思的最基础的初步证据,如有实质性的证据证明公章加盖者无权加盖公章或者公章加盖不能体现公司的真实意思,由此可以切断公章与公司意思的关联,公司公章不能产生代表公司的法律效力,不足以反映公司起诉时的真实意思表示。二审法院对此持相同观点。此外,公司公章有时还可以为其他形式所替代,例如,在“金润新动力科技发展有限公司公司设立纠纷案”③中,法院以标的公司因公章失去控制,未向相对方公司发出解除合同通知,而由三股东在通知上加盖公章,相对公司据此请求三股东承担连带责任于法无据。这表明,三股东的通知事实上起到了同公司公章的法律效力。同样地,在“华创阳安股份有限公司、保定市城市芳庭房地产开发有限公司股权转让纠纷案”④中,法院指出,《补充协议》约定协议自各方签字盖章后生效,并非签字“并且”盖章后生效,可以作签字或盖章生效的解释。因此,即便该案中存在签章,但从该裁判思路可以看出,授权代表签字可表明该协议生效,并且该案《补充协议》签订前,相关公司已出具“授权委托书”,明确载明签字人代表公司,符合约定的签字生效条件。

同样地,公司法对于法定代表人或其他代理人权限的限制也会影响合同的效力,在此意义上,公司公章的法律意义时常受到影响。例如,在“上海躬盛网络科技有限公司(以下简称躬盛公司)、顾某平股权转让纠纷案”⑤中,法院认为,关于慧球科技是否应当对案涉债务承担连带清偿责任的问题,躬盛公司提交了一份加盖慧球科技公章的担保函,主张慧球公司对案涉债务承担担保责任,慧球科技虽

---

① 最高人民法院民事裁定书,(2022)最高法民终348号。
② 最高人民法院民事裁定书,(2021)最高法民终2号。
③ 最高人民法院民事裁定书,(2021)最高法民申1497号。
④ 最高人民法院民事裁定书,(2019)最高法民申4898号。
⑤ 最高人民法院民事裁定书,(2020)最高法民申2942号。

不否认该担保函上公章的真实性,但辩称该担保未经股东会、董事会的同意。后经审查,该对外担保行为确系未经过股东会或董事会同意,依据《公司法》(2018)第16条,该担保无效。同样地,在"林某灼、林某儒股权转让纠纷案"[①]中,法院也指出,案涉股权转让合同订立时,应当知道公司章程关于公司对外提供担保的限制规则,法定代表人在案涉股权转让合同上签字、加盖公司公章的行为,不能对标的公司产生法律约束力。

我们通过对实务审查研判可以发现,专门针对公司公章的问题除判断保管单位或个人外,公章本身所产生的法律效力在很大程度上与案涉纠纷的直接法律规则相关,而与公章本身的效力关联不大。申言之,公司公章是否有效,甚至不取决于公章是否真实,相反,法院更愿意去审查公司的真实意思,公司公章在一定程度上仅仅起到佐证的作用。对此,笔者予以赞同,公司公章虽然经过备案具有公示作用,但相较而言,在对外交往中,公司本身的意思行为有多种证据可以证明,公章并非唯一的形式。此外,公司公章在很大程度上起到的另外一重功能是公司内部管理,本书前已述及,大型公司公章种类较多,如公司对外公章、财务章、部门章等,在很大程度上起到的是实现内部管理的作用,而非仅仅是对外效果。

【典型案例】

君泰公司与杨某、邓某、日衡公司合同履行纠纷案[②]

基本案情:

2017年12月,君泰公司与杨某、邓某、日衡公司及天策公司签订了《投资协议书》,约定君泰公司向天策公司投资1亿元人民币,取得天策公司35%股权,若天策公司未能在2020年3月31日前在境内或境外证券市场公开发行股票并上市或借壳上市,君泰公司有权请求杨某、邓某收购其股权,日衡公司对股权收购义务承担连带责任。其中,杨某、邓某为天策公司的原始股东,君泰公司投资前分别持有天策公司60%、40%股权,且杨某为天策公司法定代表人。日衡公司为大型国有企业的地方子公司,《投资协议书》签订时杨某同时在日衡公司任副董事长兼总经理,但不是日衡公司的法定代表人。2020年5月,因天策公司未能完成在境内或境外证券市场公开发行股票并上市或借壳上市,君泰公司发函请求杨某、邓某及

---

① 最高人民法院民事裁定书,(2016)最高法民申2196号。

② 该案为仲裁案件,当事人相关信息与案情已作改写。

日衡公司共同承担收购其股权的责任，但未取得回应，其后，日衡公司向君泰公司发送“关于我司印章被冒用的声明”，告知君泰公司《投资协议书》所加盖公章系伪造并明确拒绝承担收购义务。由于《投资协议书》中约定了仲裁条款，君泰公司于2020年6月向A仲裁委员会提起仲裁，请求杨某、邓某依约收购其持有的天策公司35%股权，并请求日衡公司对上述义务承担连带责任。日衡公司向仲裁委员会提起管辖权异议，主张《投资协议书》上加盖的日衡公司公章系伪造，日衡公司对《投资协议书》并不知情，其从未与君泰公司签订《投资协议书》，故协议书上仲裁条款对其不发生效力，A仲裁委员会在该案对日衡公司并无管辖权。

经查，《投资协议书》的落款处有五栏，分别标明君泰公司、杨某、邓某、天策公司及日衡公司，其中，君泰公司一栏加盖了君泰公司公章并有君泰公司法定代表人李某签字，杨某、邓某在各自的落款栏签名，天策公司和日衡公司的落款栏仅加盖了注明天策公司及日衡公司的公章，除公章外未有自然人签字。日衡公司向仲裁庭出具了其在公安机关备案的公章印文标识，经鉴定，《投资协议书》上加盖的日衡公司公章与日衡公司提供的备案公章印文不一致。另查，《投资协议书》签订后，日衡公司未曾对《投资协议书》内容提出过异议，合同签订前君泰公司曾派专员赴日衡公司考察，日衡公司予以接待并向其提供了内容详尽的尽职调查报告。杨某等被申请人曾在庭审中提交了《投资协议书》的原件，但主张协议原件是从离职人员张某的离职材料中获得，此前对协议内容并不知晓。

裁判要旨：

仲裁庭认定，《投资协议书》上加盖的日衡公司印章并非该公司在公安部门备案的公章，但并不必然表明日衡公司不同意签订该协议或不属于该协议当事人，综合该案以下多方面的事实和证据，该协议的签订是日衡公司真实的意思表示，其属于《投资协议书》的当事人并受约束。

第一，日衡公司在协议的磋商和订立阶段为该协议的签订进行了必要准备且提供了配合。日衡公司相关人员曾向君泰公司一方负责人发送了内容十分详尽的尽职调查报告，该报告的详尽程度显然不同于一般商业往来中对对方的调查和了解，在君泰公司相关人员实地考察时，日衡公司亦派人接待并提供配合。上述行为可证明日衡公司是将君泰公司作为协议的相对方，且将自身作为协议项下的义务人而进行了必要的准备和配合。

第二，日衡公司对《投资协议书》内容始终知晓。根据工商档案材料记载，在《投资协议书》签署时，杨某除了是天策公司的股东之外，同时也担任日衡公司的副董事长兼总经理。日衡公司作为大型国有企业在地方的子公司，管理模式较为特殊,公司的法定代表人并不一定实际参与公司的经营管理,公司具体的事务主要交由公司内部的实际负责人处理,而杨某作为总经理正是日衡公司实际的负责人之一,君泰公司提交的证据也证明杨某此前曾代理日衡公司签署协议。在该协议中,杨某作为一方当事人,完全知晓该协议为日衡公司设立了针对股份回购的连带责任,虽然其并非法定代表人,不能直接代表日衡公司签订协议,但基于其在公司中的特殊身份,杨某对协议签订的知晓可以认定为日衡公司对此同样知晓,这种对协议的知晓是一种客观事实,并不需要具有法定代表人的特定身份。

第三,日衡公司未对《投资协议书》表示过异议。日衡公司对《投资协议书》的签订和为其创设的相应义务和责任一直有所了解,但在协议签署后始终未表示任何异议,在掌握协议原件明确知晓协议加盖其"公章"且需承担股份回购义务和责任的情况下也没有表示拒绝或提出抗辩,而在君泰公司请求履行义务后才发布了"关于我司印章被冒用的声明",倘若日衡公司始终不同意承担协议项下的义务和责任,理应在协议签署后及时提出声明,最迟也应当在其从张某离职文件中掌握协议原件后及时反馈意见,其一直未做出相反的意思表示。这进一步证明日衡公司同意或认可该协议的签订和内容。

综上,《投资协议书》上加盖的虽然不是日衡公司的备案公章,但协议的签订确属日衡公司真实的意思表示,应受该协议的约束。A 仲裁委员会在该案中对日衡公司拥有管辖权,日衡公司亦应当依照协议约定承担责任。

裁判评析:

该案所涉及的公章问题颇具实务代表性。案情十分简单,无非合同一方当事人主张合同所加盖公章为伪造公章,从而不愿履行合同约定义务,案件还经过了鉴定程序,确认了合同加盖的公章与该公司的备案公章不一致。那么主要的法律问题便是,合同加盖了与备案公章不一致的公章,公司应否承担合同责任?该案的事实还存在一个特殊之处,合同的一方当事人本身是该公司的主要负责人但不是法定代表人,而且其仅在作为合同一方当事人的落款处签字,并未在公司落款处签字,那么其签字与公司的合同主体地位之间又有何种联系?

从裁决结果上看,该案仲裁员对上述问题的思考是深入且透彻的,对案件复杂部分的处理也是充满智慧的。首先,裁决认定了合同所加盖的公章并非备案公章,但同时明确,公章非备案并不必然否定该公司的合同主体地位。这一认定清晰地识别了公章备案与公章效力之间的逻辑联系,备案公章原则上均为有效公章,但非备案公章也不一定不能产生有效公章的效力。其次,裁决敏锐地找出了公司公章与公司意思表示之间的牵连性,体现了公章作为公司书面意思表示标识的法律功能。该案最终裁决日衡公司承担责任的主要理由是通过其他的事实和证据来反推出公司作出了同意该协议的意思表示,而该意思表示经由该枚非备案的公章凝结在合同文本上,从而作为符合法律规定的公司书面意思表示标识。这种逻辑当为公章存在争议时应有的思维方式,即实质性地判断公司究竟有无相应的意思表示并以此反推公章效力,而非生硬地根据公章的非备案或刻制来源不明而认定公司没有作出意思表示。最后,裁决清晰界定了杨某在协议上签字与日衡公司合同主体地位之间的关系。如果杨某是日衡公司的法定代表人或者其在日衡公司处签字,则围绕日衡公司公章的争议将变得不再重要,因为日衡公司承担合同责任是源于杨某的代表或代理行为。然而该案并非如此,杨某既不是法定代表人,也没有在日衡公司落款处签字,而仅在自己作为合同一方当事人的落款处签字,如此使得日衡公司的公章问题成为该案无法回避的问题。该案裁决最精彩的地方便是将杨某与日衡公司之间的特别关系定性为对合同内容知情的一致性上,尽管杨某无代表权,也没有明显的代理意思,但至少杨某知情应等同于日衡公司知情。以日衡公司的知情为媒介,围绕其他的相关事实最终认定日衡公司有同意履行合同的意思表示,这值得肯定。

问题二 公司公章真伪的判断标准

从前述审判实务中可以看出,实践中涉及公司公章纠纷的案件,虽在最终认定时可能因签字人是否拥有代理权等问题而有所不同,但相同点基本上是一方主张公章系伪造,或公章系未备案公章等。因此,公章的真伪判断在涉公章纠纷中始终处于核心地位。

【规范梳整】

关于公司公章真伪的判断,尚无方法,但尚未生效的《印章治安管理办法》可以作为参考,该办法第 5 条明确禁止印章的买卖和非法制作使用公章;第 7、8、9 条则明确刻制印章需要向相关公安机关备案,第 10 条规定刻制印章也要去经过公安机关批准的单位刻制。被刻制的印章也需要向公安机关办理备案后方可启用。

可以看出,公司公章的刻制需要向公安机关备案,这也就意味着,未经过备案的公司公章属于非法公章,不得使用。同样地,公章的重新制备也要经过公安机关的备案。同时,禁止买卖、非法制作、使用印章。由此可以总结出公司公章的两大特征:其一,公司公章不得私刻;其二,公司公章需要备案。而违反这两条规定的公司公章不得启用。因此,鉴定公司公章真伪的主要标准应当是是否私刻与是否备案。

【理论基础】

从逻辑上讲,当我们对一项事物的真假进行判断时必须首先明确一个"真"的标准,而司法鉴定程序其实只能判断检材和样本的一致性问题,其前置性的争议就是是否鉴定所比照的样本就是确定且唯一的"真公章"呢? 实践中经常被法官所适用的标准有二:一是公章的公刻与私刻,二是公章的备案与非备案。但这两项标准又均在不同程度上存在法律逻辑的缺陷,公章的真伪认定标准也成为了实践中颇具争议的问题。前述两项标准具体应如何把握,还有待逐一分析。

一、公章的公刻与私刻

正如《九民纪要》第 41 条所规定的,实践中公司常刻制多套公章,自然不可能均是按照正当程序刻制,更多的可能是委托专人未经法定程序在非公安指定的刻制机构刻印,也不排除有人未获公司授权却持有公司营业执照按照合法的程序刻制了公司的公章,此两种类型下又如何清晰区分其属于公刻还是私刻?

此外,假设一种情形,某公司的法定代表人前往异地签署合同却忘记携带公章,于是在当地的私人店铺刻制了与公章印文完全一致的印章,此种情形应属于《九民纪要》第 41 条提及的"法定代表人私刻公章",但如果后续公司收纳了该枚公章且授权在其他文件上加盖,对于这个私刻的章又有何种理由否定其效力呢? 依照《民法典》第 61 条所确立的代表规则,即使合同上未加盖公章,仅有法定代表人签字甚至只加盖签名章,合同的法律后果也当然由公司承受,又怎会因为签字上加盖了法定代表人私刻的公章反而否定公司的合同责任? 我们有理由认为,只要法定代表人认可其效力,便相当于公司对公章进行了授权,即使是私刻的公章同样可产生真实效力。

当然,狭义的私刻公章,应当是指那些既未备案,也未得到公司认可的"萝卜章",这种不认可,不仅包含了签订合同之前的不认可,还包含了公司既不认可该合同,也未接受该合同的利益。也就是说,如果公司认可了该"萝卜章",或享有了该合同的收益,这类私刻公章也具有一定的法律效力。相反,如果是备案的公章,因为丢失等原因被声明作废,这种非私刻的公章也无法再发生效力。

因此,虽然实践中常以公刻或私刻作为真伪公章的区别标准,但这种标准在逻辑上无法实现周延,一方面是公刻与私刻的界限不明晰,在许多案例下无法适用该标准进行判断,另一方面是两类公章的效力绝非泾渭分明,公刻公章可能因失效而无法产生预期效果,私刻公章却可能因公司的嗣后认可而与真公章效力相同。

二、公章的备案与非备案

以公章是否备案作为判断公章真伪的标准同样是司法实践中常被提及的标准,尤其是主张合同上加盖公章不能产生效力的案件当事人往往会以合同上加盖的公章与备案公章不一致作为其主张的核心依据。实践中当事人经常以此作为抗辩理由主要是依赖于民事举证规则的适用。在被告通过鉴定程序证明加盖公章与备案公章不一致后又坚持公司仅有一套公章,由于原告很难掌握被告加盖此公章的其他文件,又无法直接证明被告刻制了其他公章,因此,在公章真伪认定方面便只能承担举证不能的不利后果,法院也只能在事实上认定合同上加盖的公章为假公章。

但若细究逻辑,判断备案是否能成为真伪公章的认定标准,需要证成两方面内容:一是已备案公章均为真公章,二是未备案公章均为假公章。上述案件类型其实只暗含前半部分逻辑,即已备案的公章为真公章,但尚不能论证未备案的公章均为假公章,因为上述裁判思路中认定与备案公章不一致的公章为假公章有一个重要的推定事实前提,即公司仅有一套公章。因此,若要探究是否未备案的公章均为假公章,则需把上述案情进一步推演,即原告已经举证证明合同上加盖的公章为被告在其他场合使用过的公章,但该公章未在有关机关备案,此时公章是否可认定为真公章?

从《公司登记管理条例》及《印章管理办法》中关于公章刻制及备案的相关规定上看,每个公司仅保有一套公章应当是最方便管理也最契合立法偏向的模式,但我国实际上没有任何法律法规明确规定公司仅能刻印一套公章,而实际情况正如《九民纪要》第 41 条所述的一般,“司法实践中,有些公司有意刻制两套甚至多套公章”,刻制多套公章的目的可能仅在于方便调用,并无直接的逃避责任目的。倘若非备案的公章被认定为假公章,则意味着加盖了非备案公章的合同未能体现公司的真实意思表示,若合同上无法定代表人或有权代理人签字佐证,此时合同当为未成立状态,合同任何一方当事人均可以随时拒绝承担合同义务,甚至会衍生出公司故意使用未备案公章签署合同从而随时可以主张合同未成立而拒绝履行的现象,这绝非合乎诚信的法律解释之道。我们也可以将公司加盖公章同自然人签字相类比,自然人签字况且可能使用多种字体甚至不同语言做出,公司又为何只能有唯一的公章作为表意的标识？应当认为，"只需该公章为公司所认可，公司对做出的意思表示本身亦确认，公章是否备案并不能影响其作为真实公章的效力"。此外，《九民纪要》第41条中提到，"司法实践中，有些公司……订立合同时恶意加盖非备案的公章或者假公章"，该条文将"非备案的公章"与"假公章"用"或者"一词相连接，从文义上进行解释，该两者系属并列之内容而非有包含关系，故此条可从文义推知《九民纪要》并不认为非备案公章与假公章等同，而属于区别于假公章的并列概念。由此可见，公章非备案不能否定其真实性，以公章的备案或非备案作为公章真伪认定标准同样是值得商榷的。

三、转变方向：以有效性判断取代真伪判断

其实前文的分析中已经暗含着这样的观点：公章的真伪认定并不重要，真正有意义的是公司是否对公章予以认可。这是因为人们对于真伪的理解通常局限于日常的思维判断，如认为公司以外的第三人私刻的章显然是假章，而法律上的真伪指向的是具体的效力，如果该公章事后被公司收纳且允许其在其他文件上加盖，公司便授权其产生了真实的效力，日常语言逻辑中的假章便成为了法律逻辑中的真章。不论案件当事人还是法官在围绕公章真伪问题来举证或论理时，归根结底还是将其与公章效力相对应，最终目的在于认可或否定该枚公章与其印文所对应公司之间的相互联系，因而，笔者认为，在司法实践中其实并无必要拘泥于公章真伪的区分，直接从法律逻辑上以公章的有效或无效作为区分标准或许是更为清晰的界定。在司法裁判中只将公章区分为有效公章和无效公章，前者指公司认可的、授权指代公司意思表示的公章，后者指公司不认可的、无权指代公司意思表示的公章。

公司对于公章的认可和授权可分为三种类型：一是事先授权，如采用备案、预留印鉴等方式，采用事先授权后公司默认在任何场合使用该公章均认可其效力；二是事中授权，最典型的就是直接在合同上加盖并在后续实际履行合同，或在其他文件上加盖而后续承认其效力，此时虽然公司未事先声明该公章有效，但在实际履行过程中认可了该效力，进而公司后续也可继续在其他场合使用事中授权的公章；三是事后授权，如公司对于此前不知情的合同义务予以认可，并收纳了其上加盖的公章实体，此时也可认定该公章为有效公章。为保证公章的公信力，上述几种认可和授权模式当产生永久的效力，即只要公司曾经采用任一方式认可了公章，便应当推定该公章在所有场合均属有效公章，相对人也仅需证明该公司此前有过类似行为便足以认定该公章有效。公司撤回认可或授权的方式应当仅包含对外发函公告这一种模式，且公告发出时间应仅限于合同签署前，已撤回授权的公章应当及时销毁且不得重复授权。按照此种标准，此前列举的种种难以认定真伪的公章都可以轻松的列入有效或无效公章的区分范畴，如已备案公章当然为有效公章，未备案但在其他已履行合同或文件上加盖的公章也为有效公章，对于法定代表人或有权代理人私刻的公章，如果公司未做出废除的表示也当为有效公章，被盗取或抢夺后公司发公告停止使用的公章则为无效公章，第三人私刻且公司未予事后认可的公章为无效公章。

【审判实务】

与前述理论探讨相似，实务中判断公章真伪的标准主要为公刻还是私刻、备案还是未备案。因而，笔者以"私刻公章""未备案公章"等为关键词，在"中国裁判文书网"上进行检索，抽取部分典型的并以最高人民法院裁判为主的样本作为对象进行分析。

对于私刻公章问题，普遍认为应当否定交易效力，在实践中，类似案例也并不少见，在狭义的私刻公章问题上，法院基本直接认定相应交易行为无效。例如在"曾某、上海城投原水有限公司民间借贷纠纷案"①中，法院指出，私刻公章以该公司名义签订《借款合同》对于标的公司不发生法律效力。在"浙商煤炭贸易有限公司、山东中通科技发展有限公司保证合同纠纷案"②中，虽然案涉系列合同为公司董事长和法定代表人签名，但公章为私刻，法院并未以法定代表人完全的代表权限认定签名产生效力而忽略私刻的公章。在该案中，法院综合考量，案涉当事人虽然为公司董事长、法定代表人，但其作为公司股东，仅仅是挂名董事长，并无权提供对外担保，并且该担保合同系相对人以举报其私刻公章相要挟，迫使其再次使用私刻公章的情形，因而该担保合同效力应予否定。该案也反映了法院对私刻公章综合考量的裁判思路。事实上，司法实践中，法院也并非机械地认定一旦出现私刻公章就否定交易效力，例如，在"贵州互惠房地产开发有限公司（以下简称互惠公司）、息烽县城市建设投资有限公司建设用地使用权转让合同纠纷案"③中，即便当事人主张莫某富私刻公章，无权代表互惠公司，但法院认为，莫某富作为公司法定代表人，公司章程或者法人权力机构对其代表权的限制，不得对抗善意相对人，莫某富的签约行为对互惠公司具有法律拘束力。在"河北九岳建设集

① 最高人民法院民事裁定书，（2020）最高法民申 2588 号。
② 最高人民法院民事裁定书，（2019）最高法民申 5163 号。
③ 最高人民法院民事裁定书，（2020）最高法民申 2370 号。

团有限公司、涿州市金东林房地产开发有限公司建设工程施工合同纠纷案”①中，虽然当事人私刻公章以标的公司名义签订建筑施工合同，但该标的公司对行为人的行为进行了事后追认，并承担了相应义务，法院认为，依据《关于适用〈中华人民共和国合同法〉若干问题的解释（二）》［以下简称《合同法司法解释（二）》］第12条之规定，经过追认的签约行为系有权代理行为。

对于未经备案公章问题，审判实践与前述私刻公章问题相似，对于狭义的私刻公章，法院普遍认定为不发生效力，除非公司以实际行动履行合同。而对于多数未经备案公章问题，法院会进行较为综合性的审查，例如，在“山东华运兴实业有限公司、天津市金业物流有限公司航次租船合同纠纷案”②中，法院虽然指出案涉合同加盖之公章与工商登记备案公章不符，但也仅是认定公司存在多个公章及使用未备案公章签订合同的情形。而对于案涉合同的效力问题，则以双方之间存在事实合同为由认定该公章不产生否定合同效力的效果。同样地，在“王某会、济南三恒投资有限公司民间借贷纠纷案”③中，再审法院指出二审法院仅以存在使用未经备案公章就否定担保合同效力实属不当，应当综合审查签约人的身份情况、签字是否真实、案涉公司是否在其他法律行为中使用过案涉公章等。但使用未经备案公章仍然可能对案涉交易效力产生影响，例如，在“王某红、山东太公大饭店有限公司（以下简称太公大饭店）房屋买卖合同纠纷案”④中，法院指出，涉案房屋买卖协议上未加盖太公大饭店备案公章而是加盖未备案公章，案涉协议效力存疑。不过效力存疑的原因同时还有法定代表人的权限问题，因此，该案也并非仅仅依据未备案公章认定协议效力存疑。

不论是私刻公章还是未备案公章，法院普遍对其持有一种相对态度，即并不以公章为私刻或未备案而径直认定案涉交易无效，而是综合考量代表人的权限、案涉公司的真实意思表示以及案涉公司是否经常使用这些私刻公章或未备案公章。由此可见，公章在审判中并不具有绝对的支配地位，以有效性取代真伪判断在司法审判中已经开始得到认可和实践。

---

① 最高人民法院民事裁定书，（2020）最高法民再155号。

② 天津市高级人民法院民事判决书，（2020）津民终1052号。

③ 山东省高级人民法院民事裁定书，（2020）鲁民申2995号。

④ 山东省高级人民法院民事判决书，（2018）鲁民再247号。

【典型案例】

江苏现代环境建设集团有限公司与吴江市华新混凝土有限公司承揽合同纠纷案①

基本案情:

江苏现代环境建设集团有限公司(以下简称现代环境公司)与吴江市华新混凝土有限公司(以下简称华新公司)签订混凝土加工承揽合同,现代环境公司一方合同签订人为沈某红。后因合同履行问题,华新公司将现代环境公司诉至法院。现代环境公司辩称,沈某红未经授权与华新公司签订合同,且其签订合同时使用的是私刻的公章,该合同效力不能归属现代环境公司。华新公司则认为,在现代环境公司与吴江商会大厦观景绿化工程的承包商间的合同上加盖有现代环境公司的公章,沈某红以现代环境公司委托代理人身份在该合同上签字。虽然该合同上加盖的公章没有公章编码,与现代环境公司在公安机关备案的公章不一致,但现代环境公司在吴江商会大厦观景绿化工程的相关材料上使用的公章同样没有公章编码,且现代环境公司对上述公章的效力予以认可,因此应当认为现代环境公司认可该公章效力。双方对此发生争议。

裁判要旨:

一审法院认为,首先,沈某红以现代环境公司名义向华新公司定作混凝土的行为系无权代理,华新公司和现代环境公司对此均无异议。其次,现代环境公司实际使用的公章并非只有在公安机关备案的一枚,对此,其与吴江商会大厦观景绿化工程的承包商间的合同上加盖的公章可以证明。在现代环境公司对外使用公章不具有唯一性的情况下,现代环境公司不得以对外使用公章与备案公章不一致为由主张合同对其没有约束力。因此,该案可以认定华新公司在签订涉案合同时,有理由相信沈某红有代理权。最后,现代环境公司也已取得履行合同的利益。因此,结合合同缔结与履行过程中的各种因素可以认定华新公司在缔约及合同履行过程中已尽合理注意义务,华新公司在主观上属于善意且无过失。

二审法院维持一审判决,裁判说理与一审基本一致。

裁判评析:

从该案案情可以看出,沈某红在没有公司授权的情况下与华新公司签订混凝

---

① 参见江苏省苏州市中级人民法院民事裁定书,(2020)苏05民申88号。

土承揽合同，系无权代理，并且其使用的公章并未在公安机关备案，这足以证明沈某红的行为并不能归属现代环境公司。但现实是，沈某红在该合同履行中还有诸多行为表示其行为受到现代环境公司授权，该合同为现代环境公司认可，例如开发票的行为、中标文件上的签章等。同时，现代环境公司还就该合同取得了相应的履行利益，由此可以证明，虽然缺乏明确授权，甚至于公司公章属于私刻，未在公安机关备案，但该合同仍然有效，现代环境公司仍然要履行该合同。这一裁判符合前述审判实务中所表述的以实际的有效性替代真伪判断，虽然公司公章是私刻，但从合同本身的实际履行状况来看，合同利益已经归属当事人，应当认定合同有效。笔者对此审判思路表示赞同。在实践中，还存在大量公司制备多套公章，并且在交易中故意使用未经备案的公章，以备涉及纠纷时可以反悔，这样的现象会严重破坏交易公平和交易秩序。因此，法院裁判不宜以公章真伪作唯一判断标准，而应当从合同的实际履行等诸多方面综合判断。

专题七　公司的终止

导　语

在经济学家来看，公司只是一个用于投资、获取收益的工具，无所谓生，也无所谓死；而在法学理论上，公司和有血有肉的自然人一样，都是具有独立人格的民事主体，都会经历生与死的过程。但是，作为组织的公司和作为个体的自然人在生与死的阶段仍存在根本上的区别。在生的阶段，无论公司是一个实际存在的主体还是因法律拟制而生的主体，出于交易安全的考量，公司经登记机关依法登记后才能获得独立的法人人格；在死的阶段亦是如此，公司只有在履行完毕法律规定的终止程序后人格才归于消灭。根据我国法律的规定，公司终止的程序先后分别为：第一，发生公司终止的原因，主要包括公司解散、公司被宣告破产；第二，公司履行清算程序，分配公司财产、终止公司债权债务关系；第三，向登记机关申请注销公司登记。其中，公司解散分为自愿解散、司法解散、行政解散。随着公司解散程序的推进，为了保障公司股东、债权人等利益相关主体的合法权益，接下来要进行公司清算。公司清算阶段，由股东还是董事发起清算事务，因《公司法》(2018)未予以明确，导致理论和实务一直存有争议。清算程序终结之后进入公司注销登记阶段，公司只有向登记机关申请后才有可能终止公司人格，不过是否注销公司仍需要登记机关审核。

以上是我国《公司法》(2018)规定的终止公司人格的一般程序，其中最为复杂且需要付出时间成本与金钱成本最高的当属清算程序。出于深化“放管服”改革和优化营商环境的目的，我国自 2014 年起开始在全国范围内试点推行更加简便的公司终止程序，允许符合条件的公司在出现终止事由后通过“诚信公示”的方式直接申请注销公司登记，是谓“简易注销”。借鉴全国试点实践经验，《市场主体登记管理条例》及其实施细则将简易注销制度上升到行政法规层面，对该制度作了统一规定;《公司法》(2024)新增关于公司简易注销制度,在法律层面上为该制度背书。实践当中,简易注销的适用条件、程序和相关责任均与一般终止程序存在区别。本专题对以上公司终止主要涉及的理论问题和实务问题作了详细的介绍和分析,供读者参考。

问题一　公司解散

公司解散涉及公司解散的事由控制、解散的方式、公司清算、公司注销制度等,这其中,公司清算是最为重要的制度,在《公司法》(2024)第十二章公司解散和清算问题中,共计 14 条,有 10 条与公司清算有关。因此,遵循《公司法》(2024)的分类,公司终止问题分为公司解散问题和公司清算问题,本部分重点探讨公司解散问题,包括公司解散中最为重要的解散事由和解散完成后的简易注销制度。

【规范梳整】

有关公司解散问题的规范主要集中在《公司法》与《公司法司法解释(二)》。《公司法》(2024)第 229 条列举了公司解散的五项事由,包括三类自愿解散,即章程、股东会决议解散以及公司合并分立解散,和两类非自愿解散,即行政吊销、责令关闭或登记撤销,以及公司经营困难导致解散。《公司法司法解释(二)》第 1 条对提起解散的主体,以及《公司法》(2024)第 229 条第 5 项规定之经营困难导致的解散情形作了细化规定。

针对公司注销制度,《公司法》(2024)增加了简易注销制度,适用条件为未产生债务或债务已清偿,以及公司全体承诺,程序上包含公告和公告期满后的注销,并明确了股东承诺不实的法律责任。

公司解散事由一方面关系到公司的自治空间,另一方面也关系到司法与行政介入的限度,因此是公司解散制度中至关重要的问题。从现行立法来看,公司解散事由仍有待司法实务的解释和拓展。而简易注销制度的确立则大大提升了公司解散的效率,笔者对公司法的此项修改持赞成态度。

【理论基础】

一、公司解散事由

公司不会无缘无故地解散,特定事由的发生是导致公司解散的原因。依据

《公司法》(2024)第229条规定的五类导致公司解散的事由,以解散事由的发生是否取决于公司股东的意志为标准进行分类,第1至3项统称为自愿解散,第4项称为行政解散,第5项称为司法解散。行政解散和司法解散统称为强制解散事由。

(一)自愿解散事由

与设立自由相对应,在终止阶段,公司也可以自行决定解散公司。这在学理上被称为自愿解散或任意解散,具体方式包括通过公司章程解散和通过股东会决议解散。如果公司反悔,不欲按照公司章程或股东会决议解散公司,在股东剩余索取权实现之前还可以通过修改公司章程或股东会决议的方式撤销公司解散。

1. 通过公司章程解散

公司章程是公司内部的自治规范,调整事项包含公司自治问题,公司解散可归为其中之一。具体而言,公司章程预先设定公司解散事由的方式有两种,一种是附期限解散,另一种是附条件解散。前者是指公司章程规定公司的营业期限,期限届满之日起公司即告解散。后者是指公司章程规定致使公司解散的特定条件,该条件满足之日起公司即告解散。实践中,公司章程规定的解散公司条件因不同公司的情况和需求各异而具有多样性,常见情形包括公司经营目的实现、公司经营目的无法实现、公司亏损达到特定数额、公司盈利达到特定数额等。按照公司自治原则,公司章程确可依据公司的经营发展需求自行决定解散公司的条件,但公司章程自治的范围不是没有边界的,违反法律强制性规定的条件不成立。

2. 通过股东会决议解散

公司章程规定公司解散事由属于事先设定,具有稳定性和确定性,使股东、董事、高级管理人员、普通雇员等公司内部人员以及公司债权人等公司利益相关者可以提前预判公司何时终止经营活动,进而对自身与公司之间的法律关系作出相应地调整。然而,公司章程事先设定公司解散事由的方式同时也具有灵活性不足的缺陷,难以应对瞬息万变的市场以及公司经营的实际情况与需求。另外,解散事项并非公司章程必须规定的事项,在公司章程没有规定的情况下,也可能出现解散公司的需求。故除公司章程事先设定公司解散事由外,应当允许公司通过另一种更加灵活的方式解散公司。解散公司是公司治理的基本事项,与公司所有者的重大投资利益相关,解散公司的决定权也应由全体股东共同享有。因此,公司章程事先设定之外的公司自行解散的更灵活方式为股东会决议解散公司。具体而言,股东会可以直接作出解散公司的决议;也可以作出新设分立、新设合并的决议,间接达到解散公司的效果。股东会决议解散公司应当通过特别决议,我国《公司法》(2024)第66条是股东会决议解散公司的特别规定。

（二）强制解散事由

自愿解散是公司自治原则在公司解散阶段的体现。然而，公司自治原则并非绝对。相应地，在公司解散阶段，即便没有发生公司章程规定的解散事由，股东会也不曾作出解散公司的决议，出于公共利益保护或利益相关者权益保护的考量，在符合法律规定的情况下，行政部门或司法部门也有权解散公司。

1. 行政解散

行政解散是指公司实施了违反法律或行政法规规定的行为，导致公共利益受到损害，而由行政机关作出解散公司的决定。公共利益与立法政策有着紧密的联系，各国或地区的立法者对于公共利益的含义以及损害公共利益的具体行为在社会发展的不同时期都有着不同的理解。根据我国《公司法》(2024)的规定，我国行政机关解散公司的情形分为三类：一是吊销公司营业执照，二是责令公司关闭，三是撤销公司设立登记。

从我国现行法律和行政法规的规定来看，行政机关吊销公司营业执照或责令公司关闭的原因通常在于，公司依照法定程序设立成功后在经营的过程中实施了违反法律或行政法规的行为，因此公司的经营资格应当被取消。但经营资格被取消不等于公司人格被消灭，公司仍需进行清算，再进行注销登记，法人人格才算终止。除吊销营业执照外，本书专题一还探讨了公司撤销登记问题，该问题用于描述公司设立登记存在瑕疵的情形，行政撤销意味着公司设立失败，此时也意味着公司人格被消灭。在这种情况下，由于我国采取的是由公司登记机关直接撤销公司设立登记的做法，这不同于某些国家法律规定由法院撤销公司设立登记，公司被撤销登记后其人格即告终止，无须进行注销登记，但仍应就其自获颁营业执照至撤销登记决定生效之间发生的债权债务关系进行清算。

2. 司法解散

司法解散是指由法院通过司法判决或司法命令①解散公司。法院和行政机关均属于国家权力机关，理论上均具有解散公司的权力。但是基于不同的职权配置模式，不同国家和地区的法院、行政机关在解散公司方面享有的权力范围及大小有所区别。从我国现行相关公司立法来看，我国行政机关在强制解散公司中的权

---

① 司法命令解散是比较法上法院依职权或依据利害关系人或检察官的请求作出命令解散公司的制度，以《韩国商法典》和《日本商法典》为典例。研究认为，司法命令解散公司是为了事后纠正公司设立的准则主义引起的滥设公司的弊端而建立的制度，目的在于保护社会公共利益。参见赵旭东主编：《公司法学》，高等教育出版社2015年版，第369页；刘敏：《公司解散清算制度》，北京大学出版社2012年版，第24、25页。

力大于法院。一方面,我国法院仅有权作出解散公司的判决,并且情形仅限于“公司僵局”一种,[①]少于上述行政机关可以强制解散公司的三种情形。另一方面,根据“不告不理、消极中立”的审判原则,法院判决解散公司必须基于公司股东的请求,而不能像行政机关那样依职权直接解散公司。

但应该如何理解“公司僵局”?“公司僵局”是一个起源于英美法系公司法理论的概念,从我国《公司法》(2024)第231条对其定义可以看出,构成公司僵局首先发生了“公司经营管理”存在严重困难的情况。在管理学上,“公司经营”和“公司管理”是公司目标实现的不同方面,前者强调公司行为的外部经济效果,后者则着眼于公司内部生产要素的有效利用。[②] 由此,在法学理论上,《公司法》(2024)第231条规定的“公司经营管理发生严重困难”存在两种解释方式。第一种方式严格遵循文字解释,认为司法解散公司的条件之一是公司经营和公司管理均发生严重困难;第二种方式则将“公司经营管理发生严重困难”限缩解释为公司经营发生严重困难或公司管理发生严重困难。第一种解释方式反映了我国《公司法》引入司法解散制度的立法背景。在《公司法》(2005)发布之前,我国公司法律规范中并未规定司法解散制度,但实践中却存在大量的公司经营严重困难且股东会和董事会又作不出解散公司决议的情况,如果继续维持公司便会使股东利益受到更大的损失。在实践需求的驱动下,《公司法》(2005)第183条借鉴域外立法例设立了司法解散制度。[③] 然而,实践中,经营困难和管理困难并非总是同时发生,经营困难并不必然导致管理困难,管理困难也不一定会引发经营困难,要求经营困难和管理困难同时发生才能解散公司的门槛过高。因此,我国学者主要采取的是第二种解释方式,笔者亦赞同此观点。不过仍有少部分学者提出反对意见,认为这一解释方式不能有效平衡公司和股东之间的合法权益。[④] 同时,采取“公司经营发生严重困难或公司管理发生严重困难”的解释方式也产生了新的问题,即公司经营

---

① 在英美法系国家,法院判决解散公司的事由除公司僵局外还包括“股东压制”(shareholder oppression),即个别股东受到享有公司控制权的其他股东或董事的不公平对待的情形。我国有学者建议我国《公司法》借鉴域外法经验,将股东压制的情形增列为我国公司司法解散的事由(参见耿利航:《公司解散纠纷的司法实践和裁判规则改进》,载《中国法学》2016年第6期。李建伟:《司法解散公司事由的实证研究》,载《法学研究》2017年第4期)。目前,这一建议尚未被采纳。而在司法实践中,我国法院对这一问题的态度也尚未统一。

② 参见尹丽萍、肖霞主编:《现代企业经营管理》,首都经济贸易大学出版社1999年版,第1—6页。

③ 参见洪虎:《全国人大法律委员会关于〈中华人民共和国公司法(修订草案)〉修改情况的汇报——2005年8月23日在第十届全国人民代表大会常务委员会第十七次会议上》,载《全国人民代表大会常务委员会公报》2005年第7期。

④ 参见耿利航:《公司解散纠纷的司法实践和裁判规则改进》,载《中国法学》2016年第6期。

发生严重困难和公司管理发生严重困难两种情形是否均构成公司僵局的充分条件？对此，我国主流观点的回答是否定的，大多数学者认为仅有公司管理发生严重困难是构成公司僵局的充分条件，[①]这也符合英美法系公司法理论对公司僵局的定义。[②] 但是，我国司法实践在解释“公司经营管理存在严重困难”时却仍存在与主流学术观点相左的做法。具体分析及公司僵局其他构成要件的司法判断标准请参见后面“审判实务”部分。

二、简易注销制度

注销是公司终止的最后一个程序，工商登记被注销意味着公司的法人人格被消灭，不再享有权利，也不再承担义务。为避免公司注销之后股东、债权人等利害关系人因公司先前的财产、债权债务关系未处置妥当而产生纠纷，法律规定公司解散后、申请注销登记前应当组织清算，妥善处置公司财产、实现公司债权、清偿公司债务。精细、缜密的清算程序理论上固然能够最大程度地保护股东、债权人等公司利益相关主体的合法权益，但也是以牺牲效率、增加公司终止成本为代价的。清算的时间越长、程序越繁琐，在扣除清算费用及其他相关费用之后，处于公司财产分配列后顺位的债权人和股东能够分得的财产就越少。而如果公司设立后并未产生债务或者在解散之前就已经自行妥善处理公司的财产及债权债务关系，仍然机械地要求公司必须按照法律规定严格履行清算程序，无端产生的金钱成本和时间成本反而会损害债权人和股东的利益。可见，不加区分地要求所有公司履行形式上的清算程序是与清算程序本身的制度目的相违背的。因此，在债权人的债权已经得到清偿、公司股东对公司享有的股东权益已经实现、社会经济秩序不会受到负面影响的情况下，应当允许公司不经过形式上的清算程序直接申请注销登记。这种特殊的使得公司可以快速退出市场的程序称为简易注销程序。在综合考量我国现实国情及市场发展需要的基础上，我国逐步建立了简易注销制度。

(一)我国简易注销制度的背景

党的十八大以来，我国深入推进“放管服”改革，持续优化营商环境。“放管服”改革要求加快政府职能转变，“简企业和群众最需要简的政，放企业和群众最

---

① 参见江平、李国光主编:《最新公司法条文释义》，人民法院出版社2006年版，第466页；施天涛:《公司法论》，法律出版社2018年版，第590页；李建伟:《司法解散公司事由的实证研究》，载《法学研究》2017年第4期；蒋大兴:《“好公司”为什么要判决解散——最高人民法院指导案例8号评析》，载《北大法律评论》2014年第1期。

② 美国权威法律词典《布莱克法律词典》将“公司僵局”定义为“股东或董事之间一派系或多派系不能就公司政策的某一重要方面达成一致，导致公司行为受到阻碍”。See Deadlock, *Black's Law Dictionary* (11th ed., 2019)。

需要放的权，提供企业和群众最需要的服务”①，最大程度地激发市场活力和社会创造力，促进经济社会的发展。商事登记制度改革是其中重要的议题之一。通过全面推行市场准入负面清单制度、精简行政许可和变相审批、推进“证照分离”改革、将公司设立时的实缴资本制改为认缴资本制等改革措施，我国商事主体的准入门槛不断降低，设立公司等商事主体的道路越发畅通。与此相对应地，如何在出口端提升市场主体退出便利化，畅通商事主体的退出市场的路径，也成为我国全面深化“放管服”改革过程中不可回避的问题。因为便利化的市场退出机制不仅在微观层面有利于降低商事主体退出市场的成本，在宏观层面也有助于释放资源，促进各类市场主体“新陈代谢”，提升市场经济“细胞”再生速度，使我国市场经济健康发展。在域外立法例中，有的国家通过免除满足特定条件的商事主体的清算义务，允许其解散后直接申请注销登记的方式为商事主体提供便利化的市场退出路径。2014 年起，我国也开始在全国范围逐步试行这样的便利化市场退出路径，并将其称为“简易注销”。

我国简易注销制度始于 2014 年，彼时主要适用于个体工商户、未开业企业和无债权债务企业。2015 年起，简易注销的试点工作在全国范围内有计划地统筹并组织开展，适用简易注销的市场主体类型不断扩大。2022 年 3 月 1 日起实施的《市场主体登记管理条例》及其实施细则将实践中的成果上升到制度层面，对市场主体简易注销制度作了统一规定。为给《市场主体登记管理条例》及其实施细则中的简易注销制度提供上位法依据，作好制度衔接，《公司法》(2024)增加了第 240 条，对简易注销公司的条件和程序作出专门规定。内容上，《公司法》(2024)第 240 条规定的简易注销程序与《市场主体登记管理条例》基本一致，但在实体层面，该条仅规定了公司通过简易程序注销登记的积极条件，而未将《市场主体登记管理条例》及其实施细则中规定的公司不能申请简易注销的消极条件一并纳入条文内容之中。因此，实务中适用注销公司的简易程序时，还应结合《市场主体登记管理条例》及其实施细则的有关规定。

（二）简易注销的条件

理想状态下的简易注销应当是一个以履行实质意义上清算程序替代履行形式意义上清算程序的制度。然而，实践中的简易注销制度却是一把双刃剑，它在给公司退出市场带来便利的同时，也给股东、债权人等公司的利益相关者增加了

① 戢浩飞：《深化“放管服”改革的重点与方向——基于机构改革的分析视角》，载《天津行政学院学报》2020 年第 1 期。

权益难以保障的风险。为降低这一风险,使实然状态下的简易注销制度更加接近这一制度的应然状态,《公司法》(2024)和《市场主体登记管理条例》及其实施细则规定了适用简易注销制度的积极条件和消极条件。

积极条件是指公司申请通过简易程序注销登记时应当满足的条件。根据《公司法》(2024)规定,适用简易注销制度的积极条件有两个,满足其中之一即可。一是公司设立登记后,在存续期间未产生债务;二是虽然产生了相关债务,但在提交简易注销申请时,已经全部终止。前述"债务"应当从广义上理解为公司应当履行的义务,包括支付职工工资、社会保险费用,履行合同债务、侵权债务,实现公司全体股东的剩余索取权等。

消极条件是指公司申请通过简易程序注销登记时不得存在的情况。目前,我国关于简易注销公司的消极条件规定在《市场主体登记管理条例》及其实施细则之中,概括有六种情形,[①]公司申请时如存在以上六种情形之一则不得通过简易程序注销公司,待异常状态消失后可再次依程序公示申请简易注销登记。

(三)简易注销的程序

效率和便捷是简易注销制度的首要目标,这一目标落实到实施程序上则体现为步骤的简化、需提交材料的减少、实际操作的数字化。具体而言,公司首先需要在国家企业信用信息公示系统上填写"注销登记申请书"并在制式的"全体投资人承诺书"上签名,后通过该系统公示,公示期为 20 日;其次,公示期间如果没有相关部门、债权人及其他利害关系人对公示信息提出异议,公示期届满后 20 日内,公司可申请注销公司登记;最后,登记机关进行形式审查。其中,公司提交的"全体投资人承诺书"是简易注销程序中的关键性文件,既简化了清算相关的诸多文件,是公司全体股东对于公司满足简易注销积极条件和消极条件的承诺,也包含着如所作承诺不真实"则由全体投资人承担相应法律后果和责任"的表述。"全体投资人承诺书"需经全体股东签名。

(四)简易注销中的虚假承诺责任

简易注销制度采用"诚信推定",公司只需提交"注销登记申请书"和"全体投资人承诺书"便可申请注销登记,无须像通过普通程序注销那样提交清算报告等一系列复杂的文件,简易注销制度所追求的效率目标由此得以实现。在商事活动

---

① 简易注销公司的消极条件包括:(1)公司注销依法须经批准;(2)公司因被吊销营业执照、责令关闭、撤销而解散;(3)公司被列入经营异常名录或者市场监督管理严重违法失信名单中;(4)公司存在股权被冻结、出质或者动产抵押,或者对其他市场主体存在投资;(5)公司正在被立案调查、正在被采取行政强制措施、正在诉讼或者仲裁程序中;(6)公司受到罚款等行政处罚尚未执行完毕。

中，效率和安全总是处于相互博弈的状态。简易注销制度固然给公司带来了便利，但在公司为享受简易注销的制度便利作出虚假承诺的情况下，公司股东、债权人等利益相关者的权益也会因此陷入难以实现的风险之中。为了防范这种风险的发生，并在风险实际发生后给利害相关者提供救济，《市场主体登记管理条例》《公司法司法解释（二）》等法律法规规定了通过虚假承诺骗取简易注销的行政责任和民事责任，构成犯罪的还应承担刑事责任。

1. 行政责任

在不满足简易注销积极条件和消极条件的情况下，公司本不存在适用简易注销的情形。若公司股东通过作出虚假承诺的方式隐瞒公司实际还存在债务未清偿等不适用简易注销的重要事实，从而骗取注销登记，根据《市场主体登记管理条例》及其实施细则的规定，受虚假注销影响的债权人可以申请撤销注销登记。登记机关受理后可以依据申请人的申请或依职权主动对相关事项进行调查，认定存在虚假注销登记情形的，登记机关可以撤销公司通过简易程序获得的注销登记，恢复公司的法人人格。不过，如果撤销登记会造成社会公共利益重大损失，登记机关可以不予撤销，但是，无论公司注销登记是否会被撤销，公司虚假注销登记中的直接责任人都会受到罚款、没收违法所得的行政处罚，其行商自由也会受到限制，即自公司注销登记被撤销之日起的 3 年时间内不得再次申请市场主体登记。在公司委托他人办理简易注销的情形下，如果受托人明知或应当知道委托人提供的是虚假的材料仍代为办理或协助办理简易注销程序，受托人的违法所得将会被登记机关没收，还须缴纳 10 万元以下的罚款。

2. 民事责任

"诚信推定"是简易注销制度效率的保证，而由公司全体股东作出的承诺书则是诚信推定得以实施的基础。公司全体股东在承诺书签名意味着同意共同承担由虚假承诺引起的"相应法律后果和责任"。根据《公司法司法解释（二）》规定，如果公司经简易程序注销后仍有债务未终止，债权人可以主张作出承诺的全体股东对公司债务承担"相应民事责任"①。但以上所谓"相应"民事责任的范围具体为何，换言之，全体股东应当对虚假承诺行为承担多少责任，"全体投资人承诺书"和《公司法司法解释（二）》都未明确规定，还需进一步分析。分析的起点是"全体

---

① 《公司法司法解释（二）》第 20 条第 2 款规定，"公司未经依法清算即办理注销登记，股东或者第三人在公司登记机关办理注销登记时承诺对公司债务承担责任，债权人主张其对公司债务承担相应民事责任的，人民法院应依法予以支持"。

投资人承诺书”的法律性质。

从结果来看,“全体投资人承诺书”体现的是全体股东共同承担公司债务的意思表示,虽与免责的债务承担、并存的债务承担及保证具有一定的相似性,但理论上形成了不同的观点。然而,这些观点的合理性都是值得进一步斟酌。首先,我国学者普遍认为全体股东所作承诺不属于免责的债务承担,后者用于描述公司从债务中剥离,转由全体股东承担。但不同的主体在履行债务方面的能力存在一定的区别,而债务是否能够完全履行直接关系到债权人的合法权益能否实现,因此,我国《民法典》第551条规定,债务人移转债务须经债权人明示同意才发生法律效力。“全体投资人承诺书”只是全体股东作出的单方承诺,且自公布之日起生效,故与免责的债务承担相比有明显差异。其次,在并存的债务承担中,股东加入公司与债权人之间的债权债务关系无须得到债权人的同意,因而有学者认为,这对于厘清未经清算就办理注销登记中股东的责任是比较合理的解释。[①] 这一观点虽然能够避免前述免责的债务承担在生效机制上的缺陷,但却忽视了构成并存的债务承担须以原债务人享有民事行为能力为前提,而简易注销程序履行完毕后公司人格消灭的事实显然不满足这一前提。最后,还有观点认为股东作出的对公承诺属于保证。[②] 需要进一步明确的是,保证分为连带责任保证和一般责任保证。前者是指保证人与债务人明确约定共同对债权人承担连带责任,债权人可以选择向保证人主张债权,也可以选择向债务人主张债权,这就要求债务人在保证关系存续期间具有民事行为能力。如前所述,简易注销程序中股东所作公开承诺并不符合这一要求,而且“全体投资人承诺书”中也没有关于股东和公司共同承担连带责任的表述。一般责任保证则是指债务人不能履行债务时,由保证人承担保证责任。成立一般责任保证的关键在于,当事人的约定中“具有债务人应当先承担责任的意思表示”。[③] 为终止公司人格而作出的“全体投资人承诺书”中不具有这一意思表示,它也不属于一般责任保证。

由前述分析可知,通过合同关系解释股东与债权人之间法律关系的路径并不

---

① 参见钱玉林:《商事主体注销登记争点问题讨论》,载《法学论坛》2021年第4期。

② 参见杜军:《未清算的公司债务承担主体——兼析公司法司法解释(二)第18—20条》,载《人民司法》2010年第3期;何树志:《公司清算责任的表现形式及责任范围》,载《人民司法》2007年第5期。

③ 《民法典担保制度司法解释》第25条规定:“当事人在保证合同中约定了保证人在债务人不能履行债务或者无力偿还债务时才承担保证责任等类似内容,具有债务人应当先承担责任的意思表示的,人民法院应当将其认定为一般保证。当事人在保证合同中约定了保证人在债务人不履行债务或者未偿还债务时即承担保证责任、无条件承担保证责任等类似内容,不具有债务人应当先承担责任的意思表示的,人民法院应当将其认定为连带责任保证。”

可行。相反，在债权已经被我国理论界和实务界认同也可作为侵权行为对象的现代民商事法律体系下，侵权关系能够较好地解释股东和债权人之间的法律关系，即股东因简易注销公司应当对债权人承担的责任属于侵害债权后应当承担的侵权责任。在这种情况下，“全体投资人承诺书”不具有特别的法律性质，“只是全体投资人对‘守信’行为的一种道德宣示”，可以用其证明股东作出的虚假承诺行为。[①]

【审判实务】

公司解散问题中，司法实践中争议较大的仍然是关于《公司法》(2024)第230条第5项的判断问题，因此，本部分审判实务专注于公司因为经营困难导致的解散问题，探讨其中各个条件的实务规则。根据《公司法》(2024)第231条的规定，构成公司僵局应当同时满足三个条件，即“公司经营管理发生严重困难”“继续存续会使股东利益受到重大损失”并且“通过其他途径不能解决”。只要其中一个条件不满足，便不构成公司僵局，法院也就不应判决解散公司。

一、关于“公司经营管理发生严重困难”

实践中大多倾向于将“公司经营管理发生严重困难”限缩解释为“公司管理发生严重困难”，经营状况如何在所不问。换言之，公司僵局与管理困难、经营困难间的关系可以理解为：第一，公司管理发生严重困难且公司经营状况恶化构成公司僵局；第二，公司管理发生严重困难而公司经营状况良好构成公司僵局；第三，公司内部管理有序但公司经营状况恶化不构成公司僵局。第一种关系符合“公司经营管理发生严重困难”的字面意思，其合理性在理论和实践中均不存在争议；《公司法司法解释(二)》对第三种关系范式作了明确规定。[②] 至于第二种观点在实践中是否同样成立，我国法院有不同的观点。苏州市中级人民法院、江苏省高级人民法院和最高人民法院在“林某清诉常熟市凯莱实业有限公司、戴某明公司解散纠纷案”中截然相反的裁判思路最为典型(该案作为典型案例容后详述)。笔者比较赞同该案最高人民法院的裁判观点，即公司治理机关长期陷入僵局，无法形成股东会决议，董事会与监事会职能无法发挥，即便公司处于盈利状态，也应当认为其符合解散的要求。至于第三种观点，实践中时常会以经营恶化作为解散事

---

① 参见李曙光：《论我国市场退出法律制度的市场化改革——写于〈企业破产法〉实施十周年之际》，载《中国政法大学学报》2017年第3期。

② 《公司法司法解释(二)》第1条第2款规定：“股东以……公司亏损、财产不足以偿还全部债务……为由，提起解散公司诉讼的，人民法院不予受理。”

由，这也比较符合对“公司经营管理发生严重困难”的狭义解释，笔者认为，需要综合考量“继续存续会使股东利益受到重大损失”这一条件，在出现这一情形且与股东利益受到重大损失存在因果关系时，应当认定符合解散条件。

二、关于“继续存续会使股东利益受到重大损失”

“公司经营管理发生严重困难”是公司僵局产生的原因，其导致的结果是公司“继续存续会使股东利益受到重大损害”。股东向公司投入原始资本，既是公司的最终所有者，也是公司的控制者。前一种身份赋予股东获取公司经营利润的财产性利益，后一种身份赋予股东决定公司治理相关事项的管理性利益。如前所述，所谓“公司经营管理发生严重困难”包括公司管理发生严重困难，相应地，在这种情况下直接受到损害的是股东的管理性利益。实践中，股权集中公司的股权结构较常见对等现象（例如前述“林某清诉常熟市凯莱实业有限公司、戴某明公司解散纠纷案”中两方股东表决权对等，股东会要作出任何决议实际上都需要全体股东达成一致意见）和掣肘现象（如公司股东分别持有40%和60%表决权，须2/3以上表决权通过的决议此时需全体股东一致同意），使得这种股权结构的公司更加容易出现公司僵局，股东的管理性利益也因无法有效行使表决权而更加容易受到损害。公司管理存在严重困难固然直接损害股东的管理性利益，但也不排除股东的财产性利益因公司管理发生严重困难而受到损害。例如，公司在满足利润分配法定条件的情况下，因公司股东之间发生严重冲突迟迟不能召开股东会，导致股东无法分配公司经营利润。

然而，需要注意的是，在发生股东财产性利益受到重大损失的情况下，法院行使司法解散权的前提是公司同时存在管理困难，并且该管理困难与股东的财产性利益损失之间具有因果关系。反之，如果公司内部管理有序，股东是因其他原因无法分配公司经营利润，便不满足司法解散公司的要求；此时，股东应当通过利润分配请求权诉讼寻求救济。实践中，其他导致股东无法实现财产性利益的典型原因包括“股东压制”。而实际上，股东压制同样可以对受到压制的股东的管理性利益造成重大损失，例如控制股东利用其优势地位将非控制股东排除在公司管理之外，使非控制股东完全丧失对公司管理事务的话语权。在我国《公司法》（2024）尚未将股东压制规定为解散公司事由的情况下，是否应当支持以存在股东压制为由提出解散公司的诉讼请求，我国法院尚未形成统一意见。从现有判决来看，最高人民法院普遍支持解散存在股东压制情况的公司，裁判思路是类推适用《公司法》（2018）第182条的规定，认为控制股东利用其优势地位压制非控制股东的行为已经威胁到了公司的人合性基础，也使非控制股东无法行使参与决策权，选择、监督管理者权，资产收益权，知情权等多种权利。[①] 持相反观点的地方法院则从解散公司之法律后果的严厉性，公司维持对税收、就业等方面的积极意义，股东利益救济有其他替代性途径，司法解散制度是为保护全体股东的利益而非部分股东的利益等方面主张不应解散存在股东压制情况的公司。[②] 笔者持前一观点，即股东压制当前存在救济不足的状况，股东压制本身破坏公司人合性，被压制股东利益难以维护，"用脚投票"实现困难的情况下，赋权股东申请解散是一个行之有效的途径。

三、关于"通过其他途径不能解决"

根据《公司法》(2018)第182条，除前述两个条件外，法院判决解散公司的条件还包括"通过其他途径不能解决"公司管理上存在的严重问题。请求法院解散公司并非破解公司僵局的唯一途径。同时，判决解散是一种釜底抽薪式的解决公司僵局的措施，以终结公司的方式终结纠纷，对公司及其利害关系人的影响是具有破坏性的。因此，判决解散公司只能是最后的、不得已的解决公司僵局的方案。[③] 在此之前，公司股东或董事应尽可能寻求其他非诉讼方式的救济。具体而言，破解公司僵局的"其他途径"主要包括冲突股东和解、股权转让、公司分立、替换董事会或监事会成员，实施方式包括自主协商、第三方调解、法院调解等。

公司僵局是指公司内部组织机构陷入无法自行解决矛盾的困境，在实践中体现为股东会僵局、董事会僵局和监事会僵局。依据"委托—代理"理论，股东会有权任用和解雇董事会成员和监事会成员，当董事会或监事会存在管理上的僵局时，股东会可以通过裁撤、替换部分成员的方式破解僵局。但是，当股东之间存在冲突时，却没有一个拥有绝对任免权的机构可以通过裁撤、替换股东的方式破解股东会僵局。可见，股东会僵局是公司僵局的根本形态。除解散公司之外，解决股东之间根本矛盾的途径通常是原股东转让股权，以达至一种新的平衡或构建一种新的秩序。具体而言，通过股权转让破解公司僵局的手段主要有三种，一是公司回购部分股东股份，二是股东之间转让股份，三是股东对外转让股份。如果通

---

① 参见最高人民法院民事裁定书，(2020)最高法民申2210号。最高人民法院民事裁定书，(2019)最高法民申1474号。

② 参见湖北省高级人民法院民事判决书，(2018)鄂民终5号。四川省高级人民法院民事裁定书，(2020)川民申2937号。山东省高级人民法院民事判决书，(2020)鲁民终733号。陕西省高级人民法院民事判决书，(2020)陕民终486号。

③ 《公司法司法解释(二)》第5条第1款第1句规定："人民法院审理解散公司诉讼案件，应当注重调解。"《关于适用〈中华人民共和国公司法〉若干问题的规定(五)》第5条规定："人民法院审理涉及有限责任公司股东重大分歧案件时，应当注重调解。当事人协商一致以下列方式解决分歧，且不违反法律、行政法规的强制性规定的，人民法院应予支持：……(六)其他能够解决分歧，恢复公司正常经营，避免公司解散的方式。"

过以上种种方式冲突各方仍不能达成和解,任何一方都不愿或者不能退出公司时,请求法院判决解散公司就成了破解公司僵局的最后一个办法。

【典型案例】

林某清诉常熟市凯莱实业有限公司、戴某明公司解散纠纷案①

基本案情:

林某清与戴某明各持常熟市凯莱实业有限公司(以下简称凯莱公司)50%股份,前者为公司总经理兼监事,后者为公司法定代表人兼执行董事。公司章程规定,公司解散须经代表2/3以上表决权的股东通过。2006年开始,两股东之间矛盾初显,在其后的一年内,林某清多次请求召开股东会,主张通过股东会解散决议,请求戴某明提供公司账册、解散公司,均被拒绝。同年11月28日,林某清诉至法院,请求判令解散公司。该公司经营正常,处于盈利状态。其后该公司也曾接受两次调解委员会调解,但均未成功。

裁判要旨:

一审法院认为,该案焦点是凯莱公司是否存在"公司经营管理发生严重困难,继续存续会使股东利益受到重大损失,通过其他途径不能解决"的情况。虽然该案两股东陷入僵局,但公司运营良好,不存在上述经营管理困难情况,股东间的僵局可以通过其他途径解决,故而对林某清诉讼请求不予支持。

二审法院认为,判断公司是否存在经营管理困难,不应仅考虑公司是否盈利、资金是否匮乏、公司是否亏损等方面,而应从公司治理机关,包括股东会、董事会、监事会等能否正常运行进行综合考量。该案两股东各占股50%,双方难以达成一致意见,但章程又规定解散须2/3以上表决权,由此使得股东会长期处于僵局状态。凯莱公司已经4年没有召开股东会,无法形成决议,股东会机制已然失灵。董事难以执行、监事无法监督,整体治理机制都陷入僵局,且该僵局已无法改变,无可逆转。鉴于此,林某清作为股东之一,其投资利益将无法实现,利益受到重大损失。因此,根据《公司法司法解释(二)》第5条,当事人不能协商一致使公司存续的,人民法院应当及时判决。该案经调解委员会以及两审法院调解均未成功,林某清持股50%,符合立法对10%以上股权持有人的要求,该公司已经符合解散条件,应准予解散。

---

① 参见江苏省高级人民法院民事判决书,(2010)苏商终字第0043号。

裁判评析：

最高人民法院对江苏省高级人民法院所作判决给予了高度肯定，将该案作为指导性案例予以发布，并且肯认了该案中对于公司治理机制失灵的判断。[①] 诚然，盈利是公司的重要目标，也是公司作为营利法人的最显著特征，但这并不是公司存在的唯一目的和意义，公司所具有的人合性特征还要求公司内部人员能够相互配合、组织机构能够正常运作。人合性存在严重障碍而不得舒缓的公司之存在的必要性是值得怀疑的，其盈利能力也便是畸形且难以长久的。因此，通过司法手段解散存在人合性障碍的公司具有合理性。《公司法司法解释（二）》所列之三类公司经营管理困难的情形仅是实践中较为典型的公司僵局情形，并不穷尽所有，如果股东能够证明公司内部组织机构之间存在其他导致公司管理严重受阻的冲突，同样可能构成公司僵局。

问题二 公司清算

公司清算是公司终止中至关重要的环节，公司作为商事主体，在正式终结前必须要完成债权债务的清理，以避免对债权人利益的侵害。因此，公司清算的立法与审判直接关系到诸多利益相关者的利益。这其中，清算程序与清算人的义务关系到债权人利益的实现，本部分也集中探讨这两个部分。

【规范梳整】

与“问题一”相同，公司清算问题的规范也集中在《公司法》(2024)与《公司法司法解释（二）》。《公司法》(2024)第232、233条规定了清算组成立的要求，包括成立时间、成员、逾期不成立清算组的后果等；第234条列举了清算组的具体职权；第235条要求清算组在指定时间内通知债权人以及债权人债权申报事宜；第236条规定清算组制订清算方案、财产清算顺序等；第237条明确申请破产的清算情形；第238条则新增了清算组成员的信义义务；第239条明确最终注销登记。

《公司法司法解释（二）》中规定了三项债权人申请人民法院指定清算组的情形；第9条明确清算组成员的更换事由；第10条规定清算结束后办理注销登记前

① 参见最高人民法院《关于发布第二批指导性案例的通知》(法〔2012〕172号)2012年4月9日发布。

的涉诉事宜;第 11 条细化通知债权申报规则;第 12 条赋予债权人要求清算组重新核定债权的权利;第 13、14 条补充规定债权人申报债权期限、债权清偿等问题;第 15 条细化清算方案的确认问题;第 16 条规定了人民法院组织清算的清算时间;第 17 条细化人民法院组织清算出现公司财务不足清偿债务时的清偿方案问题;第 19、20、21、23 条等规定了清算中以及清算后的相关人员违法行为的法律责任。

此外,关于清算义务人问题,从发展历程来看,《公司法》(2018)第 183 条仅是明确有限责任公司与股份有限公司的清算组成员问题,前者为公司股东,后者为董事或股东会确定的人,并未明确清算义务人。而《公司法司法解释(二)》第 18 条则将《公司法》(2018)第 183 条解释为有限责任公司的股东与股份有限公司的董事和控股股东为清算义务人。这引起了不小的争议。《民法总则》第 70 条(《民法典》第 70 条)有"清算义务人"的规定,并明确清算义务人为法人的董事、理事或决策机构成员,清算义务人未及时履行清算义务,造成损害的,应当承担民事责任。该条为"清算义务人"的首次出现。虽然"清算组成员"的概念和职权在理论与实践中争议不大,但是围绕"清算义务人"的纠纷则经久不断,因而该条引入"清算义务人"的概念,并明确其范围,是为立法上的一大进步。在这一基础上,《公司法》(2024)第 232 条明确,董事为公司清算义务人。

《公司法》(2024)对于清算问题的规定整体上仍然较为宏观,公司清算本身流程较为复杂,涉及利益相关者主体范围较大,容易在具体行为中产生争议,这也导致《公司法司法解释(二)》不得不对清算问题作出大量细化的规定。不过值得肯定的是,对"清算义务人"作出的特殊规定,在一定程度上消弭了实践中的部分争议,尤其是《九民纪要》中讲到的小股东被追责的问题。

【理论基础】

公司解散的意义在于,公司不再从事生产经营活动,丧失营业上的权利能力。但是,公司的法人人格却不会因解散而被消灭,此前因从事生产经营活动而发生的债权债务关系也不会自动终止。为实现公司债权、履行公司债务,以保护公司股东、债权人及其他利益相关者的合法权益,公司解散后随之对应的是清算程序。[①] 需要注意的是,清算可以分为破产清算和非破产清算,前者适用破产法相关

---

① 例外情形是公司因合并或分立而解散。在公司合并的情况下,合并各方的债权、债务由合并后存续的公司或者新设的公司承继;在公司分立的情况下,如果公司在分立前没有与债权人就债务清偿达成的书面协议,那么公司分立前的债务由分立后的公司承担连带责任。可见,在上述两种解散公司的情况下,公司的债权债务关系另有解决途径,无须通过清算的方式解决。

规定,后者适用公司法律制度,本部分所谓“清算”仅指非破产清算。

一、清算义务人

需要注意的是,清算的程序通常是清算义务人启动清算程序,组织人员成立清算组再进行清算。因此应作此区分,即清算义务人与清算人是两个概念,司法实践中,人们往往将两者混为一谈。清算义务人是在公司解散时,对公司负有依法组织清算义务,并在公司未及时清算给相关权利人造成损害时,依法承担相应责任的民事主体。而清算人是具体进行清算的人,通常是清算组来进行清算。可以这么理解,“清算义务人仅负有‘汽车点火’义务,至于‘如何驾驶’‘驾车技巧’‘行驶时长’‘燃油费、过路费’均不属于清算义务人的职责范围”①。相较而言,清算启动后的清算组成员问题争议不大,对于应当由谁来“点火”,由谁来承担“迟延点火”的责任,则是理论与实践长期以来悬而未决的问题。

如前所述,《公司法司法解释(二)》明确了公司清算义务人问题,其引起的最大争议是公司股东是否应当规定为公司的清算义务人,我国理论界多持反对态度,认为股东的义务仅以出资为限;②要求股东履行清算事务不符合公司治理的实际情况;③要求股东承担清算义务相当于将股东的有限责任扩大为无限责任,致使股东与债权之间的利益关系失衡;④股东难担清算大任。⑤ 实务界的观点经历了由支持到部分反对的转变。早期,赞同将股东规定为清算义务人的实务界观点认为,出资并非股东应当承担的唯一义务,股东的不作为未必不构成公司人格否认制度中的滥用行为,比较法上也有将公司股东规定为清算义务人的立法例。⑥ 但是,由于《公司法》(2018)第183条只是笼统地规定有限责任公司的“股东”是清算组成员,且没有区分执行股东和非执行股东,这在实践中引发了一定的道德风险,即职业债权人低价从公司债权人处收购“陈年旧账”,然后依据《公司法司法解释(二)》第18条第2款的规定要求不参与公司经营的股东承担怠于履行清算义务的法律责任。有鉴于此,《九民纪要》对《公司法司法解释(二)》第18条第2款的适用作了限制性规定,以保护有限责任公司非执行股东的合法权益。(容后详述)

由上可见,将股东规定为公司清算义务人的做法在理论上和我国司法实践中

---

① 张俊勇、翟如意:《有限责任公司清算义务人主体问题研究》,载《法律适用》2019年第19期。

② 参见韩长印、楼孝海:《建立公司法定清算人制度》,载《法学》2005年第8期。

③ 参见刘文:《论我国公司清算人产生方式之完善》,载《西南民族大学学报(人文社科版)》2007年第12期。

④ 参见梁上上:《有限公司股东清算义务人地位质疑》,载《中国法学》2019年第2期。

⑤ 参见谢鸿飞教授于2022年3月28日在“典实成今——民法典深度解读系列讲座”中的发言。

⑥ 参见刘敏:《公司解散清算制度》,北京大学出版社2012年版,第76、77页。

都欠缺妥当。《九民纪要》的规定虽然能够在一定程度上弥补《公司法》(2018)及《公司法司法解释(二)》的不足,但终究是治标不治本。在控制权与所有权分离的现代公司中,执行公司经营事务的是公司董事而非股东,即便两者实质上为同一主体。为给予公司非执行股东更彻底的保护,同时减轻当事人、法院分别在举证和识别公司非执行股东方面的负担,《民法总则》第70条以及《公司法》(2024)先后改变了《公司法》(2018)第183条关于公司法定清算义务人范围的规定,股东原则上不再是公司的清算义务人,董事为公司普通清算的唯一法定清算义务人。同时,为尊重公司自治,《公司法》(2024)还将议定清算义务人的适用范围延伸到有限责任公司,并增加了章定规定清算义务人,即公司章程可以另行规定公司清算义务人。这一立法修改一锤定音,既回应了理论上的争议,也解决了实践中的冲突。

二、公司清算的方式

如果将清算义务人的行为比作"点火",清算组开始清算则可以比作"开车"。依据"开车"的成员、人员选择方式等所作区分,即形成了不同的清算方式,对此,可以分为普通清算和特别清算。

(一)普通清算

依据我国《公司法》(2024)第232条,普通清算由公司自行组织清算,清算组成员分为法定清算人和议定清算人。前者指有限责任公司的清算组成员为公司股东,以及股份有限公司中的董事,后者则指股份有限公司股东会可以确定清算组成员。这些清算组成员都是自行组织,虽是有法定和议定的区别,但是总体上并不需要司法介入。

(二)特别清算

特别清算发生在清算义务人未及时组织清算,需要司法介入的情形中。通常认为,发生解散事由后,公司理论上不能再开展经营活动。这意味着,公司已经丧失了再继续盈利的能力,但公司因需要支付员工薪酬、房租、水电费等所负债务的数额却是在不断增加。公司越是拖延不进行清算,债权人的利益就越有可能受到损失。因此,我国《公司法》(2024)中规定的期限为"解散事由出现之日起十五日内",并且如果公司董事或其他由公司章程规定、股东会决议选定的人员违反法律规定未在解散事由出现后15日内组成清算组进行清算,或者成立后清算组不按照法律规定推进、完成清算事务等,相关人员或机构可以申请法院指定有关人员进行清算。具体而言,在我国,根据《公司法》(2024)之规定,可以申请人民法院指定清算组成员的相关人员或机构为公司的"利害关系人",即与公司清算具有利害关系的主体，包括公司股东、债权人、公司董事、职工等；而在公司被行政解散的情况下，法院指定的清算组成员还可能包括作出行政处罚决定的行政部门。这种由法院指定清算组成员进行的清算在学理上一般被称为“特别清算”，也有学者将其称为“指定清算”①。

具体而言，被指定清算的成员可能包含公司股东、董事、监事和高级管理人员，会计师事务所、律师事务所等中介机构及其中取得执业资格的人员。接受指定后，若有违反法律、行政法规或者严重损害公司、债权人利益的行为，或因发生丧失履行清算相关事务所必需的执业能力或者民事行为能力的情况，相应法院可以依据利害关系人的申请或依职权更换先前指定的特别清算组的成员。②

三、公司清算中的信义义务与民事责任

对于清算组的概念及职权，法律规定较明确，争议较少，清算组取代公司原本的董事和高级管理人员成为公司的执行机构和代表机构。清算义务人和清算组都是承担信义义务的主体。在违反信义义务给公司或债权人造成损失的情况下，都需要承担相应的责任。清算组承担相应的法律责任，在民事责任方面表现为侵权责任。

（一）承担信义义务的主体及其法律地位

在公司正常经营阶段，承担信义义务的核心主体是负责公司经营事务和管理事务的董事和高级管理人员。③ 而公司被解散后，随着营业上权利能力的丧失，公司治理的重心已经由以营利为目的的经营管理事务转向以了结公司债权债务关系为目标的清算事务，执行公司治理相关事务的主体也随之由公司的董事会和高级管理人员转变为公司的清算组。清算义务人启动清算程序后，清算事务的具体履行由清算组负责。然而，这些职能的承接不意味着法律地位的当然过继，对于清算组承接公司清算阶段的治理事务后是否同为公司的组织机构，学说上有不同的观点。

赞同清算组一并承继公司原董事会和高级管理人员法律地位的观点认为，清算阶段，公司的人格依然存在，选任清算组成员意味着清算组取代了公司原本的董事会和高级管理人员，在与公司的对内关系中扮演着清算事务的执行机构，在

① 施天涛：《公司法论》，法律出版社 2018 年版，第 598、599 页。

② 参见《公司法司法解释（二）》第 8、9 条。

③ 关于公司经营阶段董事和高级管理人员的信义义务详见本书第四部分专题二十。

与债权人等公司外部主体的法律关系中扮演着公司的代表机构。[①] 因此,“关于董事之规定,于不违反清算目的之限度,应准用于清算人”[②]。反对者则认为,公司机关的组成应当由股东会决定,而在特别清算的情况下,清算组的成员构成是由法院决定的,因此,清算组不是公司的组织机构,而仅是公司的清算事务的受托人。[③] 诚然,在特别清算的情况下,公司清算组的成员是由法院指定而非公司自行决定,这与董事会、高级管理人员的选任方式存在一定区别。但应当明确的是,法院介入的前提是公司无法按照法律的规定自行选任合格的人员执行清算事务,是对清算程序中公司自治不达的救济与补充,而不是竞争或替代。故而,公司特殊清算组的法律地位与普通清算组的法律地位应当是一致的。

尽管公司清算组的法律地位在理论上存在争议,但不论是作为公司的组织机构还是公司的受托人,清算组成员都负有信义义务,并且应当承担违信责任。就像在公司正常运营阶段一样,不论董事和高级管理人员与公司之间的关系是代理关系还是信托关系,两者都对公司负有信义义务。

(二)公司清算中信义义务的内容

义务是相关主体受到的应当作出特定行为或不应当作出特定行为的约束。公司法理论上的信义义务可以分为要求相关义务主体合理积极作为的勤勉义务,以及要求相关义务主体在某些方面消极不作为的忠实义务。

1. 勤勉义务

清算义务人应当履行的勤勉义务是依法组织清算组启动清算,协助清算工作。对此我国《公司法》(2024)规定了以下七个方面的义务:一是清理公司财产,分别编制资产负债表和财产清单。公司资产负债表和财产清单编制完成后,清算组应制订清算方案,该方案应向股东会或者人民法院报告并获得确认。二是通知、公告债权人并登记债权。自成立之日起 10 日内,清算组应当向已知的全部债权人发出有关公司解散、清算及债权登记具体方式的书面通知,还应在规定期限内登报公示或者在统一的企业信息公示系统作出相关公告。收到债权人的材料后,清算组应仔细核定材料内容,如实登记债权,并且为保证每一债权人公平受偿,严禁清算组对债权人进行个别清偿。三是处理与清算有关的公司未了结的业务,例如还未履行完毕的合同。除此之外,便不得开展与清算无关的经营活动。

---

① 参见施天涛:《公司法论》,法律出版社 2018 年版,第 601 页;刘敏:《公司解散清算制度》,法律出版社 2012 年版,第 67、68 页。

② 史尚宽:《民法总论》,中国政法大学出版社 2000 年版,第 201 页。

③ 参见施天涛:《公司法论》,法律出版社 2018 年版,第 601 页。

四是清缴所欠税款以及清算过程中产生的税款。五是清理债权、债务。六是分配公司清偿债务后的剩余财产。七是代表公司参与民事诉讼活动。此外,在清算程序完成之后,清算组还应向登记机关申请注销公司登记。[①]

2. 忠实义务

从另一个角度来看,上述清算义务人和清算组承担的勤勉义务还可以理解为其在清算程序中所享有的职权和职责。可见,在公司清算阶段,清算组对公司的资产和事务享有广泛的控制权。为防止清算组成员的贪婪与自私行为,法律用忠实义务加以约束。目前,我国《公司法》(2024)仅规定清算组成员在履行清算职责的过程中负有忠实义务,而未详细列举此类忠实义务的具体内容,也未规定清算义务人的忠实义务。但清算义务人和清算组在公司清算阶段的法律地位相当于公司正常经营时的董事会和高级管理人员,《公司法》(2024)对董事和高级管理人员设置的忠实义务应类推适用于清算义务人和清算组成员。因此,忠实义务的内容可详参《公司法》(2024)对董事和高级管理人员忠实义务的列举。

(三)违反信义义务的民事责任

对于违反信义义务的清算组成员而言,其应当承担的民事法律责任通常会被理解为侵权责任,[②]责任形式依违反信义义务的行为对清算程序造成后果的严重性分为赔偿责任和连带清偿责任。由清算程序的目的所决定,清算组履行职责的行为与公司和债权人的利益密切相关。在清算组成员不履行或不按法律规定履行忠实义务或勤勉义务的情况下,公司和债权人也因而最有可能遭受损失,两者都是潜在的清算组成员实施侵权行为的受害者。换言之,清算组成员违反信义义务可能需要向公司承担侵权责任,也可能需要向债权人承担侵权责任。相较而言,清算组成员应当向这两类主体承担的侵权责任在类型方面有相似之处,但在具体责任构成方面有一定的区别,其中,主观过错方面的构成要件值得注意。

相较于严格责任,侵权责任法更加关注过错问题,《公司法》(2018)第189条也明确清算组的"故意"或"重大过失"问题,《公司法》(2024)第238条还规定了清算组成员"怠于"履行职责的法律责任。从这一规定来看,"怠于"一词是判断

---

① 《市场主体登记管理条例》第32条第2款规定:"清算组应当自清算结束之日起30日内向登记机关申请注销登记。市场主体申请注销登记前,应当依法办理分支机构注销登记。"

② 公司和清算组成员可以在《公司法》规定之外另行约定清算组成员应当履行的清算义务。在这种情况下,清算组成员应当履行的义务就包括约定义务和法定义务。一般认为,"信义义务"仅指法律规定的义务,而不包括当事人自行约定的合同义务。因此,即便清算组成员承担信义义务的基础是其与公司之间存在"委托—代理"的合同关系,其违反信义义务承担的也应是侵权责任,而不是违约责任。

清算组成员对公司的侵权责任构成的关键。“怠于”并非一个严格意义上的法律语词。字面上,“怠于”由“怠”和“于”构成,“怠”是动词,意思是“懒惰、松懈”;“于”是介词,有“在……方面……”的含义。因此,“怠于”在文义上应理解为在某些方面懒惰或松懈,是一种现实状态的客观评价。但是“懒惰、松懈”本身带有主观评价的色彩,相关主体如“怠于”实施某种行为,通常是有价值倾向的,《九民纪要》亦将“怠于履行义务”解释为“故意拖延、拒绝履行清算义务,或者因过失导致无法进行清算的消极行为”。可见,即便《公司法》(2024)改变了清算组成员对公司侵权责任构成要件的表述方式,该侵权责任也仍属于过错责任而非严格责任。此外,值得注意的是,虽然“清算组成员怠于履行清算职责”的行为直接对应清算组成员违反勤勉义务的行为,但若其实施了违反忠实义务的行为,在不存在免责事由的情况下,同样也应承担相应的法律责任。

【审判实务】

相较而言,长期以来关于公司清算最易引起争议的问题集中在清算义务人的义务和法律责任方面,这不仅表现为《公司法司法解释(二)》不得不对该问题作详细规定,以及《公司法》(2024)增加了公司清算义务人信义义务规则,同时还表现为《九民纪要》专门就该问题提出审判指引。

《九民纪要》既对以往正确审判经验进行总结,也对错误审判思路进行纠偏。在审判实践中,其在公司清算义务人的责任方面作出了详细的裁判指引。如前所述,《九民纪要》指出《公司法司法解释(二)》被滥用的现实,明确在案件审理时应当注意“怠于”的认定是否故意拖延、拒绝履行等,而非以结果论之。同时,还应当关注“怠于履行”与结果之间的因果关系,《九民纪要》在该问题上的态度较为明确,即不能忽略因果关系要件。[①] 最后,在诉讼时效期间上也对股东的清算责任进行了限缩,股东以诉讼时效期间经过为由抗辩,查证属实的,人民法院依法予以支持。

从《九民纪要》中可以看出,针对公司股东作为清算义务人的法律责任追究在实践中长期以来存在缺陷,即法院裁判未能识别部分职业债权人对《公司法司法解释(二)》第18条第2款的滥用,导致对部分股东不公平的追责,基于此,《九民纪要》从责任的构成角度对该问题进行了重新梳理,包括行为、结果、因果关系、过

---

① 参见刘贵祥:《在全国法院民商事审判工作会议上的讲话》,载最高人民法院民事审判第二庭编著:《〈全国法院民商事审判工作会议纪要〉理解与适用》,人民法院出版社2019年版,第76页。

错等,这是一次较为系统且有效的纠偏,值得肯定。不过我们也应当看到,随着《公司法》(2024)的实施,以及《民法总则》第70条的规定,上述特殊的纠纷问题也将逐步减少。

【典型案例】

上海存亮贸易有限公司诉蒋某东、王某明等买卖合同纠纷案[①]

基本案情:

2007年6月28日,上海存亮贸易有限公司(以下简称存亮公司)与拓恒公司签订钢材买卖合同,前者已履行供货义务,但后者未完全履行付款义务,尚欠部分货款未结清。拓恒公司三股东分别为房某福、蒋某东和王某明,占股分别为40%、30%、30%。之后,拓恒公司因未年检被吊销营业执照,三股东至今未组织清算。现拓恒公司无办公经营地,账册及财产均下落不明。拓恒公司在其他案件中因无财产可供执行被中止执行。存亮公司起诉请求判令拓恒公司偿还存亮公司货款及违约金,股东房某福、蒋某东和王某明对拓恒公司的债务承担连带清偿责任。股东蒋某东和王某明辩称拓恒公司早已背负大量债务,即使怠于履行清算义务,也与财产灭失没有关联性。

裁判要旨:

一审裁判认为,拓恒公司应继续履行付款及违约责任,其三位股东在公司被吊销营业执照后应当及时组织清算,但三股东怠于履行清算义务,导致公司的主要财产、账册等均遗失,再无法组织清算,三股东因其怠于履行清算义务的行为,应当对公司债务承担连带责任。对三股东抗辩公司早已背负债务,并不能证明公司财产在公司被吊销营业执照之前就已灭失,一审判决不予认可。

二审裁判维持一审判决,裁判理由与一审基本一致。

裁判评析:

该案作为最高人民法院第9号指导性案例,在股东法律责任认定上采取了结果追责的思路,即认定三股东没有实际履行清算义务,进而认定其怠于履行清算义务。实际上,对该思路,《九民纪要》并不赞同。这一指导性案例发布于2012年,距今已有10余年,距《九民纪要》发布也有7年时间,因此,该案指导性意义也

① 参见上海存亮贸易有限公司诉蒋某东、王某明等买卖合同纠纷案,最高人民法院指导案例9号(2012年)。

式微。该案中,法院并未对蒋某东、王某明提出的没有“怠于履行义务”证据进行详细分析。[①] 指导性案例对该部分一笔带过实属遗憾。如前所述,对于股东“怠于履行义务”的认定,应当先考量其是否有能力履行,再认定是否存在“怠于履行义务”的情况。股东怠于履行清算义务的责任本质是侵权责任,在认定该责任时,不能脱离侵权责任认定的要件,要考虑因果关系与损害后果的要件,否则是有失偏颇的。

---

① 参见最高人民法院民事审判第二庭编著:《〈全国法院民商事审判工作会议纪要〉理解与适用》,人民法院出版社2019年版,第172页。

Part

第二部分

股东与股权

02

专题八　有限责任公司股东资格认定与股权代持

导　语

由股东资格引起的纠纷是最常见的一种公司诉讼类型。有限责任公司股东资格认定的问题不仅是公司实务纠纷的重灾区,也是公司法理论界的热点话题。在股东资格确认纠纷中,有相当比例的案件涉及股权代持。股权代持的现象在我国实务中极为普遍,出资与权利外观的分离,使得股权代持涉及隐名股东、名义股东及其债权人、公司及其债权人、其他股东等众多法律主体,极易引发纠纷。实践中,关于股权代持纠纷的类型包括以下几类:第一,隐名股东与名义股东之间的纠纷,例如隐名股东为获得股权主张显名化、名义股东私自转让股权、名义股东为获得股权主张股权代持合同无效;第二,隐名股东与名义股东的债权人之间的纠纷,例如强制执行名义股东股权时,隐名股东提出执行异议;第三,公司、公司债权人与名义股东、隐名股东之间的纠纷,例如在瑕疵出资的情况下,公司债权人主张名义股东或隐名股东承担责任。在上述纠纷中,各方利益错综复杂,司法裁判观点分歧较大,同案不同判的现象突出。基于此,本专题将主要围绕股东资格认定和股权代持法律关系展开讨论,对当前理论与实务中较为重要的问题分别进行论述。

问题一　股东资格认定

股东资格认定往往发生在具体的纠纷中,这些纠纷包括股东资格确认、股权转让、股东增资扩股、股权继承、股东除名等,而这些纠纷共同反映出股东资格的两个核心问题，即股东资格的取得与股东资格的丧失，因此，这也是本部分重点探讨的内容。

【规范梳整】

法律规范中，关于股东资格认定的立法主要集中在《公司法》（2024）与《公司法司法解释（三）》。

针对股东资格的取得，《公司法》（2024）第46、56条分别规定了公司章程和股东名册应当记载股东姓名，其中股东可以依股东名册的记载主张股东权利。第90条则规定了股权继承。这些规则都反映出，股东资格的取得可以用公司章程、股东名册、出资证明书等作为佐证，但并未明确哪一文件可以作为唯一的证据证明股东就此取得股权。《公司法司法解释（三）》第22条规定，主张股权归属的当事人应当证明其已经出资或已经受让该股权。由此可见，股东资格应依出资和受让来确定。但显然，这一规定是建立在公司内部关系基础上。同样的规则还体现在该解释第25条，即隐名股东显名化时，法院可以实际出资人履行出资义务而认定股权归属实际出资人，相反，名义股东则不能依股东名册、工商登记等主张权利。而在对外关系上，股权归属认定则有所不同，依据《九民纪要》第8条，股权对外转让时，受让人则依股东名册主张已取得股权。不过，登记产生的对外效果仍然重要，未经登记不得对抗善意第三人的观点也为《公司法》（2024）所吸收。

针对股东资格的丧失，《公司法》（2018）及其相关解释并未明确规定，司法实践中也出现了部分除名股东会决议等情形，但并没有法律作为直接的支撑。不过本轮《公司法》修订在一定程度上回应了这一立法上的空白，《公司法》（2024）增加了出资催缴制度，并明确股东在催缴合理期限内仍未缴足出资的，公司可以向其发出失权通知。

股东资格的取得与丧失在理论上一直存在争议，在司法实践中也衍生出"内外有别"的裁判思路。立法虽然为股东确权提供了公司章程、股东名册、工商登记等诸多形式，但在实质与形式、内部与外部的划分之下，这些证明权利的形式有时候也不得不作出让步，这也让股东资格的确认长期处于扑朔迷离的状态。因此，有必要在理论上对于股东资格问题作深入的探讨。

【理论基础】

一、股东资格的取得

股东资格的取得分为原始取得和继受取得，前者基于出资，包括设立出资和增资出资；后者基于受让、继承等。但是，仅存在取得股东资格的基础法律关系并不足以完全取得股东资格，还需要履行公司内部的变更程序与工商变更登记程序。无论是原始取得还是继受取得，股东取得完整无瑕疵的股东资格和股东权利须符合实质要件和形式要件。而公司作为组织体，在出现纠纷时不仅可能涉及公司内部，如公司与股东、股东与股东，还会涉及公司外部，如公司与债权人，立法对这种内外部关系采取了不同的规范思路。如前所述，《公司法司法解释（三）》第22条仅是关于股权归属有争议的当事人之间的规定，不涉及第三人；当涉及第三人时，则不得不遵循登记对抗的原理。

学界及司法实务中一般称取得股权的基础法律关系为实质要件，如认缴出资法律关系或股权转让法律关系，而以股权取得或继受中的程序性事项为形式要件，如股东名册记载、变更工商登记等。如上所述，实质要件与形式要件的区分意义在于根据是否涉及善意第三人而设定不同的股东资格判断标准。公司审判实践中也普遍流行着“内外有别”的审判方法，即对内尊重当事人的真实意思表示，对外则注重形式的表彰。①

在分析股东资格认定标准前，有必要先厘清取得股权的基础法律关系（以下简称基础法律关系）、股权、股东资格三个概念之间的联系。首先，基础法律关系是为了解决股权、股东资格之取得在实体法上的根据，也是《公司法司法解释（三）》第22条所指向的原始取得与继受取得的事实依据，其法律效果是股权变动，相当于实质要件。其次，取得股权并不意味着取得股东资格，例如签订并履行了股权转让合同并不意味着受让人立即成为股东，尚需满足一套源于公司运作逻辑的形式化标准才能获得股东资格。② 最后，根据《九民纪要》第8条所采取的股东名册形式主义，在通常股权转让的情形下，取得股权与取得股东资格是同步的。总之，先有基础法律关系（实质要件），再通过履行取得股权资格的公司法上的程序要求（形式要件），才能转化为完整的无瑕疵的股权与股东资格。

下文将根据公司内外部关系的不同与基础法律关系的不同，对股东资格取得的实质要件与形式要件予以分析。

---

① 参见齐某霞因与海拉尔副食品有限责任公司、张某界、王某明公司决议纠纷案，最高人民法院（2016）最高法民再182号民事判决书；赣州世瑞钨业股份有限公司、陈某雷合伙协议纠纷、借款合同纠纷案，最高人民法院（2018）最高法民终785号民事判决书。郭某因与昆明西山土地房屋开发经营（集团）有限公司、昆明西山土地房屋开发经营有限公司工会委员会、邱某股东会决议效力确认纠纷案，云南省高级人民法院（2008）云高民二终字第196号民事判决书。

② 参见张双根：《论有限责任公司股东资格的认定——以股东名册制度的建构为中心》，载《华东政法大学学报》2014年第5期。

1. 内部关系侧重实质要件

公司内部法律关系是指在投资人、公司、公司股东之间存在的法律关系,不涉及第三人。由于出资证明书、公司章程、股东名册、工商登记等形式要件需要公司主动参与并完成变更手续,在时间上滞后于实质要件,股东资格必然存在名实不符的期间。那么在不满足形式要件的情况下,投资人能否成为股东的决定性因素是看其是否满足实质要件,即具有基础法律关系。例如,是否依法履行出资义务、认缴出资或是否存在合法的继受股权法律关系。

(1)股东已依法履行出资或认缴出资的认定

有限责任公司的发起人若要主张其股东身份,需要证明已完成出资或认缴出资,不过,从公司设立的过程来看,涉及股东资格的文件有很多,例如,《公司法》(2018)及《公司法》(2024)里就规定了设立协议、公司章程、出资证明书、股东名册等形式要件。这些在不涉及外部纠纷时,也可以作为发起人股东身份证明的辅助材料。

对于有限责任公司成立后增资扩股时出资或认缴出资的投资人而言,主张股东资格应证明自己已依法向公司出资或认缴出资。此种情形下,股东资格的判断仍然要以公司与投资人的意思表示为准。公司的意思表示的识别较为清晰,原因在于增资事项是在股东会上经代表2/3以上表决权的股东通过的法定程序,而股东会决议的作出则代表了公司具有增资、接纳新股东的意思表示。

公司增资时股东资格的取得与公司设立时股东资格的取得不同之处在于,后者只要完成了公司登记手续,公司设立,工商登记信息记载的股东便具有了完整无瑕疵的股权,而增资时投资人除了履行出资义务外,与其他继受取得的方式相同,需要完成公司内部及工商登记的变更手续才能取得股东资格并获得完整无瑕疵的股权,此时若出现时间差就可能在出现外部第三人时使其陷入被动局面。

(2)股东已依法受让公司股权的认定

在受让股权而取得股东资格的情况下,新股东无须向公司出资,而是受让原股东对公司的投资权益,因此,实质要件从"股东出资行为"变为"存在合法的股权转让的基础法律关系"。

首先,公司法并未明确受让人取得股东资格的时点。《九民纪要》第8条似乎采取了股东名册形式主义,理由在于其区分了股东名册记载与公司登记的效力,兼顾各方利益。该种观点也与最高人民法院审判实践中一贯的倾向性意见一致,[①]在实践中影响较大,由此仅对公司而言,受让人取得股权与股东资格应以变更股东名册为准。

其次,虽然现有的规范性法律文件以股东名册变更时点作为股权受让人取得股东资格的时点,但这并不绝对,法院通常会结合其他形式要件和能够探知公司和受让人真实意思的行为综合判断。有关股东名册形式主义的评述,详见下文专题九有关股权变动模式部分。

最后,笔者认为在股权转让的情况下应采取公司知情生效主义的模式,可以更好地解决股权变动过程中的权利纷争。公司拒绝股权变动的正当理由仅限于股权转让不符合公司章程的特殊规定。

(3)股东已依法以其他形式继受公司股权的认定

其他形式包含股权赠与、继承、法院判决等,对于股权赠与,其与股权转让中股东资格的认定相同,仅仅是合同有偿与无偿的差别。对于股权继承,依据《公司法》(2024)第90条,在公司章程没有特殊规定的情况下,合法继承人自动获得股权,但若想获得完整无瑕疵的股权和股东资格,尚须履行公司内部以及工商登记等变更程序。对于因法律文书而取得股权资格的情形,根据《公司法》(2024)第85条强制执行股权的规定,在公司收到法院判决书等具有强制执行力的法律文书时,新股东就获得股权,同样地,若想获得完整无瑕疵的股权和股东资格,须履行公司内部以及工商登记等变更程序,未经变更公司登记不得对抗第三人。对于公司合并而取得股权的情形,由于合并的双方或多方公司在合并协议中已明确约定了各方股东在存续公司的股权比例,因此在合并协议生效后,新股东就取得股权,但尚须履行公司内部以及工商登记等变更程序。

2. 外部关系侧重形式要件

公司外部法律关系主要是指公司及股东与其他第三人之间的法律关系。《公司法》(2024)将所有公司登记事项纳入登记对抗的范围内,这其中就包含股东登记。具体到股东资格的取得上,即使股权取得人或继受人具有基础法律关系,满足了股东资格的实质要件,但若未满足形式要件,对于公司、股东交易的第三人来说,其无从知晓股东资格名不副实的情况,因此主张股东资格的股权取得人或股权继受人不能对抗善意第三人。但这里"善意"的标准值得斟酌。虽然《民法典》

---

① 参见最高人民法院民事审判第二庭:《〈全国法院民商事审判工作会议纪要〉理解与适用》,人民法院出版社2019年版,第134页。

《公司法》(2024)、《九民纪要》均规定了公司登记对抗的规则，但是第三人善意的判断是否仅以信赖工商登记信息为准？若第三人比对工商登记、股东名册、公司章程等发现文件记载股东名称存在冲突，是否仍然构成善意？若第三人明知实际出资人、股权继受人以及股权代持等造成股东资格名不副实的情形，是否为善意第三人？显然，当第三人对公司内部登记与外部登记不一致或其他能够证明股东资格存在瑕疵的事实知情，其亦不再是善意的第三人，不能受善意第三人规则的保护。不过遵循"谁主张，谁举证"，对其非善意的举证责任应分配给提起该主张的当事人。

二、股东资格的丧失

学界对股东资格的丧失探讨较少，有学者将股东资格丧失的情形分为八类，包括公司终止、公司注销股份、股东因行使评估权而退出公司、股权转让或股权回购、除名、失权、股票丧失、其他。[①] 笔者认为，根据《公司法》(2024)的规定，有限责任公司的股东资格丧失主要为注销与股权转让，其中能适用注销的情形包括公司终止及减资，能适用转让的情形包括股权转让，可以选择适用注销或转让的情形包括股东瑕疵出资失权、异议股东请求回购等情形。股东资格的丧失意味着股东不再享有股权，也不再承担与公司有关的股东责任。但是股东资格的丧失同样有实质要件与形式要件。实质要件是指上述股权转让、股东除名、回购股权等丧失股东资格的基础法律关系，形式要件是指丧失股东资格须履行公司内部注销程序与公司登记的变更程序。对于公司内部而言，公司作出变更股东名册、公司章程、签发新股东的出资证明书、收购异议股东股权、发出失权通知等行为时，即表明原股东的股东资格丧失。但涉及公司外部第三人时，公司完成工商登记注销或变更程序时，原股东的股东资格才丧失。

【审判实务】

实践中对于股东资格身份取得的认定标准并不一致。在公司设立时的股权原始取得问题上，法院会综合出资、参与公司设立、股东名册等多种要素认定，例如在"纪某忠、德安县宝山建筑材料有限公司等股东资格确认纠纷案"中，法院认为纪某忠既未参与公司设立，也未被记载到股东名册中，因而不是该公司股东。[②]

---

① 参见施天涛：《公司法论》，法律出版社 2018 年版，第 240—241 页。

② 参见最高人民法院民事裁定书，(2021)最高法民申 2269 号。

在“金平县荞菜坪水电开发有限公司、黄某福与黄某真股东资格确认纠纷案”[①]中,针对黄某真的股东身份,法院认为通过《合作开发合同》、公司章程、出资等可以认定,在公司成立时各股东均认可黄某真的股东身份,虽然其名字未记载于股东名册,仍可以认定其为案涉公司股东。而在“金某善、密山市誉诚房地产开发有限公司股东资格确认纠纷案”中,针对金某善的股东身份,法院认为,其虽然向标的公司支付263万元,但未参与公司设立,也未登记在股东名册中,会计账目中对其支付的款项也是“其他付款”而非“股东权益”,综合来看,其并不具有标的公司股东身份。在公司增资扩股时的股权原始取得问题上,广西高级人民法院曾出台裁判指引,指出对投资人投资进行实质判断时,有以下3个参考要点:资金是否转入以及该转入是否有增资的外观,投资人是否在事实上依出资获得按出资比例的股东权益,股东之间、投资人之间是否对该新增投资的使用等有过协议、表态或决议。[②] 对实践中这一综合的认定标准,笔者较为赞同,因为其本质上反映了在内部关系中,股东身份的确认遵循的是一种尊重股东真实意思表示的实质路径。

【典型案例】

孙某娟与春回大地(北京)物业管理有限公司等股东资格确认纠纷案[③]

基本案情:

2018年8月21日,春回大地(北京)物业管理有限公司(以下简称春回大地公司)成立,工商登记显示唯一股东为孙某娟;2018年8月25日,云德信公司与张某峰签订《协议书》载明:由张某峰实际控制的春回大地公司(孙某娟为股权代持人),实施云德信公司持有的物业的经营管理;另查明,孙某娟与张某峰均未实缴出资,张某峰实际经营管理春回大地公司相关业务而孙某娟并未实际掌握公司经营权、管理权、支配权;后张某峰诉至法院,请求确认自身实际股东资格。北京市通州区法院一审与北京市第三中级人民法院二审均认可张某峰为实际股东;孙某娟不服向北京市高级人民法院申请再审。北京市高级人民法院再审维持原判。

---

① 最高人民法院民事裁定书,(2019)最高法民申5585号。

② 参见广西壮族自治区高级人民法院民事审判第二庭关于印发《关于审理公司纠纷案件若干问题的裁判指引》第28条。

③ 参见孙某娟与春回大地(北京)物业管理有限公司等股东资格确认纠纷案,北京市高级人民法院(2021)京民申2406号民事裁定书;北京市高级人民法院民事判决书,(2022)京民再24号。

裁判要旨：

一审判决认为，对公司的设立情况、经营管理、张某峰与春回大地公司的关系等方面进行了全面分析，结合该案无书面协议、口头股权代持存在争议、双方均无实缴出资的具体情况，得出张某峰为春回大地公司实际控制人，与孙某娟之间存在事实上股权代持法律关系的结论，认定张某峰为春回大地公司的股东并持有春回大地公司的股权。

二审判决认为，确认股东资格应当根据当事人实施民事行为的真实意思表示予以认定。基于该案中隐名股东与显名股东之间不存在书面股权代持协议的具体情况，应当进一步考量双方是否存在股权代持的合意、后续实缴出资以及实际经营管理，并对春回大地公司的设立背景、股东权利的行使、股权代持的报酬以及出资情况，结合在案证据进行综合分析，认定张某峰与孙某娟之间符合股权代持法律关系的基本特征，并无不妥，二审维持了一审的判决。

再审判决认为，张某峰从诉讼伊始一直主张与孙某娟之间存在的是股权代持法律关系。张某峰与孙某娟之间虽无形式上的股权代持协议，也对口头股权代持协议的存在持不同意见，但在春回大地公司设立之初，应当具有共同的商业利益考量，就双方在商业利益的一致性上可以判断具有股权代持的合意，符合股权代持法律关系成立的主观条件。而春回大地公司成立后，就股东权利的行使和对公司的实际经营管理方面来看，张某峰直接或通过他人间接对公司业务的开展、资金及财务支配的情况相较于孙某娟更具掌控性，符合股权代持法律关系成立的客观条件，能够认定已形成事实上的股权代持法律关系。通过上述综合分析，张某峰与孙某娟之间股权代持法律关系成立的特征更为明显且更具说服力，能够形成相对完整的证据链并作出合理解释，故张某峰的诉讼请求应当予以支持。

裁判评析：

从司法实践看，法院在认定股东身份时，通常将形式要件和实质要件结合起来进行综合判断。在股权代持协议的形式上，司法裁判逐渐不再将股权代持关系的认定局限于书面协议，体现了司法裁判对于当事人意思和经济现实的尊重。一般而言，股权代持合同被称为隐名投资合同，有时也被称为代持股权合同或者隐名持股合同等。此类合同名称虽然各异，但却拥有共同实质，都包含名义股东行使股权、隐名股东享受股权收益的特征。此种隐名投资合同表现形式多样，不仅仅包含书面合意形式或者口头合意形式，也包括事实合意形式。双方之间虽然没有书面或者口头约定，但是如果以其行为表明了此种合意，则仍应将其认定为隐名投资行为。比如，是否参加公司的经营管理，是否参与公司的分红。这也是法院在认定股东身份时要考量的因素。该案中法院并未机械地仅审查隐名股东与显名股东之间是否存在书面的股权代持协议，而是结合公司的设立背景、股东权利的行使、股权代持的报酬、出资，以及参与公司经营管理的情况作出综合认定，裁判说理透彻，可以作为类案裁判的参考。

问题二　股权代持法律关系

股权代持关系衍生出股东资格确定、债务承担、出资追缴等多方面的纠纷，股权代持问题长期困扰着理论与司法实践，这也成为我国一个具有特色的公司法问题。遗憾的是，时至今日，哪怕是《公司法》(2024)都未能回应股权代持问题，这也使得股权代持的审判一直未能实现统一。为解决由股权代持所引发的争议问题，本书以厘清股权代持所涉及的法律关系为焦点，探讨股权代持所引发的问题，进而为司法实践乃至立法修改提供思路参考。

【规范梳整】

诚如前述，股权代持问题长期未能得到《公司法》的肯认，相关问题也处于悬而未决的状态，现行规则也仅限《公司法司法解释(三)》以及《九民纪要》的审判指导，整体上回应不足。《公司法司法解释(三)》第25条规定了名义股东处分股权的，参照物权法上的善意取得规则。《九民纪要》则规定了实际出资人显名的条件，本质上还是按照《公司法》(2018)第71条规定之“同意权”的规则。可以看出，《公司法司法解释(三)》从承认股权代持的内部关系，到涉及债权人时的外部关系都作了规定，但仍然不足以完全填补股权代持问题所涉及的法律规范漏洞，例如，名义股东、实际出资人的债权人问题等。而《九民纪要》仅是变通执行《公司法》(2018)第71条关于股权转让的规则，弱化过半数同意时的程序要求，本质上还是对《公司法》(2018)第71条的解释。

【理论基础】

股东资格认定诉讼中，有相当比例的纠纷是因股权代持关系而起，股权代持的法律关系涉及众多法律主体，如实际出资人、名义股东、公司及各自的债权人等，极易引发纠纷。司法实践中对股权代持法律关系存在不同见解，如何兼顾实际出资人的投资权益、有限责任公司的人合性与善意第三人的信赖利益，一直以来是司法的难题。学界对于股权代持法律关系的性质存在三种解释路径，即委托代理说、信托关系说、无名合同说，笔者在《股权代持的权利架构——股权归属与处分效力的追问》[①]一文中已对此进行了深入分析，并认可委托代理说较为契合我国对股权代持的规制体系。下文将根据委托代理说，分别剖析各法律主体之间的法律关系。

一、实际出资人与名义股东之间的法律关系

《公司法司法解释（三）》第24条对隐名股东身份认定及显名路径已经作出了初步规定，但在具体认定该裁判规则方面仍然需要进一步细化与检讨。司法实践中，涉及这类案件的裁判通常聚焦于以下几个问题：其一，是否存在股权代持协议/事实；其二，代持协议的效力如何认定；其三，是否实际出资；其四，公司其他股东半数以上同意如何认定。因此，笔者从上述四个方面对该类案件进行类型化分析。

1. 股权代持法律关系的识别

隐名股东为维护自身权益，绝大多数情况会签订书面股权代持协议。在此情况下，双方对于股权代持关系通常不持异议。但根据1999年《合同法》的规定，股权代持协议并非必须以书面形式存在，口头协议也无不可。由此产生的问题在于，在无书面协议的情况下，如何认定当事人之间存在股权代持合意，这涉及举证责任的分配问题，对此司法实践中缺乏统一的认识。

在"王某与青海珠峰虫草药业有限公司股东资格确认纠纷"一案中，最高人民法院在二审中认为，"家庭会议未就实际出资人与名义出资人之间存在代持股合意的问题达成任何书面记载，在无法证明双方存在股权代持合意的情况下，即便出资资金确来自实际出资人，但也不能认定其股东资格"。而在"薛某玶与陆某生、江苏苏浙皖边界市场发展有限公司等委托代理合同纠纷"一案中，最高人民法院认为双方之间未签订委托收购股权并代持股权的书面合同，但隐名股东汇付款项的事实客观存在，对该笔款项的性质，显名股东虽然主张为借款，但未能提供任何证据证明，故而认定双方存在股权代持关系。上述两个案件均为对内关系中股权代持关系的认定，基于优势证据有着不同的认定标准，法院的判决结果并不相同。但可以看到，最高人民法院的裁判态度由对于非书面协议的不认可，逐步演进为股权代持协议并非以书面形式为限。换言之，如果有实际出资、行使股东权

① 参见王毓莹：《股权代持的权利架构——股权归属与处分效力的追问》，载《比较法研究》2020年第3期。

利等能够推翻股东名册和工商登记等外观形式，按照实质证据认定案件事实，在该种情况下，即便没有书面股权代持协议，只要能形成完整证据链证明有股权代持合意即可。而在有外部第三人的情况下，最高人民法院采用了外观主义标准，如在"杨某、中国银行股份有限公司莱芜分行等申请执行人执行异议之诉"一案中，因为案件涉及第三人，尽管显名股东及目标公司都出具了证明书承认隐名出资的事实，但最高人民法院仍未对隐名股东身份予以认定。

综上，在对股权代持合意认定的举证责任分配上，遵循的是传统的"谁主张，谁举证"原则，由主张股权代持关系存在的一方当事人来进行举证。当股权代持协议为书面时，隐名股东只需举证存在该书面股权代持协议即可，除非有相反证据足以推翻代持协议，否则法官通常认定存在股权代持合意；在不存在书面代持协议时，主张股权代持协议一方还需提供其他证据以补强股权代持合意，以使法官产生足够的内心确信，方才完成举证责任。①

2. 股权代持合同的法律效力

通常情况下，双方当事人对于合同效力问题不存在分歧。根据 1999 年《合同法》的规定，只要股权代持协议没有违反《合同法》第 52 条规定的情形，人民法院应当认定合同有效，这是法律尊重合同当事人意思自治的体现。但是，在基金、保险等特殊行业，相应的部门规章及规范性文件往往对于股权代持有特别的规定，例如《关于外国投资者并购境内企业的规定》《商业银行股权管理暂行办法》《保险公司股权管理办法》等部门规章中的相关规定。违反上述规定是否构成 1999 年《合同法》第 52 条规定的情形，从而认定代持协议无效，需要特别关注。

有效的股权代持协议仅产生合同法上的效力，无组织法上的效力。根据合同相对性原则，实际出资人与名义股东间的代持协议不能对抗公司及其他第三人。虽然双方可以约定投资权益归属实际出资人，但其不等于股东权利。也有学者认为，"主张权利"仅限于因持有股权而享有的分红权与剩余财产索取权，是一种财产性权利，不包括表决权等人身性权利。② 笔者认为，该权利或投资权益的被请求人是名义股东，因此这里的权利可以包括共益权，但不能直接行使，仅能通过名义股东间接行使。若名义股东违反股权代持协议，例如处分股权、不给付投资权益等等，则应承担违约责任。无效的股权代持协议常因违反法律的强制性规定而无

---

① 参见王毓莹：《隐名股东的身份认定及其显名路径——基于最高人民法院 76 份裁判文书的实证分析》，载《国家检察官学院学报》2021 年第 2 期。

② 参见葛伟军：《有限责任公司股权代持的法律性质——兼评我国〈公司法司法解释三〉第 24 条》，载《法律科学（西北政法大学学报）》2016 年第 5 期。

效，尤其在证券业、银行业、保险业等涉及金融秩序的领域中，相应的部门规章及规范性文件往往对于股权代持有特别的规定，典型的如金融领域内的规定，违背该规定的代持协议会损害金融安全、市场秩序等，因而当属无效。

在涉及银行股权的代持问题上，鉴于中国银行保险监督管理委员会曾发布《商业银行股权管理暂行办法》（2018 年第 1 号），该办法虽系部门规章，但其中第 10、12 条明确对商业银行的股权代持行为予以否定，故法院判决倾向于对该领域股权代持持否定态度。

关于保险公司股权代持的问题，在保险业近年的强监管态势背景下，金融商事审判与金融监管存在协同配合的趋势，更加注重保障金融秩序和社会稳定。但应当注意的是，在“福建伟杰投资有限公司、福州天策实业有限公司营业信托纠纷”一案中，最高人民法院在认定代持保险公司股权协议无效时，并未将 1999 年《合同法》第 52 条中“违反法律、行政法规的强制性规定”扩张解释至部门规章，而是从《保险公司股权管理办法》禁止代持保险公司股权规定的规范目的、内容实质，以及实践中允许代持保险公司股权可能出现的危害后果进行综合分析认定，认为该行为违反社会公共利益，因而认定无效。

关于上市公司股权代持的问题，最高人民法院对具体案件不同情形下的协议效力作了不同区分，裁判思路也随着时间推移发生了变化。在“成都广诚贸易有限公司（以下简称广诚公司）与福州飞越集团有限公司（以下简称飞越集团）股权确认纠纷”一案中，最高人民法院采取区分说，认为在对内关系上，广诚公司与飞越集团之间应根据双方的协议约定，广诚公司为该股权的权利人；在对外关系上，即对广诚公司与飞越集团以外的其他人，应当按照公示的内容，认定该股权由记名股东飞越集团享有。在“陈某明与王某股权转让纠纷”一案中，最高人民法院认为，案涉股权虽然在限售期内，但该股权转让及代持行为，既不会引起上市公司股权关系的变化，也不会免除陈某明作为上市公司股东所应承担的责任，并不违反相关法律法规的强制性规定，应认定为有效。而在“杨某国、林某坤股权转让纠纷”一案中，最高人民法院则转变了裁判思路，其认为，“本案股权代持协议违反公司上市系列监管规定，这些规定虽属于部门规章性质，但因经法律授权且与法律并不冲突，并属于证券行业监管基本要求与业内共识，并对广大非特定投资人利益构成重要保障，对社会公共利益亦为必要保障所在，故依据《合同法》第 52 条第 4 项等规定，确认股权代持协议无效，本案上述诉争协议应认定为无效”。

3. 实际出资的认定

在双方对是否存在代持关系持争议时，通常涉及实际出资的认定。在全面认缴制下,股东资格并不以实缴为要件,但却是隐名股东欲真正成为股东的重要证据。因为股权代持本身就有一定的隐秘性,实际出资能够证明隐名股东有成为股东的愿望。人民法院往往通过相关财务资料、出资款流转去向等直接证据认定实际出资情况,在隐名股东非直接出资的情况下,则需查明多重法律关系进而确定出资情况。根据《公司法》(2024)第48条之规定,股东可以用货币出资,也可以用实物、知识产权、土地使用权等可以用货币估价并可以依法转让的非货币财产作价。根据《公司法司法解释(三)》第23条之规定,当事人向法院要求确认股权权属,应当证明已向公司认缴出资或依法出资原始取得股权,或者依法继受公司股权,但不得违反法律法规的强制性规定。在“郑州亿升电熔耐火材料有限公司与杨某武及青海隆安煤业有限公司等股东资格确认纠纷”一案中,最高人民法院认为,虽然工商登记中没有隐名股东的身份记载,但是通过对财务收据和财务报告等的审查,可以认定隐名股东实际出资,享有股东权利。司法实践中,对于隐名股东实际出资的审查往往还涉及该款项是否注入公司资本,如在“陈某与山东省轻工集体企业联社企业出资人权益确认纠纷”一案中,最高人民法院认为,“即使实际出资人,能够证明其事实上通过名义出资人向公司投入了一笔资金,但如果其不能证明所投资款项已经计入公司注册资本,则不能将该部分资金兑换为股东持有公司股权的比例”。而对于隐名股东非直接出资的情形,最高人民法院在“王某与安徽阜阳华纺和泰房地产开发有限公司(以下简称和泰公司)股东资格确认纠纷”一案中指出,“在该案中存在两个合伙关系,一是张某、王某与袁某敏之间就整个项目投资的合伙关系,在该合伙关系中,张某、王某共同承担75%的出资义务,袁某敏承担25%的出资义务,二是张某、王某与倪某东之间就前述合伙关系中75%的出资义务的合伙关系,虽然王某与和泰公司之间并不存在直接的出资关系,但通过对双重股权代持关系的审查,可以认定王某为实际出资人”。

4. 公司其他股东过半数同意的认定

《公司法司法解释(三)》第24条将公司其他股东过半数以上同意作为隐名股东显名化的条件,这是基于有限责任公司人合性的特点。《九民纪要》第28条规定,隐名股东能够提供证据证明有限责任公司过半数的其他股东知道其实际出资的事实,且对其实际行使股东权利未曾提出异议的,对隐名股东提出的登记为公司股东的请求,人民法院依法予以支持。在《九民纪要》出台之前,司法实践中对于隐名股东实际出资并行使股东权利是不持异议的,亦予以认可符合隐名股东显名的条件,如“殷某、张某兰股东资格确认纠纷案”及“贵州捷安投资有限公司与贵阳黔峰生物制品有限责任公司等公司增资扩股出资份额优先认购权纠纷案”。

《九民纪要》对此的规定是对以往裁判经验的总结,但具体到司法实践中还需要对“默示同意”的条件进一步细化,具体行为方式包括但不限于共同筹备协商、向发起人或名义股东转账或直接向公司汇款、参与公司经营决策、参加股东会或董事会、指派公司高级管理人员、直接或间接表决、参与分红或清算等。对“默示同意”的认定应当以存在上述两个事实为基础,进而审查其他股东是否知道或应当知道。在推定知悉时,应遵循理性人标准。威林斯顿(Willinston)在《合同法重述》(第1版)中指出,解释合同不能依赖当事人任何一方的主观意见,而应依照熟悉该事项情况的理智之人(reasonable person)的标准作解释。同样,笔者认为,对于“应当知道”同样也应依照该理智之人的标准作判断,而在涉及专业投资、金融等商事交易纠纷中,因股东不仅是一般的理性人而且是精明的商事主体,可适当提高对审慎勤勉的要求,采“谨慎之商人”标准。

二、实际出资人与名义股东债权人之间的法律关系

名义股东的债权人可以分为两类,一类为交易债权人,即直接发生对案涉股权的交易;另一类为非交易债权人,即其他一般债权人。针对交易债权人,主流观点认可其对名义股东资格的商事外观信赖,主张保护其信赖利益,笔者亦主张,在确信其为善意第三人时,应当保护其信赖利益。但针对第二类,即非交易债权人,是否存在信赖利益?信赖利益是否值得保护?以至于,在第二类债权人之债权涉及对案涉股权强制执行时,实际出资人能否依其实际出资和股权代持协议主张执行异议?对此,学界人言人殊,甚至笔者对这一问题的观点也曾有过动摇。

笔者认为,应当坚持贯彻外观主义法理,维护交易安全。若过于保护股权代持中实际出资人的利益,对交易安全百害而无一利,有“法不责众”之虞。正是因为既往对外观主义的贯彻过于保守,才造成了实践中当事人恣意创造权利外观的现象频发。《公司法司法解释(三)》对股权代持的规定,本是规制股权代持、贯彻外观主义的重要契机,结果却不尽如人意。一方面,当时外观主义理论的研究尚处于初期,[①]立法者没有意识到“股权变动与物权变动存在不同的结构”,[②]错误地将民法中善意取得“嫁接”到公司股权中,最终造成《公司法司法解释(三)》第25—27条逻辑错乱——要求名义股东承担股东的义务和责任,却又不承认其具有

① 有学者统计,以中国期刊全文数据库(CNKI)收录的文献为例,1997—2010年只有6篇文献的标题中包括了“外观主义”这一关键词;参见张洪松:《外观主义论纲》,载李琦主编:《厦门大学法律评论》第17辑,厦门大学出版社2010年版,第79页。

② 参见王涌:《股权如何善意取得?——关于〈公司法〉司法解释三第28条的疑问》,载《暨南学报(哲学社会科学版)》2012年第12期。

股权处分权,这一点学界几乎达成共识,详见专题九股权善意取得部分。若当时最高人民法院能意识到外观主义原理,也许就不会有善意取得制度“越俎代庖”的现象。另一方面,碍于实践中代持股现象的猖獗,若采取一刀切的方式严厉打击代持股现象,不符合现实国情,也难以获得社会认同。[①] 外观主义,尤其是在公司法领域,属于组织法上的外观主义,主要功能是降低识别组织结构的判断风险,简化组织关系的识别。[②] 中国的商事法律、司法解释、商事案件审判中应严格贯彻外观主义,原因有以下几点。

第一,司法政策的考量具有一定的价值。股东代持在当今经济生活中处处可见,引起了巨量的纠纷,[③]使得人民法院不堪诉累。正如学者所言的,“股东设立公司,原是正大光明的投资行为,却刻意遮掩,以致公司、债权人、外部受让人均得多加小心验明正身,否则难免被拖入纠纷。立法、司法机关也须格外打点精神应对,无疑是对社会资源的一大浪费”[④]。若始终小心翼翼地维护着无辜的实际权利人与无辜的善意相对方的利益平衡,看似实现了个案公平,实则贻害无穷,滋生更多的诉累。正如李建伟教授所说的:“变动不居的标准比一个不合理的标准可能带来的问题更多。”[⑤]笔者深感赞同。严格贯彻外观主义将会让那些试图创造虚假外观的当事人重新审视自己的行为,使其在享受虚假外观带来利益的同时承担相应的风险。这也是符合最高人民法院一贯的态度。[⑥]

第二,外观主义理论只适用于交易场合的观点没有依据。如上所述,学者们一再主张,外观主义仅适用于就相关标的从事交易的第三人。然而,据笔者查证,滥觞于德国的外观主义法理并不限于交易场景下。其理论上的构成要件“外观事

① 这也暗合了最高人民法院碰到司法疑难问题时采取总的原则:“符合基本法理、结果大致公平、与既有的裁判思路大体保持一致、符合我国国情。”

参见最高人民法院民事审判第二庭编著:《〈全国法院民商事审判工作会议纪要〉理解与适用》,人民法院出版社 2019 年版,第 192 页。

② 参见蒋大兴:《超越商事交易裁判中的“普通民法逻辑”》,载《国家检察官学院学报》2021 年第 2 期。

③ 以“隐名出资”“股权代持”“隐名投资”为关键词,在威科先行案例数据库中共搜索到 15,703 件案例,近 5 年有 12,885 件案例。

④ 甘培忠、周淳:《隐名出资纠纷司法审裁若干问题探讨》,载《法律适用》2013 年第 5 期。

⑤ 参见 2020 年 11 月 10 日举办的《“公司法修改巡回论坛”武汉大学站——股东与股权制度的改革完善与公司法修改》录音稿李建伟教授发言部分,https://mp.weixin.qq.com/s/Ljn7VKEcE_QA-jpMqaP973g,最后访问日期:2021 年 3 月 12 日。

⑥ “实际出资人既然选择隐名,固有其商业利益考虑,既然通过代持关系获得了这种商业上的利益,或者在显名的情形下不能获得的利益,则也必须承担此种代持所带来的固有风险。”参见河南寿酒集团有限公司、韩某案外人执行异议之诉,最高人民法院(2019)最高法民再 99 号民事判决书;新乡市汇通投资有限公司、韩某案外执行异议之诉,最高人民法院(2018)最高法民再 325 号再审民事判决书等。

实""本人与因""相对人善意"也未将外观主义的适用限缩于交易场景之下。微观来看,当非交易债权人与债务人进行民事交往时,债权人信赖的是债务人的整体责任财产范围,既包括现有的财产,也包括未来取得的财产,其确定的时点以强制执行时债务人所能清偿的范围为限,股权作为财产利益属于非交易债权人的信赖范围,当然适用外观主义。所以"仅仅因为债务纠纷而寻查债务人的财产还债,并无信赖利益保护的需要"的观点是没有道理的。宏观而言,外观主义作为保护交易安全的法理念,不仅保护微观的交易,而且是从宏观"动的安全"(the dynamic security of law)与"静的安全"(the static security of law)冲突的角度出发,保护动的安全。① 消灭虚假的外观事实属于外观主义的题中之义,其价值正如《民法典》消灭隐性担保一样,②解决潜在的权利冲突,防范交易主体间的规避行为,让市场信息更加透明、交易更加便捷安全。毕竟,"阳光是最好的消毒剂"。

第三,从司法政策的价值导向角度看,严格贯彻外观主义有助于引导民事主体爱惜自己的"羽毛",珍惜自己的"外观",自负其责。即使法官在个案中偏离正义,但在更普遍的意义上是有利于增强登记制度的公信力、构建社会诚信体系的。若允许当事人恣意创造权利外观给公司法律关系、登记制度等带来混乱,增加社会的整体商业风险和成本,该风险和成本应当由实际出资人自行承担。例如,在"闫某兵、张某国房屋买卖合同纠纷、买卖合同纠纷"一案中,国企改制时为了安置员工,将员工的房产登记在公司名下,后公司将房地产出卖,使得员工们出租门面和仓库以改善生活的希望落空。该案历经十几年,经过三级法院审理,对合同的效力出现过不同的认定。最终湖北省高级人民法院顶住压力,坚持了外观主义。判决书中有这样一段掷地有声的文字:"法律是规则之治,在具体个案中,适用规则的后果与最优道德判断有时是有差异的。严格适用规则、预先禁止根据每个具体的情境作个别化判断,从总体的、累积性的后果来看,是有效率的。"③同时,贯彻外观主义有利于实现法律在商事领域所注重和追求的安全、秩序与效率等价值。保证交易安全、便捷、有效进行是商事主体、法律、社会共同的目标,商事主体所负担社会责任就是以全面、直接、便宜获取的方式宣示自身信息,从而减少交易中信

---

① See Demogue, *Les notions fondamentales du droit privé* (1911), PP. 63 et suiv., 81. cited in Ryoyu Kita, *The Theory of Rechtsschein in German Law and Its Application to Japanese Law* (Ⅱ) *As Compared with the Anglo – American Doctrine of Estoppel*, Shogaku Tokyu 7(4), Feb. 1957, p. 35.

② 参见龙俊:《民法典中的动产和权利担保体系》,载《法学研究》2020 年第 6 期。

③ 闫某兵等 22 人因与襄樊浩森机电有限公司、襄樊市物资开发公司解散清算组、襄阳吉达贸易有限公司、北龙置业有限公司房地产买卖合同纠纷案,湖北省高级人民法院(2014)鄂民监二再终字第 61 号民事判决书。

息搜寻、筛选造成的资源浪费。外观主义对风险的分配方式也符合了商法追求的效率和迅捷原则。笔者认为,短期内坚持外观主义带来的“阵痛”和“牺牲”,从长远意义上看是有价值的。

三、实际出资人与公司之间的法律关系

如前所述,实际出资人并不具有股东资格,仅可以根据股权代持协议向名义股东主张投资权益。然而,实践中常发生名义股东违反股权代持协议或不承认股权代持法律关系,实际出资人向公司主张其具有股东资格,即实际出资人的显名化。根据《公司法司法解释(三)》第24条第3款、《九民纪要》第28条的规定,一般情况下,实际出资人不具有股东资格,不能以股权代持协议对抗公司及其他第三人,概因股权代持协议的合同相对性、有限责任公司的人合性以及公司法上认定股东资格的组织法规则。但是在其他股东和公司知情且无异议的情况下,实际出资人主张显名并不会影响公司人合性,且其他股东应遵循禁反言的诚信原则,公司应对实际出资人的股东资格予以认可。

【审判实务】

一、实际出资人与名义出资股东之间的法律关系

在涉及银行股权的代持问题上,理论界与实务界关注较早的是“华懋金融服务有限公司(以下简称华懋公司)与中国中小企业投资有限公司委托投资纠纷案”。最高人民法院在该案中认为,华懋公司作为外企,规避内地金融管制的强制性规定,属于以合法形式掩盖非法目的,相应代持协议无效。[①] 值得注意的是,随着我国银行业对外开放的推进,《境外金融机构投资入股中资金融机构管理办法》已废止,境外金融机构委托内地企业代持中资金融机构股权的,原则上不会再因违反该规定而被认定为无效,但2018年原中国银行业监督管理委员会发布的《商业银行股权管理暂行办法》健全了从股东、商业银行到监管部门“三位一体”的穿透监管框架,明确了主要股东信息报送责任、商业银行信息核实责任以及监管部门的最终认定责任,表明了监管机构将重点解决隐名股东、股权代持等违规行为的强监管导向。在“河南寿酒集团有限公司、韩某案外人执行异议之诉案”中,最高人民法院亦对银行领域的股权代持采否定态度。[②]

对于无效的股权代持合同,其法律后果并不清晰。实践中通常根据1999年

---

① 参见最高人民法院民事判决书,(2002)民四终字第30号。
② 参见最高人民法院民事判决书,(2019)最高法民再99号。

《合同法》第 58 条、《民法总则》第 157 条的规定，因该合同取得的财产，应当予以返还；不能返还或者没有必要返还的，应当折价补偿。有过错的一方应当赔偿对方因此所受到的损失，双方都有过错的，应当各自承担相应的责任。由于代持股本身因违反法律强制性规定，实际出资人并不能取得股权，有的法院根据双方的过错酌情判决名义股东赔偿实际出资人部分损失，如前述（2017）最高法民申 2454 号、（2019）沪民终 295 号、（2002）民四终字第 30 号案件，有的法院则认为代持股协议对外无效，对内有效，因此合同当事人仍然可以根据合同条款主张违约责任，如前述（2021）藏民终 48 号案件。

二、实际出资人与名义股东债权人之间的法律关系

实践中还存在名义股东转让股权后，实际出资人主张投资权益的案件。对于这类案件，由于涉及公司外部第三人，法院通常侧重于维护交易安全，保护善意信赖的第三人。例如，在“罗某辉、聂某超股东资格确认纠纷案”①中，法院认为名义股东对外转让全部股权，不再享有任何股东权益和其他权益，那么实际出资人也不再享有公司隐名股东的相应权益，无权主张股权的收回投资款和分红权。

三、实际出资人与公司之间的法律关系

实际出资人的显名需要经公司股东过半数同意，但同意又分为明示和默示，前者自不必言，司法实践对于默示同意的认定逐渐走向了“人合性标准”。如在“林某群与林某、张某股东资格确认纠纷案”②中，最高人民法院基于其他股东的清楚认可而判定变更工商登记。又如在“殷某、张某兰股东资格确认纠纷案”③中，最高人民法院认为，依据当事人之间的约定、出资事实以及隐名股东多次以股东身份参加股东会议的事实，可以确定公司其他股东对于隐名股东是知情的，从而认定了隐名股东的股东资格。再如在“如皋市金鼎置业有限公司（以下简称金鼎公司）、南通正达房地产开发有限公司等股东资格确认纠纷案”④中，最高人民法院认为“根据股东会议纪要、2013 年 10 月 20 日的《股权确认书》等证据，能够证明被申请人已实际投资并享有金鼎公司 20% 的股份。被申请人受叶某滨的委托主持股东会议，与其他股东共同推荐董事，已实际参与公司经营管理活动，行使股东权利”。如在“贵州捷安投资有限公司与贵阳黔峰生物制品有限责任公司等公

---

① 最高人民法院民事裁定书，（2019）最高法民申 5848 号。

② 最高人民法院民事裁定书，（2014）民申字第 1053 号。

③ 最高人民法院民事裁定书，（2017）最高法民申 37 号。

④ 最高人民法院民事裁定书，（2021）最高法民申 1074 号。

司增资扩股出资份额优先认购权纠纷案”①中，最高人民法院更是将其他股东未阻止隐名股东派人进入董事会，并行使表决权的行为推定为公司其他股东对隐名股东资格的承认。

对于商事外观主义，在“海航案”（详见下文典型案例）之前，最高人民法院最早在2015年“中国银行股份有限公司西安南郊支行申请上海华冠投资有限公司执行人执行异议之诉案”中曾认为名义股东的债权人并非基于名义股东持有的股权从事交易，对其并无信赖利益保护的需要。② 但自该案之后，最高人民法院转变态度，一系列判例都在传递着绝对贯彻外观主义的理念，将外观主义的保护范围扩大到非交易行为、③承认申请执行人在执行过程中的信赖利益、④遏制隐名持股这类名不副实的外观事实给社会造成的不良影响，⑤为构建良好的、透明的营商环境树立了新风向。然而，在隐名股东是否可以对抗名义股东非交易债权人强制执行的问题上，法律规范性文件与最高人民法院裁判形成了截然相反的观点，学界众说纷纭，莫衷一是。一方面，2019年《九民纪要》前言部分明确指出“实际权利人与名义权利人的关系应当注重财产的实质归属，而不单纯取决于外观主义”。刘贵祥法官在《民法典》通过后，专门强调：“外观主义是为保护交易安全设置的例外规定，一般适用于因合理信赖权利外观或意思表示外观而进行的民商事交易行为，不应适用于强制执行及其他非交易行为。”⑥有些法官和学者也认为应将外观主义的适用范围限定在产生交易关系的第三人。⑦ 另一方面，除了前述所列举的

---

① 最高人民法院判决书，(2009)民二终字第3号。

② 参见最高人民法院民事裁定书，(2015)民申字第2381号。

③ 参见最高人民法院民事裁定书，(2016)最高法民申3132号；最高人民法院民事裁定书，(2018)最高法民申5926号；最高人民法院民事判决书，(2019)最高法民再45号；最高人民法院民事判决书，(2019)最高法民再46号；最高人民法院民事判决书，(2019)最高法民再99号；最高人民法院民事判决书，(2018)最高法民再325号；最高人民法院民事判决书，(2020)最高法民终675号。

④ 参见最高人民法院民事判决书，(2016)最高法民再360号。

⑤ 参见最高人民法院民事判决书，(2019)最高法民再46号；最高人民法院民事判决书，(2018)最高法民再325号。

⑥ 刘贵祥：《民法典适用的几个重大问题》，载《人民司法》2021年第1期。

⑦ 参见张勇健：《商事审判中适用外观主义原则的范围探讨与最高人民法院〈关于适用《中华人民共和国公司法》若干问题的规定(三)〉相关条文对照》，载《法律适用》2011年第8期。胡鹰、陈颖：《执行异议和破产程序中涉股权代持纠纷裁判规则初探——结合〈民法典〉新规定》，载《法律适用》2021年第4期；张亮、孙恬静：《案外人执行异议之诉中债权人与隐名股东保护的价值衡量——兼论商事外观主义在强制执行程序中的运用边界》，载《法律适用》2021年第8期；毛海波：《〈民法典〉框架下司法对外观主义理论的精准把握与限缩适用》，载《法律适用》2021年第9期。

最高人民法院案例以外，支持绝对贯彻外观主义的学者也有很多。① 对此，笔者在前述理论基础部分已有详述，即应当坚持贯彻外观主义，此处不再赘述。

【典型案例】

中信银行股份有限公司济南分行与海航集团有限公司执行异议案②

基本案情：

2010 年，海航集团有限公司（以下简称海航集团）与中商财富签订股权代持协议，代持营口沿海银行股份，委托期限 3 年。3 年后，双方续签代持协议，委托期限 3 年，并约定，3 年期间若发生代持资产被采取查封、扣押等强制措施，中商财富应积极配合海航集团向法院或其他有权机构提出解除查封、扣押等强制措施的申请或申诉。如不能解除，中商财富应另行向法院提供其他财产以确保解除代持资产的强制措施，否则给海航集团造成损失的，海航集团有权向中商财富追偿。

营口沿海银行成立于 2010 年，公司章程第 16 条规定，公司股份采股权证行使，股权证是证明股东身份的书面凭证；第 33 条规定，股东名册是证明股东身份的依据，股权权属变更自记载于股东名册时生效。

2013 年，中信银行股份有限公司济南分行（以下简称中信济南分行）与中商财富发生借款合同纠纷，生效判决判令中商财富偿还借款及利息。判决生效后，中商财富代海航集团持有之股份被拍卖。拍卖期间，海航集团向执行部门提出异议，在被驳回后，海航集团提起执行异议之诉。

裁判要旨：

一审判决认为，股东的确认应当依据法律和公司章程进行。该案中，中商财富所持股份为股份有限公司的股份，登记于工商管理部门。根据营口沿海银行公司章程的规定，中商财富持有股权证，且记载于股东名册。而海航集团与中商财富之间代持协议仅系双方间的委托代理关系，海航集团并不据此取得营口沿海银行股东地位，不得对抗司法机关采取的强制措施。

---

① 参见肖建国：《执行标的实体权属的判断标准——以案外人异议的审查为中心的研究》，载《政法论坛》2010 年第 3 期；司伟：《有限责任公司实际出资人执行异议之诉的裁判理念》，载《人民法院报》2018 年 8 月 22 日，第 7 版；刘俊海：《代持股权作为执行标的时隐名股东的异议权研究》，载《天津法学》2019 年第 2 期；葛伟军：《股权代持的司法裁判与规范理念》，载《华东政法大学学报》2020 年第 6 期。

② 参见最高人民法院民事判决书，(2016)最高法民再 360 号。

二审判决认为,代持股协议不违反法律、行政法规的效力性强制性规定,合法有效。根据《公司法司法解释(三)》第24条第1、2款以及《合同法》第404条,海航集团与中商财富间形成委托合同关系,受托人处理委托事务所得财产应归属海航集团所有。因此,中商财富所持营口沿海银行之股份实际权利及未分配股利应归属海航集团所有。该案股权证、股东名册乃至工商登记作为一种权利外观,仅具有权利推定效力,并不一定与实际权利相符。中信济南分行并非基于信赖权利外观而需要保护的民事法律行为之善意第三人,该案也没有需要维护的交易安全,因此中信济南分行的债权请求权不能受到优先于实际权利人海航集团的保护。

再审判决认为,首先,代持股协议本质是一种债权债务关系,应受合同相对性约束,实际出资人仅可以向名义股东主张权利,对案外第三人不产生效力,因而海航集团并不因此享有股东地位;其次,该案并非没有需要保护的信赖利益,中信济南分行是基于衡量中商财富的实际财产才选择与其交易,其中就包括登记在册的股份;再次,债权人对财产的判断只能通过外部信息的外观,不能苛求其做实际审查,并且实际出资人亦有基于合同的法律救济机制,财产被执行也并未超越其心理预期;最后,从司法政策价值导向上看,侧重保护隐名股东利益会在客观上鼓励代持股现象,依法判决隐名股东不能对抗强制执行,也有利于规范商业银行的股权法律关系,防止出现违法规避行为。

裁判评析:

该案的审理过程可谓一波三折。一审法院认为股权代持协议仅具有内部效力,不能对抗第三人,实际出资人也不具有排除强制执行的权利。二审法院则从权利的实质归属出发,认为名义股东的金钱债权人对涉案股权不具有信赖,不适用外观主义法理,因此债权人申请执行股权的请求不能受到优先于实际权利人海航集团的保护。再审法院从股权代持协议的相对性、信赖利益保护、债权人和隐名股东的利益衡量、司法政策价值导向四个角度出发,论证了实际出资人就涉案股份不享有足以排除强制执行的民事权益,不能排除人民法院的强制执行。

一审、二审与再审法院观点上的不同反映了实践中对于商事外观主义认识的反复。在我国民商一体的立法模式下,民法上的外观主义观点很容易为商法所采纳,这也导致股权善意取得问题上的规则错配。商法对效率原则的坚守不同于民法,因而对外观主义的要求也高于一般民事活动。因此,我们应当对此有所区分,至少在商事问题上,基于外观主义的信赖利益更加值得保护,这种信赖利益甚至不仅限于直接的交易利益。

专题九　有限责任公司股权变动

导　语

我国目前在公司股权转让方面的法律规范尚不能满足庞大复杂的社会生活现状，股权转让成为公司诉讼的重灾区。[①] 其中，有限责任公司股权转让涉及众多疑难法律问题，例如股权转让时点的认定、股权让与担保的法律效力、股权的善意取得等，还包括后续专题所研究的股权优先购买权的相关问题。股权变动并非一蹴而就，而是涉及签订股权转让合同、公司内部股东变更登记、工商变更登记三个阶段，需要合同法与公司法的联动规制，且由于公司内部登记与工商登记存在时间差，增加了股权善意取得的可能性。此外，实践中股权让与担保成为了新兴的担保方式，尽管功能主义担保理念成为共识，《九民纪要》与《担保制度司法解释》也认可了股权让与担保是一种非典型担保，但由于法律规定过于单薄，股权让与担保仍然有诸多法律问题有待解决。基于此，本专题将对股权变动模式、股权善意取得、股权让与担保等当前理论与实务中法律疑难问题进行分析讨论。

问题一　股权变动模式的选择与效力模型

股权变动模式争议由来已久，始终未有定论。立法的文义模糊以及司法裁判标准的游移不定，使得股权变动模式在学界呈现出争论不休的状态，而在司法实务中则表现为聚讼纷纭现象。一方面，不同学者根据其对股权的理解和认识、对

① 在"中国裁判文书网"检索，案由为"与公司有关的纠纷"，文书类型为"判决书"，共检索到175,868篇文书，其中股权转让纠纷76,492篇，单项占比43.5%。另有股东资格确认纠纷15,103篇，请求变更公司登记纠纷4560篇、股东名册记载纠纷481篇，四项合计占比55%。

法律和司法解释条文的理解以及对司法判例的选取,得出了不同的结论。至今,学界也未形成较为统一的意见。另一方面,在司法实务中,由于法律规范文义模糊,法官解释空间过大,同案不同判的现象较为普遍,每个司法判例都有可以佐证的理论观点。股权转让纠纷一直是公司纠纷中涉诉最多的领域,并且由于股权变动模式涉及股权转让合同的效力、股东资格的取得、股权的强制执行、股权转让风险的转移等法律事实的认定,更加剧了股权转让所造成的诉累。鉴于此,本专题首先探讨股权变动模式的选择,以期建构起可供使用的效力模型。

【规范梳整】

《公司法》(2018)未能明确股权变动的时点问题,由此引发了理论与实践的争议。《九民纪要》在吸取理论与实践探讨的基础上,采取股东名册形式主义。《公司法》(2024)吸收《九民纪要》的成果以及《公司法》(2018)、《民法典》等相关内容,第34条第2款规定,"公司登记事项未经登记或者未经变更登记,不得对抗善意相对人"。同时第86条第1款还规定,"股东转让股权的,应当书面通知公司,请求变更股东名册";需要办理变更登记的,并请求公司向公司登记机关办理变更登记。公司拒绝或者在合理期限内不予答复的,转让人、受让人可以依法向人民法院提起诉讼。第2款又规定,股权转让的,受让人自记载于股东名册时起可以向公司主张行使股东权利。

股权变动模式的选择关系到受让人股权的取得时间,同时也关涉到外部第三人得以向谁主张权利。结合《九民纪要》和《公司法》(2024),股东名册形式主义的股权变动模式呼之欲出,但"未经登记,不得对抗善意相对人"之规则又削减了股东名册形式主义的对抗范围,"通知公司"又会产生不同的解释,如通知生效主义、公司同意生效主义等。由此看来,结合现行立法、裁判规则以及《公司法》(2024)仍不能判断出立法者究竟选择了哪种股权变动模式。

【理论基础】

《九民纪要》第8条被多数学者理解为采纳了股东名册形式主义。然而,股东名册形式主义亦有其弊端,法律改革的步伐仍在继续。目前,如前所述,《公司法》(2024)吸收《公司法》(2018)第32条第3款的规定,规定了公司登记对抗以及股权转让时有权请求公司变更股东名册,依该规定,我国未来的公司法单独设置了股权转让通知公司的程序,且通过反面解释,公司在有正当理由的情况下可以拒绝。这不禁引起疑问,通知程序的法律效力是什么?公司拒绝协助新股东办理程序事项的正当理由有哪些?股权变动过程中,公司处于被通知的地位还是扮演股权转让审查员的角色?股权变动模式之争似乎仍然扑朔迷离。笔者拟基于《公司法》(2024)的修订条文,就股权变动模式展开分析,以登记对抗效力为切入点,希望为股权变动理论问题提出更加契合我国理论与实践的新视角、新思路。

一、股权变动模式的学说争议

对于股权变动模式,核心争点是股权变动时点的认定,即股权何时从转让人处移转到受让人处。在提出笔者观点之前,有必要简要总结学界目前关于股权变动模式的理论观点,以下缕述之。

(一)意思主义

意思主义模式认为在当事人间股权变动合意一经生效,受让人就取得所受让的股权。意思主义支持者的理由大致概括为三点:第一,股权没有对应的可予支配的外在客体,具有相对性权利的特征,应当仿照同样是相对性权利的债权的变动模式,即意思主义;第二,根据《公司法》(2018)第 73 条、《公司登记管理条例(2016 年修订)》(目前已被废止)第 34 条第 1 款以及《公司法司法解释(三)》第 23 条等相关条文的文义表述,[①]变更股东名册和工商登记等程序性事项均在股权转让之后;第三,采取意思主义可以为附股权保留的买卖以及股权让与担保提供制度基础。[②] 该说在司法实践中也有一定的市场。[③]

(二)修正意思主义

修正意思主义模式,顾名思义,该说是在意思主义规则基础上作的修正。这一观点先后由李建伟教授提出,分为公司认可对抗主义与公司认可生效主义。

1. 公司认可对抗主义

公司认可对抗主义认为股权转让合同生效加上通知公司的事实要件,即发生

① 《公司法》第 73 条规定:“……转让股权后,公司应……修改公司章程和股东名册中有关股东及其出资额的记载……”《公司登记管理条例(2016 年修订)》第 34 条第 1 款规定:“有限责任公司变更股东的,应当自变更之日起 30 日内申请变更登记……”《公司法司法解释(三)》第 23 条规定:“当事人依法……继受取得股权后,公司未……签发出资证明书、记载于股东名册并办理公司登记机关登记……”。

② 参见张双根:《论股权让与的意思主义构成》,载《中外法学》2019 年第 6 期。

③ 参见薛某懿、薛某蛟、王某生、薛某琦与西藏国能矿业发展有限公司、西藏龙辉矿业有限公司股权转让合同纠纷案,最高人民法院(2014)民二终字第 205 号民事判决书;王某灿与王某、苏州工业园区云白华鼎烟囱制造有限公司股权转让纠纷案,江苏省高级人民法院(2015)苏审二商申字第 00108 号民事裁定书。

股权变动的效力,受让人可以对公司主张股权,[①]分解表述为:(1)股权转让协议生效,仅在当事人间产生股权从转让人移转至受让人的效果——这吸收了纯粹意思主义的内核。(2)转让人或者双方将股权转让的事实通知公司后,受让人可以对公司主张股权——此为"修正"的含义。受通知后的公司负有完成变更股东名册、章程记载、商事登记等义务。(3)完成商事登记变更后,方可对抗第三人。[②]此种观点在意思主义的基础上,否认股权的私下变动效力,承认公司在股权变动过程中的地位,增加了外观主义的考量。所谓的"公司认可",实际上在原文中指的是"公司受通知"之时,公司处于被动受通知的地位。

2. 公司认可生效主义

公司认可生效主义模式将公司认可对抗改为公司认可生效,公司对股权变动事实的认可演化为股权变动的生效要件,即公司认可生效主义模式。[③] 分解表述为:股权转让合同生效后仅发生债的效力,转让人有义务请求公司认可受让人成为股东以实现缔约目的;经公司审查认可后受让人成为股东,如公司合法拒绝,则不发生股权变动的效果。[④] 此种模式赋予公司审查股权变动的权力,进而由公司决定股权是否发生变动。鉴于意思主义的内核是达成股权转让合意之时股权发生变动,此种模式的旨趣已与意思主义相差甚远,不应隶属于修正意思主义。

(三)债权形式主义

债权形式主义的称谓源自物权变动理论中的债权形式主义理论的启发,该说认为股权变动除须转让合同生效以外,还需要某种公示手段(股权交付)方能产生股权变动的效果,例如支付转让款、接受股东行权、变更股东名册、变更工商登记等。支付转让款虽有一定公示作用,但更多的是一种合同履行行为,并非一种严格意义上的公示手段,而接受股东行权似乎又转回到修正意思主义模式中的公司

---

① 参见李建伟:《有限责任公司股权变动模式研究——以公司受通知与认可的程序构建为中心》,载《暨南学报(哲学社会科学版)》2012 年第 12 期;山东省高级人民法院《关于审理公司纠纷案件若干问题的意见(试行)》第 35 条规定:"股权转让合同生效后,受让人的股东资格自转让人或受让人将股权转让事实通知公司之日取得。但股权转让合同对股权的转让有特殊约定,或者股权转让合同无效、被撤销或解除的除外。"

② 参见李建伟:《公司认可生效主义股权变动模式——以股权变动中的公司意思为中心》,载《法律科学(西北政法大学学报)》2021 年第 3 期。

③ 广西壮族自治区高级人民法院民二庭《关于审理公司纠纷案件若干问题的裁判指引》第 18 条第 1 款规定:"股权转让合同成立生效后,应当自公司认可新股东资格时发生股权变动效力,但法律、行政法规规定应当办理批准手续的股权转让除外……"

④ 参见李建伟:《公司认可生效主义股权变动模式——以股权变动中的公司意思为中心》,载《法律科学(西北政法大学学报)》2021 年第 3 期。

认可生效模式，因此，这两种类型笔者不再赘言，仅对实践中争议较大的股东名册形式主义以及工商登记形式化主义分而述之。

1. 股东名册形式主义

股东名册形式主义是指股权转让合同生效并且公司变更股东名册，则股权变动，也被称为记载形式主义。[①] 此种观点由于契合《公司法》(2024)第 56 条第 2 款“记载于股东名册的股东，可以依股东名册主张行使股东权利”的规定，也符合全国人大法工委“股东名册在处理各股东关系上具有确定的效力，即记载于股东名册的股东，才可以依股东名册的记载主张行使股东权利”[②]的条文释义，在实践中影响较大。《九民纪要》亦明确采纳了股东名册形式主义。

2. 工商登记形式主义

工商登记形式主义是指股权转让合同生效并且公司变更股权工商登记时，则股权发生变动，也被称为登记形式主义。这一模式彻底契合了公示公信原则，可以实现定分止争之效，因此受到部分学者的青睐。[③] 肯认这一模式的理由在于：第一，符合我国法律传统和股权交易习惯；第二，以股权工商登记吸收、统一或者取代股东名册，可以有效节约社会成本；第三，能够为涉股权变动纠纷案件提供统一明确的裁判规范；第四，有利于保护交易安全，维护私人自治。[④] 但是，鉴于此种模式明显有别于我国的实证法规范，支持此种模式的学者往往附带提出构建相应的配套制度，如构建统一的电子化商事登记平台、改革股东信息登记制度等。

（四）小结：股权变动模式的法律构造

根据上述各类模式的法律结构，可以将股权变动过程划分为以下两个效力层次与四个变动时点。两个效力层次即指生效效力和对抗效力，四个变动时点分别

---

① 参见赵旭东主编：《公司法学》，高等教育出版社 2015 年版，第 250 页；刘俊海：《论有限责任公司股权转让合同的效力》，载《暨南学报(哲学社会科学版)》2012 年第 12 期；郑艳丽：《论有限责任公司股权转让效力与相关文件记载的关系——新公司法视角下的理论与实践分析》，载《当代法学》2009 年第 1 期。

② 安建主编、全国人大常委会法制工作委员会编：《中华人民共和国公司法释义：最新修正版》，法律出版社 2013 年版，第 65 页。

③ 参见刘凯湘：《股东资格认定规则的反思与重构》，载《国家检察官学院学报》2019 年第 1 期；赵旭东、邹学庚：《商事登记效力体系的反思与重构》，载《法学论坛》2021 年第 4 期；赵旭东、邹学庚：《股权变动模式的比较研究与中国方案》，载《法律适用》2021 年第 7 期。

④ 参见赵旭东、邹学庚：《股权变动模式的比较研究与中国方案》，载《法律适用》2021 年第 7 期。

指股权转让合同生效之时、公司知情之时[①]（受通知之时）、公司认可之时[②]（变更股东名册之时、变更公司章程之时、接受股东行权之时甚至是通知股东参加股东会议之时中最早的时点）、公司变更工商登记之时[③]。将股权变动的四个时点与两个效力分别对应，便可以组合出各类股权变动模式。股权变动模式之争无非是对各个时点赋予的效力存在观点分歧，除上述模式外，还有学者主张借鉴德国的商事登记簿制度，将股东名册纳入工商登记，并赋予股东名册变更时点以生效效力和对抗效力。[④] 各股权变动模式的时点效力如表 1 所示。

表 1　五种股权变动模式的法律效力结构

股权变动模式	股权转让合同生效之时		公司知情之时		公司认可之时（包含变更股东名册之时、变更公司章程之时以及接受股东行权之时）		公司变更工商登记之时	
	生效	对抗	生效	对抗	生效	对抗	生效	对抗
意思主义	√	√						
公司知情对抗主义	√			√（仅对抗公司）				√
公司知情生效主义			√					√
公司认可生效主义					√			√
工商登记生效主义							√	√

尽管有如此多的模式可供组合选择，但笔者认为，应选取契合合同法、组织

① 由于《公司法》（2024）第 86 条明确规定了通知公司的程序，因此，有必要额外将公司受通知之时股权变动生效的模式纳入考察范围，笔者称之为公司知情生效主义。通知公司的目的是使公司知情，类似于债权转让中债务人的角色，不论此种通知的形式如何，只要实质上使公司知情便达到了规范目的。

② “公司认可”这一概念本身并非法律术语，其内涵仅仅是公司认可新股东的事实描述，其外延则可以容纳公司作出接纳新股东的决议、变更股东名册、变更公司章程、接受股东行权、变更股东工商登记等。

③ 鉴于“公司认可”的外延过于宽泛，且工商登记本身具有公示效力，因此，笔者将变更工商登记排除在公司认可的含义之内，单独作为一种模式予以分析。

④ 参见胡晓静：《股权转让中的股东资格确认——基于股权权属与股东资格的区分》，载《当代法学》2016 年第 2 期。

法、财产法等一般法理的股权变动模式。

二、股权变动模式的评析

（一）意思主义评析

意思主义的核心主张在于股权作为一种法律技术化的一般私法权利种类，具有相对性，且没有可予以支配的外在客体，应当仿照债权采用最一般的权利变动模式，即意思主义。笔者认为，此种主张有失偏颇。

第一，股权与债权迥然不同，将股权看作债权不符合合同法、组织法以及财产法原理。首先，股权并不仅仅是股东对公司享有的一系列权利。“股权，是公司收受投资者或股东出资后，与股东之间权利义务关系的基础，派生了股东和公司之间的权利义务关系，以及股东相互关系的权利义务关系，呈现了双重法律关系的属性。”①股权转让更类似于股东与公司相互关系的概括转让，而不是单纯的债权转让。其次，意思主义模式不符合组织法规则。股权转让所涉利益冲突具有多元化的特点，牵涉到目标公司及公司其他股东，甚至公司债权人的合法利益，法律关系错综复杂。② 最后，股权变动达成合意并不意味着对公司和外部第三人生效。一方面，转让双方达成股权变动合意，根据合同法相对性原理，并不对公司生效。“股权转让合同本身属于权利变动的原因行为，其直接效果在于约束合同交易双方如约进行交易，而不是当然地产生交易效果或实现交易目的”，未经公司确认的股权转让，“仅在合同双方当事人之间发生一定的权利转移效力，如办理变更手续的请求权和股权收益权”③。另一方面，转让双方达成股权变动合意，未完成工商登记变更手续的情况下，不得对抗善意第三人。而根据意思主义的观点，转让人与受让人达成股权变动合意，即股权发生变动，且可以对抗公司和其他外部第三人。④ 此种架空登记对抗规则的“隐形股权转让”模式，会导致与隐形担保一样的危害：股东的债权人无法形成合理的预期，债权人无法根据登记来获得一个确定的标准来判断债务人的责任财产；完全无法防范股东通过倒签合同的方式虚构股权交易的道德风险；⑤登记对抗规则失效，难以保护信赖登记的善意第三人的权利，极大的损害交易安全。因此，各地法院出台的地方司法解释中均规定股权变

---

① 叶林：《公司在股权转让中的法律地位》，载《当代法学》2013 年第 2 期。

② 参见巴晶焱：《审理股权转让案件相关问题的调查——涉及工商登记中交叉问题的研究》，载《法律适用》2009 年第 4 期。

③ 广西壮族自治区高级人民法院民二庭《关于审理公司纠纷案件若干问题的裁判指引》第 17—19 条。

④ 参见张双根：《论股权让与的意思主义构成》，载《中外法学》2019 年第 6 期。

⑤ 参见龙俊：《民法典中的动产和权利担保体系》，载《法学研究》2020 年第 6 期。

动未变更登记的，不得对抗第三人。[①]

第二，就实证法上的规则文义而言，并不足以支持意思主义。根据《公司法》(2018)第73条、《公司登记管理条例》第34条第1款以及《公司法司法解释(三)》第23条等相关条文的文义表述，似乎变更股东名册和工商登记等程序性事项均在股权转让之后。但是，细究起来，上述条文文义也可以理解成公司知情对抗主义或者公司认可生效主义，例如，公司知情(受通知)或认可(明确承认或接受股东行权)后，股权发生变动，此时受让人有权依法主张公司协助受让人变更股东名册、工商登记。

第三，意思主义模式最大的弊端是认为股权是相对权，从而排除了公司参与的空间。意思主义仅仅截取股权的相对权、请求权、财产权的属性，而忽视了对世权、支配权、社员权的属性。如果认为股权转让合同及股权变动合意生效就完成了股权变动的话，会出现受让人已经是股东，而公司却因不知股权转让的事实而认定转让人为股东的阶段。因此，就股权变动而言，股权转让合同的效力与股权变动之间，必然存在某种分离，[②]股权变动对公司发生效力是股权转让必须完成的步骤，意思主义模式显然难以承载这样的功能。

(二)公司知情对抗主义与公司知情生效主义评析

公司知情对抗主义与公司知情生效主义都是基于通知公司程序的前提，因而这两种模式均承认公司在股权变动过程的参与地位。但相比于公司认可生效主义以及工商登记生效主义中，公司可采取积极的行为(拒绝变更登记、拒绝股东行权)阻止股权发生变动，公司知情对抗主义与公司知情生效主义中，公司处于一种消极参与(接受通知)的状态，类似于债权转让过程中的债务人地位，除非具有合法理由，如公司章程另有规定关于股权转让的规则，否则公司知情股权变动后就有义务承认并尊重的受让人的股东资格。笔者采取对比分析的方法，评析这两种模式。

公司知情对抗主义是在意思主义的股权变动形成合意，即股权变动的基础上，增加了通知公司的环节，进而使得股权变动对抗效力渐次发生，即在通知公司后，股权转让发生对抗公司的效力；在变更工商登记后，股权受让人才能获得对抗

---

① 参见《陕西省高级人民法院民二庭关于公司纠纷、企业改制、不良资产处置及刑民交叉等民商事疑难问题的处理意见》第1条、广西壮族自治区高级人民法院民二庭《关于审理公司纠纷案件若干问题的裁判指引》第20条、山东省高级人民法院《关于审理公司纠纷案件若干问题的意见(试行)》第39条。

② 参见曹兴权：《股东优先购买权对股权转让合同效力的影响》，载《国家检察官学院学报》2012年第5期；赵旭东主编：《公司法学》，高等教育出版社2015年版，第250页。

其他第三人的效力。公司知情生效主义则改变了意思主义的核心论点,将股权变动的生效时点移至公司受通知之时,因此股权变动自生效时发生对抗公司的效力,而在变更工商登记后,受让人才能获得对抗其他第三人的效力。二者的核心差别在于,公司知情的时点分别发生对抗效力与生效效力。笔者认为,这两种模式均符合财产法公示对抗的一般规则,法律效果别无二致,但公司知情对抗主义可能会产生法律思维上的矛盾。其原因在于,公司知情对抗主义采用意思主义的思维逻辑,股权变动合意达成之时,股权发生变动,受让人成为股东。然而,受让人在公司知情前并不会被公司视为公司股东,也不能向公司行权,此种观点忽视了"股权转让在属性上至少应包括财产权利的转移和股东身份的让渡这一双重意义"①,且"财产利益移转与股东身份变换不同步,不仅违背逻辑,而且将法律关系人为复杂化"②。因此,相较于公司知情对抗主义,采取公司知情生效主义是更符合逻辑的选择。

对于公司知情生效主义,批评的观点更多的是从股权的社员权、团体法角度论证的。有学者从社员权的角度出发,认为公司作为社团在股权转让中仅被动承担程序性义务,"实质上与将公司看成是股东财产的衍生物是一致的,股东对其财产的拥有、交易和转让仅仅需要股东的意思表示即可,缺乏公司作为主体的观念"③。也有学者从组织法的角度出发,认为股权转让具有组织法特性,是身份的概括继受,公司作为独立的主体,为维护公司章程及保护其他股东的利益,应主动介入股权变动,表现为股权转让合规审查权。④ 总而言之,上述批评观点意在增加公司参与的权重,使得公司可以积极地同意或阻止股权变动,而非只能被动接受。但是,笔者认为,一旦赋予公司决定股权变动的权力,会带来更多的问题,详见下文。

(三)公司认可生效主义评析

公司认可生效主义以公司认可股权变动的时点作为股权变动的生效时点,其中认可的方式可以是明示也可以是默示,认可的表现形式包括公司决议同意股权变动、接受股东行权、变更股东名册、变更公司章程等。公司认可生效主义的核心

---

① 参见罗培新:《抑制股权转让代理成本的法律构造》,载《中国社会科学》2013 年第 7 期。

② 李建伟:《公司认可生效主义股权变动模式——以股权变动中的公司意思为中心》,载《法律科学(西北政法大学学报)》2021 年第 3 期。

③ 邓峰:《普通公司法》,中国人民大学出版社 2009 年版,第 375 页。

④ 参见李建伟:《公司认可生效主义股权变动模式——以股权变动中的公司意思为中心》,载《法律科学(西北政法大学学报)》2021 年第 3 期。

在于赋予公司更大的话语权,公司可以选择认可的方式、时间以及决定是否作出认可行为,从而掌握了股权变动的"生杀大权",这种认可行为的法律效果也仅仅是可以对抗公司及公司内部人,而不能对抗公司外部的善意第三人。对于公司认可生效主义,需要前置性地达成以下共识。

第一,有限责任公司内部治理的情况并不理想,股东名册的置备情况并不乐观。实务中绝大多数有限公司并未置备股东名册,"股东名册并不是工商部门要求公司备案的材料,股东名册设置不规范的大量存在使依照股东名册的记载确认股东资格缺乏现实基础"①。公司法要求设置股东名册的规定,对于绝大多数的5人以下的人合性极强、封闭性极强的有限公司来说,是可有可无的。有学者指出,"我国目前对股东名册和营业执照的保管实行的是私人保管方式,但中国社会的信用环境注定此种选择将遭受落败命运"②。这也是学者们批评股东名册生效主义的主要论点之一。

第二,公司的各类认可行为并不存在时间上的固定顺序,而是根据公司实际情况有所不同。在理想的公司治理情形下,股权变动时,应先由转让人通知公司,随后公司变更股东名册和公司章程,若在此期间召开股东会或分红,则通知受让人参加股东会或对其分配利润,最后去办理工商登记变更手续。然而,有限公司具有封闭公司的特点,存在管理程序的非规范化(informality of management),绝大多数的公司事务是以非正式的方式解决而不考虑"法律的体面"(statutory nicety),③这就决定了公司认可的方式并不固定,"在现行法上无法解读出其彼此间在办理流程上的时间先后关系,也难以确定此程序是否为彼程序的必经或前置程序"④。

第三,在股权转让纠纷中,法院判决受让人是否具有股东资格往往会综合考虑公司认可的各种形式。⑤ 在各类公司认可行为中,"股东名册往往被认为是处理股东与公司之间关系的优势证据"⑥。基于此,在判断公司认可股权变动时,各种

---

① 巴晶焱:《审理股权转让案件相关问题的调查——涉及工商登记中交叉问题的研究》,载《法律适用》2009年第4期。

② 蒋大兴:《公共信息的回归路径?——股东名册和营业执照保管的乌托邦》,载《河北法学》2005年第10期。

③ 参见施天涛:《公司法论》,法律出版社2018年版,第304页。

④ 张双根:《股权善意取得之质疑——基于解释论的分析》,载《法学家》2016年第1期。

⑤ 参见李建伟:《公司认可生效主义股权变动模式——以股权变动中的公司意思为中心》,载《法律科学(西北政法大学学报)》2021年第3期。

⑥ 巴晶焱:《审理股权转让案件相关问题的调查——涉及工商登记中交叉问题的研究》,载《法律适用》2009年第4期。

公司认可的方式仅仅具有证据意义上的效力,而并非必须选择某一种认可形式。

下文中,笔者将首先分析司法实践的通说股东名册生效主义,其次分析其上位理论——公司认可生效主义。

1. 股东名册生效主义评析

对于股东名册形式主义而言,由于《九民纪要》第 8 条的规定,该模式已成为司法实践的通说,理由是“以股东名册变更作为股权移转的标志,区分了股权转让合同生效与股权权属变更,区分了股东名册记载与公司登记机关记载的效力,兼顾了转让股东、受让股东的利益以及对公司债权人和不特定相对人的保护。该种观点也与最高人民法院审判实践中一贯的倾向性意见一致”①。对于这一模式,反对观点可以归结为以下几种:第一,股东名册置备情况并不理想,上文已述及。第二,根据《公司法司法解释(三)》等规定的文义,股权变动应在股东名册变更之前。第三,以股东名册变更这样一个公司掌握决定权的事实作为股权变动生效的要件,可能被公司控股股东或实际控制人滥用。第四,股权转让合同生效至股东名册变更期间,出让人可能利用股东身份使得公司价值减损,进而侵害受让人权益。②

股东名册置备情况确实是该模式的问题,但以第二、三点理由否认股东名册生效主义,有失偏颇。第一,如前所述,《公司法司法解释(三)》第 23 条重在肯认公司协助完成股权变动公示的义务,而非指明股权变动模式,且《九民纪要》与《公司法司法解释(三)》同为司法规范性文件,在法律及司法解释文义没有明确规定的情况下,应遵循《九民纪要》的规定,即股权变动时点以股东名册变更为准。第二,对于股东名册的变更程序会被控股股东滥用的说法并非股东名册生效主义模式所独有,即使是不考虑公司意志的意思主义模式,公司仍然有可能通过各种手段阻碍股权受让人进入公司,例如拒绝认可、拒绝股东行权、拒绝变更股东名册、公司章程乃至工商登记。因此,不能以公司拒不配合的极端情形来倒推股权变动模式。

在笔者看来,股东名册形式主义固然有其优点,可以为法官裁判案件提供明确的裁判标准,但是有两点制度硬伤。第一,太过理想。有限责任公司治理不规范的情形较为普遍,一律要求股权变动均以股东名册变更作为时点,不但不能减

① 最高人民法院民事审判第二庭编著:《〈全国法院民商事审判工作会议纪要〉理解与适用》,人民法院出版社 2019 年版,第 134 页。

② 参见李建伟:《有限责任公司股权变动模式研究——以公司受通知与认可的程序构建为中心》,载《暨南学报(哲学社会科学版)》2012 年第 12 期。

少争纷和诉累，反而会诱发道德风险。第二，太过僵化。虽然《公司法》（2024）第56条明确赋予股东名册以对抗公司的效力，且全国人大法工委明确了“任何名义上或实质上的权利人在尚未完成股东名册登记或者股东名册上的股东名义变更前，不能对抗公司”①，但毕竟该条第2款的语词使用的是“可以”，并未否认其他可以对抗公司的法律事实。若公司修改了公司章程，明确认可了受让人股东地位，但尚未修改股东名册呢？同理，若公司通知受让人参加股东会或者新股东已基于股东身份担任公司职务，但尚未修改股东名册呢？难道只有变更股东名册，才能作为股权变动的表征吗？显然，此种结论不符合事理、情理、法理。

2. 公司认可生效主义

公司认可生效主义的核心论点是设置一个公司审查程序，并且审查结果将决定股权变动的效力，审查采取“否认须明示，认可不限形式”的规则，审查的内容包括公司一致性审查与适当性审查。一致性审查是判断股权转让是否符合章程的规定，而适当性审查是判断股权转让是否会给公司带来风险和损害。② 支持者认为：第一，采取公司认可生效主义有利于维护公司、其他股东的利益。例如，公司可以要求转让股东履行出资义务后才能转让股权，从而保护其他股东、债权人的利益。第二，较好地平衡了转让双方的利益。第三，结构性地消除股权善意取得的发生。③

然而，依据上述理由难以得出公司认可生效主义模式最优的结论。首先，试图以公司拒绝转让股权的方式来督促或威慑瑕疵出资股东履行出资义务，仅仅是一种权宜之计。法律上已经为瑕疵出资的规制提供了方法，如公司债权人对瑕疵出资股东的请求权、出资加速到期制度、股权转让时受让人与转让人的连带责任等。此外，督促瑕疵出资的股东履行出资义务本身也属于董事的勤勉义务。④ 以股权变动来解决股东瑕疵出资，属于过度关注某一具体问题而偏离了股权变动核心问题。其次，平衡转让双方的利益也并非公司认可生效主义模式所独有的功

---

①　安建主编、全国人大常委会法制工作委员会编：《中华人民共和国公司法释义：最新修正版》，法律出版社2013年版，第65页。

②　参见李建伟：《公司认可生效主义股权变动模式——以股权变动中的公司意思为中心》，载《法律科学（西北政法大学学报）》2021年第3期；叶林：《公司在股权转让中的法律地位》，载《当代法学》2013年第2期。

③　参见李建伟：《公司认可生效主义股权变动模式——以股权变动中的公司意思为中心》，载《法律科学（西北政法大学学报）》2021年第3期。

④　参见斯曼特微显示科技（深圳）有限公司、胡秋生损害公司利益责任纠纷案，最高人民法院（2018）最高法民再366号民事判决书。

能。事实上，在非即时性交易中，合同的生效与权利的取得之间永远存在时间差，只要规则明晰，各方当事人会通过合同条款的设计，达成利益、风险的平衡，实践中大量的股权转让协议中均约定以股权完成变更登记之日为股权转让完成的时点。最后，至于股权善意取得乃至一股二卖的现象，公司认可程序的存在使得公司可以光明正大地行使“反悔权”，[①]反而使得法律关系更为复杂。

笔者认为，公司认可生效主义最大的弊端在于其不但没有简化股权变动的规则，反而可能增加股权转让纠纷的诉累，原因包括以下几点。第一，在大多数有限公司采取公司法股权转让默认条款的情况下，要求董事会审查股权变动是否符合章程并无必要。第二，根据公司认可生效主义模式，只有公司履行了一致性和适当性审查义务，才能称之为“公司认可”。但是，“有限公司作为封闭公司，在管理上由股东支配，即股东直接参与公司管理”[②]，有限公司的经营权与所有权高度集中的治理模式决定了股东审查可以替代公司审查。其他股东作为股权变动的直接利害关系人，本身已有充分的动因监督股权变动的合规性，并且股东优先购买权的程序设计也可以发挥同样的作用，尤其是公司章程对股权转让有特殊规定时，股东们往往基于特殊的商业考量而改变公司法默认规则，因此，股东不仅是股权变动的第一利害关系人，也是最有动力监督股权转让合规性的主体。第三，董事会难以担当事前审查股权变动的重任。在股东名册置备都不理想的公司治理背景下，要求董事会审查股权变动是否可能损害其他股东、公司乃至债权人的利益（甚至这些主体的利益本身也是相互冲突的），似乎有些强人所难。第四，也是最重要的一点，公司审查仍然难免被大股东操纵，并且容易造成新的诉累。一致性审查或许较为容易，但适当性审查则具有较大的解释空间，一旦公司有了股权变动合规性的解释权和决定权，将大大增加公司干预股权变动的可能性。连股东对公司负有债务或股权转让给公司招致重大风险都足以构成公司阻碍股权转让的理由，[③]可以预见，此种模式将为本已是公司诉讼重灾区的股权变动纠纷平添新的诉累，针对公司审查程序或董事违反勤勉义务的诉讼将会显著增多。

但公司认可生效主义并非毫无可取之处，其在公司章程对股权转让另有规定时，为公司介入股权转让提供了颇为剀切的依据。实践中，股东若未按公司章程的规定转让股权，则公司是维护公司章程规定的第一责任人，因此，在股权转让过

---

① 参见王涌：《股权如何善意取得？——关于〈公司法〉司法解释三第28条的疑问》，载《暨南学报（哲学社会科学版）》2012年第12期。

② 施天涛：《公司法论》，法律出版社2018年版，第303页。

③ 参见叶林：《公司在股权转让中的法律地位》，载《当代法学》2013年第2期。

程中，公司可依据公司章程的规定对股权转让的合规性予以审查，审查结果采取“否认须明示，认可不限形式”的规则。

（四）工商登记生效主义

对于工商登记生效主义而言，由于立法、司法中明确规定工商登记不是股权变动的生效要件，因此，学者们多是从理论层面探讨此种模式。笔者肯认此种模式的优点，通过构建类似于不动产物权变动的工商登记生效主义模式，可以最大限度地发挥国家登记制度公示公信的作用，并且股权取得时点的明确也可以最大限度地减少法官的自由裁量权，从而给予各方当事人最为明确的法律预期，具有定分止争的优点。但是，此种模式仍然有其局限性：第一，立法成本较大。要想实现此种模式，需要立法者有改革的魄力，进而优化商事登记制度，如构建统一的电子化商事登记平台或改革股东信息登记制度。第二，股权与不动产物权仍有根本性的不同。股权不是彻底的对世权，不具有明确的外在于权利的客体，股权的内容是一组股东与公司之间的权利义务束，具有相对权的特征。如果过度强调股权的对世性和权利外观，就忽视了股权最本质的相对性特点——股权是股东与公司的法律关系。实际上，股权的相对性特征才是其最核心的要素，受让人获取有限公司股权绝大多数情形不是为了转卖，而是参与公司治理，获取公司经营利润。至于外部的第三人因信赖工商登记而与股东发生纠纷的情形，如一股二卖的情况，反而是股权交易中的特例。因此，过度关注股权的次要特性——对世性而忽略股权的一般特性——相对性，有本末倒置之虞。

（五）小结

综上所述，公司知情生效主义显然是更符合合同法、组织法以及财产法法理的选择，并且《公司法》（2024）在股权转让程序中加入了通知程序，公司知情生效主义便有了其程序上的制度基础，但在公司章程对股权转让另有规定的情况，适用公司认可生效主义，允许公司介入股权转让程序、赋予公司审查股权转让合规性的权力显然是更加合适的选择，构成了《公司法》（2024）第86条公司拒绝股权变动的正当理由。

三、股权权利变动过程

对于股权变动模式而言，尽管学界众说纷纭，司法实践莫衷一是，但《九民纪要》暂时明确了股东名册生效主义的规范依据，为下一步改进提供了基点。前文已对理论上的各种股权变动模式进行了评析，笔者认为，并非一定要选取某一种股权变动模式，更为重要的是建立权利对抗的思维，从而在纠纷发生后，确定纠纷当事人之间的权利对抗关系。而法律所要做的就是明确权利对抗效力的发生时点和范围,平衡股权受让人、公司以及公司外部人之间的利益冲突。目前司法实践中股权变动纠纷同案不同判现象突出,浅层次原因是法官采取了不同的股权变动模式,但深层次原因在于法官没有建立统一的权利对抗标准。《九民纪要》采取股东名册生效主义本身也是根据权利对抗理念进行细化规定,但是,令人遗憾的是,其仅将股东名册变更作为股权生效效力所依据的事实,不可避免地会被下级法院机械适用,原因在于股东名册仅仅是公司认可的方式之一,①而不是唯一。目前,有些地方司法解释已经采取了权利对抗的思维,对因股权而引起的不同主体之间的权利对抗关系进行了总结归纳。② 在权利对抗思维的指引下,为方便立法者设计制度、司法者裁判案件,笔者认为在公司章程对股权转让没有特殊规定时,采取公司知情生效主义,公司对于股权变动并没有审查权与决定权,仅在公司章程对股权转让有特殊规定时,公司可以以股权转让不符合公司章程的规定为由阻却股权的变动。以此构建出股权变动的权利对抗模型,具体而言如下。

第一,股权转让合同生效时,股权并不发生变动,仅在合同当事人之间发生合同效力。首先,对于公司而言,仍然视转让人为股东。其次,对于其他股东而言,一旦知情,则可以主张优先购买权或在公司章程或股东协议另有约定的情况下阻却股权的变动。最后,对于公司外部人(包括转让人与受让人的债权人)来说,在没有证据证明其知情的情况下,仍然以工商登记为准。

第二,公司知情时则股权发生变动,但仅在合同当事人、公司之间发生效力,不得对抗其他不知情的一般人。首先,对于公司而言,公司应向受让人履行协助

---

① 广西壮族自治区高级人民法院民二庭《关于审理公司纠纷案件若干问题的裁判指引》第18条第2款规定:"个案中应以公司确认该次股权转让的时候为变动时间点。具体的时间点一般为公司开始变更公司股东名册、变更公司章程记载事项、办理工商变更登记、向新股东签发出资证明等变更手续;或在个案中新股东在事实上已开始行使股东权利的,也可视为公司对新股东成员资格的确认,并以此为股权变动时间点。"

② 《陕西省高级人民法院民二庭关于公司纠纷、企业改制、不良资产处置及刑民交叉等民商事疑难问题的处理意见》第1条第1款规定:"关于股权确认的标准,在审判实践中争议很大,主要有以下三种观点:一是以是否实际出资作为股权确认的标准;二是以股东名册的记载作为确认股东资格的依据;三是以公司登记机关的登记内容作为股权确认的根据。对此问题,我们倾向于认为股东出资证明、股东名册、工商登记均是确认股东资格的重要依据,最终依据哪一标准确认股东资格主要取决于争议当事人的不同而有所区别:对于公司与股东之间发生的股权纠纷,一般应以股东名册作为认定股东资格的依据;对当事人均为股东的,则应侧重审查投资的事实;在第三人对公司股东的认定上,则应主要审查工商登记,因为工商登记对善意第三人具有宣示股东资格的功能,第三人基于对工商登记的依赖作出商业判断。对于实际股东的问题,我们认为虽然名义股东与实质股东之间的约定不能对抗公司,但如果公司或公司的绝大多数股东均明知名义股东与实质股东之间的关系而未表示异议,则实际股东可以直接向公司主张权利。关于瑕疵出资股东的资格问题,如果瑕疵出资并不导致公司设立无效,一般情况下不宜轻易否定瑕疵股东的资格。"

办理股权变动的程序性事项的义务，如变更股东名册、变更公司章程、接受股东行权、变更工商登记。其次，对于不知情的公司外部人，仍然以工商登记为准，例如转让人的一般债权人仍然可以依据工商登记的记载申请执行转让人的股权。仅在公司章程对股权转让有特殊规定时，公司知情且认可股权变动时，股权发生变动，若公司知情且以股权转让不符合公司章程特殊规定为由拒绝认可股权变动时，股权不发生变动。换句话说，《公司法》(2024)第86条的正当理由仅限于股权转让不符合公司章程特殊规定的情形。

第三，公司认可（办理程序性事项）时，则股权变动的事实在合同当事人、公司以及公司内部人之间发生效力，不得对抗其他不知情的公司外部人。对于公司不知情的外部第三人而言，仍然可以基于工商登记的信息主张权利。

第四，变更工商登记后，股权变动的事实在所有人之间发生效力。正如学者所统计的股权转让纠纷数据显示，同时完成股东名册变更与工商登记变更的情况下，发生纠纷的概率几乎为零。①

【审判实务】

同前述理论争议一样，司法实践中股权变动之模式同样存在争议。揆诸司法裁判观点，可以将其分为意思主义、形式主义及其他三种。

第一，意思主义。意思主义主张股权自双方当事人约定成立之日起发生效力，例如，在“辽阳天俊矿业有限公司、常某股权转让纠纷案”②中，最高人民法院指出，“作为公司内部股东之间产生的民事法律关系，有关股权转让或份额变更的约定在股东之间一般自成立时起发生效力”。可以看出，最高人民法院关于“意思主义”的解释仍然留有余地，即在当事人之间，股权变动发生于契约成立之时，这也就意味着，当涉及第三人，甚至于仅仅是涉及其他股东、公司之时，该股权变动的效力，则可能就有所区别。

第二，形式主义。形式主义以股东名册、公司章程、工商登记等为股权变动的形式要求，例如，在“斯某西、宁某、斯某成与李某宝、贵溪市土地储备中心损害股东利益责任纠纷案”③中，最高人民法院采纳了股东名册形式主义的模式，指出股东名册的登记视为交付完成，因此完成股东名册的登记意味着股权发生变动。江

① 参见刘凯湘：《股东资格认定规则的反思与重构》，载《国家检察官学院学报》2019年第1期。

② 最高人民法院民事判决书，(2016)最高法民终806号。

③ 最高人民法院民事裁定书，(2017)最高法民申1513号。

苏省高级人民法院采纳形式主义立场的“股东名册变更或权能转移说”。江苏省高级人民法院《关于审理适用公司法案件若干问题的意见(试行)》(2003)(现已失效)第30条规定,股权转让人、受让人以及公司之间因股东资格发生争议的,应根据股东名册的变更登记认定股东资格。公司未办理股东名册变更登记前,受让人实际已参与公司经营管理,行使股东权利的,应认定受让人具有股东资格,并责令公司将受让人记载于股东名册。又如“龚某良、洪某育等股权转让纠纷案”[①]中,法院将公司股权完成变更登记之日,认定为合同约定的股权变更登记之日,即股权变动的时点。

第三,其他观点。例如,山东省高级人民法院采纳形式主义立场的“通知到达公司说”。山东省高级人民法院《关于审理公司纠纷案件若干问题的意见(试行)》(2007)第35条规定,股权转让合同生效后,受让人的股东资格自转让人或受让人将股权转让事实通知公司之日取得。股东将同一股权多次转让的,人民法院应认定取得工商变更登记的受让人具有股东资格。股东将同一股权多次转让,且均未办理工商登记变更手续的,股权转让通知先到达公司的受让人取得股东资格。亦有观点主张从实际情况看待股权变动问题,例如在“杨某平、高某娣股权转让纠纷案”中,股权受让人以未变更股东名册和工商登记为由,主张解除股权转让合同,然而受让人在签订股权转让合同后,参加了股东会,并担任公司副总经理实际参与了公司管理,因此法院认定受让人已实际取得股东资格和行使股东权利。[②]

值得注意的是,前述山东省高级人民法院采取的“通知到达公司说”就是笔者所主张的公司知情生效主义。

【典型案例】

斯某西、宁某等与李某宝、贵溪市土地储备中心损害股东利益责任纠纷案[③]

基本案情:

龙虎山公司是斯某西、宁某、斯某程和李某宝4位自然人股东设立的有限责任公司。2008年5月4日,四股东与朱某签订《股权转让协议》,约定以3980万元

---

① 最高人民法院民事判决书,(2019)最高法民终1491号。

② 参见广东省深圳市中级人民法院民事判决书,(2019)粤03民终8554号。

③ 参见最高人民法院民事裁定书,(2017)最高法民申1513号。

将全部股份转让给朱某，付清全部股权转让款后办理工商变更登记。其后，朱某支付转让款 1893 万元，并接收了公司的公章等，修改股东名册为朱某 100% 持股。针对尚未支付的款项，四股东主张，依据《股权转让协议》，应在全部股权转让款结清后，朱某才受让股东身份，因此朱某仅以股东名册变动，不能认定其已经取得股东身份。双方当事人在诉讼中对此发生争议。

裁判要旨：

该案历经一审、二审与再审，三次审判就股权变动时点以及股东身份认定结果与观点相似。

审理该案的法院认为，股权转让合同当事人之间的股权变动，应以股权的交付作为股权变动的认定标准，而非以股权转让款是否全部支付来认定。股东名册作为公司置备的记载股东个人信息和股权信息的法定簿册，具有权利推定效力。股权转让合同中，在证明权利归属的股东名册上进行记载的行为应视为股权交付行为。该案并不存在相反证据推翻该股东名册记载事项，故在双方达成股权转让合意的前提下，股东名册对朱某 100% 的股权事项的记载足以证明龙虎山公司的股东不再是原来的 4 位股东。

裁判评析：

该案裁判为典型的“股东名册形式主义”进路，对此，前文已有述及，这一进路的规范法源为《公司法》(2024) 第 56 条，即记载于股东名册的股东，可以依股东名册主张行使股东权利。不过，抛开是否每个公司都实现了股东名册置备的问题，在该案中，以股东名册认定股权实现转让实现了个案的正义，因为在该案中，当事公司已经变更股东名册，即使还未变更工商登记。该案另一值得关注的裁判观点是，将股权变动描述为股权的交付，即采用民法的交付观念来理解股权的变动，并且认为股东名册的变更应当视为股权的交付行为，但该逻辑并未排除其他行为可以作为股权交付的依据。倘若该案尚未变更股东名册，而是直接进行了工商登记，是否可以认定为股权的交付，单从该案中并不能得出答案。笔者仍然坚持，公司的知情为股权变动的生效要件，而不论其是否进行股东名册变更或工商登记变更。

问题二　股权善意取得的理论与实务

股权不同于物权，其在权利内容、权利变动、权利公示等方面都有着复杂的规范，并由此衍生出大量的争议。因此，参照适用无权善意取得制度的股权善意取得自然不能像物权善意取得那样清晰，由此引起的理论与实务争议也对立法规范提出不小的挑战。本专题旨在爬梳与厘清理论与实务中的观点与争议，进而为实务工作提供有益借鉴。

【规范梳整】

股权的善意取得最早规定在2010年最高人民法院《关于审理外商投资企业纠纷案件若干问题的规定（一）》第21条，[①]后最高人民法院于2011年《公司法司法解释（三）》第25条与第27条明确引入股权善意取得规则，其中第25条规定，“名义股东将登记于其名下的股权转让、质押或者以其他方式处分，实际出资人以其对于股权享有实际权利为由，请求认定处分股权行为无效的，人民法院可以参照民法典第三百一十一条的规定处理”。第27条第1款规定：“股权转让后尚未向公司登记机关办理变更登记，原股东将仍登记于其名下的股权转让、质押或者以其他方式处分，受让股东以其对于股权享有实际权利为由，请求认定处分股权行为无效的，人民法院可以参照民法典第三百一十一条的规定处理。”前者针对的是隐名代持中名义股东处分股权的情况，后者针对的是“一股二卖”的情况。该两条确立了股权善意取得的基本规则，但这一规则也在一定程度上加剧了“一股二卖”的情况，在规则上也存在与《公司法》制度体系的不协调。

【理论基础】

一、股权善意取得的制度“嫁接”困境

（一）“无权处分”要件导致规范矛盾

善意取得制度的构成要件之一就是处分人不具有处分权。然而在《公司法司法解释（三）》第25条与第27条的情况下，处分人是否“无权”值得商榷。

第一，在股权代持的情况下，根据前述专题八有关股权代持法律效力及《公司法司法解释（三）》第24条的分析，实际出资人与名义股东之间的股权代持法律关系属于一种合同法上的权利义务，根据合同的相对性原理，限制名义股东处分股权的相关条款仅约束合同相对人，并不具有对外效力。实际出资人成为股东的前

---

① 最高人民法院《关于审理外商投资企业纠纷案件若干问题的规定（一）》（已被修改）第21条规定：“外商投资企业一方股东或者外商投资企业以提供虚假材料等欺诈或者其他不正当手段向外商投资企业审批机关申请变更外商投资企业批准证书所载股东，导致外商投资企业他方股东丧失股东身份或原有股权份额，他方股东请求确认股东身份或原有股权份额的，人民法院应予支持。第三人已经善意取得该股权的除外。他方股东请求侵权股东或者外商投资企业赔偿损失的，人民法院应予支持。”

提是完成显名程序，经其他股东过半数同意，否则是不能成为公司股东的。因此，名义股东应具有股东资格，并享有股东权利、承担股东义务。然而，依据《公司法司法解释（三）》第25条的规定，若名义股东处分股权适用善意取得制度，则在解释上必然认定名义股东是无权处分人，不具有股东资格，这就与前述法律规范相矛盾。从根本上来说，最高人民法院在股权代持中对股东资格认定与名义股东处分股权的规定分别采取了“形式说”与“实质说”，造成了规范体系上的不协调。然而，有学者指出，在实际出资人经公司其他股东过半数同意成为股东后，在工商登记变更之前，若名义股东以质押或者其他方式处分股权与善意取得制度的宗旨、功能和理论基础并不相悖，①但此种情况实践中相当罕见。②

第二，在一股二卖的情况下，出卖人在与后买受人的股权转让中构成无权处分的前提是出卖人与前买受人已完成了股权变动，但尚未变更工商登记。根据前述股权变动模式的分析，不论是采取公司知情生效主义（笔者观点）或股东名册形式主义（《九民纪要》观点），在尚未变更工商登记的情况下，均不得对抗第三人。因此，登记在册的出卖人处分股权，并非无权处分。③ 也有观点认为，股东登记属于公司登记的范畴，且现行法未提供一套严格的程序制度设计，以保障与股权归属关系间的一致性，因此，股东登记难以成为股权让与对第三人产生对抗效力的要件，也很难成为股权善意取得之权利外观基础，在股权让与意思主义模式下，一股二卖中股权之无权处分，在法教义学上可以成立。④ 笔者认为，根据登记对抗规则并结合前述股权变动模式的分析结论，一股二卖的情况下，出卖人与前买受人股权转让由于未完成登记，不具有对抗第三人的效力，出卖人与后买受人的股权转让关系仍然属于有权处分。

由此可见，对于善意取得的“无权处分”要件来说，在公司领域中存在“水土不服”的现象，但也并非完全没有适用的空间。例如，实践中有一类股权善意取得纠纷是因出卖人本身继受股权存在瑕疵（如合同无效或被撤销），后又将股权转让给

---

① 参见钱玉林：《民法与商法适用关系的方法论诠释——以〈公司法〉司法解释（三）第24、25条为例》，载《法学》2017年第2期。

② 参见山东瑞境置业有限公司与山东省国际信托股份有限公司、山东天业国际能源有限公司、山东天业房地产开发集团有限公司、安融房地产开发有限公司、曾某秦金融借款合同纠纷案，最高人民法院（2019）最高法民终989号民事判决书。

③ 参见谭津龙：《中国有限公司股权善意取得的质疑——基于〈公司法解释三〉及其扩大适用》，载《重庆大学学报（社会科学版）》2019年第4期；蒋大兴：《合意型股权变动的法律结构——“多重买卖”与股权变动预告登记》，载《清华法学》2021年第3期。

④ 参见张双根：《股权善意取得之质疑——基于解释论的分析》，载《法学家》2016年第1期；郭富青：《论股权善意取得的依据与法律适用》，载《甘肃政法学院学报》2013年第4期。

第三人,法院通常结合善意取得的要件进行认定。其中,继受股权存在瑕疵的情形五花八门,最常见的是股权出卖人取得股权的合同因违反法律的强制性规定而无效,实践中还包括股权出卖人在受让股权时,未足额给付股权转让款;股权出卖人通过欺骗的手段取得股权;出卖人通过冒名取得股权;等等。

(二)构成"善意"及其困难

除了"无权处分"要件存在争议外,理论上对"善意"要件的构成也存在众多非议。参照《关于适用〈中华人民共和国民法典〉物权编的解释(一)》[以下简称《民法典物权编司法解释(一)》]第14—17条的规定,股权善意取得中的"善意"标准应满足不知道转让人无处分权,且无重大过失的,即"不知且不应知";"善意"的时点应为股权变动生效之时。

对于"善意"的认定标准,参照前述该司法解释第15条第1款第4、5项的规定,受让人知道的情况应为股权登记存在查封或质押的事项、登记簿记载错误或他人已依法享有股权。但问题的关键就在于如何解释"不应知",即受让人存在重大过失。在"海湾实业有限公司等与北京海港房地产开发有限公司股东资格确认纠纷案"中,北京市高级人民法院认为:"重大过失有无的判断,应综合考虑个案中受让人拥有的信息、所处的地位等交易的整个背景加以判断。受让人在进行一些价值较大的交易时对转让人的经营状况、信誉,经办人的情况等一些基本情况应有所了解,否则就有可能会构成重大过失。也就是说,如果相关信息足以引发受让人对转让人处分权的合理怀疑时,受让人就应当谨慎交易、进一步调查或要求对方提供更多的证据。如果受让人对此置之不理,径行交易,就可以认定为存在重大过失。"①

此外,由于股权转让的程序较为繁琐,根据学者对股权交易实务的总结,一次股权交易的完整步骤包括签署收购意向书阶段(交易双方开始接触并进行初步的磋商)、意向书签署后至正式签约前阶段(受让方尽职调查、转让方履行优先购买权的通知程序)、正式签约阶段(签订股权转让合同)、合同的履行或后续手续的完成阶段(完成公司内部、外部变更登记程序)。② 这一系列程序都相应地增加了"善意"构成的难度。为此,以一股二卖为例,学者们通过理论推演,认为"善意"要件难以满足主要有以下几个理由:第一,在磋商谈判阶段,由于有限责任公司本身具有封闭性和较强的人合性,股权转让都带有"一对一谈判"的特点,后买受人

---

① 北京市高级人民法院民事判决书,(2018)京民初9号。

② 参见张双根:《论股权让与的意思主义构成》,载《中外法学》2019年第6期。

接受股权之前至少会调查公司的经营能力、股权结构、股东名册、治理结构等，一旦发现股东名册与工商登记不符，或股权之上存在权利负担或查封登记，则不构成善意。第二，在履行优先购买权法定程序阶段，有限责任公司股权转让须满足其他股东过半数同意，并且其他股东不行使优先购买权，这就使得已经履行过一遍优先购买权程序的转让人面临其他股东的质疑，受让人也可能借此知情。第三，在变更公司内部登记阶段，由于登记义务人是公司，这就使得后买受人必然与公司高级管理人员接触，进一步增加了其知悉可能性。第四，若将善意的时点理解为整个股权变动过程，则后买受人几乎不可能构成善意。①

对于"善意"时点的认定，理论上对此探讨不多，最高人民法院指出："股权转让登记并非为设权性登记，……如果第三人在与原股东达成股权转让合意之前，已经知悉股权发生了移转，则其并没有信赖利益需要保护，第三人无法取得该股权。"似乎"善意"时点应当以买受人与出卖人达成股权转让合意之时为准。但实务中法院多以买受人变更工商登记之时作为时点。例如，在"霍某锋、殷某股权转让纠纷案"中，法院结合买受人的自述、买受人委托律所出具的尽职调查报告的风险提示、实际出资人在买受人签订股权转让合同后及时告知真实情况等，综合认定买受人不具有善意。② 该案中，法官综合全案各类证据综合认定买受人不构成善意，但明显可以看出，法官对善意时点的把握，绝不限于签订股权转让合同之时，而是将变更股权登记之前的买受人的相关行为均纳入考量范围。

但笔者认为，构成"善意"虽然困难重重，但并非完全不可能。有限公司绝大多数都是5人以下的封闭公司，若目标公司股东人数较少且公司整体转让，则买受人很难通过与目标公司高级管理人员或股东接触而获悉无权处分的事实。实践中，有的买受人还会委托律所等中介机构对目标公司进行尽职调查，若专业的中介机构人员出具的尽职调查报告都难以调查出出卖人无处分权的事实，有何必苛责买受人呢？因此，实践中买受人构成"善意"并不像学者通过想象推理的那样困难。

（三）股权变动要件理解不一

根据前述股权变动模式，股权变动的时点虽然有争议，但至少在现行法下，工商变更登记绝不是股权变动的生效时点。因此参照《民法典》第311条第1款第3

---

① 参见王涌：《股权如何善意取得？——关于〈公司法〉司法解释三第28条的疑问》，载《暨南学报（哲学社会科学版）》2012年第12期；谭津龙：《中国有限公司股权善意取得的质疑——基于〈公司法解释三〉及其扩大适用》，载《重庆大学学报（社会科学版）》2019年第4期。

② 参见最高人民法院民事判决书，(2019)最高法民终992号。

项的规定，股权善意取得的要件应适用“不需要登记的已经交付给受让人”。理论上，对此讨论不多，但实践中受让人通常已完成了工商变更登记，未完成工商变更登记的则可能被法院认定不符合善意取得的构成要件。例如，在“京安时代投资控股有限公司、上海承彩投资管理有限公司合同纠纷案”中，广东省高级人民法院以受让人未完成工商变更登记为由，认定其不符合善意取得的条件。[①] 依此观点，善意的时点也必然扩展至工商登记变更之时。

二、权宜之计：灵活使用“参照”的法律适用方法

由于《公司法司法解释（三）》第25条与第27条均使用了“参照”法律适用方法，构成了一种不完全法条——指示参照性法条。所谓“参照”，即指某一法条在其构成要件或法律后果中指示参照其他法条，此种参照分为两类，一种是参照法律要件，另一种是参照法律后果，且即使制定法没有明确规定，被指示参照的法规范之适用，始终只能是“相应地”适用。应避免不合事理的等量齐观，即事物或者说被调整的生活关系自身固有的差异所要求的差异化处理不应当被排除。[②] 据此，可以通过对“参照”进行解释，从而使规范体系达成自洽。

对于代持股情形中，名义股东处分股权参照善意取得制度可以理解为参照善意取得的法律效果，即名义股东处分股权并不必须解释为无权处分，而是根据公司法关于股东资格认定的相关规范体系，承认名义股东具有处分权，但为了避免相对人在知悉股权代持实情的情况下恶意侵害名义股东的投资权益，适用善意取得制度中关于相对人信赖保护规则的法律效果。实际上，此种解读也与“合同对抗效力”理论以及“第三人侵害债权”理论有相似之处。对于出卖人一股二卖的情形，由于出卖人与前买受人股权转让未完成登记，不具有对抗第三人的效力，出卖人与后买受人的股权转让关系仍然属于有权处分，因此参照善意取得制度的法律效果，保护相对人的信赖利益。对于出卖人因先前继受股权的法律关系存在效力瑕疵而导致在股权转让的无权处分等其他情形中，则因存在无权处分的先决条件，因而可以参照善意取得的构成要件，自无异议。

三、长久之计：厘清登记对抗制度和善意取得制度的适用范围

即使可以通过灵活解读“参照”适用的法律适用方法调和物权法（财产法规范）与公司法（组织法规范）的规范冲突，但终归治标不治本。股权善意取得的理

---

① 参见广东省高级人民法院民事判决书，（2018）粤民终149号；内蒙古自治区高级人民法院民事判决书，（2019）内民再19号；浙江省高级人民法院民事判决书，（2017）浙民终232号。

② 参见［德］卡尔·拉伦茨：《法学方法论》，黄家镇译，商务印书馆2020年版，第332、333页。

论问题归根到底是因为在本该适用登记对抗规则的时候选择适用了善意取得规则。只有厘清二者的适用范围,才能更好地解决问题。

通过登记制度保护信赖的方式分为积极公信力与消极公信力。所谓积极公信力,是指信赖已登记事项为真,例如权利未发生变动但存在错误登记,第三人信赖登记名义人为权利人,例如善意取得制度;而消极公信力,是指信赖未载入登记簿之事项的不存在,如权利发生变动而未登记,第三人信赖权利未发生变动,例如登记对抗制度和登记生效制度。一般而言,对于采登记生效主义的财产权而言,登记信息与财产权归属具有高度一致性,因而登记公信力可以同时包含积极与消极公信力,进而保护相对人对登记事项的信赖。但对于采登记对抗主义的财产权而言,登记信息与财产权归属并不完全吻合,则登记公信力包含消极公信力,但未必包含积极公信力,因而不能径直适用善意取得制度。正如有学者所说的那样,目前的股东登记制度,并不适用于承载股权交易关系中股权的"权利外观功能",解释论上不能适用善意取得,原因之一是股东登记不是股权变动的生效时点,因此登记状态与真实权利状态并不总是吻合,第三人不能信赖股权登记是真实的。[①] 但此种观点将民事法律关系的理据不假思索地移植到商事法律关系之中,没有考虑到商事活动对于交易的快捷性与安全性需求更高。因此,股东登记享有积极公信力是交易成本更低的选择,相对人可以通过善意取得进行救济。以下以股权代持和一股二卖为例,厘清登记对抗规则和善意取得规则的适用界限。

对于股权代持情形下名义股东处分股权而言,首先名义股东有权处分股权,买受人有权信赖股权登记信息而与名义股东达成股权转让。若实际出资人能够举证证明名义股东与股权买受人恶意串通,损害其合法权益的,可以主张股权转让协议无效。对于一股二卖情形下出卖人二次处分股权而言,则根据登记对抗的规则进行规范。虽然前买受人在变更工商登记前取得了股权,但并不具有对抗第三人的效力,若后买受人基于善意信赖登记信息而与出卖人签订股权转让协议,则后买受人也可取得股权。此时将在前买受人与后买受人之间产生"过户竞赛",有学者对肯定与否定多重股权买卖进行成本收益分析后认为,相较于否认多重股权买卖,认可多重股权买卖有助于形成相对公开的股权价格拍卖机制,从而实现股东"追求经济利益"的公司设立目的。[②]

---

① 张双根:《股权善意取得之质疑——基于解释论的分析》,载《法学家》2016 年第 1 期。

② 参见蒋大兴:《合意型股权变动的法律结构——"多重买卖"与股权变动预告登记》,载《清华法学》2021 年第 3 期。

既然股权代持、一股二卖中均不存在善意取得，那么什么情况下适用善意取得规则呢？笔者认为应当是指纯粹股权登记错误时适用善意取得。例如，在“四川京龙建设集团有限公司与简阳三岔湖旅游快速通道投资有限公司等及深圳市合众万家房地产投资顾问有限公司等股权确认纠纷案”[①]中，A 将股权卖给 B 的同时又卖给 C，后 C 在办理登记后将股权卖给了 D，并办理了登记手续。最高人民法院认为 A 与 C 构成恶意串通，股权转让无效，C 不能善意取得股权，但 D 构成善意且支付了合理对价，善意取得股权。在“钱某许与钱某龙、张某涛等股权转让纠纷案”[②]中，A 冒用 B 的名义将其股权转让给 C，并办理了工商登记，后 A 代理 C 的名义将股权转让给了 D。最高人民法院认定 A 冒用 B 的名义与 C 签订股权转让协议，因其并非 B 的真实意思表示而无效，但 D 作为善意买受人，且支付了合理价款，因此构成善意取得。

此外，除了从法理上厘清登记对抗与善意取得的适用范围，还应当增强股权登记的财产权登记面向，维护股权交易中登记的公信力，增强善意取得制度的正当性。毕竟，在无权处分股权的情况下，适用善意取得制度的正当性在于善意相对人可以合理信赖登记的权利外观。有学者认为股权登记属于公司登记而非财产权登记，难以充当针对第三人之效力的对抗要件，且就股权之登记，现行法未提供一套严格的程序制度设计，以保障与股权归属关系间的一致性，尤其是股东登记制度并没有不动产中的预告登记、异议登记、更正登记的预防或纠错程序。[③] 笔者赞同此种观点，其他学者对此也多有建言，[④]限于篇幅，笔者在此不再赘述。

【审判实务】

一、无权处分合同效力的认定

司法实践中，对于无权处分股权的合同效力的认定仍然存在分歧。根据 2012 年《关于审理买卖合同纠纷案件适用法律问题的解释》（以下简称《买卖合同司法

---

① 最高人民法院民事判决书，(2013)民二终字第 29 号。

② 最高人民法院民事裁定书，(2016)最高法民申 1594 号。

③ 参见张双根：《股权善意取得之质疑——基于解释论的分析》，载《法学家》2016 年第 1 期。

④ 参见张双根：《论有限责任公司股东资格的认定——以股东名册制度的建构为中心》，载《华东政法大学学报》2014 年第 5 期；胡晓静：《股权转让中的股东资格确认——基于股权权属与股东资格的区分》，载《当代法学》2016 年第 2 期；刘凯湘：《股东资格认定规则的反思与重构》，载《国家检察官学院学报》2019 年第 1 期；蒋大兴：《合意型股权变动的法律结构——“多重买卖”与股权变动预告登记》，载《清华法学》2021 年第 3 期；赵旭东、邹学庚：《股权变动模式的比较研究与中国方案》，载《法律适用》2021 年第 7 期。

解释》)第3条第1款、2009年《合同法司法解释(二)》第15条以及1999年《合同法》第51条的规定,无权处分不影响合同效力是司法实践中的主流认识,无权处分在不违反法律的强制性规定的情况下,合同有效,在给付不能的情况下,买受人可以追究出卖人的违约责任。《民法典》删去《合同法》第51条关于无权处分规定的基础上,吸收《买卖合同司法解释》第3条的规定,在买卖合同一章中增加了第597条,即"因出卖人未取得处分权致使标的物所有权不能转移的,买受人可以解除合同并请求出卖人承担违约责任"。

实践中大部分判决遵循此思路,认定无权处分的股权转让合同(负担行为)有效,但只有在符合善意取得的构成要件的情况下,才发生股权变动(处分行为)的效力。仍有少数案例认为基于无权处分行为所签订的转让合同无效。[①] 而冒名处分股权的股权转让协议通常因真实权利人无真实意思表示而无效。

此外,实践中还存在利害相关人主张出卖人与买受人构成恶意串通,尤其是当买受人对股权的权属状况知情或支付不合理价款时,股权转让合同无效。但是,善意取得中的非善意与恶意串通是有区别的:第一,买受人对于出卖人存在代持股关系、股权存在权属争议仅仅构成非善意,进而不适用善意取得制度,无法取得股权,但这并不意味着买受人与出卖人签订的股权转让协议构成恶意串通,进而合同无效。恶意串通中所谓的"恶意",在理论上又称为"意思主义的恶意",是指行为人不仅明知相关的客观事实,而且在实施行为时主观上有侵害他人的故意。[②] 而善意取得制度中的善意仅指标的物受让人对出让人无处分权不知情。因此,仅仅明知股权交易中的相关客观情况,并不构成恶意串通。第二,非善意的外延较为宽泛,若买受人与出卖人之间存在相互串通,互相配合实施了股权转让行为,损害了实际出资人的股权权益,则构成恶意串通,进而股权转让协议无效。第三,由于原告举证存在困难,是否构成恶意串通由法院根据社会一般观念进行判断。例如,若买受人仅明知股权存在代持股关系,但仍然以公允价值受让,则不构

---

① 参见薛某懿、薛某蛟、王某生、薛某琦与西藏国能矿业发展有限公司、西藏龙辉矿业有限公司股权转让合同纠纷案,最高人民法院(2014)民二终字第205号民事判决书;张某泽、周某与张某一及通辽鑫顺房地产开发有限公司、蒋某臣、东北电业物资总公司机电产品经销处股权转让纠纷案,最高人民法院(2016)最高法民申828号民事裁定书。

② 参见最高人民法院民法典贯彻实施工作领导小组:《中华人民共和国民法典总则编理解与适用》(下),人民法院出版社2020年版,第776页。

成恶意串通,[1]若以低价受让,则构成恶意串通。[2]

二、股权代持情形下的善意取得

司法实践中,对于股权代持的情形,法院通常直接依据《公司法司法解释(三)》第25条认定名义股东处分股权为无权处分。[3] 此种认为名义股东不是股权权利人的裁判思路与专题八股权代持纠纷中关于名义股东就是股权的实际权利人的裁判思路相矛盾,造成股权代持情形下类案不同判的现象。或许是因为在2011年《公司法司法解释(三)》出台时,最高人民法院对如何平衡实际出资人的投资权益与相对人的信赖利益还处于举棋不定的状态,若相对人仅凭借登记即可获得信赖保护,取得名义股东名下的股权,将导致实际出资人的利益显著失衡,且有违诚实信用原则,因此最高人民法院在发布《公司法司法解释(三)》时,指出"名义股东虽然是登记记载的股东,但第三人明知该股东不是真实的股权人,股权应归属于他人(即实际出资人),在名义股东向第三人处分股权后如果仍认定该处分行为有效,实际上就助长了第三人及名义股东的不诚信行为,这是应当避免的。所以我们规定实际出资人主张处分股权行为无效的,应按照《物权法》(现已失效)第106条规定的善意取得制度处理"[4]。可见,为了保护实际出资人所享有的债权性质的投资权益,最高人民法院对相对人获得名义股东名下的股权施加了一种额外的"善意"限制,考虑到我国财产不透明的国情以及股权代持的普遍现象,似乎有法不责众的意味在里面。

但是,这种立法者的"善意"是以牺牲规范体系为代价的,必然会对法律推导的某个环节产生悖论。例如,在"向某洋与陈某柏、肖某军确认合同无效纠纷案"中,肖某军代向某洋持有目标公司股权,陈某柏因肖某军无力偿还借款,遂与肖某

---

① 参见向某洋与陈某柏、肖某军确认合同无效纠纷案,最高人民法院(2016)最高法民申159号民事裁定书;中交运泽浚航有限公司与青岛国际商品交易所有限公司、青岛统业集团有限公司、青岛润邦非融资性担保有限公司、城发集团(青岛)资产管理有限公司股权转让合同纠纷案,最高人民法院(2020)最高法民终608号民事判决书。

② 参见四川京龙建设集团有限公司与简阳三岔湖旅游快速通道投资有限公司、深圳市合众万家房地产投资顾问有限公司等股权确认纠纷案,最高人民法院(2013)民二终字第29号民事判决书;应某瑶、张某确认合同无效纠纷案,云南省高级人民法院(2016)云民终279号民事判决书。

③ 参见霍某锋、殷某股权转让纠纷案,最高人民法院(2019)最高法民终992号民事判决书;陆某、廊坊艳阳粮油食品有限公司股权转让纠纷案,最高人民法院(2018)最高法民再307号民事判决书;京安时代投资控股有限公司、上海承彩投资管理有限公司合同纠纷案,广东省高级人民法院(2018)粤民终149号民事判决书;史某新、邓某年股东资格确认纠纷案,山东省高级人民法院(2020)鲁民终588号民事判决书。

④ 《规范审理公司设立、出资、股权确认等案件——最高人民法院民二庭负责人答本报记者问》,载《人民法院报》2011年2月16日,第3版。

军签订股权转让协议，并完成了股权变更登记程序。然而，该案中陈某柏也是目标公司股东，在签订股权转让协议之前，向某洋曾向目标公司其他三位股东（包括陈某柏）主张显名化，但三位股东明确表示拒绝。向某洋为了维护自己的投资权益，主张股权转让协议无效。湖北省高级人民法院认为，肖某军作为名义股东，无处分权，其转让股权的行为构成无权处分，但根据2012年《买卖合同司法解释》第3条第1款的规定无权处分合同有效。① 但这一裁判结果就很耐人寻味。按照法院的裁判思路，名义股东"依委托合同关系为该股权的名义代持人，仅通过登记实际占用该股权，对该股权无所有权，在无实际出资人明确授权情况下，亦无处分权"。虽然名义股东无权处分股权，但无权处分仅对无权处分行为效力产生影响，不影响无权处分合同的有效性。若继续推导下去，由于相对人对股权代持关系知情，不构成善意取得，进而无权处分行为无效，股权仍然归实际出资人享有。但是，该案中公司其他股东已明确拒绝了实际出资人显名化的请求，这就导致出现了名义股东是登记名义人但不享有股权，而实际出资人是股权人，但不能成为登记名义人的尴尬局面。可见，在股权代持情形中引入善意取得制度造成法律体系上的瑕疵，必然会在法律推导中产生悖论。遗憾的是，由于该案实际出资人诉讼请求仅限于合同效力，故法院仅对无权处分合同的效力进行认定，未对相对人是否善意取得进行认定。

三、一股二卖情形下的善意取得

一股二卖的情形下，法院通常认定出让人与后买受人的股权转让属于无权处分，进而对后买受人是否构成善意进行检视。由于在后买受人进行股权交易之前，前买受人已获得股权，因此，通常后买受人获得股权具有难度，根据笔者对高级人民法院、最高人民法院的案例检索结果，所有一股二卖案例的后买受人均不构成善意取得，多是因为不符合"善意"要件与"合理对价"要件，并且后买受人通常与出卖人具有亲属、关联关系。例如，在"西藏国能矿业发展有限公司与薛某懿、薛某蛟等股权转让纠纷案"中，法院认定后买受人在知情的情况下，系采用欺骗手段获取龙辉公司相关登记资料后办理的股权变更登记，且后买受人与出卖人存在母子关系、舅甥关系，其行为明显不具有善意。② 在"四川京龙建设集团有限公司与简阳三岔湖旅游快速通道投资有限公司等及深圳市合众万家房地产投资

---

① 参见湖北省高级人民法院民事判决书，(2015)鄂民二终字第00197号。

② 参见最高人民法院民事判决书，(2014)民二终字第205号。

顾问有限公司等股权确认纠纷案”[①]中，最高人民法院认为目标公司的高级管理人员同时也是后买受人的股东，应当对股权已转让的事实知情，进而推定后买受人知情，不构成善意。在“龚某平、赵某燕合同纠纷案”中，后买受人与前买受人系父子关系，最高人民法院认定后买受人因知情而不构成善意。[②]

【典型案例】

大连金信集团有限公司与李某等案外人执行异议案[③]

基本案情：

明达公司持有抚顺银行15,000万股股权，在2012年1月4日至2014年12月29日期间，因为李某诉其借款纠纷一案，该项股权长期处于被查封冻结的状态。在此期间，金信公司与抚顺银行进行磋商，意图购买明达公司持有的抚顺银行股权，并与抚顺银行签订了股权转让协议，支付了股款。之后，由于李某诉明达公司案须对上述股权强制执行，金信公司遂提出执行异议，被驳回后，诉至大连市中级人民法院提起执行异议之诉。

裁判要旨：

一审法院认为，该案的一个焦点在于金信公司受让股权的行为是否构成善意，金信公司是否系案涉股权的所有权人。该案中，明达公司知晓股权冻结一事，股权被查封后，未经过法院准许，明达公司不能将案涉股权进行转让。因案涉股权早就被辽宁省高级人民法院依法查封、禁止转让，而根据金信公司举证的与明达公司所签订的股权转让协议并未记载签约时间，且明达公司对该协议真实性不予认可，依据现有证据，对该股权转让协议的签约时间尚不能确定，即使按金信公司主张的签约时间，彼时该股权已在法院查封冻结期间内，则该协议的签订违反了法律规定，故对该协议不予确认，金信公司不能依据上述协议成为案涉股权的所有人。因法院查封裁定及协助执行通知书已向股权登记机关抚顺市工商局下达，具有公示效力，金信公司以及抚顺银行辩称其在案涉股权转让时对股权被查封的状况不知晓，构成善意取得，不予采纳。

二审法院认为，金信公司陈述在签订案涉股权转让协议过程中，从抚顺市工

---

① 最高人民法院民事判决书，(2013)民二终字第29号。

② 参见最高人民法院民事裁定书，(2020)最高法民申3498号。

③ 参见辽宁省高级人民法院民事判决书，(2017)辽民终1060号；最高人民法院民事裁定书，(2018)最高法民申1771号。

商局没有调查到案涉股权处于查封冻结状态,但未提供证据证明,而法院在抚顺银行企业档案中调取了辽宁省高级人民法院送达的民事裁定书及协助执行通知书。金信公司这种巨额交易中未尽谨慎义务,不符合逻辑和商业经验,故而对其持有抚顺银行8000万股股权不予认可。

再审法院认为,案涉股权转让合同签订时,该股权已经人民法院依法查封、冻结,案涉财产保全裁定及查封股权的协助通知书均已有效送达,并发生法律效力,涉案股权的转让妨碍执行存在违法,不能对抗该案申请执行人李某。而从金信公司购买股权磋商过程来看,其并未与明达公司人员接触,或详细了解案涉股权情况,只是与抚顺银行进行磋商,未见到明达公司授权抚顺银行转让案涉股权的证据。综合上述情况,涉案股权交易存在诸多异常,金信公司未尽到审慎注意义务,其主张善意取得涉案股权缺乏事实依据。

裁判评析:

该案特殊之处在于,案涉股权已被查封或冻结,而该查封或冻结经过工商登记机关登记具有了公示效力,因而金信公司无法就此主张其为善意。据此,如何认定股权转让中的善意,在该案中,至少应当包含经过对工商登记内容的审查。此外,善意取得的前提为无权处分,而该案中,金信公司受让该股权是直接与抚顺银行进行沟通,而未与作为股权持有人的明达公司进行磋商,由此,抚顺银行构成无权处分,但金信公司并未审查抚顺银行是否有明达公司的授权书,因此,还存在第二层非善意,即未审查抚顺银行是否具有处分权限。由此,一审、二审、再审法院均以金信公司在该案中为非善意,因而不得主张善意取得。

问题三 股权让与担保的法律效力

虽然在实践中,股权让与担保已经十分常见,但在理论中,其法律效力长期存在争议,因其在交易结构、权利实现过程等存在不同于普通无权让与担保的特征,这使得对其审判也存在诸多不确定性。因此,本部分尝试从识别认定、法律效率、审判实践等方面探讨股权让与担保行为,以期为相关实务工作提供有益借鉴。

【规范梳整】

股权让与担保作为非典型担保,并无立法的直接规范,对其法律效力的认定往往要通过解释一般的让与担保规则。2015年最高人民法院发布的《关于审理民间借贷案件适用法律若干问题的规定》(以下简称《民间借贷司法解释》)第24条开始对让与担保进行规定,该条第2款指出,“按照民间借贷法律关系审理作出的判决生效后,借款人不履行生效判决确定的金钱债务,出借人可以申请拍卖买卖合同标的物,以偿还债务。就拍卖所得的价款与应偿还借款本息之间的差额,借款人或者出借人有权主张返还或补偿”。2019年最高人民法院发布的《九民纪要》第一次在司法规范性文件中规定了让与担保制度,在第71条中明确形式上转让财产,在债务人到期没有清偿情况下,债权人可以对财产拍卖、变卖、折价偿还债权的合同应当认定有效,而约定财产归债权人所有的,应当认定该部分约定无效。因此,该条明确让与担保合同有效,但类型限制于对财产进行拍卖、变卖、折价偿还方式。随着功能主义担保观念的兴起,2020年出台的《民法典》第388条明确承认了除抵押、质押合同外的其他具有担保功能的合同。《民法典担保制度司法解释》第68条规定了让与担保的认定与权利实现程序,第69条规定了股权让与担保中名义股东债权人的责任认定。《九民纪要》第66条明确规定,“当事人订立的具有担保功能的合同,不存在法定无效情形的,应当认定有效。虽然合同约定的权利义务关系不属于物权法规定的典型担保类型,但是其担保功能应予肯定”。《民法典担保制度司法解释》第63条规定,“债权人与担保人订立担保合同,约定以法律、行政法规尚未规定可以担保的财产权利设立担保,当事人主张合同无效的,人民法院不予支持。当事人未在法定的登记机构依法进行登记,主张该担保具有物权效力的,人民法院不予支持”。

可以看出,在前述规则精神下,股权让与担保合同如不存在其他无效事由,本质上应当有效,但其权利实现方式应当有所限制。

【理论基础】

让与担保是指债务人或者第三人为担保债务的履行,将担保物的所有权转移至债权人,债务清偿后,担保物应返还于债务人或者第三人;债务不获清偿时,债权人就该担保物受偿的一种担保形式,是各国家和地区交易实务上的一项习惯法制度。让与担保作为非典型的权利转移型担保,能扩大担保标的范围,包括了所有可转让性财产或权利,设定人能继续保留标的物占有,扩充了担保物的用益功能,且其转让所有权的表现形式阻却了交易第三人的可能性,因而被越来越多的市场主体所采用,其中以签订不动产买卖合同、股权转让、债权转让作为借款合同的担保最为常见。据学者统计,让与担保标的物范围内,股权让与担保仅次于房屋让与担保，是市场上第二活跃的让与担保类型。[①] 与动产、不动产让与担保仅涉及财产权利不同，股权兼具财产权和成员权的双重属性，股权让与担保因股权的特性和公司主体的加入，使得名义股东的权利义务更为复杂，股权让与担保成为了司法的热点、难点问题。[②] 如前“规范梳整”所述，虽然有关让与担保的法律规定逐渐明晰，但仅有的两个条文并不足以解决股权让与担保的众多法律问题，例如股权让与担保期间股东资格认定、股东权利行使及义务负担、强制执行情形下的权利救济等问题。因此有必要系统性地检视股权让与担保制度，梳理股权让与担保的法律效力。

一、股权让与担保的识别与认定

（一）让与担保的概念与分类

让与担保是股权让与担保的上位概念，厘清一般股权让与担保的法律结构有助于识别股权让与担保。根据最高人民法院发布的《民法典担保制度司法解释系列解读之五“关于非典型担保”及“附则”部分重点条文解读》第 4 条，让与担保有广义和狭义之分。广义让与担保，包括买卖式担保和让与式担保。所谓买卖式担保，又称卖与担保、卖渡的担保等，是指以买卖方式移转标的物的所有权，而以价金名义通融金钱，并约定日后将该标的物买回的制度。狭义让与担保，仅指让与式担保，又称为信托让与担保，是指债务（或第三人）为担保债务清偿，将担保标的物之所有权移转给债权人，在债务清偿后，标的物之所有权回归于担保人；在债务届时未能得到清偿时，债权人有就担保物优先受偿的权利。让与担保在实践中的典型表现形式为，债务人或者第三人与债权人约定将财产形式上转移至债权人名下，债务人不履行到期债务，债权人有权对财产折价或者以拍卖、变卖该财产所得价款偿还债务。

因股权本身兼具财产权和成员权的双重属性，所以股权让与担保中的合同权利义务分配以及基于公司法相关规定的股东权利义务内容，均存在一定的特殊性、多样性。与一般的物权让与担保不同，首先，股权让与担保横跨合同法、物权法、公司法，受财产法与组织法的双重规制，而一般的物权让与担保仅仅涉及合同法与物权法等财产法的规制。其次，股权与物权不同，股权是股东与公司的一系列权利义务的抽象概括，不仅仅代表着财产权利，还代表着公司法规定的一系列

---

① 参见姚辉、李付雷：《“理性他者”的依归——让与担保实践争议探源与启示》，载《中国人民大学学报》2018 年第 6 期。

② 参见最高人民法院民事审判第二庭：《民法典担保制度司法解释理解与适用》，人民法院出版社 2021 年版，第 572 页。

权利义务，例如在股权出资中，股东有权享有出资的期限利益，但瑕疵出资的股东会被公司管理者催缴，并且承担对其他股东的违约责任以及面临债权人追偿的风险。最后，区别于物权，股权的公示登记制度分为内部登记与外部登记，使得股权变动的法律效力较为复杂。因此，股权让与担保具有其特殊性，需要更为细致地分析。

（二）股权让与担保的认定

对于股权让与担保而言，由于股权转让和回购的形式以及当事人采取交易安排的形式多种多样，股权让与担保的识别需要与股权转让、增资扩股、合作乃至信托等法律关系相区别。有学者对最高人民法院涉及股权让与担保的案例进行了统计，绝大多数当事人采取“股权转让＋股权回购”的交易安排，其中股权转让的方式包括单纯股权转让、增资入股、出资设立项目公司，股权回购的表现形式包括无条件按期回转、附条件或附期限回购、零对价回购、固定溢价回购等。[①] 可见，法官识别股权让与担保需要根据当事人的整体交易安排、合同的文义等综合判断当事人的真实意思表示。

通过案例检索与分析，笔者认为判断是否构成股权让与担保的核心要素主要包括以下两个方面：第一，存在合法有效且未届期的债权债务关系；第二，存在通过股权转让为债权的实现提供担保的真实意思表示。具体而言如下。

1. 存在合法有效且未届期的债权债务关系

存在未届期债权债务关系是构成股权让与担保的前提。股权让与担保从性质上说是一种非典型担保，属于从合同的范畴，如果不存在需要担保的主合同或主合同债权已届期，则股权让与担保就无从谈起。因此，是否存在未届期的主合同是判断一个协议是股权转让协议还是股权让与担保的重要标准。

2. 转让股权的目的是为担保主债权

由于股权让与担保必须借助股权转让的形式实现标的物所有权的转移，进而为主债权提供担保功能，因此，股权转让协议的目的是实现股权流转还是担保债权履行，常常是案件审查和争议的焦点，厘清二者的差异对于识别股权让与担保乃至股权的归属至关重要。一般而言，股权转让是当事人出于转让股权目的而签订的协议，出卖人的主要义务是转让股权，买受人的主要义务是支付股权转让款；而股权让与担保的目的在于为主债务提供担保，受让人通常并不为此支付对价，

① 参见刘牧晗：《股权让与担保的实行及效力研究——基于裁判和学说的分析与展开》，载《国家检察官学院学报》2022年第2期。

同时对于受让的股权，未届债务清偿期前受让人不得行使股东权利和处分。[①] 不过司法实践一般很难区分这两者之间的关系，具体容后详述。

综上所述，股权让与担保的认定需要满足两个条件，其一，存在合法有效且未届期的主债权，其二，股权转让的目的系为担保主债权。后者须结合股权转让协议的条款、当事人的行为综合判断，尤其要关注股权转让及回购时是否无偿、股权受让人是否实际行使股东权利并参与公司的经营管理。

二、股权让与担保的法律效力

因股权让与担保的担保标的——股权，兼具财产权与社员权属性，且股权让与担保本身涉及合同与公司两大法域，股权让与担保的法律效力较为复杂。然而，任何复杂的法律关系均可以分解为若干单一的法律关系，笔者将延续专题八对股权代持法律效力的分析方法，将一个法律制度的法律效力划分为若干主体之间的法律关系，从而实现对法律制度的精细解剖。

（一）转让人与受让人之间的法律关系

1. 股权让与担保交易架构合法有效

在我国司法实践中，让与担保制度的合法性曾因违背物权法定原则、构成通谋虚伪表示以及构成流质条款而被否认，股权让与担保也不例外。随着《民间借贷司法解释》《九民纪要》《民法典》等一系列法律规范性文件逐渐承认非典型担保的担保法律效力，[②]并且承认流押、流质条款的担保清算效力，司法实践中已鲜有认定股权让与担保无效的案例。尤其是《九民纪要》第66条明确规定，“当事人订立的具有担保功能的合同，不存在法定无效情形的，应当认定有效。虽然合同约定的权利义务关系不属于物权法规定的典型担保类型，但是其担保功能应予肯定”。

2. 受让人仅在担保范围内享有担保物权

根据《民法典担保制度司法解释》第63条的规定，“债权人与担保人订立担保合同，约定以法律、行政法规尚未规定可以担保的财产权利设立担保，当事人主张合同无效的，人民法院不予支持。当事人未在法定的登记机构依法进行登记，主张该担保具有物权效力的，人民法院不予支持”。可见，在法定的登记机构进行登

---

① 参见最高人民法院民事审判第二庭：《民法典担保制度司法解释理解与适用》，人民法院出版社2021年版，第572页。

② 参见最高人民法院《关于审理民间借贷案件适用法律若干问题的规定》（2015年发布，已被修正）第24条，《九民纪要》第66、67、71条，《民法典》第388、401、428条，《民法典担保制度司法解释》第63、68条等。

记是担保获得物权效力的前提。根据《民法典担保制度司法解释》第68条的规定，让与担保中只要担保标的物已转移至债权人名下，且完成财产权利变动的公示，便具有了物权效力。因此，股权让与担保中，只要股权受让人完成了工商登记变更，就享有股权担保的物权效力，可以对抗其他第三人。

3. 股权让与担保的权利实现程序

《民法典担保制度司法解释》第68条仅指出债权人有权请求参照民法典关于担保物权的有关规定就该财产优先受偿。司法实践中，为保护债务人的利益，防止出现流质、流押的情形，法院通常对股权受让人（担保权人）科以清算义务。对于股权的实现程序，实践中已形成较为一致的做法。

首先，参照《民法典》第410条的规定，股权实现程序的触发条件为债务人不履行到期债务或发生当事人约定的实现股权的情形。实践中，由于股权的价值往往因公司价值的波动而处于变动之中，当事人往往会约定定期对股权的价值予以评估，当股权价值不足以抵偿债务时，启动股权的权利实现程序。

其次，根据最高人民法院《关于人民法院民事执行中拍卖、变卖财产的规定》（2020修正）第32条第1款①的规定，在启动股权的权利实现程序后，对于股权的清算方式及价格，应当以双方当事人的约定优先，该约定既包含双方当事人在债权届期前约定的债务不履行时股权的变价程序，也包括在债权届期后另行协商确定股权价格。

最后，由于债权人已完成了股东资格取得的全部形式要件，当债务人不履行债务或发生约定的实现股权情形的情况下，债权人与债务人达成以股抵债协议之时，债权人取得股权。

4. 受让人擅自处分股权应承担违约或侵权责任

如上所述，转让人仅形式上将股权转移至受让人名下，受让人仅对股权享有担保物权的法律权利，根据最相类似的股权质押的法律规定，《民法典》第431条规定："质权人在质权存续期间，未经出质人同意，擅自使用、处分质押财产，造成出质人损害的，应当承担赔偿责任。"该条要点如下：首先，其中"使用"的含义自不必赘述，而"处分"的含义则有待厘清。根据《民法典》第356、357条的规定，处分至少应当包括转让、互换、出资、赠与等行为，可见，处分的含义较为广泛，笔者认

① 最高人民法院《关于人民法院民事执行中拍卖、变卖财产的规定》（2020修正）第32条第1款规定："当事人双方及有关权利人对变卖财产的价格有约定的，按照其约定价格变卖；无约定价格但有市价的，变卖价格不得低于市价；无市价但价值较大、价格不易确定的，应当委托评估机构进行评估，并按照评估价格进行变卖。"

为常见的处分行为还应当包括抵押、出租等。因此,结合股权的特征,受让人不得使用、转让、出资、赠与、抵押标的股权。其次,约定优先,若股权转让协议中明确约定了受让人可以行使股东权利或处分股权,则视为转让人事先同意,受让人在约定范围内处分股权并不承担赔偿责任。最后,该条的赔偿责任应指向侵权责任,①但合同另有约定且受让人违反约定的情况下,构成违约与侵权的竞合。此外,股权让与担保从某种意义上来说,也属于一种股权代持的类型,根据《公司法司法解释(三)》第25条的规定,“名义股东将登记于其名下的股权转让、质押或者以其他方式处分,实际出资人以其对于股权享有实际权利为由,请求认定处分股权行为无效的,人民法院可以参照《民法典》第三百一十一条的规定处理。名义股东处分股权造成实际出资人损失,实际出资人请求名义股东承担赔偿责任的,人民法院应予支持”。因此,受让人作为名义股东,擅自处分股权构成对转让人的侵权。

此外,转让人亦可能通过损害股权价值的方式侵害受让人的担保权利,进而构成对受让人的侵权行为。由于股权让与担保中,转让人通常保留公司经营管理的职位、权利以及股东权利,因此,更符合抵押权的法律结构。根据《民法典》第408条的规定,“抵押人的行为足以使抵押财产价值减少的,抵押权人有权请求抵押人停止其行为;抵押财产价值减少的,抵押权人有权请求恢复抵押财产的价值,或者提供与减少的价值相应的担保。抵押人不恢复抵押财产的价值,也不提供担保的,抵押权人有权请求债务人提前清偿债务”。由于股权的价值取决于标的公司的净资产价值,当转让人经营公司的行为使得公司价值减损的,构成了对担保财产——股权的侵害,进而侵害了受让人的担保权利,应当承担侵权责任。

(二)受让人、转让人与公司及公司债权人之间的法律关系

1. 对公司内部法律关系而言,受让人不具有股东资格

传统理论将让与担保的法律构造区分为所有权构造论和担保权构造论两类,前者主要着眼于所有权转移于债权人的法律手段,后者则更关注让与担保的经济目的或者其担保机能,两者的关键区别在于由受让人抑或转让人享有标的物的所有权。② 其中,所有权构造论的观点为标的物所有权完全转移给了受让人,但对于担保物的权利行使受到债权性的约束。担保权构造论则主张在让与担保设定后,

① 参见孙宪忠、朱广新主编:《民法典评注·物权编》(第4册),中国法制出版社2020年版,第324页。

② 参见向逢春:《让与担保制度研究》,法律出版社2014年版,第15、16页。

受让人仅取得担保物权,所有权仍归属转让人。① 鉴于《民法典担保制度司法解释》第 68 条规定了让与担保的物权效力,且采取了“将财产形式上转移至债权人名下”的表述,而第 69 条规定了受让人不承担对公司及公司债权人的出资义务,显然司法解释采取了担保权构造论的观点。因此,受让人仅形式上成为股东,实际上并不享有股东权利。这一点也被最高人民法院诸多案例采纳。

但笔者认为,受让人不享有股东权利的观点并非绝对,若双方当事人约定受让人享有某些股东权利时,应当尊重当事人意思自治。

2. 对公司外部法律关系而言,受让人不具有股东资格

由于在股权让与担保案例中,股权转让人、标的公司、股权受让人往往均是让与担保交易安排的当事人,受让人不享有股东权利以及公司经营权对各方均有约束力。从股东的构成要件角度来说,对于股权受让人来说,通常其完成了股权变动的内部变更登记与工商变更登记,满足了股东资格取得的全部形式要件,但由于双方当事人并不具备股权转让的意思表示,因此并不满足股东资格取得的实质要件,因此,对于公司内部法律关系而言,其并不是股东,不享有股东权益。然而,对于公司外部法律关系而言,受让人是否享有股东资格,不无疑问。

根据《民法典担保制度司法解释》第 69 条的规定,“股东以将其股权转移至债权人名下的方式为债务履行提供担保,公司或者公司的债权人以股东未履行或者未全面履行出资义务、抽逃出资等为由,请求作为名义股东的债权人与股东承担连带责任的,人民法院不予支持”。显然,受让人不具有股东资格的事实可以对抗不知情的公司债权人,对于公司外部法律关系而言,其并不是公司股东,不承担股东的义务。

然而,根据专题八的商事外观主义规则、工商登记的公示公信效力以及本专题股权变动模式的结论,在股权让与担保中,股权转让的受让人一旦完成股东的工商变更登记程序并予以公示,则受让人具有股东资格的事实对外部第三人产生公信效力,受让人仅为形式上股东并不足以对抗公司外部的第三人。这也与《民法典》第 65 条法人登记的对抗效力、《公司法》(2024)第 56 条第 2 款公司登记的对抗效力、《公司法司法解释(三)》第 26 条未履行出资义务的名义股东应对公司债权人承担补充赔偿责任的规定相一致,均采取了外观主义的思路。然而,唯独在股权让与担保的规定中,不承认名义股东的对外效力,采取了注重股权实质归

---

① 参见刘牧晗:《股权让与担保的实行及效力研究——基于裁判和学说的分析与展开》,载《国家检察官学院学报》2022 年第 2 期。

属的认定思路。对此，最高人民法院解释道："《公司法司法解释（三）》前述规则预设时并未考虑股权让与担保情形。在股权让与担保的模式下，债权人受让股权成为名义股东，名义股东的实际地位为债权人，并不负有出资义务，该股权受让人与前述应该承担责任的名义股东之间存在本质区别。因此，公司债权人以股东未履行或者未全面履行出资义务或者抽逃出资等为由，要求名义股东的债权人承担连带责任，人民法院不应予以支持。公司债权人虽然不能要求作为名义股东的债权人承担责任，但在查明案件事实的基础之上，其可以要求转让人作为实际股东对于出资瑕疵承担相应的责任。"①

笔者认为，目前对于股权代持与股权让与担保中股东资格的法律规制，存在体系上的瑕疵。股权代持与股权让与担保造成的股东资格名不副实的现象有何"本质区别"？在笔者看来，二者唯一的区别在于当事人的真实意思表示不同，股权代持的交易安排中，实际出资人与名义股东的真实意思表示本身就是由名义股东享有股权，享有股权所表征的一系列权利义务，②而在股权让与担保的交易安排中，转让人与受让人的真实意思表示并非受让人实际享有股权，而是将股权暂时性地、形式上地转移至受让人处，实现股权的担保功能。但是，根据合同的相对性法理，合同当事人的意思表示仅在当事人之间发生效力，且此种处理模式置交易安全而不顾，使得债权人的调查成本、信息成本等交易成本陡增，与外观主义以及工商登记的公示公信原则相悖。若侧重于交易安全，采取外观主义的理念，则将显著增加债权人（股权受让人）被公司、公司债权人追索的风险，极大地抑制股权让与担保的担保方式。若侧重于债权人担保权利的保护，则将损害交易安全，不利于公司债权人的保护。显然，《九民纪要》采纳了后者，但也造成了股权登记公示效力在公司法领域存在体系上的瑕疵和不连贯。

（三）转让人与受让人的债权人之间的法律关系

根据最高人民法院《关于人民法院强制执行股权若干问题的规定》第 4 条的规定，"人民法院可以冻结下列资料或者信息之一载明的属于被执行人的股权：（一）股权所在公司的章程、股东名册等资料；（二）公司登记机关的登记、备案信息；（三）国家企业信用信息公示系统的公示信息。案外人基于实体权利对被冻结股权提出排除执行异议的，人民法院应当依照民事诉讼法第二百二十七条

---

① 最高人民法院民事审判第二庭：《民法典担保制度司法解释理解与适用》，人民法院出版社 2021 年版，第 575 页。

② 然而，根据《公司法司法解释（三）》第 25—27 条的规定，股权代持中名义股东一方面承担股东的出资义务，另一方面在处分股权时构成无权处分，此种权责不一的法律规定已引起学界广泛的批判。

的规定进行审查”。由于股权登记在债权人（名义股东）的名下，当名义股东债权人对股权申请强制执行时，债务人（转让人）同样会面临能否以股权让与担保的事实排除对股权的强制执行的诘问。

【审判实务】

一、股权让与担保的认定

（一）存在合法有效且未届期的债权债务关系

前已述及，合法有效且未届期的债权债务关系是股权让与担保认定的基础，这在实践中也并不例外。例如，在“深圳市奕之帆贸易有限公司、侯某宾与深圳兆邦基集团有限公司等合同纠纷”公报案例中，股权转让人欲以存在债权未届期为由主张股权让与担保构成流质，股权转让合同无效。最高人民法院认为：“让与担保通常系在债务履行期届满之前签订协议并转移标的物所有权等权利，否则其就不成为一种担保方式，而只是一种债务履行方式。”[①]在“潘某义、四川信托有限公司（以下简称四川信托）合同纠纷案”中，最高人民法院认为：“潘某义未能提供证据证明其与四川信托之间存在借款关系，股权让与担保成立的前提并不存在。”[②]

（二）转让股权的目的是担保主债权

担保主债权与股权转让的区分是识别股权让与担保的重要步骤，司法实践中区分股权转让与让与担保，往往需要结合合同条款及合同履行行为综合判断，如合同签订背景、双方当事人的沟通情况、股权转让的对价、股权回购条款、债务不履行时的折价补偿条款、公司经营权利的归属、股东权利的行使主体、受让人的权利范围等事实。例如，在“昆明哦客商贸有限公司、熊某民与李某友等股东资格确认纠纷”公报案例中，江西省高级人民法院根据合同各方沟通时均承认以股权担保的意思表示、股权转让协议中约定了股权回购条款、公司的账目及工程证照未移交、转让方仍然实际经营管理公司等事实，综合认定股权转让协议的真实意思是股权让与担保。[③]

司法实践中，股权转让及回购是否需支付合理对价、股权受让人是否实际行使股东权利是判断构成股权让与担保目的的关键，具体如下。

1. 就股权转让及回购是否需支付合理对价而言，最高人民法院多数案例认

---

① 最高人民法院民事判决书，(2018)最高法民终751号。

② 最高人民法院民事判决书，(2019)最高法民终688号。

③ 参见江西省高级人民法院民事判决书，(2020)赣民终294号。

为，股权让与担保中股权转让和回购时无须支付对价，或仅需支付象征性的对价，如股权转让款为1元或股权转让协议约定了价款但实际未支付。在“陆某梅、广州市泛美房地产开发有限公司合同纠纷案”①中，最高人民法院认为，案涉股权转让关系不构成让与担保的主要原因在于，股权转让及回购均约定了明确合理的对价，且股权受让人实际享有并行使了股东权利，因此，不符合让与担保的典型特征。而在“张某、华和信投资有限公司等合同纠纷案”②“田某川、河南省太行置业有限公司与公司有关的纠纷案”③“山东永隆集团有限公司、北京银清龙房地产开发有限公司等股权转让纠纷案”④“齐星集团有限公司、西宁经济技术开发区投资控股集团有限公司等借款合同纠纷案”⑤中，股权转让及回购均无须支付对价或仅需支付象征性的对价，符合股权让与担保的特征，因此，最高人民法院均认定案涉股权转让关系构成股权让与担保。

然而，笔者认为这一观点值得商榷。股权无偿转让和回购并非股权让与担保的必要条件，根据《民法典担保制度司法解释》第68条第3款的规定，债务人与债权人约定将财产转移至债权人名下，在一定期间后再由债务人或者其指定的第三人以交易本金加上溢价款回购，也构成让与担保。换句话说，若股权转让人与股权受让人约定了股权转让价款，并约定将来以股权转让款加上溢价款回购股权，同样属于让与担保。事实上，由于法官对股权让与担保的理解与对案件的审查视角不同，最高人民法院的案例在此问题上存在类案不同判的现象。例如，在“福建省时代华奥动漫有限公司、严某金融借款合同纠纷案”⑥中，股权受让人均支付了合理的股权转让款，但最高人民法院也认定了案涉股权转让构成股权让与担保的法律关系。因此，不能仅以股权转让协议约定了股权转让及回购的对价为由否认股权让与担保，还应结合股权转让协议的其他条款及合同后续履行行为综合判断。

2. 就股权受让人是否实际享有股东权利而言，多数案例显示，股权让与担保中的股权受让人并不享有股东权利，若股权受让人享有股东权利，实际参与公司经营管理，则构成一般的股权转让法律关系。例如，在“黑龙江闽成投资集团有限

---

① 最高人民法院民事裁定书，(2020)最高法民申4636号。
② 最高人民法院民事判决书，(2019)最高法民终1725号。
③ 最高人民法院民事裁定书，(2019)最高法民申6422号。
④ 最高人民法院民事裁定书，(2021)最高法民申7209号。
⑤ 最高人民法院民事判决书，(2022)最高法民再82号。
⑥ 最高人民法院民事判决书，(2020)最高法民终39号。

公司与西林钢铁集团有限公司（以下简称西钢公司）、第三人刘某平民间借贷纠纷”公报案例中，最高人民法院认为：“《协议书》《补充协议书》上述约定内容，本质上是通过以龙郡公司100%股权过户至刘某平名下的方式担保前述债权的实现，西钢公司仍保留对龙郡公司的重大决策等股东权利……符合让与担保法律特征。”①在“安徽东基房地产开发有限公司、合肥建汇企业管理咨询有限公司破产债权确认纠纷案”②“田某川、河南省太行置业有限公司与公司有关的纠纷案”③中，根据股权转让协议及协议实际履行情况，股权转让人仍然享有目标公司的经营、财务、人事等权利，符合股权让与担保的特征，最高人民法院认定构成股权让与担保。而在“永州市泰丰房地产开发有限公司、湖南新泰丰控股股份有限公司等股权转让纠纷案”④和“湖北东星集团有限公司、JACKTHOMSON 股权转让纠纷案”⑤中，股权受让人实际取得了标的公司的经营管理权，与股权让与担保中股权系“形式转让”有所不同，最高人民法院认定构成股权转让，而非股权让与担保。

二、股权让与担保的法律效力

（一）转让人与受让人之间的法律关系

1. 股权让与担保交易架构合法有效

股权让与担保交易架构合法有效已经为实践所认可，具体案例可详参本专题“典型案例”部分最高人民法院公报案例“黑龙江闽成投资集团有限公司与西钢公司、第三人刘某平民间借贷纠纷案”⑥。

2. 受让人仅在担保范围内享有担保权

例如，在“黑龙江闽成投资集团有限公司与西钢公司、第三人刘某平民间借贷纠纷”公报案例中，法院认定：“《物权法》第二百零八条第一款、第二百二十六条第一款及第二百二十九条规定，在股权质押中，质权人可就已办理出质登记的股权优先受偿。举轻以明重，在已将作为担保财产的股权变更登记到担保权人名下的股权让与担保中，担保权人形式上已经是作为担保标的物的股份的持有者，其就作为担保的股权享有优先受偿的权利，更应受到保护，原则上具有对抗第三人的物权效力。这也正是股权让与担保的核心价值所在。因此，刘某平依约享有的

---

① 最高人民法院民事判决书，(2019)最高法民终133号。
② 最高人民法院民事裁定书，(2020)最高法民申460号。
③ 最高人民法院民事裁定书，(2019)最高法民申6422号。
④ 最高人民法院民事裁定书，(2021)最高法民申3592号。
⑤ 最高人民法院民事判决书，(2014)民四终字第38号。
⑥ 最高人民法院民事判决书，(2019)最高法民终133号。

担保物权优于一般债权,具有对抗西钢公司其他一般债权人的物权效力。”[①]受让人享有的此种担保物权的法律效力是指在转让人(债务人)不能清偿债务的情况下,有权就股权的变价款优先受偿。

3. 股权让与担保的权利实现程序

例如,在“深圳市奕之帆贸易有限公司、侯某宾与深圳兆邦基集团有限公司等合同纠纷”公报案例中,双方当事人在股权转让协议中约定当债务人未能偿还债务时,债权人有权要求以标的股权所对应的权益份额来抵偿,具体抵偿方式为评估所得的市场销售价格的90%,并约定每年对标的股权所对应的权益份额进行评估。后在评估发现股权价值不足以清偿债务时,双方另签订协议,约定以股抵债,股权归受让人所有。最高人民法院认可了协议双方就股权实现程序达成的合意,其认为:“虽然4.25《股权担保协议》要求以专业评估机构的评估结果为准,但根据此后签订的8.26《协议书》,当事人显然已经改变了原有约定,而就让与担保标的物价值4.06亿元达成合意。该4.06亿元的数额是协议各方共同商定的结果,体现了各方当事人的意思自治。”[②]此外,“黑龙江闽成投资集团有限公司与西钢公司、第三人刘某平民间借贷纠纷”公报案例也体现了最高人民法院对当事人事后签订的以股抵债协议的认可。[③]

4. 受让人擅自处分或侵害股权应承担违约或侵权责任

实践中,由于让与担保的股权登记在受让人名下,会出现受让人擅自处分股权,或存在其他侵害行为,对此,其通常需要承担违约责任或侵权责任。

处分行为。例如,在“张某、华和信投资有限公司(以下简称华和信公司)等合同纠纷案”中,最高人民法院认定:“张某将山东圣浩公司的股权变更到华和信公司名下,是基于双方存在的让与担保法律关系……依据华和信公司与济南海信公司2015年4月13日的《股权转让协议》以及其后济南海信公司的履行情况,可以认定为华和信公司已擅自将股权进行处分清算……依据《最高人民法院关于适用〈中华人民共和国公司法〉若干问题的规定(三)》第二十五条第二款规定,名义股东处分股权造成实际出资人损失,实际出资人请求名义股东承担赔偿责任的,人民法院应予以支持。故本案华和信公司作为名义股东未经张某的同意,将其无权处分的股权转让给济南海信公司,给实际出资人张某造成了损失,张某主张华和

---

① 最高人民法院民事判决书,(2019)最高法民终133号。
② 最高人民法院民事判决书,(2018)最高法民终751号。
③ 参见最高人民法院民事判决书,(2019)最高法民终133号。

信公司赔偿股权损失，该院对此予以支持。”①

侵权行为。例如，在“厦门元华资产管理有限公司（以下简称元华公司）、林某民间借贷纠纷案”中，最高人民法院认为：“元华公司（标的公司）、林某妍（债务人、股权转让人）与洪某海（债权人，股权受让人）之间的借款关系以及股权让与担保关系合法有效，林某妍私刻印章、以公司名义为其父林某华的个人债务提供担保，该行为超出了其担任法定代表人的特定目的范围，违反《中华人民共和国公司法》第十六条的规定，应当认定该担保行为系越权行为，亦系故意损害洪某海利益的侵权行为。”②

（二）受让人、转让人与公司及公司债权人之间的法律关系

1. 对公司内部法律关系而言，受让人不具有股东资格

在“昆明哦客商贸有限公司、熊某民与李某友等股东资格确认纠纷”公报案例中，江西省高级人民法院认为：“股权让与担保目的是为债务提供担保，并非转让股权，让与担保权受让的股权并不是完整的权利，实际权利内容不得超出担保之目的。”③“余某平、徐某等股东资格确认纠纷案”④中，最高人民法院认为股权让与担保中，受让人虽然办理了股权变更登记，但实质上享有的仅为担保物权，并不享有股东权利。“齐星集团有限公司、西宁经济技术开发区投资控股集团有限公司（以下简称西开投资公司）等借款合同纠纷案”中，最高人民法院认为：“西开投公司虽然是桂鲁公司的工商登记股东，也仅是名义股东，其并不享有股东的权利，既不享有股权中的财产权，也不享有股权中的成员权。”⑤“田某川、河南省太行置业有限公司与公司有关的纠纷案”中，最高人民法院认为：“在主债务期限届满后仍未履行的情况下，名义上的股权受让人对变价后的股权价值享有优先受偿权，但原则上无权对股权进行使用收益，不能享有《公司法》规定股东所享有的参与决策、选任管理者、分取红利等权利。”⑥

2. 对公司外部法律关系而言，受让人不具有股东资格

在“新疆投资发展（集团）有限责任公司、金石财富投资有限公司（以下简称金石财富公司）合同纠纷案”中，最高人民法院认为：“双方明确约定，金石财富公

① 最高人民法院民事判决书，(2019)最高法民终1725号。
② 最高人民法院民事判决书，(2017)最高法民再210号。
③ 江西省高级人民法院民事判决书，(2020)赣民终294号。
④ 最高人民法院民事裁定书，(2020)最高法民申3880号。
⑤ 最高人民法院民事判决书，(2022)最高法民再82号。
⑥ 最高人民法院民事裁定书，(2019)最高法民申6422号。

司股权相互转让的目的实质为《加工协议》提供股权担保,并不作其他用途,且转让已经过股东会决议,符合公司法的相关规定。新投公司以海峡公司作为曾经受让金石财富公司的股份而成为该公司股东为由,认为海峡公司应承担股东出资不实的补充赔偿责任的上诉理由,没有事实和法律依据,不能成立。"①在"钟某鹏、福建联泰建设工程有限公司等追加、变更被执行人异议之诉案"②中,债权人根据股权让与担保协议成为标的公司的名义股东,在公司的债权人强制执行无果的情况下,申请追加名义股东为被执行人,福建省龙岩市中级人民法院认为名义股东不符合《最高人民法院关于民事执行中变更、追加当事人若干问题的规定》第17条规定可以追加为被执行人的营利法人股东的情形,否认了其具有股东资格。

(三)转让人与受让人的债权人之间的法律关系

笔者以"排除执行""股权让与担保"为关键词进行案例检索,可能因股权让与担保在实践中兴起不久,此类案例并不多见,但仅有的一例案件,法院根据股权的实际归属,认定债务人具有排除对股权强制执行的权利。在"蒋某红、王某珍等借款合同纠纷执行异议案"③中,常州市金坛区人民法院认为,债务人与债权人签订的股权转让协议是为借款协议进行的担保,而非股权转让,故该股权转让协议属于股权让与担保合同,被执行人(名义股东)不是合法股东,案外人(实际出资人、债务人)为公司的实际股东,因此,根据最高人民法院《关于人民法院办理执行异议和复议案件若干问题的规定》第24条规定,案外人享有排除对被执行人股权强制执行的权利。

【典型案例】

黑龙江闽成投资集团有限公司与西钢公司、第三人刘某平民间借贷纠纷案④

基本案情:

2013年5月7日,刘某平与西钢公司签订《5.7借款合同》,约定借款本金与利息,西钢公司以其持有龙郡公司及翠宏山公司股权提供担保。其后,双方又签订《6.23借款合同》《7.23借款合同》《12.8借款合同》等,主要内容与《5.7借款

① 最高人民法院民事判决书,(2018)最高法民终54号。

② 福建省龙岩市中级人民法院民事判决书,(2021)闽08民终1237号。

③ 常州市金坛区人民法院执行裁定书,(2021)苏0413执异87号。

④ 参见最高人民法院民事判决书,(2019)最高法民终133号。

合同》相同。2014 年 6 月 14 日,灯塔公司、黑龙江闽成投资集团有限公司(以下简称闽成公司)、西钢公司签订《抹账协议》,将灯塔公司欠闽成公司 1 亿元债务转移给西钢公司。2014 年 6 月 13 日,刘某平与西钢公司签订《协议书》,约定相关借款事项,双方协商,达成协议如下:双方签订股权转让协议的目的是以股权转让的形式保证刘某平债权的实现,督促西钢公司按协议约定偿还刘某平借款及利息。由于西钢公司无力偿还,西钢公司同意将其持有翠宏山公司 64% 股权转让给刘某平,该协议签订目的是以股权转让的形式来保证刘某平债权的实现。2014 年 6 月 14 日,西钢公司与刘某平签订《股权转让协议》,西钢公司将其持有翠宏山公司 64% 股权转让给刘某平,并办理了工商变更登记手续。之后,西钢公司、龙郡公司、刘某平又签订协议,主要就其间债权债务的履行作出约定,其中,为保证刘某平债权实现,2014 年 6 月 12 日,西钢公司将龙郡公司 100% 股权转让给刘某平,并办理了股权变更手续。2017 年 12 月 1 日,西钢公司以翠宏山公司、刘某平为被告,起诉请求确认相关担保股权为西钢公司所有,其间签订至股权转让行为无效,刘某平名下翠宏山公司股权应过户登记至西钢公司名下。

裁判要旨:

一审法院认为,案涉多个"借款合同"、《抹账协议》、《协议书》、《补充协议书》均系各方当事人的真实意思表示,内容不违反法律、行政法规的效力性禁止性规定,又无导致合同无效的法定情形,应认定为合法有效。该案多个"借款合同"均约定以翠宏山公司 64% 股权提供担保,其后的《协议书》以及《补充协议书》亦约定以股权转让的形式保证刘某平债权的实现,刘某平没有实质持有该部分股权的意愿。据此可以确认,双方合同真实目的并非实现股权转让,而是为案涉债务提供担保。但根据物权法定及物权公示的原则,其不具有物权效力,亦不具有对抗第三人的效力。同时,因西钢公司与刘某平之间没有真实转让翠宏山公司 64% 股权的意思,案涉翠宏山公司 64% 股权的实际权利人仍为西钢公司。

二审法院认为,首先,债权人、债务人的真实意思是以向债权人转让翠宏山公司股权的形式为债权实现提供担保,"显现的"是转让股权,"隐藏的"是为借款提供担保而非股权转让,均为让与担保既有法律特征的有机组成部分,均是债权人、债务人的真实意思,该意思表示不存在不真实或不一致的瑕疵,也未违反法律、行政法规的效力性强制性规定。其次,对于物权法定原则而言,根据物权和债权区分原则,物权法定原则并不能否定上述合同的效力,即使股权让与担保不具有物权效力,股权让与担保合同也不必然无效。虽然让与担保虽非《物权法》等法律规定的有名担保,但属在法理及司法实践中得到广泛确认的非典型担保。最后,对于禁止流押、流质条款而言，该规范旨在避免债权人乘债务人之危而滥用其优势地位，压低担保物价值，谋取不当利益。如约定担保权人负有清算义务，当债务人不履行债务时，担保权人并非当然取得担保物所有权时，并不存在流押、流质的问题。因而案涉股权为西钢公司所有，在西钢公司破产清算中，刘某平对该股权享有优先受偿的权利。一审法院认为该让与担保不具有物权效力和对抗第三人的效力有误，应予纠正。

裁判评析：

该案为最高人民法院2020年公报案例，该案例具有以下几点典型意义：首先，因股权让与担保存在隐蔽性，这时常成为当事人否定合同效力的借口，认为表面上为股权转让实际上为担保的行为可能是以合法形式掩盖非法目的的通谋虚伪行为，借此主张股权转让行为无效，进而否定担保的效力。该案最高人民法院以当事人的真实意思表示为论点，指出存在真实有效的债权债务关系和股权让予担保合意，进而认定该股权让与担保并未违反法律法规的效力性强制性规定。其次，让与担保可能涉及违反流质、流押问题，这时常成为当事人否定其效力的由头，该案明确，流质、流押旨在描述债权人滥用优势地位乘人之危，与该案股权让与担保不符，因此，其并不能成为股权让与担保无效的原因。最后，以规范性检讨股权让与担保会发现，让与担保最初来源物权法，而将其拓展适用于股权让与担保会发生股权与物权的比较，由此甚至引发股权并非物权的争议，这也在一定程度上消解了股权让与担保的正当性价值。最高人民法院在该案中指出，股权让与担保即便不同于物权让与担保，其也不应因物权法定而无效，因其本身符合真实的意思表示，物权法定原则不能否定该担保合同的效力。对于该类裁判有很好的指引作用。

专题十　控股股东滥用权利的限制与关联交易的规制

导　语

我国《民法典》与《公司法》规定了禁止滥用权利原则，但一般规则缺乏具体认定标准，对被损害方的救济有所不足，司法实践中只能交由法官自由裁量。从公司实践来看，控股股东滥用权利的情形最为常见，控股股东由于掌握公司实际的控制权，可以直接影响股东会决议的形成，故更容易通过行使权利来左右公司经营的方向，而最终很可能造成对公司内其他主体利益的侵害，这便是普遍存在的股东压制现状。目前理论上和实践中对于股东压制问题缺乏根本性的解决手段，明确控股股东的信义义务是其中重要的方向之一，在实践中如何确认滥用权利的认定以及赔偿标准是当下重要的课题。

关联交易同样是实践中十分常见且争议较大的交易类型，不论是公司控股股东还是董事、高管，其滥用权利为自己谋取利益的常用手段便是通过构建关联交易来使自身获取超出正常交易应获得的利益，可以说不正当的关联交易本身便是滥用权利的表现之一。而且从控股股东扩张到董事与高管的层面，如何实现体系化的关联交易规制也一直是《公司法》理论与实务中重要的研究课题。本专题即主要关注上述问题，从理论和实务层面对控股股东滥用权利的限制与关联交易的规制展开研讨，以寻求有效的问题解决路径，并对于一些争议问题谈一下笔者的浅见。

问题一　控股股东的信义义务与滥用权利的法律责任

控股股东基于出资获得了大于普通股东的股东权利，该优势主要表现在对公司的控制权,这也是其滥用股东权利的基础。为规制这一滥用行为,通常的操作是加重其法律责任,但这只能满足对控股股东一般侵权行为的规范,而对于商业实践中大量存在的其他滥用行为,如压制小股东、操控公司决议等,加重既有规范赋予的法律责任并不能全面规制其行为。因而应当从行为的源头,即控股股东的义务端入手,这在理论与实践中表现为控股股东的信义义务。因此,本部分就从义务与责任两个角度论述控股股东滥用权利的法律规制。

【规范梳整】

针对信义义务问题,我国《公司法》(2024)并未明确将信义义务的适用范围拓展至控股股东,但理论上有观点将禁止股东滥用权利规则解释为控股股东信义义务的来源。《民法典》第132条规定,"民事主体不得滥用民事权利损害国家利益、社会公共利益或者他人合法权益",但该条位于总则编第五章民事权利部分而非第一章基本规定部分,因此禁止滥用权利是否属于民法的基本原则,尚有争议。① 在我国"民商合一"的立法体例下,股权作为一种民事权利,自然有其行使边界,股东不得滥用其股东权利。《公司法》(2024)第21条第1款规定:"公司股东应当遵守法律、行政法规和公司章程,依法行使股东权利,不得滥用股东权利损害公司或者其他股东的利益。"但这些规则归根结底都不是直接的信义义务规范。《公司法》(2024)第八章于董监高信义义务章中增加一条规定,即:控股股东指使董事和高管实施背信行为的,与其承担连带责任。该条被解读为控股股东承担了与董事和高管相同的信义义务。并且在第180条董监高信义义务一般规定处增加一款,明确控股股东实际执行公司事务的,承担忠实义务和勤勉义务。时至今日,该款首次正式明确规定,控股股东在实际执行公司事务时的信义义务。

针对控股股东的责任,《公司法》(2024)第21条第2款、第23条第1款,分别明确了控股股东滥用股东权利的赔偿责任、滥用公司法人独立地位和股东有限责任时的债务连带责任。第22条则专门规定了控股股东不公允关联交易损害公司利益的法律责任。除此之外,《证券法》第24条规定了违规证券发行的控股股东

---

① 参见徐国栋:《论权利不得滥用原则》,载《中南政法学院学报》1992年第3期;汪渊智:《论禁止权利滥用原则》,载《法学研究》1995年第5期;彭诚信:《论禁止权利滥用原则的法律适用》,载《中国法学》2018年第3期;黄薇主编:《中华人民共和国民法典总则编解读》,中国法制出版社2020年版,第422页;王利明:《论禁止滥用权利——兼评〈总则编解释〉第3条》,载《中国法律评论》2022年第3期;李敏:《我国民法上的禁止权利滥用规范——兼评〈民法总则〉第132条》,载《法律科学(西北政法大学学报)》2018年第5期。

连带责任，第 84 条规定控股股东违背承诺的赔偿责任，第 85 条规定违规信息披露的控股股东应当承担法律责任，第 185 条规定控股股东组织、指使公司擅自改变发行证券募集资金用途的法律责任，第 196 条规定违规收购中的控股股东法律责任，第 197 条规定违规信息披露的控股股东所需承担的赔偿金额等。

从义务端来看，控股股东信义义务经历了从无到有的立法变迁，法律责任则因为义务范围的完善而呈现出从纯粹的侵权法律责任向违信法律责任的扩展。

【理论基础】

一、控股股东信义义务

中国作为股权集中度较高的国家，公司资本多数决中通常是多数权利意味着全部权利，少数权利意味着没有权利，大股东享有公司大小事务的决定权，小股东常常受到大股东的压迫和排挤，大股东与小股东之间的矛盾和冲突非常普遍。人民法院受理的大量决议效力诉讼、股权转让诉讼、股东侵权诉讼与代表诉讼、知情权与查账权之诉、强制分配盈利之诉和公司解散之诉等，多是公司内部争斗、矛盾激化的结果，是有限责任公司治理状态和治理效果的生动写照。① 为了解决控股股东滥用权利或者滥用影响力的问题，各国采取了不同的规制手段，总体上分为直接规制和间接规制两种方式，前者是通过立法对控股股东的行为直接进行规范，后者主要是通过公司法对于董事等经营者进行严厉规制，实现间接规制控股股东行为的功能。② 例如，美国公司法中的控股股东信义义务规则③、德国法中的股东忠实义务④以及英国法中的不公平损害诉讼⑤与影子董事制度⑥，都属于直接

---

① 参见赵旭东：《公司治理中的控股股东及其法律规制》，载《法学研究》2020 年第 4 期。

② 参见朱大明、行冈睦彦：《控制股东滥用影响力的法律规制——以中日公司法的比较为视角》，载《清华法学》2019 年第 2 期。

③ 控股股东的信义义务是美国法中规范控股股东行为的重要理论，经典案例是 1919 年美国联邦最高法院 Southern Pacific Co. v. Bogert 一案、1975 年马萨诸塞州最高法院 Donahue v. Rodd Electrotype Co. 一案以及 1993 年特拉华州最高法院 Nixon v. Blackwell 一案。See Southern Pacific Co. v. Bogert, 250 U. S. 483, 39 S. Ct. 533.; Donahue v. Rodd Electrotype Co., 328 N. E. 2d 505 (Mass. 1975); Nixon v. Blackwell, 626 A. 2d 1366, 1380 -81 (Del. 1993).

④ BGHZ 103, 184, AT 194 ET SEQ。转引自刘俊海：《论控制股东和实控人滥用公司控制权时对弱势股东的赔偿责任》，载《法学论坛》2022 年第 2 期；[德]托马斯·莱赛尔、[德]吕迪格·法伊尔：《德国资合公司法》，高旭军等译，法律出版社 2005 年版，第 470—474 页。

⑤ See The Company Act 2006, Section 994.

⑥ See The Company Act 2006, Section 251.

规制;而日本法对公司经营者的规制属于间接规制的典型代表。[1]

我国主要采取的是直接规制的方式。为了解决控股股东滥用股东权利损害公司利益与其他股东利益的问题,《公司法》(2024)第21条特别对股东滥用权利进行了原则规定,除此之外,《公司法》(2024)第22条对控股股东、实际控制人利用关联关系损害公司利益进行了特殊规定,《公司法司法解释(四)》第15条对股东滥用权利导致公司不分配利润情形下小股东的救济进行了规定。然而有限的条文难以涵盖实践中衍生出的各式各样的控股股东权利滥用的问题,为此,不论是理论界还是实务界,都主张引入控股股东的信义义务(也称诚信义务),对控股股东行使股东权利施以限制。

对于股东信义义务,传统观点认为,股东作为投资者,通过出资享有投资份额及对应的表决权,行使股东权利本无须关照其他股东的利益。但是20世纪以来,美国法院陆续发展出了控股股东的信义义务的判决观点。控股股东在公司享有控制和支配地位,因而是少数股东的受托人,等同于公司董事、高管,承担信义义务。[2] 尤其是在封闭公司中,控股股东应承担类似于合伙人之间的信义义务的义务。[3] "由于控股股东的特殊地位和权力,在涉及对公司或者广大中小股东的利益时,尤其是其与公司交易时,经常需要将控股股东与董事和高管等同起来,要求他对公司及其他股东负信托义务,尽管他在公司里不担任任何职务。"[4]此外,有学者对封闭式公司股东关系进行考察,发现信任是封闭式公司股东关系的基石。正是基于信任,封闭式公司的少数股东才将其财产投入公司并授权多数股东经营管理,从而形成双方之间的信义关系,这些公司的控制者只有在做重大决策时才行使表决权,而且这也是为其实现经营管理权利服务的。因此,封闭式公司多数股东所拥有的表决权已不仅仅是其个人的财产权了,而是异化为与公司以及其他股东利益有密切关系的公司管理权。[5] 由此可见,由于控股股东客观上处于对公司的支配和控制地位,且其与其他股东之间存在信义关系,因而应当承担某种程度上的信义义务。

---

① 朱大明、行冈睦彦:《控制股东滥用影响力的法律规制——以中日公司法的比较为视角》,载《清华法学》2019年第2期。

② See Southern Pacific Co. v. Bogert,250 U.S. 483, 39 S. Ct. 533.

③ See Donahue v. Rodd Electrotype Co., 328 N.E. 2d 505 (Mass. 1975).

④ 参见朱锦清:《公司法学》,清华大学出版社2019年版,第1089页。

⑤ 参见张学文:《封闭式公司中的股东信义义务:原理与规则》,载《中外法学》2010年第2期。

(一)控股股东信义义务之存废

对于我国公司法是否应当确立控股股东信义义务,理论上分为肯定说与否定说两大阵营。

肯定说是主流观点,朱慈蕴教授考察了上市公司控股股东的滥权行为后,认为资本多数决的异化导致控股股东滥用权利,控股股东负有信义义务是禁止权利滥用的要求、诚实信用与公序良俗原则的应有之义、权责一致原则的体现以及股份平等原则使然。① 刘俊海教授以公司控制权作为切入点,认为公司法应当将控股股东的信托义务立法化,夯实控制权滥用的民事责任规范。② 赵旭东教授另辟蹊径,提出职权代行机制,在明确和肯认控股股东控制权的基础上,引入控股股东信义义务,明确控股股东的忠实义务与勤勉义务的具体内涵。③ 王建文教授对信义义务产生的内在逻辑进行分析,认为控股股东与其他利益相关方的利益冲突、非控股股东对控股股东的信任、禁止权利滥用、公司合同的固有缺陷四个因素决定了控股股东信义义务的必要性。④ 如果能够在我国《公司法》中引进股东信义义务规则,不但可以维系和增进股东之间的信任关系,促进股东之间的合作,更有利于约束多数股东的机会主义行为。⑤

否定说是少数观点,控股股东基于多数出资以及资本多数决原则掌握公司控制权是无可厚非的,非控股股东的弱势地位是其理性选择的结果,过度保护非控股股东,对控股股东来说不公平。⑥ 即使是控股股东信义义务的原产地马萨诸塞州最高法院,也对控股股东信义义务的普遍适用产生担忧,称其可能对控股股东的正当行为产生不合理限制,从而影响其经营公司的效率,并影响公司所有利益参与者的最佳利益。⑦ 封闭公司中控股股东对小股东负有合伙人之间的信义义务,忽略了公司的实体地位,是一个存在理论与逻辑缺陷的命题,且信义义务理论要求受托人"克己利人",但控股股东对小股东只负有善意和公平交易义务,即"不

① 参见朱慈蕴:《资本多数决原则与控股股东的诚信义务》,载《法学研究》2004 年第 4 期。

② 参见刘俊海:《论控制股东和实控人滥用公司控制权时对弱势股东的赔偿责任》,载《法学论坛》2022 年第 2 期。

③ 参见赵旭东:《公司治理中的控股股东及其法律规制》,载《法学研究》2020 年第 4 期。

④ 参见王建文:《论我国构建控制股东信义义务的依据与路径》,载《比较法研究》2020 年第 1 期。

⑤ 参见张学文:《封闭式公司中的股东信义义务:原理与规则》,载《中外法学》2010 年第 2 期。

⑥ 参见贾翱、付春杰:《中小股东法律保护正当性辨析》,载《当代法学》2009 年第 2 期;甘培忠:《公司控制权的正当行使》,法律出版社 2006 年版,第 172 页;蒋大兴:《反对少数股东保护——寻求股东权利构造的基本面》,载王保树主编:《转型中的公司法的现代化》,社会科学文献出版社 2006 年版,第 553—555 页。

⑦ See Wilkes v. Springside Nursing Home. , Inc, 353 N. E. 2d 657 (Mass. 1976).

损人利己”。[①] “对控股股东信义义务的诘问和异议通常并不是否认其必要性，而是其法律逻辑的合理性，即控股股东在公司法上并不享有法定的管理权，强加其信义义务缺少相应的对价。”[②]有学者通过对美国公司法控股股东信义义务的沿革进行深入分析，认为美国控股股东信义义务规则所要解决的问题与我国当下多有差异，我国不宜引入美国公司法中的控股股东信义义务规则，而应当通过法解释学的方法，有效运用我国《公司法》(2018)第20条之规定来实现规范控股股东行为的目标。[③]

虽然理论界对于是否应当采用控股股东信义义务的方式规制控股股东存在分歧，但至少都认为应当对控股股东的滥权行为予以规制。笔者认为，对于我国控股股东普遍滥权和小股东维权难的现状，在《公司法》(2018)第20条的救济途径极为有限的情况下，引入控股股东信义义务不失为一个解决方法。但是，控股股东的信义义务具体是指什么，需要结合中国语境进行解释。从这个角度讲，所谓的信义义务无非是一个称谓而已，重要的是对控股股东施加一种义务，限制其滥权行为。正如有学者所言，我国公司法理论界提出的控股股东信义义务，“更多的是借用了美国法中控股股东信义义务这个宏观的概念，并不是一个具有明确内容与实施路径的具体方案”[④]。根据《公司法》(2024)的规定，公司的控股股东、实际控制人指示董事、高级管理人员从事损害公司或者股东利益的行为的，与该董事、高级管理人员承担连带责任。换句话说，若董事、高级管理人员违反信义义务是受控股股东指示的话，则该控股股东与董事、高级管理人员承担连带责任，无形之中将董事、高管的信义义务的规制范围，扩大到了干预经营的控股股东。正如学者所言，股东信义义务是控股股东拥有直接干预公司事务权力的结果，此种义务实际上根本就不是股东的义务，相反，它是董事义务的亚种(a subspecies)，仅在股东如同非正式董事(shadow directors)般行事的少数情况下起作用。[⑤] 可见，我国《公司法》尚未对控股股东的信义义务采取正面规定。

---

① 参见周淳、肖宇:《封闭公司控股股东对小股东信义义务的重新审视——以控股股东义务指向与边界为视角》，载《社会科学研究》2016年第1期。

② 赵旭东:《公司治理中的控股股东及其法律规制》，载《法学研究》2020年第4期。

③ 参见朱大明:《美国公司法视角下控制股东信义义务的本义与移植的可行性》，载《比较法研究》2017年第5期。

④ 朱大明:《美国公司法视角下控制股东信义义务的本义与移植的可行性》，载《比较法研究》2017年第5期。

⑤ See Iman Anabtawi & Lynn Stout, *Fiduciary Duties for Activist Sharehokders*, Stanford Law Review, Vol. 60, p. 1273(2008).

(二)引入控股股东信义义务的制度基础

1. 诚实信用原则

诚实信用原则作为私法领域的帝王规则,可以作为一切民商事活动的基本准则。《民法典》第7条开宗明义规定,民事主体从事民事活动,应当遵循诚信原则,秉持诚实,恪守承诺。为此,在《公司法》力有不逮之际,有学者从《民法典》诚信原则出发,主张引入控股股东的诚信义务,即股东行使股东权利应符合诚信原则,诚信原则不仅限于股东行使股东权利,还应包括股东在公司行事的方方面面。①

2. 权利不得滥用原则

禁止滥用权利原则肇始于古罗马地役权制度中有关相邻关系的规定,彼时即存在"不得过分或恶意行使权利"的格言。②《德国民法典》第226条明确规定"权利的行使,不得专以加损害于他人为目的",首开禁止滥用权利的立法先河。③ 我国《民法典》第132条亦规定:"民事主体不得滥用民事权利损害国家利益、社会公共利益或者他人合法权益。"最高人民法院《关于适用〈中华人民共和国民法典〉总则编若干问题的解释》(以下简称《民法典总则编司法解释》)第3条进一步明确禁止滥用权利之适用标准。第1款规定滥用权利的认定因素,如权利行使的对象、目的、时间、方式、造成当事人之间利益失衡的程度等;第2款规定滥用权利的主观构成要件,即以损害国家利益、社会公共利益、他人合法权益为主要目的;第3款规定滥用权利的后果,滥用权利行为不发生相应法律效力,造成损害的适用侵权责任的相关规定。《民法典》第83条与《公司法》(2024)第21条同样规定了股东不得滥用权利损害公司及其他股东的利益。我国奉行"民商合一"的立法体例,股权作为一种民事权利,自然有其行使的边界,股东不得滥用股权亦是应有之义。

3. 上市公司控股股东的诚信义务

相比于《公司法》欠缺对控股股东的关注,中国证券监督管理委员会(以下简称证监会)发布的有关上市公司治理的规则较多涉及对于控股股东的规定。《上市公司治理准则》第六章专章对控股股东进行规制,其中第63条规定,控股股东、实际控制人对上市公司及其他股东负有诚信义务。控股股东对其所控股的上市

① 参见傅穹、虞雅曌:《控制股东滥用权利规制的司法观察及漏洞填补》,载《社会科学战线》2022年第1期;刘俊海:《论控制股东和实控人滥用公司控制权时对弱势股东的赔偿责任》,载《法学论坛》2022年第2期。

② 参见刘权:《权利滥用、权利边界与比例原则——从〈民法典〉第132条切入》,载《法制与社会发展》2021年第3期。

③ 参见朱庆育:《民法总论》(第2版),北京大学出版社2016年版,第525、526页。

公司应当依法行使股东权利,履行股东义务。控股股东、实际控制人不得利用其控制权损害上市公司及其他股东的合法权益,不得利用对上市公司的控制地位谋取非法利益。《上市公司章程指引》第38条规定了股东义务,第40条第2款规定公司控股股东及实际控制人对公司和公司社会公众股股东负有诚信义务。控股股东应严格依法行使出资人的权利,控股股东不得利用利润分配、资产重组、对外投资、资金占用、借款担保等方式损害公司和社会公众股股东的合法权益,不得利用其控制地位损害公司和社会公众股股东的利益。如果说《公司法》是对控股股东规制的原则性问题、核心问题进行了规定,那么《上市公司治理准则》与《上市公司章程指引》则是以上市公司为对象对《公司法》的规定进行了具体的修饰与细化。在引入控股股东信义义务的情况下,上市公司的相关特殊规定可以作为对《公司法》一般规则的补充。

(三)控股股东信义义务的内涵

信义义务最早来源于信托法,按照《布莱克法律辞典》的解释,信义义务是"一种由受托人(比如律师或公司管理者)为受益人(比如律师的客户或公司的股东)所负担的最高程度的善意、诚实、信任、正直义务;一种为了另一方最佳利益,以最高程度的诚实和忠诚采取行动的义务(比如一个合伙人对另一个合伙人所负担的义务)"①。根据学者的总结,控股股东信义义务包含勤勉义务(或称注意义务)、忠实义务以及善意义务。

勤勉义务要求控股股东在拥有或具备类似董事或其他高级管理人员的地位时,应当小心谨慎,尽到一名与其有着相同知识、经验和技能的人在同等条件下应有的注意。② 对于在公司任职的控股股东而言,可以直接适用董事高管的信义义务标准,而对于那些不在公司任职的控股股东而言,只有当其具备类似董事或高级管理人员的地位,如指示董事、高管决策时,才承担勤勉义务。例如,控股股东出售其控股板块时,如果买方可能会作出对公司或者其他股东不利的行为,且能够引起一个普通谨慎人的合理怀疑,则控股股东必须克制,不得出售,或者对买方进行合理的调查。如果调查结果使他有合理的理由相信买方不会作出被怀疑的行为,方可出售。③

忠实义务要求控股股东行使控制权时除了考虑自己利益之外,还必须考虑公

---

① See Henry campbell Black. BLACKS LAW DICTIONARY[M]. Thomson Reuters. 2009.

② 参见王建文:《论我国构建控制股东信义义务的依据与路径》,载《比较法研究》2020年第1期。

③ See Harris v. Carter, 582 A. 2d 222(Del. Ch. 1990).

司利益和其他股东利益,不得使自己的利益与之发生冲突,以符合行为公正的要求。[①] 控股股东忠实义务禁止其夺取公司机会、进行不正当的关联交易、侵占公司财产、恶意转让控制权、内幕交易、欺诈行为等,此处限于篇幅不一一展开。

此外,学者还提出了控股股东的善意义务,具言之,控股股东在采取行动时必须尽到最大善意,即控股股东的行为应当出于合法商业目的,且这种商业目的应当以给非控股股东造成最少损害的方式实现。[②] 这种善意义务是超出忠实义务与勤勉义务的内容,作为一种兜底性规则[③],有待法官在个案中自由裁量。

二、控股股东滥用权利的法律责任

控股股东滥用权利的表现形式多种多样,有学者在实证研究后,根据法院认定依据的不同,将控股股东滥用股东权利行为分为三类,分别是违反公司法定程序、滥用资本多数决行使表决权、未履行清算义务。[④] 也有学者从忠实义务与勤勉义务的角度对案例进行分析,其中涉及忠实义务的常见滥权行为包括"侵占资产"(含挪用公司财产、擅自出售或分配公司财产、关联交易、违规将公司财产对外担保等)、"伪造签名"(包括伪造签名转让股份、伪造签名通过增资决议等)和"其他违反忠实义务";涉及勤勉义务的常见滥权行为包括"不当管理"(股东在担任公司董事或高管过程中的失职行为)、"盈余分配纠纷"、"排挤管理"以及"增资纠纷"这四类。从上述分类可以看出,控股股东滥用权利的行为具有多样性与复杂性。仅仅根据《公司法》(2024)第21条向控股股东主张单一的赔偿责任,显然不能满足实践中被侵害公司与股东的利益。通过检索实务案例,笔者发现控股股东滥用股东权利的法律后果不局限于向公司或股东赔偿损失,还包括宣告决议无效、分配公司利润等,本节主要对控股股东的赔偿责任与决议无效两种情形分而述之。

(一)控股股东滥用权利行为的赔偿责任

根据《公司法》(2024)第21条第1款和第2款,控股股东滥用权利行为的后果共有三种,第一种是直接损害公司的利益,间接损害其他股东的利益;第二种是没有损害公司的利益,直接损害其他股东的利益;第三种是既直接损害公司的利

---

① 参见朱慈蕴:《资本多数决原则与控制股东的诚信义务》,载《法学研究》2004年第4期。

② See Wilkes v. Springside Nursing Home. ,Inc, 353 N. E. 2d 657 (Mass. 1976).

③ 参见王建文:《论我国构建控制股东信义义务的依据与路径》,载《比较法研究》2020年第1期。

④ 参见傅穹、虞雅曌:《控制股东滥用权利规制的司法观察及漏洞填补》,载《社会科学战线》2022年第1期。

益,也直接损害其他股东的利益。[①] 根据侵害对象的不同,公司法提供了不同的救济途径。对于第一种情况,公司是被侵害利益的主体,有权根据《公司法》(2024)第 21 条第 2 款请求控股股东赔偿损失。在公司怠于请求时,其他股东可以提起股东代表诉讼,请求控股股东向公司赔偿损失。此种情况对应的案由是损害公司利益责任纠纷。对于第二种情况,其他股东是被侵害利益的主体,有权依据《公司法》(2024)第 21 条第 2 款请求控股股东赔偿损失,对应的案由是损害股东利益责任纠纷。对于第三种情况,公司与股东都是被侵害利益的主体,均可以提起诉讼,但仅限于请求控股股东在各自利益受损范围内赔偿损失。上述三种救济途径看上去一一对应,严丝合缝,但是,一旦将控股股东享有公司控制、支配地位作为分析的前提,便可以发现《公司法》(2024)第 21 条提供的救济远远不足。尤其是控股股东滥用权利损害公司利益的情况下,公司通常不会主动起诉控股股东,受到损害的其他股东只有两条路可以选择,第一条是提起股东直接诉讼,请求控股股东赔偿间接损失;第二条是提起股东代表诉讼,代表公司向控股股东主张赔偿责任。

若其他股东提起股东直接诉讼,法院通常会驳回其他股东的主张,理由在于公司是被侵权人,其他股东无权直接从控股股东处获得赔偿。最高人民法院的一系列案例都表明了法院严格区分公司利益与股东利益的裁判理念,详见后文审判实务部分。相比于司法实务中严格区分公司利益与股东利益的观点,理论界大多数学者赞成其他股东直接向滥用股东权利的控股股东主张间接损失。"无论是直接损害还是间接损害,股东作为受害人,其利益由于控股股东滥用权利的行为而受到了损害这一点是没有区别的……法律却刻意地去区别直接损失和间接损失,进而否认间接损失的做法是不合理的、也是没有必要的。"[②]若从有效规范控股股东行为的角度来思考,允许股东提起直接诉讼的话不仅有利于保护少数股东的利益,同时,还可以在制度上更有效地约束控股股东及公司经营者的行为。[③] 还有学者对股东受到的间接损害转化为直接损害的情形予以类型化,在控股股东掏空公

---

① 所谓间接损失,是指由于控股股东滥用影响力的行为给公司造成财产上的损失,进而导致其他股东所持有股份的价值因为公司的损失(公司价值的降低)而受到损失。所谓直接损失,是指控股股东滥用影响力的行为没有给公司造成财产上的损失,但是却损害了其他股东、特别是小股东的利益。

② 朱大明、行冈睦彦:《控制股东滥用影响力的法律规制——以中日公司法的比较为视角》,载《清华法学》2019 年第 2 期。

③ 参见甘培忠著、刘兰芳主编:《新类型公司诉讼疑难问题研究》,北京大学出版社 2009 年版,第 306 页;傅穹:《公司利益理念下控制股东诚信义务的本土治理与重构》,载《学术论坛》2021 年第 4 期;傅穹、虞雅曌:《控制股东滥用权利规制的司法观察及漏洞填补》,载《社会科学战线》2022 年第 1 期。

司核心资产，导致公司沦为缺乏投资价值和理性自治能力的空壳公司时或者控股股东在侵害公司权益后以低价受让受害股东股权时，都应将股东的间接损失识别为直接损失予以救济。①

若其他股东提起股东代表诉讼，则会面临传统股东代表诉讼的困境。例如股东代表诉讼前置程序、诉讼成本承担机制的缺失，裁判权无法撼动股权结构和控制权格局，更为重要的是，即使股东代表胜诉，法律后果也是控股股东向公司返还获益、赔偿损失，由于公司仍然处于控股股东的掌控之下，被侵权股东无法直接获得间接损害的补偿，得不偿失。

（二）滥用股东权利形成的公司决议的法律效力

实践中，滥用股东权利的重要表现形式之一就是滥用表决权。根据《民法典》第 132 条以及《民法典总则编司法解释》第 3 条的规定，行为人以损害他人合法权益为主要目的行使民事权利的，人民法院应当认定构成滥用民事权利。构成滥用民事权利的，人民法院应当认定该滥用行为不发生相应的法律效力。

【审判实务】

控股股东滥用权利表现在滥用控制权和滥用股东权利两个方面，其中，《公司法》（2024）第 21 条第 1 款前半句从股东义务角度规范控股股东行为，而后半句以及第 21 条则从控制权角度对其作出规范，在内容上包含着义务与责任两个方面。因此，笔者仍然从控股股东信义义务和滥用权利的法律责任两端来探讨控股股东滥用权利的规制问题。

一、控股股东信义义务

由于控股股东信义义务尚未有立法的明文规定，并且信义义务规则在我国即便是对于董事、监事和高管都仍未在司法实践中得到很好的适用，故而直接从控股股东信义义务角度推导其法律责任的司法判例并不多见。但由于学术界长期以来提倡对控股股东施加信义义务，这也使得实践中越来越多法院开始从这一角度认定控股股东、实际控制人法律责任，即便是仅在说理过程中有所体现。例如，在“上诉人吴某、冯某云与被上诉人金华市精盾量具有限公司（以下简称精盾公司）股东损害公司债权人利益责任纠纷案”②中，法院认为，虽然精盾公司诸股东

---

① 参见刘俊海：《论控制股东和实控人滥用公司控制权时对弱势股东的赔偿责任》，载《法学论坛》2022 年第 2 期。

② 浙江省高级人民法院民事判决书，（2020）浙民终 335 号。

约定由吴洋作为法定代表人独立经营、独立核算并自负盈亏，但该约定仅是股东内部对公司经营责任、经营风险和收益的约定，并不改变精盾公司独立的法人人格和独立的财产权。《公司法》(2018)规定，不论其是否为公司实际控制人、事实股东或者高级管理人员，均应遵守股东的信义义务。吴某不得损害公司利益，其单方面放弃精盾公司对西联公司的债权，属于滥用股东权利，损害了精盾公司的财产权益。

不过也有司法裁判基于对控股股东应当承担信义义务的判断，进而推导出相关行为存在效力瑕疵。例如，在"江苏大通风机股份有限公司(以下简称大通公司)、南通大通宝富风机有限公司(以下简称宝富公司)公司决议效力确认纠纷案"[①]中，法院认为，依据《公司法》(2018)第20条第1款，股东不得滥用股东权利损害公司或者其他股东利益，控股股东应当遵守股东的信义义务，大通公司为宝富公司既存且明显无清偿能力的债务提供担保，将使大通公司承担巨额的担保责任，除了作为债权人的浙江盾安人工环境股份有限公司(以下简称盾安公司)因此获益外，作为担保人的大通公司及其小股东的利益都将受损。因此，该董事会决议损害了大通公司小股东的利益。(该案作为典型案例将在后文中详细阐述)

以上反映了司法实践对待控股股东的两个态度，或是以控股股东信义义务作为说理依据的其中一条，也即起到了佐证的作用；或是直接认为其应当负有信义义务，而背信行为将直接导致法律责任或相应行为的效力瑕疵。这两种态度对于控股股东信义义务而言都是一种拓展，只不过后者相较而言更加全面地解释了控股股东信义义务问题。

二、控股股东滥用权利的法律责任

控股股东滥用权利的行为往往导致两方面的结果，其一为针对内部或外部利益受损当事人的赔偿责任，其二为相应行为的效力瑕疵。

(一)控股股东滥用权利的赔偿责任

控股股东滥用权利的赔偿责任在司法实践中比较常见，但实践中认定时也存在不同观点。例如，在"甘肃居立门业有限责任公司与庆阳市太一热力有限公司、李某军公司盈余分配纠纷"公报案例中，最高人民法院明确指出控股股东利用关联关系转让公司资金直接损害的是公司利益，并不因此对其他股东承担赔偿责

---

① 浙江省高级人民法院民事判决书，(2020)浙民终395号。

任。[①] 在“广东盛乐房地产投资有限公司、陈某强损害股东利益责任纠纷”一案中，最高人民法院认为，“依照《中华人民共和国公司法》第三条第一款规定，世纪花园、翠倚华庭系独立法人，以其全部财产对公司的债务承担责任。即世纪花园、翠倚华庭对外提供担保的法律责任由其自行承担，即使存在具体损失，损失救济的权利人应是世纪花园和翠倚华庭，而非作为股东的盛乐公司，即使盛乐公司代世纪花园和翠倚华庭主张权利，诉讼权利受益人仍是世纪花园和翠倚华庭。盛乐公司以世纪花园、翠倚华庭承担担保债务导致其分红减少为由，要求南星公司、粤星公司、陈某强等赔偿其‘分红’损失的理由不能成立”。[②] 相似观点的案例数不胜数。[③]

控股股东滥用权利的赔偿责任的另一重要问题表现在请求主体为何，即哪些主体可以请求控股股东承担赔偿责任，其中较为重要的主体当属小股东。实践中，有的小股东直接起诉控股股东，要求其向公司赔偿损失，而法院及各方当事人均未表示异议。[④] 但也有法院认为，小股东只能通过股东代表诉讼向控股股东提起诉讼，要求其向公司赔偿损失，但前置程序在特殊情形下可以豁免。例如在“广西国旭林业发展集团股份有限公司与邓某祺、一审第三人广西高林林业股份有限公司损害公司利益责任纠纷”一案中，广西壮族自治区高级人民法院认为，“该前置程序针对的是公司治理的一般情况，即在股东向公司有关机关提出书面申请之时存在公司有关机关提起诉讼的可能性……三位监事中有两位都是控股股东国旭集团及其子公司的员工，不存在通过提起诉讼的监事会决议之可能性，若此时仍机械要求邓耀祺须以向监事会提交书面申请作为其提起代表诉讼的前置程序，

---

① 甘肃居立门业有限责任公司与庆阳市太一热力有限公司、李某军公司盈余分配纠纷案，载《最高人民法院公报》2018 年第 8 期。

② 广东盛乐房地产投资有限公司、陈某强损害股东利益责任纠纷案，最高人民法院（2019）最高法民申 3163 号民事裁定书。

③ 通化矿业（集团）有限责任公司、李某与公司有关的纠纷案，最高人民法院（2017）最高法民再 8 号民事裁定书；海南海钢集团有限公司与中国冶金矿业总公司及三亚渡假村有限公司损害股东利益责任纠纷案，最高人民法院（2013）民二终字第 43 号民事判决书；四川省智慧交通科技有限责任公司（原四川省运业汽车站建设有限责任公司）、宜宾市戎宸运业有限责任公司损害股东利益责任纠纷案，四川省高级人民法院（2020）川民终 1459 号民事判决书；三亚汇泉房地产开发有限公司与三亚御苑置业有限公司损害股东利益责任纠纷案，海南省高级人民法院（2019）琼民终 243 号民事判决书；中盐甘肃省盐业（集团）有限责任公司与杨某忠损害股东利益责任纠纷案，甘肃省高级人民法院（2019）甘民终 442 号民事判决书；陈某雄与陈某文损害股东利益责任纠纷案，江西省高级人民法院（2014）赣民二终字第 13 号民事判决书。

④ 四川统和集团有限公司、中铁二局集团有限公司等损害公司利益责任纠纷案，四川省高级人民法院（2021）川民终 1062 号民事判决书。

既有违设立前置程序的根本目的，也不符合股东代表诉讼保护中小投资者的立法初衷”。[①]

（二）滥用股东权利的公司决议的法律效力

根据最高人民法院《关于适用〈中华人民共和国公司法〉若干问题的规定（四）（征求意见稿）》（2016年4月12日）第6条，“股东滥用股东权利通过决议损害公司或者其他股东的利益”的公司决议无效。尽管该条文最终未获通过，但是其法律理念已被司法实务广泛接受。例如，在“湖南胜利湘钢钢管有限公司与湖南盛宇高新材料有限公司公司决议纠纷”一案中，湖南省湘潭市中级人民法院认为，“本案中，对于被上诉人而言，其通过安排的副总经理和董事各一人，对公司的经营状况进行了解并参加公司经营管理，行使股东权利。上诉人的两名大股东通过公司决议的方式随意剥夺被上诉人提名副总经理和董事各一人的权利，是一种滥用股东权利损害其他股东利益的行为。涉案公司决议系滥用资本多数决作出，因此，该决议内容因违反法律、行政法规无效”。[②] 相似的判例也有很多，[③]但是也有部分判决认为在公司决议符合程式规定的情况下，应避免过度的司法介入，例如，在“金隆国际有限公司与无锡百和织造股份有限公司股东大会决议效力确认纠纷”一案中，江苏省高级人民法院认为，“百合公司《关于2008年利润分配的议案》的股东会决议决定，对于2008年的利润，不进行分配，也不转增股本。该行为是百和公司对其财产进行处分的行为，是其行使自主经营权的表现，并未违反任何法律规定……本案的审理范围仅限于审理涉案股东会决议的内容是否违反法律、行政法规的规定，百合公司的实际经营状况如何、百合公司是否存在采用关联交易方式转移利润以及金龙公司的盈余分配权是否受到侵害，均不属于本案审理范围，本院不予理涉”，[④]保持着司法克制。

---

① 广西国旭林业发展集团股份有限公司与邓某祺、一审第三人广西高林林业股份有限公司损害公司利益责任纠纷案，广西壮族自治区高级人民法院（2020）桂民终332号民事判决书。

② 湖南胜利湘钢钢管有限公司与湖南盛宇高新材料有限公司公司决议纠纷案，湖南省湘潭市中级人民法院（2015）潭中民三终字第475号民事判决书。

③ 成都博源腾骧投资合伙企业、孙松国损害股东利益责任纠纷案，四川省绵阳市中级人民法院（2019）川07民终1844号民事判决书；上海康鹏房地产开发有限公司等诉马某某等公司决议效力确认纠纷案，上海市第二中级人民法院（2011）沪二中民四（商）终字第743号民事判决书。

④ 江苏省高级人民法院民事判决书，（2010）苏商外终字第0015号。

【典型案例】

张某新诉江苏大通风机股份有限公司公司决议效力确认纠纷案[①]

基本案情：

2018年11月12日，大通公司召开董事会，会议内容为审议为宝富公司提供担保的议案。该议案中载明盾安公司对宝富公司享有的本金和利息的债权。而宝富公司2017年、2018年上半年的净利润和净资产均为负，2018年上半年净资产已经达到-16,046.06万元。大通公司董事会会议作出决议：宝富公司为大通公司的控股子公司，宝富公司为日常运营需要，自2010年6月至2018年9月与盾安公司签订了9份《借款合同》。为了宝富公司的正常运营，大通公司愿意为宝富公司应承担的债务向盾安公司提供连带保证担保，债权合计不超过7亿元。大通公司董事长冯某波和董事江某候同时系盾安公司高管。后张某新等大通公司股东提起诉讼，请求认定该董事会决议无效。

裁判要旨：

一审法院认为，大通公司为宝富公司对盾安公司的债务提供担保系关联交易，盾安公司为大通公司的控股股东，大通公司董事长冯某波和董事江某候又系盾安公司高管。董事会决议使大通公司承担了巨额的担保责任，却使盾安公司受益。同时投赞成票的董事均明知宝富公司的净资产为负数，且财务状况持续恶化，履行主债务的可能性极低，却作出明显不符合大通公司商业利益的决策。因此该院有理由认为，案涉董事会决议系盾安公司滥用其控股股东权利，利用关联交易损害公司及公司小股东利益的行为，违反了《公司法》(2018)第21条之规定。张某新等8人诉请确认案涉董事会决议无效，有事实和法律依据，该院予以支持。

二审法院认为，宝富公司对盾安公司的负债超过5.4亿元，财务状况持续恶化，明显缺乏偿债能力。在此情况下，大通公司为宝富公司提供担保，案涉宝富公司对盾安公司的债务显然将由大通公司承担。虽然宝富公司系大通公司的控股子公司，但是鉴于宝富公司的经营状况以及案涉宝富公司对盾安公司债务的形成历史，大通公司此时为宝富公司债务提供担保，难谓合理的商业安排。大通公司为宝富公司既存且明显无清偿能力的债务提供担保，将使大通公司承担巨额的担

① 浙江省高级人民法院民事判决书，(2020)浙民终395号。

保责任,除了作为债权人的盾安公司因此获益外,作为担保人的大通公司及其小股东的利益都将受损,因此,该董事会决议损害大通公司小股东利益。大通公司、宝富公司及盾安公司为关联公司,大通公司为宝富公司对盾安公司的债务提供担保属于关联交易。盾安公司为宝富公司的债权人,同时又系大通公司的控股股东。大通公司董事长冯某波和董事江某候同时又系盾安公司高管。一审判决认定案涉董事会决议系盾安公司滥用其控股股东权利,利用关联交易损害公司及公司小股东利益的行为,具有事实依据与法律依据。

裁判评析:

该案单纯从大通公司的决议程式来看,符合程序要求,决议不存在程序上可撤销的瑕疵情形。但该案系股东申请确认决议效力,根据我国《公司法》(2018)第22条第1款之规定,公司决议内容违反法律、行政法规的无效。大通公司的董事会决议内容为向其控股子公司对其控股股东之债务提供担保,依据《公司法》(2018)第16条第1款之规定,公司向其他企业提供担保,按照公司章程的规定,由董事会或者股东会决议。该案并未涉及对外担保的公司章程规定,从当事人的举证以及法院裁判来看,董事会作出决议并不违反公司章程和《公司法》(2018)的强制性规定。因此,对外担保在该案中并不导致决议无效。但该案中存在的一个事实是,为控股子公司提供担保,担保对象为自己的控股股东,而控股子公司明显没有偿债能力,因此,该担保实际上将成为一种债务,显然,这一行为将严重损害标的公司及其股东、债权人的合法权益。该决议之所以能够通过,根源在于作为标的公司的大通公司被大股东所控制,其管理层与盾安公司存在人员重叠,由此大股东可以决定标的公司是否承担相关债务。此处可以看出,大股东使用控制权并无程序上的障碍,但其利用该权利实施损人利己的行为,显然构成一种滥用控制权、滥用股东权利的行为。因此,主张大股东之行为违反《公司法》(2018)第20条并无不妥。但大股东滥用权利之行为是否导致公司决议无效,还需检验《公司法》(2018)第22条第1款能否与第20条实现沟通,也即违反《公司法》(2018)第20条是否算是《公司法》(2018)第22条第1款所述之决议内容违反法律、行政法规。本案中,一、二审给出的解释是"董事会决议系盾安公司滥用其控股股东权利,利用关联交易损害公司及公司小股东利益的行为",也即法院裁判从整体的实质出发,认定该行为从头到尾都是大股东滥用权利实施的。这一裁判解释直接触及事实,具有现实意义,但其仍然存在论述上的瑕疵,《公司法》(2018)第22条第1款以标的公司决议为视角,大股东滥用权利如何传导至标的公司,仍然缺乏规范上的证成,因为毕竟决议为董事会成员作出,而非大股东作出。不过值得注意的是,类似解释并非个案,在大量案件中,公司行为的规范解释都会屈服于现实的要求,这也为理论的支持提出了挑战。

问题二 控股股东关联交易的法律规制

控股股东关联交易是其滥用权利损害股东、公司及其债权人利益的重要形式,实践中,控股股东或是基于对公司的控制直接侵占公司财产,或是以关联交易的形式转移公司利益。因此,不论是在实务中,还是在理论探讨中,对控股股东关联交易的法律规制一直都是规制控股股东滥用权利的重要话题。

【规范梳整】

《公司法》(2024)对于控股股东关联交易的规范主要集中于第22条,该条规定,控股股东不得利用关联关系损害公司利益,违反该规定给公司造成损失的,应当承担赔偿责任。《民法典》第84条也规定控股出资人利用关联关系损害法人利益时的损害赔偿责任。最高人民法院《关于适用〈中华人民共和国公司法〉若干问题的规定(五)》[以下简称《公司法司法解释(五)》]第1条就控股股东关联交易的举证问题作出解释,规定控股股东利用关联关系损害公司利益的,即便举证其已经履行信息披露、经股东会或者股东大会同意等程序性要求,人民法院对其抗辩也不予支持。因而总的来看,规范控股股东关联交易的法条仅有一般条款和证据规则条款,规则供给并不充足。

【理论基础】

关联交易是公司实践中十分常见的交易类型,《公司法》(2024)也对其投以特别的关注。对于不充分了解《公司法》具体制度的人而言,很容易谈关联交易而色变,这是因为实践中不乏公司股东或管理层利用关联交易为自身谋取不正当利益或损害公司利益,从而导致关联交易的效力往往被法院予以否定评价,这使得人们提起关联交易便会倾向于认为其属于不正当的交易。但事实上无论是《公司法》的规定还是司法实践的普遍做法都未曾直接否定关联交易本身,而只是对以关联交易的形式获取不当利益的行为加以规制。那么理论上究竟应当如何界定关联交易,又应当以怎样的标准来评判关联交易是否正当,本部分将对此进行分析和研讨。

一、关联交易的内涵界定

提及关联交易的内涵，不得不同时引出与之高度相关而有细微不同的另一个概念，即“自我交易”（self – dealing）。自我交易属于一种公司中的利益冲突交易，一般而言特指董事、高级管理人员知道其自身或者其关联人是该与公司交易的另一方当事人或者与该交易存在经济利益又或者与该交易存在密接的关系，并且使人们有理由相信该种利益的存在将会对该董事、高级管理人员的判断产生影响的交易行为。[①] 从上述定义看，自我交易的主体通常仅限于公司的董事及高级管理人员，但事实上除了此类主体外，公司的股东尤其是控股股东以及实际控制人均可以成为自我交易的主体，尤其在我国的公司治理背景下，控股股东利用自己选任的董事来进行自我交易是十分常见的情形。因此严格而言，规制自我交易的各类规则应当同样适用于控股股东以及实际控制人，这也是前文所言的控股股东信义义务的延伸。

回归关联交易，一般认为关联交易实际属于一种特殊类型的自我交易，只不过关联交易更多建立在特定的关联关系基础上，系自我交易内涵范畴的扩大，但其外在的表现形式以及法律的规则体系均与自我交易几乎相同，因此几乎可以认定在讨论关联交易的内容同时也涵盖了自我交易。对于关联关系，《公司法》（2024）第 265 条第 4 项进行了界定，即公司控股股东、实际控制人、董事、监事、高级管理人员与其直接或者间接控制的企业之间的关系，以及可能导致公司利益发生转移的其他关系。但是，国家控股的企业之间不仅因为同受国家控股而具有关联关系。从上述规定来看，所谓的关联交易其实就是公司和与之具有一定关联关系的主体之间进行的交易，认定某项交易是否属于关联交易，其实质判断的内容其实就是交易主体与公司之间是否存在关联关系。但由于法律上对关联关系的表述使用了许多内涵并不清晰的词汇，如“直接或间接控制”“导致公司利益转移的关系”，因而实践中可能对上述概念存在多种解释方式，例如对于究竟如何算作“控制”，可能有观点认为必须属于某企业的控股股东或能达到实际控制人标准方能认定为存在控制关系；也有观点认为只要能对某主体的决策产生一定的影响，如通过特定的身份关系，即使不是通过股权等财产关系的控制，也可以算作控制关系。基于此，虽然理论上对于关联交易的内涵界定是相对清晰的，但在实践中同样可能因多重因素或复杂的事实导致认定存在困难。

---

① See MBCA §8.60 (1) (i).

二、《公司法》对于关联交易的基本调整模式

对于关联交易，如前所述，我国《公司法》(2024)在第22条中作了专门规定，此条是公司法关于关联交易的一般规定，但也是仅有的规定。该条并没有直接对关联交易的内涵作出界定，也没有清晰地规定关联交易效力的认定标准以及损害赔偿责任等具体内容，而只是原则性地表达了法律对于关联交易的总体态度，即并非完全禁止关联交易本身，但要求有关关联人不得利用关联关系损害公司利益，否则应当承担损害赔偿责任。可见，我国法律对于关联交易并不是从正面去规定其应有的规制方式，而是聚焦于关联交易产生的特别后果，即对于公司利益的侵损，由此也可以推定，对于不侵损公司利益的关联交易，法律应当将其视作一般交易施以保护，只有关联交易本身存在不正当性时，才可能引起损害赔偿责任。但遗憾的是，法律并没有对此类交易的效力作出规定，即如果认定某项关联交易是不正当且可能给公司带来损失的，该交易是否仍具有法律效力？已经履行的部分应当如何处理？法律仅以单条规定对关联交易作出总体规制明显存在立法供给不足的情况。

当然，除了对于关联交易本身的原则性规定以外，我国《公司法》(2024)在上市公司的特别规定中有提及对涉及关联关系的决议事项的表决权排除规定。近年来我国上市公司利用关联交易掏空公司资产的情形确实屡见不鲜，关联交易对公司影响最为严重的情形也恰是在社会公众投资者众多的上市公司领域，因此对于上市公司基于关联关系的特别规定值得格外关注。《公司法》(2024)第139条规定，上市公司董事与董事会会议决议事项所涉及的企业或者个人有关联关系的，该董事应当及时向董事会书面报告。有关联关系的董事不得对该项决议行使表决权，也不得代理其他董事行使表决权。该董事会会议由过半数的无关联关系董事出席即可举行，董事会会议所作决议须经无关联关系董事过半数通过。出席董事会的无关联关系董事人数不足3人的，应将该事项提交上市公司股东会审议。本条可以视为关于上市公司关联交易的特别规定，并且仅适用于与上市公司董事、董事会决议所涉及的企业有关联关系的情形。究其根本而言，法律在此处关心的是关联人是否利用关联关系损害了公司利益，其实与22条的规范价值异曲同工，只不过此条直接从关联交易的公平性方面入手，采取了一种程序公正的方法，即如果出现董事与董事会会议决议事项所涉及的企业有关联关系，则将有关联关系的董事排除在外，由无关联关系的董事参与表决，确保董事会决议的公正性。如果无关联关系董事不足法定人数，或者全体董事都涉及关联关系，则由股东会决议。

三、关联交易正当性的判断

对于关联交易的法律规制,最为关键的问题往往不是某项交易是否应当被认定为关联交易,而是在交易确实属于关联交易的情况下,如何确认其法律效力以及是否会产生后续的赔偿责任。前文已述,公司法原则上并不否认关联交易的效力,而聚焦于关联交易是否损害了公司的利益。但事实上对于公司利益的侵害往往并不能完全地采用事后结果导向,更好的方式是具有事先的评判标准,而且对公司利益有无侵害既可以从实际结果来判断,也可以通过其他程序正当的事项来推定是否损害公司利益。抽象地讲,在关联交易领域有一项原则性的标准,即应当保证该交易是公平的,而交易公平在理论层面可以概括出具体的判断准则,一般认为,只要某项关联交易符合如下几类情形之一,交易便会被认为是公平的,从而应当认可其法律效力:非利害关系董事同意、股东会同意、证明交易公平以及合理披露。

(一)非利害关系董事同意

一般而言,一项存在利益冲突的交易若能得到董事会与该交易没有直接或间接利益关系的多数董事的投票赞成,便可以认为该交易已经取得了公司的授权、同意或追认,而所谓的非利害关系董事正是指与发生争议的交易不存在直接或间接利益关系的董事,也即其不仅没有参与该项交易,而且与利害关系董事之间不存在家庭、经济、职业或者雇佣等利害关系。正因为非利害关系董事与交易不存在利益关系,人们才有理由相信董事会的决策不会受到这种利害关系的影响和干扰,经过非利害关系董事同意的关联交易便可以被认为是公平的交易。当然,在表决规则方面,表决应当经过非利害关系董事的多数通过。在获得同意的时间方面,原则上应当在公司进行关联交易之前就取得非利害关系董事的同意,但是大多数法律将非利害关系董事的同意表述为“授权、同意或者追认”,从此种表述来看,应该认为在任何时候只要该交易取得非利害关系董事的授权、同意或者追认均可认定为合法交易,故而事后追认的方式应当也是可以的。从结果上看,如果某项关联交易得到了非利害关系董事的同意,该交易便应当被认为是公平的,从而可以赋予其法律效力。在判例法国家还会存在法院是否需进一步对交易公平性进行司法审查的争议,笔者认为,即便某项交易进入司法审查范畴,法院也无需审查该交易是否实质公平,只需对非利害关系董事是否对关联交易的公平性存在合理相信进行形式审查即可。当然,如果某项交易最终未能取得非利害关系董事同意,也不直接意味着该交易无效,利害关系董事还可以通过其他方式证明其交易的公平性来挽救其效力。

(二)股东会同意

当董事会的所有董事都卷入了利益冲突的关联交易中,或者非利害关系董事不能满足法定人数时,董事与公司间的关联交易也可以经过股东的追认而成为合法的交易。当然,在股东会议上同样存在利害关系股东的问题,譬如,利害关系董事同时持有公司股份,或某项关联交易正是发生在某位股东与公司之间,那么是否应当允许利害关系股东参与表决则存在一定争议。无论对这一问题的解决方案有何种偏向,均具有一定的道理。股东会不同于董事会,在股东会上股东系基于股东地位参加表决,表决权是股东的固有权利,股东为取得其股东地位付出了对价,故而股东有权为自己的经济利益而投票。再者,有权代表公司实施法律行为的是董事及高级管理人员而非股东,故即使是股东与公司发生交易,通常也不能剥夺其表决权。但是,如果利害关系股东持有公司多数股份或该股东自身就是董事,显然此时通过股东会决议治愈关联交易的利益冲突便失去了意义。笔者倾向于认为,针对关联交易这样特殊的决议事项,应当将利害关系股东排除在外,这可能意味着涉及多数股东利益的关联交易只有经由少数股东的多数通过才能满足法律的要求,这种规则在理论上被称为"少数之多数规则"。与非利害关系董事的同意一样,如果股东会最终没有同意该交易,该交易并不当然无效,利害关系董事仍然可以通过证明其交易的公平性来使其成为合法交易。但是,经股东会同意的关联交易是否还需进行司法审查?一般原则是,如果利益冲突已经经过非利害关系股东的同意,法院一般不再运用公平原则对该交易的实质公平性进行审查,但法院可能需要审查这种股东同意是否出于真实和自由的意思,其理由是,在这种少数之多数同意中,少数股东可能是受到多数股东的威胁,也可能是在不了解情况(如受到表决代理权征集的引诱)的因素下作出的。

(三)证明交易公平

如果某项关联交易既没有获得董事会的同意,也没有取得股东会的同意,在相关主体对该交易提出异议的情况下,该关联交易可能需要最终由法院对其公平性加以审查。如果法院最终认为该种交易对公司是公平的,则该交易同样可以得到保护,如果法院认为该种交易涉及欺诈或者浪费公司资产,则可能判决该交易无效从而使公司的利益状态恢复到交易前的状态。一般而言,在诉讼中进行关联交易的主体对交易公平性负有举证责任,即利害关系董事需要提出有信服力的证据以证明该交易是公平的。对于如何判断一项交易是否公平,通常采用的方法是看该交易所造成的公司所失与所得是否相等,例如,董事将与之有关联关系的房屋出租给公司,则要看公司所支付的租金是否等于公司所获得的使用权价值,或者看租金与市场一般价格的相互关系。但其潜在的问题是,董事所得到的巨额利润常常与交易本身的公平性无关,董事所得到的好处有可能十分巨大,但法院仍然可能认为该交易是公平的。所以,交易公平性的判断标准还应该与公司目的保持一致,或者服务于公司目的,质言之,如果某项关联交易仅能使公司从该交易中获得与其付出相等的客观价值尚不足以证明该交易的公平性,还需进一步判断公司所得是否物有所值,如果公司所得对公司而言毫无价值,则该交易对公司仍然不公平。在此基础上,如果对关联交易的公平判断标准进行更细致的追问,公平与否在于公司是否愿意以同等的条件与第三人进行交易,也即董事使公司付出的代价不能高于董事使公司给予第三人的代价。当然,这一标准并非在任何情况下都可通用,一旦某项交易非以标准条款达成,交易标的物如财产、服务为非种类物,在市场上无法找到对应的价格,则可能更多需要依靠法官的自由裁量加以判断。

(四)合理披露

单纯的披露一般无法成为认定关联交易有效的直接依据,但法律一般会在关联交易中要求利害关系董事对于冲突利益的存在以及交易的详细情况予以充分披露。如果不予披露,则利害关系董事无法利用所取得的非利害关系董事的同意来为其交易的公平进行辩护,因为即便存在该种同意也显然是在非利害关系董事不了解交易真实情况的条件下作出。当然,换另一种角度而言,如果非利害关系董事的同意是在了解该交易真实情况的条件下作出,利害关系董事同样可以利用该种同意为该交易辩护。进一步的问题是,如果未完成披露要求,利害关系董事能否主张该交易是公平的呢?对此,个别观点认为,没有披露本身便属于不公正,可直接导致该种交易无效;而亦有观点认为利害关系董事仍可以通过其他方式证明交易公平性来挽救交易。前种观点的理由是,关联交易不仅需要保证实质公平,程序公平同样是必须保护的事项,因为即使合同条款是公正的,在非利害关系董事事先知道存在利害冲突的情况下,公司仍然可能不接受此种交易。后种观点方案过于软性,可能会使得披露程序无法起到应有的警戒作用。折中的方案选择是,如果未经披露则可使该交易处于效力待定状态,而不使之当然无效,如此可以使利害关系董事继续履行披露义务,并让公司自主选择是否撤销该交易。

四、关联交易的司法认定及法律后果

司法实践中,与关联交易相关的争议主要集中在交易本身是否可以被认定为关联交易,以及认定为关联交易后进而可以产生何种法律后果。如前所述,关联交易司法认定的关键便是交易相对人与公司之间是否存在特定的关联关系,而实务中关于关联关系的认定可能并非理论层面所预想的那般简单。实践中,一般采取实质认定替代形式认定的方式,即尽管二者并无形式上的直接关联,如股权关系、任职关系等,但在身份上存在某种实质关联,或公司董事、高管可以实质性地对交易进行某种控制,该交易仍然会被认定为属于关联交易。当然,认定关联交易成立往往只是解决实践争议的第一步,后续还需进一步评判关联交易是否有效,关联交易的相关主体需承担哪些责任等。上述问题的认定并无法一概而论,通常需要紧密地结合具体案例的事实由法官进行个案的判断。

【审判实务】

不论是控股股东还是董事、高管的关联交易问题,其本质都是是否存在关联关系,是否存在关联交易,以及是否存在因关联交易损害公司利益的事实。如前所述,立法关注实质行为和结果,而非行为本身的效力。因而在《公司法》(2018)第 21 条的规范下,对于控股股东、董事、高管关联交易的认定基本是相同的。

实践中存在大量案例的关联关系较为明显,法院可径以其存在关联关系,且关联交易行为损害公司利益而认定控股股东承担赔偿责任。例如,在"杨某军、新疆亚欧大陆桥国际物流有限责任公司(以下简称大陆桥公司)等损害公司利益责任纠纷案"①中,最高人民法院认为,大陆桥公司作为阿拉山口天博储运有限责任公司(以下简称天博公司)的控股股东,将本属于天博公司经营的运输代理服务交由其关联公司经营,违反公司决议,减少了天博公司可能获得的业务机会并造成损失,一审法院认定其滥用股东权利,将公司业务交由关联公司经营损害公司利益,依法有据,予以维持。在"高某信、高某华等损害公司利益责任纠纷案"②中,法院也以控股股东与其子公司之间进行关联交易给标的公司造成损失,判决其就其侵权行为承担责任。类似案例较多。③ 当然,也有部分案件关联关系需要额外界定,例如,在"西安陕鼓汽轮机有限公司(以下简称陕鼓汽轮机公司)、高某华等公司关联交易损害责任纠纷案"④中,最高人民法院指出,高某华、程某同时任职的陕鼓汽轮机公司与杭州钱塘机电有限公司(以下简称钱塘公司)之间签订大量采

---

① 最高人民法院民事判决书,(2021)最高法民终 1052 号。

② 高某信、高某华等损害公司利益责任纠纷案,最高人民法院(2021)最高法民终 656 号民事判决书。

③ 薛某和、欧某杰等损害公司利益责任纠纷案,最高人民法院(2021)最高法民申 5255 号民事裁定书。

④ 西安陕鼓汽轮机有限公司、高某华等公司关联交易损害责任纠纷案,最高人民法院(2021)最高法民再 181 号民事判决书。

购合同,鉴于高某华、程某的双重身份和陕鼓汽轮机公司与钱塘公司之间的交易行为,陕鼓汽轮机有限公司与钱塘公司之间构成关联关系,其交易构成关联交易。

需要注意的是,《公司法》(2018)第21条规定的是控股股东利用关联关系损害公司利益,应当承担赔偿责任,但该关联交易是否有效,并未明确,因此,这也成为实践中的争议。对此,最高人民法院在"济南玉清制水有限公司、山东尚志投资咨询有限公司与济南玉清制水有限公司、山东尚志投资咨询有限公司股权转让纠纷案"[①]中表示,《公司法》(2018)第21条规定的是控股股东关联交易的赔偿责任,而非关联交易行为无效,因此原审法院认为本案股权转让协议书的效力应当根据《合同法》(已失效)第52条的规定予以认定并无不当。但也有法院并不这么认为,例如在本专题问题一的"典型案例"部分,大股东利用关联关系操控公司为其债务提供担保,在尚未造成损害的情况下,法院直接否定了该决议行为的法律效力。由此看出,在关联交易损害公司利益的情况下,关联交易本身是否有效在实践中仍有争议。笔者赞同以《合同法》(已失效)第52条认定关联交易的效力,原因在于,控股股东不公允关联交易的法律责任显然是基于侵权责任的描述,这意味着该条的设定本就无法作为评价合同是否有效的根据,不能依据该条认定合同无效,合同是否有效,应当依据《合同法》(已失效)第52条加以认定。

整体而言,控股股东关联交易的审判以关联关系、利益损害的认定为重点,也正因此,实践中关于控股股东关联交易的案由以"损害公司利益责任纠纷"居多。当然,这一裁判思路抛开了交易行为的形式审查,直击实质问题,这也导致交易行为的效力往往成为被忽略的问题。

【典型案例】

某代理公司诉王某关联交易纠纷案[②]

基本案情:

王某于1998年4月至2009年2月任某代理公司副总裁,自2008年7月11日起分管进出口贸易工作。2005年3月16日王某的丈夫崔某与朱某、冯某共同投资设立某公司,朱某任法定代表人。自2005年1月起,某代理公司与某公司开

---

① 济南玉清制水有限公司、山东尚志投资咨询有限公司股权转让合同纠纷案,最高人民法院(2016)最高法民申724号民事裁定书。

② 上海市卢湾区人民法院民事判决书,(2010)卢民二(商)初字第690号。

展业务，在王某审批下某代理公司共计向某公司支付运费14,560,134.84元，某公司开具了运费发票。某公司在2005年至2008年获得利润683,997.51元。

后来，某代理公司将王某诉至法院，认为依据《公司法》(2005)规定，公司高管不得在未经股东会同意的情况下与本公司进行交易，王某上述行为违反了该规定，请求其返还违法所得683,997.51元。王某则辩称某公司与原告间的业务往来不能视为王某的自我交易，该683,997.51元系利润而不是非法所得。双方就此发生争议。

裁判要旨：

法院认为，该案中，王某作为高级管理人员担任原告副总裁要职，同时分管着公司的外贸业务，而其丈夫崔某又投资设立了某公司，鉴于双方特殊的关系，原告与某公司当属关联关系，所产生的交易属关联交易。原告与某公司间涉及货物运输的关联交易，无论是否由被告王某利用职权促成，王某作为公司的副总裁，同时又分管公司的外贸进出口业务，当然负有将此项关联关系向公司股东会报告的义务。然而，该案尚无证据证明王某履行了报告义务。因此，其行为构成对公司忠实义务的违反。另外，按照《公司法》的相关规定，公司高级管理人员违反忠实义务，应将所获的收益归入公司。但原告所主张的683,997.51元系某公司的经营利润，并非王某的收益，故而原告要求将该款项归入其公司，缺乏法律依据，不予支持。

裁判评析：

这一判决是关联交易的相关案件中较为典型的一例，原告的直接诉求是希望法院认定该交易属于公司高管的自我交易，从而承担违反忠实义务的赔偿责任。法院首先否定了案件属于自我交易，但认为其属于关联交易，王某作为公司高管应当对其涉及的关联交易进行充分的披露，其未向公司披露的行为构成对于忠实义务的违反。但与此同时，裁判仿佛并未关注到关联交易的效力问题，该案当事人亦未围绕该笔交易的效力展开争论，然而最终的判决相当于默认了交易有效，且没有让王某承担该笔关联交易的任何不利后果，反而认定因关联交易所获得的利润都属于公司的获利而非王某个人的获利，因而仅判决确认王某构成违反忠实义务，但驳回了原告公司利益归入的诉讼请求。这样的判决结果在很大程度上是令人感到遗憾的，当然可能因为当事人双方并没有将案件的争议重心真正地转移到关联交易本身的效力问题以及关联交易本身的后果上来，也促使判决回避了这些真正需要讨论的问题，尤其是对于没有尽披露义务的高管需要承担何种责任以及未披露的关联交易是否仍然有效等法律问题并没有展开论述。但值得肯定的是，该判决书用了较多的笔墨去讨论了关联交易披露的重要意义，这也可作为司法领域对关联交易法律规制的基本价值进行讨论的范例："按照《公司法》的原则，具有关联关系的公司之间进行关联交易,必须受法律特别的规制。关联交易仍视为一种商事法律行为,所不同的是其交易双方的关系决定了它与一般的商事法律行为存在着差异。在一般的商事法律关系中,交易主体之间的法律地位是平等的,依据彼此真实的意思表示而为交易,基本上能达到双方认可的公平结果。而关联交易中双方当事人地位不平等,一方对另一方的经营决策能够直接或间接控制,从而会在相对方之间产生利益的不公平、不均衡,因此,法律对关联交易作了特别的规制,要求关联交易在其产生过程中必须履行特殊的程序。具体而言,关联交易的缔约人必须将该项关联关系向公司股东会披露、报告,由股东会批准决定是否进行交易,唯有充分的信息披露,才能保障关联交易公正与公平。”对于关联交易中真正具有重大争议的实务难题的破解,或许最终还是有赖于立法机关进一步对《公司法》作出完善或通过最高人民法院出具司法解释等方式来完成。

专题十一　有限责任公司股东优先购买权

导　语

有限责任公司股东优先购买权是股权对外转让“同意权+优先购买权”双重限制规则中的重要一环，在当前《公司法》(2024)删除“同意权”的现实下，优先购买权作为维护有限责任公司人合性、彰显股权财产权属性的工具，其功能与地位也变得愈加重要。但现实中，针对股东优先购买权法律属性的理论探讨自其诞生以来就不绝于耳，时至今日也未有定论，这也在一定程度上影响了司法裁判的统一性。同时，更为重要的争议在于，侵犯优先购买权的股权转让合同是否有效，这是长期以来困扰着法官的问题，该问题与优先购买权的法律性质一样，在理论中争论不休。因此，看似《公司法》(2018)与《公司法司法解释(四)》《九民纪要》等构建了一整套完整的优先购买权规则体系，但由优先购买权乃至股权转让限制规则引致的纠纷和冲突并未因此而消弭，反而愈演愈烈。鉴此，本专题从优先购买权的本质入手，在明确其法律属性的基础上，探讨侵犯优先购买权的股权转让合同之法律效力问题。

问题一　股东优先购买权的性质

股东优先购买权通常发生在股权对外转让中，优先购买权在功能上是维护公司人合性的重要工具。股权兼具人身权与财产权两种属性，较之于“同意权”的人身属性，股权转让问题还应更加关注股权的财产权属性。股东优先购买权是请求权还是形成权，在理论界与实务界均存在较大争议，而其属性又决定着侵犯优先购买权的股权转让合同效力以及优先购买权的行使等重要问题，因此，解决优先购买权问题，离不开对其法律性质，乃至其适用范围的探究。

【规范梳整】

《公司法》(2018)对股东优先购买权规范于第71条股权对外转让规则中,该条设计了极为复杂的股权对外转让模式,而股东优先购买权则发生在过半数同意之后,其行使的条件是"同等条件"。《公司法司法解释(四)》对该条做了解释,第16条规定,排除股东资格继承场景下的其他股东优先购买权;第17条规定转让股东应当将同等条件通知其他股东;第18条规定同等条件应当考虑转让股权的数量、价格、支付方式及期限等因素;第19条明确股东主张优先购买权的期限;第20条授予转让股东反悔权;第21条规定侵犯股东优先购买权时的救济;第22条规定拍卖、产权交易场所转让股权的特殊问题。

可以看出,结合《公司法司法解释(四)》,股东优先购买权在期限、同等条件的标准、反悔权、侵犯股东优先购买权的救济等诸多问题上有了较为明确的裁判指引。《公司法》(2024)在删除其他股东"同意权"的基础上,明确"同等条件"包括"股权转让的数量、价格、支付方式和期限等"。《公司法》(2024)亦予以保留。

【理论基础】

对于股东优先购买权的法律性质,一直以来众说纷纭、学说林立。学者们根据民法权利的分类,形成以下两种最具有代表性的观点:形成权说和请求权说。此外,也有个别学者认为优先购买权既非形成权也非请求权,而是一种基于有限责任公司人合性的期待权[①],但此种观点尚不成熟,以下笔者仅对形成权说与请求权说进行评述。

一、形成权说

该说认为,作为权利人的股东只需向转让人作出行使权力的单方意思表示,即可以与转让人之间形成股权转让的契约,因而本质上应当属于形成权。[②] 支持者还从经济学的角度指出,如果要求其他股东在行使优先购买权时再经历一系列

---

① 参见郑彧:《股东优先购买权"穿透效力"的适用与限制》,载《中国法学》2015年第5期。

② 参见[德]迪特尔·梅迪库斯:《德国债法分论》,杜景林、卢谌译,法律出版社2007年版,第128页;王泽鉴:《民法学说与判例研究》(第1册),北京大学出版社2009年版,第315页;赵旭东:《股东优先购买权的性质和效力》,载《当代法学》2013年第5期;胡晓静:《再析有限公司股权对外转让中的优先购买权》,载《求是学刊》2019年第5期;赵磊:《股东优先购买权的性质与效力——兼评〈公司法司法解释四〉第20条》,载《法学家》2021年第1期。

的邀约、承诺程序,不仅徒增缔约成本,还延误了缔约时间,违背经济效率原则,不如采用形成权说,既经济又便捷高效。此外,转让人在启动股权对外转让时就应当认识到其他股东可以通过行使优先购买权成为股权受让人,因此形成权的观点并不构成对契约自由的背离。① 不过,也有对此持反对意见的学者,认为绝对的形成权说,本质上是对其他股东的利益保护,但这反过来又弱化了对外部第三人的利益保护,其付出了前期大量的谈判成本,最终却一无所得,这对其似有不公,并且坚持这一观点,当然也就没有侵害优先购买权之说,②未通知其他股东的股权转让也会陷入救济无门的境地。此外,如果转让股东具有"反悔权",则形成权说将不攻自破。

二、请求权说

请求权说认为,股东优先购买权实质上是请求出卖人与自己订立买卖合同的权利。③ 优先购买权是一种利益平衡的工具,不仅体现了对其他股东利益的保护,还体现了对转让人和股东以外的受让人利益的保护。通过赋予优先购买权请求权的效力以及承认转让股东的"反悔权",可以在外部受让人与公司其他股东之间形成一种价格竞争机制,这有利于最大限度地实现转让股东的价格利益,又不至于损害其他股东的既得利益。④ 此外,从承租人优先购买权规则的演变过程也可以一瞥优先购买权的权利性质。最高人民法院《关于贯彻执行〈中华人民共和国民法通则〉若干问题的意见(试行)》(以下简称《民法通则意见》)(已失效)第118条⑤中承认承租人优先购买权具有对抗第三人的效力,而《房屋租赁合同司法解释》(法释〔2009〕11号,已被修正)第21条⑥中不再承认对当事人的对抗效力,

---

① 参见赵旭东:《股东优先购买权的性质和效力》,载《当代法学》2013年第5期。

② 参见蒋大兴:《股东优先购买权行使中被忽略的价格形成机制》,载《法学》2012年第6期。

③ 参见蒋大兴:《股东优先购买权行使中被忽略的价格形成机制》,载《法学》2012年第6期。典型案例为:湖北省高级人民法院民事判决书,(2019)鄂民终738号,该案中湖北省高级人民法院指出:"优先购买权本质系缔约请求权,若股权转让双方已履行股权转让协议、且新股东已为公司所接纳(有限责任公司的人合性),则优先购买权并不能产生动摇股权转让效力的法律后果。"

④ 参见蒋大兴:《股东优先购买权行使中被忽略的价格形成机制》,载《法学》2012年第6期;赵旭东、衣小慧:《股东优先购买权中转让股东"反悔权"的证成与构建》,载《国家检察官学院学报》2021年第2期。

⑤ 《民法通则意见》第118条规定:"出租人出卖出租房屋,应提前三个月通知承租人,承租人在同等条件下,享有优先购买权;出租人未按此规定出卖房屋的,承租人可以请求人民法院宣告该房屋买卖无效。"

⑥ 《房屋租赁合同司法解释》(法释〔2009〕11号)第21条规定:"出租人出卖租赁房屋未在合理期限内通知承租人或者存在其他侵害承租人优先购买权情形,承租人请求出租人承担赔偿责任的,人民法院应予支持。但请求确认出租人与第三人签订的房屋买卖合同无效的,人民法院不予支持。"

《民法典》第728条[①]延续最高人民法院《关于审理城镇房屋租赁合同纠纷案件具体应用法律若干问题的解释》(以下简称《房屋租赁合同司法解释》)的规定。最高人民法院认为,承租人优先购买权本身作为对民事主体意思自治的干预,体现的是公共政策考虑,不符合市场化的要求。认可承租人优先购买权为债权性质,能够更好地在承租人优先购买权保护与尊重当事人意志、民事主体平等以及市场化配置资源之间达成平衡。[②]

三、笔者观点:请求权说

从请求权与形成权本身的特征来看,请求权乃请求特定行为的权利,须有相对人的协力(或法院的强制执行)始克实现,具有请求性、合作性、非排他性、平等性;形成权系赋予权利人得依其意思而形成一定法律效果的法律之力,相对人并不负有相对应的义务,只是受到拘束,须容忍此项形成及其法律效果。[③] 两种学说的核心争点在于优先购买权的法律效果是否能够直接在转让人与其他股东之间形成股权转让法律关系,且二者利益保护的侧重点不同,形成权说侧重于保护优先购买权人的利益,维护公司人合性是第一目标,而请求权说则侧重于保护转让股东的利益,允许转让股东反悔,维护公司人合性只是目标之一。

笔者认为,请求权说更具解释力。理由如下:

首先,从文义解释来看,单个股东行使优先购买权或许可以采取形成权的观点,在其与转让股东之间根据“同等条件”成立股权转让关系。但是,若存在多个股东行使优先购买权,则形成权说便存在解释上的难题。《公司法》(2024)第84条第3款规定:“……两个以上股东行使优先购买权的,协商确定各自的购买比例;协商不成的,按照转让时各自的出资比例行使优先购买权。”当有多个股东行使优先购买权时,首先行使优先购买权的人数不确定,其次由于存在协商程序,各个股东购买的比例也不确定,谈何行使“形成权”?

其次,从体系解释来看,若认为优先购买权为形成权,则意味着优先购买权人一方的意志即可形成股权转让的合意,转让股东与其之间并无反悔的权利。这一解释与实定法存在冲突,《公司法司法解释(四)》赋予转让股东以反悔权,并且并

---

① 《民法典》第728条规定:“出租人未通知承租人或者有其他妨害承租人行使优先购买权情形的,承租人可以请求出租人承担赔偿责任。但是,出租人与第三人订立的房屋买卖合同的效力不受影响。”

② 参见最高人民法院民法典贯彻实施工作领导小组主编:《中华人民共和国民法典合同编理解与适用(三)》,人民法院出版社2020年版,第1568页。

③ 参见王泽鉴:《民法总则》,北京大学出版社2009年版,第78、79页。

未声明该反悔权是终局的，转让人可以利用反悔权，与受让人、其他股东间就股权转让多次磋商，以达至最优的转让价格。该条解释也是建立在对学界观点肯认的基础上，例如，学者认为，股东优先购买权的“行使和实现的前提是股东自愿转让股权，在股东改变转让意愿、放弃转让时，不能硬性强求其转让，否则会背离民事行为自愿、合同自由的民商法基本原则”。① “优先购买权的制度安排本身并无强制性，并非赋予其他股东一种绝对的权利。”②由此看，其他股东的优先购买权应为请求权性质的权利。

最后，从股权转让的实操来看，可以设想如下场景：有限公司有甲、乙、丙、丁4名股东，股东甲欲对外转让股权，受让人包括A、B、C、D，其中A的报价最高。于是甲决定将股权转让给A。随后，甲将A的报价通知乙丙丁三名股东，乙、丙、丁同意股权对外转让，但乙表示将行使优先购买权。甲得知后再次询问A，是否愿意提高报价，若A表示愿意提高报价，则甲须再次将最新报价通知乙，循环往复，直到甲在A和乙之间找到了股权的最高价。这就是学者所说的外部受让人与公司其他股东之间的一种价格竞争机制。在这种价格竞争机制中，正是股东享有的反悔权使其在其他股东数次行使优先购买权的情况下，仍然可以通过反复的磋商，帮助转让股东找到股权的真实价值，且其他股东始终享有匹配任何报价的地位。上述场景虽然来自笔者的设想，但可以清晰地说明问题所在。实际上，根据学者对实务中股权交易的研究，③在股东与受让人正式签约前，通常已经完成了此种价格的探寻，转让股东与受让人在确定其他股东不行使优先购买权的情况下，才会签订正式的股权转让合同，这也进一步印证了优先购买权是请求权性质，而非形成权性质。

【审判实务】

股东优先购买权发生于股权转让中，实际情形中涉及问题较多，例如同等条

---

① 参见赵旭东：《股东优先购买权的裁判规范及其法理逻辑》，载《人民法院报》2017年9月4日，第2版。

② 邓峰等：《最高人民法院公司法解释（四）理解适用专题讲座》，中国法制出版社2018年版，第361页。

③ 有学者收集了20余份“股权转让合同/协议”样本，将股权转让交易的要素与环节总结如下：第一，签署收购意向书。第二，签署意向书后至正式签约前阶段。（此部分双方完成尽职调查、通知其他股东、获得过半数同意书和放弃行使优先购买权的书面文件）。第三，正式签约。第四，合同的履行或后续手续的完成阶段。参见张双根：《论股权让与的意思主义构成》，载《中外法学》2019年第6期，第1558、1559页。

件的界定、股东优先购买权失权规则、权利属性等。对此,笔者沿着上述理论框架,对其审判实务,以股权转让中的优先购买权概括其中出现的各种问题,并单独对股东优先购买权的性质作陈述。

一、股东转让中的股东优先购买权

在股权转让中的审判实践中,"同等条件"长期处于探索中,在2016年的司法裁判中,最高人民法院明确了"同等条件"的范围:在"朱某秦、王某与嘉峪关嘉恒房地产开发有限公司股权转让纠纷案"[①]中,最高人民法院即指出,股东向公司股东以外的其他人转让股权,应当遵守法定程序,将其股权转让事项,包括转让股权的数量、价格、支付方式和期限书面通知其他股东征求同意。而既然"同等条件"由转让方与受让方经过磋商决定,则其他股东应当在接受该股权转让价格的前提下行使优先购买权,对这一观点,司法裁判亦有明确。在"王某女与李某村、胡某飞及泾县国华方解石开发有限公司股东资格确认纠纷案"[②]中,最高人民法院即指出,股东主张行使优先购买权的价格应当根据评估的价值确定缺乏依据。笔者赞同实践中这一做法,但不主张在立法上明确"同等条件"的规范内容,因为"同等条件"的实践会存在个案差异,这种差异值得保护,若统一规则,会导致实践适用的僵化。

二、股东优先购买权的性质

司法实践对股东优先购买权的性质探讨并不多见,归纳起来以形成权说居多。例如,在"俞某美、邹某惠股权转让纠纷案"[③]中,法院认为,"优先购买权的性质为形成权,其目的在于维护公司人合性及稳定,保护其他股东的合法权益,故赋予股东在同等条件下优先第三人受让股权的权利"。在"李某宏与重庆嘉晨工业气体有限公司、李某明等股权转让纠纷案"[④]中,法院直接指出,优先购买权的性质为形成权,可以明示或默示放弃,在拟转让出资股东向其他股东通告了股权对外转让的主要条件后,规定期限内未作答复或者未作有效答复的,应当视为默示放弃。但形成权说回应不了反悔权等问题,司法裁判也应有所转变,对此笔者仍然坚持请求权说。

---

① 最高人民法院民事判决书,(2016)最高法民再195号。

② 最高人民法院民事裁定书,(2016)最高法民申3118号。

③ 广西壮族自治区北海市中级人民法院民事判决书,(2020)桂05民终1645号。

④ 重庆市大渡口区人民法院民事判决书,(2014)渡法民初字第00016号。

【典型案例】

中静实业(集团)有限公司诉上海电力实业有限公司等股权转让纠纷案①

基本案情:

上海新能源环保工程有限公司(以下简称新能源公司)为混合制企业,其股东为中静实业(集团)有限公司(以下简称中静公司)与上海电力实业有限公司(以下简称电力公司),2012年2月15日,新能源公司通过股东会决议,内容为同意电力公司将其持有的61.8%股权对外转让,中静公司不放弃优先购买权。后来,由于该股权具有国有属性,新能源公司将该股权转让材料报送第三人产交所。产交所随后挂出该笔股权转让信息,并标明其他股东拟参与竞价的,应当在竞价现场行使优先购买权,否则视为放弃受让。其后电力公司也通过短信、特快专递、公证等方式通知了中静公司。7月3日,电力公司将该股权转让给了水利公司。中静公司将案涉几公司诉至法院,主张行使优先购买权。

裁判要旨:

一审法院认为,股东优先购买权是公司法赋予股东的法定权利,仅在强制执行程序中可通知其在法定期限内不行权视为放弃,否则必须要基于双方当事人事先的约定。该案产交所并没有法律授予的权利,其不可以在出现权属争议时判断股东是否丧失优先购买权,故而本案中静公司并未因此丧失优先购买权。

二审法院认为,第一,考虑到有限公司的人合性特征,转让股东应当向其他股东充分履行通知义务,其他股东在同等条件下享有优先购买权。该案中,中静公司多次表示不放弃优先购买权,电力公司也未将明确的拟受让人情况告知中静公司。第二,中静公司在产交所挂牌公告期间提出了异议,并明确提出优先购买权问题,要求产交所暂停挂牌交易,且产交所并非司法机构,不具有处置法律纠纷的职能,其无权对中静公司是否享有优先购买权等作出法律意义上的认定。因此,综上,二审裁判驳回上诉,维持原判。

裁判评析:

该案股权转让需要经过产交所进行挂牌,是特殊的股权转让。一审和二审都

---

① 中静实业(集团)有限公司诉上海电力实业有限公司等股权转让纠纷案,载《最高人民法院公报》2016年第5期。

明确了两个重要问题，其一，产交所并非司法机关，既不能判断当事人是否已经丧失了股东优先购买权，更不能设定规则明确股东在何时丧失优先购买权。其二，股东优先购买权的丧失只能是明示或默示的放弃，且在现行立法中并无股东优先购买权失权的其他规定，因此以产交所的规定认定中静公司丧失股东优先购买权不符合法律规定。该案一、二审裁判并未就股东优先购买权的法律性质问题作过多描述，也未明确其为形成权还是请求权，但对其中的裁判观点进行分析可以发现，两审法院认定产交所无权做权属的界定，根源是其不能通过自己单方面的规则来认定股东优先购买权的丧失。我们应当认识到，笔者虽然主张优先购买权的请求权说，但总体上而言，请求权较之形成权能力较弱，我们在发展股东优先购买权请求权说的理论时，应当注意到明确其“优先”属性，而非“购买权”属性。

问题二　侵犯优先购买权的股权转让合同效力

股权变动涉及复杂的流程，包括其他股东的同意、其他股东行使优先购买权、公司的股东名册修改、公司章程修改、工商登记的变更等。在股权变动中，未履行上述程序要求的股权转让比比皆是，这其中就包括侵犯优先购买权的股权转让合同。如何认识其效力涉及转让方、其他股东、公司、受让方等多方主体的利益衡量。

【规范梳整】

如前所述，《公司法》(2024)并未明确侵犯股东优先购买权合同的效力问题，《公司法司法解释(四)》第21条则涉及侵犯股东优先购买权的救济问题，规定被侵犯优先购买权的其他股东可以再行主张优先购买权，但仅提出确认股权转让合同效力和股权变动效力等请求的不予支持。因其他股东行使股东优先购买权而无法取得该股权的受让人可以请求转让股东承担民事责任。

《公司法司法解释(四)》第21条明确了侵犯股东优先购买权时其他股东的救济，尤其是在该条第2款中规定，仅仅请求确认合同无效并不会支持。但在第3款中回应第1款之问题，指出受让人因股权转让受让目的无法实现，可以请求转让股东承担相应民事责任。如此可以看出，其他股东主张行使优先购买权会使得该股权转让合同目的无法实现，因此该合同显然不具有完全不顾同意权、优先购买权而径直使受让人获得股权的能力，但该合同究竟是否有效，立法并未给出解答。

对这一问题，《九民纪要》给出了明确的解释，规定如无其他无效事由，该股权转让合同有效，即便因其他股东行使股东优先购买权而使合同目的落空，也可以请求转让股东承担违约责任。

综合以上规则来看，侵犯股东优先购买权的规则演变趋势是承认合同有效，但合同目的可能因其他股东行使优先购买权而无法达成。这一规则具有现实意义，但却容易引发关于股权转让中股权性质的诘问，例如本书专题九中提到，部分学者认为股权转让应当遵循意思主义，如此侵犯股东优先购买权的股权转让合同不仅有效，而且发生了股权变动，甚至直接排除了其他股东的优先购买权。因此，立法如何权衡股权私权与团体之间的价值，是解决这一问题的关键。

【理论基础】

侵害优先购买权的股权转让合同的效力一直以来是公司法上的难题，司法实务中不同法院对此认识不一，甚至同一法院同一年的裁判观点也截然相反。[①] 为此，《九民纪要》第 9 条单独对此问题进行了规定（见上述规范梳整），最高人民法院采纳了有效说的观点。在《九民纪要》出台后，实践中对于侵害优先购买权的股权转让合同效力的问题，在无影响合同效力的事由的情况下，法院通常认定股权转让合同有效。[②] 尽管这一问题在司法实务中已尘埃落定，但理论上仍有不同的声音。学者们归纳出了五种效力类型，包括无效说、附法定条件生效说、效力待定说、可撤销说、有效说，以下笔者分别作简要评述。

一、无效说

无效说认为《公司法》（2024）第 84 条属于强制性规范，转让股东违反该规定与第三人签订的股权转让合同无效，[③]《九民纪要》出台之前，实践中也有不少高

① 在江苏省高级人民法院（2015）苏商再提字第 00042 号民事判决书中，法院判决股东未经上述程序向股东以外的人转让股权与股权转让协议的效力无涉，合同有效。但是在江苏省高级人民法院（2015）苏审二商申字第 00021 号民事裁定书中，法院确认认定优先购买权的规定系公司法规定的效力性强制性规定，股权转让协议未经过其他股东过半数的同意，侵害其他股东的优先购买权，违反法律的强制性规定而无效。

② 河南中州铁路控股有限公司、山东海盾投资管理有限公司等股权转让纠纷案，最高人民法院（2020）最高法民终 1253 号民事判决书；张某忠、柳某与公司有关的纠纷案，最高人民法院（2018）最高法民申 908 号民事裁定书；彭某静与梁某平、王某山、河北金海岸房地产开发有限公司股权转让侵权纠纷案，载《最高人民法院公报》2009 年第 5 期。

③ 参见张艳、马强：《股权转让的法律问题——公司法第 72 条适用之探讨》，载《法治论丛（上海政法学院学报）》2008 年第 3 期。

级人民法院持此观点。[①] 但是多数学者和法院均不认可此种观点，在不涉及社会公共利益的场合直接认定合同无效是国家意志过度干预社会经济活动的表现，不仅不利于市场效率，也不利于交易公平。[②]

二、附法定条件生效说

附法定条件生效说认为满足同意程序与优先购买权程序是股权转让合同的法定生效要件，若不满足，则合同未生效，转让人无须承担履行不能的责任。但是该说的支持者甚少，反对理由集中于两点，即股权转让合同的生效与否将由其他主体决定，同时该受让人也会因此而得不到合同的保护。[③] 且该说实际上排除了当事人对取得其他股东放弃优先购买权承诺的义务进行约定和受让人主张违约责任的可能，在现行法上没有相关依据。[④]

三、效力待定说

效力待定说认为违反了优先购买权规则的股权转让合同效力待定，具体又分为三类观点：第一，股权的共益权部分类似于一种"共同共有关系"，所以可以类推适用无权处分合同效力认定规则；第二，其他股东的优先购买权构成对股权处分权能的限制，因此可类推适用限制民事行为能力人所订立合同的效力认定规则；第三，有限责任公司股权转让合同包含两个功能：权利流转功能和"替其他股东寻找新的合作对象"功能，后者本身就是一种宽泛意义上的代理行为，不管受让人善意与否，其他股东的优先购买权均可阻却股权转让合同的履行能力，所以可以类推适用狭义无权代理合同效力规则。实践中也确实有法院持效力待定的观点。[⑤]

对于第一种无权处分的观点，反对观点认为股权转让人显然不是无处分权，只是处分权的行使受到一定的限制，与无处分权的人签订处分他人财产的合同的行为是不同性质的行为，根据《合同法》（已失效）上的权利瑕疵担保的相关规定，

---

① 丁某与王某胜、泗洪楚天外国语学校股权转让纠纷案，江苏省高级人民法院（2015）苏审二商申字第00021号民事裁定书；杨某彪、许某与邓某里、袁某明等股权转让纠纷案，青海省高级人民法院（2017）青民再44号民事判决书。

② 参见曹兴权：《股东优先购买权对股权转让合同效力的影响》，载《国家检察官学院学报》2012年第5期。

③ 参见赵旭东：《股东优先购买权的性质和效力》，载《当代法学》2013年第5期。

④ 参见张钧、吴钦松：《论未经其他股东放弃优先购买权的股权转让合同之效力》，载《河北法学》2008年第11期。

⑤ 杨某彪、许某与邓某里、袁某明、孙某丰确认协议无效纠纷案，青海省海东市中级人民法院（2016）青02民终404号民事判决书。

合同显然应该有效。[①] 无权处分行为与有权处分但受优先购买权规则限制的行为的区别，鲜活地体现在“陈某春、黄某股权转让纠纷案”[②]的裁判说理之中。该案中，实际出资人（存在代持股关系）与第三人签订股权转让合同，广东省高级人民法院认定其并非工商登记资料显示的股东，因此根据《合同法》（已失效）第51条有关无权处分的规定，该股权转让合同属于效力待定的合同。在实际出资人根据生效判决获得股东资格后，广东省高级人民法院认定其具备了将其股份转让给他人的客观条件，虽然涉案股权转让并未书面通知其他股东征求意见，有违《公司法》（2018）及公司章程的规定，但规定是针对股东向股东以外的人转让股权时所应履行的程序，主要保障股东的知情权及优先购买权，不符合效力性规定的内涵。《股权转让合同》是双方达成转让股权的合意，股权转让事项能否完成与《股权转让合同》本身是否有效并无必然关联。因此，在《股权转让合同》是双方真实意思表示，且不存在《合同法》（已失效）第52条规定的合同无效的情形时，应认定《股权转让合同》合法有效。

对于第二种类推适用限制行为能力人规则的观点，则更难以成立。首先，针对限制民事行为能力人的保护是基于其识别与控制能力缺乏的考量，同时其无法承担法律后果，所以，法律将合同效力的决定权赋予法定代理人。但这一情形显然不适用于股权转让行为，股东至少鲜有这种缺乏识别判断、控制和承担责任的能力的情况。[③]

对于第三种类推适用无权代理的观点，有学者放弃演绎推理的顺推法，采用后果主义的逆推法，从效率性和衡平性两个维度综合考虑，认为效力待定状态可以在最短时间周期内结束股权关系的不稳定情形，最具效率优势，且受让人有权行使撤销权，避免进入合作关系不甚融洽的公司，相较于合同有效情形，更具衡平优势，所以可以类推适用无权代理合同效力的规则。[④] 笔者认为，这一主张具有一定合理性，但不符合优先购买权的相关法律规则，且相比于有效说，效力待定说并没有优势。首先，转让股东与其他股东之间的法律关系难以定性为代理关系，转让股东处分的是自己的财产，合同权利义务也并不归属于其他股东，若作如此解

---

① 参见张钧、吴钦松：《论未经其他股东放弃优先购买权的股权转让合同之效力》，载《河北法学》2008年第11期。

② 广东省高级人民法院民事判决书，（2018）粤民再14号。

③ 参见张钧、吴钦松：《论未经其他股东放弃优先购买权的股权转让合同之效力》，载《河北法学》2008年第11期。

④ 参见吴飞飞：《侵犯优先购买权的股权转让合同“有效说”之反思》，载《法律科学（西北政法大学学报）》2021年第1期。

释，则权利人处分有权利负担的标的物时，均构成无权代理，显然于法理不合。其次，根据《公司法》(2024)第84条第2款及《公司法司法解释(四)》第19条和第21条的规定，其他股东优先购买权的行使期间具有法定性，至少为30天。所谓的受让人通过行使催告权在最短时间内(小于30天)确定合同效力的观点，并不具有可行性，因而效力待定的观点也不具有效率优势。最后，所谓的受让人对目标公司人合性的期待并不具有普适性，且当其他股东拒绝新股东加入公司时，大可以行使优先购买权阻却股权变动，又何必赋予受让人撤销权呢？此外，合同效力待定说与附法定条件生效说相比于有效说而言，对受让人的保护不足，即在其他股东行使优先购买权(不追认)的情况下，缔约过失责任相较于违约责任，并不能对受让人给予充分的保护。

四、可撤销说

可撤销说认为违反了优先购买权规则的股权转让合同应为可撤销合同，其他股东可请求法院或仲裁机构撤销该合同，最高人民法院《关于审理公司纠纷案件若干问题的规定(一)(征求意见稿)》第26条即采用了该立场，该条规定：未经其他股东同意的股权转让，其他股东可以请求撤销该合同。实践中有不少法院采取此种观点。[①] 理由在于，该合同违反股东行使股权的法定限制条款，侵害了其他股东的优先购买权，因而不同于有效合同；但其他股东是否反对、是否行使优先购买权并不确定，因此也不同于无效合同，鉴此认定为可撤销合同。[②] 该种学说相较于前三种观点而言，具有合理性，且在其他股东不行使优先购买权的情况下，无疑最为便捷高效，但是同样存在着对股权受让人保护不周的问题，因为在其他股东行使撤销权的情况下，受让人只能主张缔约过失。[③] 另外，该说过多干预了转让人的契约自由，且难以类推《民法典》合同编上的撤销权规则。[④]

五、有效说

有效说认为如双方当事人没有其他约定，股权转让合同自成立时生效，其他

① 张某玲、王某与公司有关的纠纷案，河南省高级人民法院(2018)豫民再90号民事判决书；浙江康桥汽车工贸集团股份有限公司与沈某明、浙江万银汽车集团有限公司等股权转让纠纷案，浙江省高级人民法院(2016)浙民申3249号民事裁定书。

② 参见刘俊海：《论有限责任公司股权转让合同的效力》，载《法学家》2007年第6期。

③ 参见赵旭东：《股东优先购买权的性质和效力》，载《当代法学》2013年第5期。

④ 参见张钧、吴钦松：《论未经其他股东放弃优先购买权的股权转让合同之效力》，载《河北法学》2008年第11期。

股东是否履行优先购买权程序不影响股权转让合同效力，[①]实践中大多数案例均采纳此观点。[②] 理据在于：第一，从优先购买权制度目的出发，法律所要维护的是公司的人合性，否认的是第三人取得股权的行为，而非股权转让协议的效力，在无其他影响合同效力事由的情况下，股权转让协议成立即生效。第二，合同效力与权利变动是可以相互区分的，类似于负担行为与处分行为的区分，合同履行不能并不会导致合同无效。这也与我国无权处分相关法律规定的法理相吻合。第三，此种观点可以最大限度地平衡转让人、其他股东和受让人的利益：转让人可以自由签订股权转让合同，但在其他股东行使优先购买权的情况下，要承担履行不能的责任；其他股东可以通过行使优先购买权，阻却股权变动的发生；受让人可以主张股权转让合同有效，但是在合同履行不能时可以向转让人主张违约责任，获得履行利益。第四，相比于前述否定合同效力的观点，肯定合同效力可以使得受让人获得违约责任的强救济而非缔约过失责任的弱救济，从而更好地实现对第三人利益的保护。此外，为了避免对受让人的过度保护，有学者在有效说的基础上，增加了对受让人善意考察的机制，避免恶意受让人获利。[③] 但也有反对观点认为有效说豁免了受让人在缔约时的注意和调查义务，降低了受让人受法律保护的正当性，且有效说不能真正达到鼓励交易的效果。[④]

六、小结

综合考察上述五种学说，笔者更赞成有效说，其能够更好地平衡优先购买权规则涉及的三方利益，也与民商法领域的其他法律制度法理相同，融贯自洽。

对于有效说的第一个质疑是受让人不具有受法律保护的正当性。例如，在排除恶意串通、欺诈等特殊情形后，根据受让人是否明知转让人侵害其他股东优先购买权，可以分为知情与不知情两类。受让人知情的，即使不认定为恶意串通，也

---

① 参见江平、李国光：《最新公司法培训教程》，人民法院出版社 2006 年版，第 119 页；曹兴权：《股东优先购买权对股权转让合同效力的影响》，载《国家检察官学院学报》2012 年第 5 期；赵旭东：《股东优先购买权的性质和效力》，载《当代法学》2013 年第 5 期。

② 河南中州铁路控股有限公司、山东海盾投资管理有限公司等股权转让纠纷案，最高人民法院（2020）最高法民终 1253 号民事判决书；张某忠、柳某与公司有关的纠纷案，最高人民法院（2018）最高法民申 908 号民事裁定书；时某智、贝原邦章股权转让纠纷案，山东省高级人民法院（2020）鲁民终 2182 号民事判决书；陈某、许某文股权转让纠纷案，贵州省高级人民法院（2018）黔民终 1025 号民事判决书；高某与栾某文、纪某会等股权转让纠纷案，内蒙古自治区高级人民法院（2018）内民申 568 号民事裁定书；刘某海与季某珊股权转让纠纷案，江苏省高级人民法院（2015）苏商再提字第 00042 号民事判决书。

③ 参见曹兴权：《股东优先购买权对股权转让合同效力的影响》，载《国家检察官学院学报》2012 年第 5 期。

④ 参见吴飞飞：《侵犯优先购买权的股权转让合同"有效说"之反思》，载《法律科学（西北政法大学学报）》2021 年第 1 期。

至少构成恶意,合同正当性存疑。受让人不知情的,应推定受让人在受让股权时明知《公司法》有关股东优先购买权的相关规则,具有注意义务和审查义务,构成"应当知道",即使不是恶意也至少是非善意,认定合同有效在情理、法理上说不过去。[①] 上述观点具有一定的合理性,与公司对外担保时债权人具有合理审查义务相似,[②]在股权交易中受让人至少也应对优先购买权程序予以适当的关切与注意。但是,笔者认为,受让人未履行注意和审查义务仅仅证明其自身具有一定过错,根据《民法典》第592条有关过失相抵的规则,只需相应地减少其可以主张的损失赔偿额即可,并不会降低有效说区分合同效力与合同履行结果的合理性。更何况,实践中受让人为了避免其他股东"半路截胡"的局面,通常在获得其他股东不行使优先购买权的声明后才订立股权转让合同。[③]

对于有效说的第二个质疑在于其不能真正达到鼓励交易的效果,因为鼓励交易原则的重要内涵是"鼓励能够实际履行的交易",而侵犯优先购买权的股权转让合同最终能否被实际履行,取决于其他股东是否行使优先购买权,而不取决于合同是否有效。[④] 实际上,这一观点本质上仍然是反对物债二分以及物权行为理论中的区分原则,不承认合同效力与合同法律效果的区分。笔者认为,这与我国民商法一贯的发展趋势相违背,例如在侵害承租人优先购买权的情形下,区分合同效力与房屋所有权变动效力,合同效力由《民法通则意见》(1988)(已失效)第118条的合同无效变成《房屋租赁合同司法解释》(2009)(已失效)第21条的合同有效,承租人仅能主张损害赔偿;在无权处分的情形下,区分合同效力与物权变动效力,合同的效力从《合同法》(1999)(已失效)第51条的效力待定变成了《买卖合同司法解释》(2012)(已失效)第3条的有效,相对人可以向无权处分人主张违约责任;在不动产抵押合同未办理登记的情形下,区分抵押合同效力与抵押权设立效力,合同效力从《担保法》(1995)(已失效)第41条的成立未生效变成了《物权法》(2007)(已失效)第15条的合同有效;在投资方与目标公司签订对赌协议的情况下,区分合同效力与合同的履行障碍,合同效力从最高人民法院2012年的

---

① 参见吴飞飞:《侵犯优先购买权的股权转让合同"有效说"之反思》,载《法律科学(西北政法大学学报)》2021年第1期。

② 详见最高人民法院《关于适用〈中华人民共和国民法典〉有关担保制度的解释》第7条第3款。

③ 参见张双根:《论股权让与的意思主义构成》,载《中外法学》2019年第6期。

④ 参见吴飞飞:《侵犯优先购买权的股权转让合同"有效说"之反思》,载《法律科学(西北政法大学学报)》2021年第1期。

"海富案"[①]判决合同无效到江苏省高级人民法院2019年的"华工案"[②]的合同有效但须履行减资程序，再到《九民纪要》认可合同效力但须遵循《公司法》禁止抽逃出资、减资程序以及利润分配等强制性规定。由此可见，区分合同效力与合同法律效果的法律理念早已被立法者与司法者所接受，通过合同有效——行使优先购买权——违约救济的法律技术平衡各方利益，具有可行性。

【审判实务】

审判实务中，自从《九民纪要》明确区分合同效力与合同法律效果后，其后的司法裁判即以该规则为准，相应的同案不同判现象有所缓解，因而这类问题当前可以不再继续探讨。而在侵犯股东优先购买权问题上，一个较有争议的问题是股东优先购买权的保护边界问题。

股东优先购买权的立法旨趣在于保护公司人合性，维护股东之间的信赖关系，避免不受其他股东欢迎的外来者进入公司。但是实践中，有些买受人为了收购目标公司股权，通过各种方式规避其他股东的优先购买权的限制，构成对其他股东优先购买权的侵害。有律师将上述规避行为总结为以下五种表现形式：第一，"瞒天过海"——未履行法定通知义务；第二，"虚张声势"——以虚高的价格告知；第三，"投石问路"——以过高价格对外转股后以低价进行内部转股；第四，"幕后操纵"——通过协议代为持股；第五，"隔山打牛"——通过收购控股股东股权间接持股。[③]

第一种情形是最为常见的侵害股东优先购买权的情形，根据《公司法司法解释(四)》第21条以及《九民纪要》第9条的规定，股权转让合同有效，但其他股东可以在知道或应当知道行使优先购买权的同等条件之日起30日内没有主张行使优先购买权，或股权变更登记后超过1年则丧失优先购买权。

第二种情形是指转让人与受让人之间通谋虚伪，表面上以较高的股权价格作为合同对价，实际上以较低的价格作为成交价，此种情形构成欺诈或恶意串通，股权转让合同可撤销或无效，其他股东可以以实际成交价主张行使优先购买权。

第三种情形通常是转让股东以较高的价格转让少量股权后，再以低价进行内部转股，从而规避股东优先购买权。通常法院认定该行为构成恶意侵害股东优先

---

① 最高人民法院民事判决书，(2012)民提字第11号。

② 江苏省高级人民法院民事判决书，(2019)苏民再62号。

③ 参见叶秀旻：《君泽君视角|侵害股东优先购买权的认定及应对》，载微信公众号"君泽君律师"2021年9月10日，https://mp.weixin.qq.com/s/BETW2XxNune1M2sFTKg_4w。

购买权，合同可撤销或无效。例如，在“浙江康桥汽车工贸集团股份有限公司与沈某明、浙江万银汽车集团有限公司等股权转让纠纷案”中，浙江省高级人民法院认定，该行为系为了规避优先购买权，转让的真实交易数量、价格等都无法为其他股东得知，无法评估是否行使优先购买权，因前后两次股权转让存有密切关系，系一个完整的交易行为，撤销股权转让协议的处理符合我国公司法精神。[①] 在“唐某荣与刘某杰等股权转让纠纷案”中，北京市东城区人民法院认为：“在目标公司的资产没有发生显著减少的情形下，转让双方在短时间内以极其悬殊的价格前后两次转让股权，第一次转让时以畸高的价格转让少量股权，提高其他股东的行权门槛，排除法律赋予其他股东同等条件下的优先购买权，在外部受让人取得股东资格之后，第二次转让则利用股东间的自由转让权完成剩余全部股权的转让，其目的实为规避公司法关于股东优先购买权制度的规定，故案涉两份《股权转让协议》系转让双方的统一安排，应一体考量。再结合转让双方之间特殊的亲属关系以及两次股权转让价款的支付情况，法院认为转让双方存在恶意串通损害其他股东优先购买权的情形，依法当属无效。”[②]

第四种情形下，股东与第三人通过股权代持的方式实现控制目标公司的目的，虽然从形式上看，第三人并非公司股东，但根据协议安排，其可以通过名义股东间接控制公司。但如专题八所述，此种股权代持关系仅具有合同法上的权利义务，第三人并非目标公司股东。若第三人想获得股东资格，其他股东仍然可以通过“显名程序”阻却第三人取得股东资格，公司人合性以及优先购买权并未被侵害。

第五种情形通常发生在间接收购领域，买受人通过购买目标公司的股东的股权，从而间接实现收购目标公司股权的目的，此种行为事实上规避了目标公司股东的优先购买权，但是否构成侵害优先购买权则不无疑问。这一问题在理论上一般称之为股东优先购买权是否具有穿透效力，即公司的一方股东是否可以就其他法人股东控制权的变更而自动享有对标的公司股权的优先购买权。[③] 曾引起商界、学界热议的“上海外滩地王案”就是这一问题的集中体现，该案一审法院判决间接收购构成以合法形式掩盖非法目的，合同无效，虽然二审期间原告撤诉，但一审法院的裁判说理仍然引发理论界与实务界的巨大争论。

---

① 浙江省高级人民法院民事裁定书，(2016)浙民申 3249 号。

② 唐某荣与刘某杰等股权转让纠纷案，北京市东城区人民法院(2022)京 0101 民初 968 号民事判决书。

③ 参见郑彧：《股东优先购买权“穿透效力”的适用与限制》，载《中国法学》2015 年第 5 期。

【典型案例】

上海长烨投资管理咨询有限公司、上海长昇投资管理咨询有限公司等与浙江复星商业发展有限公司、浙江嘉和实业有限公司等股权转让纠纷案[①]

基本案情:

2010年2月,上海证大置业有限公司(以下简称证大置业公司)通过公开竞买方式竞得外滩8-1地块,并将其登记在其100%持股的项目公司名下。

2010年4月,证大置业公司所属关联方与浙江复星商业发展有限公司(以下简称复星公司)所属关联方、杭州绿城合升投资有限公司(以下简称绿城公司)所属关联方、上海磐石投资管理有限公司(以下简称磐石投资)签署《合作投资协议》,约定设立海之门房地产投资管理有限公司(以下简称海之门公司),股权结构为复星公司持有50%,上海证大五道口房地产开发有限公司(以下简称证大五道口公司)持有35%,绿城公司持有10%,磐石投资持有5%。同时合同约定"除非本协议另有规定,未经对方事先书面同意,任何一方均不得全部或部分转让其在本协议项下的任何权利和义务。但是,任何一方均可指定其位于中国境内的下属公司行使和履行其在本协议项下的权利、责任和义务"。海之门公司章程第6.2条和第6.3条规定了股权对外转让时的优先购买权问题。

2011年10月,证大置业公司将项目公司股权转移至海之门公司名下。

2011年12月22日,证大置业公司欲对外以42.5亿元的对价转让证大方股东合计持有的海之门公司50%的股权,并向复星公司发出有关优先购买权的通知,但复星公司未予回复。

2011年12月29日,证大五道口公司与磐石投资的唯一出资人上海磐石投资有限公司(以下简称上海磐石)签署《股权转让协议》,约定受让上海磐石持有的磐石投资100%股权。至此,海之门公司股权结构为:复星公司持有海之门公司50%股权;绿城公司、证大五道口公司、磐石投资分别持有海之门公司10%、35%、5%股权,合计持有海之门公司50%股权。

2011年12月29日,SOHO中国有限公司100%持股的上海长烨投资管理咨询有限公司(以下简称长烨公司)与浙江嘉和实业有限公司(以下简称嘉和公

---

① 上海市第一中级人民法院,(2012)沪一中民四(商)初字第23号。

司)、证大置业公司签署了《框架协议》,约定长烨公司受让证大置业公司、嘉和公司分别持有的证大五道口公司、绿城公司100%股权,并指定股权登记在SOHO中国有限公司100%持股的长昇公司名下。交易完成前,海之门公司的股权结构如图1所示,交易完成后,其股权结构如图2所示。

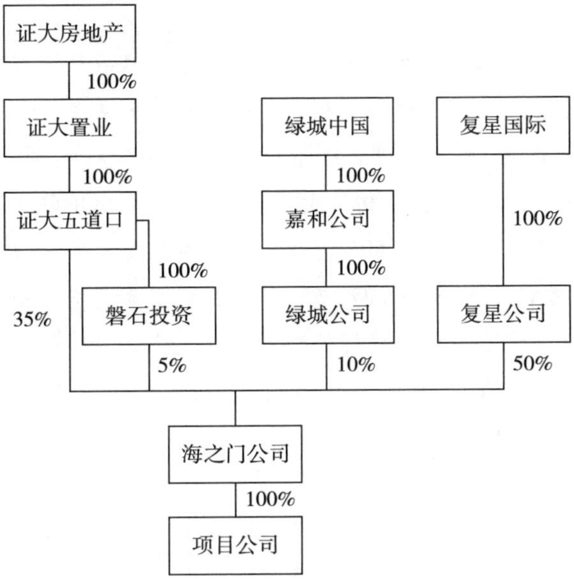

图1　海之门公司被SOHO中国收购前的股权结构

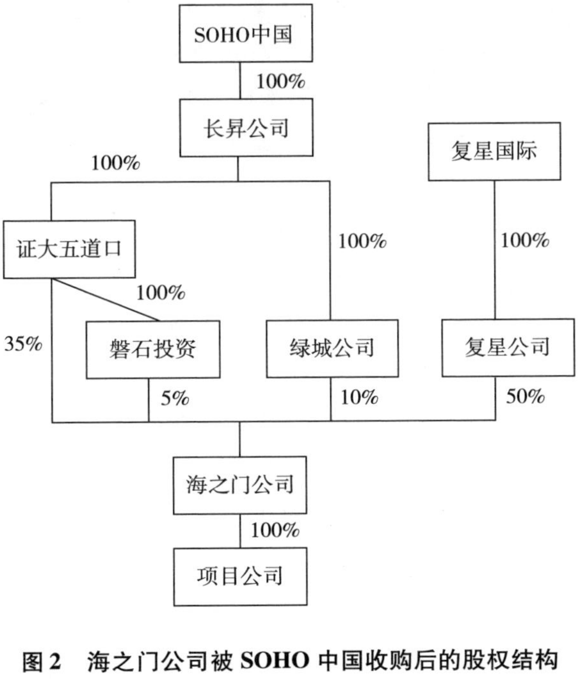

图2　海之门公司被SOHO中国收购后的股权结构

随后复星公司诉称,长烨公司、长昇公司、绿城公司、证大五道口公司、嘉和公司及证大置业公司之间关于绿城公司和证大五道口公司的股权收购交易,旨在规避公司法关于股东优先购买权的法律规定及海之门公司章程的约定,属于恶意串通,损害复星公司的合法权益,故应为无效。

裁判要旨:

法院认为,该案争议的焦点在于依据现行法律,对系争股权交易行为之法律效力如何进行评判,是否如复星公司所诉,应依法确认系争协议为无效。综合系争股权交易,在交易前,复星公司间接持标的公司50%股权,剩余50%股权由绿城、证大五道口持有,公司股权结构较稳定。但交易后,SOHO中国有限公司通过间接持股的方式,持有标的公司50%股权,实际的公司人合性遭到严重破坏。绿城公司和证大五道口公司与SOHO中国有限公司交易完全规避了法律赋予复星公司的优先购买权,通过间接收购标的公司母公司股权的行为,客观上侵犯了复星公司的优先购买权,属于《合同法》(已失效)规定之以合法形式掩盖非法目的,股权转让合同应属无效。

裁判评析:

该判决结果一出,立即在商法界引发了巨大争论。不仅是由于该案涉案股权交易金额大,更在于该判决所蕴含的穿透式审判理念将极大地影响间接收购的股权收购方式。该案一审法官的裁判思路在于海之门公司的股东的控制权发生变化,影响了海之门公司的持股结构,进而实质性地侵害了海之门公司股东的优先购买权。或许是由于项目公司具有巨大的潜在商业价值,股权交易各方获得项目土地权益的交易目的过于明显,因而法官采取了实质认定的思路。但是该思路遭到了学者们的普遍质疑,是否具有普适性值得商榷。笔者认为,通过间接收购标的公司母公司的股权控制标的公司的交易模式具有合法性,除标的公司股东之间另有约定外,一般不应承认标的公司股东优先购买权具有穿透效力。理由主要有以下几点。

第一,从《公司法》优先购买权规则的文义来看,股东优先购买权的主体与客体分别是目标公司的其他股东与目标公司股东欲转让的股权,主体客体不能随意扩大。若当事人欲维持各方股东的稳定,限制各方控制权的变动,既可以由项目公司各方股东的实际控制人签署协议,也可以在设立项目公司的股东协议中明确约定"禁止合并或重组"和"禁止控制权变化"条款,从而应对项目经营过程中股东变化的不稳定因素。但是,若无当事人之间的约定,股东优先购买权的穿透效力是没有权利来源和法律依据的。

第二,间接收购作为一种非常普遍的公司并购模式,若肯认优先购买权的穿透效力,股权交易成本将会不可估量地增加,极大地阻碍股权的交易和流动,严重影响正常稳定的交易秩序。在商事活动日益复杂化的今天,层层嵌套的集团公司不断涌现,公司作为一种资产隔离的载体和工具,越来越受到商人的青睐。通过收购一家公司,便可以控制该公司名下的多家"子公司""孙公司",此种间接收购的股权交易模式每天都在不断地上演。试举一例,集团总公司旗下控制着5家子公司,每家子公司又控制着2家孙公司,当A公司的股东甲转让股权时,除了征求集团总公司其他股东的意见外,还需要征求5家子公司、10家孙公司的其他股东的意见,交易成本随公司层级的嵌套,将几何式地增长。更何况,子公司、孙公司的其他股东并非集团总公司的股东,谈何行使优先购买权?若其他股东仅以甲构成以合法形式掩盖规避优先购买权的非法目的,主张股权转让无效,最终的结果就是其他股东无法行使优先购买权,甲也无法转让股权,股权收购人难以实现收购目的。试问,是否有必要以如此大的代价保护子公司与孙公司的股东的优先购买权?答案显而易见,促进社会主义市场经济的发展是公司法的立法目的,此种做法严重抑制股权交易,限制投资,百害而无一利。

第三,肯认股东优先购买权的穿透效力,实际上否认了公司作为一个独立法人的地位。公司作为一个法律实体便利了合同群的概括转移,这也是这是公司法人制度出现的重要原因,也正是商业实践中广泛使用项目公司、母子公司的主要目的。[①] 有学者对该案一审判决的评价是切中肯綮的:"复星案一审判决认定间接收购侵害了下层公司其他股东的优先购买权,其实是对公司形式的刺破,这会极大损害公司形态在合同权益概括转移中的作用,同时这也会给股权转让带来更多的限制。"[②]

---

① See Kenneth Ayott & Henry Hansmann, *Legal Entities as Transferable Bundles of Contracts*, 111 Michigan Law Review 715 (2013).

② 彭冰:《股东优先购买权与间接收购的利益衡量——上海外滩地王案分析》,载《清华法学》2016年第1期。

专题十二　股东知情权问题

导　语

信息不对称的现象在现实生活中时常地、广泛地发生，处于弱势地位的主体的信息自由通常被关系中更加强势的另一方所束缚。为了扭转这种局面，立法者赋予弱势主体“知情权”，通过具体的法律制度切实保障弱势主体获取信息的自由。在通过公司构建的法律关系中，股东被视为弱势的一方，公司法赋予其知悉公司经营、管理、财务等方面信息的权利，即学理上所谓“股东知情权”。

在信息技术发达的现代社会，股东获取公司相关信息的方式和途径具有多样性，并且因具体信息所涉不同内容而有所差别。对于法律规定的公司应当主动公开披露的信息或者公司自愿向股东提供的信息，股东只需被动地接受，而无须采取任何与获知信息相关的积极行为。此时，股东享有的是消极知情权。相反，对于法律没有强制公司公开披露且公司不愿意向股东提供的信息，股东如欲知悉便须采取积极的行动，例如向公司提出查阅、复制的请求，询问公司经营管理者，请求指派第三方中立专业机构调查等。在这种情况下，股东享有的是积极知情权。目前，我国《公司法》(2024)对股东积极知情权的规范重心在于查阅、复制权，我国司法实践中发生的相关纠纷也大多与这类股东知情权相关。因此，股东的查阅、复制权是本专题重点讨论的对象。

同时，任何权利的行使都受到一定的限制，股东知情权也不例外。依据股东知情权的法律性质，我国《公司法》(2024)既设置了股东知情权的保障性规范，也设置了相应的限制性规范。相较于《公司法》(2018)，我国本次《公司法》修订在股东知情权制度方面有多处亮点，不仅为公司股东提供了更多的保障性措施，也与相关司法解释的规定形成更好的衔接。本章首先结合我国现行《公司法》(2024)的最新规定，从理论的角度对股东知情权的保障性措施和限制性措施进行详细分析;再结合我国司法实践中的具体案例及法院裁判观点,从实务的角度对股东知情权纠纷涉及的几个争议较大的问题作了深入的剖析,供读者参考。

问题一 股东知情权的制度保障

股东知情权是其获悉公司经营情况、决定自身权利处置等的前提,保障股东行使股东知情权亦是公司法制度的重点。实践中,不论是大型公司还是小型封闭公司,不参与公司经营的"甩手掌柜"较之实际参与公司经营的股东总在多数,经营者掌握公司信息和公司控制权,容易滋生道德危机,由此产生的代理成本是《公司法》长期以来致力于解决的核心问题,而保障股东充分的知情权是降低代理成本的重要手段。

【规范梳整】

《公司法》(2024)第57条是股东知情权最主要的规范渊源,该条第1款规定股东知情权的一般范围和行使方式,前者包括公司章程、股东名册、股东会会议记录、董事会会议决议、监事会会议决议和财务会计报告,后者包括查阅和复制两种方式;第2款针对公司会计账簿、会计凭证规定了知情权的特殊方式和范围,即书面说明请求目的,公司认为其有不正当目的,可能损害公司合法权益的,可以拒绝查阅。第3、4款规定股东可以委托会计师事务所、律师事务所等中介机构查阅前述资料。由此来看,股东知情权的范围包含第1款的一般规定和第2款的公司会计账簿、会计凭证,行使方式包含查阅和复制,且对公司会计账簿的知情权行使有特别的要求。此外,该条第5款还规定,以上知情权范围同样适用于公司的全资子公司。同时,针对股份有限公司,《公司法》(2024)第110条赋予股东查阅和复制权,范围包括公司章程、股东名册、股东会会议记录、董事会会议决议、监事会会议决议、财务会计报告。

【理论基础】

股东知情权本质上是一种信息获取权,是改善控制股东与非控制股东之间、股东与公司经营管理者之间信息不对称问题的重要措施,对于保护公司中弱势股东的合法权益具有重要意义,同时也能起到监督公司控制股东和公司经营管理者的作用。在实际操作层面上,股东知情权的实现离不开对股东查阅、复制公司相关文件和资料的授权,否则股东知情权就只是一个纯粹的纸面上的概念,难以落到实处、发挥实际作用。同时,考虑到公司某些文件和资料会涉及特定领域的专业知识,而公司股东可能并非都具备理解、运用这些专业知识的技能,为了保障普通股东也能实现其知情权,还应当授予股东委托第三方机构专业人员为其行使知情权提供帮助的权利。需要注意的是,在我国《公司法》的语境下,无论是对股东查阅、复制公司相关文件和资料的授权,还是股东委托第三方机构专业人员的授权都属于法律强制性规范的授权,公司或其他任何人均无权剥夺,股东本人也不得放弃或转让。

以上是法律为股东知情权提供的实体性保障。此外,法律还为股东知情权提供了程序性的保障,即股东知情权受到国家强制力的保护,一旦股东依靠自身能力无法实现知情权便可以提起股东知情权诉讼,寻求法院的救济。

一、股东的查阅权与复制权

基于公司所有者的身份,股东在公司中享有的权利是多样的。每一种权利虽然都具有独立性,但彼此之间却不是完全分离、毫无联系的。在股东享有的众多权利之中,知情权属于一种"手段性"的权利,[①]发挥着重要的辅助作用,缺乏知情权的帮助,股东的其他权利可能无法有效行使。例如,在对公司情况缺乏了解的情形下,首先,股东在股东会上难以作出有利于公司、有利于自身的决策,无法有效行使表决权;其次,股东无法向公司提出具有针对性的建议或质询,难以有效行使监督权;最后,股东在股东直接诉讼或代表诉讼中难以提出能够得到法院支持的诉讼请求,不仅股东诉权无法有效行使,其欲通过诉讼保护的实体权益也难以实现。股东知情权赋予股东一个了解公司经营管理状况、财务状况以及其他与股东利益有密切关系情况的机会。而股东了解公司相关情况的最佳方式便是查看、翻阅涉及公司相关情况的已经制作好的公司内部书面文件和材料,这比询问公司董事、高级管理人员、监事等公司经营管理人员或股东自行开展实地调查的方式更加直接、经济,也更加全面、清晰。因此,查阅权是股东知情权的重要组成内容之一,其使股东可以高效地行使知情权。

除查阅权之外,股东知情权的另一重要组成部分是复制权,即股东将其查看、翻阅的公司文件或材料的内容拷贝到其他一份或多份载体上,使之以公司提供给股东查阅的原件之外的其他形式再次呈现的权利。与查阅权的作用相衔接,复制权使股东可以将了解到的公司情况更加广泛、更加灵活地运用到不同的情境,辅

---

① 参见李建伟:《股东知情权研究:理论体系与裁判经验》,法律出版社2018年版,第3页。

助股东行使其他权利。例如,首先,股东可以在行使投票权之前查阅公司相关资料的副本,加深对公司相关情况的判断;其次,股东可以在给公司提出的建议或质询中附上公司相关资料的副本;最后,股东可以将公司相关资料的副本作为诉讼中的证据,避免举证不能的消极后果。可见,在查阅权和复制权的配合之下,股东知情权的作用可以得到更加充分地发挥。

需要注意的是,根据我国《公司法》(2024)的规定,当股东知情权的对象是公司的会计账簿或会计凭证时,股东只享有查询的权利而不享有"复制"的权利。然而,出于便利股东知情权行使的目的,对此处股东不享有的"复制"的权利应当作严格解释,即股东不得成篇、成本地翻印公司会计账簿或会计凭证,但可以小范围地摘抄、誊写相关内容。[①] 此外,针对公司会计账簿和会计凭证这一类与公司商业秘密具有紧密联系的公司文件,我国《公司法》还对股东行使查账权的程序作出了特殊规定,即股东应当以书面形式提出请求,该请求中还应写明查阅公司会计账簿、会计凭证的目的。公司有权对股东请求中写明的目的是否正当做实质性审查,如果公司认为允许股东查阅公司会计账簿、会计凭证可能会损害公司合法利益,则可以拒绝股东的请求,拒绝应当以书面形式作出。

二、股东知情权的委托行使

股东可以查阅、复制的内容包含公司的经营管理信息和财务信息。这些信息具有一定的专业性,具备法律、会计等方面的专业知识是准确理解和恰当运用这些信息的基本前提。然而,是否具备专业知识却不是衡量某人能否成为公司股东的标准。换言之,即便股东不具有专业知识也不妨碍其基于股东身份享有知情权。出于保障股东知情权有效行使的考虑,应当允许具有相关专业知识的人员为股东行使知情权提供帮助。但是,如果换一个角度,站在公司的立场上,让股东之外的公司外部人员有机会接触公司的内部信息也有可能造成信息泄露,给公司利益带来损失。可见,在是否应当允许公司外部具有专业知识的第三人协助股东行使知情权的问题上,解决的难点在于如何平衡股东和公司之间的利益。

对此,《公司法司法解释(四)》的思路是设置一定的程序条件和实体条件,股东只有在满足这些条件后才能聘请中介机构执业人员辅助其行使查阅权,同时规定股东及其聘请的人员对公司负有保密义务,违反保密义务的还须承担相应赔偿责任。具体而言,所谓"程序条件"是指股东首先必须提起知情权诉讼,请求查阅

---

① 参见邓峰、许德峰、李建伟主编:《最高人民法院公司法解释(四)理解适用专题讲座》,中国法制出版社2018年版,第188页。

或复制公司相关文件或材料；其次，该诉讼请求须得到法院支持，股东获得胜诉判决；最后，股东聘请的中介机构执业人员查阅公司相关文件或材料时，该胜诉判决已经生效并且该股东必须在场。而所谓“实体条件”主要是对股东可以聘请对象范围的限制，即股东只能聘请“会计师、律师等依法或者依据执业行为规范负有保密义务的中介机构执业人员”，具备专业知识但是没有执业资格的人员不在可聘任的范围之内。[①]《公司法司法解释（四）》实施之前，我国《公司法》并未对股东能否雇佣公司外部人员协助其行使知情权作出规定。在立法存在缺失的情况下，我国司法实践的态度不一，做法也不完全相同。《公司法司法解释（四）》统一了我国司法实践的做法，在股东知情权保护方面迈出了成功的一步。但是，从前述规定不难看出，《公司法司法解释（四）》对股东聘请中介机构执业人员的条件的规定仍比较严苛，其合理性因而值得进一步地讨论。第一，以股东获得胜诉判决作为股东知情权委托行使的前提相当于由法院帮助公司先行判断股东知情权的行使是否符合法律规定，从结果来看是对公司的利好，但是却极大地增加了股东行使知情权的成本、公司应诉的成本以及我国法院的司法负担，也与域外主流国家和地区的做法不符。第二，要求股东聘请的中介机构执业人员辅助行使查阅权时股东必须“在场”，该规定固然能够起到避免第三人假借股东名义查阅公司材料或文件的作用，但却在一定意义上与股东委托第三方机构辅助行使知情权的目的相违背。因为当事人委托他人处理自己事务的原因除了弥补自身能力缺陷之外，还包括能够更加灵活地安排自己的时间，不必因事事都需亲力亲为而分身乏术。要求股东亲自在场反而增加了股东的负担。[②] 第三，将中介机构执业人员可以辅助股东行使的知情权之内容限定于查阅权而不包括复制权也会产生与前述第二点一样问题，没有完全发挥委托法律关系的作用。况且，在保密义务和赔偿责任的约束下，允许中介机构执业人员协助行使复制权的风险也是可以控制的。因此，中介机构执业人员有权行使股东知情权的具体内容应当以双方约定为准，法律不应过多干涉。

其实，在《公司法司法解释（四）》制定的过程中，最高人民法院也已经注意到了上述规定在合理性方面的不足。“司法解释将股东知情权的行使方式由股东本身扩大到可雇佣专业第三人辅助进行，虽符合股东知情权立法目的和权利行使的

---

① 《公司法司法解释（四）》第10条第2款规定：“股东依据人民法院生效判决查阅公司文件材料的，在该股东在场的情况下，可以由会计师、律师等依法或者依据执业行为规范负有保密义务的中介机构执业人员辅助进行。”

② 参见施天涛：《公司法论》，法律出版社2018年版，第271页。

一般原理,但由于司法解释无法创设法律,故该规定仅适用于股东依据判决查阅时,且股东应当同时在场。"[①]诚然,《公司法司法解释(四)》的法律位阶决定了它在填补法律漏洞方面的能力会受到限制,因而完善我国股东知情权委托辅助行使制度的任务只有《公司法》才能完成。《公司法》(2024)中,立法者终于不负众望,不仅将这一制度正式提高到法律层面,在制度内容上也修正了《公司法司法解释(四)》的不当之处,即股东不经诉讼程序也可以委托中介机构执业人员在其不在场的情况下代其行使查阅权、复制权。

三、私人意志无权剥夺股东知情权

公司本质上是一个"人的联合体",各生产要素之间的契约关系构成了公司的基础。[②] 在"公司合同理论"的影响下,公司自治与公司法强制构成了《公司法》立法和司法过程中无法回避的一组矛盾关系,立法者和司法者都在努力寻求二者之间的平衡状态,关键点之一在于,判定某一公司法规范是任意性还是强制性规范。[③] 如果聚焦到本专题的语境下,问题就是我国《公司法》(2024)第57条、第110条、第209条关于有限责任公司和股份有限公司股东知情权的规定属于任意性规范、强制性规范还是兼具任意性与强制性的规范。这一问题的答案直接关系到公司是否有权通过章程或协议限制甚至剥夺股东的知情权。从条文内容来看,《公司法》(2024)第57条、第110条第1款均不含有"公司章程另有规定的除外""全体股东另有约定的除外"等直接授权公司对股东知情权另作约定的表述,故这些条文在表面上不属于法律明示的任意性规范。至于它们是否属于法理上的任意性规范则需要回到理论层面的判断。"公司法关于中小股东权益保护……的某些规则,虽然其属于公司内部的、只涉及股东……的规范,但却基于对弱势股东的最低限度保护……的必然要求而应赋予其强制性。"[④]知情权正是公司法对弱势股东的最低限度保护之一,因为股东知情权是一个手段性的权利,实践中控制股东对非控制股东的压迫往往起源于对知情权的剥夺,而非控制股东的反抗和寻求救济也往往需要以知情权为起点。[⑤]

综上可见,我国《公司法》(2024)中关于股东知情权的规定属于强制性规范。

---

① 杜万华主编、最高人民法院民事审判第二庭编著:《最高人民法院公司法司法解释(四)理解与适用》,人民法院出版社2017年版,第226页。

② 参见冯珏:《法人概念论》,法律出版社2021年版,第46页。

③ 关于公司法规范任意性与强制性的详细分析请参阅本书"专题三:公司章程及其自治边界"。

④ 赵旭东:《强化自治、弱化强制依然是公司法修订的重要方向》,载《西北工业大学学报(社会科学版)》2021年第1期。

⑤ 参见李建伟:《股东知情权诉讼研究》,载《中国法学》2013年第2期。

故而,股东知情权是一个不受私人意志剥夺的、股东基于其身份固有的权利。这一点虽然未被我国《公司法》所明确规定,但是已经得到了我国理论界和实务界的广泛认同,《公司法司法解释(四)》第9条规定,“公司章程、股东之间的协议等实质性剥夺股东依据公司法第三十三条、第九十七条规定查阅或者复制公司文件材料的权利,公司以此为由拒绝股东查阅或者复制的,人民法院不予支持”。关于这一规定的适用有两点需要注意,一是剥夺股东知情权的私人意志在实践中大多以公司章程和协议的形式体现,具体包括公司设立时制定的初始章程、公司成立后依法经过修改的修订章程、股东之间的协议、股东与公司之间的协议、股东与他人之间的股权受让协议等;[1]二是对于“实质性剥夺”应当做扩大解释,不仅包括公司或他人强令股东知情权客观上无法行使,也包括股东自愿放弃或让渡知情权。[2]

四、股东知情权客体的最小范围

为了对股东有权知晓的公司信息范围提供最低限度的保障,我国《公司法》(2024)规定了股东可查阅、复制的公司文件或资料的最小范围,涉及公司的基本信息、经营管理信息以及财务信息。

(一)关于公司基本信息的资料

公司基本信息是关于公司的构成及其目的的信息,包括公司的名称、住所、注册资本、经营范围、公司章程、公司股东姓名或名称等。由于此类信息的作用在于让不特定多数人了解公司的基本情况,以便其在与公司发生或即将发生法律关系时作出相应的判断和决策,这类信息大多通过公开平台向社会公众公示。这意味着,股东即便不行使查阅权也可以知道公司的基本信息。但是股东通过公开渠道查询公司基本信息毕竟是一个被动接受信息的过程,能否获取最新的、最全面的信息取决于公司是否及时向公开平台提交了最新的信息以及公开平台是否及时更新了数据。而在我国,公司仅需在登记或备案事项变更之日起30日内办理相关变更手续,其间公司股东或其他主体通过公开平台查询到的公司信息可能并不准确。[3] 为确保公司股东可以及时、全面地获知公司的基本信息,我国《公司法》(2024)授权股东查阅公司章程和股东名册。对于有限公司股东而言,有权查阅股东名册意味着除了可以知晓已经公示的其他股东的姓名或名称外,还可以知道其

---

① 参见杜万华主编、最高人民法院民事审判第二庭编著:《最高人民法院公司法司法解释(四)理解与适用》,人民法院出版社2017年版,第207页。

② 参见李建伟:《“实质性剥夺”股东知情权的公司意思效力研究〈公司法解释四〉第9条的法教义学分析及展开》,载《中外法学》2018年第5期。

③ 《市场主体登记管理条例》第24、26、29条。

他股东的住所、出资额及出资时间、出资证明书编号、取得和丧失股东资格的时间等信息;对于股份公司股东而言则意味着可以知晓公司发起人之外的其他股东的信息,信息的内容也从公司发起人的姓名或名称扩大至公司所有股东的住所、认购的股份种类及股份数、纸面形式股票的编号、取得股份的日期等信息。

(二)关于公司经营管理情况的资料

在控制权与所有权分离的现代公司中,理想状态下的公司内部机构及其职权的设置方式为:股东会任公司的最高权力机构,对公司经营管理的根本性重大事项作出决策;董事会任公司的经营管理者,决定公司的日常经营管理活动;监事会任公司的监督者,监督公司的经营管理活动。可见,股东会、董事会和监事会行使职权时均以直接或间接的方式参与公司经营管理,均会产生与公司经营管理相关的信息。公司经营管理的过程也即公司运作的过程,与股东的利益紧密相关。因此,股东有权知晓与公司经营管理相关的信息,根据我国《公司法》(2024)的规定,股东至少有权查阅、复制股东会会议记录、董事会会议决议及监事会会议决议。

(三)关于公司财务状况的资料

涉及公司财务状况的资料主要包括公司的财务会计报告、会计账簿、会计凭证、公司债券存根簿等。其中,财务会计报告、会计账簿和会计凭证三者在内容上存在紧密的联系。会计学意义上的会计凭证又称会计证据,是记录各项经济业务发生或完成情况的书面证明,包括原始凭证和记账凭证;会计账簿是指以经过审核的会计凭证为根据,由一系列格式化且相互联系的账页所组成的簿籍;会计报告是指以会计账簿为主要资料来源所编制的反映企业特定期间财务状况及其他会计信息的文件。可见,从会计凭证到会计账簿再到会计报告存在一个信息传递和信息整理的过程。其间,在会计主体人为因素的干扰下,会计信息失真的可能性不断增大,相关文件的真实性与可信度也随之降低。为了确保股东获取的公司财务信息的真实性,理论上应当允许股东直接查阅可信度最高的会计凭证。但是,由于会计报告、会计账簿、会计凭证三者与公司经营信息的直接关联程度不断递增,信息披露的范围越大即意味着公司商业秘密被披露得越多,股东知情权保障与公司商业秘密保护之间存在一定的矛盾。从我国《公司法》的立法过程来看,我国立法者缓和、化解前述矛盾的方式经历了由单纯客体范围限制向权利行使层面限制、客体范围放开的转变。

在 1993 年中华人民共和国成立后颁布的第一部《公司法》中,有限责任公司股东和股份有限公司股东的查阅权范围均局限于公司的财务会计报告。直到 2005 年修订时,我国《公司法》才将股东知情权的对象范围进一步扩大至公司的会计账簿,且有权查阅的主体仅限于有限责任公司的股东,不包括股份有限公司的股东。这样的规定一直延续了近18年的时间。在此期间,我国学者大都主张《公司法》应当将查阅公司会计账簿的权利同样授予股份有限公司的股东,并且股东可以查阅的公司财务资料应当进一步扩大至公司的会计凭证,[①]司法实践者的意见也大都如此,仅有少部分法院坚持认为,股东查账权的范围不应扩大至公司的会计凭证。[②] 为了回应理论和司法实践的需求,《公司法》(2024)将有限责任公司和股份有限公司股东查账权的客体范围均扩大至公司财务会计报告、会计账簿和会计凭证,但是不同类型公司的股东查阅公司会计账簿、会计凭证时,在主体资格和查阅目的方面仍会受到不同条件的约束和限制。同时,《公司法》(2024)还对股东及其行使知情权辅助人员的保密义务和相关法律责任作了明确规定。

五、股东知情权诉讼

股东知情权实现的理想状态是股东向公司提出查阅、复制特定文件或资料的请求,然后公司依据股东的请求配合地提供股东需要的文件或资料。这使股东能够快速、高效、低成本地获取想要知道的信息。然而,理想和现实总是存在一定的偏差。实践中,公司或是不满足或是不完全满足股东的请求,有时甚至还会因此给股东造成损失。在这种情况下,股东依靠自身能力已经较难行使股东知情权,但是股东知情权仍然受到国家强制力的保护。当股东因公司不配合而无法行使知情权、行使知情权受到阻碍或者因此遭受损失时,股东有权提起诉讼,向法院寻求司法救济。这意味着,先向公司提出查阅、复制的请求且被公司拒绝是股东提起知情权诉讼请求查阅、复制公司文件、材料前必须履行的前置程序。在股东知情权诉讼中,由于股东直接维护是的自身权利而不是公司利益,这一诉讼程序属于股东直接诉讼,不属于股东代表诉讼。[③]

【审判实务】

股东知情权的审判实务中,除了前述对会计凭证等股东知情权范围的争议外,较为重要的环节是股东知情权的行使,也即实际的知情权之诉。其中,尤以原告的资格问题最为关键。股东知情权诉讼的适格原告是指有资格通过司法手段

---

① 参见陈群峰:《股东查账权若干问题探讨》,载《法学杂志》2007年第6期;杨路:《股东知情权案件若干问题研究》,载《法律适用》2007年第4期。

② 参见陈洪磊:《有限责任公司股东知情权行使中的利益衡量——基于〈公司法解释四〉实施后的291份裁判文书的整理分析》,载《法律适用》2019年第16期。

③ 关于股东代表诉讼的详细分析请参阅本书“专题十四:股东代表诉讼问题”。

维护知情权的股东。根据我国《公司法》(2024)及相关司法解释的规定,公司股东欲成为股东知情权诉讼的适格原告应当满足程序和实体两方面的条件。所谓程序性的条件是指,原告提起股东知情权诉讼之前已经履行完法定的前置程序;实体性条件是指,原告起诉时满足法律规定的持股要求。

一、知情权诉讼的前置程序

股东知情权的行使具有层次性。出于尊重公司自治以及节约司法资源的目的,两层次之间并非"或者"的可选择关系,而是"必须"的递进式关系,股东只有在通过第一层次的方式无法实现股东知情权的情况下才有权进入第二层次。换言之,股东只有在已经向公司提出查阅、复制的请求且该请求被公司拒绝后才可以通过诉讼手段实现股东知情权。对此,我国《公司法》(2024)明确规定,"公司拒绝提供查阅的,股东可以请求人民法院要求公司提供查阅"。

司法实践中还存在这样一种情况:股东向公司提出查阅、复制的请求后不待公司回复便径直提起股东知情权诉讼。若在一审裁判宣判前公司作出了同意股东查阅、复制的意思表示,则股东不待公司回复便起诉的程序瑕疵便是一种不可被司法原谅的错误,即使原告股东没有申请撤回起诉,法院也应判决驳回起诉。相反,如果公司作出的是拒绝股东查阅、复制的意思表示,则相当于前置程序的实质性目的已经被延后实现。此时诉讼程序已经开启,为了避免给原告增加不必要的负累,同时避免先期诉讼资源的浪费,原告起诉前存在的程序瑕疵应当被前置程序实质性目的的实现所弥补,法院不宜机械地以股东未履行前置程序驳回起诉。最高人民法院公报案例"李某君、吴某、孙某、王某兴诉江苏佳德置业发展有限公司股东知情权纠纷案"的终审判决也表达了这一观点,"股东提起账簿查阅权诉讼的前置条件是股东向公司提出了查阅的书面请求且公司拒绝提供查阅。这一前置条件设定的目的在于既保障股东在其查阅权受侵犯时有相应的救济途径,也防止股东滥用诉权,维护公司正常的经营。本案中,四上诉人于2009年4月8日向佳德公司提出要求查阅或复制公司的所有资料(含公司会计账簿、原始凭证、契约、通信、传票、通知等)以了解公司实际财务状况的书面请求,虽然4月14日四上诉人至一审法院起诉时佳德公司尚未作出书面回复,但佳德公司在4月20日的复函中并未对四上诉人的申请事项予以准许,且在庭审答辩中亦明确表明拒绝四上诉人查阅、复制申请书及诉状中所列明的各项资料。至此,四上诉人有理由认为其查阅权受到侵犯进而寻求相应的法律救济途径,此时不宜再以四上诉人起诉时十五天答复期未满而裁定驳回其起诉,而应对本案做出实体处理,以免增加当事人不必要的讼累”。[①]

二、知情权诉讼中原告资格的实质性要求

在我国司法实践中，在股东知情权诉讼原告股东起诉时应当满足的持股要求中最具争议的是现时性要求的适用程度。简而言之，公司原股东是否有资格成为股东知情权诉讼的原告？如果有资格，公司原股东应当满足何种条件？可以在多大范围内查阅、复制公司文件、资料？《公司法司法解释（四）》实施之前，我国司法实践对前述问题的争论十分激烈，形成了三种不同的观点。第一种观点认为应当全盘否认公司原股东的诉权；第二种观点认为应当有条件、有限度地承认公司原股东的诉权；第三种观点认为应当不加条件地承认公司原股东的诉权。[②]《公司法司法解释（四）》在起草的过程中也曾采纳前述第一种观点，[③]但正式发布的文本最终采纳了第二种观点。我国现行《公司法司法解释（四）》第7条第2款规定：“公司有证据证明前款规定的原告在起诉时不具有公司股东资格的，人民法院应当驳回起诉，但原告有初步证据证明在持股期间其合法权益受到损害，请求依法查阅或者复制其持股期间的公司特定文件材料的除外。”可见，公司原股东成为股东知情权诉讼适格原告需要满足的条件是提供能够证明在其具有股东身份期间合法权益遭受损害的初步证据；原股东有权请求查阅、复制的客体范围限于，在其持股期间依据其原先持有的公司股份数额和时长法律所允许其查阅、复制的公司特定文件、资料。

此外，在理解、适用《公司法司法解释（四）》第7条第2款的规定时需要特别注意的一点是，满足该款规定的公司原股东由此获得的只是股东知情权诉讼的诉权，而不是胜诉权。换言之，成为股东知情权诉讼的适格原告不等于其提出的查阅、复制公司特定文件、资料的诉讼请求必然会得到法院支持。是否应当支持公司原股东的诉讼请求，还需对公司原股东持股期间的合法权益是否受到损害、原股东的诉讼请求是否满足法律规定的其他条件等进行实质性审查。在实质性审查阶段，原告股东之前提供的初步证据并不能使其当然地获得胜诉判决，其还需

---

① 李某君、吴某、孙某、王某兴诉江苏佳德置业发展有限公司股东知情权纠纷案，载《最高人民法院公报》2011年第8期。

② 参见蒋大兴：《超越股东知情权诉讼的司法困境》，载《法学》2005年第2期。

③ 《公司法司法解释（四）》2012年发布的“征求意见稿”第10条第2款规定：“原告起诉时应当依照本规定第二条提供证据证明其股东身份，公司有证据证明原告起诉时或者在诉讼中已经不具有公司股东身份的，人民法院应当驳回起诉。”《公司法司法解释（四）》2016年发布的“征求意见稿”第13条第2款延续了前述观点，认为公司原股东绝对不具有股东知情权诉讼的原告资格，但在具体表述上稍有改动：“公司提供证据证明原告起诉时或者在诉讼中已经不具有股东身份的，应当驳回起诉。”

提供足以支撑其诉讼请求的实质证据。总而言之,公司原股东的诉权和胜诉权是两种不同的诉讼权利,对法院的审查要求亦有不同,不可混淆。在2020年全国法院十大商事案例之一的“河南中汇实业集团有限公司(以下简称中汇公司)诉中原银行股份有限公司(以下简称中原银行)股东知情权、公司盈余分配纠纷案”中,二审法院对一审法院观点的纠偏是为典例之一。

【典型案例】

河南中汇实业集团有限公司诉中原银行股份有限公司股东知情权、公司盈余分配纠纷案[1]

基本案情:

2014年12月23日,中原银行成立,中汇公司持有中原银行股份6435万股。2015年4月30日,中原银行召开的2014年度股东大会审议通过了“关于2014年度利润分配方案的议案”,决议对2014年可分配利润进行现金分红。2016年2月14日,中汇公司收到中原银行所支付分红。2015年2月10日,中汇公司与河南省豫南高速投资有限公司签订股份转让合同,将其持有的中原银行股份转让给河南省豫南高速投资有限公司。股份转让合同签订后3日,双方在河南省产权交易中心办理了股权转让登记。

中原银行2017年上市时公开发布的财务资料显示,中原银行2014年度净利润比其2014年度利润分配方案中显示的净利润高出1亿多元。中汇公司认为其获得的收益与中原银行的盈利严重不符,中原银行取得巨额净利润不向股东分配损害了其合法权益,遂向法院起诉请求查阅、复制其持股期间相应的公司章程、股东大会会议记录、会计账簿等特定文件材料,并请求中原银行补足分红差额、其他收益及利息。

裁判要旨:

该案争议焦点之一为:转让所持有公司股份后,公司原股东是否仍有权查阅、复制其持股期间相应的公司章程、股东大会会议记录、会计账簿等特定文件材料。

一审法院认为,虽然在该案起诉时,中汇公司已经不是中原银行的股东,但其提交的中原银行在上市时公开发布的财务资料能够初步证明在其持股期间合法权益受到损害。因此,根据《公司法司法解释(四)》第7条的规定,对于中汇公司

① 河南省高级人民法院民事判决书,(2020)豫民终126号。

查阅或者复制其持股期间的公司特定文件材料的诉讼请求,应当予以支持。

二审法院认为,《公司法司法解释(四)》第7条规定公司原股东享有的有限诉权,第8条规定,需要审查要求查阅账簿的有限责任公司股东是否有不正当目的,审查原股东是否已经查阅过或掌握其诉请的特定文件资料等情形,以认定原股东的诉讼请求是否应该得到支持。该案一审法院认定中汇公司提交的中原银行在上市时公开发布的财务资料能够初步证明其在持股期间合法权益受到损害,在符合案件受理条件的情况下,对中汇公司提交的初步证据及中原银行的抗辩理由未进行实质审理,直接支持中汇公司有关知情权的诉讼请求不当。关于中汇公司要求行使知情权的诉请是否应该得到支持问题,首先,依据中原银行的理由,上市发布的财务资料与2014年度利润分配方案中的财务信息存在口径不同、对象不同、时期不同的差异性,二者不具有可比性。并且,根据《公司法》(2018)第37条的规定,公司的利润分配方案和弥补亏损方案由股东会审议批准。因此公司是否分配利润以及分配多少利润属公司董事会、股东会决策权范畴,属于公司自治的范围。中原银行2014年度利润分配方案经过该公司股东会决议通过,股东会的召集程序、表决方式及决议内容均不违反法律、行政法规或公司章程的规定,股东会决议通过的利润分配方案合法有效。因此,中汇公司主张其股权收益与中原银行的实际盈利水平不符、中原银行在取得巨额净利润的情况下却不向股东分配损害其利益没有法律依据。故中汇公司提交的证据不能证明其在持股期间合法权益受到损害,其要求查阅、复制中原银行相关文件资料的诉讼请求不符合法律规定,本院不予支持。一审法院对中汇公司提交的初步证据及中原银行的抗辩理由未进行实质审理,判决支持中汇公司诉讼请求不当,予以纠正。

裁判评析:

通常情况下,对于股东知情权的审查都关注程序方面的问题,而忽略对实质问题的审查,这是因为,对股东知情权的保障往往是程序性的,也即只要不存在不正当的目的,股东知情权存在被侵犯的情况时就应当提供保护。但该案涉及对《公司法司法解释(四)》第7条的解释,该条第2款专门针对原股东的知情权保护问题。该条限缩原股东行使知情权需要在有明确的初步证据证明其权利受损的情况下,才予以支持。一审与二审的裁判反映出对这“初步证据”的不同理解。一审并未对该初步证据进行审查,径以上市公司公示信息与原分配方案中利润存在的巨大差异而支持原告知情权请求,而未对其进行细致审查。二审法院则采纳了标的公司的抗辩意见,认为该“初步证据”并不足以证明中汇公司权利受到损害。其实焦点在如何认定“初步证据”,即采用较为严格的标准,还是宽松标准。笔者支持二审裁判观点，原因如下：首先，上市公司财务信息是其较为核心的信息，非公司股东不宜轻易支持其对公司信息的查询；其次，中汇公司虽为前股东，但起诉时已不具有股东资格，其行使知情权的行为可能对现公司带来损害；最后，从规范的角度讲，为何《公司法司法解释（四）》限制原股东行使知情权的权利，原因在于，非公司现股东，其不具有对公司组织的直接利益，保护其知情权并不会对组织的运行产生益处，因而对其应当限制在权利遭受损害，且已经有初步证据，该初步证据还足够有说服力的情况下。

问题二 股东知情权行使的限制

保障股东能够正常行使知情权是公司法律制度尤其是公司治理制度的重要关节，但股东知情权的行使在一定程度上也会给公司带来经营风险，尤其是当股东存在竞业问题、有着不正当目的时，股东通过较少股份可能就会撬动公司巨大的经济损失。因此，法律有必要对股东知情权的行使采取限制，进而应当如何进行限制及限制所包含的范围为何，是理论与实务中关注的焦点问题。

【规范梳整】

对股东知情权行使的限制主要见诸《公司法》（2024）与《公司法司法解释（四）》，可将其分为主体限制、内容限制、目的限制、行使方式限制。

主体限制。《公司法司法解释（四）》第7条明确，股东知情权诉讼起诉时原告需要具有公司股东资格。但同时在该原则外还有所放宽，即若原告有初步证据证明其在持股期间合法权益受到损害，请求依法查阅或复制其持股期间的公司特定文件材料的除外。

内容限制。长期以来，《公司法》（2018）及司法解释都没有将股东知情权范围扩展至会计凭证，这在理论与实践中一直存在争议。本次《公司法》（2024）明确，股东可以请求查阅公司会计凭证，扩大了知情权的范围。

目的限制。诚如前述，《公司法》（2018）第33条第2款对于公司会计账簿，以及《公司法》（2024）中增加的对于会计凭证，明确赋予公司在股东有不正当目的的情况下拒绝其查阅的权利。《公司法司法解释（四）》第8条细化解释了“不正当目的”的情形，包括存在竞业情形、为他人通报会计账簿、3年内有向他人通报信息的情形等。

行使方式限制。针对会计账簿、会计凭证等较为重要的公司文件,立法规定股东可以要求查阅这些文件,但是应当向公司提出书面请求,说明目的,而公司在有合理根据认为股东查阅会计账簿、会计凭证有不正当目的,可能损害公司合法利益的情况下,可以拒绝提供查阅。

整体而言,股东知情权行使的限制方式较为多样,《公司法》(2024)还增加对辅助人查阅知情保密义务的规定,对股东之限制也自然波及辅助人。

【理论基础】

个人权利以他人合法权益或公共利益为边界,边界之内的权利受到法律的保障,边界之外的权利受到法律的限制。具有权利属性的股东知情权也不例外。股东知情权使股东可以直接获取公司的内部信息,其中难免涉及公司的商业秘密,如果该信息被与公司业务存在竞争关系或与公司交恶的股东透露给公司的竞争对手或向社会公众公开,公司及其利益相关者的利益便有可能遭受重大损失。可见,最有可能因股东知情权的行使受到损害的是公司及其利益相关者的利益。为平衡好股东信息获取的权益和公司及其利益相关者的利益,避免股东滥用知情权损害公司及其利益相关者的合法权益,法律对股东知情权的行使规定了一系列限制性条件。在我国现行实证法上,这些限制性条件主要涉及对行使股东知情权的主体资格的限制、对股东行使知情权时主观目的的限制、股东及其辅助人员承担的保密义务及相关法律责任等方面。

一、股东资格限制

顾名思义,股东知情权是专属于公司股东的权利。一般情况下,享有股东知情权的前提是具备公司股东资格,即持有公司股份。① 在判断股东与公司利益相关性的紧密程度方面,股东的持股时间和持股比例是重要的衡量标准。因而,各立法例限制股东知情权通常从这两方面着手。尽管如此,需要明确的一点是,股东知情权是股东基于其身份享有的权利,与股东出资义务的履行情况无关,即便股东未履行出资义务、未完全履行出资义务或出资存在瑕疵,公司也无权以此为由限制股东行使知情权。②

股东知情权的保障与行使具有层次性。③ 在第一层次的先期非诉讼阶段中,

---

① 关于股东资格的认定请参阅本书“专题八:有限责任公司股东资格认定与股权代持”。

② 参见赵旭东主编:《新公司法案例解读》,人民法院出版社2005年版,第84页;宋从文:《股东知情权行使与限制之维》,载《法律适用》2009年第7期。

③ 参见蒋大兴:《超越股东知情权诉讼的司法困境》,载《法学》2005年第2期。

股东应当满足法律在持股比例和持股时间方面设置的限制性条件，否则即不具有行使股东知情权的主体资格，公司有权拒绝提供相关的文件或资料；而后，在第二层次的股东知情权诉讼中，股东除应满足前述限制性条件外，还须满足一定程序性条件，即已经履行了法律规定的前置程序，如不满足则非股东知情权诉讼的适格原告。本章“问题一：股东知情权的制度保障”的“审判实务”部分对我国司法实践中股东知情权诉讼适格原告应当满足的程序性条件和实体性条件进行了详细分析。

（一）股东持股时长与持股比例的限制

股东知情权是股东权利之一，因而持有公司股份是享有股东知情权的基础，这一推论是不证自明的。然而，若进一步细究，股东究竟应当在多长时间内持有公司多少股份才能行使知情权？对此，我国《公司法》（2018）未作特别要求，不论公司类型，也不考虑查阅对象为何，某一主体一旦具备了公司股东资格即可行使知情权。在本次公司法修订中，《公司法》（2024）改采区分式的立法模式，就不同类型公司的股东查阅不同种类文档，其应当持有公司股份的时长和比例采取了不同规定。具体而言，有限责任公司股东在法律规定的客体范围内查阅公司任何文件或资料，不受持股时长和持股比例的限制；股份有限公司股东查阅公司会计账簿、会计凭证须连续180日以上单独或者合计持有公司3%以上股份，查阅其他类型文件或资料则不受持股时长和持股比例的限制。我国《公司法》（2024）的这一立法转变是为了配合本次公司法修订将股东知情权的客体范围扩大至公司会计账簿和会计凭证的新举措，有助于避免股东滥用知情权损害公司利益，与域外大多数国家和地区的立法基本一致。[①] 美中不足的是将同一标准毫无差别地适用于不同类型的股份有限公司。对于股东人数众多的上市公司而言，不加区别地允许所有股东查阅公司会计账簿、会计凭证不仅增加了公司商业秘密被泄露的风险，也给公司正常经营造成极大负担。在这种情况下，司法政策偏向于维护公司利益无可非议，对上市公司股东的持股时长和持股比例作出额外要求是合理的。但是，对于人数较少的非上市股份有限公司而言，若司法政策同样偏向公司利益则无异于对股东的不合理苛责，毕竟这类公司本质上已经属于封闭公司，和有限责任公司没有太大区别。域外立法例也因此大都仅将股东持股时长和持股比例的条件施加在公众公司股东身上，封闭公司的股东行使知情权通常不受持股时长和持股比例的限制。

---

① 参见李建伟：《股东知情权研究：理论体系与裁判经验》，法律出版社2018年版，第52页。

(二)股东持股的相对现时性要求

满足法定持股时长和持股比例要求的公司现股东在无不正当目的的情况下当然地享有知情权。但是,这一当然的论断能否同样适用于过去也曾符合法定持股时长和持股比例要求的公司原股东,也即股东因转让全部股份或所持全部股份被强制执行退出公司后还能否请求查阅、复制公司的文件、资料?对这一问题的讨论不应局限于全有或全无的简单层面,而须结合股东知情权行使的具体层次以及股东知情权的性质进行精确式的探究。

如前所述,股东知情权是一种手段性权利,其功能在于辅助股东行使其他股东权利。因此在股东已经退出公司的情况下,假设原股东仍享有知情权,知情的内容也只应面向其保有股东身份的过去,不能也没必要面向将来。因为随着股东身份的丧失,公司原股东已无权参与公司后续的经营决策,也无权请求公司分配之后的经济性利益。但是,被侵权人的身份却不会因为股东身份的丧失而消灭,如果原股东持股期间股东权利受到损害,原股东仍有权请求相关行为人承担侵权责任。此时,股东知情权辅助的是原股东作为被侵权人享有的侵权损害赔偿请求权,目的在于维护原股东持股期间的合法权益。实践中,原股东受到的损害大多由公司的内部人员造成,原股东也因此难以通过非诉讼的方式直接从公司处获得维权所需的文件或资料——原股东即便享有第一层次的知情权也难以发挥实效。相反,原股东通过诉讼的方式行使知情权则不会受到公司的掣肘。故对于公司原股东享有第二层次的股东知情权,我国学者基本没有争议,但是对其权利基础却有两种不同的观点。第一种观点强调股东知情权作为一个独立权利本身的法益保护,认为若原股东在持股期间知情权受到损害便有权通过诉讼的方式维护这种权益;①第二种观点则强调知情权的手段性,认为授予原股东股东知情权诉讼的诉权是为了保护知情权背后的其他权利和利益。② 上述两种观点是从股东知情权性质的不同角度对原股东享有诉权的支持性论证,本质上是个一体两面的问题,无所谓何者更优。

综上所述,法律对股东知情权主体的持股时长和持股比例的现时性要求是相对的,对丧失股东身份的公司原股东出于维护其持股期间合法权益的目的其仍可享有查阅、复制其持股期间公司文件、资料的权利。在实然权利行使层面上,关于股东持股的现时性要求具体体现为公司原股东能否成为股东知情权诉讼适格原

---

① 参见蒋大兴:《超越股东知情权诉讼的司法困境》,载《法学》2005 年第 2 期。

② 参见李建伟:《股东知情权研究:理论体系与裁判经验》,法律出版社 2018 年版,第 133 页。

告的问题。我国司法实践曾对这一问题存在较大争议。如今,随着《公司法司法解释(四)》的实施,我国司法实践的观点已经基本统一。[①]

二、主观意志限制

主观意志支配客观行为,客观行为的实施造成一定的后果,这一后果或符合人们的期待,或背离人们的预期。在股东知情权制度中,作为信息提供者的公司以及立法者对于股东的期待都是股东能够妥当使用获取的信息,不损害公司或其他利益相关者的合法权益,在思想的源头上就体现为对股东主观意志适当性的限制。在实证法层面上,我国《公司法》对股东主观意志方面的限制体现为两个方面:一是要求股东无"不正当目的",二是要求股东对公司业务的合法性存在合理怀疑,后者仅适用于股份有限公司股东请求查阅公司会计账簿、会计报表的情形。

(一)无"不正当目的"

1."不正当目的"的界定

对于股东行使知情权时的主观目的限制,立法例上存在两种立法模式。一种站在公司的立场上,从反面规定股东不得有"不正当目的";另一种则站在股东的视角,从正面规定股东应当怀有"正当目的"。

我国《公司法》(2024)采取的是第一种立法模式。结合我国现行相关立法内容来看,所谓股东行使知情权时的"不正当目的"是指可能给公司合法权益造成损失的主观恶意,具有此等主观恶意的股东无权查阅、复制公司的相关文件或资料。"不正当目的"是一个抽象的概念,这一语词本身不含有具体的理解和适用标准。为了增加"不正当目的"限制规则的可适用性,便于司法实务者准确理解和适用这一规则,《公司法司法解释(四)》第8条列举了三种应当被认定为具有不正当目的的具体情形。此外,《公司法司法解释(四)》第8条还规定了概括式的兜底条款,即"股东有不正当目的的其他情形"。

对于应当如何理解与适用前述《公司法司法解释(四)》第8条的概括式规定,从正面解释股东的"正当目的"可以提供一些思路。实践中,股东行使知情权的目的被认定为正当的情形主要包括确定股份价值、探究公司利润下降的原因、就具体问题与公司其他股东沟通交流、提起股东代表诉讼或直接诉讼等,这些情形与维护股东自身利益、其他股东利益或公司利益相关,体现了股东知情权自益性与共益性的双重性质。其中,存在较大争议的是股东为满足好奇心而请求查

---

① 关于本问题详细分析请参见本章"问题一:股东知情权的制度保障"。

阅、复制公司文件、资料是否应当认定为具有正当目的。有观点认为这一目的是绝对不正当的，[①]有观点认为它很有可能是不正当的，[②]也有观点认为这本身就是正当的目的。[③] 从本质上分析，前述争论的根源在于股东知情权本身是否值得被尊重和保护。手段性是股东知情权的突出特征，但无可否认的是股东知情权同时也是一个独立的权利，其本身也具有目的性。因此，直接否认股东好奇的正当性过于武断。发挥目的限制的制度功能的关键不仅在于股东事前的说明，更在于事后的约束和惩罚，即勒令股东只能在其所述目的范围之内使用公司相关信息，超出这一范围的应当承担相应的法律责任。

2.“不正当目的”的适用范围

目前，《公司法》(2024)仅将目的限制规则适用于有限责任公司股东请求查阅公司会计账簿、会计凭证的情形，有限责任公司股东请求查阅、复制其他类型的公司文件或资料无须说明目的，股份有限公司股东请求查阅任何类型的公司文件或资料均无须说明目的。这一规定不当限缩了股东知情权制度中目的限制的功能。“查阅对象涉及公司商业秘密、重要敏感信息的，对于行权股东的不正当目的限制成为平衡公司利益与股东利益的重要制度设置。”[④]因而，如果股东请求查阅、复制的信息涉及公司商业秘密或其内容较为敏感，则均应说明目的。具体而言，涉及公司商业秘密或其内容较为敏感的信息主要包括公司股东名册、董事会会议记录、监事会会议记录等。但具体如何适用，仍需要实践的探索，以及后续法律修改的回应。

(二)对公司业务的合法性存在合理怀疑

我国《公司法》(2024)亮点之一是允许股份有限公司股东查阅公司的会计账簿和会计凭证。考虑到会计账簿和会计凭证的特殊性以及股份有限公司人员的构成特征，《公司法》(2024)对于股份有限公司股东的查阅权采取了一定的限制。其中，主观方面的限制条件是“有理由怀疑公司业务执行违反法律、行政法规或者公司章程”。这一限制性条件与比较法上通过内部选任程序实施的“检查人制度”之启动事由具有一定的相似性。不过《公司法》(2024)删除了该规定。

检查人制度或称调查制度，是指公司发生法定事由后，经由法定程序选任第

① 参见施天涛：《公司法论》，法律出版社 2018 年版，第 266、270 页；蔡元庆：《股东知情权制度之重构》，载《北方法学》2011 年第 3 期。

② 参见[美]罗伯特·W.汉密尔顿：《美国公司法》(第 5 版)，齐东祥等译，法律出版社 2008 年版，第 455 页。

③ 参见李建伟：《股东知情权诉讼研究》，载《中国法学》2013 年第 2 期。

④ 李建伟：《股东查阅会计账簿的“不正当目的”抗辩研究——〈公司法〉第 33 条第 2 款的法教义学分析》，载《当代法学》2021 年第 1 期。

三方中立专业机构调查公司特定经营管理事务的制度。在域外立法例上,第三方中立专业机构的选任程序主要分为两种。一种是内部选任程序,是指由公司股东大会通过决议的方式选任第三方中立专业机构;另一种外部选任程序,是指由行政机关或司法机关依职权或依符合法定持股条件的公司股东的申请选任第三方中立专业机构。“检查人选任的发生事由十分广泛,原则上包括请求人对公司设立与运营事项的一切合理怀疑。”①尽管如此,无论在内部选任程序还是外部选任程序中,少数股东享有的都只是请求聘请第三方中立专业机构的权利,而不是决定权。我国《公司法》(2024)第110条的规定则与之相反,连续180日以上单独或合计持有公司3%以上股份的股东直接享有聘请第三方中介机构辅助查阅公司会计账簿和会计凭证的权利。

域外司法经验证明,检查人制度作为股东查阅权的补充,对于股东知情权的保障以及公司内部自治失灵的弥补具有重要意义。因此,我国有不少学者呼吁我国《公司法》应当借鉴域外立法经验引入这一制度。《公司法(修订草案一审稿)》与《公司法(修订草案二审稿)》中虽然含有些许检查人制度的色彩,但与域外立法例上的检查人制度仍存在本质区别,其中规定的“有理由怀疑公司业务执行违反法律、行政法规或者公司章程”,在我国《公司法》(2018)的语境下应理解为对股份有限公司行使查账权时主观方面的限制性条件。不过《公司法》(2024)对此予以删除,则更贴近检查人制度。

三、股东及其辅助人员的保密义务与法律责任

通过行使股东知情权,股东获知了与公司有关的大量信息,有的信息可能已经通过其他渠道公开,例如有限责任公司股东的姓名或名称、股份有限公司发起人的姓名或名称等,有的信息可能还未或者根本不会向社会公众公开。对于此类还未公开或者根本不会公开的信息,股东负有保密义务,只能在法律允许的范围内合理使用。《公司法司法解释(四)》第11条规定了股东的保密义务及违反该义务应当承担的民事赔偿责任。该规定不仅约束、惩罚了股东滥用知情权的行为,也为被侵权者提供了直接的救济途径。美中不足的是,《公司法司法解释(四)》第11条规定的股东负有保密义务的对象仅包括“公司商业秘密”,有权依据该条请求赔偿的主体也仅限于公司。诚然,股东通过行使知情权所获取的信息基本与公司相关,但这并不意味着股东获知的、应当保密的信息仅限于公司商业秘密。如果股东获知了涉及国家秘密、个人隐私或个人信息之类依据《保守国家秘密法》

---

① 李建伟:《股东知情权研究:理论体系与裁判经验》,法律出版社2018年版,第64页。

《民法典》《个人信息保护法》等法律法规私人处理权利受限的信息,股东同样负有相关法律规定的保密义务,违反义务的还须承担相应的民事责任、行政责任甚至刑事责任。如果股东聘请了中介机构执业人员辅助其行使知情权,那么在该中介机构执业人员获知的信息范围内,上述股东负有的保密义务以及可能承担的法律责任同样适用于该中介机构执业人员。① 除此之外,中介机构执业人员还受到其特定行业法律规范中保密义务规定的约束。例如,如果股东聘请的律师违反《律师法》的规定泄露了在执业过程中知悉的国家秘密、商业秘密、当事人隐私等信息,视情节严重程度可能会被司法行政部门给予警告、罚款、停止执业或吊销律师执业证书等处罚。②

【审判实务】

较之于主体限制、行使方式限制等,目的限制往往是实践中争议最大的环节。根据我国《公司法》(2018)及《公司法司法解释(四)》的规定,在股东知情权诉讼中,股东是否具有不正当目的是其诉讼请求能否得到法院支持的关键。对于这一关键性事实,按照谁主张谁举证的规则,本应由股东承担证明其查阅的目的具有正当性的举证义务,但是考虑到少数股东普遍受到压制的现实,我国通说认为,股东仅负有“说明”其目的具有正当性的义务,举证证明股东具有“不正当目的”的义务由公司承担。③ 依据《公司法司法解释(四)》第 8 条的规定,如果公司有证据证明股东存在以下三种情形之一,法院即应认定股东存在“不正当目的”:第一,股东自营或者为他人经营与公司主营业务有实质性竞争关系的业务,但公司章程另有规定或者全体股东另有约定的除外;第二,股东为了向他人通报有关信息查阅公司会计账簿,可能损害公司合法利益;第三,股东在向公司提出查阅请求之日前的 3 年内,曾通过查阅公司会计账簿,向他人通报有关信息损害公司合法利益。

其中,第一种情形是以股东是否与公司存在实质性竞业关系判断股东查阅目的的正当性,是自《公司法司法解释(四)》实施以来我国司法实践中较常遇到的

---

① 《公司法》(2024)第 57 条第 3、4 款规定:“股东查阅前款规定的材料,可以委托会计师事务所、律师事务所等中介机构进行。股东及其委托的会计师事务所、律师事务所等中介机构查阅、复制有关材料,应当遵守有关保护国家秘密、商业秘密、个人隐私、个人信息等法律、行政法规的规定。”

② 《律师法》第 38、48、49 条。

③ 参见李建伟:《股东查阅会计账簿的“不正当目的”抗辩研究——〈公司法〉第 33 条第 2 款的法教义学分析》,载《当代法学》2021 年第 1 期。

一种情形。实证性竞业关系具有一定的复杂性，该关系的成立不仅以公司章程和全体股东无另外约定为前提，同时还需从第三方公司在具体时期、具体空间范围内的设计、生产、销售等环节的活动是否与公司的主营业务存在竞争关系以及原告股东是否参与了第三方公司的实际经营等方面作出判断。这对我国司法实践者准确适用实证性竞业关系规则提出了一定的挑战。在具体个案中，司法实践者应当从实然的角度对原告股东、被告公司、第三方公司之间的关系进行细致的考察，不可仅凭两公司登记的经营范围存在一定重合就武断地判定原告股东与被告公司之间存在实质性竞业关系。最高人民法院在"阿特拉斯设备有限公司、河北阿特拉斯设备制造有限公司股东知情权纠纷案"中对一、二审法院裁判观点的纠偏体现了此种审慎的态度。①

【典型案例】

阿特拉斯设备有限公司与河北阿特拉斯设备制造有限公司股东知情权纠纷案②

基本案情：

2005年7月16日，美国阿特拉斯设备有限公司（以下简称美国公司）通过受让股权成为河北阿特拉斯设备制造有限公司（以下简称河北公司）的股东，持股比例为50%。美国公司委派鲁克夫和周作民担任河北公司的董事，后将周作民更换为鲁克夫的侄子Matthew Kuffel。2010年至本案起诉期间，河北公司曾发出过召开董事会会议的通知，但因美国公司与河北公司中方股东的矛盾，双方未再召开过董事会。

担任河北公司董事期间，美国公司的股东鲁克夫注册成立了Atlas Equipment CO. LLC（以下简称Atlas LLC），Matthew Kuffel成立了Atlas Equipment CO. II. LLC（以下简称AtlasII. LLC）。两公司以美国公司的名义进行交易。

河北公司的经营范围为研究、设计、生产渣浆泵、脱硫泵、疏浚泵、其他工业水泵及泵系统，生产耐磨机械部件，销售自产产品并提供咨询、维修等配套服务；美国公司的经营范围为泵件销售，销售范围为北美地区。美国公司曾多次从河北公司的竞争对手石家庄欧宇贸易有限公司、石家庄思拉瑞泵业有限公司、石家庄宏

---

① 最高人民法院民事判决书，(2020)最高法民再170号。

② 最高人民法院民事判决书，(2020)最高法民再170号。

昌泵业有限公司处直接购买与河北公司生产销售的产品相同的货物。

裁判要旨:

本案的争议焦点之一是:美国公司请求查阅河北公司包括原始会计凭证在内的所有会计账簿,是否构成《公司法司法解释(四)》第8条规定的不正当目的?其诉讼请求是否应予支持?

一审法院认为,股东对于公司会计账簿查阅权的行使受到法律的限制,属于相对知情权的范畴,要以正当目的为前提。本案中,美国公司的股东鲁克夫在担任河北公司董事期间又注册成立了与河北公司经营范围一致的Atlas LLC,Matthew Kuffel也作为股东注册成立了AtlasII. LLC,并以美国公司的名义进行交易。这些公司与河北公司存在竞争关系,并从河北公司的竞争对手处购买与其经营的相同的产品,与河北公司主营业务构成实质性竞争关系,损害了河北公司的利益,应当认为美国公司有不正当目的。不应支持美国公司的该项诉讼请求。

二审法院认为,鉴于美国公司、Atlas LLC及AtlasII. LLC三家公司的关联关系,无论Atlas LLC(含AtlasII. LLC)在国内销售厂家的变更是由于美国公司还是河北公司的原因,其结果均是Atlas LLC不再销售河北公司的产品转而销售与该公司具有竞争关系的生产厂家的同类产品。虽然美国公司上诉称Atlas LLC从事的销售行为与河北公司的生产行为属于上下游关系,不属于相同经营范围,但是正是这种生产与销售的关系,导致美国公司可能影响河北公司产品在北美地区的销售情况,进而影响该公司利益。一审法院以美国公司具有不正当目的而驳回其该项诉讼请求符合法律规定,并无不当。

最高人民法院再审认为,河北公司以股东自营或者为他人经营与公司主营业务有实质性竞争关系业务为由主张美国公司具有不正当目的,对此负有证明义务。在认定主营业务时应当主要考虑该项业务对公司稳定利润的贡献,兼顾在营业收入中的比重,河北公司作为渣浆泵生产企业,渣浆泵的生产应当为其主营业务。实质性竞争关系则是指股东和公司之间存在利益冲突,其情形需要根据案件事实综合认定。河北公司的经营范围为研究、设计、生产渣浆泵、脱硫泵、疏浚泵、其他工业水泵及泵系统,生产耐磨机械部件、销售自产产品并提供咨询、维修等配套服务。美国公司的经营范围为泵件销售,在生产环节二者不存在竞争关系。在销售环节,合作初期,Atlas LLC采购河北公司的产品在北美地区销售,二者存在分工合作的关系。合资公司股东双方产生争议后,根据一审法院从海关调取的证据,Atlas LLC从其他公司购买过同类产品,但美国公司与Atlas LLC均为鲁克夫出资设立的公司,两公司之间不存在控股关系,以此认定美国公司的查阅要求具有不正当目的,理据不足。河北公司主张美国公司系通过其控股的 Atlas LLC 从事与河北公司相同的销售业务,亦缺乏事实依据。河北公司没有证据证明美国公司与 Atlas LLC 存在主体混同的情形,其以公司关联关系为由限制合资一方查阅会计账簿的权利,没有法律依据。综上,河北公司并未提供有效证据证明美国公司查阅合资公司会计账簿具有不正当目的。二审判决认定美国公司查阅合资公司会计账簿具有不正当目的,认定事实错误,本院予以纠正。美国公司请求查阅公司会计账簿的主张成立,应予以支持。

裁判评析:

从上述判决可以看出,最高人民法院对于"主营业务""实质性竞争关系"的认定较一、二审法院更为细致、严谨。但是,以美国公司、Atlas LLC、AtlasII. LLC 不存在主体混同为由判决美国公司与河北公司不存在实质性竞业关系的合理性和关联性是值得怀疑的。如前所述,判断两公司之间是否存在竞业关系时,公司实施具体业务的时间和空间范围是重要的考量因素。在本案中,美国公司及其关联公司与河北公司虽然都从事泵件销售业务,但根据判决书公开的事实,两者的销售范围存在区别。具体而言,在与美国公司的矛盾爆发之前,河北公司在北美地区的销售渠道仅有美国公司,此外再无其他经销商。这意味着,美国公司是决定河北公司所生产泵件的销售范围能否扩大至北美地区的关键。然而,同样作为一个以营利为目的的法人,美国公司有权利选择是否继续在北美地区销售河北公司的产品,其河北公司股东的身份并不能阻碍其作出不利于河北公司的选择。如果美国公司违反了其与河北公司之间的合作协议,河北公司有权追究的是美国公司的违约责任,但无权限制美国公司的股东权利。在本案中,美国公司最终决定放弃与河北公司的上下游合作关系,至此河北公司所生产泵件在北美的销售活动中断。在河北公司已经不在北美地区开展泵件销售业务的情况下,美国公司通过其他进货渠道继续在北美地区销售泵件的行为不构成与河北公司所营业务的实质性竞争关系。由此可见,美国公司的目的正当性理由应当在于其及其关联公司与河北公司之间不存在时空上的实质性竞业关系。

专题十三　有限责任公司利润分配相关问题

导　语

在公司法理论中，以是否存在利润分配决议为标准，公司利润分配之诉分为具体的利润分配之诉与抽象的利润分配之诉，后者也可称为司法强制利润分配之诉。对于前者，理论与实务通说认为，公司一旦作出公司利润分配决议，则公司与股东之间形成利润给付的债权债务关系。因此，具体的利润分配之诉与一般的债权债务诉讼并无不同。后者才是理论和实务中纷争不断的焦点。重要的是如何理解司法强制利润分配之诉。股东在没有利润分配决议的情况下能否请求公司分配利润，背后的关键矛盾在于如何平衡公司自治与公司正义，换句话说，司法介入公司利润分配事务的边界在哪里。2017 年《公司法司法解释（四）》的出台确立了司法强制利润分配之诉，但仍然有很多棘手的问题亟待厘清。本专题将聚焦有限责任公司的利润分配规则和司法强制利润分配之诉，结合理论与实务，对公司利润分配相关问题进行评述。

问题一　公司分配利润的规则

分配利润是股东投资的先导诉求，但作为独立的法人主体，公司需要足够的资金维持运营与发展，分配利润就成为一项需要严格控制的事项。因此，现行《公司法》及相关财务会计规范就为公司利润分配建立了一套较为严密的分配规则体系。本部分首先探讨常规利润分配情况下，在相应程序保障之下的公司利润分配。

【规范梳整】

《公司法》(2024)第 59 条规定,审议批准公司的利润分配方案和弥补亏损方案是公司股东会的职权;第 67 条规定,董事会的职权包括制定公司的利润分配方案和弥补亏损方案;第 89 条还规定异议股东回购请求权的事项包含公司在连续 5 年持续盈利的情况下不向股东分配利润。对于股份有限公司,现行《公司法》第 95 条规定其章程应当载明公司利润分配办法;第 210、211 条为利润分配较为直接的规则,包括利润分配前需要完成的提取公积金、补亏等程序,以及违法分配利润的法律责任等。

《公司法》(2024)还增加规定,国有独资公司分配利润,必须由履行出资人职责的机构决定。另外,基于双层股权结构,还允许公司发行优先或劣后分配利润的股份。对于已经决议的利润分配方案,还明确董事会应当在决议作出之日起 6 个月内进行分配。《公司法》(2024)还增加简易减资制度,并且重申利润分配要在法定公积金累计额超过公司注册资本 50% 后方得进行。

《公司法司法解释(二)》第 1 条规定,股东以利润分配请求权遭侵害而请求解散公司,法院不予受理。《公司法司法解释(三)》第 12 条规定制作虚假财务会计报表虚增利润进行分配构成股东抽逃出资;第 17 条规定对出资瑕疵或抽逃出资股东利润分配请求权的限制。《公司法司法解释(五)》第 4 条规定执行利润分配的时间。《公司法司法解释(四)》第 13 条规定,股东请求公司分配利润的案件,应当列公司为被告;第 14 条规定股东提交具体利润分配方案的有效决议请求分配利润,公司拒绝分配利润且抗辩不成立的,法院应当判决公司按照决议分配利润。第 15 条确立司法强制利润分配之诉,规定违反法律规定滥用股东权利导致公司不分配利润,给其他股东造成损失的,可以向人民法院请求公司分配利润。

总体来看,公司利润分配规则分为程序性规则要求,如经过股东会决议,经过纳税、弥补亏损、提取公积金等;对部分分配的限制,例如抽逃出资。类型上包括经过股东会决议的利润分配和未经过股东会决议的利润分配要求,但后者在规则供给上较少。

【理论基础】

公司利润分配可谓股东的主要权益及公司持续发展的基础,依据《公司法》(2024)的相关规定,利润分配应当遵循四个原则:按法定顺序分配原则、同股同利原则、非有盈利不得分配原则以及公司持有的本公司股份不得分配利润原则。这是公司利润分配的四大基本原则，同时也是公司税后利润分配的基本出发点。依据公司利润分配原则，公司在缴纳税款以后，公司利润分配也必须遵循一定的顺序，即先要弥补公司亏损、提取法定公积金、经股东会决议提取任意公积金，才能向投资者分配利润。

一、股利分配决定权的配置

公司股东依法享有资产收益权，利润分配是股东资产收益权实现的基本形式。股利分配不仅在实质上以公司有可供分配的盈余为前提，程序上还以有权机关的具体决议为必要。公司的利润分配事关公司的资产状况和盈利能力以及股东的投资收益，因而成为公司和股东关注的焦点，且受到多种因素的影响。这些影响因素可以概括为合理因素与不合理因素。合理因素是指公司、股东以及管理者意图通过利润分配政策实现的正当目的，具体包括法律因素、经济因素、财务因素以及其他因素；不合理因素是指公司控制者和管理者意图通过利润分配政策实现不正当目的，主要包括控制者掠夺公司和挤压小股东。法律因素包括公司不得动用公司资本向股东进行分配，公司利润应当首先弥补以前年度亏损，公司分配利润时必须提取法定公积金等。经济因素包括稳定的收入和避税以及控制权的维护。财务因素包括盈余的稳定性、资产的流动性、举债能力、投资机会以及负债情况。其他限制主要是合同限制，债权人与公司进行交易时，为了保障自己的债权可以得到及时清偿，可能与公司在合同中限定公司的股利分配，特别是公司的大额债权人如银行具备较强的谈判能力，往往采取该种自我保护措施。控制者掠夺公司，公司控制者在自利的驱动下，总是存在掠夺公司的冲动，比如控股股东通过不等价的关联担保、关联交易掏空上市公司，管理人员领取超额的薪酬等。控股股东挤压小股东，控制者通过操纵股利分配政策挤压小股东的现象在有限责任公司中尤其明显。因此，公司利润分配的决策机构选择至关重要。揆诸世界各国经验，目前对公司利润分配决策机构的规定分为两种，一种是董事会决定主义，另一种是股东会决定主义。

（一）董事会决定主义

董事会决议主义为美国普遍做法，董事会可以决定公司利润如何分配、何时分配。这一规则实际上是美国公司所有权与控制权分离情况下，董事会中心主义的正常逻辑演绎。为避免董事会随意分配利润，造成股东利益损失，美国部分州在判例和部分成文的规则中强化了违法分配股利的董事个人责任，引入强制股利分配诉讼，以有效的事后救济机制保护股东利益。

（二）股东会决定主义

股东会决定主义在大陆法系国家适用较多，例如，《日本公司法》即规定股份公司分配股利的依据是股东会关于分红财产的分配事项以及该分配的生效决议。我国《公司法》（2018）也采纳了股东会决定主义，公司董事会负责制定公司的利润分配方案，但是必须经由公司股东会审议方可生效。至于股东会通过利润分配方案后的具体实施时间，法律未作规定。为弥补这一空白，《公司法》（2024）第212条规定，董事会应当在股东会作出利润分配后的6个月内进行分配。

二、公司分配利润的程序

依据现行《公司法》的规定，公司进行利润分配需要履行的步骤为：弥补亏损——提取法定公积金——提取任意公积金——分配利润。公司如果违反了这一顺序径行分配公司利润，股东应当返还该分配的利润，如果给公司造成损失，股东和负责的董事、监事和高级管理人员还应当承担赔偿责任。需要注意的是，有限责任公司不按照法定标准分配股利，必须经全体股东达成一致协议。有限责任公司是否可以通过章程规定其他标准，理论界存在不同的观点。公司的章程需要经过全体股东一致同意方可形成，因此公司章程体现了全体股东的一致约定，公司章程如果规定不按照股东的实缴出资比例分配股利，实质上就是全体股东另有约定。公司章程的修改只需经持有公司2/3以上表决权股东同意即可实现，未必反映全体股东意志，因此除非公司全体股东都为公司章程修正案投赞成票，公司章程无权剥夺股东既有的法定权利和期待利益。对于股份公司规定法定标准之外的股利分配办法的，只需公司章程另行规定而无须全体股东一致同意。《公司法》之所以许可股份有限公司章程作出除外规定，是考虑到股份有限公司通常股东较多，全体股东很难形成一致意见，为了维护公司和股东的意思自治，只能由公司章程另行规定。《公司法》（2024）的该种规定有失公允，因为股份有限公司通过修改章程改变原先的股利分配方案，剥夺了公司已经明示赋予股东的权利，而且该种权利事关股东根本利益，这一点股份有限公司与有限责任公司并无区别。当然，基于股份有限公司特别是上市的股份有限公司股东众多和分散的情况，允许公司章程另行规定股利分配办法也确实具有一定合理性，但是至少应当同时赋予利益受损股东救济途径，比如股份回购请求权。

三、公司利润的分配方式

公司利润分配可以通过多种方式实现，常见的有现金股利、财产股利、负债股利、股票股利以及股票回购。

现金股利，即公司分配利润时向股东派发现金。对于公司而言，现金股利减少了公司可以支配的资源,削弱了公司的现金流,因此可能影响公司未来盈利能力,但是只要公司将现金股利的额度控制在公司财务允许范围内,该种缺陷即可以有效避免。对于股东而言,现金股利方式直接将现金发放到股东手中,杜绝了公司控制者掠夺该部分资源的可能,因为在股票股利形式下,股东接受的股利继续留在公司,而公司的控制权掌握在个别人手中,公司控制者可能借机掠夺中小股东。因此,现金股利最受中小股东欢迎,而可能受到公司控制股东的排斥。在我国,这种情况尤为明显,很多上市公司不派发现金,即使派发现金也只是派发很低的比例。除了减少被掠夺风险外,现金股利还有助于监督公司控制者,因为发放现金股利会迫使公司更频繁地寻求外部筹资,而公司寻求新的外部筹资时,会受到投资人的专门检查,从而促使公司控制者诚信、勤勉地工作。

股票股利,即公司以本公司股票代替现金作为股利向股东分配。由于没有资产流出公司,因此不影响公司的净值,也不影响所有者权益。该种方式只是在所有者权益范围内发生相关科目之间的调整,减少未分配利润余额,增加股本余额。这对于现金流匮乏的公司和正处于资本扩张的公司有利,这也是成长型公司多采用股票股利进行分配的原因所在。此外,股票股利一方面增加了流通在外的股票数量,另一方面降低了公司股价,使公司股价可以被更多投资者接受,因而有助于增加其交易量,提高公司股份的流动性。股票股利与现金股利相比,费用相对较高,因为涉及公司股本和章程的变更。但是由于该种方式保证了经济资源留在公司继续接受公司控制者的支配,因而成为我国证券市场中最常见的股利分配方式。

财产股利,指当公司虽有盈余,但无现金可供分配时,以现金以外的资产作为股利向股东发放。作为股利的财产种类很多,如公司持有的其他公司股票、债券等,或本公司的产品、服务等。该种分配方式由于存在财产价值的确定以及分割方面的困难并且分配程序繁琐、成本高昂,因此在实践中很少被上市公司采用。

负债股利,指将本公司的债券或票据作为股利向股东发放。简单地说,负债股利就是公司向股东打欠条。负债股利最终支付形式仍然是现金,只是起到了推迟或顺延公司支付现金股利的功能。负债股利方式通常只在公司已经承诺发放股利但是其后现金流困难的情形下采用,实践中很少发生。

股票回购,即公司向股东回购已发行的公司股份。股票回购被很多学者认为是变相的股利分配,其实,股票回购虽然与股利分配一样导致公司资产流向股东,但是与股利分配存在很大区别:首先,公司回购的股份可能来源于全体股东,也可能只来源于部分股东,与股利分配的对象是全体股东明显不同。其次,公司回购股份的价格可能偏离公司股票的合理价值,因此在公司回购完成后存在大幅上涨或下跌的可能,股东向公司出售股份存在很大的风险,这与股利分配明显不同。因此,只有在公司以合理的价格从全体股东手中按比例回购股份时,股票回购才与股利分配具有一致性。当然,对于公司和公司债权人而言,股票回购与股利分配一样导致公司资产流向股东,因而应接受同样的财源限制。

【审判实务】

在正常分配中,公司利润分配所产生的纠纷主要围绕公司决议以及决议后的分配时间问题。

其一,关于利润分配的决议问题。主流裁判观点认为,公司利润分配的决策机关是公司股东会,在决议之前,法院不宜直接作出利润分配的判决。例如,在"山东汉诺集团有限公司与山西寿阳段王集团平安煤业有限公司、山西寿阳段王煤业集团公司股权转让合同纠纷案"[①]中,一审法院即认为,公司是否分配、如何分配以及分配多少,这些都属于公司自治范畴,而该自治的权限在公司的股东会,而非个别股东。在"河南思维自动化设备有限公司与胡克公司盈余分配纠纷案"[②]中,最高人民法院亦认为,有限责任公司利润分配方案应由公司董事会制定并由公司股东会审议批准。

其二,关于公司作出决议后的利润分配时间,《公司法司法解释(五)》规定,在决议和章程均未有规定的情况下,公司应在 1 年内分配利润。而本次《公司法》修订中,《公司法》(2024)规定,董事会应当在作出决议之日起 6 个月内完成分配。在该条尚未实施以前,依照《公司法司法解释(五)》,多是以 1 年作为分配期限。

在正常的利润分配中,其核心为是否经过股东会决议,而在决议后,利润分配即转变为债权债务关系,此时的常见纠纷则演变为分配时间问题。当前司法裁判对后者仍然遵循 1 年的标准,但并未明确利润分配的执行机构,其规定还不完善。本次《公司法》(2024)明确了这一点,填补了这一规范上的空白。

---

① 最高人民法院民事裁定书,(2014)民二终字第 74 号。

② 最高人民法院民事判决书,(2006)民二终字第 110 号。

【典型案例】

甘肃乾金达矿业开发集团有限公司与万城商务东升庙有限责任公司公司盈余分配纠纷案①

基本案情:

2014 年 3 月 27 日,万城商务东升庙有限责任公司(以下简称万城公司)股东紫金矿业有限公司(以下简称紫金矿业公司)、紫金有色金属有限公司及甘肃乾金达矿业开发集团有限公司(以下简称乾金达公司)(持股 52.5%)三方召开股东会议,形成万城股字〔2014〕2 号股东会决议,决定:公司 2013 年度实现利润总额 227,050,779.10 元,可供股东分配的利润为 218,930,221.51 元,该年度已分配支付利润 162,000,000 元,剩余未分配利润 56,930,221.51 元暂未支付,决定于 2014 年 6 月份之前,将这部分剩余未分配利润分配完毕。2014 年 6 月 25 日,紫金矿业公司、乾金达公司召开 2014 年第二次临时股东会,并形成"临时股东会议纪要",该会议纪要第 6 条为:会议同意对万城公司 2013 年未分配利润在 7 月底之前进行分红,2014 年按季度分红。

2015 年 6 月 18 日,乾金达公司与赵某堂签订《股权转让协议书》,乾金达公司以 48,000 万元将其全资子公司甘肃乾金达资产管理有限责任公司(以下简称乾金达资产管理公司)100% 的股权转让给赵某堂,该协议第 6.3 条约定:"自本协议签署后,甲方承诺不再对乾金达资产管理公司、万城公司进行直接或间接分红,不再动用乾金达资产管理公司、万城公司资金账户内的资金,不得出现任何可能减少乙方股东权益的行为。"

2015 年 9 月 24 日,乾金达公司将其持有的万城公司 52.5% 股权转移登记到乾金达公司下属全资子公司乾金达资产管理公司名下。同年 12 月 17 日,乾金达资产管理公司 100% 的股权从乾金达公司名下转移登记到赵某堂名下。

2017 年 10 月 10 日,乾金达公司向万城公司、紫金矿业公司、紫金有色金属有限公司、乾金达资产管理公司、赵某堂送达一份公司函件,函件主要内容为:乾金达公司要求万城公司向乾金达公司支付 2015 年 6 月 18 日前的利润 34,732,804.98 元。乾金达公司通过顺丰速递向万城公司、万城公司股东及赵某堂邮寄送达了该函件,各公司相关人员对该函件进行签收。

---

① 最高人民法院民事判决书,(2021)最高法民再 23 号。

此后,乾金达公司向法院提起诉讼,请求法院判令万城公司给付乾金达公司2013、2014年度未分配的利润款及逾期付款损失等。一审法院判决支持了乾金达公司分配2013年度利润款的诉讼请求,但驳回了其分配2014年度利润款的诉讼请求,后双方均提起上诉。

裁判要旨:

一审法院认为,利润分配是股东的一项基本权利。万城股字〔2014〕2号股东会决议明确2013年剩余未分配利润于2014年6月份之前分配完毕,2014年的股东会会议纪要重申利润分红一事,虽然万城股字〔2014〕2号股东会决议未明确具体分配数额和行使,但按照2012年度分配原则,乾金达公司可分利润可以依其持股比例确定,故万城公司提出万城股字〔2014〕2号股东会决议对分红的数额、形式未进行明确的抗辩理由不能成立。2015年,乾金达公司经过一系列股权转让,将其股权转让给赵某堂,但未明确2013年、2014年利润分配是否转让给赵某堂。未经决议时,股东享有抽象的利润分配请求权,随股东资格转让,已经决议的为具体利润分配请求权,性质上与普通债权无异。如无特别规定,利润分配决议形成前已经确定的利润属于原股东,原股东仍可基于利润分配决议向公司主张权利。因此,万城公司仍应当支付乾金达公司基于万城股字〔2014〕2号股东会决议所确定利润。

二审法院认为,对比2013年1号的利润分配方案中详细的分配规则和万城股字〔2014〕2号股东会决议,可以明确该决议仅就2013年度待分配利润总额进行了决议,对于每一位股东的利润尚未确定具体明确的分配方案。2014年万城公司第二次临时股东会决议则仅仅是对2013年度利润分配时间变更进行了表述。虽然万城公司章程中规定按照股东持股比例进行分红,但公司章程并不能代替股东会决议,乾金达公司亦无其他充分证据佐证该分配方案明确具体。因此,乾金达公司作为原股东,其主张分配利润的请求权并未转化为对公司应当支付其利润的确定的债权,其关于万城公司应支付2013年度未分配公司利润的请求,不应予以支持。

再审法院认为,关于案涉股东会决议是否载明了具体利润分配方案的问题,《公司法司法解释(四)》第14条之规定不仅要求股东会或者股东大会通过利润分配决议,而且要求利润分配方案内容具体。原则上,一项具体的利润分配方案应当包括待分配利润数额、分配政策、分配范围以及分配时间等具体分配事项内容,判断利润分配方案是否具体的关键在于能否综合现有信息确定主张分配的权利人根据方案能够得到的具体利润数额。该案中,万城股字〔2014〕2号股东会决议确实没有写明各股东分配比例以及具体计算出各股东具体分配数额。然而,万城公司章程第10条股东权利条款中规定了“按照出资比例分取红利”,第37条规定了“弥补亏损和提取公积金、法定公益金所余利润,按照股东的出资比例进行分配”。且万城公司此前亦是按照出资比例分配利润。综合考虑上述事实,能够确定万城公司2013年利润分配是按照股东持股比例进行的。综上,案涉股东会决议载明了2013年度利润分配总额、分配时间,结合公司章程中关于股东按照出资比例分取红利的分配政策之约定,能够确定乾金达公司根据方案应当得到的具体利润数额,故该股东会决议载明的2013年度公司利润分配方案是具体的,符合《公司法司法解释(四)》第14条之规定。二审判决对此认定确有错误,应予纠正。

裁判评析:

该案的争议焦点为万城股字〔2014〕2号股东会决议是否明确了利润分配方案,主要为是否明确了利润分配的具体数额、形式等。对此,三次审判几经反转。一审法院认为,结合往年利润分配方案以及万城股字〔2014〕2号股东会决议,该方案已经明确了具体利润分配数额;二审法院则认为,往年的利润分配方案直接明确了总数和具体分配的数额,该次股东会决议仅明确了总额,未明确具体每个股东分配的数额,因此不能算作明确的利润分配方案,并且即便公司章程明确按持股比例进行分配,未经公司决议,也不能算作有效的利润分配方案;再审法院则肯定了一审判决,指出结合往年的分配方案和公司章程,可以认定该决议已经明确了具体分配数额,因此应当支持乾金达公司利润分配请求。笔者赞同一审和再审的认定,立法对于利润分配的请求以是否召开股东会作为区分,《公司法司法解释(四)》第14条规定:“股东提交载明具体分配方案的股东会或者股东大会的有效决议,请求公司分配利润,公司拒绝分配利润且其关于无法执行决议的抗辩理由不成立的,人民法院应当判决公司按照决议载明的具体分配方案向股东分配利润。”立法并未明确何为具体分配方案,该具体分配方案包含哪些内容等。笔者认为,应当对利润分配方案作体系性的解释,其应当包含往年的分配习惯、公司章程的记载等,如通过这些能够明确具体的分配方案,应认定该决议已经就利润分配达成具体方案。二审裁判过于严苛,要求每一项都要经过决议,显然是缺乏对实践的回应性。

此外,一审指出,具体利润分配请求权是基于债权债务关系,而抽象的利润分配请求权为依赖股东资格而转让的请求权,因此乾金达公司可以就该前面债权债务关系请求分配利润,而对于后一抽象的利润分配请求,则因股权已经转让而丧失了请求权。笔者亦较为赞同,学术界以及实务中,普遍认为经过决议的利润分配形成了具体的债权债务关系，对于已经形成的法律关系，不依赖股东身份，应当认定该请求权未经股权转让合同转让给受让人。

问题二 司法强制利润分配之诉

如前所述，司法强制利润分配主要发生在公司未进行利润分配决议的情境下，这通常是因为大股东滥用权利，操纵公司行为，压制中小股东。因此，赋予中小股东在未经股东会决议的情况下请求公司分配利润的权利是股东权利保护的应有之义。

【规范梳整】

相较于前述正常情况下的利润分配程序要求，司法强制利润分配在立法上则少之又少，既有规定仅限于《公司法司法解释(四)》第 15 条，该条规定，股东未提交载明具体分配方案有效决议，请求公司分配利润的，人民法院应当驳回其诉讼请求，但违反法律规定滥用股东权利导致公司不分配利润，给其他股东造成损失的除外。该条是当前司法强制利润分配规定的主要来源，也正式确立了司法强制利润分配之诉，但整体上而言，滥用股东权利导致公司不分配利润这一宽泛的表述，并不能为司法实践提供明确的适用标准，由此也导致适用上的困难。

【理论基础】

实践中，因公司不分配利润引发的公司纠纷越来越多，大部分发生在股东人数较少的有限责任公司里。股东投资设立公司的目的是获取投资收益。相比于上市公司(公开公司)股东可以“用脚投票”，随时转卖股份获取投资收益，有限责任公司和部分股份有限公司(封闭公司)的股东因股权(股份)流通性低，利润分配是股东分享公司经营收益的重要途径。但是，由于《公司法》(2024)明确规定了公司利润分配的程式，除了硬性的留存法定公积金的限制外，股东要想获得分红，还需要取得公司股东会通过的利润分配决议，而这正为大股东控制提供了渠道。一旦大股东与小股东意见不合，就会发生所谓的封闭公司中股东压迫现象。压迫的表现形式既可以是大股东授意董事会不制定利润分配方案，也可以是大股东利用多数表决权反对利润分配决议，还可以是大股东利用多数表决权作出不分配或象征性分配利润的决议。不论是哪种情形，最终的结果都是小股东无法通过利润分配获得公司经营收益。由于大股东排挤、压榨小股东,以及董事会等内部人员控制等原因,公司不分配利润并引发诉讼的情况越来越多,这些情形下股东之间的利益安排严重失衡,已非公司自治所能解决,必须通过公司法上的强制性规定加以干预。[①] 因此,公司自治原则在特殊情形下应当由公司正义原则进行限制。

一、司法强制利润分配之诉的确立

在2017年以前,已有不少股东在没有公司利润分配决议的情况下,向法院提起利润分配之诉。据学者统计,大量案例中法院直接以"不符合起诉条件""不属于法院受理范围"等理由裁定不予受理,即使受理,大多数法院也以缺乏股东会决议、未满足公司利润分配的程序性规定或者尊重公司资质为由,不予支持股东的诉请。[②] 仅有极少数的个案立足个案实际,支持了股东的诉请。[③]

2017年,最高人民法院发布了《公司法司法解释(四)》,以第15条正式回应了这一问题。该条虽然解决了股东无法可依的问题,但是仍然不足以回应实践中形形色色的案件。总体而言,强制公司利润分配涉及的核心考量就在于司法介入的边界,所要解决的核心问题是法院在何种情形下介入,以及法官介入的程度,具言之,如何认定股东滥用权利以及法官如何确定公司应当分配的利润数额。

二、司法强制利润分配适用条件

在本书第十专题中,笔者对《公司法》(2024)第21条中股东滥用权利进行过分析,涉及忠实义务的常见的滥权行为包括"侵占资产"(含挪用公司财产、擅自出售或分配公司财产、关联交易、违规将公司财产对外担保等)、"伪造签名"(包括伪造签名转让股份、伪造签名通过增资决议等)和"其他违反忠实义务";涉及勤勉义务的常见滥权行为包括"不当管理"(股东在担任公司董事或高管过程中的失职行为)、"盈余分配纠纷"、"排挤管理"以及"增资纠纷"这四类。上述滥权行为是从一般意义上讲的,如果仅局限于导致公司不分配利润的滥权行为,则可以作更细化的分类。

在理论界,自《公司法司法解释(四)》出台后,已有不少学者对利润分配纠纷作过实证研究。有学者检索了涉及《公司法司法解释(四)》第15条的400多件案

---

① 参见杜万华主编、最高人民法院民事审判第二庭编著:《最高人民法院公司法司法解释(四)理解与适用》,人民法院出版社2017年版,第327页。

② 参见李建伟:《法院如何支持股东的抽象股利分配请求 来自197份商事裁决书的类型化分析》,载《中外法学》2021年第2期。

③ 上海市第一中级人民法院民事判决书,(2003)沪一中民三(商)终字第116号;上海市普陀区人民法院民事判决书,(2012)普民二(商)初字第284号(据裁判文书网显示,该案目前原告已撤诉),转引自张辉:《公司盈余分配纠纷的司法裁判规则》,载《社会科学》2014年第11期。

例，法院支持股东诉请的案例仅有10件，其中股东滥用权利的情形可以总结为"转移或变相分配公司利润""经营停止而不分配""从事不正当关联交易""侵害知情权""不遵守公司程式"等五类情形。① 也有学者检索了197份相关案例，其中支持股东诉请的裁决有12例，其将滥用权利的情形归类为"高管薪酬过高""高管滥用权力不平等对待股东""多数股东转移公司利润""私分利润""公司没有召开过股东会"，此外，除了滥用权利以外，法院支持司法强制利润分配的理由还包括"打破公司僵局"。上述学者和法官的研究为本文提供了丰富的文献资料，对其进行分析，笔者发现股东滥用权利导致公司不分配利润的情形大致可以分为两种，即违反了股东平等原则与公司自治失灵。

（一）违反股东平等原则

股东平等原则简单来讲就是股东基于其股东资格而应当享有的权利和负担的义务在本质上应当是平等的，即便其依据不同比例的持股而拥有不同的表决权、分配到不同的利润，但从根本上来讲要依据同股同权和同股同利，或通过约定自行调整，任何人不得对任何股东的权利予以歧视和压制。在现代各国家或地区的公司法中，股东平等原则是维系公司内部关系的主要原则。② 若股东通过职务便利或控制地位转移公司利润或私分利润，抑或通过不合理的薪酬或不正当关联交易变相从公司获取超额利益，则构成股东的不平等分配，违反公司法中股东按照出资比例分配利润的规定，也违反股东平等保护的理念。

（二）公司自治失灵

公司自治失灵是指公司内部已无法就利润分配召开股东会决议，几乎形成了公司僵局，此时有必要放弃公司自治的幻想，通过司法介入化解矛盾。不过应当认识到，公司治理失灵并非滥用股东权利导致公司不分配利润的法定情形，因此，对其适用可能并不能够得到法院的支持。但是公司治理已经失灵，就意味着股东会决议无法形成，此时固守公司程式显然不妥，因此，笔者仍主张公司治理失灵应当为司法强制利润分配的一个适用条件。

【审判实务】

审判实务中，司法强制利润分配纠纷的主要问题在于其适用条件，如前所述，

---

① 参见楼秋然、李佳阳：《从司法克制到积极干预：有限公司股利强制分配的理论与实践》，载《经贸法律评论》2021年第2期。

② 参见赵旭东：《公司法学》，高等教育出版社2015年版，第228、229页。

可以分为违反股东平等原则和公司自治失灵。

一、违反股东平等原则

审判实践中，违反股东平等原则，可以归类为股东滥用控制权的情形，可以归为以下几类：

（一）私分公司利润

私分利润主要表现为股东利用职务之便或控制地位不合理地向部分股东分配了公司利润。在“桂林丰源电力开发投资有限责任公司与资源县翔云水电有限责任公司公司盈余分配纠纷案”[①]中，法院即指出，案涉公司未通过股东会进行盈余分配，但实际上通过其他形式向其他股东支付了利润，原告却始终未收到该利润分配，给原告造成了损失。在“孟某仁与神木市鑫轮矿业有限公司、孟某义公司盈余分配纠纷案”中，审计报告显示公司已向股东退出投资7040万元，该数额远高于公司注册资本，小股东请求已7040万元为基础，按照持股比例平等分配，一审法院神木市人民法院予以支持。[②] 在“清远市酒厂有限公司、江某约公司盈余分配纠纷案”[③]中，公司根据股东会决议，在税前以企业当月盈利额为依据，提取10%的奖金次月发放给执行董事、经理及监事作为效益工资，共发了600万元。上述股东会决议也已被法院判决无效。法院认为该工资计酬办法损害了股东权益，不分配利润造成股东经济损失。在“武胜县顺达贸易有限责任公司与符某辉公司盈余分配纠纷案”[④]中，法院认为，标的公司对其他股东以预借形式将公司款项予以分配，而未同样公平对待被上诉人符某辉，构成对符某辉股东权利的侵害。”

（二）非法关联交易转移公司利润

在“郴州城宇房地产开发有限公司（以下简称城宇公司）与孙某公司盈余分配纠纷案”[⑤]中，一审法院认为，审计报告显示案件中存在多次、反复资金巨大的关联交易，致城宇公司部分大额资金至今没有收回，这些关联交易给公司造成巨大损失，属于滥用股东权利行为，符合强制盈余分配的实质要件。二审法院更是指出，公司的股东应当得到公平的对待，这是法律最基本的原则。如果公司的控股股东

---

① 广西壮族自治区资源县人民法院民事判决书，（2017）桂0329民初字第540号。

② 陕西省神木市人民法院民事判决书，（2018）陕0881民初6529号；陕西省榆林市中级人民法院民事裁定书，（2019）陕08民终143号；陕西省神木市人民法院民事判决书，（2019）陕0881民初3190号。

③ 广东省清远市中级人民法院民事判决书，（2017）粤18民终969号。

④ 四川省广安市中级人民法院民事判决书，（2014）广法民终字第527号。

⑤ 湖南省高级人民法院（2020）湘民申532号。

通过控制权实际上获得了投资回报，那么虽然公司没有形成分配利润的决议，但小股东在没有办法通过公司治理结构获得应得的利益的情况下通过诉讼要求被公平地对待，人民法院予以适当司法干预就成为合情、合理、合法且符合逻辑的结果，并没有侵害公司的治理权。两审法院对控股股东的关联交易行为作了严密细致的分析，综合判断出小股东未得到平等对待，堪称经典。

（三）侵害股东知情权，隐瞒公司利润

在“深圳昂兴供应链股份有限公司与陈某梅公司盈余分配纠纷案”[①]中，法院即指出，案涉公司否认公司存在可分配利润，与案件查明事实不符，属于滥用股东权利导致公司不分配利润的情形，当事股东有权请求公司分配利润。

以上情形在一定程度上显示出违反股东平等原则，滥用股东权利，导致公司不分配利润的实际情形，笔者对其认定比较赞同。

二、公司自治失灵

审判实践中，公司自治失灵可以归类为股东滥用控制权的情形，其可以分为以下几类：

（一）公司无实际经营业务且不分红

在“周某洪与长沙豪泰建材贸易有限公司、卢某安公司盈余分配纠纷案”[②]中，一审法院认为，“本案中，原告作为股东主张分配公司利润，虽然没有提交股东会决议，但被告豪泰公司自 2013 年 5 月停止经营后，一直未分配利润。2014 年 12 月 12 日原告与被告卢某安签订结算单，共同认可被告豪泰公司有总利润为 3,140,000元，但被告豪泰公司在停止经营后长期不分配利润，因此原告主张被告豪泰公司分配公司利润符合法律规定，本院依法予以支持”。然而，该案二审长沙市中级人民法院与再审湖南省高级人民法院改判，均认定无决议且无充分证据证明股东滥用股东权利，驳回了小股东的诉请。[③] 但笔者认为，公司自治已然失灵，利润分配自无法形成决议，径以滥用股东权利之情形存在为裁判标准过于僵硬。

（二）公司长期无法召开股东会

公司无法召开股东会往往是因公司内部形成僵局，由于公司僵局本身就是司法应当介入公司自治领域的情形，因此与其说是股东滥用权利，不如直接将公司僵局作为法院支持抽象利润分配之诉的一个原因。

---

① 广东省深圳市中级人民法院民事判决书，(2018)粤 03 民终 18665 号。

② 湖南省长沙市雨花区人民法院民事判决书，(2017)湘 0111 民初 7667 号。

③ 湖南省长沙市中级人民法院民事判决书，(2018)湘 01 民终 6104 号；湖南省高级人民法院民事裁定书，(2019)湘民申 1118 号。

在“张某贤与太仓市佩克船舶配件有限公司公司盈余分配纠纷案”[①]中,由于公司僵局,无法召开股东会,且公司长达6年持续盈利,法院认定公司应按照实缴出资比例分配全部利润。该案中由于大股东(持股60%)与二股东(持股40%)不和,导致公司事实上无法召开董事会,于盈余分配案的次年被太仓市人民法院判决司法解除,[②]可见此种情形下法院有必要进行司法介入,解决股东之间利润分配的纠纷。

在“中国石化销售有限公司广东广州石油分公司、广州市从化鸿运加油有限公司盈余分配纠纷案”中,大股东持股占比80%,且公司章程规定临时会议应由代表1/4以上表决权的股东提议召开,广州市从化区人民法院认定:“在双方不能就利润分配问题达成一致意见的情况下,不分配利润给广州石油分公司造成了损失,故广州石油分公司有权按照公司章程约定的出资比例主张利润分配。”[③]二审法院广州市中级人民法院维持原判。

在“A诉B公司公司盈余分配纠纷案”[④]中,合营企业的利润分配由董事会决定,且公司章程规定每个会计年度后4个月内公布利润分配方案,但是公司自成立以来从未公布过利润分配方案,也未形成过董事会决议。上海市浦东新区人民法院认定:“从原告2002年入股至今,被告未进行过任何的盈余分配,也未公布过任何的利润分配方案,侵害了以原告为代表的小股东利益。”

【典型案例】

甘肃居立门业有限责任公司与庆阳市太一热力有限公司、李某军公司盈余分配纠纷案[⑤]

基本案情:

庆阳市太一热力有限公司(以下简称太一热力公司)股东为甘肃太一工贸有限公司(以下简称太一工贸公司)和甘肃居立门业有限责任公司(以下简称居立门业公司),前者持股60%,后者持股40%。李某军担任执行董事及法定代表人。

---

① 江苏省太仓市人民法院民事判决书,(2014)太商初字第0600号。

② 江苏省太仓市人民法院民事判决书,(2015)太商初字第00662号。

③ 广州市从化区人民法院民事判决书,(2017)粤0184民初943号。

④ 上海市高级人民法院民事判决书,(2011)浦民二(商)初字第1291号。

⑤ 甘肃居立门业有限责任公司与庆阳市太一热力有限公司、李某军公司盈余分配纠纷案,载《最高人民法院公报》2018年第8期。

2009年10月6日，庆阳市西峰区人民政府(甲方)与太一热力公司(乙方)签订《庆阳市西峰区新区集中供热站工程回购合同》，约定政府回购太一热力公司资产(除32.7亩热源厂建设用地之外)，价款为9126.48万元。2013年，居立门业公司以李某军同为太一热力公司及太一工贸公司法定代表人，无合理理由将5600万余元公司资产转让款转入关联公司账户为由，诉请太一热力公司及李某军给付公司盈余。太一热力公司与李某军以公司股东会未作出分配决议为由抗辩，认为在公司股东会未形成分配决议的情况下，原告居立门业公司请求公司进行盈余分配没有法律依据。

经法院委托会计师事务所对太一热力公司的盈余状况进行审计发现，截至2014年10月31日，太一热力公司未分配利润75,973,413.08元，可分配利润为51,165,691.87元。

裁判要旨：

一审法院认为，根据《公司法》(2013)第4、21、34、37条第1款、第166条第4款以及太一热力公司章程第14条等之规定，太一热力公司被政府收购后未展开经营活动，未进行财务清算，公司存在盈余。根据前述审计报告，太一热力公司截至2014年10月31日可分配利润为51,165,691.87元。至本案诉讼前，太一热力公司两股东未形成股利分配方案，公司存在可供分配利润但长期不向股东分配，严重损害股东合法权益，根据相关规定，太一热力公司应向居立门业公司支付盈余及利息。

二审法院认为，太一热力公司存在可分配盈余，法定代表人恶意不召开股东会、转移公司资产，严重损害居立门业公司的合法权益。应当判决强制分配利润。但太一热力公司不应支付利息，因为公司经营利润产生的利息属于公司收入的一部分，在未进行盈余分配前相关款项均属于公司。在司法强制盈余分配中，生效判决之前，公司不负有法定给付义务，故不应计算利息。

裁判评析：

本案两审法院裁判有两个值得探讨的问题，一是如何认定可以适用司法强制盈余分配，二是利息的计算。

针对如何认定可以适用司法强制盈余分配。该案的两审裁判中，均未就滥用股东权利作详细解释，而径以法定代表人滥用权利，不召开股东会进行盈余分配为由，认为应当进行司法强制利润分配。显然，法定代表人滥用权利并不等于滥用股东权利。由此可以看出，司法实践对于盈余分配的认定并非遵循对《公司法司法解释(四)》第15条的严格解释。不过该案亦可以解释为滥用股东权利，因为李某军同为太一热力公司及其股东太一工贸公司的法定代表人,因而李某军之行为本质上是太一工贸公司的行为,由此可以认定太一工贸公司滥用股东权利,未进行盈余分配。笔者在前述公司自治失灵部分也提到,对于《公司法司法解释(四)》的适用不宜太过僵硬,其并不能囊括实践中的全部情形,应适当有所拓展。

针对利息的计算。该案二审法院特意强调经过公司决议的公司盈余分配与司法强制盈余分配的区别,从本质上将,司法强制盈余分配等同于公司决议,因而其利息计算应当自公司决议做出之日和判决生效之日起,而不以其他日期作为计息起算点。对此,笔者较为赞同二审的观点。

专题十四　股东代表诉讼问题

导 语

股东在公司中可能遭受的利益损失分为两类，一类是直接损失，例如优先购买权无法行使、知情权受到限制、表决权被忽视等；另一类是间接损失，即公司的利益受到直接损害而给股东利益造成减损，例如因公司股票价格下跌导致股东所持股份贬值、公司可分配利润减少导致股东可获分红减少等。根据《民事诉讼法》上确定诉讼当事人的直接利害关系规则，股东只能就其受到的直接损失提起诉讼，其所受间接损失的适格原告是受到直接损失的公司，具体而言是公司内部有权代表公司提起诉讼的机构和人员。虽然法律给这些主体施加了维护公司利益的忠实义务和勤勉义务，但实践中却仍不乏公司内部机构怠于或拒绝维护公司利益的案例，特别是当相关主体与公司存在利益冲突或其本身同时也是侵害公司利益的主体时。在这种情况下，公司的直接利益、股东的间接利益就陷入了有权维护的人不维护，想维护的人没有权利的尴尬境地。打破这一僵局的关键是突破《民事诉讼法》上的直接利害关系规则，将公司诉权流转到其他适当的主体手中。对此，立法层面的回应是创设股东代表诉讼制度，将股东规定为维护公司利益的诉讼担当。

股东代表诉讼又称派生诉讼、衍生诉讼、代位诉讼等。依诉讼涉及的持股关系之数量，股东代表诉讼可分为单层股东代表诉讼、双重股东代表诉讼和多重股东代表诉讼。我国2005年修订《公司法》时引入了单层股东代表诉讼制度。其中，前置程序及其豁免规则、诉讼当事人适格的要求等是为核心，本专题从理论和实务两方面对这些问题进行细致的分析。《公司法》(2005)实施以来，单层股东代表诉讼制度在我国司法实践中发挥了重要作用，不仅给公司股东维护公司合法权益提供了机会，也对公司内部人员起到了监督和威慑作用。然而，随着我国市场经济的不断发展,我国市场中的关联企业、公司集团数量不断增加,单层股东代表诉讼已经无法满足我国司法实践的需求。因此,在本轮《公司法》修订中,我国再次借鉴域外经验引入了双重股东代表诉讼制度,进一步完善了我国的股东代表诉讼制度。本专题也对双重股东代表诉讼适用的理论问题和实践问题做出分析,供读者参考。

问题一 股东代表诉讼的前置程序与当事人

股东在公司内部人员损害公司及股东利益时提起股东代表诉讼是公司法赋予股东的救济权利,但通常情况下,在直接提起诉讼前,由于公司内部存在着法定的监督机构,其本身享有相应的监督权利,能够在一定程度上将问题解决在内部。在股东代表诉讼进入诉讼程序时,当事人范围的确认在实践中也存在过争议,这主要源于立法对于原告持股数量有所要求,因此,前置程序后的诉讼当事人是股东代表诉讼中必谈的问题。

【规范梳整】

股东代表诉讼前置程序的立法规定主要集中于《公司法》(2024)第189条,该条第1款和第2款规定,董事、高级管理人员有该法第188条规定的情形的,有限责任公司的股东、股份有限公司连续180日以上单独或者合计持有公司1%以上股份的股东,可以书面请求监事会向人民法院提起诉讼。监事有该法第149条规定的情形的,前述股东可以书面请求董事会向人民法院提起诉讼。监事会或者董事会收到前款规定的股东书面请求后拒绝提起诉讼,或者自收到请求之日起30日内未提起诉讼,或者情况紧急、不立即提起诉讼将会使公司利益受到难以弥补的损害的,前款规定的股东有权为公司的利益以自己的名义直接向人民法院提起诉讼。

该两款包含了三方面的内容,首先,股东在提起正式诉讼之前需要履行向监事会书面请求的义务,此即通常说的股东代表诉讼的前置程序;其次,该条还包含了股东代表诉讼前置程序的豁免,即在情况紧急、不立即提起诉讼将会使公司利益受到难以弥补的损害的情况下,可以直接以自己的名义提起代表诉讼;最后,该条明确了股东代表诉讼中具有提诉权利的主体范围,即有限责任公司股东和股份有限公司连续180日以上单独或者合计持有公司1%以上股份的股东。针对当事人问题,《公司法司法解释(四)》第 23 条规定,依据《公司法》(2024)第 189 条提起诉讼的,应当以公司为原告。

【理论基础】

一、股东代表诉讼的前置程序

股东代表诉讼的直接目的是保护公司的合法权益,胜诉的关键在于向法庭提供证明被告侵害公司合法权益进而应当承担相应法律责任的充分证据。实践中,侵害公司合法权益的行为多发生在公司对外的经营活动和对内的管理活动之中。在控制权与所有权分离的现代公司,负责经营、管理公司的并非股东,而是董事会、高级管理人员等公司的内部组织机构和人员,他们对公司经营管理事务的了解程度远大于股东,对于应当通过何种方式维护公司合法权益的判断也比股东更为精准。此外,公司作为一个具有独立人格的主体,在自身权益受损害时应当有权利且有责任自行维护。因此,无论是基于有效维护公司合法权益的考量,出于节约司法资源、防止股东滥诉的目的,还是出于对公司独立人格、公司自治的尊重,股东以自己的名义提起诉讼之前原则上应首先穷尽公司的内部救济。这在理论上被称为股东代表诉讼的前置程序,也称"先诉请求"。

(一)前置程序的请求人

广义上的股东代表诉讼由前置程序和后续的诉讼程序构成。为保证两程序的自然衔接,提出先诉请求的主体和提起后续诉讼请求的主体应满足同一的实质性要求,这在前置程序可得豁免的情况下尤其重要。在我国,如果股东代表诉讼旨在维护有限责任公司的合法权益,实质性要求则是指具有该公司股东的身份;如果维护的是股份有限公司的合法权益,相关主体除应是该公司的股东外,还应"连续一百八十日以上单独或合计持有公司百分之一以上股份"。[①] 值得注意的是,根据我国《公司法》(2024)第 189 条第 1 款的规定,前述关于股份有限公司股东持股时间的要求针对的是提出先诉请求的请求人以及提起后续诉讼程序的原告,而不仅限于后者,《公司法司法解释(一)》第 4 条将"180 日以上连续持股期间"缩小解释为"股东向人民法院提起诉讼时,已期满的持股时间"是不严谨的。

---

① 关于前置程序请求人及后续诉讼程序原告的实质性适格要求的详细分析请参阅本章问题一下"二、股东代表诉讼的当事人"部分下"原告股东适格的要求"。

(二)前置程序的被请求人

股东代表诉讼的前置程序本质上是一个要求股东穷尽公司内部救济的程序。理论上,在公司权益受到侵害的情况下,股东可以寻求帮助的公司内部组织机构包括股东会、董事会、监事会。哪一个或哪几个组织机构才是股东求助的对象？由于各国家和地区的公司治理结构不尽相同,立法例上负责受理股东先诉请求的组织机构也有所区别。在我国传统的双层制公司治理结构下,监事会或未设监事会公司的监事是股东求助的首选对象,而如果监事是侵害公司合法权益的主体,股东则应当转向请求董事会以公司名义提起诉讼。[①]《公司法》(2024)在保留原有双层制公司治理结构的基础上引入了单层制公司治理结构,允许公司自行选择将监事会(或监事)设置为公司的监督机构,或在董事会中设置审计委员会,行使监督职能。[②] 在股东代表诉讼的前置程序中,这一改革亮点体现为股东直接向董事会提起先诉请求,即便预期被起诉的对象包括董事会成员。

上述规定与我国公司法预期的公司组织机构的设置及其职权配置相符,但是,在采取单层制公司治理结构的情况下如何保障前置程序的目的实现还需做进一步的探讨。主要问题在于,股东具体应向董事会的哪一机构提出先诉请求？如果是审计委员会的话,它能否胜任前置程序被请求人的角色？股东履行前置程序可能的结果有两个,一是股东在其请求被拒绝接受或被请求人未在法定时间内回复后自行起诉,二是被请求人采纳股东的提议进而以公司名义起诉。这就要求前置程序的被请求人具备处理股东请求事项的能力,并能够在处理该事项时保持公正。其中,处理公司请求事项的能力与所享有的职权有关。公司机构所享有的职权包括法定职权和章定职权。根据我国《公司法》(2024)的规定,审计委员会的法定职权少于监事会,仅有财务会计监督权,而不包括业务监督权和人事监督权。但这“系立法者的主动选择而非规范漏洞”,“公司可以通过章程将其它监督权配

① 《公司法》第188条第1款规定:“董事、高级管理人员有前条规定的情形的,有限责任公司的股东、股份有限公司连续一百八十日以上单独或者合计持有公司百分之一以上股份的股东,可以书面请求监事会向人民法院提起诉讼;监事有前条规定的情形的,前述股东可以书面请求董事会向人民法院提起诉讼。”

② 《公司法》第64条规定:“有限责任公司可以按照公司章程的规定,在董事会中设置由董事组成的审计委员会,负责对公司财务、会计进行监督,并行使公司章程规定的其他职权。在董事会中设审计委员会的有限责任公司,可以不设监事会或者监事。”第125条规定:“股份有限公司可以按照公司章程的规定在董事会中设置由董事组成的审计委员会等专门委员会。审计委员会负责对公司财务、会计进行监督,并行使公司章程规定的其他职权。设审计委员会且其成员过半数为非执行董事的股份有限公司,可以不设监事会或者监事,审计委员会的成员不得担任公司经理或者财务负责人。”

置给审计委员会”。因此,如公司欲以审计委员会代替监事会,公司章程中应当对审计委员会的职权进行完善、妥当地配置。在公正性的要求上,假设审计委员会成员能够公正地处理涉及董事会其他成员的先诉请求,当先诉请求针对或同时涉及审计委员会成员时,继续由该委员会“担任自己的法官”的合理性也是值得怀疑的。在这种情况下,解决的途径理论上有两种。第一种是将涉及审计委员会成员的请求一律规定为豁免前置程序的事由,由法官直接裁判。这种方式是以加大司法资源的消耗和扩大忽视公司独立人格的情形为代价避免审计委员会的不公正,不仅不经济,也容易造成股东泛诉,违背前置程序的制度目的。可见,第一种解决方式不合理。第二种思路是让股东向公司内其他机构提出先诉请求。域外立法例和公司法实践提供的思路包括股东会①和专门诉讼委员会(special litigation committee)。股东会并非公司的常设机构,由其担任前置程序的被请求人会明显增加股东代表诉讼的成本,并且,在资本多数决的表决规则下,大股东未必会认真对待中小股东的提议,从而使前置程序流于形式。因此,在域外立法和司法实践中,股东会作为前置程序被请求人的情形并不常见。

(三)前置程序的内容

前置程序本质上是一个股东请求公司内部有关机构以公司名义追究侵害公司合法权益主体法律责任的程序。根据我国《公司法》(2024)的规定,股东的请求须以书面形式作出,其中应对侵害公司合法权益的主体、具体行为等情况进行较为详细的说明,以便公司内部有关机构审查并决定是否起诉。在准备相关书面材料的过程中,股东可视具体情形通过行使知情权的方式查阅、复制公司章程、股东名册、股东会会议记录、董事会会议决议等文件。当然,考虑到中小股东通常都不参与公司的经营管理,对公司经营管理事项的了解程度有限,前置程序也只是一个公司内部的程序,股东向公司有关机构提交的材料无须达到诉讼程序的高度盖然性标准。收到股东的书面请求后,公司有关机构的审查、决定期最长为 30 日。如果公司在该期限内提起诉讼,股东则不得也不必重复起诉。反之,如果公司自收到股东书面请求之日起 30 日内未起诉,或者被请求机构明示拒绝起诉,股东则可以自己的名义提起诉讼。在诉讼程序中,股东对已经按照法律规定履行前置程序负有举证责任。若股东无法证明已经履行了前置程序,其诉讼请求会被法院驳回,除非存在可以豁免前置程序履行的法定情形。

---

① 例如,参见《美国联邦民事诉讼法》第 23.1 条。

(四)前置程序的豁免

设置前置程序的原因之一在于尊重公司的内部决策,目的在于让公司自行选择保护自身合法权益的最佳方式。但是物极必反,过度机械地强调前置程序的履行反而会使公司的合法权益在冗长、繁杂的程序中逐渐处于不利地位,最终难以维护。因此,履行前置程序应当只是股东代表诉讼对于穷尽公司内部救济的原则性要求,在例外情况下,股东应得豁免履行前置程序,可以直接起诉。

对于前置程序的例外,我国《公司法》(2024)采取了概括式的立法模式,没有对具体情形一一列举,而是将其归纳为"情况紧急、不立即提起诉讼将会使公司利益受到难以弥补的损害"的判断标准。从该表述可见,我国《公司法》将判断前置程序豁免的关键点聚焦于股东诉请的事项本身,强调通过诉讼程序处理该事项的紧迫性。股东诉请事项之内容与公司合法权益直接相关,及时维护公司合法权益的实质性意义大于履行前置程序的程序性意义,在紧急状况下仍然要求股东严格恪守非紧急状况下的前置程序是不必要的。但这并不意味着如果股东请求事项不紧急,就应当一律要求股东必须履行前置程序。股东是否应当履行前置程序不仅应基于必要性的考量,还应考虑到履行前置程序的有效性。如果股东提出先诉请求并不能实现前置程序的制度目的,这个过程就会变为纯粹的走过场,不仅徒增股东代表诉讼的成本,也会使公司的时间利益被无谓地消耗。在这种情况下,股东应无须履行前置程序。域外公司法实践将此类前置程序的例外情形称为"请求无价值"(demand futility)。由于"请求无价值"已经超出了我国《公司法》规定的可以豁免前置程序的范围,即便这一判断标准具有合理性与必要性,也为我国学者所认同,①我国法院对于能否突破《公司法》的明文规定将其纳入判断前置程序豁免的标准仍存在不同观点。近年来,随着《九民纪要》的发布,我国法院在这个问题上的分歧不断减少,逐渐接受了"请求无价值"的标准,并在司法实践中将这一规则不断细化,进一步扩大了我国股东代表诉讼前置程序豁免事由的范围,使我国股东代表诉讼更加合理,也更加符合世界主流的公司法实践。我国《公司法》(2024)规定的"紧急状况"标准和理论上的"请求无价值"标准都是抽象的,具体情形是否符合这两个标准还需个案判断。本专题问题一"审判实务"部分对现阶段我国法院在具体个案中认定的豁免情形作了详细的归纳和

---

① 参见朱慈蕴:《股东派生诉讼的前置程序研究——"紧急情况"之外是否存在可豁免情形》,载《政法学刊》2010 年第 3 期;林少伟:《股东代表诉讼:世界与中国》,华中科技大学出版社 2019 年版,第 392—399 页。

分析。

二、股东代表诉讼的当事人

(一)原告股东适格的要求

股东代表诉讼的判决具有对世效力,不仅约束作为诉讼直接参与者的原告股东、公司、侵害公司利益的主体,对未参与诉讼的其他股东及公司债权人、职工等利益相关主体也会造成相应的影响。有鉴于此,法律对引发这一切影响的源头——股东代表诉讼的原告股东设置了一定的条件,只有满足条件的股东才是适格的原告。[①] 具体而言,适格股东应当满足的条件主要包括程序和实体两个方面。程序上,股东须满足前置程序的规则,即或是已经向公司内部机构提出先诉请求,或是符合前置程序豁免的要求;实体上,股东在持股时间、持股比例、公正性等方面须符合法律的规定。可见,法律对股东代表诉讼的原告设置了比一般诉讼原告更高的适格条件。其本意在于防止股东滥用诉权侵害公司及其利益相关者的合法权益,但若适格的门槛过高也会挫伤股东维护公司利益的积极性,反而矫枉过正。鼓励股东通过股东代表诉讼维护公司合法权益是我国《公司法》中股东代表诉讼制度的重要目标。为此,我国《公司法》在借鉴英美法系经验引入股东代表诉讼制度时并非直接照搬,而是根据我国现实国情作了相应调整,在某些方面适当放宽对原告股东的适格要求。

1. 持股时间达到法定要求

提起代表诉讼的权利是否专属于已经持有公司股权较长时间——与公司已经建立较稳定关系的股东?对于有限责任公司,我国《公司法》(2024)的回答是否定的,无论是刚加入公司的新股东还是公司的元老级股东都有权利提起代表诉讼;对于股份有限公司,我国《公司法》(2024)则提出了股东连续持股180日的要求。前述要求早在2005年修订的《公司法》中就已经确立,现行《公司法》沿用至今。对于股份公司股东的持股时间要求,当时的立法理由在于“确保提起股东代表诉讼的股东为投资股东,而非从事短线交易、追涨杀跌的投机股东。在立法者眼中,投机股东仅仅胸怀一己之私,没有资格通过股东代表诉讼维护公司利益。因此,在一定程度上,180日的连续持股期限不仅是对股东投资实力,也是对其面向公司的诚信度以及心理素质(尤其是持股耐力和毅力)的一大考验”[②]。股份有

---

① 参见赵万一、赵信会:《我国股东代表诉讼制度建立的法理基础和基本思路》,载《现代法学》2007年第3期。

② 刘俊海:《新公司法的制度创新:立法争点与解释难点》,法律出版社2006年版,第259页。

限公司的股份转让比有限责任享有更多的自由，这也使股东“购买诉讼”成为可能。但是持股时间长短与股东加入某一股份有限公司的目的是不是从事短线交易并无必然关系，毕竟在股东提出先诉请求或提起股东代表诉讼的时间点能看到的只是该股东之前已经持有了多长时间的股份，看不到其将来还会继续持有多长时间。以僵化的固定期限来界定股东是投资股东还是投机股东是草率的。此外，即便该股东是投机股东，在这一群体普遍存在理性冷漠的情况下，该股东既然愿意主动维护公司的合法权益，法律为何还要增加不必要的条件妨碍公司合法权益的实现？况且，在前置程序尚可因为紧急状况而得豁免的基础上，为了及时维护股份有限公司的合法权益，法律对其股东又何须再行设置“连续持股 180 日”的时长限制？在域外立法例上，日本《公司法》也对股份有限公司股东享有股东代表诉讼诉权设置了连续持股 6 个月的期限限制，但允许公司章程规定一个更短的期限，[①]也有观点认为应当直接取消该持股期限的要求。[②] 总体而言，我国《公司法》(2024)对股份有限公司股东代表诉讼原告适格的要求过于严苛，其理论基础也不甚合理。

比持股期限的要求更为严苛的是起源于美国公司法的“同期所有权规则”，[③]该规则对股东代表诉讼适格原告持股的起始时间和终止时间作了严格的规定——原告必须在被诉违法行为发生时已经享有公司股东的身份，并且这一身份必须一直持续到诉讼终结。我国司法实践借鉴了同期所有权规则关于股东持股时间终点的规定，[④]对其始点的规定则经历了由接受到放弃的转变。具体而言，在股东代表诉讼正式被引入我国《公司法》之前，最高人民法院曾主张，有权提起股东代表诉讼的股东必须在“损害公司利益行为发生时持有”公司股份。[⑤] 但是这一观点最终并未被我国《公司法》(2005)所接受。在此后的司法实践中，出于

---

① 参见《日本公司法》第 847 条之一。

② 参见于敏译：《日本公司法现代化的发展动向》，社会科学文献出版社 2004 年版，第 210 页。

③ 在美国，该规则的名称多样，包括 contemporary ownership rule、contemporaneous ownership rule、continuous ownership rule 等，我国学者将其译为同期所有权规则、当时股份持有原则或同时持股原则等。

④ 例如，在“南京东驰汽车工业(集团)有限公司与江苏春兰自动车有限公司等股东滥用股东权利赔偿纠纷申请案”和“上海高金股权投资合伙企业(有限合伙)诉许某荣等损害公司利益责任纠纷案”中，最高人民法院均认为，如果原告在诉讼过程中丧失公司股东的身份，就不符合股东代表诉讼原告的要求，相应地便丧失了股东代表诉讼的诉讼主体资格。参见最高人民法院民事裁定书，(2013)民申字第 645 号；最高人民法院民事裁定书，(2015)民申字第 2204 号。

⑤ 最高人民法院于 2003 年 11 月 4 日发布的《关于审理公司纠纷案件若干问题的规定(一)(征求意见稿)》第 44 条第 1 款规定：“提起代表诉讼的股东应当具备以下条件：(一)损害公司利益行为发生时持有并持续持有公司股份(另一种意见是：损害公司利益行为发生前 6 个月持续持有公司股份)；……”

节省司法资源以及鼓励股东代表诉讼的考量,[①]最高人民法院逐渐放弃了前述观点,《九民纪要》更是对“何时成为股东不影响起诉”[②]作了明确规定。其实,即便是在“同期所有权规则”的发源地美国,该规则也因过于严苛而受到理论界和司法界的诟病,不仅逐渐发展出了诸如“公开理论”[③]“持续错误规则”[④]等例外,也有观点呼吁直接放弃有关原告必须在被诉违法行为发生时已经是公司股东的规定[⑤]。

2. 持股超过法定最低比例

同前述对原告股东持股时间的要求,我国《公司法》(2024)未对有资格提起股东代表诉讼的有限责任公司股东设定最低持股比例,而对股份有限公司的股东则要求其单独或与其他股东合计持有公司1%以上股份。这一不同的要求体现了我国《公司法》(2024)对于在有限责任公司和股份有限公司语境下股东代表诉讼起诉权之法律性质的不同理解,即对于有限责任公司的股东而言,提起股东代表诉讼是一种单独股东权,对于股份有限公司的股东而言则是一种少数股东权。

法律限制股东代表诉讼原告的最低持股比例之目的在于预防或避免恶意诉讼的发生。将股东代表诉讼的起诉权规定为少数股东权是在源头采取的预防措施,通过股东的资本实力推定其不会滥用诉权损害公司及利益相关者的合法权益。而在股东代表诉讼的起诉权被规定为单独股东权的情况下,发挥作用的不再是股东所持有的公司股份,对于恶意诉讼的避免措施也相应地由诉讼前转到诉讼中。以美国纽约州为例,该州采取的是单独股东权的立法模式,股东提起股东代表诉讼的权利不受最低持股比例的限制,但是如果原告股东持有的公司股份不足5%或其价值不超过5万美元,公司在最终判决作出之前都有权利要求原告股东对由该诉讼引起的必要支出提供担保。[⑥] 我国在引入股东代表诉讼时,立法者也曾考虑过一并借鉴前述美国纽约州施行的费用担保制度,将其适用于诉权不受最

---

① 《就〈关于适用《中华人民共和国公司法》若干问题的规定(一)〉最高人民法院民二庭负责人答本报记者问》,载《人民法院报》2006年5月12日,第1版。

② 《九民纪要》第24条:“【何时成为股东不影响起诉】股东提起股东代表诉讼,被告以行为发生时原告尚未成为公司股东为由抗辩该股东不是适格原告的,人民法院不予支持。”

③ See The American Law Institute, *Principal of Corporate Governance*, Sec. 7.02(a)(1).

④ See eg. Maclary v. Pleasant Hills, Inc., 109 A. 2d 830(Del. Ch. 1954).

⑤ See J. Travis Laster, *Goodbye to the Contemporaneous Ownership Requirement*, 33 DEL. J. CORP. L. 673 (2008).

⑥ See NY BUS. CORP. §627.

低持股比例限制的有限责任公司股东。[①] 但于2005年10月27日最终发布的《公司法》并没有采纳这一规则，原因与我国的现实国情有关，具体有三：一是我国移植股东代表诉讼后的主要难点不是股东代表诉讼过多，而是股东代表诉讼障碍太多，因而睿智的立法者不宜将股东代表诉讼门槛抬得过高；二是股东代表诉讼的被告未必是公司内部人，也可能是公司外部的第三人，立法者确信此类诉讼并不必然会损害股东所在公司的利益甚或打压公司代理人为公司最大利益而诚实守信、勤勉尽责的积极性；三是倘若未来股东滥用股东代表诉讼成风，立法者再提高股东代表诉讼的门槛也不迟。[②] 至2023年距离我国引入股东代表诉讼已经过了18年的时间，虽然司法实践中我国股东代表诉讼的数量已有极大的增长，但是我国现行《公司法》仍未增加关于费用担保的规定。

3. 能够公正且充分地代表公司的整体利益

维护公司利益是股东代表诉讼的根本目的。作为具有独立财产的组织体，公司利益的增减虽然会影响股东可以从公司获得的利润、剩余财产的多寡，但二者并不等同。在企业社会责任原则之下，公司债权人、雇员、消费者、社区居民等特定或不特定的群体都受到公司行为的影响，他们也都是公司的利益相关者。况且，不论提起股东代表诉讼的性质是单独股东权还是少数股东权，个别股东就某一侵犯公司合法权益的行为已经提起诉讼后，根据一事不再理原则，其他满足同样法定持股时间和持股比例的股东都不得再重复起诉。个别股东提起股东代表诉讼相当于挤占了其他股东提起股东代表诉讼的机会。这就要求提起股东代表诉讼的股东能够公正且充分地代表公司及其利益相关者的整体利益。这是一项“几乎属于自然法的要求”。[③] 在实证法层面上，大陆法系国家和英美法系国家有的立法例已经对这一要求做了明确规定。例如，《日本公司法》第847条之一规定，“当股东提起诉讼的目的是谋求个人或第三人不当利益，或是为了对该公司造成损害时”，股东代表诉讼不适用。再如，《美国联邦民事诉讼法》第23.1条(a)款规定，“如果证实原告没有公平且充分地代表同样有权行使公司或企业权利的股东或成员的利益，股东代表诉讼不应继续”。虽然，我国现行相关法律

---

① 2005年6月20日至22日，全国人大法工委在公司法修改专家座谈会上提出的《公司法修订草案部分条款初步修改方案》曾对有限责任公司股东设计了第二道原告门槛：“原告依据前两款的规定提起诉讼，被告有证据证明可能存在恶意诉讼情形的，可以申请人民法院责令原告提供相应的担保。”这借鉴了比较法上的诉讼费用担保规则。

② 参见刘俊海：《新公司法的制度创新：立法争点与解释难点》，法律出版社2006年版，第256、257页。

③ 参见乔欣等：《公司纠纷的司法救济》，法律出版社2007年版，第64页。

尚未对股东代表诉讼原告提出能够公正且充分地代表公司整体利益的要求,但如前所述,这项几乎可以上升到自然法层面的理论规则也应得到司法实践的重视。

(二)股东代表诉讼中的公司

公司是股东代表诉讼中的必要当事人之一,同时也是胜诉利益的直接归属者。

1. 公司的诉讼地位

在股东代表诉讼中,股东代位行使的是原归属于公司的实体性权利和程序性权利,判决结果归属于公司直接影响公司的权利和义务。由此,根据程序正当原则,公司在股东代表诉讼中应当享有程序主体地位是毋庸置疑的。引起理论争议的是公司应当以何种身份参与诉讼。在 2017 年 9 月 1 日《公司法司法解释(四)》实行之前,公司在股东代表诉讼中的地位在实证法中不甚明确,实践中有的法院将其追加为被告,有的法院将其列为第三人,也有法院将公司列为原告,还有的法院甚至根本就没有将公司列为当事人;理论上也存在着"共同诉讼原告说""名义被告说""无独立请求权第三人说""诉讼参与人说"等多种不同学说的争论。为了统一我国司法实践的做法,在综合考虑我国现行《民事诉讼法》制度特点的基础上,《公司法司法解释(四)》规定在股东代表诉讼中"应当列公司为第三人参加诉讼",①且该"第三人"属于无独立请求权的第三人而非有独立请求权的第三人。② 需要注意的是,公司在股东代表诉讼中无独立请求权第三人的地位与普通民事诉讼程序中的无独立请求权第三人存在一定区别:其一,公司具有无独立请求权第三人的身份并非因为它对诉讼标的没有请求权,而是因为其怠于行使该请求权;其二,股东代表诉讼中的公司是必须参与诉讼的无独立请求权第三人,无须申请,也不必等待法院通知。除参加诉讼之外的权利,在股东代表诉讼程序中,作为无独立请求权第三人的公司还享有提供证据、发表对诉争问题的意见等消极的程序性权利,但不享有变更、放弃诉讼请求等积极的程序性权利。

---

① 《公司法司法解释(四)》第 24 条第 1 款:"符合公司法第一百五十一条第一款规定条件的股东,依据公司法第一百五十一条第二款、第三款规定,直接对董事、监事、高级管理人员或者他人提起诉讼的,应当列公司为第三人参加诉讼。"

② 参见杜万华主编、最高人民法院民事审判第二庭编著:《最高人民法院公司法司法解释(四)理解与适用》,人民法院出版社 2017 年版,第 556 页。

2. 作为胜诉利益直接归属者的公司

股东代表诉讼的目的在于维护受到损害的公司的合法权益，胜诉判决所产生的利益也理应归属于公司，股东无权请求被告直接向其承担民事责任。[①] 类似的制度在普通法上被称为“无反射性损失原则”（no reflective loss principle）。如果股东的目的仅是寻求对自身合法权益的救济，则应提起直接诉讼而不是股东代表诉讼。当然，这并不意味着股东需要自掏腰包做这件“吃力不讨好”的事，否则股东代表诉讼就大概率地会被束之高阁，完全成为纸面上的制度。因此，《公司法司法解释（四）》规定，当股东提出的“诉讼请求部分或全部得到人民法院支持”，股东就可以请求公司承担其因参加诉讼所支出的合理费用，[②]包括律师费、交通费、差旅费等。值得注意的是，根据前述规定，股东得请求公司承担相关合理费用的条件是诉讼请求得到支持，而不论该诉讼请求是否涉及金钱性赔偿。换言之，即便股东提出的诉讼请求是被告向原告公司赔礼道歉，公司也不能以胜诉后未获得实际金钱利益而拒绝承担股东支出的合理费用。这是根据《公司法司法解释（四）》第26条之文义能够作出的当然推断，在比较法上，类似的制度也称“实质性受益规则”[③]。

（三）适格被告与可诉行为

实践中，公司的合法权益可能受到两方面的侵害。一方面的侵害来自公司内部，由实际控制人、控股股东、董事、高级管理人员、监事等公司内部人员实施；另一方面的侵害来自公司外部，由任何可能给公司造成不利影响的外部行为人实施。由此，出于公司合法权益全面救济的目的，公司的内部人员和外部行为人都有可能成为股东代表诉讼的被告。我国《公司法》（2024）规定，股东不仅可以就董事、监事、高级管理人员在执行职务时违反法律、行政法规或者公司章程的规定并给公司造成损失的行为提起股东代表诉讼，也可以通过股东代表诉讼追究“他人侵犯公司合法权益，给公司造成损失”的法律责任。不区分具体行为而强调“全面”救济公司合法权益是否使股东代表诉讼制度承载了过多的价值目标？对于这一个问题，理论界有不同的观点，具体体现为对我国《公司法》中规定的“他人”范

① 《公司法司法解释（四）》第25条：“股东依据公司法第一百五十一条第二款、第三款规定直接提起诉讼的案件，胜诉利益归属于公司。股东请求被告直接向其承担民事责任的，人民法院不予支持。”

② 《公司法司法解释（四）》第26条：“股东依据公司法第一百五十一条第二款、第三款规定直接提起诉讼的案件，其诉讼请求部分或者全部得到人民法院支持的，公司应当承担股东因参加诉讼支付的合理费用。”

③ 施天涛：《公司法论》，法律出版社2018年版，第484—486页。

围的不同理解。

持广义观点的学者认为,扩大股东代表诉讼的被告范围不仅可以在事后更加充分地维护公司的合法权益,也可以在事前有效地威慑、减少侵害公司合法权益的行为。因此,我国《公司法》规定的"他人"包括除董事、高级管理人员之外的控股股东、实际控制人、发起人、清算义务人等其他公司内部人员,也包括任何侵害公司合法权益的公司外部主体,例如未清偿公司债务的债务人、侵害公司合法权益的行政机关等。[①] 相反观点则认为,股东代表诉讼制度的作用在于完善公司内部的制约机制,不当扩张股东代表诉讼被告的范围会构成对公司自治的过度干涉。因此,股东的监督权应当仅限于公司内部,股东代表诉讼的被告范围不应扩张到公司外部人员。[②]

前述两种观点也反映了域外立法例上关于股东代表诉讼被告范围的两种不同的立法模式。例如,《日本公司法》采取的是较为狭窄的立法模式,股东代表诉讼被告的范围仅包括公司的发起人、(公司设立时的)董事和监事、清算义务人、以不公正价格认购新股或假借行使股东权利从公司获得不正当利益的股东、审计人员等公司内部主体,而不包括公司的债务人。澳大利亚则采取了相反的做法,将股东代表诉讼的被告范围扩大到公司外部第三人。但值得注意的是,澳大利亚的股东代表诉讼在被告为公司内部人员和公司外部人员时的程序不完全相同。在后一种情况下,如果同时满足以下五个条件,法院即有可能驳回股东的诉讼请求,除非原告的反驳足以使法院改变主意:第一,公司已经决定不起诉;第二,作出不起诉决定的所有董事是为了合理的目的善意地行事;第三,该不起诉决定不涉及任一作出决定的董事的实质性个人利益;第四,作出不起诉决定的所有董事在其认为合理的范围内已经知悉其决定内的事项;第五,作出决定的所有董事理性地认为不起诉符合公司的最佳利益。[③] 美国公司法实践中也有类似的做法,其是公司在股东代表诉讼中可以采取的防止股东滥用诉权损害公司合法权益的防御措施之一。

---

① 参见刘俊海:《新公司法的制度创新:立法争点与解释难点》,法律出版社 2006 年版,第 255、256 页;赵旭东主编:《公司法学》,高等教育出版社 2015 年版,第 238 页;乔欣等:《公司纠纷的司法救济》,法律出版社 2007 年版,第 74—77 页。

② 参见沈贵明:《股东代表诉讼前置程序的适格主体》,载《法学研究》2008 年第 2 期;胡滨、曹顺明:《股东派生诉讼的合理性基础与制度设计》,载《法学研究》2004 年第 4 期;钱玉林:《〈公司法〉第 151 条的漏洞及其填补》,载《现代法学》2015 年第 3 期。另可参见 2005 年 2 月 25 日原国务院法制办公室主任曹康泰在第十届全国人民代表大会常务委员会第十四次会议上所作的《关于〈中华人民共和国公司法(修订草案)〉的说明》。

③ 《澳大利亚 2001 年公司法》第 237 条第 3 款。

从结果来看,将股东代表诉讼被告的范围扩大到公司外部第三人可以更好地保护公司的利益,符合股东代表诉讼制度的根本目标,这一思路也已经为我国大多数法院所接受。但是,与此同时,这一根本目标的达成不应以牺牲公司自治为代价。澳大利亚和美国的做法对我国司法实践具有重要的借鉴意义,能够较好地平衡尊重公司自治和保护公司利益之间的关系。总而言之,股东代表诉讼被告的范围是广泛的,囊括所有侵害公司合法权益的主体。与之相对应,股东代表诉讼可诉行为的范围也是广泛的,既包括侵犯公司合法权益的侵权行为,也包括违约行为。

【审判实务】

股东代表诉讼前置程序中较具有争议的问题在于股东能否豁免履行前置程序。股东能否豁免履行前置程序的考量因素包括履行前置程序的必要性和有效性。其中,必要性的判断标准为我国《公司法》所明确规定,有效性的判断标准虽还未体现在我国现行立法之中,但已经被我国司法实践所承认。

一、法定豁免情形:紧急状况下的豁免

我国《公司法》(2018)第188条第2款规定之"情况紧急、不立即提起诉讼将会使公司利益受到难以弥补的损害"正是我国《公司法》基于履行前置程序的必要性规定的判断前置程序豁免的标准。由于我国《公司法》和相关司法解释均未对该标准作出进一步的指引,司法裁判者出于对这一标准的不同理解,在具体适用时出现了宽严不一的现象。在个别案例中,法官甚至基于原告股东的主观判断直接认定构成了应当豁免前置程序的例外情形。① 应当明确的是,判断前置程序能否被豁免的标准是一个客观的标准,只有原告提供的证据足以证明其所请求的事项确实处于紧急状态并且必须通过诉讼程序维护公司利益才有可能构成我国《公司法》规定的豁免前置程序的情形。

"公司利益"具有多元性,相应地,实践中发生的公司利益处于紧急状态的情形也是多样的。综合来看,以公司利益的具体内容为划分标准,前述情形大致可以分为两类。一类与公司的财产有关,主要包括公司财产正在或将要被转移,或者公司财产面临损毁、灭失的现实风险;另一类与公司的权利期限有关,主要是指公司享有的与诉讼相关的实体权利的诉讼时效或除斥期间在完成前置程序前即

---

① 在"许某兴等与吴某建损害公司利益赔偿纠纷案"中,北京市顺义区人民法院和北京市第二中级人民法院均认为原告股东"有理由相信"公司出现了《公司法》规定的紧急情况即意味着前置程序可以被豁免。参见北京市顺义区人民法院民事判决书,(2009)顺民初字第1065号;北京市第二中级人民法院民事判决书,(2009)二中民终字第11811号。

届满。[①] 其中,需要注意的是,当处于紧急状态的是公司实体权利的诉讼时效时,可能存在"例外的例外"。具体而言,股东代表诉讼保护的是受到损害的公司的合法权益,公司是相应利益的主体,有关诉讼时效的规定不仅适用于直接受到损害的公司,同样也约束代替公司维护利益的股东。由此便会出现为避免诉讼时效届满而允许股东直接提起诉讼的例外情形。但是诉讼时效并非一个不变期间,它的具体期限会因法定事由的发生而被中止、中断或延长。当公司实体权利的诉讼时效被中止、中断或延长,股东便不能以原诉讼时效即将届满为由直接提起诉讼。在"张某峰、王某晔等侵害计算机软件著作权纠纷案"的判决中,最高人民法院明确了股东代表诉讼所行使的实体请求权同样适用关于诉讼时效中止的法律规定并对构成诉讼时效中止的具体情形做了进一步分析:"股东代表诉讼所行使的实体请求权在性质上并非股东个人的请求权,而仍属于公司对损害公司利益的董事、高级管理人员及其他人的赔偿请求权,该请求权的诉讼时效期间原则上仍应依法从权利人即公司知道或者应当知道权利受到损害以及义务人之日起计算;如果公司法定代表人等高级管理人员曾经损害公司利益,公司当时虽然知道权利受损害,但公司法定代表人等高级管理人员长期管理公司形成权利人被义务人或者其他人控制而不能行使请求权的障碍,构成诉讼时效中止情形,应当适用关于诉讼时效中止的法律规定。"[②]

二、我国司法实践承认的其他豁免情形:非紧急状况下的豁免

如前所述,非紧急状况下豁免前置程序是出于有效性的考量,"请求无价值"是主要的判断标准。在《九民纪要》发布之前,我国法院对于能否突破《公司法》的规定——在无紧急情况但股东无法向公司监事会或董事会作出有效先诉请求的情况下免除前置程序有不同观点。湖南省高级人民法院和最高人民法院在"周某春与庄士中国投资有限公司(以下简称庄士中国公司)、李某慰、彭某傑及第三人湖南汉业房地产开发有限公司(以下简称湖南汉业公司)损害公司利益责任纠

---

① 《公司法司法解释(一)》(征求意见稿)第45条规定:"股东提起代表诉讼时,应当提供证据证明存在下列事实之一:……(二)有关财产即将被转移、有关权利的行使期间或者诉讼时效即将超过的;(三)其他紧急情况,须立即起诉的。"《广东省深圳市中级人民法院关于审理股东代表诉讼案件的裁判指引》第10条规定:"股东以公司法第一百五十一条第二款'情况紧急、不立即提起诉讼将会使公司利益受到难以弥补的损害'为由直接向人民法院起诉的,人民法院应结合以下因素,判断其理由是否成立:1. 针对公司的侵权行为正在进行,经过前置的内部救济程序将产生对公司难以弥补的损害结果;2. 等待答复将使公司的权利期间届满;3. 侵害人正在转移公司财产或者公司财产可能发生灭失;4. 其他等待答复可能造成公司损失扩大或无法挽回的情形。"

② 最高人民法院民事判决书,(2021)最高法知民终1334号。

纷案”中的不同裁判观点即体现了这种分歧。[①]（后文详述）

【典型案例】

周某春与庄士中国投资有限公司、李某慰、彭某傑及第三人湖南汉业房地产开发有限公司损害公司利益责任纠纷案[②]

基本案情：

湖南汉业公司成立于2002年，注册资本为1000万元，股东为周某春、范某汉（两人系夫妻关系）。2004年经湖南省人民政府批准，湖南汉业公司变更为有限责任公司（台港澳与境内合资），公司注册资本增加至人民币2500万元。其中周某春出资人民币250万元，持股比例10%；新时代投资有限公司出资人民币2250万元，持股比例90%。湖南汉业公司“中外合资经营企业章程”第15条规定：董事会由5名董事组成，其中1名由周某春出任，新时代投资有限公司委派4名，董事长由新时代投资有限公司指定。2011年12月29日，湖南汉业公司的法定代表人由范某汉变更为李某慰。湖南汉业公司董事会由李某慰（董事长）、彭某傑、庄某农、李某心、周某春组成，公司未设立监事或监事会。另，庄士中国公司2004年至2017年财政年度业绩报告载明，李某心、彭某傑、李某慰系庄士中国公司董事，庄某农系庄士中国公司高级管理人员。

2017年7月，周某春在未履行《公司法》（2013）第151条规定的前置程序的情况下直接向湖南省高级人民法院提起诉讼，要求庄士中国公司、李某慰、彭某傑对其利用关联关系和管理人地位实施损害湖南汉业公司财产及其他利益的行为承担赔偿责任。

裁判要旨：

本案的焦点为：周某春未履行法定前置程序而径直提起的股东代表诉讼是否应当被驳回。

一审法院认为：该案系周某春代表湖南汉业公司提起的股东代表诉讼，应先履行《公司法》（2013）第151条有关股东代表诉讼的前置程序。湖南汉业公司董事

① 湖南省高级人民法院民事裁定书，（2017）湘民初18号；最高人民法院民事裁定书，（2019）最高法民终1679号。

② 湖南省高级人民法院民事裁定书，（2017）湘民初18号；最高人民法院民事裁定书，（2019）最高法民终1679号。

会共有董事5人即李某慰、李某心、彭某傑、庄某农、周某春,周某春作为本案原告起诉其中两名董事李某慰、彭某傑,即便湖南汉业公司没有监事或监事会,董事会仍有可能形成多数表决意见来提起诉讼;更何况周某春不但起诉了湖南汉业公司两名董事李某慰、彭某傑,还起诉了庄士中国公司,根据《公司法》(2013)第151条第2款规定,周某春也可书面请求湖南汉业公司董事会来提起诉讼,若董事会拒绝提起诉讼或30日内未提起诉讼,周某春方可提起该案股东代表诉讼。故该院对于周某春未履行上述前置程序而直接提起股东代表诉讼不予支持。周某春未履行法律规定的提起股东代表诉讼的前置程序,同时该案客观上也不具备"情况紧急、损失难以弥补"的法定情形,周某春无权依据上述规定提出股东代表诉讼,应予驳回起诉。

二审法院认为:根据《公司法》(2013)第151条的规定,股东先书面请求公司有关机关向人民法院提起诉讼,是股东提起代表诉讼的前置程序。一般情况下,股东没有履行前置程序的,应当驳回起诉。但是,该项前置程序针对的是公司治理的一般情况,即在股东向公司有关机关提出书面申请之时,存在公司有关机关提起诉讼的可能性。如果不存在这种可能性,则不应当以原告未履行前置程序为由驳回起诉。具体到该案中,其一,根据《公司法》(2013)第151条的规定,董事、高级管理人员有《公司法》(2013)第188条规定的情形的,有限责任公司的股东可以书面请求监事会或者不设监事会的有限责任公司的监事提起诉讼。从案件事实来看,本案证据无法证明湖南汉业公司设立了监事会或监事,周某春对该公司董事李某慰、彭某傑提起股东代表诉讼的前置程序客观上无法完成。其二,《公司法》(2013)第151条第3款规定:"他人侵犯公司合法权益,给公司造成损失的,本条第一款规定的股东可以依照前两款的规定向人民法院提起诉讼。"庄士中国公司不属于湖南汉业公司董事、监事或者高级管理人员,因湖南汉业公司未设监事会或者监事,周某春针对庄士中国公司提起代表诉讼的前置程序应当向湖南汉业公司董事会提出,但是,根据查明的事实,湖南汉业公司董事会由李某慰(董事长)、彭某傑、庄某农、李某心、周某春组成。除周某春以外,湖南汉业公司其他四名董事会成员均为庄士中国公司董事或高层管理人员,与庄士中国公司具有利害关系,基本不存在湖南汉业公司董事会对庄士中国公司提起诉讼的可能性,再要求周某春完成提起股东代表诉讼的前置程序已无必要。综合以上情况,法院认为,周某春主张可以不经股东代表诉讼前置程序直接提起该案诉讼的上诉理由成立。一审裁定驳回起诉不当,应予纠正。

裁判评析:

该案一二审的认定截然相反,反映了司法实践中法院对于股东代表诉讼前置程序的把握不一。在公司未设立监事或监事会并且董事会大多数成员均与被告存在利害关系的情况下，公司内部机关根本不会站在公司的立场上作出有利于维护公司利益的决策。此时，即便股东有意寻求公司内部救济也是求助无门，仍然机械地要求股东恪守前置程序的要求既不合理也没有意义。灵活理解和运用前置程序的豁免规则才能最大限度地发挥股东代表诉讼的制度功能，达到维护公司合法权益的根本目的，二审最高人民法院在上述案件中的裁判思路是对"请求无意义"规则的强有力背书。其实，早在2016年的"李某与周某峰、刘某芝损害公司利益责任纠纷案"中最高人民法院就已经表达了类似的裁判思路，①但是正如一审湖南省高级人民法院在前述案件的裁定中所体现出来的，我国有的法院对"请求无意义"的前置程序豁免规则仍持比较保守的态度，对于能否超出我国现行《公司法》规定适用这一规则仍存有顾虑。为了打消顾虑、统一我国法院在这一问题上的裁判思路，避免"同案不同判"现象的发生，《九民纪要》第25条明确规定："根据《公司法》第151条的规定，股东提起代表诉讼的前置程序之一是，股东必须先书面请求公司有关机关向人民法院提起诉讼。一般情况下，股东没有履行该前置程序的，应当驳回起诉。但是，该项前置程序针对的是公司治理的一般情况，即在股东向公司有关机关提出书面申请之时，存在公司有关机关提起诉讼的可能性。如果查明的相关事实表明，根本不存在该种可能性的，人民法院不应当以原告未履行前置程序为由驳回起诉。"实践中，应当被评价为不"存在公司有关机关提起诉讼的可能性"的情形除上述案件中的公司不存在监事或监事会并且董事会大多数成员均与被告存在利害关系外，还包括公司董事会或监事会存在僵局、董事会和监事会成员通谋侵犯公司利益等使股东提起先诉请求无意义的情形。

问题二 双(多)重股东代表诉讼

双(多)重股东代表诉讼在我国现行《公司法》中不被承认，因而在司法实践中，也多是以直接否认的方式加以拒绝，其理由多是《民事诉讼法》的原理。但实践中，商人眼中的公司只是盈利工具，即便是经过多层持股，对于商人而言，其只是形式上的差异，倘若公司存在问题商人却不能维护自己的利益，这显然将不具有合理性。因此，双(多)重股东代表诉讼一直以来为学界所倡导。

① 最高人民法院民事裁定书，(2015)民四终字第54号。

【规范梳整】

如前所述，《公司法》(2018)中并无关于双(多)重股东代表诉讼的规范，但本轮《公司法》修订中则对其有所回应。《公司法》(2024)在第189条股东代表诉讼的规范中，增加第4款，规定"公司全资子公司的董事、监事、高级管理人员有前条规定情形，或者他人侵犯公司全资子公司合法权益造成损失的，有限责任公司的股东、股份有限公司连续一百八十日以上单独或者合计持有公司百分之一以上股份的股东，可以依照前三款规定书面请求全资子公司的监事会、董事会向人民法院提起诉讼或者以自己的名义直接向人民法院提起诉讼。"该条修改开启了双重股东代表诉讼的时代，这一规则同时也回应了企业集团的规范问题。

【理论基础】

双重股东代表诉讼是指由母公司的股东以自己的名义在穷尽公司内部救济的情况下对实施侵害子公司利益行为的主体提起的诉讼，所谓"双重"是指在该诉讼关系中存在两重股权关系，一是母公司与其股东之间的股权关系，二是母公司与子公司之间的股权关系。以此类推，当存在两重以上的股权关系时，股东提起的诉讼即为多重股东代表诉讼。可见双重或多重股东代表诉讼主要适用于股权关系较为复杂的公司集团之中。这种较为复杂的股东代表诉讼之制度目的在于解决因母公司对子公司及隔代公司控制力减弱而无法直接通过干涉子公司或隔代公司经营管理维护自身及股东利益的问题，为母公司股东提供了事后救济的途径。双(多)重股东代表诉讼和单层股东代表诉讼已经为境外多个国家和地区的公司法律所一并接纳，构建了较为完整的股东代表诉讼制度。然而，我国2005年修订《公司法》时只引入了单层股东代表诉讼制度，双(多)重股东代表诉讼制度之合理性虽然得到了学术界的认可但却未能在当时一并被引入《公司法》之中。经过多年的讨论，《公司法》(2024)迈出了历史性的一步，承认了双重股东代表诉讼的合法性，但是对于多重股东代表诉讼仍持保留意见。与单层股东代表诉讼相比，双重股东代表诉讼适用于关系更为复杂的母子公司之间，因此存在一些特殊的适用要求。

一、双(多)重股东代表诉讼的制度价值

公司具有独立的法人人格，可以自己的名义对外进行股权投资，成为其他公司的股东。类比人类之间的亲缘关系，作为投资方的公司(以下简称A公司，假设其股东均为自然人)一般被称为"母公司"，而作为资本接收方的公司(以下简称B公司)则相应地被称为"子公司"。当B公司的股东仅有A公司一人时，A公司是

B 公司的全资母公司，B 公司是 A 公司的全资子公司。以此类推，当 B 公司也像 A 公司那样开展股权投资，B 公司的子公司、孙子公司、曾孙子公司等也都照遵此法时，将会形成一个庞大公司集团，集团内的各个公司通过股权关系链接，A 公司处于关系链的顶端。这在并购、重组、换股、转投资等集团化运作已经成为常态的现代商业社会已经是非常常见的现象。根据现代公司的控制权与所有权分离理论，股东控制公司的能力有限，随着关系链的不断延伸，母公司控制隔代公司的能力通常呈递减趋势，对非全资子公司的控制力也未必足够。但是，无论控制关系多么疏远，集团公司之间总是存在着一定的利益关系，哪怕曾孙子公司经营不善也有可能影响曾祖父公司及其股东的利益。然而，在控制力不断减弱的现实窘境之下，母公司或其股东企图通过事前干预非全资子公司或隔代公司的经营管理以达到维护自身利益的目的通常较难实现，即便可以实现也会增加母公司的经营管理成本。

面对母公司及其股东的现实需求与现实困境，法律的解决之道在于授权母公司股东在公司内部缺乏有效维权机制的情况下对侵害子公司或其他隔代公司的合法权益的主体提起股东代表诉讼。这不仅为母公司股东间接维护其合法权益提供了机会，减少了因控制权减弱可能带来的不利影响，也增加了监督关联公司内部治理的途径，相当于给关联公司的董事、监事、高级管理人员、实际控制人、控股股东等主体悬上一把达摩克利斯之剑，令其小心谨慎地在法律法规及公司章程允许的范围内实施相关行为或作出相关决策。

二、我国双重代表诉讼制度的确立

早在《公司法》(2005)修订时，就曾有立法专家呼吁我国应当承认多重股东代表诉讼，[①]但是这一提议最终并未得到我国立法者的认同。网上公开可查询的判决文书显示，《公司法》(2005)实施后，我国司法实践中也曾出现过零星几例与双重股东代表诉讼相关的案例(详见后文审判实务)。2016 年 4 月 12 日，《公司法司法解释(四)》的"征求意见稿"向社会公布，其中第 31 条规定，"公司法第一百五十一条第一款、第二款所称的'董事、高级管理人员'、'监事会'、'监事'包括全资子公司的董事、高级管理人员、监事会、监事。公司法第一百五十一条第三款所称的'他人'，是指除公司或者全资子公司的董事、监事、高级管理人员以外的其他人"。从该条规定可以看出，最高人民法院就全资母公司股东对损害其全资子公司利益的行为人提起股东代表诉讼持肯定态度。

《公司法司法解释(四)》的"征求意见稿"一经发布，各界对于前述第 31 条规

① 参见刘俊海：《新公司法的制度创新：立法争点与解释难点》，法律出版社 2006 年版，第 277 页。

定的必要性和合理性有不同的看法。支持者认为,承认全资母子公司之间的双重股东代表诉讼符合我国现实公司实践,能够有效地弥补全资母公司和全资子公司的内部救济失灵,更好地保护各利益相关者的合法权益。反对者则主张,第一,适用双重股东代表诉讼容易造成司法过度干预市场主体的投资安排及集团公司自治的问题;第二,如果《公司法司法解释(四)》在《公司法》尚未承认双重股东代表诉讼的情况下做出相反规定,就相当于在行使立法而非司法解释之权,是对上位法的较大突破。其中,第二个反对理由是《公司法司法解释(四)》作为一部司法解释性质的法律文件所无法反驳的,它与双重股东代表诉讼制度的必要性无关,但却可以在根本上否认这一制度存在于《公司法司法解释(四)》中的合理性。有鉴于此,《公司法司法解释(四)》"征求意见稿"的第 31 条最终没能被最终文本所保留。[①]

双重股东代表诉讼制度在《公司法司法解释(四)》中无法越过的位阶鸿沟最终被《公司法》(2024)所跨越,其在借鉴《公司法司法解释(四)》"征求意见稿"第 31 条第 1 款的基础上承认了全资母子公司之间的双重股东代表诉讼制度,规定"本条第一款、第二款所称的董事会、董事、高级管理人员、监事会、监事,包括全资子公司的董事会、董事、高级管理人员、监事会、监事",终于将这一制度正式上升到了法律层面。这一立法条文标志着我国股东代表诉讼制度的进一步完善。但是,在司法实践中如何有效发挥这一制度的功能,避免司法对市场主体投资安排及公司自治的不当干预是这一制度正式实施后不可避免的问题。在理论研究和立法层面上,我们能做的主要是分析和细化双重股东代表诉讼特殊的适用要求;司法实践者能做的是在实践中贯彻、落实这些要求,既要充分发挥自由裁量权,又要谨慎适用。

三、双重股东代表诉讼的特殊适用要求

双重股东代表诉讼本质上由两个单层股东代表诉讼叠加而成,股东的诉权经过双重"抽取"才获得。具体而言,当侵害子公司合法权益的行为发生时,追究相应行为人法律责任的原始诉权归属于子公司;当子公司的内部机构拒绝或怠于行使原始诉权时,子公司的股东——母公司承继行使子公司的诉权;当母公司的内部机构也拒绝或怠于行使子公司的诉权时,子公司的诉权便由母公司的股东接

---

① 参见杜万华主编、最高人民法院民事审判第二庭编著:《最高人民法院公司法司法解释(四)理解与适用》,人民法院出版社 2017 年版,第 588、589 页。

手。多重股东代表诉讼中原告股东获得隔代公司诉权的路径也是如此。[①] 在这一特殊的诉权产生方式的影响下，双重股东代表诉讼的特殊适用要求由此产生。为表述之便利，母公司同上文简称A公司，子公司亦简称B公司。

（一）双重股东代表诉讼适用的基础关系

现代公司中的控制权与所有权分离是一个相对的现象，大多数情况下仅针对参与公司经营管理能力较弱的股东。对于拥有较大表决权或其他参与公司经营管理权力的股东而言，他们同时享有公司控制者和所有者的身份，如欲维护公司的合法权益，大可以公司的名义直接采取相应的措施，这是非控制股东力所不能及的。反之亦然，如果控制股东不采取任何维护公司利益的措施，非控制股东因权力过小也无法以公司的名义行事。此时，单层股东诉讼就发挥了弥补非控制股东权力不足的作用。但在母子公司的关系中，某些情况下单层股东代表诉讼的作用是有限的。具体而言，当B公司受到损害但A公司无意维权时，如果A公司是B公司的控制股东，B公司几乎不存在以自己的名义维权的可能性，如果不疏通A公司股东维护B公司利益的路径，B公司利益保护的重担就全部压在了B公司除A公司外的其他股东身上；而如果B公司除了A公司外不再有其他股东，B公司的利益就会彻底得不到维护。

综上可见，在A公司与B公司之间存在控制关系的情况下，适用双重股东代表诉讼具有重要意义。实践中，A公司控制B公司的方式有多种，包括股权控制、协议控制等。母子公司之间属于哪一类或哪几类控制关系才构成适用双重股东代表诉讼基础关系？立法例上有不同的做法。例如，美国采取的是综合性的判断标准，母公司持有子公司半数以上股份并对其具有实质上的支配性权力即可；[②]日本采取的是股权控制的判断标准，并且母公司应当持有子公司的全部股份。[③]《公司法》（2024）借鉴了日本的立法模式，同样要求子公司必须是原告股东所在公司的“全资子公司”。但是这一规定明显过于僵硬、死板，不仅过分压缩了双重股东代表诉讼的适用空间，也给有心之人创造了规避法律适用的机会，毕竟再找一个或几个人担任公司股东并不是一件多难的事。因此，在司法实践中，关于母子公司之间控制关系的解释应当参照美国实质支配性权力标准，灵活判断双重股东代表诉讼的基础关系是否成立。

---

① See Puchniak DW, Baum H & Ewing - Chow M (eds.), *The Derivative Action in Asia: A Comparative and Functional Approach*, Cambridge University Press, 2012, p. 8.

② 参见林少伟：《股东代表诉讼：世界与中国》，华中科技大学出版社2019年版，第422—424页。

③ 《日本公司法》第847条之三第1款。

（二）原告的起诉要求

如前所述，法律对股东代表诉讼的原告有持股时间和持股比例的要求。综合域外立法经验，单层股东代表诉讼对原告股东持股时间和持股比例的要求大都直接延伸适用于双重股东代表诉讼。两者区别主要是股权关系的双方当事人不同，即单层股东代表诉讼的原告是公司的股东，而双重股东代表诉讼的原告是母公司的股东。[①] 我国《公司法》也采取了这一立法模式，将单层股东代表诉讼对原告股东的持股比例和持股时间要求延伸适用于双重股东代表诉讼中的原告股东。

（三）前置程序的履行

“穷尽公司内部救济”使股东代表诉讼制度得以平衡公司利益保护和公司自治尊重，这一原则在双重股东代表诉讼中同样适用。但相较单层股东代表诉讼更为复杂的是，在双重股东代表诉讼中，母公司和子公司都需要被尊重。这意味着，母公司股东提起诉讼之前应当穷尽母公司和子公司的内部救济。至于母公司股东具体应当向哪些机关提出先诉请求，是否有先后顺序的要求，我国《公司法》没有做出详细的规定。理论上，存在四种可能的方案。一是“双层顺序提起”，即原告股东先向母公司再向子公司提出先诉请求，当两公司均未在法定时间内做出回复、拒绝提起股东代表诉讼或直接诉讼时，股东就已满足前置程序的要求；二是“双层逆向提起”，该方案与前一方案类似，区别在于原告股东先向子公司再向母公司提出先诉请求；三是“分别提起”，即原告股东向母公司和子公司提出先诉请求不再有顺序的限制，只要最终的结果是两公司均怠于起诉，满足实质性要求的股东便可获得提起双重股东代表诉讼的权利；四是“单向提起及告知”，该方案与第三种方案类似，但原告股东无须向母公司履行前置程序，而只是书面告知其相应的情况。[②] 相较而言，四种方案中后两种方案最省时。而这两种方案相比，第三种更加体现对母公司独立人格的尊重，应当更佳。在母公司和子公司内部各具体被请求机构方面，我国《公司法》关于单层股东代表诉讼的规定也应延伸适用于双重股东代表诉讼，前置程序豁免的情形亦同。

【审判实务】

在缺乏实证法明确规定的情况下，双重股东代表诉讼在实践中并不多见。有的法院对提起股东代表诉讼的条件作严格解释，认为股东仅可以为维护自己直接

---

① 参见沈贵明：《二重派生诉讼适格原告要件的构建》，载《法制与社会发展》2015年第2期。

② 参见沈贵明：《二重派生诉讼适格原告要件的构建》，载《法制与社会发展》2015年第2期。

出资的公司利益而提起股东代表诉讼；[①]有的法院则稍微放宽，认为如果母公司对子公司形成了绝对的资本控制，即母公司是子公司的唯一股东，那么母公司的股东为了子公司的利益以自己的名义直接向人民法院提起诉讼不违反《公司法》规定。[②] 在这个问题上，最高人民法院也曾采纳后一种观点。但如前所述，该观点最终并未被司法解释所采纳。实践中对于双重股东代表诉讼也多数持否定态度。

【典型案例】

新佰益（香港）投资有限公司诉金某英侵害公司利益纠纷案[③]

基本案情：

新佰益（香港）投资有限公司（以下简称新佰益公司）系在中国香港注册的有限公司，是山风（巴巴多斯）有限公司（以下简称山风公司）唯一股东。2006 年 4 月 24 日，山风公司经批准独资设立北京中天宏业房地产咨询有限责任公司（以下简称中天公司）。2008 年 3 月，金某英以及闵某振、闵某星由山风公司委派为中天公司董事，金某英被聘任为总经理，任期为 3 年。2011 年 3 月任期届满后，山风公司并未继续委派上述三人为董事，金某英总经理职务亦未获续聘。其间，闵某振、闵某星因刑事犯罪受到刑事追究。

2015 年 10 月 23 日，新佰益公司以金某英任期届满后未能继续获得合法有效授权，侵害了中天公司合法权益为由，向一审法院提起诉讼，请求判令：(1)金某英立即停止侵权，不得以中天公司名义对外从事任何活动，不得对中天公司所有的中汇广场及其他财产作任何处置；(2)金某英交回中天公司公章、法定代表人章、财务专用章、合同专用章、银行预留印鉴、公司证照及账簿；(3)金某英向中天公司赔偿自 2011 年 9 月至今的损失 1.1 亿元人民币。

裁判要旨：

一审法院认为，关于新佰益公司是否为本案适格原告的问题。该案中，新佰益公司以金某英侵害中天公司的利益为由提起诉讼，请求金某英停止侵权并返还中天公司公章、公司证照及账簿以及赔偿侵权行为给中天公司造成的损失等。根据新佰益公司的陈述，其提起诉讼的法律依据是《公司法》(2018)第 151 条、第 152 条关于股东代表诉

① 江苏省高级人民法院民事裁定书，(2016)苏民终 568 号。
② 陕西省高级人民法院民事判决书，(2016)陕民终 228 号。
③ 最高人民法院民事裁定书，(2018)最高法民终 113 号。

讼的法律规定。但《公司法》(2018)第151条仅赋予股东为了维护自己直接出资的公司的权益,对侵害该公司利益的行为提起股东代表诉讼的权利,并未规定上一层级的股东(股东的股东)有权对侵害其下一层级的股东出资之公司权益的行为提起股东代表诉讼。中天公司权益受到损害,中天公司的股东山风公司依法有权提起股东代表诉讼,新佰益公司作为山风公司的股东,无权就中天公司权益受到损害提起股东代表诉讼。新佰益公司与该案并没有直接利害关系,其提起的诉讼不符合民事诉讼起诉条件,依法应当不予受理。综上,不予受理新佰益公司的起诉。

二审法院认为,根据《公司法》(2018)第149条、第151条的规定,董事、监事、高级管理人员执行公司职务时违反法律、行政法规或者公司章程的规定,给公司造成损失以及他人侵犯公司合法权益给公司造成损失时,符合法定条件的股东有权提起股东代表诉讼。新佰益公司认为中天公司原高级管理人员侵害中天公司权益,并以维护中天公司利益为目的提起该案诉讼。山风公司作为中天公司的唯一股东,在中天公司合法权益受到董事、监事、高级管理人员或他人侵害而中天公司怠于提起诉讼的情况下,有权依据上述法律规定以中天公司股东身份提起股东代表诉讼。该案中,新佰益公司系山风公司的股东,并非中天公司的股东,其提起维护中天公司利益的股东代表诉讼,缺乏法律依据。因此,新佰益公司的上诉请求均不能成立,一审裁定认定事实清楚、适用法律正确。

裁判评析:

该案作为当前审判实践中的典型,对双重股东代表诉讼持否定态度。实际上,我们可以看出,双重股东代表诉讼在这一问题上之所以会产生争议,其本质在于如何认识股东利益与公司法人独立的保护,对此我们可以做两个层次的解释。第一层次,即股东利益保护与公司法人独立的价值衡量问题。该案中,新佰益公司全资控股山风公司,山风公司全资控股中天公司,在这一全资控股的链条中,中天公司的运营状态直接影响到山风公司的收益,而山风公司的收益也直接影响到新佰益公司的收益,此时,在这一利益传导下,中天公司利益受损将对新佰益公司利益产生影响。但同时,山风公司为独立的企业法人,倘若以保护新佰益公司的利益而否定法人独立的价值,将会对公司法律制度产生重大影响。因此,这其中涉及股东权益保护与公司法人独立的价值衡量问题。第二层次,即股东利益保护与公司法人独立是否为可以衡量的两个价值。前一问题回答量的问题,而后一问题则回答质的问题,倘若后一问题给出否定回答,则前一问题必然不存在探讨的价值。在对这两个问题的回答上,该案的两审法院对其采取直接否定的态度,即其是基于哪一层则并不明了。笔者认为,应当遵照《公司法》(2024)的思路,认可多重股东代表诉讼的价值。

专题十五　公司收购与防御问题

导　语

公司收购问题在资本市场上屡见不鲜,我国的公司收购大体经历了四个发展阶段:1990—1993 年是萌芽时期,资本市场上几乎没有收购行为。1993—1998 年,1993 年国务院颁布的《股票发行与交易管理暂行条例》对上市公司的收购进行了规定,之后我国公司收购进入高速发展阶段,发生了我国大陆的第一次收购,即"宝延事件",但由于监管和市场的不成熟,最终虽承认了宝安收购延中的合法性,但还是由证监会向宝安作出了 100 万元的处罚。① 1998—2005 年是规范发展阶段,自我国 1998 年首次制定《证券法》后,多部相关法律进行了修改和颁布,包括 1998 年、2004 年、2005 年对《公司法》的多次修正,2002 年颁布的《上市公司收购管理办法》《上市公司治理准则》也对上市公司的收购行为作了规定。这些法律、规章共同构成了公司收购的规范化体系。2006 年至今,可认为是市场主导阶段,证监会在 2006 年修订《上市公司收购管理办法》,确认了部分要约收购的合法性,一改最初对敌意收购的处罚态度,也与 1998 年《证券法》的"有限度鼓励"存在区别,对敌意收购的态度更加中立,尽可能少地干涉公司收购与防御,尊重公司自治。②

而 2015 年的"宝万之争"更是将敌意收购与反收购博弈推入大众视野,在长达半年的博弈后,宝能系终于放弃收购万科,成百上千的上市公司却紧随万科之后在公司章程中添加了反收购条款,收购和反收购进入白热化阶段,仅 2017 年上半年就有 620 余家上市公司在公司章程中引入反收购条款。③ 与实践中推进得如

---

① 参见成家军:《宝延事件对中国股市的影响》,载《经济纵横》1994 年第 1 期。

② 参见金剑锋:《关联公司法律制度研究》,法律出版社 2016 年版,第 202—204 页。

③ 参见温济聪:《逾 620 家上市公司增设反收购条款》,载《经济日报》2017 年 6 月 15 日,第 7 版。

火如荼的反收购措施不同,法学界对此持审慎的态度,对一些存在争议的问题进行了探讨,例如:恶意收购与敌意收购如何区分?章程反收购条款的合法性限度在哪里?其他反收购防御措施又应当由哪一机构决定?鉴此,本专题以事前和事中为划分依据,聚焦反收购事前的章程反收购条款和事中的其他反收购防御措施的决策机构这两个实务中争议最大的问题,以期为实务工作提供思路借鉴。

问题一 章程反收购问题

章程反收购是目前公司防御资本市场"野蛮人"的重要手段,其关注的是反收购的事前问题,即在"野蛮人"还未来时,提前部署战略防止被敌意收购时措手不及。实践中,章程反收购条款的合法性也一直存在争议。但导致争议的不仅是章程形式本身,更为重要的是反收购合法性问题,因此章程反收购是公司防御中最需要探讨的问题。

【规范梳整】

我国《公司法》(2024)对于公司反收购与防御问题尚处于立法缺位状态,主要是因为反收购的合法性一直以来存在疑问。证监会规章《上市公司收购管理办法》对公司收购问题作出了规范。第 7 条规定目标公司控股股东和实际控制人不得滥用股东权利损害目标公司或其他股东的合法权益;第 8 条重申目标公司董监高信义义务,应当公平对待收购本公司的所有收购人。被收购公司董事会针对收购所做出的决策及采取的措施,应当有利于维护公司及其股东的利益,不得滥用职权对收购设置不适当的障碍,不得利用公司资源向收购人提供任何形式的财务资助,不得损害公司及其股东的合法权益。除此之外,该办法主要内容在于规范收购人的行为,而对于反收购问题未作详细规定。因此,整体上来看,关于公司反收购与防御问题,我国立法并没有较多规范。

【理论基础】

一、公司收购与防御理论基础

公司收购与防御问题,不是一个传统的公司法命题,而是基于商业实践发展而来,具有较明显的问题导向。公司收购是否能创造价值这一问题,经济学家进行了诸多分析,美国学者针对 1962 年到 1985 年一共 663 起成功的要约收购进行分析,发现股价呈不断上涨趋势,认为公司收购有益于原股东。[①] 就国内而言,早在2003年,学者就通过实证研究发现,并购活动使目标公司股价攀升,财务状况明显改观,但无法确定其社会效益。[②]

公司收购与反收购措施的社会价值难以明晰,无论收购目的为何,都可能起到督促管理层勤勉履行义务、提升公司治理水准的作用,应当适当鼓励;若收购人为追求短期利益而造成公司利益受损、市场经济震荡,则必须对其进行限制。因而法律对待公司收购与防御的评价是中性的,对其态度也是非常慎重且不断变化的,不能过分鼓励或限制。[③]

(一)公司收购

公司收购,又叫公司并购,它不同于股份收购,后者作为一个在公司法中常见的概念,泛指购买公司股份的行为;前者一般指通过增持股份而取得某一公司控制权的行为。公司收购的重要特征有二:一是目的在于获取相对控制权,对于股份持有较为分散的公司,只要收购人持有的股份能够支持其选举多数董事进入董事会,就达成了相对控股,[④]但少量增持股份不能算作公司收购;二是方式为增持股份,通过表决权征集的方式取得控制权不属于公司收购。

公司收购的方式一般分为协议收购、要约收购和集中竞价收购三种。协议收购,是指收购人在证券交易场所之外,与目标公司的股东通过谈判,就股票价格、数量等方面达成协议进而转让股份的行为。封闭公司仅可采取这一收购方式,其中,对有限责任公司的收购还需符合《公司法》在股权转让方面的特殊规定[⑤];公众公司由于股东人数较多,采用这一方式常常需要消耗大量成本,一般仅对股份持有量较大的部分股东使用。要约收购,是指收购人向目标公司所有股东发出收购其所持有的全部或者部分股份的公告,并依照公告所规定的收购价格(一般高于市场价)、收购条件、收购期限等收购目标公司股份的行为。我国《证券法》《上市公司收购管理办法》(2020)《非上市公众公司收购管理办法》(2020)等法律法规,各交易所的规定、业务指引等文件均对要约收购作出了规定。集中竞价收购,

---

① 参见[美]罗伯塔·罗曼诺编著:《公司法基础》,罗培新译,北京大学出版社2013年版,第524页。

② 参见张新:《并购重组是否创造价值?——中国证券市场的理论与实证研究》,载《经济研究》2003年第6期。

③ 参见王文宇:《非合意并购的政策与法制——以强制收购与防御措施为中心》,载《月旦法学杂志》总第125期(2005年10月刊)。

④ 参见朱锦清:《公司法学》,清华大学出版社2017年版,第512页。

⑤ 《公司法》(2024)第84—90条。

是指针对公众公司的股份,在公开的证券交易场所进行集中竞价交易。收购人采取这种方式一般是出于隐蔽性或者为了控制收购价格的上涨,但依据《证券法》的规定,收购人每获得目标公司5%的股份,就需向国务院证券监管机构、证交所报告,并由上市公司进行公告,[①]通常称之为“举牌”,这一规定给了目标公司股东、管理层以及市场反应的时间,收购人常常难以通过这种方式低价获取控制权。

在公司收购过程中,协议收购基本不涉及防御问题,在此不做讨论。目标公司仅会在面临要约收购和集中竞价收购时采取防御手段,这也意味着目标公司均为公众公司,非上市公众公司的相关立法主要参考了上市公司的规定,因此学界在讨论公司收购与防御问题时聚焦于上市公司,本节也主要以上市公司的相关规定为参考。

(二)目标公司的防御

在公司收购的过程中,充斥着多方利益主体的博弈,收购人、大股东、中小股东、管理层等主体之间均可能存在利益冲突。具体而言:收购人可能基于长远发展或短期获利,甚至可能出于获取核心技术或商业秘密的考虑而采取收购措施,损害公司作为独立法人的利益,获取公司控制权后,收购人极大可能改选董事会、经理,使公司脱离原控制股东的影响,因此常被大股东和管理层敌视。在要约收购和集中竞价收购中,大股东与中小股东也极易产生矛盾,一方面,可能出现大股东、管理层与收购人合谋,利用其掌握的公司内幕信息控制要约价格的情况;另一方面,也可能在收购价格较高的情况下,大股东仍不希望丧失控制权,进而采取措施阻碍收购达成。

在激烈的利益冲突下,目标公司对于收购行为的态度会存在差异,或积极配合,或采取措施阻碍收购进行。根据商事理论与实践,一般按照目标公司管理层对待收购的态度,将公司收购分为友好收购和敌意收购。若收购得到了目标公司控制股东和管理层的配合,一般视为友好收购;若管理层认为收购行为具有“敌意”,进而不予配合甚至妨碍,则为敌意收购。目标公司采取的妨碍收购的措施,即为防御措施,亦称反收购措施。若收购人没有与目标公司控制股东或管理层事先沟通,直接向全体股东发出收购要约或在公开市场上购买股份,常被管理层认为是敌意收购。

我国经济学以及公司实践上往往混用“敌意收购”与“恶意收购”,将恶意收

① 《证券法》(2019)第63、80条。

购也定义为收购者进行收购时，目标公司管理层不知情或不配合的情形。[①] 现行法律文件中并未对其进行明确定义，但二者应具有不同的内涵。在公司的收购与防御过程中，较为准确的用词为“敌意收购”，该“敌意”是对于目标公司管理层而言的，其感受到敌意，不配合收购进程的推进或采取防御措施，即可认定为敌意收购。“恶意”在法律上常用以对行为人的动机、方式、行为后果等进行客观的价值判断，带有较强的批判意味。如《国务院关于促进企业兼并重组的意见》（国发〔2010〕27 号）第 5 条第 2 项提到应“有效防范和打击内幕交易和市场操纵行为，防止恶意收购，防止以企业兼并重组之名甩包袱、偷逃税款、逃废债务”，从文义上看，该文件所指的“恶意”和管理层配合与否无关，其关注的是是否存在操纵市场行为、通过收购逃避债务等导致公共利益受损的情形。

（三）反收购措施

根据国外商事实践，目标公司常用的防御措施种类达 20 多种，[②]一般通过提高收购成本、降低目标公司价值、阻碍收购人实际取得控制权等方式进行。在我国基于强监管的治理模式，目标公司还会采用“停牌”[③]、向证监会举报[④]等具有中国特色的反收购措施。因无统一的法律规定或示范文本，实践中对防御措施的合法性往往进行个案分析，理论上则可将其类型化。

防御措施包含“防”和“御”两类，这也是根据防御措施实施的时间进行的分类，可称之为预防性措施和抵御性措施。预防性措施是目标公司在收购行为开始前，为了防止未来被收购而预先在章程中订立的条款，是广义上的章程反收购条款。有学者认为章程反收购条款仅指“驱鲨剂”[⑤]条款，[⑥]但学界对反收购条款主

---

① 参见马永斌、刘昱珩：《恶意收购的演变及其道德风险防范》，载《金融理论与实践》2018 年第 12 期；《山东金泰集团股份有限公司章程》，载天眼查 2016 年 8 月 12 日，https://m.tianyancha.com/pilu/announcement/abd33e0bb83c270258567e9a78c888ad。

② See Gompers et al., *A. Corporate governance and equity prices*, Quarterly Journal of Economics 118 (2003).

③ 2015 年发生的“宝万之争”中，万科即采取了因重大资产重组而申请停牌（因某些重大原因，交易所决定临时停止某一股票的交易）的策略，阻止“宝能系”收购其股份。

④ “宝万之争”中，万科还向证监会举报了“宝能系”收购时未按要求披露信息、涉嫌违法犯罪等行为，以使其自顾不暇，停止收购。

⑤ 驱鲨剂条款，是指目标公司为预防敌意收购，在章程中设立条款增大收购成本，一般包括绝对多数表决条款、交错董事会条款、公平价格条款。

⑥ 参见王建文：《我国公司章程反收购条款：制度空间与适用方法》，载《法学评论》2007 年第 2 期。

要采取广义的理解，将章程中的预防性措施均认定为反收购条款，包括毒丸计划[①]等。预先设立的反收购措施往往涉及股东会、董事会的重大权利，必须规定在公司章程中方可约束章程的制定者和后续加入公司的股东。抵御性措施是在收购行为开始后，公司为反抗敌意收购而采取的针对性措施，包括白衣骑士[②]、皇冠明珠[③]、焦土战略[④]、绿色邮件[⑤]等经典策略。从广义上讲，任何一种阻碍收购继续进行的措施均可认为是抵御性措施，因此商业实践中经常呈现出多种样态，各国、各地区也常有独特的表现，例如向证监会举报违法违规行为亦为抵御性措施的一种。

近些年，学者聚焦于章程反收购条款和反收购措施对公司的影响，做了不少研究，但得出的结论并不完全一致。有学者发现公司章程中增设反收购条款可以有效降低上市公司股价下行风险，短期内对公司价值和股东权益有利。[⑥] 也有学者认为“公司章程中设置反收购条款与公司价值显著负相关，反收购条款的主要作用是对大股东利益的保护”[⑦]。有研究发现强反收购条款会导致堑壕效应，庇护高管的自利行为，进而降低公司价值。[⑧] 也有研究表明反收购条款与企业创新呈现正相关，有助于提升企业价值。[⑨] 反收购措施对公司的影响难以下定论，因而法律对待反收购措施的态度也应是中立的，在其不违反法律法规的强制性规定、不损害公司合法利益和社会公众利益的前提下，应当给予公司充分的尊重与自治权。

---

① 毒丸计划，又叫“股权摊薄反收购措施”，是指目标公司规定，在被敌意收购人持有股份到达一定比例后，董事会可向部分股东低价增发公司股份，进而降低收购人手中的股份占比，使其难以取得控制权。

② 白衣骑士，是指目标公司面临敌意收购时，求助其他的友好收购者，使其与敌意收购者一起竞买股票。

③ 皇冠明珠，是指目标公司出售本公司的优良资产或重要部门以降低公司价值，从而使敌意收购人放弃收购。

④ 焦土战略，是一种自杀式反收购措施，目标公司大量出售资产，对公司造成毁灭性破坏，使敌意收购人对收购失去兴趣。

⑤ 绿色邮件，是指目标公司回购公开市场上的股份，减少股份的流通，使敌意收购人难以达成控股。

⑥ 参见李凤羽、秦利宾、杨墨竹：《反收购条款与股价下行风险：“加速器”抑或“安全阀”》，载《财经问题研究》2022 年第 3 期。

⑦ 张伟华、姚艺、王春燕：《公司章程中反收购条款设置与公司价值》，载《中国软科学》2019 年第 10 期。

⑧ 参见陈克兢、万清清、康艳玲、杨国超：《自治性公司章程条款会沦为高管自利行为的保护伞吗——基于反收购的视角》，载《会计研究》2021 年第 11 期。

⑨ 参见蔡庆丰等：《反收购强度、企业研发决策与长期价值创造》，载《南开管理评论》2022 年第 3 期。

二、章程反收购条款的合法性

对于如何判断章程反收购条款的合法性，学界众说纷纭，其原因在于其属于立法空白，仅能通过反收购条款的自治边界的法学理论探讨一二。但学界对于公司自治边界的讨论非常多，却无法达成统一意见，甚至可称之为处于混乱状态。①因而对不同的反收购条款，无论是理论上还是实践中，均可能存在极大的争议，急需通过法律或证监会发布行政法规进行规范。

章程和反收购条款的性质。学界有两种不同观点："契约说"认为章程是发起人共同制定的合同，是公司各参与人之间形成的合同束的一支，强调公司自治，呼吁尽可能将《公司法》作为示范文本而非强制性规范使用。因我国《公司法》(1993)中的强制性条款非常多，这一学说为后续的公司法修改提供了极大的理论支持，具有较高的价值。然而近些年出现了不少批判的声音，②但在我国商业信用体系不健全、通过强监管规范市场的这一环境下，不可忽视强制性规范的重大价值。"自治法说"认为章程是"具有公司自治性质的根本规则"③，是公司股东在遵循法律法规的前提下，为规范公司组织形式、具体人员的经营管理行为等订立的对公司内部具有一定强制性效力的类"法律"文件，助力于公司独立人格的形成，发起人和后续加入的股东都需遵循章程的规定。笔者在专题三中认可"决议说"，该说契合公司的组织属性和契约属性，能够较好地解决意思冲突问题。在"决议说"的指导下，需要对每一个反收购条款进行合法性分析，以确定其是否有效。但因反收购条款的庞杂与不断演变，我们在对其类别化分析的基础上，选取较为典型的条款进行具体分析。

学界对章程反收购条款进行了分类，根据反收购条款对公司经营权的控制程度，可将其分为直接反收购条款与间接反收购条款。前者是直接、绝对地控制公司经营权，维护控制股东、管理层对公司的控制，如赋予大股东、董事会特别权利等；后者多为间接手段，增加收购人获取控制权的难度和成本，如设置绝对多数条款、增加特别决议事项等。④ 也有学者根据章程反收购条款的功能，将其细分为四类，分别是稀释收购方股份条款、控制股东大会条款、控制董事会条款、离职补偿

---

① 参见赵万一、李俏丽：《论公司自治的法律边界》，载《河南财经政法大学学报》2013 年第 3 期。

② 参见黄辉：《对公司法合同进路的反思》，载《法学》2017 年第 4 期。

③ 赵旭东主编：《商法学》(第 4 版)，高等教育出版社 2019 年版，第 144 页。

④ 参见叶林、吴烨：《上市公司章程反收购条款的规范路径》，载《证券法苑》2017 年第 4 期；曹清清：《公司章程反收购条款——以价值判断与效力剖析为视角》，载《学术交流》2016 年第 11 期。

条款。[①] 两种分类的逻辑大体相同，相较之下，后一种分类更加具体、便于理解，我们便以此进行合法性分析。

（一）稀释收购方股份条款的合法性

稀释收购方股份，一般是指"毒丸"计划。这一措施的创设与发展均在美国，其具体操作是：根据章程规定，公司股东可分为原股东和收购方股东两类，在收购方股东持有股份达到一定比例时，董事会可主持向原股东低价发行新股，或者要约收购人必须高价购买股票。"毒丸"计划的出现，是对美国特拉华州公司法的灵活利用，在我国，即使实践中已经出现公司通过"毒丸"计划进行反收购的先例[②]，但从法律层面上讲，"毒丸"计划是不符合我国现行法规定的。原因有二：一为依照我国《公司法》（2018），"每一股的金额相等"[③]，不允许收购方与原股东分别按照不同的价格购买股份。二为我国不认可授权资本制的合法性，若章程授权董事会决定增发股份，会因违反《公司法》的规定而无效；若不在章程中事先规定，公司通过股东大会决议增发股份，则不属于章程反收购条款，但也容易因时间过久达不成反收购目的。

值得关注的是，《公司法》（2024）改变了对相关问题的态度，明确规定了公司可以发行"类别股"[④]，也规定"公司章程或者股东会可以授权董事会决定发行公司股份总数中设立时应发行股份数之外的部分"[⑤]，解除了"毒丸"计划实施最大的限制。

（二）控制股东大会条款的合法性

目标公司控制股东、实际控制人为了保证对公司的控制权，常常会通过章程限制股东权利、加重股东义务，从而保障自己对股东大会的控制。这些条款可以为收购人的收购设置障碍，也会阻碍中小股东行权，因而这类控制股东大会条款的合法性是存在极大争议的。具体而言包括以下几类：

增加绝对多数条款，即在《公司法》规定之外，章程规定某些其他事项也需要 2/3 以上多数通过，或者提高特别表决事项的通过比例。加强披露义务，一般是在

---

① 参见傅穹：《敌意收购的法律立场》，载《中国法学》2017 年第 3 期。

② 2005 年，盛大对新浪发起收购，新浪启动毒丸计划，除盛大方外，已经持有新浪股票的股东将按照 1∶1 的比例获得认股权证，原股东可用权证发行时股票价格的半价来行权，获得新股票，将盛大的股份从 19.5% 稀释到了 2.28%，最终致使该收购失败。

③ 《公司法》（2018）第 125 条。

④ 《公司法》（2024）第 95 条。

⑤ 《公司法》（2024）第 153 条。

《上市公司收购管理办法》[①]的规定之外,降低持有已发行股份5%的"举牌"线,规定未披露的损害赔偿责任等。此二类条款的合法性存在较大的争议,且均有一定的道理,需要进行立法政策的选择来解决问题。一种观点认为,该条款因限制股东权利、加重股东义务而违法无效,证监会、交易所等实务界人士一般持有类似的观点。证监会于2016年8月26日召开新闻发布会称,上市公司"不得利用反收购条款限制股东的合法权利"[②]。另一种观点对此持肯定态度,一方面,"约定的表决条件比公司法的要求高,在本质上是贯彻了公司法保护股东利益的意图,与公司法的精神不矛盾"[③],应当予以肯定。另一方面,该条款属于公司自治的内容,应当通过修改法律的相关规定或者进行法律解释,认定《公司法》中的相应条款为任意性条款,可由公司章程做出修改。笔者比较赞同后一种观点,但需要注意避免控股股东借此加强控制权,压制中小股东。

限制股东的提案权、会议召集权、董事提名权条款,是指在《公司法》规定之外,章程对享有提案权和股东大会召集权的股东所持股份或持有时间进行更严格的限制。而这一般被认为是不具有合法性的。股东的提案权以及召集股东大会、提名董事会等权利,一般被认为是股东的固有职权,不得直接或间接剥夺。[④] 笔者持此观点,这与上述增加绝对多数条款有所不同,增加绝对多数条款尚且属于公司自治的范畴,限制股东的提案权等是对《公司法》强制性规范的违反,因此其具有显见的不合法性。不过,境外立法中,一般允许章程对享有提案权和股东大会召集权的股东所持股份或持有时间设置更宽松的标准。[⑤]

(三)控制董事会条款、离职补偿条款的合法性

控制董事会条款,意即通过修改章程阻碍收购人改选董事会,将董事会控制权尽可能保留在原控制人手中,一般包括交错董事会条款和限制董事会任职资格条款。交错董事会,是指将董事的任期交错开,每次仅换届1/3的董事,在反收购过程中可能起到延缓收购人掌控董事会的作用。我国《公司法》(2024)没有对交错董事会的规定,因而一般鲜有相关实践。而经济学和法学界,均对在我国建立交错董事会制度进行了研究,主流意见是应当允许我国公司自主选择建立交错董

---

① 《上市公司收购管理办法》(2020)第12—22条。

② 《2016年8月26日新闻发布会》,载中国证券监督委员会网:2016年8月26日,http://www.csrc.gov.cn/csrc/c100029/c1000181/content.shtml。

③ 殷召良:《公司控制权法律问题研究》,法律出版社2001年版,第144页。

④ 参见王建文、范建:《论我国反收购条款的规制限度》,载《河北法学》2007年第7期。

⑤ 《美国示范公司法》第7.25、7.27条,《日本公司法》第303条。

事会。① 限制董事会任职资格，一般要求公司的高管必须具有一定的行业知识或工作经验。这一点在法律上几乎不存在争议，公司聘请何人担任董事、高管，属于自治范围，法律不做强制要求。

离职补偿条款，包括“金色降落伞”和“银色降落伞”，可视为公司通过章程与高管或普通员工之间签订了特殊的协议，在被敌意收购后，除非存在违法违规或不符合任职条件的情况，不得被无故解聘，否则公司将支付赔偿金。设置该条款的目的一方面在于防止收购人大量辞退董事、监事等管理层，造成公司动荡；另一方面设置较高的赔偿金可能令投资者望而生畏，放弃收购的想法。只要赔偿金的数额在合理范围内，法律就不应当对其进行干涉。

【审判实务】

公司反收购问题主要涉及事先反收购条款的合法性问题，然而，饶是实践中收购与反收购大战轰轰烈烈，但在司法实践中，反收购的事先措施争议并不多见，因其流程实践较长，中间涉及较多的磋商，甚至较多案件最终以撤诉结案，裁判文书难以寻见。而实践中较为常见的多集中在防御中的违规举牌问题，涉及后端问题，本专题将在“问题二”中集中探讨。因此，此处关注实践中的章程反收购条款以及部分案例中的裁判观点。

2016 年前后，受到“宝万事件”的影响，越来越多上市公司在其公司章程中规定了反收购条款，包括提高表决的持股比例、增加公司收购特别决议事项、加重股东的披露义务、赋予大股东特别权利等。例如，“湖南尔康制药股份有限公司章程”(2016 年 10 月版)第 83 条规定，董事、监事选聘程序中，对于董事会，连续 180 日以上单独持有或合并持有公司发行在外有表决权股份总数的 10% 以上的股东有权向公司提名董事候选人。② 该类反收购条款本身是否违反《公司法》，要看其所涉条文是否为强制性规范。但是，《公司法》(2018)第 102 条、《上市公司章程指引》第 54 条规定，单独或者合计持有公司 3% 以上股份的股东，可以在股东大会召开 10 日前提出临时提案并书面提交董事会(召集人)。《公司法》(2024)第 115 条将这条内容改为“单独或者合计持有公司 1% 以上股份的股东，可以在股东会会

① 参见张舫：《对董事选任和分类董事会问题的思考》，载《甘肃政法学院学报》2007 年第 3 期；侯东德：《董事会对短期主义行为的治理》，载《中国法学》2018 年第 6 期；徐明亮、张国红：《交错董事会条款与企业投资研究——基于反收购视角的理论分析与经验证据》，载《当代财经》2019 年第 11 期。

② 微信公众号“公司法权威解读”：“章程设计：公司章程是否可以限制股东的提名权”，作者：唐青林、李舒、赵越。网址：www.360doc.com/content/20/1102/21/72234986_943764685.shtml。

议召开10日前提出临时提案并书面提交董事会。”其中没有明确的“应当”“可以”等字样，为法律适用带来了困难，如何判断这类条文的强制性与任意性是困扰实务界多年的难题。[①] 直到现在，多数反收购条款也没有获得立法的明确或者司法定性，成为各界人士密切关注的问题。2018年“海利生物案”的判决，可以认为是对章程中限制股东权利条款定性的第一案，具有一定的借鉴价值。该案中，法院认为章程限制股东权利条款无效。但该案的审判较为保守，且论理不足，笔者并不赞同（本案作为典型案例，容后详述）。

【典型案例】

中证中小投资者服务中心有限责任公司诉上海海利生物技术股份有限公司公司决议效力确认纠纷案[②]

基本案情：

上海海利生物技术股份有限公司（以下简称海利生物）成立于1981年，于2015年5月15日在上海证券交易所主板挂牌上市，股票代码为603718。2014年6月30日，海利生物发出“上海海利生物技术股份有限公司2015年第一次临时股东大会决议公告”，该公告中有关议案审议情况第14项为关于修订公司章程并办理工商变更登记，该议案以100%同意的比例通过。根据上述股东大会作出的决议内容，海利生物办理了公司章程的工商变更登记。该份章程中第82条第2款第1项内容为：“董事会、连续90天以上单独或合并持有公司3%以上股份的股东有权向董事会提出非独立董事候选人的提名，董事会经征求被提名人意见并对其任职资格进行审查后，向股东大会提出提案。”

中证中小投资者服务中心有限责任公司（以下简称投服中心）持有被告海利生物230股股份，其于2017年4月17日，通过邮件方式向被告递交“股东质询建议函”，并提出两个问题建议，其中之一为关于取消限制股东权利的建议，投服中心认为被告公司章程第82条第2款第1项中有关“连续90天以上单独或合并持有公司3%以上股份”的内容不合理地限制了股东对董事、监事候选人的提名权，并将归属于股东大会的董事候选人审查、决策权变相转移至董事会，违反了《公司

① 参见王建文：《我国公司章程反收购条款：制度空间与适用方法》，载《法学评论》2007年第2期；钟洪明：《上市公司反收购中的章程应用及法律规制》，载《证券市场导报》2007年第5期。

② 上海市奉贤区人民法院民事判决书，(2017)沪0120民初13112号。

法》及相关规定,建议取消此限制类条款。

2017 年 4 月 24 日,海利生物作出回复,拒绝取消此条款,认为《公司法》《上市公司章程指引》等法律、法规及规范性文件虽然没有对单独或合计持有3%以上股份的股东提名董事、监事候选人的权利作出持股时间上的限制,但也没有对公司章程能否就该条款进行自行规定作出禁止性规定,《上市公司章程指引》第 82 条的注释明确公司应当在章程中规定董事、监事提名的方式和程序,该等规定赋予公司章程在未违反法律法规及规范性文件禁止性规定的前提下对公司董事、监事提名权进行自治性设定的权利。双方由此发生争议,诉至法院。

裁判要旨:

该案一审结案,法院认为,根据《公司法》(2013)规定,公司股东依法享有资产收益、参与重大决策和选择管理者等权利。在权利的具体行使方式上,单独或者合计持有公司 3% 以上股份的股东,可以在股东大会召开 10 日前提出临时提案并书面提交董事会。上述规定表明,只要具有公司股东身份,就有选择包括非独立董事候选人在内的管理者的权利,在权利的行使上并未附加任何的限制条件。被告 2015 年第一次临时股东大会决议违反了《公司法》(2013)的规定,限制了部分股东就非独立董事候选人提出临时提案的权利,该决议内容应认定为无效。

裁判评析:

海利生物案的判决,被不少人视为 A 股市场首例反收购条款效力的司法确认案件,具有较高的积极意义。具体表现在:第一,该案确立了限制股东权利的章程反收购条款不合法的原则,具有进步意义。学界对于限制股东权利条款的合法性存在争议,近些年已越来越趋向于以认定其不合法为原则,该案作为一个公开的司法判决,收束了学者们的不同意见,有利于减少后续监管、司法裁判过程中的争议。第二,投服中心作为股东提起诉讼,为后续反收购条款的合法性诉讼提供了借鉴。一般情况下,投服中心作为证监会直接管理的、为中小投资者提供纠纷调解服务的机构,承担了一定的监管职能,较少作为原告直接提起诉讼。正如近些年投服中心一直在推动的证券支持诉讼,即投服中心接受投资者的委托,委派诉讼代理人,支持中小投资者依法诉讼维权,[①]而该案中其仅作为一名普通的股东进行诉讼,审理过程中还就投服中心是否为适格原告进行了研究,对其他公司的中小股东维权提供了参考。一种观点认为,本案争议的公司章程通过时投服中心尚不是上市公司股东,无法对加入前股东大会通过的公司章程条款主张权利;另一

---

① 参见苟晨露:《证券支持诉讼的实践探索与思考》,载《投资者》2018 年第 2 期。

种观点认为，只要投服中心在起诉时具有股东资格就有权对公司章程中损害股东权利的条款向公司主张权益。笔者支持第二种观点，通过损害公司权利条款的决议因违法无效，该决议的损害后果遍及每一个股东，任何一个正在被侵害的股东均可就此提起诉讼，因此该类案件对原告的要求应是起诉时具有股东资格的人。

然而，该案判决仍具有一定不足，具体而言：第一，该案有限制股东非独立董事提名权的股东大会决议无效"第一案"的噱头在，让大家的目光在限制股东大会董事提名权的反收购条款合法性中停留了一段时间，可惜的是判决本身并未能产生期待中的影响力。第二，法院判决的理论分析相对比较薄弱。原告投服中心可能希望以本案为标杆指导类似的案件，诉讼过程中未调解结案，也不同意法院以司法建议书的形式表达观点，留下了较为珍贵的判决结果。但细看裁判文书，由于庭审中被告海利生物认可了原告的诉讼请求，并已在2017年第三次临时股东大会中通过决议取消了本案中争议的"连续90天以上"的限制条件，双方实质上已经达成了一致意见，只是因2015年第一次临时股东大会决议自作出之日起即客观存在且发生效力，需要对此决议进行宣示性的判决，因此法院并未做过多解释，直接支持了原告的主张。法院这一判决，看似弥补了司法的空白，在章程限制股东权利条款效力的司法认定中迈出了里程碑式的一步，但判决书中理论分析不足，难以达成预想的效果，稍显遗憾。

问题二　其他反收购防御措施的决策权归属

反收购防御措施关注的是事中问题，即"野蛮人"已兵临城下该如何应对，这里面不仅涉及具体措施，在法学层面，更重要的是反收购防御措施的决策机关问题。《公司法》(2024)仅仅规定收购的决策单位，对于反收购措施的决策单位并未有明确规定。实践中，出现了股东会做决策与董事会做决策的不同模式，但由于立法并未明确，实践中对于反收购措施的决策权归属一直存在疑问。

【规范梳整】

我国《公司法》(2024)第59条规定，股东会的职权包括对公司的合并、分立、解散、清算或者变更公司形式作出决议。第66条规定，公司合并应当经代表2/3以上表决权的股东通过。该条虽然明确股东会对公司合并、分立等的职权，但公司合并、分立并不等同于公司被收购，因为收购通常发生在公司的股权层面，当然,除此之外,还有一些如管理层收购、主要资产收购等收购方式。但即便如此,我国立法对这些问题都没有规定,因而反收购措施的决策权目前仍然处于立法阙如状态。

【理论基础】

除提前设置的章程反收购条款之外,事后进行抵御时,往往由公司根据经营情况自主判断采取何种反收购措施,较为常见的有:增发新股、股份回购、交叉持股、"白衣骑士"、反向收购、发行员工持股计划、"皇冠明珠"、表决权征集、投诉举报、提起诉讼等。这些措施一般不涉及合法性问题,属公司商业经营的范畴,但其中比较具有争议的一点是:反收购措施应当由哪一公司组织机构决定实施?实践中主要形成了两种观点:股东大会决策模式和董事会决策模式。

一、董事会决策模式

董事会决策模式,指反收购措施的决策权归属于董事会,这是美国作为最发达的市场经济体,在公司收购过程中建立的一种典型方式。美国联邦法并未对反收购措施有单独的规定,仅通过 1933 年的《证券法》、1934 年的《证券交易法》、1968 年的《威廉姆斯法案》等对资本市场的规定为反收购裁判提供了一定的支持,其主要是通过法院的个案裁判,确立了反收购措施交由董事会决策的理念及具体判断标准。由于美国的公众公司多设立于特拉华州,因此我们重点关注特拉华州法院的裁判。

1985—1988 年期间,特拉华州法院通过 3 个判例确立了公司采取反收购措施的标准,并一直沿用。首先,在董事会的反收购措施对公司利益损害较小的 Unocal 案中,法院要求董事会证明敌意收购确实对公司价值产生了威胁,且其采取的反收购措施与敌意收购带来的威胁相称,而不考虑董事会主观上是为了谁的利益行权、是否具有私心。其次,在董事会的反收购措施会导致公司控制权变更的 Revlon 案中,法院考察了董事会是否履行了信义义务,即董事会需证明其为股东选择了收益最大化的要约。最后,在董事会的反收购措施限制了股东行使权利、特别是董事任免权的 Blasius 案中,法院要求董事会证明其采取的限制股东权利的反收购措施具有正当理由,而不是故意干预股东行权。这一标准非常严格,主要原因在于:股东行使的董事任免权是董事会合法行使权利的前提,不能让该权利受到董事会的限制甚至剥夺。① 董事会决策模式下，一方面，美国通过“商业判断规则”保障董事会顺利行使决策权，不会动辄得咎；另一方面，为了确保董事会不会滥用决策权，美国特拉华州法院还利用了董事信义义务去辅助判断董事会在选择反收购措施过程中的正当性。

二、股东会决策模式

股东大会决策模式，即反收购措施的决策权归属于股东大会。主张该模式的学者也分为两派，部分学者支持强股东大会决策，主张董事会对敌意收购完全被动，不可采取任何措施；部分学者认为董事会可享有部分决策权，但要限于为收购寻找更高的价格。该模式在商法实践中以英国和欧盟为代表。依照英国法，未面临收购时的日常经营决策权在董事会，而依照《伦敦城收购与合并守则》第 21 条的规定，在要约收购即将发生时，目标公司董事会不得在未经股东大会批准的情况下采取反收购措施。瑞士《证券交易法》第 29 条则规定了在收购过程中，董事会禁止采取某些具体行为，例如，终止可能实质性地改变目标公司资产或义务的交易。②

支持这一模式的主要考量在于：第一，无论是股东大会中心主义还是董事会中心主义的治理模式，都有一部分涉及公司存废、重大利益的事项属于所有者权益，应当由公司的股东大会行使职权，而收购与反收购正是涉及公司及股东重大权益的事项，不能由董事会代为决策。第二，收购过程中股东与管理层之间存在利益冲突，应当由广大的股东决定是否接受收购。管理层在收购过程中面临较大的被替换风险，因此常为了维护自身利益倾向于采取反收购措施，甚至不惜损害公司和股东利益，如低价出售公司资产虽然可能导致收购人放弃收购、维护管理层的地位，但会导致公司价值降低。第三，公司收购是投资者对公司股份的买卖行为，根据交易的相对性，在股份买卖的过程中，董事会作为第三方，没有干涉的权利，即使收购人可能撤换目标公司董事会，但不改变董事会非交易参与方的本质。③

三、我国立法与实践的选择

根据我国现行法，《上市公司收购管理办法》(2020)第 8 条规定，管理层“应

---

① 参见[英]约翰·阿莫、[美]杰克·雅各布、[美]柯提斯·米尔霍普：《敌意收购机制在发达国家以及新兴市场中的演进》，夏戴乐译，载《金融法苑》2015 年第 1 期。

② 参见[德]克劳斯·霍普特：《恶意收购中目标公司董事的义务——德国与欧洲的视角》，载吴敬琏主编：《比较》第 13 辑，中信出版社 2004 年版，第 296—298 页。

③ 参见曹晓路：《注册制背景下完善我国上市公司收购与反收购制度立法建议——从“万科股权之争”反思上市公司反收购决定权的归属》，载《证券法律评论》2016 年第 0 期。

当公平对待收购本公司的所有收购人”,第 33 条规定,“未经股东大会批准,被收购公司董事会不得通过处置公司资产、对外投资、调整公司主要业务、担保、贷款等方式,对公司的资产、负债、权益或者经营成果造成重大影响”。从中可以看出,对公司的反收购措施,我们原则上采取的是股东大会决策模式。

这一模式是符合中国国情的选择,我们难以效仿美国使用董事会决策模式,原因在于:第一,我国公司治理处于股东会中心向董事会中心的过渡阶段,职业经理人的能力和素质发展并不成熟,若将反收购措施的决策权直接给予董事会,某些公司的董事会可能会出于私心采取不利于公司利益的反收购措施。第二,我国没有建立起相关的支持制度。我国学界关于董事信义义务的研究有很多,但至今仍缺少统一的认识,司法裁判中更是极难使用相关条款,信义义务制度亟须完善。法院裁判过程中也并未确立“商业裁判规则”的判断标准,对董事履职是否合理的判断更大程度上的是一种“自由心证”。若贸然在我国采取董事会决策模式,可能导致董事会不敢行权,此规定形同虚设,或者董事会滥用权力,法院却对滥用权力的判断缺乏统一标准。

不可否认的是,我们也应看到股东大会决策模式的缺点,其最突出的问题是缺乏效率。2004 年中信证券对广发证券的收购案中,中信的下属公司利用一周时间即持有了广发证券 12.23% 的股份,成为其第四大股东。面对这岌岌可危的态势,广发证券明显无法花费 20 天以上的时间去召开股东大会,只能由董事会决议采取反收购措施。因此我们应当以股东大会决策模式为原则,例外情况可能有:(1)部分反收购措施需要董事会配合或具体决策,如寻找友好收购人、变卖公司资产;(2)紧急情况下的董事会决策,应当允许公司通过事后召开股东大会进行程序补正。

【审判实务】

反收购防御中最常见的就是敌意收购中的违规举牌问题,也即收购人的信息披露问题。一方面,上市公司章程常常通过加强股东的信息披露义务来进行反收购,常见条款有:降低“举牌”线,规定上市公司股份达到 3% 后,即需向董事会报告;增加报告内容,例如规定报告时要详细披露收购人自身的财务资料;规定未履行披露义务时需承担的额外责任,一般是限制股东表决权或承担损害赔偿责任。另一方面,这些条款的合法性均是存疑的,甚至依据现行法,可能全部会因违法无效,直至被删除。例如伊利在 2016 年修订章程,对恶意收购下了定义,并规定了

3% 的举牌线,[①]于同年 8 月 10 日收到上交所对于相关条款的问询函[②],现在去看,章程中已经没有了相关条款。[③] 一般此类争议都会由证监会或其下属机构通过问询、约谈等方式解决,部分争议也会诉至法院解决,其中针对违规举牌的诉讼请求,多是请求确认董事会或股东会对收购人超出限额所获得股权进行表决权限制的效力,或是直接请求限制表决权。

对此,法院裁判观点不一,例如,有的法院认为,此后持股人持有 5% 的股份为效力待定。[④] 有的法院则指出限制股东表决权为行政监管措施,属于可申请行政复议的具体行政行为,系违规持股股东应承担的行政法律责任而非民事法律责任。[⑤] 也有法院主张,以违规增持作为限制收购人表决权的前提条件是证监会对收购人违规事实进行认定,在未有证据认定的情况下,上市公司董事会无权作出决议限制及剥夺股东权利。[⑥] 更加极端的观点认为,限制表决权属于证监会的职责范围。[⑦] 当然亦有法院主张,违规举牌所获股权交易有效,交易结果不得改变。[⑧]

总的来说,针对敌意收购,防御措施的实际决策机关或是股东大会或是董事会,但其最终合法性在司法裁判看来都存疑,因为这涉及证券监管部门的介入,法院对此一般保持谦抑态度。这显然不利于交易的效率,收购人无法获得合理期待,不利于收购市场的形成与完善。

---

① 参见梧桐安量:《"宝万之争"吓坏"上市公司",伊利股份加入修订公司章程大军,结局可能"然并卵"》,载搜狐网 2016 年 8 月 17 日,https://www.sohu.com/a/110982387_465202。

② 参见《伊利股份关于收到上交所〈关于修改公司章程的问询函〉公告》,载新浪财经网,https://finance.sina.com.cn/roll/2016-08-11/doc-ifxuxhas1531690.shtml。

③ 参见《内蒙古伊利实业集团股份有限公司章程》,载巨潮资讯网,http://www.cninfo.com.cn/new/disclosure/detail?stockCode=600887&announcementId=1213401522&orgId=gssh0600887&announcementTime=2022-05-19。

④ 拉萨市中级人民法院民事裁定书,(2015)拉民二初字第 36-2、36-3 号。

⑤ 刘某秋与深圳长城汇理资产管理有限公司与公司有关的纠纷案,广东省深圳市福田区人民法院(2016)粤 0304 民初 22334 号民事判决书。

⑥ 黄某西、唐某金提供劳务者受害责任纠纷案,广东省东莞市中级人民法院(2016)粤 19 民终 8073 号民事裁定书。

⑦ 上海兴盛实业发展(集团)有限公司与王某忠、上海开南投资控股集团有限公司、上海腾京投资管理咨询中心等证券欺诈责任纠纷案,(2016)沪民终 313 号民事裁定书;李某、成都市路桥工程股份有限公司公司决议效力确认纠纷案,(2017)川 01 民终 14529 号民事判决书。

⑧ 上海市第一中级人民法院民事判决书,(2015)沪一中民六(商)初字第 66 号。

【典型案例】

上海兴盛实业发展(集团)有限公司诉王某忠、黄某印及第三人上海新梅置业股份有限公司证券欺诈责任纠纷案①

基本案情:

上海兴盛实业发展(集团)有限公司(以下简称上海兴盛公司)系上海新梅置业股份有限公司(以下简称新梅公司)的股东,持股比例为11.19%。2013年7月至11月期间,王某忠实际控制开南公司、腾京咨询中心、升创设计中心、瑞邦公司、鸿祥公司、力行公司、嘉池丰公司、胡某、唐某英、谢某、谢某莹、何某良、聂某、程某义、黄某印等15个账户(以下简称账户组)进行证券买卖。自2013年7月18日起,上述账户组开始买入新梅公司股票,截至2013年10月23日,账户组合计持有新梅公司股票24,682,975股,占新梅公司全部已发行股份的5.53%;截至2013年11月1日,该账户组合计持有新梅公司全部已发行股份的10.02%;截至2013年11月27日,该账户组合计持有新梅公司全部已发行股份的14.86%。其中,开南公司持有新梅公司全部已发行股份的5%,嘉池丰公司已不再持有新梅公司股票。2013年11月27日,开南公司发布上海新梅置业股份有限公司简式权益变动报告书,声明截至2013年11月27日,开南公司持有新梅公司无限售条件的流通股22,319,200股,占其总股本的5%。2014年6月6日,开南公司、腾京咨询中心、升创设计中心、瑞邦公司、鸿祥公司、力行公司共同签署《一致行动人协议》,约定各方共同作为新梅公司股东,在新梅公司股东大会、董事会行使提案权和在相关股东大会、董事会上行使表决权时保持一致。

2015年1月20日,中国证券监督管理委员会宁波监管局向王某忠出具行政处罚决定书,认为账户组在2014年6月13日前,未披露该账户组受同一人控制或存在一致行动关系,账户组在2013年10月23日合计持有新梅公司股票首次超过5%以及在2013年11月1日合计持有新梅公司股票10.02%时,均未按照《证券法》(2014年)第86条的规定对超比例持股情况进行及时报告和公告。王某忠能够对上述账户组进行控制、管理和使用,对该账户组享有收益权益并承担相应风险,是账户组的实际控制人和信息披露义务人,在账户组合计持有新梅公司股票

① 上海市第一中级人民法院民事判决书,(2015)沪一中民六(商)初字第66号。

分别达到5%及10%时,未根据《证券法》的相关规定履行信息披露义务,王某忠的上述行为违反了《证券法》(2014年)第86条的规定,构成了《证券法》(2014年)第193条所述之信息披露违法行为。中国证券监督管理委员会宁波监管局据此决定:责令王某忠改正违法行为,给予警告,并处以50万元的罚款。2015年1月27日,新梅公司发出公告,公布了中国证券监督管理委员会宁波监管局上述决定。王某忠于2015年1月22日通过中国工商银行向中国证券监督管理委员会缴纳罚款50万元。2015年1月23日,王某忠、开南公司与其他一致行动人腾京咨询中心、升创设计中心、瑞邦公司、鸿祥公司、力行公司共同发布"上海新梅置业股份有限公司详式权益变动报告书(补充披露)",载明截至2015年1月23日账户组持有的全部股份。作为大股东的上海兴盛公司据此将涉案收购人诉至法院。

裁判要旨:

该案争议焦点在于:(1)被告在未履行信息披露义务的情况下超比例购买新梅公司股票的交易行为是否有效;(2)原告的合法权益是否因被告的违规行为而遭受损失;(3)原告可否要求限制被告行使股东的权利或处分相应股份。

法院认为:第一,对于未履行披露义务是否会导致收购人购买股份的行为无效的问题,"我国《证券法》对违规进行内幕交易、操纵市场及违反信息披露义务的责任主体分别规定了相应的法律责任,其中包括行政责任、民事赔偿责任甚至刑事责任"。最高人民法院《关于审理证券市场因虚假陈述引发的民事赔偿案件的若干规定》也有相关规定。法律对收购人的违规操作和交易行为是分开对待的,没有任何法律规定违规操作会导致交易行为本身无效,仅需收购人针对其违规操作承担一定的法律责任即可。第二,《证券法》(2014年)第86条的立法目的即收购人的"信息披露义务旨在保障证券市场广大投资者的知情权,维护证券市场公开、公平、公正的交易秩序"。原告上海兴盛公司作为广大投资者的一员,可以请求被告王某忠等承担侵害知情权的赔偿责任,但不能要求法律保护其对公司的控制权。第三,针对上市公司控制股东的控制权、反收购权的性质问题,所谓上市公司的控制权仅表现为投资者根据其投资比例依法享有的对公司管理事务表决权的大小,是一种描述性的概括,而非法定权利。甚至,出于对中小股东和公司利益的保护,法律还应通过规定控股股东的信义义务以限制其对公司的控制。第四,对于公司章程约定的未履行披露义务后的表决权限制问题,该限制无效,根据《证券法》(2014年)第213条的规定,收购人未按要求进行信息披露的,"责令改正,给予警告,并处以十万元以上三十万元以下的罚款;在改正前,收购人对其收购或者通过协议、其他安排与他人共同收购的股份不得行使表决权"①，该条没有给章程留有余地，改正前的表决权限制也是行政处罚的一种。

因此，被告王某忠等通过证券交易所以集中竞价的方式公开购买新梅公司的股票，其交易方式本身并不违法。但该交易行为违反了我国《证券法》(2014 年)第 86 条关于大额持股信息披露制度的相关规定，需根据《证券法》(2014 年)第 120 条"对交易中违规交易者应负的民事责任不得免除"的规定，承担一定的民事责任。但该案中的"民事责任"是指遭受知情权侵害的投资者可以要求收购人承担民事侵权损害赔偿责任，而不能主张财产性权益损失，更不能仅因此限制被告行使股东权利或认定其购买股份的行为无效。

裁判评析：

该案是上市公司收购方未履行披露义务的法律后果的司法第一案，具有较高的研究价值。在现行法的框架下，法院的判决并无错漏。但遗憾的是，依照现行法律规定和监管规则，收购人违反披露义务仅需承担极弱的法律责任。类似本案的实践，收购人隐瞒了将近 10% 的股份收购情况，利用股东和公众的不知情，以低价购买上市公司股份，因此之获益绝非 50 万元罚款所能涵盖，其违规行为的收益与可能面临的风险不相称，容易导致其他收购人的效仿，难以杜绝收购人在信息披露层面的违法违规行为。而股东想要追回这部分损失，难以得到法律的支持，或者仅能以知情权受损为由得到少量补偿，无法实现通过收购人的信息披露保护其他投资人的立法初衷。

与该案类似的判决还有"深圳市康达尔(集团)股份有限公司与京基集团有限公司公司决议效力确认纠纷案"②，因收购人及其一致行动人在增持公司股份的过程中违反了信息披露义务，目标公司董事会决定收购人需减持股份至 5% 以下，并将违法所得(违法增持公司股票及减持该股票所获的收益)上缴公司，遂被收购人诉至法院。法院判决中也明确了收购人即使违反了信息披露义务，其作为目标公司合法股东的身份也不可置疑。但接下来的分析则稍显混乱。先是在判决中明确《证券法》(2014 年)第 86 条的目的除了方便市场监督，维护证券市场公开、公平、公正的交易规则外，更重要的是保护广大中小投资者的合法权益，必须惩罚投资者凭借信息或资金优势进行内幕交易或操纵证券市场的恶意行为，认为其应当根据我国证券法律法规及司法解释规定承担相应的行政责任、民事责任乃至刑事

① 该条文现已修改，相似的内容规定在《上市公司收购管理办法》第 75 条。

② 广东省深圳市中级人民法院民事判决书，(2016)粤 03 民终 13834 号。

责任。法院对收购人违反信息披露相关规定的行为给予了否定性评价，这值得肯定，但又远远不够，法院最终还是避开了对其具体民事责任的探讨。之后在考虑董事会决议效力的问题时，法院根据《上市公司收购管理办法》第75条的既有规定，认为股东表决权是股东的固有权利，“只能是由有权机关依据公权力、根据法律的明确规定、按照法定的程序进行，而不应允许公司董事会有权认定股东的违法行为，进而决定限制股东权利”。这一判决虽认识到了不履行披露义务的严重后果，但司法裁判无法超出实体法律规定的范围，最终还是认定收购人的收购行为有效且不可因此限制其行使股东权利。从该类案件的判决可以看出，司法裁判可操作的范围极为有限，只有通过订立相关法律条文，明确股东可以追责的范围或额度，才能改变收购人信息披露问题上对原股东权益保护不足的问题。

专题十六　股东协议问题

导　语

股东协议是有限责任公司治理中的重要手段,即便是在股份有限公司中,股东间签署协议就特殊事项作特殊约定也较为常见。公司章程与股东会决议在形成上要遵循烦琐的程序,最终公司章程还需要进行备案,可能造成信息泄露等。而相反,股东协议的成立则不需要遵循复杂的程序,股东间达成一致意思表示即告成立,因而在很大程度上弥补了公司章程与股东会决议的弊端。也正因如此,股东协议在适用范围上急剧扩张,严重侵占了公司章程与股东会决议的治理范畴,由此产生了公司章程与股东协议的冲突、股东协议与股东会决议区分甚至冲突的问题,给司法裁判带来不小的挑战。鉴此,本专题聚焦股东协议问题最为棘手的这两个问题,探讨其理论与实务问题,以期为理论与实务工作提供借鉴的思路。

问题一　股东协议与公司章程的冲突问题

股东协议与公司章程的冲突主要是指在同一事项上规定的不一致,由此导致司法裁判中无法确定应以何者为准的局面。这一问题在司法实践中呈现出显见的类案不同判,在学术界也是莫衷一是。

【规范梳整】

关于股东协议的《公司法》(2024)规范并不多,我们仅能在关于发起人协议部分发现股东协议的部分影子,但《公司法》(2024)对其规范并不能回答其与公司章程的冲突问题。《公司法》(2024)对公司章程的规定,在一定程度上可以回应二者在适用范围上的区分。本书在专题三“问题三:公司章程的自治边界”部分详细列举了公司章程的自治范围，读者可以自行阅读。但《公司法》对公司章程自治范围的规定并不能排除股东协议的权限范围，因此，在其发生冲突时，公司章程的自治范围并不能决定应以何者为准。

【理论基础】

股东协议与公司章程的冲突是涉股东协议纠纷中最为常见的类型，公司章程的形成需要召集股东会形成决议，并进行修改、登记等诸多繁琐的程序，而股东协议以其灵活性，且在很大程度上反映了股东真实意思等因素获得了股东治理公司的青睐。同时，因为公司章程需要备案，且早期在公司设立时，公司登记部门会提供模板章程要求填写，这使得公司章程沦为“照章填空”的产物，因而股东更加重视股东协议，而忽视公司章程，后者也在很大程度上仅仅是满足公司登记的形式要求，并不具有实际的意义。随着立法对“公司章程另有规定”的扩展，以及如“宝万之争”案件的影响，章程治理的法律地位在逐渐提升，公司通过章程设置反收购条款成为反收购的重要形式。这也使得公司章程与股东协议的冲突开始变得严重。但遗憾的是，学术界对此并没有很多研究，多数学者更加关心公司章程或股东协议本身，而对二者发生冲突时应当以哪一个为裁判依据并没有特殊的意见。例如，有学者认为，“股东协议的效力不受公司章程的影响，它们在各自的领域内发生效力。一旦两者发生冲突，股东协议的约定在缔约股东之间依然有效，缔约股东无权以公司章程为由主张该约定无效，违反股东协议的缔约股东应当承担违约责任”①。很明显，该观点并未解决冲突时候应当以哪个为准。当然，也有学者提出，“当外商投资企业合同与章程就同一事项规定不一时，章程的效力应当大于合同的效力”②。但该观点一方面建基在特殊的事项上，不具有普遍效力，另一方面，该学者并未就为何这样裁判做出解释，仅仅是结论性意见。甚至，还有学者指出，“在商事组织中，成员合同与组织规则不应截然分开，成员协议，尤其是全体成员达成一致的协议，可视为对章程的补充与修改”③。但同样，该观点未解决冲突的问题。正是学术界长期以来对这一问题的探讨的缺位，使得司法实践对这一问题呈现出类案不同判的景象。不过，通过对公司章程、股东协议的研究文献进行

---

① 吴高臣：《有限责任公司股东协议研究》，载《首都师范大学学报（社会科学版）》，2015 年第 6 期。

② 徐崇利：《外商投资企业协议、合同和章程的法律效力问题探讨》，载《现代法学》1995 年第 2 期。

③ 许德风：《组织规则的本质与界限——以成员合同与商事组织的关系为重点》，载《法学研究》2011 年第 3 期。

分析,亦可见学者对这一冲突问题的态度。因此,在股东协议与公司章程冲突问题的学理方面,笔者拟从股东协议与公司章程本身出发,探讨理论中对此应当如何认定,因本书专题三对公司章程的属性和自治边界有过集中论述,此处即不再赘述。笔者认为,当前学界对于股东协议与公司章程冲突时该适用哪一个的标准,主要可分为探寻股东真意的标准、尊重商事外观的标准以及遵循内外有别的标准。

一、股东协议的类型

学界对于股东协议的类型有过较多研究,例如,有学者主张股东协议在内容上主要包含表决权拘束协议、股东会的私人安排、董事会的私人安排、雇佣协议、股权收买协议、解散公司协议、股东争议解决协议。[①] 也有学者认为,按照内容,股东协议分为股东表决权协议、调整公司内部事项的协议、约定股份转让的股东协议;按照缔约主体之间的关系,股东协议分为合营企业协议、创业投资协议、准合伙公司中的股东协议;按照缔约主体是否均为股东,股东协议分为股东和非股东之间订立的股东协议、股东之间订立的协议;按照缔约时间,股东协议分为公司成立前缔结的股东协议和公司成立后缔结的股东协议。[②] 亦有从股东协议内容分析及其类型化角度提出股东协议分为以股权转让为内容的股东协议、以股权权利行使为内容的股东协议和以公司治理模式为内容的股东协议。[③]

从上述类型区分可以看出,股东协议内容庞杂,形式多样,涉及主体也不仅限于公司股东。例如,根据内容,股东协议涉及解散公司、调整公司内部事项这类属于公司章程和股东会决议控制的范围,同时还涉及股东争议解决、股权收买这类属于股东间私人安排的事项;根据主体,股东协议的签订主体可能涉及当下的股东、未来的股东、公司、公司投资者等;根据时间,股东协议可能成立于公司成立前,也可能签订于公司成立后。从这不同的划分中,我们可以看出,股东协议的范围已经囊括股东间私人的契约安排、公司章程的规范范畴、股东会决议的职权范畴乃至公司董事会的职权范围。涉及面之广、主体之众、利益关系之深甚至公司章程与股东会决议都不能及。然而遗憾的是,如此复杂、实用且适用较多的问题,我国立法始终未对其有系统回应,乃至时至今日,股东协议治理还被称为"暗箱治

---

① 参见张学文:《股东协议制度初论》,载《法商研究》2010 年第 6 期。

② 参见罗芳:《股东协议制度研究》,中国政法大学出版社 2014 年版,第 33—38 页。

③ 参见王思思:《论股东协议的法律适用——以股东协议的性质及内容为分析起点》,载《商事法论集》2015 年第 1 期。

理”，学者也在疾呼公司法对其进行回应。[1]

二、股东真意探寻的标准

如上介绍，股东协议种类繁多，涉及范围广泛，因而在实践中可能遭遇大量与公司章程的冲突问题。对于遭遇冲突问题时，应当依据哪一标准进行裁判进而认定应当以哪一个为裁判依据，理论可以推演出股东真意探寻这一标准。

股东真意探寻是指在出现股东协议与公司章程就同一事项的约定或规定发生冲突时，应当探寻哪一份文件承载着股东的真实意思表示。实践中，股东协议与公司章程都可能成为承载股东真实意思表示的文件，在遭遇冲突性问题时，可以通过文件成立的时间、公司章程是否为“照章填空”的产物等综合判断当事人的真实意思。

但股东真意探寻在遭遇外部第三人交易时就会遇到障碍，外部第三人主张其通过工商备案的公司章程而与公司发生交易，其基于对该备案公司章程产生的信赖而否认股东协议的意义，一般法院会支持其请求，也即股东真意探寻不具有普遍适用意义。

三、外观主义的标准

存在股东真意探寻就一定存在外观主义的标准，这一标准建立在公司章程需要进行工商登记，进而其就产生了公示公信效力的基本认知上。外观主义一般引向公司章程的备案，外部第三人基于公司章程的备案而与公司发生交易，是基于该公示的信赖利益，倘若该备案章程与股东协议不一致，应当遵循公司章程，保护第三人的信赖利益。

外观主义虽不是股东真意探寻的对立面，但以外观主义为推理依据的裁判却时常出现与以股东真意探寻为推理依据的裁判相反的结果，这主要有两个方面的原因，其一，较多公司章程都是“照章填空”的产物，不仅没有股东的真实意思表示，甚至股东直到涉及纠纷时才第一次看到在工商登记机关备案的章程。其二，公司章程的修改需要股东会决议，经过决议后也需要进行备案等，有些公司董事会怠于履行职责，可能导致新修订的章程一直未备案，或迟延备案，而在此期间，股东可能已经就相关的章程修改事项达成了新的意见，签署了新的股东协议，此时公示的公司章程就与股东协议的内容发生冲突。在这些情况下依据股东真意的裁判与依据外观主义的裁判就必然发生冲突，出现相反的裁判结果。

外观主义全称商事外观主义，本书在专题八中针对股东资格认定与股权代持

---

① 参见汪青松：《股东协议暗箱治理的公司法回应》，载《中国法学》2023 年第 5 期。

法律关系问题作过较为详细的理论阐述，在此不再赘述。实际上，外观主义关注的是对外交易行为，因为在理论上，工商登记的对内效力是存疑的，“在行为登记、股东身份及其股权登记、人事登记、章程备案等事项上，登记是否产生约束力，是存在争议的”①。笔者也并不赞同工商登记产生对内的约束力。但其对外的效力也并非没有疑问，“我国的登记，至少包含了备案（Document）、记录（Record）、注册（Registration）、公示（Publication）、许可（Licensing）等多种不同的行为。具体到每一个登记事项，其中可能出于上述的一个或者几个行为，同时，具体登记事项之间对应的行为并不相同，这就导致了登记效力难以用一个统一的原则来解释”。譬如若公司章程规定了股东身份、隐名持股等问题，是否应因公司章程的工商备案而推定第三人知道？显然是存在疑问的。从公司章程的属性出发，“公司章程则只对公司内部人发生效力，对于公司外部人，如债权人或者其他任何第三人不发生拘束力，不能对抗善意第三人”②。公司章程内容本身并未完全登记，推定知道并不能适用公司章程，因此，“公司章程具有对外效力的理由并不能成立，公司章程只能约束公司、股东、董事、监事和高管，而不能约束善意第三人”③。但笔者主张，对外交易第三人通过工商备案查询获知公司章程的内容，此时基于备案所得之信息应作为其信赖利益的基础，此时外观主义方才发生效力。

四、内外有别的标准

通过对前述两种标准的探讨，可以看出，“内外有别”这种主张区分看待的观点就呼之欲出了。质言之，针对公司内部关系时，应当尊重当事人的真实意思表示，而不论承载真实意思表示的是公司章程还是股东协议，而针对外部第三人时，则以公司章程为准，因为需要保护外部第三人的信赖利益。

除此之外，抛开公司内外部关系，亦有仅以公司章程为公司的内部自治法规而主张应当在遭遇冲突时以公司章程为准，而不论股东的真实意思表示和权利外观等的观点。这一观点建立在公司章程是裁判法源的认识上，④以提高对公司章程法律地位的认识为主要倡导，本质上是一种强调组织的团体自治不同于一般契约自治的主张。但这一观点仍然稍显狭隘，未能关注股东之间的真实意思，与实践脱节较为明显，笔者并不赞同。

笔者较为赞同内外有别的标准，但并非机械的内外有别观点。一方面，在针

---

① 邓峰：《普通公司法》，中国人民大学出版社 2009 年版，第 235 页。

② 施天涛：《公司法论》（第 4 版），法律出版社 2018 年版，第 133 页。

③ 陈进：《公司章程对外效力研究》，载《甘肃政法学院学报》2012 年第 5 期。

④ 参见钱玉林：《作为裁判法源的公司章程：立法表达与司法实践》，载《法商研究》2011 年第 1 期。

对股东之间的纠纷时，以探寻公司当时真实意思表示为准；另一方面，在遭遇外部第三人时，仅在其主张交易前已经查阅备案章程的情况下，保护其对公司章程备案的信赖利益。

【审判实务】

在司法裁判中，存在以公司章程为准、以股东协议为准和“内外有别”的思路。

以公司章程为准。例如，在“韩某政、溆浦县润泰烟花爆竹销售有限公司公司决议撤销纠纷案”①中，一审法院认为，《投资经营协议》的适用既不能违反法律和行政法规，也不能取代公司章程。如果在法律禁止的条件下仍继续执行《投资经营协议》由股东担任执行董事的约定，既有悖公司自治理念，不符合公司章程的规定，也有违法律规定。二审法院认为，公司章程是规范公司组织及行为的基本规则，是公司所有人员必须遵守的规章制度。《投资经营协议》属公司出资人协议，该协议仅对润泰公司出资人韩某政、张某、龙某有约束力。即便张某、龙某违反该协议的约定，韩某政应该依据协议要求张某、龙某承担违约责任，但不能以股东之间的《投资经营协议》取代公司章程。

以股东协议为准。例如，在“上海联合汽车大道开发建设有限公司、中国五冶集团有限公司与上海联合汽车（集团）有限公司公司决议撤销纠纷案”②中，一审法院认为，公司章程是公司股东以外的债权人和其他公众赖以了解公司的基本依据，但对股东之间来说，公司章程仅是股东之间的一种契约，股东可以通过其他合意在不违反强制性规定的情况下进一步明确各自的权利义务，甚至否定公司章程的约定，故在股东之间应以股东的真实意思合意为准。该案中股东协议反应股东真实意思表示，该决议违反股东协议，应予撤销。

内外有别。例如，在“新华文轩出版传媒股份有限公司（以下简称新华文轩公司）、福建省都市之光文化传播有限公司、漳州市芗城区博文图书文化有限公司（以下简称博文公司）等合同纠纷案”③中，法院即认为在前后股东协议的内容不一致、股东协议与公司章程产生冲突时，应依照处理公司纠纷中“内外有别”的原则，探究股东真实意思，适用反映股东真实合意的约定。

如上所述，笔者主张“内外有别”说，但对其适用应当有所区分，即在交易第三

---

① 湖南省怀化市中级人民法院民事判决书，（2020）湘12民终383号。

② 上海联合汽车大道开发建设有限公司、中国五冶集团有限公司与上海联合汽车（集团）有限公司公司决议撤销纠纷案，上海市高级人民法院（2013）沪二中民四（商）终字第733号民事判决书。

③ 四川省成都市中级人民法院民事判决书，（2018）川01民初2056号。

人知晓股东协议的情况下，仍应当以股东真意为准。

【典型案例】

新华文轩出版传媒股份有限公司与福建省都市之光文化传播有限公司、漳州市芗城区博文图书文化有限公司等合同纠纷案[①]

基本案情：

新华文轩商业连锁（北京）有限公司（以下简称文轩商业公司）于2011年12月13日注册成立，依据2011年11月20日，新华文轩公司、福州市都视之光文化传播有限公司（以下简称都视公司）、博文公司、王某公司及文轩商业公司五方签署之《合作协议》，文轩商业公司注册资本5000万元，上述四股东分别认缴出资2550万元（51%）、1200万元（24%）、500万元（10%）、750万元（15%），首期1000万元出资已缴足。

2012年1月12日，文轩商业公司修改公司章程，将新华文轩公司、都视公司及博文公司出资期限延长至2012年11月20日，王某的出资期限延长至2013年11月20日。

2012年5月28日，文轩商业公司各股东签署《增资协议》，约定：除王某外，其他股东出资均已缴足，王某承诺于2012年5月31日前缴足剩余出资。该次增资按各自持股比例同比增资，出资期限至2012年6月30日。

2012年5月30日，文轩商业公司形成"第一届第三次股东会决议"，确认上述增资。

2012年5月29日，文轩商业公司修改章程，规定各方认缴尚未缴出资期限变更为2013年11月20日。

2012年11月23日，文轩商业公司形成股东会决议，主要内容为新华文轩公司收购其余股东股权，应于2012年12月10日前提出股权收购方案。

2012年4月15日，文轩商业公司形成"第五次股东会会议决议"，议题为股权调整。内容包括：注册资本不变，都视公司少投入1820万元，对应股份由新华文轩公司认购，王某15%股份转给人类科技公司。

2013年5月15日，文轩商业公司就该股权交易相关事项处理形成第十次董

---

① 四川省成都市中级人民法院民事判决书，(2018)川01民初2056号。

事会决议。

2013年9月25日,文轩商业公司员工于某静通过电子邮件向博文公司经理韩某靖发送了股东会决议和章程修正案,并在邮件中写明:发送的材料是用于工商变更的股东会决议和章程修正案新改材料,决议内容与先前决议内容差别在于新增都视公司和王某出资时间的延后,该条内容是为避免11月20日完成不了注资而被工商罚款。请韩将电子版决议打印出来,空格与时间不填,然后将决议盖上都视公司和博文公司的公章。

此后,文轩商业公司用上述邮件发送的、落款日期为2013年8月29日的"第一届第六次股东会决议",在工商行政管理部门办理了关于股东出资的变更登记,并进行了相应的章程修正案备案。上述股东会决议内容为:注册资本为18,000万元,其中新华文轩公司出资货币9180万元;都视公司出资货币4320万元,其中实缴1200万元,待缴3120万元,出资期限为2014年5月20日;博文公司出资货币1800万元;王某出资货币2700万元,其中实缴750万元,待缴1950万元,出资期限为2014年5月20日。公司章程修正案对原章程进行了修改,都视公司及王某的认缴出资期限均变更为2014年5月20日。

后来,因出资履行各方产生纠纷,诉至法院。一审后,双方均未上诉。

裁判要旨:

法院认为,该案涉及的是股东之间权利义务关系,应根据股东之间的约定进行处理。就出资金额、出资方式和出资期限问题,文轩商业公司各股东先后形成了多份股东协议(包括决议)、章程及修正案。在前后股东协议的内容不一致、股东协议与公司章程产生冲突时,应依照处理公司纠纷中"内外有别"的原则,探究股东真实意思,适用反映股东真实合意的约定。

各股东于2012年5月28日签署《增资协议》,约定增资13,000万元及各方出资义务。此后,2013年8月29日各股东又形成"第一届第六次股东会决议",该决议载明各股东认缴出资金额与《增资协议》一致,只对《增资协议》的出资期限进行了延展。同时新华文轩公司形成相应章程修正案。但从证据材料反映出的该决议形成的原因、过程看,2013年8月29日文轩商业公司并未召开股东会,该决议及章程修正案是由新华文轩公司拟定后,交由各股东签署,目的是避免公司因股东未按原章程约定期限出资而被工商行政管理部门处罚。因此,"第一届第六次股东会决议"及相应章程修正案并非各股东关于出资问题的真实意思。在"第一届第六次股东会决议"及相应公司章程修正案形成后的2013年8月30日,文轩商业公司的第十一次董事会讨论了"关于并购和二次注资事宜的进展情况汇报”,能够印证上述事实。故“第一届第六次股东会决议”及相应公司章程修正案不应作为处理本案出资纠纷的依据。

因此,2013年4月15日形成的“第五次股东会会议决议”反映了全体股东真实意思,该协议关于都视公司和王某出资事宜的约定,对各方当事人有约束力。在“第五次股东会会议决议”相关股东协议未被解除、全体股东未就都视公司和王某仍应按《增资协议》出资达成一致意见的情况下,新华文轩公司的主张不能成立。

裁判评析:

该案前后涉及文件的核心内容是新华文轩公司主张之依据公司章程所载的出资义务,而该出资义务与先前签订之股东协议之间存在冲突。该案中,法院采用了“内外有别”的裁判思路,案涉当事人均为公司股东,不涉及公司的外部第三人,因而应当遵循当事股东的真实意思。事实上,“内外有别”的裁判思路长期以来为公司裁判的一项基本原则,“在处理公司内外部关系的问题上,之所以要坚持内外有别的原则,主要目的是要维护我国的社会主义市场交易秩序,保证各种类型的市场主体能在良好的营商环境下有序地开展活动”。因此,该案作为股东协议与公司章程冲突的典型,在解决这类问题时,采用“内外有别”的裁判思路能够产生良好的效果。

问题二　股东协议与股东会决议的区分

同上述公司章程与股东协议一样,立法并未明确对二者作出区分,立法也缺乏对股东协议的规范。因此,股东会决议与股东协议如何区分、二者发生冲突时如何裁判等长期以来是困扰司法实践的问题。

【规范梳整】

《公司法》(2024)涉及股东协议与股东会决议的规范主要为股东会决议的程序与内容规范。《公司法》(2024)第59条列明股东会的职权范围,包括:公司经营方针,公司治理,公司盈余分配,公司增减资,公司合并、分立、解散、清算等。

在明确股东会职权的情况下,该条在第3款中又明确,“对本条第一款所列事项股东以书面形式一致表示同意的,可以不召开股东会会议,直接作出决定,并由全体股东在决定文件上签名或者盖章”。这一款可以看作是关于股东会决议与股东协议的交叉条款，因为在很多情况下，小型企业的股东会成员较少，股东会决议比较容易达成"一致表示同意"的局面。但这也导致了股东会决议与股东协议的区分困境。

【理论基础】

长期以来，学术界对于股东协议与股东会决议之间的区分，都局限于特定的视角，这一视角即是从概念到概念。质言之，学者们并不关心实际的文件是什么，其更在乎我们如何从规范的角度建构一个股东协议与股东会决议区分的理论框架，而对于给定文件是属于股东协议还是股东会决议，那只是法院应当关心的问题。但恰恰这就是实践中难以确定的问题。因为部分文件既满足股东协议的特征，又符合股东会决议的要求，认定其为股东协议还是股东会决议将产生完全不同的裁判结果。不过，对股东协议与股东会决议从概念到概念的探讨也并非毫无实践的意义，因为在确定了其为股东协议或者股东会决议的情况下，对二者应当怎么裁判，就需要以概念和特征上的区分作为依据。鉴此，对于股东协议与股东会决议区分的理论部分，即从这理论的区分和实践的确认两个角度谈起。

一、股东协议与股东会决议的学理区分

区分股东协议与股东会决议，需要从这二者的本质属性与特征出发，进而再从这些属性与特征中发掘二者的本质差异。对此，学术界的探讨不可谓不多，笔者也并不完全赞同，因而此处也是在对学者观点进行综合和批判的基础上提出笔者的思考。

（一）股东协议的属性与特征

股东协议的首要属性当属契约性。不论是理论界还是实务中，对股东协议的最初印象都是契约属性，受《民法典》合同编调整，笔者在前文中亦有论述。之所以会产生如此印象，根源在两个方面，其一，从形式上，股东协议多数是以合同、协议、约定等呈现，这让人不由自主地将其认定为股东之间的约定；其二，股东协议都是以各方当事人一致同意为基础，这与契约所强调的意思表示一致性相符合，即便是将其看作共同行为，对其属性的认知也主要以契约为主。除此之外，在我国《公司法》(2024)中，对于股东协议的唯一规定即发起人协议，本书在专题一中也有阐述，学术界和实务界对于发起人之间关系的界定也都是以合伙为主，发起人在公司成立后出现出资瑕疵时，除需要完成缴足出资义务外，还需对其他发起人承担"违约责任"，这更加使人确信，股东协议就是契约，甚至是合同。笔者对此表示赞同，首先，从形成程序上，股东协议的成立遵循意思表示的一致，因而法律的调整建立在最终成形的文件中不存在意思冲突之上，因而立法也不对其提供意思冲突的解决机制；其次，从内容上来看，大量股东协议的内容约定的是股东之间的权利义务关系，如股权处分、出资期限、出资形式等；最后，从调整的法律来看，对于股东协议的裁判或是以《民法典》合同编为依据，或是以相关民法原则为依据，鲜有援引《公司法》及其解释作为裁判依据。

股东协议的另一属性为组织性。在早期，不论是理论界还是实务界，普遍不承认股东协议的组织属性，这一方面是源于长期以来在学术界占据主导地位的公司合同理论的影响，另一方面也是由股东协议本身的形式要求和内容所决定。其后，随着"协议替代治理"现象的泛滥，学者也渐渐意识到，司法实践对待这一问题采合同自由、民法原则的视角过于单一，忽视了公司及其治理的内在要求，进而发出"认真对待公司法"的疾呼，[①]这可谓是对股东协议组织性的较早认识。直至近些年，关于对赌协议的裁判和研究越来越多，学术界和实务界开始认识到，部分股东协议可能不仅仅是股东之间就自身权利的一种契约安排，很多情况下，股东协议，尤其是对赌协议具有"契约"与"组织"的两个结构面，后者即是指在私募投资方进入后目标公司的经营治理层面，这一层面的对赌偏重风险共担、互利共赢，属于团体法维度。[②] 实际上，注意到对赌协议组织结构面是因为大量对赌协议都涉及公司经营治理问题，但除对赌协议外，实践中大量不涉及估值调整或者并非纯粹意义对赌协议的企业投资协议、股权转让协议、股东合作协议等都涉及公司组织的治理问题，对其裁判又不能简单地以合同相对性割断协议与公司内部治理之间的关系，因其在很大程度上真实地影响到了公司的实际经营。因此，我们应当认识到股东协议，至少是部分股东协议本身具有组织属性。

（二）股东会决议的属性与特征

本书在专题四中对公司决议的属性有过界定，笔者认为，股东会决议作为典型的公司决议，其法律属性为法律行为而非意思形成过程，质言之，股东会决议并非法律行为过程中一部分的公司意思的形成机制，而是实实在在的法律行为本身。因此，在这层意义上，股东会决议才与股东协议有了比较的基础。那么，同是作为法律行为的股东会决议，其特征有哪些？笔者认为，基于专题四对于公司决议的诸多学术探讨，从意思形成说到法律行为说，主流观点中的股东会决议至少

---

① 参见陈群峰：《认真对待公司法：基于股东间协议的司法实践的考察》，载《中外法学》2013 年第 4 期。

② 参见盛学军、吴飞飞：《"中国式对赌"：异化与归正——基于契约法与组织法的双重考察》，载《证券法苑》2020 年第 2 期。

具有以下两个核心特征:程序性和意思冲突性。

程序性。较之以个人法为基础的契约行为,同为法律行为的决议行为更加强调程序性,虽然合同的成立也讲究要约、承诺的流程,但法律对其更多是指一种识别,而非苛求其必须按照这一程序来甚至以要式的形式保留下来这些流程证据。在出现瑕疵问题时,法院审查关注的重点也是其意思表示是否真实与自由,而非其是否遵循合理的程序而形成。股东会决议则不同,即便立法并未对其成立的要件进行规范,理论上也对其有所争议,但基于程序的要求是学界的共识,即股东会决议需要经历真实的会议召集、召开、表决、签字等程序,并且表决权数还要满足法律或公司章程的要求。不过,并非所有股东会决议都需要实际召开会议,《公司法》同样做了例外规定,即全体股东一致同意的情形下,可以不召开会议,这一例外规定具有实践意义,因为实践中有许多公司并没有太多股东,在不召集股东会的情形下也较容易达成一致同意。

意思冲突性。意思冲突性表现在股东会决议的成立建立在多数决基础上,多数决的本质是意思冲突解决机制①,通过多数决而形成的最终公司意志是一种"化合"产物②,已经脱离了股东个人的意志。不过,多数决并非绝对,在部分公司中,公司的控制人可能通过一致行动协议或是仅仅因个人威望等控制公司,其最终可能演变成一种"一人决"。我们应当认识到,这种局面并非对意思冲突或多数决的背叛,恰恰多数决是建立在商业实践的基础上,多数决也好,一人决也罢,其本质上都建立在一个对表决权让渡乃至其他股权让渡的在先合意基础上。质言之,多数决之所以能够约束投反对票的股东,是因为决议本身蕴含着这样一种在先的规则,即当事人同意,即便其投反对票,也要受多数决的决定约束。同样地,当这一决议规则演变成一人决时,这一在先的规则仍然有效,只是该权利的让渡发生了变化,即认可一人的决定,任由该决定约束自己的行为,决定自己的利益。这也是决议与契约最为本质的区别。

(三)股东协议与股东会决议的区分

通过以上对股东协议与股东会决议法律属性和特征的探讨,我们也大致可看出这二者的区分。笔者认为,总结来看,二者最核心的区分应当是在形成机制上和承载内容上。

---

① 参见陈醇:《论单方法律行为、合同和决议之间的区别——以意思互动为视角》,载《环球法律评论》2010 年第 1 期。

② 参见周淳:《组织法视阈中的公司决议及其法律适用》,载《中国法学》2019 年第 6 期。

形成机制的不同。形成机制分为两个方面。一方面是形成程序。前已述及，不论是《民法典》合同编还是《公司法》，都对股东决议的形成没有特殊的程序要求，股东协议本身即承载着各方主体的意思表示，并不再需要其他程序加以证明，其瑕疵也仅是意思表示的不真实或不自由，而非形成机制的瑕疵。股东会决议则遵循一定的议事规则、表决程序，是否遵循这一程序可能影响到决议本身是否存在瑕疵、是否可撤销。但若介于二者中间地带的全体股东一致同意则不需要关注形成机制，这是因为，不论是立法还是实践，对于表决权的认可度要较程序更高，但我们也必须认识到，"全体股东一致同意的表决结果，只能是多数决的一个例外，多元投资公司的意思形成机制必然趋向民主化"①。因此，程序性是股东协议与股东会决议的重要区分。另一方面是意思要求。股东协议要求意思表示的一致性，而股东会决议则强调多数决，二者对于发生意思冲突的态度并不一样，前者在发生意思冲突时将直接导致合约的不成立，而后者在发生冲突时只需要满足多数决的表决权数量要求，即可认定其成立且有效。因此，本质上，二者对于意思要求的不一致，使得其承载了不同的功能。

承载内容的不同。普遍认为，股东协议的内容为股东之间就个人权利义务的安排，强调私人性，而股东会决议则为股东之间就共益性事务的安排，强调公共性。因此，二者承载的内容必然有所区分，例如股东协议可能约定股东间股权的强制转让、股东出资的期限、股东出资形式等；而股东会决议则是对公司是否对外担保、公司董事和高管的选举、公司如何进行对外投资等的约定。不过，笔者在前面也提到，当前很多股东协议已经具有了组织属性，其约定的内容同时也可能涉及公司治理这些具有共益性的问题，并且实践中，股东也并不会遵循前述区分而签订股东协议，往往是股东觉得应当对哪些事项进行约定就径行签订股东协议，而不论该事项是否属于股东协议的区分范围。但反过来，笔者认为，我们必须意识到一个问题，学理上来讲，股东协议并非为约定公司治理、公司共益事项而诞生，但股东会决议则是为了决定公司的共益事务，同时也解决股东之间的意思冲突。只是在实践中，会出现以股东协议约定公司共益事务，而以股东会决议约定股东间私人权利的情形。因此，这也正是后文"对给定文件法律定性"探讨的必要性由来。

不过，也有学者主张，在商事组织中，成员合同与组织规则不应截然分开，成

---

① 笔者并不赞同其"意思形成"的观点，但对其"例外"与"民主化"之观点较为赞同。参见吴建斌：《合意原则何以对决多数决——公司合同理论本土化迷思解析》，载《法学》2011 年第 2 期。

员协议,尤其是全体成员达成一致的协议,可视为对章程的补充与修改。[①] 当然,这一意见有助于解决公司章程与股东协议的冲突问题,该观点也为《公司法》(2024)所采纳,因为全体一致同意可以不经决议程序,即认可了其组织属性。但合意并不能取代多数决,这也是笔者在前文中反复强调的。

二、争议文件的法律定性

司法实践中,极易出现这样两种情形:股东召开股东会形成了股东会决议,但文件名称为"关于……的协议";几名股东之间签订协议,约定公司的董事会成员、公司的投资战略等相关事宜,嗣后也并不召开股东会对相关事项形成决议。对于这两种情形,当事人诉至法院,请求确认股东协议无效,或者认为该协议本质上是股东会决议等时,法院往往需要确认该文件系股东协议还是股东会决议,倘若认定为股东会决议,则其约束范围包含全体股东,董事也需要执行该决议,对该决议的瑕疵等问题,也需要遵循 6 个月除斥期间的法律规定等;倘若认定为股东协议,则需遵循《民法典》合同编的裁判标准,探讨当事人的真实意思表示,其效力瑕疵遵循的时效期间也有差异。当然,实践中的情形将会更加复杂,其中还涉及内外部关系等,但不论其实际争议为何,前提都需要确定,这一给定的文件究竟是股东协议,还是股东会决议。笔者认为,理论上,根据前述关于股东协议与股东会决议的区分原理,应当综合内容与程序两个机制来划分。

(一)根据内容的划分

《公司法》(2024)第 59 条第 1 款列明了股东会的职权,包括决定公司经营方针,选举公司董事,决定公司合并、分立、解散等,以及公司章程规定的其他职权。可以看出,除"公司章程规定的其他职权"之外,《公司法》(2024)明文规定的股东会决议职权范围都是公司的共益事项,涉及公司经营、公司治理等多个方面的问题。不过,《公司法》(2024)并未明确股东协议应当包含哪些事项,但对于发起人协议有过规范,第 93 条规定,"发起人应当签订发起人协议,明确各自在公司设立过程中的权利和义务"。可见,作为唯一的关于股东协议的规范,该条将发起人协议的内容限定为明确股东个人在公司设立中的权利和义务,虽然这些权利和义务可能直接关涉公司成立与否,甚至发起人协议约定的各股东扮演的角色在公司成立后也会被直接承继,例如董事长等的约定,但其本质上仍然是对私人权益的安排,而非共益事项。除了发起人协议外,其他股东协议并未遵循以上内容的划分,

---

① 参见许德风:《组织规则的本质与界限——以成员合同与商事组织的关系为重点》,载《法学研究》2011 年第 3 期。

这一方面根源于立法中对于哪些事项属于股东会决议的范围，哪些事项属于股东协议的范围并没有明确界定，另一方面也与实务工作中多数股东并没有这方面的区分意识有关。笔者认为，倘若该文件在内容上本就为《公司法》明确规定的股东会职权范围，且该股东协议还满足全体股东一致同意的要件，就应当认定其为股东会决议，而不论该文件如何注明。而倘若该文件通过法定股东会召集程序，形成之决议内容却为股东间的权利义务安排，形式上同样满足全体股东一致同意，则应当遵循探寻当事人的真意，认定其为股东协议而非股东会决议。

(二)根据程序的划分

之所以在认定以内容区分的情况下，还要强调根据程序进行划分，是因为这关系到该项定义之文件存在瑕疵时应当依据决议还是协议来进行救济，同时，并非仅仅在全体股东一致同意之下才存在界定该文件属性的问题，在部分股东同意的情况下，仍然存在应当界定为股东协议还是股东会决议的问题。前已述及，股东会决议较之股东协议有着明确的程序性要求，这不仅表现在实践中需要经过这样一个程序来达成最终的意见，而且还表现在立法明文规定了程序瑕疵作为决议瑕疵的法定事由。因此，倘若该文件被认定为股东协议，则意味着其无法依据该决议存在程序瑕疵而主张撤销。笔者认为，根据程序的划分，要进行如下判断：

倘若当事人举证证明该份文件经过股东会会议的召集、召开、表决等一系列程序，但最终文件并非全体股东一致同意，存在同意、反对或弃权票，对此，即便该约定内容为股东的个人事务，也应当认定其为股东会决议，对全体股东发生效力，并适用决议的瑕疵规则。

倘若当事人并未举证证明该份文件经过上述程序，但文件上却约定了公司的共益事项，且该文件并未得到全体股东的一致同意，其他股东也无法证明未签名股东系在股东会会议上投反对票或弃权票，则应认定该股东会会议并未召集，决议并未成立，该文件系部分股东之间的股东协议，仅在该部分股东之间发生效力。这一效力表现在，依据该股东协议得请求其他股东履行协议的约定，而非对公司的请求权。例如，协议中约定公司董事长为某股东，若其他股东未在股东会决议上选举其为董事长，则应当对其承担协议约定的法律责任，而该股东并无对公司的请求权。

【审判实务】

审判实践中，对于股东协议与股东会决议的区分，有着不同种类的观点。总结来看，主要为以文件签署人和内容来区分，区分观点本质上多是以探寻当事人的真实意思表示为区分思路。

以文件签署人来区分。例如,在“宋某与钟某文、广州雅妍健康医疗投资有限公司(以下简称雅妍公司)合同纠纷案”①中,法院认为,鉴于宋某、钟某文系雅妍公司股东,代表雅妍公司100%的表决权,上述两协议效力等同于股东会决议,因此,雅妍公司理应履行公司决议,且钟某文系公司大股东,亦是上述协议的合同相对方,理应配合雅妍公司履行协议。但后续股东会决议、公司章程对前述“股东会决议”作出修改,故宋某主张请求缺乏理据,不予支持。

以文件所载内容来区分,例如,在“张某迅与张某根合同纠纷案”中,法院认为,《合作战略框架协议》的性质是股东会决议,体现在如下几点:(1)该协议签订于公司成立及公司章程制定之后,签订协议的双方为公司仅有的两个股东张某迅、张某根。(2)协议约定了公司董事长、总经理、副总经理、技术总监重要人事职位的出任人员,并约定了一票否决权。(3)协议约定了公司股权分配及出资方式,更约定了公司住所地等重要事项。(4)协议还对公司的未来经营方针、投资、融资等进行了约定。(5)协议明确约定“本协议与公司章程如有不符以本协议约定内容为准”,根据《公司法》相关规定,仅有股东会享有“修改公司章程”的权力。前述几项已完全超过了公司股东之间的一般协议范畴,属于公司设立后行使公司权力的体现,故该《合作战略框架协议》具有股东会决议的法律效力。根据法律规定,对股东会决议的效力有宣告决议无效或撤销决议的救济方式,不包含解除这一方式,故张某迅诉请无事实、法律依据。

以上区分方式具有一定道理,但笔者仍主张,应当综合程序和内容来判断,同时还应当审查该文件是否经全体一致同意。

【典型案例】

张某与巴林左旗锦绣恒源商贸有限公司股东资格确认纠纷案②

基本案情:

原告张某与魏某、王某、韩某于2012年签订《合作协议》共同设立公司,于后续《补充协议》约定了各自持有的公司股份比例,其中公司工商登记股东为韩某,

---

① 广东省广州市天河区人民法院民事判决书,(2019)粤0106民初39958号。

② 巴林左旗锦绣恒源商贸有限公司与张某股东资格确认纠纷案,内蒙古自治区赤峰市中级人民法院(2018)内04民终3765号民事判决书。

张某、魏某、王某为隐名股东。2015年1月5日四股东形成股东会决议,约定各自在规定时间内筹集资金,未完成者视为自动退股。后魏某、王某因未完成约定义务接连签订退股协议退出公司,张某未签订退股协议,并继续以股东身份参与公司股东会决议。后韩某与公司拒绝张某行使股东权利,被张某诉至法院。

裁判要旨:

一审法院认为,2015年1月5日形成的股东会决议系双方真实意思表示,不违反法律规定,未侵犯第三人利益,是有效的民事协议,双方应按该决议书的约定履行各自的义务。原告张某未履行2015年1月5日形成的股东会决议约定的股东义务,属于违约行为,应按照决议书的约定按其自动退股处理。

原告不服,上诉至中级人民法院,二审撤销原判,发回重审。

重一审法院认为,依据《公司法司法解释(四)》第23条第1款之规定,隐名持股协议有效,张某股东身份及比例可以确认,但对于被告主张的张某未履行2015年1月5日股东会决议属于自动退股的抗辩意见,因张某与被告公司尚未就该协议履行股权收购或者转让事宜达成一致意见,且与张某在此决议后仍以股东身份参加股东会议的事实相悖,故张某在持有股份被公司收购或者转让前,仍具有股东身份。

重二审法院认为,对魏某和王某的股权转让,均为通过股东会议决议的形式,达成一致意见后进行的,并非由于股东未按2015年1月5日的股东会决议筹集资金按自动退股处理。因上诉人与被上诉人张某未就张某的股权收购或者转让事宜达成一致意见,故张某在其持有的股份被公司收购或转让前,仍具有股东资格。

裁判评析:

该案不仅涉及股东会决议与股东协议的区分问题,同时还涉及如何认定股东会决议与股东协议,以及二者权限的划分问题。该案一审判决径直认定股东会决议系股东协议,这一认定显然混淆了股东会决议与股东协议。该案中,唯一的登记股东为韩某,张、魏、王均为隐名股东,这就使得股东会决议与股东协议的认定存在一定的问题。因为隐名股东需要显名化才成为公司的股东,如此该案仅一个股东,自不存在股东协议甚至是股东会决议一说。但该案各级法院审判均以4人为股东为前提作出裁判,这一裁判的好处是直击实际情况,而不拘泥于形式上的差异。在这一基础认识上,该案一审法院将决议认定为股东协议,显然是从实际内容出发,认为该决议并不涉及股东以外的第三人,因而决议本身即具有了协议的属性。但后续审判中,法院又认为股东除名的权限在股东会决议而非股东协议,即便股东除名也仅仅是涉及股东之间的关系。由此可见,该案不同审判阶段对于股东会决议与股东协议的界分有着不同的认识,这一认识也导致了裁判中出现的矛盾。笔者认为,重二审法院裁判较为合理,一方面,该裁判承认 4 人为公司股东,采取实质化的路径,未拘泥于公司登记的形式;另一方面,该裁判区分了股东协议与股东会决议,认为除名股东应通过股东会决议,即便前有股东退出公司,也系通过股权转让,而非基于股东协议的除名。因此,针对张某的除名,应当通过股东会决议进行,并履行收购或股权转让手续。

Part

第三部分

公司资本

03

专题十七　股权回购与对赌协议

导　语

股东在公司成立后不能撤回出资是公司资本制度的基本要求，但是出于调节资本结构、激励公司员工、安定股市等目的，公司回购股份同时又符合商业发展规律，具有现实意义。现实需求与资本制度基本要求之间的张力催生出较为严格的股权回购限制规则，例如，我国《公司法》(2024)第89、161、162条规定异议股东回购请求权与“原则禁止、例外允许”的股权回购模式。遗憾的是，这些规则并未明确股权回购的资金来源，由此引发了理论与实践的争议。

与股权回购之间时常发生关联的另一问题是对赌协议，作为金融创新的产物，对赌协议在资本市场较为常见。对赌协议是投资方与融资方共同设定业绩目标，以业绩目标实现与否调整企业估值的一种协议，实践中大多以现金补偿或股权回购为对赌失败的约定后果。对赌协议中存在契约法与组织法的交织，对其性质、效力与履行存在不同的学说和审判观点，由是也引致聚讼不断。

鉴此，本专题以股权回购与对赌协议为议题，论述其中存在的理论与实务争议，以期为实务工作提供思路参考。

问题一　股权回购的事由限制及资金来源

股权回购因会引起公司资本变动，涉及多方主体的利益关系，长期以来为立法严格限制，其限制的主要内容为股权回购的事由，以及理论与实务中一直较为看重的资金来源。在现行立法对相关规则尚付阙如或尚不敷使用的情况下，对限制事由与资金来源的探讨成为股权回购不可回避的问题。

【规范梳整】

股权回购主要发生在两个场景，其一为异议股东回购，《公司法》（2024）第89、161条规定了异议股东回购请求权，其情形包括：公司有利润不分配，公司合并、分立、转让主要财产以及公司通过股东会决议延迟公司解散。其二为公司自行决定的收购场景，对此立法一直有着明确限制，在2018年《公司法》修正后，公司回购股权的事由得以扩张，由此形成了第142条之事由规范，包括：公司减资、与持有本公司股份的其他公司合并、股权激励、异议股权回购、将股份用于转换上市公司发行的可转换为股票的公司债券、上市公司为维护公司价值及股东权益所必需。在此情况下，该条同时还明确，公司不得接受本公司的股票作为质押权的标的。《公司法》（2024）对此并未作过多修改，仅将《公司法》（2018年）第74条之内容适用于股份有限公司。对法定回购进行了规定的第74条虽然为股东退出公司提供了通道，但整体上类型较为单一，并不能满足实践的需求。

遗憾的是，《公司法》（2024）未明确股权回购的资金来源，虽然增加了限制要求，即公司及其子公司不得为他人取得本公司的股份提供赠与、借款、担保及以及其他财务资助，但是公司实施员工持股计划的除外。但该条仅是对允许股权回购的一种合理解释，而非对资金来源的解释。因此，整体上，股权回购来自于公司资金的哪一部分，立法并未给予回应。

【理论基础】

流动性是股份的天然属性，股东向公司出资而获得股权，财产从股东流向公司，公司得以自立并正常经营；公司向股东支付款项而回购股权，财产从公司流向股东，股东得以退出公司、实现股权激励等。前者于公司及其债权人有百利而无一害，法律并不规制，后者则减损公司责任财产，面临《公司法》基于债权人保护的资本规制。①

一、股权回购的事由限制

关于公司回购股权，存在两种不同的立法模式。第一种模式是“原则允许，例外禁止”，这一模式以美国法为代表，公司董事会有权决定回购股权，为避免差别对待股东，公司收回部分股权必须抽签决定或者依比例为之，且公司董事对此负

① 参见潘林：《股份回购中资本规制的展开——基于董事会中心主义的考察》，载《法商研究》2020年第4期。

有信义义务。但是,当公司支付不能时,则不得回购股权。[①] 第二种模式是“原则禁止,例外允许”,即公司不得回购股权,除非存在符合法律规定的事由。德国、法国、日本、意大利、瑞士等国家采该模式。[②]

我国《公司法》对于股份公司与有限公司的股权回购规定有所不同。对于股份公司的股权回购,我国《公司法》采“原则禁止,例外允许”的模式加以规定,具体规制条件历经从严到松的不同阶段。《公司法》(1993)第 149 条规定公司回购股权限于两种情形:其一,减少注册资本而注销股权;其二,与持有本公司股票的其他公司合并。且因减资而要求回购股权时,必须在 10 日内注销、办理变更登记并公告。此时公司回购股权与减资功能类似。[③] 1999 年和 2004 年《公司法》沿袭了该规定。《公司法》(2005)增加两项回购事由:将股权奖励给本公司职工;股东因对股东大会作出的公司合并、分立决议持异议,要求公司收购其股权。《公司法》(2013)沿袭该规定。《公司法》(2018)第 142 条增加两项回购事由:将股份用于转换上市公司发行的可转换为股票的公司债券;上市公司为维护公司价值及股东权益所必需。公司可回购股权事由的扩充,符合商事活动客观规律,助力金融创新、稳定市场尤其是股市,《公司法》(2024)基本维持这一规定。但是,实践中广为融资使用的对赌协议,对赌失败时的股权回购归属何种事由并不明确,纵观《公司法》(2024)第 162 条,除边界略显模糊的“(六)上市公司为维护公司价值及股东权益所必需”以外,对赌协议项下的回购义务,仅能依据“减少公司注册资本”这一情形。[④] 由此,对赌协议的履行自然落入以减资为目的的股权回购。[⑤] 至于对赌协议中,非以减资为目的的股权回购,似乎逃逸于法律规范之外。

对于有限公司的股权回购,《公司法》(2024)第 89 条仅规定异议股东回购请求权。除相关情形外,股东能否要求公司回购股权,法律未设明文。笔者认为有限公司回购股权不受“事由限制”:第一,《公司法》(2024)第 89 条规范股权的“被动收购”(法定回购),不足以成为有限公司依约主动回购股权(意定回购)的限制。第二,私法贯彻意思自治,法无明文禁止即可为,有限公司既然仅被限制“被动收购”,那么有限公司与股东约定回购,不应受限或被给予效力否认。第三,《公

---

① 参见施天涛、孙逊:《公司取得自己股份法律问题研究》,载《政法论坛》2002 年第 4 期。

② 参见施天涛、孙逊:《公司取得自己股份法律问题研究》,载《政法论坛》2002 年第 4 期。

③ 参见叶林:《股份有限公司回购股份的规则评析》,载《法律适用》2019 年第 1 期。

④ 参见最高人民法院民事审判第二庭编著:《〈全国法院民商事审判工作会议纪要〉理解与适用》,人民法院出版社 2019 年版,第 117 页。

⑤ 参见王毓莹:《对赌纠纷裁判的法律适用逻辑与诉讼体系定位》,载《华东政法大学学报》2021 年第 5 期。

司法》(2024)第162条系股份公司回购之限制条款,股份公司依其公开性、涉众性特征,回购自身股份的“危害性”大于有限公司,由此相应规则不应类推适用于有限公司。实际上,理论界与实务界多认可有限公司回购股权不限于《公司法》(2024)第89条的列举情形。因此,有限公司的股权回购不受“事由限制”。[①]

二、股权回购的资金来源

公司回购股权,须向股东支付回购款项。基于保护公司债权人的目的,各国大多对股权回购的资金予以限制。欧洲及大陆法系国家仍采法定资本制,以资本维持原则限制股权回购。[②] 日本采利润分配的资金限制,《美国标准商事公司法》采偿债能力测试。[③] 我国《公司法》(2024)并未明确规定股权回购的资金来源。

有学者主张,支付股权回购款项本质上属于金钱之债,在《民法典》合同编及《公司法》的解释范围内,可用资金来源包括:减资释放的公司资本、标的股权转让所得、可分配利润、资本公积金和盈余公积金。[④] 探究股权回购的资金来源,应当溯及限制公司股权回购的根本意旨。回购股权虽具备保护少数股东利益、激励公司员工等诸多益处,但也面临公司债权人利益保护、股东平等、市场操纵与内幕交易等诸多法律问题。[⑤] 基于股权回购的外部性,与回购资金最为密切相关的是公司债权人利益保护问题。公司资本作为公示财产,系债权人的信赖基础,作为责任财产,是债权人获得清偿的财产来源。公司回购股权向股东支付回购款,必然减损责任及公司可用于清偿债权人的资金。

首先,可以肯定的是,公司可分配利润是弥补亏损和提取公积金后的税后利润,以其作为回购资金来源,并不损害公司债权人利益。其次,资本公积金不应作为回购资金来源。根据《公司法》(2018)第168条第1款的规定,公司资本公积金不得用于弥补公司亏损。该规定旨在避免公司资产流失以及管理层通过弥补亏损方式减少公司资产,从而损害公司股东和债权人利益。[⑥] 虽然《公司法》(2024)放开了资本公积金弥补亏损的限制,但这一方面也是因应无面额股的改革,另一方面,从规则解释来看,可以弥补亏损并不意味着可以用来分配。股权回购虽然

---

① 参见王毓莹:《对赌纠纷裁判的法律适用逻辑与诉讼体系定位》,载《华东政法大学学报》2021年第5期。

② 参见刘燕:《公司法资本制度改革的逻辑与路径——基于商业实践视角的观察》,载《法学研究》2014年第5期。

③ See Model Business Corporation Act §6.40(c).

④ 参见张保华:《对赌协议下股份回购义务可履行性的判定》,载《环球法律评论》2021年第1期。

⑤ 参见马俊驹,林晓镍:《我国股份回购的现实意义与立法完善》,载《法学》2000年第11期。

⑥ 参见李建伟:《公司法学》(第4版),中国人民大学出版社2018年版,第204页。

可能是减资的一种方式,但以资本公积金回购,则直接意味着用资本公积金进行分配,不符合其定位。若以资本公积金作为股权回购资金,将损害公司债权人利益。再次,盈余公积金或可作为回购资金来源。根据《公司法》(2024)第214条第1款的规定,盈余公积金用于弥补公司亏损、扩大公司生产经营或者转为增加公司资本。若盈余公积金在弥补公司亏损后仍有剩余,此时用于回购股权,并不损害公司债权人利益。最后,对于以减资为目的的股权回购减资释放的公司资本、标的股权转让所得,减资程序已履行保护公司债权人程序,转让标的股权并不减损公司资本,二者皆可作为股权回购的资金来源。

【审判实务】

我们看到,股权回购在我国立法上仍以限制为主,但商业创新仍在不断地挑战着股权回购的规则体系,在审判实务中,随着对赌问题逐渐为大众所熟知,与对赌相关的股权回购纠纷正在不断增多,这在丰富裁判规则的同时,也为立法提出了不小的挑战。鉴此,本专题以股权回购与对赌协议为分析焦点,对股权回购的审判实务,集中于普通的股权回购问题与对赌中的股权回购问题两个方面。

一、一般股权回购

一般股权回购分为法定回购和意定回购,前者主要为异议股权回购,后者主要为《公司法》(2024)第162条规定的股份回购情形。针对异议股权回购,通常要求股东需要在股东会上提出反对意见,法院也指出,未签字属于对权利的放弃和对决议内容的默认,在股东已自认参会的情况下需明确投出反对票才可认定为异议股东。[①] 当然,在尚未召开股东会情况下,异议股东显然不能提出回购请求权,例如,在"沈阳东瑞精细化工有限公司、王某信股东资格确认纠纷案"[②]中,股东主张公司连续5年盈利却不分红,要求回购股权,但该公司并未召开股东会,故而法院对其主张不予支持。但对于小股东无权自行召开股东会或申请召开股东会遭遇障碍时,对其表达之反对意见以及回购请求审查,现行司法裁判采取了变通的手段,例如,在"李某骏与常州市创联生活用品有限公司、常州联成日用五金制造有限公司等请求公司收购股份纠纷案"[③]中,法院认为小股东多年来反复提起分红、解散等诉讼,并发函要求召开股东会均被大股东拒绝,此时小股东已经用尽股

---

① 李某与兰州化工原料有限责任公司请求公司收购股份纠纷案,甘肃省高级人民法院(2019)甘民申329号民事裁定书。

② 辽宁省沈阳市中级人民法院民事判决书,(2023)辽01民终5809号。

③ 江苏省常州市中级人民法院民事裁定书,(2018)苏04民终1563号。

东权利,有权主张法定回购,这一遵循实质路径的裁判观点值得肯定

针对约定回购,其中较为重要的问题是回购价款及违约金的问题,司法实践中,各地法院判断存在差别,例如,部分法院认为约定利息和违约金总额应受同期不超过年利率24%限制,故而实践中过高的违约金利率应当有所下调。[①] 当然,也有案例指出,股权纠纷并非民间借贷,年利率虽然高于利率保护上限,但未按此调整也并非适用法律错误。[②] 笔者认为,回购本身成立的是一种债权债务关系,约定利息与违约金的总额应当受到限制,这既是一种债权债务关系的逻辑演绎,也是一种对公司的利益保护。

二、对赌中的股权回购

一方面,以资金注入方式对目标公司进行增资,并约定一定条件下被投资方股东回购股权的,一般认定有效。这也是最初"海富案"的司法裁判精神。例如,在"蓝泽桥、宜都甜峡特种渔业有限公司、湖北天峡鲟业有限公司与苏州周原九鼎投资中心(有限合伙)投资合同纠纷上诉案"[③]中,法院即指出,被投资方股东回购股权的承诺,系缔约过程中当事人对投资合作商业风险的安排,不违反法律、行政法规禁止性规定,一般应认定有效。

另一方面,投资方请求目标公司回购股权的约定,人民法院应审查是否符合《公司法》的强制性规定。依据《九民纪要》,《公司法》(2018)第35条规定"股东不得抽逃出资",目标公司倘若未完成减资程序,人民法院应当驳回其诉讼请求。之所以要求目标公司必须先履行减资的程序,实质是正确处理公司股东与公司债权人之间的关系。[④] 在"新疆盘古大业股权投资有限合伙企业、梓昆科技(中国)股份有限公司与公司有关的纠纷案"[⑤]中,裁判指出,依据当事人之间的约定,目标公司需要回购投资人持有的股份,但是根据《公司法》(2018)第142条之规定,除"减少公司注册资本"等六种情形外,公司不得收购本公司股权。该案中投资人未能举证证实存在前述规定的目标公司可以收购本公司股权的法定情形,且投资人

---

① 新疆盘古大业股权投资有限合伙企业、中基国际投资(香港)有限公司与公司有关的纠纷案,浙江省高级人民法院(2018)浙民终629号民事判决书;汪某涌等与北京居然之家投资控股集团有限公司股权回购合同纠纷,北京市高级人民法院(2021)京民辖终167号民事裁定书。

② 中国吉林森林工业集团有限责任公司、鹰潭蓝海济世投资管理有限合伙企业合伙协议纠纷、股权转让纠纷案,最高人民法院(2019)最高法民终1642号民事判决书。

③ 最高人民法院民事裁定书,(2015)最高法民申字第295号。

④ 参见最高人民法院民事审判第二庭编著:《〈全国法院民商事审判工作会议纪要〉理解与适用》,人民法院出版社2019年版,第116、117页。

⑤ 最高人民法院民事裁定书,(2019)最高法民申4797号。

作为目标公司的股东，要求其回购股权有违“资本维持”原则，将损害目标公司及其债权人的利益。实践中，也存在当事人设计多个回购主体的情形，例如，在“北京润信鼎泰投资中心、北京润信鼎泰资本管理有限公司公司增资纠纷案”①中，案涉回购包括大股东、第三人、代持等多个渠道，但最终仍然未能绕开减资程序。

【典型案例】

袁某晖与长江置业（湖南）发展有限公司请求公司收购股份纠纷案②

基本案情：

长江置业（湖南）发展有限公司（以下简称长江置业公司）全部股东为沈某、钟某光、袁某晖三人。2010 年 3 月 5 日，三股东召开股东会，形成股东会决议，载明：由三股东共同主持公司工作，确认全部财务收支、经营活动和开支、对外经济行为必须通过申报并经全体股东共同联合批签才可执行，对重资产转让要求以股东会决议批准方式执行。后，长江置业公司对二期资产进行了销售，但该资产从定价到转让，均未取得袁某晖的同意，也未通知其参加股东会。袁某晖得知后，于 2010 年 8 月 19 日申请召开临时股东会，明确表示反对二期资产转让，要求立即停止转让上述资产，被公司驳回。袁某晖据此请求公司回购其股份。

裁判要旨：

该案历经一审、二审和再审，三次审判裁判观点相似，故在此统一阐述。

法院认为，从形式上看，袁某晖并未参加关于二期资产转让的股东会，因而也未能在会议上提出异议。但其在 2010 年 8 月 9 日通过提起临时股东会的形式明确反对二期资产转让，虽然该会议召开申请被公司拒绝，但这足以表明袁某晖对此有异议。袁某晖未参加二期资产转让的股东会，并非其自身过错，其无法在会议上表明异议。因此，袁某晖情形已符合异议股东回购请求的条件，对其请求应予支持。

裁判评析：

该案对异议股东回购请求权问题采取了实质的路径，三审法院都以袁某晖非因自身过错而未能在股东会上提出异议，且其通过其他方式已经明确提出异议为

---

① 广东省高级人民法院民事判决书，(2019) 粤民终 2507 号。

② 袁某晖与长江置业（湖南）发展有限公司请求公司收购股份纠纷案，载《最高人民法院公报》2016 年第 1 期。

由,判定袁某晖符合异议股东回购请求权的适用条件,公司应当回购其股权。该案裁判对《公司法》(2013)第74条的理解与适用值得肯定。一方面,依据该条规定,异议股东回购请求权的适用条件为提出异议,且存在有利润不分配,公司合并、分立、转让主要财产以及股东会修改章程延长公司解散等情形,该案适用情形为公司转让主要财产,符合要求;另一方面,该案最为重要的争议点在于袁某晖并未参与股东会,因而不能适用《公司法》(2013)第74条,如此就会形成一个法律漏洞,即为避免股东提出异议而直接不通知其参加股东会,以此避免适用异议股东回购请求权。但显然这一漏洞不符合常理,法院并未机械地适用《公司法》(2013)第74条,值得肯定。

问题二 对赌协议的性质、效力及实际履行

对赌协议,英文名称为Valuation Adjustment Mechanism(简称VAM),直译为"估值调整机制",意指投资方与融资方共同设定业绩目标,若融资方达到约定目标,由融资方行使估值调整权利,以弥补其因低估企业价值而遭受的损失;否则,由投资方行使估值调整权利,以补偿其因高估企业价值而遭受的损失。①

【规范梳整】

对赌协议涉及《公司法》《民法典》合同编等多部法律规范,但并未有立法直接针对对赌进行规范,当前涉及对赌协议的规则性文件主要集中于《九民纪要》。关于对赌协议的效力及履行问题,《九民纪要》确立的基本原则是,投资方与目标公司股东或实际控制人间订立的对赌协议,如无其他无效事由,应认定有效并且支持实际履行。投资方与目标公司的对赌,仅以回购条款请求认定无效的,人民法院不予支持,但在投资方请求回购时,应当审查公司是否存在股东"抽逃出资"情形,或者是有没有完成减资程序,目标公司未完成减资程序的,人民法院应当驳回其诉讼请求。投资方请求目标公司承担金钱补偿义务的,人民法院应当审查目标公司是否有利润或者利润是否足以补偿投资方。

《九民纪要》关于对赌协议的审判指引关注公司资本的维持,因为公司资本并非仅涉及对赌方利益,还涉及其他债权人利益。因此,该指引在本质上是建立在利益衡量基础上,以《公司法》为依据而形成的,具有实践价值和规范价值。

---

① 参见傅穹:《对赌协议的法律构造与定性观察》,载《政法论丛》2011年第6期。

【理论基础】

实践中,对赌标的多为业绩指标或者公司上市等。根据对赌"筹码"的不同,对赌协议可分为现金对赌与股权对赌,前者包括现金补偿、低价增资等,后者包括股权回购、股权调整等。依据对赌主体的不同,对赌协议主要分为三类:(1)与目标公司对赌;(2)与目标公司的股东对赌;(3)与目标公司及其股东对赌。

一、对赌协议的性质

作为融资实践的产物,对赌协议并非我国法律明文规定的合同类型,学理上对其法律性质亦有争议,目前存在射幸合同说、附条件合同说、担保合同说、期权说等不同学说。

射幸合同说认为,对赌协议符合射幸合同的特征:其一,签订对赌协议时,投资方与融资方对企业未来业绩不确定,无法确定对赌标的能否实现。其二,在对赌协议中,投资方与融资方双方具有不对等性,对赌失败则融资方损失惨重,可能丧失企业控制权,投资方获益,取得现金补偿或者股权回购。[①] 该说将对赌协议定性为射幸合同,依据内容将其区别于赌博,进而确认其合法性。射幸合同说并非无懈可击,对赌协议与射幸合同之间仍存在不尽契合之处,主要表现为:其一,可预见性不同,射幸合同中标的事件发生概率极小、偶然性极强、可预见性极低,而双方签订对赌协议时,已合理调查与评估对方当事人及企业运营状况等,明知交易规则及风险,标的发生时间与结果达成可预见性较高。其二,合同双方是否对等不同,射幸合同具有不对等性,对赌协议中投资方与融资方并非完全对立,二者合同目的一致,旨在实现双赢,且对赌标的达成时,确可实现双赢。

附条件合同说认为,对赌协议所约定的业绩指标或者公司上市等标的,具有未来性、可能性、不确定性和合法性,可以视为合同所附"条件",因此对赌协议系附条件合同。[②] 但是,二者存在本质区别:其一,标的不同,附条件合同所附条件系决定合同生效与否的条件,而非合同标的,合同标的具有确定性,而对赌协议的标的是业绩指标或公司上市等,具有不确定性;[③]其二,生效时间不同,附生效条件合同在合同订立时成立,待条件成就方生效,而对赌协议成立即生效,无关对赌标的达成与否;其三,促成态度不同,附条件合同不受双方当事人主观能动性影响,若

---

① 参见谢海霞:《对赌协议的法律性质探析》,载《法学杂志》2010 年第 1 期;傅穹:《对赌协议的法律构造与定性观察》,载《政法论丛》2011 年第 6 期。

② 参见傅穹:《对赌协议的法律构造与定性观察》,载《政法论丛》2011 年第 6 期。

③ 参见傅穹:《对赌协议的法律构造与定性观察》,载《政法论丛》2011 年第 6 期。

一方积极促成条件成就则视为条件不成就,而对赌协议的目的系实现对赌标的,鼓励双方当事人促成该目的。

担保合同说则认为,对赌协议"虽无担保之名,却有担保之实",其以估值调整为手段,保障股权投资,合同标的是融资方股权,最终目的在于保障投资方出资价值。[①] 但是,对赌协议与担保合同之间仍存在不可消弭的鸿沟,主要表现为:其一,性质不同,担保合同作为从债权,以主债权成立及有效为前提,而对赌协议中并无主从债权之分;其二,内容不同,担保合同是债权担保,旨在担保主债权实现,而对赌协议是投资保证,旨在保证融资方的投资收益。[②]

期权说认为,对赌协议包含两份广义的股票期权协议,协议签订之日,投资方与融资方均取得一份股票期权,一方既是一份股票期权协议的买方,又是另一份股票期权协议的卖方。[③] 易言之,若约定期限内对赌标的达成,则融资方自投资方处取得部分股权,否则,投资方回购融资方的股权。笔者认为,对赌协议不同于传统意义上的股票期权:其一,股票来源不同,股票期权中,管理层的股票源自公司定向发行或者回购,而对赌协议中,投资者股票来自其他股东转让;其二,目的不同,股票期权旨在激励管理层,激励作用系股票期权的立身之本,对赌协议则对投资者无所谓激励作用。

上述学说或多或少反映了对赌协议的特征,但又存在瑕疵,不能妥适界定对赌协议的法律性质,本文无意于介入争论。可以肯定的是,对赌协议属于非典型合同。《民法典》第 467 条第 1 款规定:"本法或者其他法律没有明文规定的合同,适用本编通则的规定,并可以参照适用本编或者其他法律最相类似合同的规定。"对赌协议并非法律明文规定的合同类型,作为非典型合同,适用《民法典》合同编第一分编通则的规定。此外,对赌协议具有"资本性交易"的属性,交易标的上,对赌协议是投资方与公司对股权的"定价",而不是其他经营类产品;交易身份上,投资方对股权身份的追求胜于债权人身份;会计处理上,投资款计入所有者权益的"资本"部分(股本或资本公积金),而非负债科目,对赌条件达成后的股权回购与金钱补偿,在会计处理上亦是动用资本公积金等科目项下的资金,故而,投资方与目标公司对赌,实为嵌入公司法的合同纠纷,还需考量公司法的因素。[④]

① 参见李岩:《对赌协议法律属性之探讨》,载《金融法苑》2009 年第 1 期。
② 参见谢海霞:《对赌协议的法律性质探析》,载《法学杂志》2010 年第 1 期。
③ 参见李岩:《对赌协议法律属性之探讨》,载《金融法苑》2009 年第 1 期。
④ 参见王毓莹:《对赌纠纷裁判的法律适用逻辑与诉讼体系定位》,载《华东政法大学学报》2021 年第 5 期。

二、对赌协议的效力

对赌协议的法律性质之波未平，其效力之波又起。早年间理论界争辩不休，实践中裁判不同，先后存在对赌协议无效说、有效说、与目标公司的股东对赌有效但与目标公司对赌无效、有效但履行受限等不同的主张。

主张对赌协议无效的理由为，对赌协议属于“名为联营、实为借贷”的违法行为；对赌协议中的固定回报违反《公司法》共享利益、共担风险的基本要求，属于法律禁止的“保底条款”；业绩补偿条款性质属固定回报，目标公司需要按照约定比例无条件地给予投资者补偿或回报，违反《公司法》“无盈不分”的分配规则；股权回购条款违反《公司法》对股权回购严格限制的规定，不属于《公司法》允许回购的法定情形，其回购价款具有固定回报的性质，亦违反《公司法》的分配规范；对赌协议违反《公司法》的股东平等和风险共担原则，损害其他股东合法权益等。[①] 其理由主要适用《公司法》，认为对赌协议违反《公司法》的分配原则与股权回购规则。[②] 主张对赌协议有效的理由为，对赌协议系当事人自愿协商、意思表示真实一致的结果；条款满足普遍需求，具有内在公平性和合理性；不违反法律法规的效力性强制性规定，不损害国家和社会公共利益。[③] 其主要适用《民法典》总则及合同编，认为对赌协议系当事人的民事法律行为，其满足有效要件且不存在无效情形。“贸仲仲裁案”中，仲裁机构即采有效说，裁决与目标公司对赌、与目标公司的股东对赌均有效。[④]

另有观点认为，与目标公司股东对赌有效，与目标公司对赌无效。认定与目标公司对赌无效的理由与前述无效论理由相同，认定与目标公司股东对赌有效则因为该对赌协议系股东之间合同，主体不涉及公司，不适用《公司法》中的分配或者股权回购等资本制度。[⑤] 该主张区分法律适用，与目标公司股东对赌成立一般合同，适用《民法典》总则及合同编；与目标公司对赌涉及公司资本制度，适用《公司法》。“海富案”中，最高人民法院再审采该观点，改判与目标公司股东对赌有

---

① 参见赵旭东：《第三种投资：对赌协议的立法回应与制度创新》，载《东方法学》2022 年第 4 期。

② 甘肃世恒有色资源再利用有限公司、香港迪亚有限公司与苏州工业园区海富投资有限公司、陆某增资纠纷案，兰州市中级人民法院(2010)兰法民三初字第 71 号民事判决书；苏州工业园区海富投资有限公司与甘肃世恒有色资源再利用有限公司、香港迪亚有限公司、陆某公司增资纠纷案，甘肃省高级人民法院(2011)甘民二终字第 96 号民事判决书。

③ 参见赵旭东：《第三种投资：对赌协议的立法回应与制度创新》，载《东方法学》2022 年第 4 期；潘林：《“对赌协议第一案”的法律经济学分析》，载《法制与社会发展》2014 年第 4 期；彭冰：《“对赌协议”第一案分析》，载《北京仲裁》2012 年第 3 期。

④ 中国国际经济贸易仲裁委员会裁决书，(2014)中国贸仲京裁字第 0056 号。

⑤ 参见赵旭东：《第三种投资：对赌协议的立法回应与制度创新》，载《东方法学》2022 年第 4 期。

效，与目标公司对赌无效。[①] 该判决成为此后一段时间法院的主流裁判意见。

还有主张对赌协议有效，但实际履行受限于《公司法》规定者。业绩补偿条款的履行受限于目标公司是否具有足以分配的经营利润，股权回购条款的履行受限于目标公司是否完成减资程序。[②] 该主张区分协议效力与实际履行，认定协议效力依据一般合同效力标准，协议实际履行则适用《公司法》利润分配及股权回购等规定。"华工案"即采该观点，判决与目标公司对赌有效，但应当结合目标公司实际情况确定是否支持履行。[③]《九民纪要》亦将其确立为裁判原则，规定若无其他无效事由，投资方与目标公司的股东或者实际控制人订立的对赌协议有效且支持实际履行；投资方与目标公司订立的对赌协议有效，但实际履行须符合《公司法》关于利润分配及股权回购的强制性规定。[④]

自 2012 年号称"对赌协议第一案"的"海富案"至 2019 年《九民纪要》出台，从无效论到与目标公司股东对赌有效、与目标公司对赌无效论，再到有效论，关于对赌协议的效力之争，历经数年司法实践的检验，至此盖棺定论，司法裁判亦得以统一。《九民纪要》区分对赌协议的效力与实际履行，其正当性源自物权行为理论中的区分原则，设定权利义务、发生债法效力的法律行为与实现权利变动、发生物法效力的法律行为相互分离，[⑤]物债二分的民法权利体系又为区分原则奠定法理基础。[⑥] 区分原则被纳入《民法典》，如第 215 条规定区分合同效力与物权变动。公司独立人格区别于股东人格被视为区分原则在商法或组织法上的拓展，[⑦]且我国现采"民商合一"的立法体例，区分原则在商事领域亦有用武之地，一方面，充分尊重当事人意思自治，肯定对赌协议的效力，另一方面，保护公司债权人利益，对协议的实际履行加以限制。

三、对赌协议的实际履行

《九民纪要》肯定对赌协议有效，但对其实际履行加以限制：投资方请求回购股权的，不得违反《公司法》(2018)第 35 条关于"股东不得抽逃出资"或者第 142

---

① 最高人民法院民事判决书，(2012)民提字第 11 号。

② 参见赵旭东：《第三种投资：对赌协议的立法回应与制度创新》，载《东方法学》2022 年第 4 期。

③ 江苏华工创业投资有限公司与扬州锻压机床股份有限公司、潘某虎等请求公司收购股份纠纷案，江苏省高级人民法院(2019)苏民再 62 号民事判决书。

④ 《九民纪要》第 5 条。

⑤ 参见朱庆育：《民法总论》(第 2 版)，北京大学出版社 2016 年版，第 161 页。

⑥ 参见孙宪忠：《中国物权法总论》(第 4 版)，法律出版社 2018 年版，第 300 页。

⑦ 参见钱玉文、余学亮：《对赌协议研究：以裁判规则为视角》，载《常州大学学报(社会科学版)》2021 年第 6 期。

条关于股权回购的强制性规定，且应当以目标公司完成减资程序为前提；投资方请求金钱补偿的，不得违反《公司法》(2018)第35条关于"股东不得抽逃出资"和第166条关于利润分配的强制性规定，且要求目标公司的利润足以补偿投资方。[①]

《九民纪要》将对赌协议的履行完全纳入股东身份行为与股权行使之范畴，是典型的公司法逻辑：股东基于其身份与股权，只能从公司分取利润或收回投资。[②]股东从公司分取红利(未注销股份)实质构成利润分配，应适用利润分配规则；股东从公司取回投资(注销股份)系股权回购或减资，同样应适用《公司法》加以规制。在此意义上，《九民纪要》的履行规制相对"严格"，合同履行问题嵌入了最为全面的公司法因素。[③] 目前的司法实践基本遵循《九民纪要》的观点。在"银海通案"中，最高人民法院再审认为"投资方银海通投资中心与目标公司新疆西龙公司'对赌'失败，请求新疆西龙公司回购股份，不得违反'股东抽逃出资'的强制性规定。新疆西龙公司回购股份属减少公司注册资本的情形，须经股东大会决议，并依据《中华人民共和国公司法》第一百七十七条的规定完成减资程序。公司未完成前述程序，故原判决驳回银海通投资中心的诉讼请求并无不当"。[④] "甄投云联案"中，最高人民法院亦强调"先减资、再回购"的要求。[⑤]

理论界对《九民纪要》以完成减资程序和足够利润为限制条件发出质疑之声，认为其似有架空对赌协议之嫌。其一，股权回购与金钱补偿何以履行不能。对赌失败后，无论股权回购抑或金钱补偿，目标公司均须对投资方给付金钱，该债务系金钱之债，学理上一般认为金钱之债并无履行不能。[⑥] 其二，"抽逃出资"认定标准不明。《公司法》(2018)第35条并未明确"抽逃出资"的具体内涵，《公司法司法解释(三)》第12条所规定的"抽逃出资"的数种情形亦无法全面覆盖实践中的具体表现形式。因此，将《公司法》(2018)第35条关于"股东不得抽逃出资"的规定用于限制对赌协议的履行，其结果必然乱上加乱。其三，减资与股权回购因果逻辑倒置。《公司法》(2018)第142条规定，公司可以基于减资而回购股权，但是

---

① 《九民纪要》第5条。

② 参见刘燕：《公司法资本制度改革的逻辑与路径——基于商业实践视角的观察》，载《法学研究》2014年第5期。

③ 参见王毓莹：《对赌纠纷裁判的法律适用逻辑与诉讼体系定位》，载《华东政法大学学报》2021年第5期。

④ 最高人民法院民事裁定书，(2020)最高法民申2957号。

⑤ 最高人民法院民事裁定书，(2020)最高法民申1191号。

⑥ 参见潘林：《重新认识"合同"与"公司"　基于"对赌协议"类案的中美比较研究》，载《中外法学》2017年第1期；贺剑：《对赌协议何以履行不能？——一个公司法与民法的交叉研究》，载《法学家》2021年第1期。

缺乏具体的减资事由。股权回购是公司减资的法律手段和方式之一,[①]完成减资程序即表明目标公司同意履行对赌回购之义务。[②] 但《九民纪要》以减资为股权回购的前提,规定若目标公司未完成减资程序,法院应当驳回投资方关于股权回购的诉讼请求,有悖减资与股权回购的内在逻辑。该规定助长机会主义,可能被目标公司利用。按照减资程序,目标公司应当作出减资决议,其可能恶意阻挠对赌协议的履行,拒不作出减资决议,而司法又不宜介入公司自治,[③]无法强制其减资,有悖诚实信用。其四,公司利润的界定标准为何。《九民纪要》以目标公司存有利润作为履行金钱补偿义务的要件,界定公司利润的标准系坚守资本维持原则还是引入偿债能力测试并不明确。[④]

笔者认为,《九民纪要》限制对赌协议的履行,旨在保护公司债权人利益。无论股权回购抑或金钱补偿,均意味着公司资金流向作为股东的投资方,必然减损公司责任财产,可能导致公司债权人无法获得清偿。其一,对赌协议因违反资本维持原则而陷入履行不能,应指法律上一时不能,目标公司无力给付股权回购与金钱补偿的金钱之债并不因此免责。[⑤] 对赌协议履行不能时,《九民纪要》规定驳回投资方诉讼请求,并非消灭投资方的权利抑或免除目标公司责任,待目标公司减资或利润足够时,投资方仍可诉请现金补偿和股权回购。其二,"抽逃出资"认定标准不明,系立法技术问题,并不意味着"抽逃出资"被法律所允许。其三,《九民纪要》要求股权回购均以减资为前提,的确值得商榷。对于以减资为目的的股权回购,减资程序严格保护债权人利益。至于非以减资为目的的股权回购,在可分配利润范围内回购股权,并不损害债权人利益。证监会等部委《关于支持上市公司回购股份的意见》第 1 条明确,"上市公司以现金为对价,采用要约方式、集中竞价方式回购股份的,视同上市公司现金分红,纳入现金分红的相关比例计算",在原理上认可非以减资为目的的股权回购,无须适用减资的债权人保护程序。[⑥]

---

① 参见赵旭东:《第三种投资:对赌协议的立法回应与制度创新》,载《东方法学》2022 年第 4 期。

② 参见张保华:《对赌协议下股份回购义务可履行性的判定》,载《环球法律评论》2021 年第 1 期。

③ 参见最高人民法院民事审判第二庭编著:《〈全国法院民商事审判工作会议纪要〉理解与适用》,人民法院出版社 2019 年版,第 119、120 页。关于目标公司履行减资程序是否具有可诉性的问题,"综合各种因素反复考虑,我们认为,司法不介入为宜"。

④ 参见刘燕:《对赌协议与公司法资本管制:美国实践及其启示》,载《环球法律评论》2016 年第 3 期。

⑤ 参见贺剑:《对赌协议何以履行不能?——一个公司法与民法的交叉研究》,载《法学家》2021 年第 1 期。

⑥ 参见王毓莹:《对赌纠纷裁判的法律适用逻辑与诉讼体系定位》,载《华东政法大学学报》2021 年第 5 期。

【审判实务】

对赌协议的审判有着一个较为清晰的脉络，起初，在“对赌第一案”（典型案例中详细分析）中，最高人民法院经过审理认为，苏州工业园区海富投资有限公司（以下简称海富公司）与甘肃世恒有色资源再利用有限公司（以下简称世恒公司）对赌无效，海富公司与香港迪亚有限公司（以下简称迪亚公司）对赌有效，判决迪亚公司向海富公司支付补偿款。总结来看，该裁判应用的规则为，投资方与目标公司对赌无效，投资方与目标公司股东对赌有效。经历了“对赌第一案”后，仲裁开始逐渐承认投资方与目标公司对赌的效力，其后，在2018年最高人民法院的再审案件“强某延与曹某波股权转让纠纷再审案”中，最高人民法院认定目标公司经股东会决议后，同意在股东之间签订的对赌协议中提供担保的约定有效，目标公司应当依约承担保证责任。该案在实务界引起巨大反响，被解读为最高人民法院对赌松绑的趋势。及至2019年7月，江苏省高级人民法院二审案件“华工案”确立了新的裁判标准，即目标公司履行法定减资程序、具备履行能力的情况下，与公司对赌有效。

经历了前述一系列案件的裁判思路转变后，最高人民法院在《九民纪要》中最终明确了与目标公司对赌的审判思路，即如果该协议不存在其他影响合同效力的事由，应当认定与目标公司对赌的协议有效。这其中的其他事由主要包括履行不能、回购股权未经减资程序、现金补偿未遵守利润分配规则等。

经此裁判思路的转变，对赌协议之效力得以为法院所承认，但其效力的实现仍然要基于符合《公司法》规定的相关程序，例如减资程序。

【典型案例】

苏州工业园区海富投资有限公司与甘肃世恒有色资源再利用有限公司、香港迪亚有限公司、陆某增资纠纷再审案①

基本案情：

2007年11月1日前，众星公司、海富公司、迪亚公司、陆某共同签订《增资协议书》，约定：海富公司以现金2000万元人民币对众星公司进行增资，占众星公司增资后注册资本的3.85%，迪亚公司占96.15%。众星公司2008年净利润不低于

① 最高人民法院民事判决书，(2012)民提字第11号。

3000万元人民币。如果众星公司未达到业绩目标,海富公司有权要求众星公司予以补偿,如果众星公司未能履行补偿义务,海富公司有权要求迪亚公司履行补偿义务。如果至2010年10月20日,由于众星公司的原因造成无法完成上市,则海富公司有权在任一时刻要求迪亚公司回购届时海富公司持有之众星公司的全部股权,迪亚公司应自收到海富公司书面通知之日起180日内回购股权并向海富公司一次性支付全部价款。若自2008年1月1日起,众星公司的净资产年化收益率超过10%,则迪亚公司回购金额为海富公司所持众星公司股权对应的所有者权益的账面价值;若自2008年1月1日起,众星公司的净资产年化收益率低于10%,则迪亚公司回购金额为(海富公司的原始投资金额-补偿金额)×(10%×投资天数/360)。

2007年11月1日,海富公司与迪亚公司签订《合资经营合同》,约定:众星公司增资扩股将注册资本增加至399.38万美元,海富公司出资15.38万美元,占注册资本的3.85%;迪亚公司出资384万美元,占注册资本的96.15%,合资各方以其各自认缴的合资公司注册资本出资额或者提供的合资条件为限对合资公司承担责任。如果至2010年10月20日,由于合资公司自身的原因无法完成上市,则海富公司有权在任一时刻要求迪亚公司回购届时海富公司持有的合资公司的全部股权。

2007年11月2日,海富公司依约缴存至众星公司银行账户人民币2000万元,其中新增注册资本114.7717万元,资本公积金1885.2283万元。2008年2月29日,甘肃省商务厅同意增资及股权变更,并批准增资协议、合资企业合营合同和章程生效。2009年6月,众星公司办理了相应的工商变更登记,名称变更为世恒公司。另据工商年检报告登记记载,众星公司2008年度生产经营利润总额26,858.13元,净利润26,858.13元。

后,各方因合同履行产生纠纷,海富公司诉至甘肃省兰州市中级人民法院,请求世恒公司、迪亚公司、陆某履行补偿义务。

裁判要旨:

一审法院认为,《增资协议书》系双方真实意思表示,但世恒公司利润未达3000万元时要向海富公司补偿的约定,不符合《中外合资经营企业法》(已失效)第8条关于企业利润根据合营各方注册资本的比例进行分配的规定,损害公司利益及公司债权人的利益,违反法律、行政法规的强制性规定,该约定无效。驳回海富公司的全部诉讼请求。

二审法院认为,上述业绩补偿约定,违反了投资领域风险共担的原则,使得海富公司作为投资者不论世恒公司经营业绩如何,均能取得约定收益而不承担任何风险。参照最高人民法院《关于审理联营合同纠纷案件若干问题的解答》(已失效)第4条第2项规定,海富公司除已计入世恒公司注册资本的114.771万元外,其余1885.2283万元资金性质上应名为投资,实为借贷,该约定无效。虽然世恒公司与迪亚公司的补偿承诺亦归于无效,但海富公司基于对其承诺的合理依赖而缔约,故世恒公司、迪亚公司对无效的法律后果应负主要过错责任,应按同期银行定期存款利率计付利息。

再审法院认为,四方当事人就世恒公司2008年实际净利润完不成3000万元,海富公司有权要求世恒公司及迪亚公司以一定方式予以补偿的约定,使得海富公司的投资可以取得相对固定的收益,该收益脱离世恒公司的经营业绩,损害公司利益和公司债权人利益,该约定无效。但二审法院认定海富公司名为联营,实为借贷,没有法律依据。迪亚公司对于海富公司的补偿承诺并不损害公司及公司债权人的利益,不违反法律法规的禁止性规定,是当事人的真实意思表示,是有效的。故而应支持海富公司对抵押公司的补偿款请求权。

裁判评析:

"海富案"被称为"对赌协议第一案",聚焦对赌协议的效力,该案"一石激起千层浪",引发投资界和法律界广泛关注。一审、二审和再审法院均否定投资方与目标公司之间对赌协议的效力,但裁判理由有所不同;一审、二审法院亦否定投资方与目标公司股东之间对赌协议的效力,再审法院则改判目标股东与股东之间的对赌协议有效。

一审法院适用《中外合资经营企业法》第8条,认为对赌协议损害公司及其债权人的利益,违反法律、行政法规的强制性规定,故而无效。《中外合资经营企业法》第8条规定合营企业的净利润根据各方注册资本的比例进行分配,进而言之,一审法院将对赌协议视为分配利润。对赌协议作为一种估值调整机制,源于企业估值困境,系投资方与融资方对企业估值作出的特定安排。双方设定业绩目标,若融资方达到约定目标,则注资时企业价值被低估,由投资者补偿融资者;若融资方未能达到约定目标,则注资时企业价值被高估,由融资者补偿投资者。该《增资协议书》即为此种估值调整机制,并非分配利润,无法适用《中外合资经营企业法》,故一审法院法律适用错误,二审法院对此予以纠正值得肯定。

二审法院参照适用最高人民法院《关于审理联营合同纠纷案件若干问题的解答》第4条第2项,认为《增资协议书》"名为投资,实为借贷",违反风险共担原则,故而无效。"名为投资,实为借贷"并非明确的法律概念,而是一种不能定义只能描述的类型。[①]《关于审理联营合同纠纷案件若干问题的解答》第4条旨在规制联营合同中的保底条款,具体分为3项情形:第1项情形为投资并参与经营,不承担亏损;第2项情形为投资但不参与经营,亦不承担亏损;第3项情形为金融信托投资机构可以约定分享固定利润,亦应承担亏损。综合上述条文内容,"名为联营,实为借贷"的基本特征在于投资方获取固定收益,不承担经营风险,实际上相当于借贷。该案对赌协议缔结时,2008年目标公司的实际净利润并不确定,投资方并非获取固定收益。按照该计算方法,即便目标公司2008年实际净利润为0,投资方所获得补偿金额最多为本次投资金额,系返还本金,未获取"借贷"利息等收益。且现金补偿的对赌标的为2008年的实际净利润,仅针对特定年份,投资方仍对其余年份自负盈亏。[②] 因此,案涉对赌协议并非"名为联营,实为借贷"合同,无法参照适用最高人民法院《关于审理联营合同纠纷案件若干问题的解答》第4条第2项规定,二审法院法律适用错误,再审法院对此予以纠正值得称道。

再审法院区分投资方与目标公司对赌、投资方与目标公司股东对赌的效力,认为投资方与目标公司之间的对赌协议,使得投资方可取得相对固定的收益,该收益脱离目标公司经营业绩,损害公司及其债权人利益,故而无效;投资方与目标公司股东之间的对赌协议则系当事人真实意思表示,不损害公司及其债权人利益,不违反法律法规的禁止性规定,因而有效。以对赌协议的缔约主体作为效力区分标准,其理论逻辑有待商榷。首先,有悖意思自治和商业自由。目标公司作为独立法人,与其股东同为民商事法律主体,二者与投资方签订对赌协议,均系当事人真实意思表示,何以效力不同。其次,有悖诚实信用。目标公司以融资为目的,与投资方签订对赌协议,明知对赌成败的影响。若对赌成功,目标公司获得巨额投资款,业绩优良;若对赌失败,则向投资方回购股权或给予现金补偿。法院否定目标公司与投资方之间对赌协议的效力,意味着其间对赌协议"只许成功,不准失败",合法化目标公司不诚信行为,打击投资方积极性,有碍金融创新及优化营商环境。最后,目标公司与投资方对赌,未必损害公司及其债权人利益。对赌协议签订时,海富公司以2000万元人民币对注册资本为384万美元的众星公司进行增资,仅占众星公司增资后注册资本的3.85%,投资方为目标公司注入巨额现金流,助力公司经营发展,增加公司责任财产,并不损害公司及其债权人利益。对赌

---

① 参见彭冰:《"对赌协议"第一案分析》,载《北京仲裁》2012年第3期;潘林:《"对赌协议第一案"的法律经济学分析》,载《法制与社会发展》2014年第4期。

② 参见彭冰:《"对赌协议"第一案分析》,载《北京仲裁》2012年第3期。

成功时，目标公司与投资方双赢，亦不损害目标公司及其债权人利益。对赌失败时，若目标公司对投资方完成股权回购或现金补偿后，仍足以清偿其他债权，抑或债权人明知对赌协议仍借款给目标公司，但以此抬高借款利率，亦不损害目标公司及其债权人利益。

"海富案"的再审判决，即投资方与目标公司对赌无效，与目标公司股东对赌有效，基本成为此后司法裁判的风向标，直至"华工案"作出裁判及《九民纪要》出台。虽然从现在来看，"海富案"的裁判稍显保守，但在当时对赌尚未完全进入大众视野，"对赌协议"还只是个舶来的新鲜词汇的现实下，最高人民法院的裁判难免具有时代的局限性。

专题十八　股东的出资与出资责任

导　语

一直以来，传统公司法理论认为，公司资本是公司债务得以清偿的担保。因而我国从股东出资这一“端口”开始，即建立了较为严格的公司资本制度。但随着市场经济的不断发展，股东的出资与出资责任的内涵和具体规则也在不断演进。不可否认的是，公司资本的相关内容极为复杂，仅在出资问题上，就涉及诸多剪不断、理还乱的制度、体系。因而，在此先明确一些基础概念：公司资本存在不同的内涵，广义上的公司资本包括股权资本，也包括债权资本，甚至包括公司的收益；狭义上的公司资本仅指公司股本，为股东向公司缴纳的财产出资之和。① 公司法上的资本概念一般仅为狭义上的公司资本，即股本。股本，是股东的出资，其相关概念包括注册资本、认缴资本、实收（缴）资本等。注册资本即为公司在市场监管部门登记注册的资本，为公司资本总额；认缴资本是已经由股东承诺认购的资本额，在认缴资本制改革后，其与公司的注册资本相当，但采取授权资本制时，二者又会存在差别；实缴资本则指已经由股东实际转让给公司的资本额。

本专题无法涵盖股东出资的全部问题，仅对理论和实务中涉及的重点问题进行讨论。包括对公司法定资本制度的介绍和股东出资形式的扩张，以及股东出资瑕疵责任和出资义务加速到期问题。与专题二十讨论资本变动与债权人保护不同，本专题关注资本制度的前端即出资部分，专题二十则关注资本制度的后端部分，因此，本专题探讨的法定资本制度更集中于股东出资问题上，请读者有所区分。

---

① 参见李建伟：《公司法学》（第3版），中国人民大学出版社2014年版，第149、150页。

问题一　法定资本制与股东出资形式的扩张

法定资本制与股东出资形式同属公司资本制度的前端,《公司法》(2024)对二者均作出了修订,可谓是公司资本制度前端问题的重大变革。之所以本轮《公司法》修订重点回应这一问题,主要在于法定资本制度向授权资本制改革、股东出资形式的扩展等长期以来都是学术界探讨的热点问题。

【规范梳整】

《公司法》(2024)正式实施前,我国资本制度可以称为法定资本制,其核心是一次性发行全部股份。《公司法》(2018)第 26 条规定,有限责任公司的注册资本为在公司登记机关登记的全体股东认缴的出资额。该条对于认缴全部注册资本的规定同样适用于股份有限公司。这一规则所展示的法定资本制持续至今,直至本轮《公司法》修改中有所松动。

在《公司法》修订过程中,《公司法(修订草案一审稿)》第 97 条是授权资本制的主要条款,该条首先将授权发行股份的范围限定在股份有限公司中,其次明确授权方式是通过公司章程或股东会的形式,最后明确公司可以对授权股份的期限和比例作出限制。同时在第 98 条中配套规定股份公司的注册资本为已发行股份的股本总额。《公司法(修订草案二审稿)》以第六章"股份有限公司的股份发行和转让"中的第 152 条替换《公司法(修订草案一审稿)》第97 条,该条在保留授权资本制的前提下,对其做出细化和限制,规定授权时限最高为 3 年,授权发行股份不得超过已发行股份的 50%,同时还明确以非现金支付方式支付股款的仍应当经股东会决议。第 153 条明确董事会决议发行新股应当经过全体董事 2/3 以上通过。《公司法》(2024)基本维持前述修改。经过审议,本轮公司法修改更加明确和细化了授权资本制的内容,在体系上更加完善。

针对股东出资形式,《公司法》(1993)服务于国有企业改革,将可出资财产类别严格限定为货币、实物、工业产权、非专利技术和土地使用权五个种类。《公司法》(2005)修改采"概括 + 列举"范式将出资形式拓展至"可以用货币估价并可以依法转让"的非货币财产,但由于在该标准中仍然设置了但书规定,其后出台的《公司登记管理条例》仍然明令禁止劳务、信用等出资形式。2011 年《公司法司法解释(三)》将股权纳入股东出资形式中,但最终还是抛弃了债权出资的形式。之后的《公司法》修改也未提及扩充出资形式，工商登记实践与司法实践中也对债权等出资形式默示禁止。实践的发展和理论的支撑为股东出资形式的拓展提供了殷实的基础，在这一背景下，《公司法》(2024)对股东出资形式作出修改。其在第48条中对股东出资形式在原有"实物、知识产权、土地使用权"的基础上增加了股权和债权，但仍然沿用现行规定，要求这类出资形式必须满足"可以用货币估价"且"可以依法转让"的条件。

【理论基础】

一、法定资本制的松动

股东的出资即为公司资本的形成。世界各国公司法对公司资本的要求不同，大致形成了三种类型的资本形成制度，分别为法定资本制、授权资本制、折中资本制。

（一）法定资本制

大陆法系的公司法为了保护债权人的利益，一般以较为严格的资本制度作为公司对外的信用基础，这被称为"法定资本制"。法定资本制在不同国家经历了不同的演变，因而呈现出不同的特征。作为贯彻资本确定原则的结果，法定资本制最严格的含义为公司设立时，章程明确规定公司资本额，全部资本一次性足额发行并由股东全部实缴。① 以此为起点确立的一系列规则构成了法定资本制的全部内涵，但具体的资本形成规则则处于变化之中。

法定资本制通过对资本形成阶段的严格管控，在稳定公司资本、建立商事信用方面起到了积极的作用。在我国公司制度的前期发展阶段，确立法定资本制可以有效地维护交易安全，确保公司存在一定的责任财产，以保护债权人利益，并且我国的法定资本制包含注册资本制度，可以通过注册资本的对外公信力，降低交易过程中的调查成本，提高商业效率。

但随着市场经济和公司制度的不断发展，法定资本制的弊端也随之逐渐显现。首先，"公司资本债权人保护论"作为法定资本制的理论根基，受到了一定质疑，以资本为核心的公司信用体系难以完成保护债权人利益的使命，公司经营过程中资产的不当变化可能是侵害债权人利益的主要手段。② 其次，公司作为商业

---

① 参见邹海林、陈洁主编：《公司资本制度的现代化》，社会科学文献出版社2014年版，第54—58页。

② 参见赵旭东：《从资本信用到资产信用》，载《法学研究》2003年第5期。

实践主体,法律对其限制的程度正在不断降低,为了激发市场活力,应尊重公司自主进行的商业判断,给予其更大程度的自由成为学界共识。

(二)授权资本制

为了满足商业投资的需求,避免资本闲置,可以分次发行、不必实缴的授权资本制应运而生。根据学界通说,在授权资本制下,依照公司章程的规定,股东在公司设立时仅需认缴部分股权,并授权董事会后续根据公司的经营情况自主决定其余股权的发行。[①] 其特征包括:(1)公司章程中应规定认缴资本和授权资本,二者共同构成全部的注册资本。其中,认缴资本是股东在公司设立时已经认购的资本,授权资本是章程授权董事会发行的资本。(2)注册资本可以分次发行,公司设立时仅需发行部分注册资本,这也是授权资本制与法定资本制最根本的区别。(3)后续资本的发行由董事会自行决定,董事会可以在章程规定的种类、限额范围内自主决定发行资本的时间、具体数额。

授权资本制解决了法定资本制过于僵化的弊端,是各国公司法鼓励投资的结果。但不可否认的是,这一制度造成了较大的风险:可能因公司设立时发行极少资本的投机行为或者公司缺乏足够的实收资本损害债权人的利益。

(三)折中资本制

折中资本制,也叫折衷资本制,是一种介于法定资本制与授权资本制之间的资本制度。其吸取了两种制度的优点,致力于在回应商业需求的基础上,形成一种灵活且具有一定安全性的制度。学界对其认识存在较大的不同。

有学者认为,在最严格的法定资本制与授权资本制之间进行调和的即为折中资本制。[②] 该认识存在一定的合理性,可以使三种资本制度的概念得到清晰的划分,具有一定法教义学上的优势,但并不符合我国学界的一贯认知,早在资本认缴制开始实施之时,我国的资本制度就已经对严格的法定资本制有所突破,但鉴于我国长久以来在资本形成阶段的严格管控和对债权人利益的强势保护,很难将这一突破认为是法定资本制到折中资本制度的转变,因而可将其认定为缓和的法定资本制。[③]

亦有学者认为,资本制度是由许多规则构成的,可根据其在股份发行上最根

① 参见邹海林、陈洁主编:《公司资本制度的现代化》,社会科学文献出版社 2014 年版,第 66 页;李建伟:《公司法学》(第 3 版),中国人民大学出版社 2014 年版,第 123 页。

② 参见朱锦清:《公司法学》(第 2 版),清华大学出版社 2019 年版,第 66 页。

③ 参见邹海林、陈洁主编:《公司资本制度的现代化》,社会科学文献出版社 2014 年版,第 13—17 页。

本的特征进行区分:法定资本制的核心内容在于,公司设立时需一次性足额发行全部资本;授权资本制强调法律允许分次发行,并且章程仅规定后续发行的种类和限额,其余内容皆由董事会自由决定;折中资本制也允许分次发行,但公司股东会可通过决议对授权资本的数额或比例、发行时间或期限、具体程序等进行限制。[①] 相较之下,这种对折中资本制的认识更为符合学界惯例。

(四)我国《公司法》上资本制度的发展

在我国,法定资本制经历了从严格到缓和的变化。《公司法》(1993)建立了严格的法定资本制,使用"注册资本"的概念,并规定了较高的最低注册资本、有限的出资方式、注册资本的一次性实缴等系列规则。[②] 这是在我国经济体制转轨背景下的慎重考量,处于创建阶段的市场经济缺乏健全的市场规则和配套的重要法律制度,因而从法律上对公司注册资本进行严格规定,用以保护债权人和社会公众的利益。[③]

后续的《公司法》不断放宽法定资本制的要求:《公司法》(2005)对出资的管制进行了放松,降低了最低注册资本,增加了部分出资方式,并首次允许注册资本认缴,但对认缴采取了一定限制;[④]《公司法》(2013)近乎取消了最低注册资本的限制,进一步增加了出资方式,并全面实行注册资本认缴制度。[⑤] 这种修改符合我国市场经济和社会信用的发展进程,是在自由与管制之间进行的平衡,并且随着担保制度、信息披露制度等的不断完善,事中、事后的控制一定程度上可以取代资本形成阶段的严格管控,以实现在保证经济有序发展的基础上降低公司的设立难度和运营成本。

《公司法》(2024)对法定资本制进一步作出了突破,具有了明显的授权资本制与折中资本制的特征。[⑥] 这种根本性的变化引起许多争议:一方面,学界普遍认为这种修改符合全球公司法的发展趋势,也是董事会中心主义下公司治理模式的配套改革,为便捷公司融资、上市等活动提供了有力的支持;另一方面,学界对我国是否应在现阶段进行这种大幅修改心存疑虑,社会信用体系、证券相关制度等的

---

① 参见叶林、王世华:《公司法定资本制的检讨》,载《法律适用》2005 年第 3 期。

② 《公司法》(1993)第 23—26、78 条。

③ 参见徐晓松:《论我国公司资本制度的缺陷与完善》,载《中国法学》2000 年第 3 期。

④ 《公司法》(2005)第 26—29 条。

⑤ 《公司法》(2013)第 26—28 条。

⑥ 参见《公司法(修订草案一审稿)》第 97 条、《公司法(修订草案二审稿)》第 152、153 条、《公司法》(2024)第 152、153 条。

发展程度是否符合授权资本制的要求实在难以确定。[①] 这一修订的成效还需经历实践的检验。

二、股东出资形式的扩张

一直以来,《公司法》坚持对股东的出资形式进行限制。一般通过列举规定股东可以采用的出资财产形式达到该限制目的,但从《公司法》的不断修订与发展的轨迹来看,我国《公司法》对股东出资形式采取逐渐放宽的态度。一方面,股东的出资形式逐渐增加,从仅限于货币、实物、工业产权、非专利技术、土地使用权,[②]扩张到货币和实物、知识产权、土地使用权等可以用货币估价并可以依法转让的非货币财产,不仅法律条文中列举的种类增加,还允许其他可以用货币估价并依法转让的财产作为出资的一种,实现了较大的突破。而《公司法》(2024)又增加了股权、债权两种股东出资类型。另一方面,既往《公司法》在列举式规定股东出资类型外,还对某些特殊出资类型在注册资本中的占比进行了规定。其中,《公司法》(1993)规定"以工业产权、非专利技术作价出资的金额不得超过有限责任公司注册资本的百分之二十",《公司法》(2005)该条款修改为"全体股东的货币出资金额不得低于有限责任公司注册资本的百分之三十",《公司法》(2013)更是彻底删除了出资占比的规定,并沿用至今。[③]

理论上,按照《公司法》的规定,股东的出资形式早已扩张到货币及可以估价并转让的非货币财产,但实践中遇到了明显的障碍。《公司法》(2024)未明确列举但符合相关特征的出资方式,常常在公司登记环节被直接否定,登记机关以缺乏内部操作程序、不符合法律规定等理由拒绝登记。即使条文中列举的类型也会存在争议,例如知识产权作为一个复杂的门类,一般认为部分知识产权类型无法直接用于出资。其中一个典型问题就是,专利许可使用权可否出资,实践中存在不同处理态度。虽学界主流意见认为其作为知识产权的核心权力可以作价出资,实践中也早有相关诉讼判决,[④]但实践中仍有不少声音认为应对"知识产权"进行限

---

① 参见沈朝晖:《授权股份制的体系构造——兼评 2021 年〈公司法〉(修订草案)相关规定》,载《当代法学》2022 年第 2 期。

② 《公司法》(2005)第 27 条:股东可以用货币出资,也可以用实物、知识产权、土地使用权等可以用货币估价并可以依法转让的非货币财产作价出资;但是,法律、行政法规规定不得作为出资的财产除外。对作为出资的非货币财产应当评估作价,核实财产,不得高估或者低估作价。法律、行政法规对评估作价有规定的,从其规定。全体股东的货币出资金额不得低于有限责任公司注册资本的 30%。

③ 《公司法》(2013)第 27 条。

④ 无锡先迪德宝电子有限公司与金某成专利实施许可合同纠纷案,江苏省高级人民法院(2008)苏民三终字第 0136 号民事判决书。

缩解释，使用权只能归类于债权而不属于可以出资的知识产权范畴。

事实上，商业实践并未因法律的禁止或实务部门的设障便放弃其认为具有经济效益的出资形式，而是采用迂回的方法规避各种禁止性规定。例如：股东认缴股份后，由公司购买其所持有的许可使用权、股权等，股东再使用公司的购买价款实缴出资。类似的迂回手段完全避开了法律对出资类型的限制，甚至使股权、劳务、信用出资均成为实际存在的出资类型，法律的严格规定形同虚设。考虑到法律规定与监管实践、商业实践的脱节，学术界对出资类型进行了诸多探索，多数意见认为应当放开对出资类型的限制，将其范围扩张至债权、股权、信用、劳务等；更有甚者，认为应当直接取消对出资方式的禁止性规定，①辅之以资本公示、董事会信义义务及连带责任、股份留存等相关制度实现对债权人的保护。②

股东出资形式的扩张具有一定的法理依据，笔者也比较赞同。但在实践中，一个无法回避的问题是在多种类型出资的前提下，非货币出资该如何估值？非货币出资应以货币形式估算其价值，主要考虑到两方面的原因：一为公司资本、股份均以货币的形式进行量化，出资经过货币形式估值才可确认公司资本额以及股东持有的股份份额；二为满足会计账簿的记录需求。对于一些难以作价的财产，需建立起非货币出资的估值体系，方可将公司法的规定落到实处，这需要资产价值评估方面的规则完善。

【审判实务】

出资形式的扩张并不显见于司法裁判中，因为，一方面，在多数情况下，涉及股东出资的纠纷为未出资、未全面出资、出资瑕疵、认缴出资的加速到期等；另一方面，出资形式一般聚焦公司设立阶段，公司登记机关审查限制较为严格会导致《公司法》规定以外的出资形式不被认可，由此不易发生相应的出资形式纠纷。这不仅反映在设立实务中，即便面临司法审判，法定出资形式以外的出资也时常会面临不被认定的风险。例如，在“美华公司诉张某西股东出资纠纷案”③中，最高人民法院即认为，公司同意以债权抵顶股东出资，应当按照公司法定程序由股东会作出决议，股东不能因对公司享有债权当场决定以债权出资。（该案作为典型案例，容后叙）不过该案可以看出，法院并未直接否定该出资形式，而是认为应当

---

① 参见王军：《公司资本制度》，北京大学出版社 2022 年版，第 131 页。

② 参见刘斌：《股东出资形式的规制逻辑与规范重构》，载《法学杂志》2020 年第 10 期。

③ 最高人民法院民事裁定书，(2018)最高法民申 1654 号。

交由股东会决定。

不过实践中变相的债权出资、股权出资已并不少见，随着本轮《公司法》修订，《公司法》(2024)也已承认股权、债权出资的合法性，未来相关争议也将渐渐减少。

【典型案例】

美华公司诉张某西股东出资纠纷案[①]

基本案情：

美华公司设立于2004年10月29日，注册资本为800万元。张某西认缴出资216万元，持有美华公司27%的股权。2007年美华公司进行增资，注册资本增至1600万元，张某西认缴新增注册资本216万元，并将216万元增资款转入美华公司的验资账户。美华公司完成增资后的第二天，公司验资账户向张某西个人账户转账216万元。

美华公司认为，张某西将出资款项转入公司账户验资后又转出的行为构成抽逃出资，遂起诉要求张某西返还。张某西则主张该笔款项系美华公司偿还的债务，其先前投资款已足敷出资。

裁判要旨：

该案历经一审、二审和再审，三次审判均认定该行为构成抽逃出资，观点相似，在此集中表述。

法院认为，张某西主张该款项为美华公司归还其借款，未提供相应证据证实，故该行为构成对公司资本的侵害，损害了公司合法权益，侵犯公司独立财产权。根据资本维持不变时股东的法定义务，股东对公司除缴纳注册资本以外的投资可能涉及股东与公司之间的其他债权债务关系，并不能当然以投资替代注册资本的缴纳，且即使股东对公司享有债权也不意味着可以任意将注册资本取回，如公司同意以债权抵顶股东出资，应按照公司法定程序由股东会作出决议，股东不能因对公司享有债权而擅自决定以债权抵顶出资。张某西不能对其向美华公司增资216万元后又转出该部分资金作出合理解释，也没有举证证明该行为系经过公司股东会决议认可，其行为构成抽逃出资。

裁判评析：

该案对张某西主张之对公司债权抵顶出资，三次审判中，法院都未予认可，最

① 最高人民法院民事裁定书，(2018)最高法民申1654号。

高人民法院再审指出，债权出资行为必须经过公司法定程序，即经过股东会决议通过，才得生效。该案的典型意义在于，其并未反对股东以债权形式出资，即使该债权可能是股东对公司的债权，而是将是否接纳该种出资形式的权利交给股东会。不过，遗憾的是，裁判并未详细说明为何股东会能够有权突破《公司法》对出资形式的限制。笔者认为，对此可以从对股东会职权范围的条文中做扩大解释。《公司法》(2024)第59条第1款第(五)项规定，股东会的职权包括对公司增加或者减少注册资本作出决议，而该决议的内容具体包含哪些，该条并未明确。理论上言，公司增加或者减少资本的内容应当包含数额、出资方式、出资人比例、出资期限等，因此，在股东会决议上似乎可以决定能否通过债权出资。同时《公司法》(2024)第48条对非货币出资形式作出的规定包含"……等可以用货币估价并可以依法转让的非货币作价出资"，为出资形式的扩张提供了法律依据，可以认为是债权出资合理性的法律渊源。

问题二 股东出资瑕疵责任与出资加速到期

股东出资瑕疵责任与股东出资义务加速到期在本质上同属于对出资义务的履行，因此在本轮《公司法》修订中，一度将对二者的催缴放在同一条文中进行规范。虽同为出资义务，但出资义务加速到期存在更多的争议，本轮《公司法》修订对其修改也存在反复。

【规范梳整】

《公司法》(2018)关于股东出资瑕疵责任的规定主要为足额缴纳，第28条规定，股东应当足额缴纳认缴出资，如不按期缴纳，除应当向公司足额缴纳外，还应当向已按期足额缴纳出资的股东承担违约责任。同样的，第83条针对股份有限公司也作出相似的规定。对于股东出资的加速到期，《公司法》(2018)并未作出规定，仅在《九民纪要》这一类审判实务的指导文件中有所提及。

在《公司法》修订过程中，《公司法(修订草案一审稿)》对出资瑕疵的法律责任和认缴制带来的出资问题做出了回应。首先，出资瑕疵的补缴和赔偿责任。《公司法(修订草案一审稿)》第45条将未按期缴纳出资纳入瑕疵出资的范畴，并在第46条中规定，公司应当核查股东出资情况，在出现未按期缴纳认缴出资或非货币出资显著低于认缴出资额时，应当向该股东书面催缴。在第47条中加大设立时股东出资瑕疵的法律责任，明确补缴差额的同时应当加算利息，给公司造成损失的还应当承担法律责任，公司董事、监事和高级管理人员在明知而未及时采取措施给公司造成损失的也应当承担赔偿责任。其次，股东出资加速到期。为解决实践中较为棘手的股东出资加速到期诉求，《公司法（修订草案一审稿）》第48条明确指出，在“公司不能清偿到期债务”且“明显缺乏清偿能力”情况下，公司或者债权人有权要求未届认缴期的股东提前缴纳认缴的出资。第三，未届期股权转让出资义务承担。《公司法（修订草案一审稿）》第89条规定，转让未届缴资期限的股权，出资义务由受让人承担。第四，建立股东失权制度。《公司法（修订草案一审稿）》第46条中明确，股东在催缴书中载明的宽限期届至仍未缴纳出资的，公司可以直接向股东发出失权通知，该股东在通知发出之日起即丧失其未缴纳出资的股权。《公司法（修订草案二审稿）》对上述问题作了修改，主要包括：第一，将非货币出资瑕疵排除在外；第二，明确催缴的义务主体为公司董事会；第三，鉴于催缴制度已不再应用于非货币出资瑕疵情形，股东失权制度也将其排除在外；第四，回归现行法的规定，删除对股东补缴差额时加算利息的规定，同时，在董事、监事、高级管理人员责任认定上，删除“明知或应知”以及“未采取措施且造成损害”的条件，径直规定负责人的董事、监事、高级管理人员应当与股东承担连带赔偿责任；第五，在股东出资加速到期方面，删除公司“明显缺乏清偿能力”的限定，适度放宽了非破产加速到期的条件。《公司法》（2024）在保留前述修订的同时，增加认缴出资必须在5年内缴清的新规定，这一规定在一定程度上回应了现实中出现的出资期限为几十上百年的问题。

【理论基础】

一、股东的瑕疵出资责任

在股份认缴制下，股东通过对出资的承诺即可享有股权，极大地方便了公司的设立与融资，但需要通过法律确保股东履行出资义务，实现对债权人的保护。作为一种“股东依照约定或者公司法规定承担的特殊合同义务”，[①]股东的出资义务原则上必须履行，若履行行为存在瑕疵，则可能因违反了出资义务，需要承担相应的出资责任。

（一）股东的瑕疵出资行为

股东所认缴的出资额应当被按期足额缴纳，否则违反出资义务，将构成瑕疵

---

① 参见叶林：《公司股东出资义务研究》，载《河南社会科学》2008年第4期。

出资行为,具体表现可分为三类:未出资、未足额出资和未适当出资。顾名思义,前两者指未进行全部或部分出资,根据其原因可进一步细分为三种情况:(1)出资不能。在客观层面上,股东没有资产可用于出资或者原定的非货币出资遭到毁损、灭失而无法用于出资,非货币出资的评估价格过高也可能导致未足额出资;(2)拒绝出资。在主观层面上,股东拒绝履行发起人协议、章程、认股书等契约中确定的全部或部分出资义务;(3)虚假出资。虽履行了一定的出资程序,但实际并未移交全部或部分货币、非货币财产的控制权。而"未适当出资"可表现为出资时间的迟延、出资手续不符合规定、出资形式不符合约定、非货币出资存在质量或权利瑕疵等情形。

值得注意的是,抽逃出资作为实践中常见的行为,是否可认定为瑕疵出资存在一定的争议。有学者认为,在公司进行验资后暗中将转移至公司名下的财产抽回,是对公司明显的侵权行为,与出资存在本质区别。[①] 学界的主流意见则认为,抽逃出资保留了股东身份和股份份额但实质上公司并未控制相应的资产,此行为后果与未出资相同,应当将其作为瑕疵出资行为追究责任。[②]

(二)股东的出资责任

瑕疵出资的股东应承担相应的出资责任。广义上讲,该责任包括民事责任、行政责任和刑事责任。后二者主要针对虚报注册资本、虚假出资、抽逃出资的行为,可由市场监管部门依法责令改正、处以一定的罚款,[③]其也可能构成刑法上的虚报注册资本罪和虚假出资、抽逃出资罪。狭义上的出资责任仅指违反出资义务导致的民事责任,可分为对公司的内部责任和外部责任。

依契约股东对公司或其他股东应承担的责任为内部责任。首先,出资作为股东对公司的主要义务,公司可对不履行义务的股东提起诉讼;其次,某一股东的瑕疵出资会导致实质上股东权利义务的不平等,损害其他股东利益,因而其他股东也拥有合法的诉权。公司法解释也对这一规则进行了释明。[④] 内部责任一般表现为四种形式:(1)补缴出资,瑕疵出资的股东应当向公司补缴出资,这是合同法上"继续履行"责任的体现;(2)承担违约责任,瑕疵出资的股东"应当向已按期足额缴纳出资的股东承担违约责任"[⑤];(3)股东权利受限,公司可依据章程或决议对

---

① 参见马金平、陈涛:《股东瑕疵出资的法律问题探讨》,载《浙江学刊》2008 年第 1 期。

② 参见李建伟:《公司法学》(第 3 版),中国人民大学出版社 2014 年版,第 174 页。

③ 《公司法》(2024)第 250—252 条。

④ 《公司法司法解释(三)》第 13 条第 1 款。

⑤ 《公司法》(2024)第 49、50 条。

瑕疵出资股东的“利润分配请求权、新股优先认购权、剩余财产分配请求权等股东权利”[①]进行合理限制;(4)股东资格解除,股东不履行出资义务或抽逃全部出资,公司可能享有解除合同的权利。

股东在公司外部的责任主要表现为对债权人的责任,债权人可能基于代位权的规定享有诉讼请求权。[②] 其需要满足的条件为:(1)股东的出资行为已经构成瑕疵出资;(2)公司及其他股东怠于行使权利;(3)该瑕疵出资导致债权人的到期债权不能实现,即公司无法清偿债权人的债权。公司法解释已经确认此类情形下债权人代位权的取得,[③]但学界仍对此存在一定的争议,公司无法清偿到期债权,可能导致债权人取得代位权,也可能导致公司破产清算。前者的结果是个别债权人得到清偿,而后者意味着全部债权人进入清偿程序,二者存在一定的冲突,需要进行利益平衡。

(三)出资义务的减免或延期

学界一般认为股东的出资义务具有法定和约定的双重属性,前者是指股东的认缴出资行为是与公司签订的契约,是一种约定义务;后者意为法律明文规定股东应按期足额缴纳所认缴的出资额,具有法定义务的特征。[④] 因而发起人协议或公司章程中确定的出资义务具有一定的复杂性,一方面,作为契约的一种表现形式,在与某一股东达成一致的前提下,章程或公司的特别决议具有修改其出资的权利,实践中这一权利常被用于逃避股东的出资责任,例如在明知公司即将有大额债务到期不能清偿时,修改章程减资或将股东的出资义务延期,意图逃避债务。另一方面,股东出资作为一种法定义务,具有公权力保障下的公示公信效力,不可由公司肆意改动,实践中需要法官对具体案件进行甄别,区分意思自治与违反法律义务的边界。

具体而言,出资义务减免的合法性需要对减资程序进行考察,需要注意的是,减资程序的瑕疵并不一定导致减资失败,需要在个案中综合判断公司的主观意向与后果。例如,若公司多次在与债权人签订合同前“增资”以谋取更多的合作机会、合同义务履行期届满前“减资”来逃避债务,那么减资程序中的小瑕疵也可能导致法院认定其减资无效。出资义务延期原则上合法,但债权人可能享有撤销权,基于前文所述,债权人可对瑕疵出资的股东行使代位权,要求其在出资义务范

---

① 《公司法司法解释(三)》第 16 条。

② 参见王军:《公司资本制度》,北京大学出版社 2022 年版,第 277 页。

③ 《公司法司法解释(三)》第 19 条。

④ 参见赵旭东主编:《公司法学》(第 4 版),高等教育出版社 2015 年版,第 197 页。

围内向自己清偿债务，实现债权，那么出资义务的延期就可能因公司“恶意延长其到期债权的履行期限，影响债权人的债权实现”而被撤销。

二、股东出资加速到期

公司因不能清偿到期债务而进入破产清算程序或启动非破产清算时，其未届期出资“加速到期”，应作为清算财产的一部分，①破产法中也有类似的规定，在公司进入破产清算程序时，破产管理人应要求股东全部履行其出资义务。在这一问题中比较具有争议的是：股东出资义务的加速到期是否可以扩展到清算程序以外，即公司无法清偿到期债务时，可否不进入破产清算程序而直接要求股东的出资义务加速到期以通过资金的实际注入拯救公司。这一规则在近些年得到了学界关注，主要形成了两种观点。

（一）支持说

近年来，支持将股东出资义务的加速到期扩展到清算程序外的呼声很高，其主要的理论依据是借鉴于美国的“法定债务理论”：股东按照认缴额度缴足股款，是《公司法》规定的法定义务，在公司丧失清偿能力时，可以强制要求股东补足所有出资，并享有诉讼请求权。此外，还有学者通过对现行法的解释表明股东出资义务的加速到期的合法性，例如《公司法司法解释（三）》第 13 条规定的“未履行或者未全面履行出资义务的股东”可扩张解释为到其出资与未届期出资的股东，进而将股东出资义务的全面履行扩张到未届期出资的全面履行。② 也有学者从资本维持的角度考虑，在公司资本全部实缴前，公司应当尽力保持资产大于负债，一旦公司失去偿债能力，法律应当要求股东补足资产以满足资本维持原则的基本要求。③

将股东出资义务的加速到期扩展到清算程序外还具有较高的实践价值，在公司破产前股东实际转移资产到公司名下，可能使公司具有偿债能力而继续存续，一般情况下，公司继续经营是有利于股东和大部分债权人甚至社会公众的。因而商事实践中也倾向于采取各种手段维持公司运营。

（二）反对说

部分学者反对将股东出资义务的加速到期扩展到清算程序外，其从实在法出发，认为要求未届期的股东承担出资义务缺乏法律依据。股东出资加速到期的规

---

① 《公司法司法解释（二）》第 22 条。

② 参见王军：《公司资本制度》，北京大学出版社 2022 年版，第 256、257 页。

③ 参见李建伟：《认缴制下股东出资责任加速到期研究》，载《人民司法》2015 年第 9 期。

范依据主要是《企业破产法》第35条，即法院受理公司破产申请后，公司的股东还未完全履行出资义务的，管理人应该要求其缴纳相应的出资，不受出资期限的限制。因而破产程序应当是出资义务加速到期的唯一合法适用情形。[①] 持“反对说”的学者对“支持说”进行了批驳，认为股东对自己的出资期限享有法定期限利益，没有法律明确规定不可进行限制。[②] 至于《公司法司法解释（三）》第13条的规定，从文义解释上看，股东的清偿责任范畴被确定为“未出资本息范围内”，只能指出资期限已届至的情形。[③] 并且，股东出资义务的加速到期是对注册资本认缴制的违背，不合理地加重了股东义务，不宜将其扩张适用。

在两种学说的基础上，亦有学者持折中观点，认为在公司经营确实面临严重困难时，方可使股东出资义务加速到期，但经营的严重困难与“支持说”所言的公司失去偿债能力有何区别，实在难以区分，本书认为可将其归于“支持说”的观点中，在此不作赘述。总体而言，“支持说”在学界更为主流，但缺乏实在法的直接支持，实践中面临困境，亦有学者对2018—2022年的相关案件进行实证研究发现，法院裁判中不支持加速到期的案件比例高达79.5%。[④] 学界与实务界的看法存在一定差异，源自学者对理论的探索和司法实践对现行法的坚守的不同，未来可能通过规范性文件统一认识。《公司法》（2024）第54条明确，公司不能清偿到期债务的，公司或者已到期债权的债权人有权要求已认缴出资但未届出资期限的股东提前缴纳出资。这一规定对股东出资加速到期采取了支持态度，这也为以后的裁判起到了定分止争的作用。

【审判实务】

审判实务中，针对股东出资瑕疵责任和股东出资义务加速到期，较有争议的问题在于，股东出资义务加速到期应否得到支持，以及未届期出资股权转让中的出资责任。

一、股东出资加速到期

股东出资义务加速到期的主要规定来源于《九民纪要》，在此之前，审判实务中的观点可谓是众说纷纭。肯定说认为可以加速到期，主要理由有：第一，应对

---

① 参见王建文：《再论股东未届期出资义务的履行》，载《法学》2017年第9期。

② 参见黄耀文：《认缴资本制度下的债权人利益保护》，载《政法论坛》2015年第1期。

③ 参见王建文：《再论股东未届期出资义务的履行》，载《法学》2017年第9期。

④ 参见赵忠龙：《股东出资义务加速到期的法律续造问题》，载《中国政法大学学报》2022年第4期。

《公司法司法解释(三)》所称的“未履行或者未全面履行出资义务”作扩张解释，不仅仅包括到期的履行违约行为，也包括尚未到期的未出资行为。第二，公司章程有关股东出资期限的约定系公司股东之间的内部约定，不能对抗外部第三人。第三，认缴制下公司股东的出资义务只是暂缓缴纳，而不是永久免除。在公司经营发生重大变化时，公司包括债权人可以要求股东缴纳出资，以用于清偿公司债务。第四，当公司的全部财产不足以清偿到期债务时，债权人要求出资未到期的股东承担出资责任以清偿公司债务，并不违背股东以其认缴的出资额为限对公司承担责任的规定。否定观点认为不可以加速到期，主要理由有：第一，除破产和解散外，对于股东出资未到期的其他情形，债权人缺乏法律依据或请求权基础。第二，对《公司法司法解释(三)》应采文义解释，不宜作扩张解释。“出资期限未届满的股东尚未完全缴纳其出资份额不应认定为‘未履行或者未全面履行出资义务’”。[①] 第三，股东出资加速到期与法人人格独立原则相悖，“如果只要债权人债权不能获得清偿，动辄就向股东直接追索，有违法律创设公司制度的初衷”。[②] 第四，股东出资信息已通过章程备案登记的方式向社会公示，公司债权人应受股东出资时间的约束，要求股东提前履行出资义务，实质是剥夺了股东的期限利益，不具有正当性。第五，在公司资产对各债权人已不具备清偿能力或可能丧失清偿能力，且公司存在其他债权人的情况下，赋予个别债权人请求股东提前履行出资义务的权利，实质上是允许公司进行个别清偿，这将损害公司其他债权人的利益。

《九民纪要》则出现了新的变化，第6条规定：在注册资本认缴制下，股东依法享有期限利益。债权人以公司不能清偿到期债务为由，请求未届出资期限的股东在未出资范围内对公司不能清偿的债务承担补充赔偿责任的，人民法院不予支持。但是，下列情形除外：(1)公司作为被执行人的案件，人民法院穷尽执行措施无财产可供执行，已具备破产原因，但不申请破产的；(2)在公司债务产生后，公司股东(大)会决议或以其他方式延长股东出资期限的。

针对如何判断“人民法院穷尽执行措施无财产可供执行，已具备破产原因”，《九民纪要》征求意见稿中将该条的适用情形表述为“因穷尽执行措施无财产可供执行，被人民法院裁定终结本次执行的”，而正式稿将“被人民法院裁定终结本次

---

① 曾雷与甘肃华慧能数字科技有限公司股权转让纠纷上诉案，最高人民法院(2019)最高法民终230号。

② 俞巍、陈克：《公司资本登记制度改革后股东责任适法思路的变与不变》，载《法律适用》2014年第11期。

执行的”删去,替换成“已具备破产原因”。

当债权人要求追加未履行出资义务的股东为被执行人时,执行部门如何判断公司“已具备破产原因”、判断标准为何,并不明晰。考察我国“执转破”制度,对具有破产原因的被执行人,执行部门可以按照规定将其移送破产审判部门,由破产审判部门进行破产审查,此时执行部门对被执行人是否具备破产原因只是一个初步判断,最终是否受理由破产审判部门决定。而《九民纪要》第6条的适用中,对股东出资应否加速到期的判断,是由执行部门对被执行人是否具备破产原因进行初步审查即可,还是要求其实质判断,不无疑问。

二、未届期出资股权转让中的出资责任

《公司法》自2013年开始实行完全的资本认缴制,企业股东设定超长认缴期限的情形并不罕见,当公司不能清偿到期债务时,债权人及公司通常主张由股东在未实缴出资范围内承担连带责任,或即时履行出资责任,若股权曾发生多次流转,前手股东通常会被一并列为追偿对象。就现行立法而言,未届期出资股权转让后的责任分配在我国几乎处于无法可依的窘境,致使债权人或公司诉请原股东承担出资责任时频频陷入找法困难的情境。正是这一法律适用的困境,使得将濒临破产的公司的股权转让给无履行能力的受让人,成为企业股东逃避出资责任的常用手段。

从司法实践的角度,就未届期出资股权转让后转让股东是否应继续承担出资责任这一问题,全国范围内不同地区的司法机关的裁判尺度有所不同,同案不同判的情形频频出现。对这一问题,2020年全国法院十大商事案例“上诉人许某勤、常州市通舜机械制造有限公司(以下简称通舜公司)、周某茹与被上诉人青岛铸鑫机械有限公司(以下简称铸鑫公司)加工合同纠纷案”能够给我们一些启示。

【典型案例】

许某勤、常州市通舜机械制造有限公司、周某茹与青岛铸鑫机械有限公司加工合同纠纷案[①]

基本案情:

2017年5月7日、6月5日,铸鑫公司(供方)与铸仑公司(需方)分别签订两份水平射沙造型机购销合同,基本内容相同。合同签订后,铸仑公司支付了定金,

---

① 山东省青岛市中级人民法院民事判决书,(2020)鲁02民终12403号。

铸鑫公司即组织安排设备的生产。2017年7月4日，铸鑫公司将设备安排托运。铸仑公司于同年7月14日接收设备，铸鑫公司即安排工作人员对设备进行了安装、调试。2017年9月29日，铸仑公司的股东周某茹、庄某芬、通舜公司、常州市吉瑞电梯部件制造有限公司分别将其在铸仑公司的全部认缴出资额90万元、60万元、90万元、60万元(以上出资均未实缴)无偿转让给许某勤，许某勤成为铸仑公司的唯一股东，铸仑公司变更为自然人独资的有限责任公司。2017年10月10日，铸仑公司的法定代表人变更为许某勤。2018年5月15日，许某勤将铸仑公司申请注销，常州市武进区行政审批局于2019年7月3日对该公司予以注销。截至铸鑫公司起诉时，铸仑公司仅支付铸鑫公司设备款240,140元，尚欠245,360元未付。庭审中，许某勤认可铸仑公司已付设备款240,140元，尚欠245,360元未付。但许某勤认为铸鑫公司提供的设备不符合质量要求，铸鑫公司应当返还铸仑公司已付的设备款240,140元，并支付相应的违约金。

裁判要旨：

一审认为，通舜公司、周某茹系将未届期出资转让，依据《公司法司法解释(三)》第18条第1款之规定，“有限责任公司的股东未履行或者未全面履行出资义务即转让股权，受让人对此知道或者应当知道，公司请求该股东履行出资义务、受让人对此承担连带责任的，人民法院应予支持；公司债权人依照本规定第十三条第二款向该股东提起诉讼，同时请求前述受让人对此承担连带责任的，人民法院应予支持”。通舜公司、周某茹应当在各自认缴出资范围内对许某勤所负担的债务承担连带责任。

二审法院认为，通舜公司、周某茹应在其出资范围内，对于涉案欠款承担连带责任。在债权形成于前股东持股之时，公司未到出资期限即注销的情况下，依据《公司法司法解释(二)》第22条第2款、《合同法》(已失效)第65条之规定，前股东应当在其出资范围内承担连带清偿责任。一方面，从时间点来说，该案所涉合同之债发生于通舜公司、周某茹持股之时。该案通舜公司、周某茹是铸鑫公司与铸仑公司发生涉案设备买卖合同之时的股东，两股东享有涉案买卖合同为目标公司所带来的利益，在涉案股权转让之时，其对于公司所欠债务应为明知。另一方面，在公司注销的情况下，通舜公司与周某茹因转让股权而免除的出资义务应予以回转。主要原因在于，在该案中，后股东许某勤已注销公司，其出资义务加速到期，其并未出资。依据《合同法》(已失效)第65条之规定，当事人约定由第三人向债权人履行债务的，第三人不履行债务或者履行债务不符合约定，债务人应当向债权人承担违约责任。在公司法框架下，股东转让股权，无须目标公司同意，对于公司的资本认缴出资的合同义务，转让给股权的后股东（受让人）后，其未按期出资即注销公司的行为，使得后股东对于公司具有因出资期限届满向公司支付出资的合同义务，在其未履行的情况下，符合上述法律规定中第三人不履行债务的情形，因此，公司得向前股东（债权人）主张违约责任。

裁判评析：

该案涉及公司破产与未届期出资股权转让两个较为复杂的问题，判决对其进行了清晰的梳理。资本认缴制是2013年《公司法》修正的重大改革，修正后的《公司法》取消了最低注册资本的限制，改实缴制为认缴制。但这一改革并不意味着股东从此对注册资本的认缴和履行可以随心所欲，甚至操弄公司，作为其“空手套白狼”的手段。如若将资本认缴制改革等同于股东完全逃脱其出资义务，规避法律对公司资本的限制，则不仅背离认缴制的初衷，动摇公司资本三原则的根本，也将致使社会上“皮包公司”“空壳公司”泛滥，对经济交易秩序危害极大。该案明确了未届期出资股东在股东权转让后仍应承担的出资责任，具有一定价值，而实践中可能存在更加复杂的情况，在此原则基础上进行推理即可，具体表现为：第一，出资期限届满时的股东是第一序位的出资义务人，也包括《企业破产法》第35条、《公司法司法解释（二）》第22条规定的，以及符合《九民纪要》第6条的，加速到期的股东出资义务人。第二，发起股东即使已经转让股权，其“横向的”对其他发起股东，与“纵向的”对受让股东的出资担保责任（连带责任），并不免除。纵向出资担保责任应限于，自受让股东于公司登记机关办理变更登记之日起5年。第三，出资期限届满之前的曾经持有该股权的任何前手（出让股东），意图通过转让股权逃避出资义务的，就出资义务与现受让股东承担连带责任。第四，股东在催缴后合理期限内，仍未履行出资义务以及向发起人股东主张仍不能填补出资瑕疵的，依据《公司法司法解释（三）》第17条的程序安排，将可能被宣告失去该股权，但宣告失权的股东为发起人股东的，并不意味着免除对其他发起股东的出资担保责任。第五，穷尽前述责任追究途径的，公司应当出售该股权，以出售之对价弥补拖欠的出资，力求公司资本充实，公司其他现股东有优先购买权。若无人受让，应办理法定减资手续。第六，以上表述的出资义务、出资担保责任，再根据对公司债权人逃避出资损害债务情形之有无分别处理，“无”演化成为对公司债务负有连带清偿义务，“有”演化成为补充赔偿责任等。①

---

① 参见陈克：《未届出资期限股权转让后的出资义务人是谁?》，载搜狐网2021年10月12日，https://www.sohu.com/a/494663085_121123817。

专题十九　公司对外担保

导　语

公司作为市场经济的重要主体，提供担保是市场融资的重要增信工具。公司担保分为对内担保和对外担保，前者为公司自身提供担保，符合公司利益，无须规制；后者为他人提供担保，可能损及公司、股东以及其他债权人利益，故而受限。《公司法》(1993)首次涉及公司担保问题，但规定模糊，公司是否具有担保能力一时争议较多。《公司法》(2005)第16条承认公司具备担保能力，同时对具体担保事宜作出限制，非关联担保须经章程规定的董事会或者股东(大)会决议，关联担保须经股东(大)会决议并要求关联股东回避表决。《公司法》(2013)、《公司法》(2018)、《公司法》(2024)沿袭该规定，但是均未明确未经公司担保决议的担保合同效力及责任归属，导致理论聚讼不断，公司担保案件激增却裁判不一。《九民纪要》和《民法典担保制度司法解释》为公司担保合同效力及责任归属定下总基调，但相关争论并未偃旗息鼓，且延伸出对相对人审查义务更为广泛而深入的讨论。

问题一　越权担保合同效力及责任归属

以《公司法》(2024)第15条的规定为基础，违反《公司法》和公司章程的担保合同的效力以及该担保的属性一直以来都是学术界和实务界争议的焦点。超越权限的担保合同是否有效、倘若无效其责任应当由谁来承担等问题长期悬而未决。本专题旨在在梳理现有规范、理论和实务的基础上，提出越权担保合同效力及责任之归属的合理参考意见。

【规范梳整】

公司中越权担保合同的效力及责任归属问题集中在《公司法》(2024)第15条第1款和与担保、合同有关的法律制度中,相应条款虽然较少,但所能够引发的争议较多。《公司法》(2024)第15条第1款规定"公司向其他企业投资或者为他人提供担保,按照公司章程的规定,由董事会或者股东会决议;公司章程对投资或者担保的总额及单项投资或者担保的数额有限额规定的,不得超过规定的限额";第2款规定"公司为公司股东或者实际控制人提供担保的,必须以经股东会决议"。该条奠定了公司对外担保的基调,但由于对违反该条的合同的效力、责任归属并不明确,也使得该条在承认公司具备担保能力的同时成为争议的焦点。

对于违反该条规定的合同的性质,既有评价路径可以分为两条,即越权代表和表见代理。针对越权代表,《民法典》第504条规定,"法人的法定代表人或者非法人组织的负责人超越权限订立的合同,除相对人知道或者应当知道其超越权限外,该代表行为有效,订立的合同对法人或者非法人组织发生效力"。针对表见代理,《民法典》第172条规定,"行为人没有代理权、超越代理权或者代理权终止后,仍然实施代理行为,相对人有理由相信行为人有代理权的,代理行为有效";第503条规定,"无权代理人以被代理人的名义订立合同,被代理人已经开始履行合同义务或者接受相对人履行的,视为对合同的追认"。这些条款可以成为解释违反《公司法》(2024)第15条之规定的担保合同效力的有效路径,但并非绝对路径。

【理论基础】

公司是否具备担保能力,早期存在肯定说与否定说的争议。《公司法》(2005)第16条承认公司具备担保能力,同时予以一定限制,但该条未明确越权担保合同的效力及责任归属。关于合同效力,理论上发展出"内部关系说""规范性质识别说""代表权限制说"等不同观点;关于责任归属,尤其是合同对公司不生效时公司是否承担民事责任,引发肯定说与否定说之争论。

一、公司担保能力及对外担保之限制

担保制度是民商事活动不可或缺的重要组成部分,民商事主体自愿实施担保,自行承担相应责任。公司作为独立法人,享有民事权利能力,以独立意志参与民商事活动,以独立财产承担独立责任,理论上自可提供担保,即公司具备担保能力。允许公司对外担保,促进市场主体资金融通和商品流通,也适应市场经济的客观需要。

承认公司具备担保能力是各国公司法的通例,我国《公司法》也不例外,但立法存在演进过程。《公司法》(1993)首次涉及公司担保问题,该法第60条第3款规定,“董事、经理不得以公司资产为本公司的股东或者其他个人债务提供担保”;第214条第3款规定违规担保的法律责任,“董事、经理违反本法规定,以公司资产为本公司的股东或者其他个人债务提供担保的,责令取消担保,并依法承担赔偿责任,将违法提供担保取得的收入归公司所有。情节严重的,由公司给予处分”。由于当时立法技术不成熟和法条表述不清晰,关于公司是否具备担保能力,一度争议颇多。否定说则认为,公司不具备担保能力,《公司法》(1993)第60条旨在限制公司提供担保。[①] 肯定说认为,公司享有担保能力,《公司法》(1993)第60条第3款仅规定董事和经理的个人行为。[②] 最高人民法院审理的“中福实业公司担保案”即采肯定说,认为《公司法》(1993)第60条第3款并未否定公司的担保能力。[③]《公司法》(2005)增加第16条,明确承认公司具备担保能力,此后《公司法》(2013)、《公司法》(2018)以及《公司法》(2024)均沿袭该规定,认可公司的担保能力。

至于是否限制公司对外担保,各地立法有所不同。多数国家或者地区公司法不加限制,少部分公司法予以限制,如《法国商事公司法》第106条就股份公司担保规定:“除公司经营金融事业外,禁止公司为董事、总经理、法人董事的常任代理人及他们的亲属向第三人承担具有义务提供物的担保和保证。”我国台湾地区“公司法”第16条规定:“公司除依其他‘法律’或公司章程规定得为保证外,不得为任何保证人。”[④]《公司法》(2005)修订草案初次审议时并未对公司担保作出规定,认为“有些常委委员和地方、部门、企业提出,公司为他人提供担保,可能给公司财产带来较大风险,需要慎重”,[⑤]修订草案第二稿增加第16条,在一定程度上限制公司对外担保。[⑥] 该条第1款规定公司对外担保的决策机关和担保数额由公司章程规定,第2款和第3款规定公司提供关联担保的决策机关和表决程序。该限制旨在遏制商事实践中愈演愈烈的公司乱担保现象,以保护公司资产安全和利益相关

---

① 参见钱玉林:《公司法第16条的规范意义》,载《法学研究》2011年第6期。

② 参见曹士兵:《我国新公司法关于公司担保能力的规定评述——重温最高人民法院“中福实业公司担保案”》,载《法律适用》2006年第6期。

③ 参见最高人民法院民事判决书,(2000)经终字第186号。

④ 李建伟:《公司法学》(第4版),中国人民大学出版社2018年版,第81页。

⑤ 原全国人大法律委员会副主任委员洪虎:《全国人大法律委员会关于〈中华人民共和国公司法(修订草案)修改情况的汇报〉》,载《中华人民共和国全国人民代表大会常务委员会公报》2005年第7期。

⑥ 参见钱玉林:《寻找公司担保的裁判规范》,载《法学》2013年第3期。

者利益,[①]立法者亦认识到公司应当根据经营范围从事日常经营活动,公司为他人提供担保属于公司非常规的、特殊的经营行为,故法律规定该行为的经营权不当然授予公司经营层行使,而是原则上由公司所有者行使,即授权非关联担保由公司章程规定,关联担保由股东会或者股东大会决议。[②]《公司法》(2013)、《公司法》(2018)未对第 16 条作出修订,继续限制公司具体的对外担保程序事宜。

二、越权担保合同的效力之争

《公司法》(2024)第 15 条虽承认公司具备担保能力,并限制其对外担保的具体程序,但是未规定越权担保的合同效力以及责任归属,即仅有行为模式要件,而无法律后果要件,是"不完全法条",[③]以致理论聚讼不绝,司法裁判不一。公司法定代表人未经股东(大)会决议程序,以公司名义签订的对外担保合同的效力,理论上主要存在内部关系说、规范性质识别说、代表权限制说等学说,司法实践亦依托不同学说作出不同判决。

内部关系说区分公司内外部关系,认为《公司法》(2024)第 15 条关于公司对外担保的特别规定,仅系公司内部的程序性规定,一般不约束担保债权人。公司章程和决议系公司内部文件,担保债权人通常无审核公司内部文件之交易习惯,亦无甄别文件真伪之能力,对担保债权人课以审查义务,既改变交易习惯又加重交易负担。故而,越权担保适用《民法典》第 61 条第 3 款,担保合同有效,公司对外承担担保责任。随之适用《公司法》(2024)第 188 条,公司承担担保责任后,可以请求法定代表人承担赔偿责任。[④] 在最高人民法院公报案例"中建材案"中,法院认为违反《公司法》(2024)第 15 条的规定,不能简单认定担保合同无效,理由之一即为公司内部决议程序不得约束第三人。[⑤] 该说以"担保债权人偏向"为显著特征,将法定代表人越权担保的风险从债权人转移至公司,旨在维护交易安全和担保债权人利益,却忽视了公司利益。担保债权人作为担保权人,在担保合同签订时,占据主动有利地位,易于获取公司对外担保的决议,督促法定代表人履行公

---

① 参见王毓莹:《公司担保规则的演进与发展》,载《法律适用》2021 年第 3 期。

② 参见曹士兵:《我国新公司法关于公司担保能力的规定评述——重温最高人民法院"中福实业公司担保案"》,载《法律适用》2006 年第 6 期。

③ 参见吴飞飞:《公司担保合同行为的最佳行为范式何以形成——公司越权担保合同效力认定的逆向思维》,载《法学论坛》2015 年第 1 期。

④ 参见贺小荣主编:《最高人民法院民事审判第二庭法官会议纪要——追寻裁判背后的法理》,人民法院出版社 2018 年版,第 190、191 页。

⑤ 参见中建材集团进出口公司诉北京大地恒通经贸有限公司、北京天元盛唐投资有限公司、天宝盛世科技发展(北京)有限公司、江苏银大科技有限公司、四川宜宾俄欧工程发展有限公司进出口代理合同纠纷案,载《中华人民共和国最高人民法院公报》2011 年第 2 期。

司决议程序,进而取得公司合法合规提供的担保。并且法定代表人是法人的意思表达机关,其超越权限对外担保,无论依“代表说”还是“代理说”,均应结合相对人善意与否以判断公司是否承受法定代表人的行为。[①] 该说以交易习惯径行认定债权人无审查义务系基于商事实践,而无法理依据。若通过改变交易习惯,规范公司对外担保,那么债权人履行审查义务亦可成为新的交易习惯。至于债权人能否甄别文件之真伪,大可通过界定审查义务具体内涵的方式以解决,而非径行认定债权人无审查义务。

规范性质识别说认为《公司法》(2024)第15条系强制性规定,但内部又区分效力性强制性规定和管理性强制性规定。主张第15条为管理性强制性规定者,认为该条属于公司内部组织规范,旨在提示公司以章程限制对外担保,且公司章程仅约束公司、股东及管理层,不具有对世性,无法约束债权人,越权担保合同有效。对债权人课以审查义务不具有可操作性和合理性,债权人的善意为法律所推定,无须自证,应当由公司举证证明债权人恶意。[②] 还有观点主张第15条为效力性强制性规定,越权担保合同无效,但这并非司法实践中的主流观点。[③] 还有观点区分关联担保与非关联担保的规范性质,认为第15条第1款非关联担保系管理性强制性规定,担保合同有效,而第2款关联担保系效力性强制性规定,担保合同无效。[④] 很长一段时期以来,该说在司法实践中占据主流地位。在最高人民法院公报案例“中建材案”和“振邦案”中,法院认为《公司法》(2024)第15条并非效力性强制性规范,担保合同不因违反该条而无效。[⑤] 该说以《合同法》第52条第5项及《合同法司法解释(二)》第14条为基础,将法律规范区分为强制性规范和任意性规范,强制性规范又分为管理性和效力性强制性规范,但是,其识别基础并不牢靠,将强制性规范区分为管理性和效力性不够周延,[⑥]管理性和效力性强制性规范的区分标准也不清晰,违反管理性强制性规范的合同效力亦不明确,合同究竟有

---

① 参见高圣平:《再论公司法定代表人越权担保的法律效力》,载《现代法学》2021年第6期。

② 参见贺小荣主编:《最高人民法院民事审判第二庭法官会议纪要——追寻裁判背后的法理》,人民法院出版社2018年版,第191页。

③ 参见王毓莹:《公司担保规则的演进与发展》,载《法律适用》2021年第3期。

④ 参见周伦军:《公司对外提供担保的合同效力判断规则》,载《法律适用》2014年第8期。

⑤ 参见中建材集团进出口公司诉北京大地恒通经贸有限公司、北京天元盛唐投资有限公司、天宝盛世科技发展(北京)有限公司、江苏银大科技有限公司、四川宜宾俄欧工程发展有限公司进出口代理合同纠纷案,载《最高人民法院公报》2011年第2期;招商银行股份有限公司大连东港支行与大连振邦氟涂料股份有限公司、大连振邦集团有限公司借款合同纠纷案,载《最高人民法院公报》2015年第2期。

⑥ 参见姚明斌:《“效力性”强制性规范裁判之考察与检讨——以〈合同法解释二〉第14条的实务进展为中心》,载《中外法学》2016年第5期。

效、可撤销抑或效力待定,困扰立法者、司法者、学者良久,更何况合同当事人。[①]且《公司法》(2024)第15条属于组织规范,不能简单归入以行为规范为基础的管理性或效力性强制性规范。[②]

代表权限制说主张《公司法》(2024)第15条是在公司对外担保事项上对法定代表人的代表权作出的法定限制,而《民法典》第61条第3款是对代表权的约定限制。法定代表人未经决议代表公司对外提供担保系越权代表,认定越权担保合同的效力,不适用《民法典》第61条第3款,而应当引入《民法典》第504条(《合同法》第50条)关于表见代表的规定,并类推适用《民法典》第171条(《合同法》第48条)关于无权代理的相关规则。[③] 因法律一经公布即推定所有人明知及不知法律不免责的法理,推定担保债权人明知公司对外担保须经决议程序。至于担保债权人是否知道或者应当知道法定代表人超越权限,则以其是否对董事会或者股东(大)会履行合理审查义务为判断标准,认定担保债权人是否构成善意,进而认定担保合同效力。若担保债权人尽到合理审查义务,则其为善意,担保合同有效;否则,担保合同无效或者对公司不生效。[④] 在最高人民法院作出的生效裁判中,法院认为担保债权人"未能尽到要求目标公司提交股东会决议的合理注意义务,导致担保条款无效"[⑤]。公司对外提供信用担保或者物的担保,可能损及公司财产,影响公司、股东、公司债权人的利益。实践中,控股股东或者实际控制人操控公司,肆意对外提供巨额担保以掏空公司资产的案例屡见不鲜。[⑥] 担保债权人无偿获得担保,且其占据获取公司决议的优势地位。代表权限制说回归法定代表人的权利性质,符合公司对外担保制度的价值取向,平衡担保债权人和公司、股东及公司债权人利益。

《九民纪要》采代表权限制说,精细化区分善意与恶意、关联担保与非关联担保、须作出决议与无须作出决议,《民法典担保制度司法解释》在此基础上,区分了

---

① 参见吴飞飞:《公司担保案件司法裁判路径的偏失与矫正》,载《当代法学》2015年第2期。

② 参见最高人民法院民事审判第二庭编著:《〈全国法院民商事审判工作会议纪要〉理解与适用》,人民法院出版社2019年版,第181页。

③ 参见贺小荣主编:《最高人民法院民事审判第二庭法官会议纪要——追寻裁判背后的法理》,人民法院出版社2018年版,第192页。

④ 参见高圣平、范佳慧:《公司法定代表人越权担保效力判断的解释基础——基于最高人民法院裁判分歧的分析和展开》,载《比较法研究》2019年第1期;周伦军:《公司对外提供担保的合同效力判断规则》,载《法律适用》2014年第8期。

⑤ 最高人民法院民事判决书,(2017)最高法民再258号。

⑥ 参见贺小荣主编:《最高人民法院民事审判第二庭法官会议纪要——追寻裁判背后的法理》,人民法院出版社2018年版,第195页。

普通公司、上市公司及一人公司。[①] 但是，二者对越权担保合同效力的认定有所不同。《九民纪要》第 17 条规定，债权人恶意的，担保合同无效；《民法典担保制度司法解释》第 7 条则规定，相对人非善意的，担保合同对公司不发生效力。该区别源于越权代表与无权代理的合同效力是否一致。公司对外提供担保的表意人为法定代表人或者代理人，法定代表人在法律和公司章程范围内享有概括代表权，职务代理人就职权范围内事项取得公司概括授权，一般代理人在代理权限内取得授权。[②]《公司法》(2024) 第 15 条不仅是对法定代表人代表权的限制，更是对代理人代理权的法定限制。[③] 代理人未经公司决议对外提供担保，在相对人非善意的情形下，构成狭义的无权代理，自可适用《民法典》第 171 条关于无权代理的规定，未经公司追认的，担保合同对公司不发生效力。法定代表人未经公司决议对外提供担保，在相对人非善意的情形下，构成越权代表，适用《民法典》第 504 条关于越权代表的规定，但是该规定并未明确相对人非善意时的合同效力。《九民纪要》区分越权代表和无权代理，即公司对越权代表的担保合同不享有追认权，[④]《民法典担保制度司法解释》则统一越权代表与无权代理的合同效力，在公司追认前，越权代表的担保合同对公司不生效。相较而言，《民法典担保制度司法解释》表述更为准确，相对人善意与否并不直接影响担保合同的效力，而是关系到担保合同是否对公司发生效力。[⑤] 并且从文义解释的角度来看，《民法典》第 504 条区分越权代表行为的效力与合同效力，相对人善意时，越权代表行为有效，担保合同对公司发生效力，那么从反面解释，相对人恶意时，签订的担保合同对公司不发生效力，而非合同无效。

三、越权担保合同的责任归属

公司法定代表人或者代理人越权缔结担保合同，若担保债权人善意，则担保合同对公司发生效力，公司自当承担担保责任，之后再向越权人追偿。若担保债权人非善意，担保合同对公司不生效，公司是否应当承担责任？

在代理人越权缔结担保合同的情形下，担保债权人非善意，即其没有理由相

---

① 参见王毓莹：《公司担保规则的演进与发展》，载《法律适用》2021 年第 3 期。

② 参见高圣平：《论相对人审查义务视角下的公司担保决议——基于〈民法典〉实施之后的裁判分歧的展开和分析》，载《法制与社会发展》2022 年第 6 期。

③ 参见高圣平：《试论公司担保中的无权代理——基于裁判分歧的展开和分析》，载《商业经济与管理》2022 年第 5 期。

④ 参见最高人民法院民事审判第二庭编著：《〈全国法院民商事审判工作会议纪要〉理解与适用》，人民法院出版社 2019 年版，第 183 页。

⑤ 参见王毓莹：《公司担保规则的演进与发展》，载《法律适用》2021 年第 3 期。

信代理人享有对外担保的代理权，不构成表见代理，而是构成无权代理。根据《民法典》第171条的规定，公司享有追认权，未经公司追认的，担保合同对公司不生效，非善意的担保债权人与代理人按照过错承担责任，公司无须承担责任。

在法定代表人越权缔结担保合同的情形下，合同对公司不生效，但公司是否承担责任争议较大。肯定说认为，法定代表人是公司的法定意思机关，即便其越权对外实施行为，亦是公司的行为，且公司在选任、监督法定代表人以及公章管理等方面存在过错，应当承担缔约过失责任。[①] 否定说认为，无论担保合同是否有效，公司均无须承担责任，应当类推适用《民法典》第171条关于无权代理的规定，由法定代表人和担保债权人根据过错承担责任。[②]

《民法典担保制度司法解释》区分上市公司与非上市公司，对上市公司采否定说，公司无须承担责任旨在保障证券市场广大中小投资者利益，根治上市公司违法违规担保的问题。[③] 对非上市公司则采肯定说，相对人可以参照担保合同无效请求公司承担赔偿责任。本文无意于介入上述争论，无论法人本质采"拟制说"还是"实在说"，无论法定代表人采"代表说"抑或"代理说"，均须回归问题的本质。"代表说与代理说的区别仅在于使法定代表人的行为归于法人的理论射程远近不同而已，就法定代表人和代理人的关系在实践后果和价值判断上并无显著不同，更多是理论解释上的不同"[④]，越权担保合同责任归属问题的核心在于如何实现避免法定代表人滥用权限损害公司及中小股东利益，防止公司责任泛化。[⑤]

【审判实务】

笔者对中国裁判文书网中最高人民法院涉及《公司法》(2018)第16条的裁判文书进行梳理，发现司法裁判越权担保合同有效与无效的数量大致持平，但裁判合同有效的数量在《九民纪要》出台之后偏多，基本都遵循《公司法》(2018)第16

① 参见最高人民法院民事审判第二庭：《最高人民法院民法典担保制度司法解释理解与适用》，人民法院出版社2021年版，第136—138页。

② 参见高圣平，范佳慧：《公司法定代表人越权担保效力判断的解释基础——基于最高人民法院裁判分歧的分析和展开》，载《比较法研究》2019年第1期；高圣平：《再论公司法定代表人越权担保的法律效力》，载《现代法学》2021年第6期；甘培忠、马丽艳：《公司对外担保制度的规范逻辑解析——从〈公司法〉第16条属性认识展开》，载《法律适用》2021年第3期。

③ 参见最高人民法院民事审判第二庭：《最高人民法院民法典担保制度司法解释理解与适用》，人民法院出版社2021年版，第156、157页。

④ 陈自强：《代理权与经理权之间——民商合一与民商分立》，北京大学出版社2008年版，第763页。

⑤ 参见王毓莹：《公司担保规则的演进与发展》，载《法律适用》2021年第3期。

条是对代表人的权限限制,以及引致《民法典》第504条越权代表对于善意与恶意区分的逻辑展开。

早期涉及公司越权担保问题时,司法裁判基本都在《公司法》(2018)第16条不属于效力性强制性规定的基础上展开,例如,在"南京华新瑞实业有限公司与武汉瑞通船务疏浚工程有限公司、无锡华业钢铁有限公司、江苏海外集团海通国际贸易有限公司及南京市华新瑞实业有限公司泰州钢铁分公司欠款及担保合同纠纷案"①中,法院指出,《公司法》(2018)第16条为非效力性规范,不应作为判断公司对外合同效力的唯一证据。诉讼中担保人没有足够证据证明被担保人在签订该案合同时知道或者应当知道该法定代表人超越公司章程等规定的权限,故应当认为被担保人作为合同相对人有理由相信法定代表人的代表行为,双方所签订的合同有效。类似裁判延续较久,裁判理由基本为《公司法》(2018)第16条不是效力性规范,属于对内的程序性规定,②如在2016年,最高人民法院民一庭的倾向性意见仍然认为,该条为管理性规范,对公司以未经股东会决议为由主张对外担保无效的,人民法院不予支持。③

近些年,法院裁判才逐步转为认定合同无效,例如,在"和昌(福建)房地产开发有限公司、王某栋民间借贷纠纷案"④中,最高人民法院以王某栋从公司章程中得知和昌(福建)公司未授权法定代表人签署担保合同,又未要求其提供董事会决议,存在过错,非善意第三人为由,判定担保合同无效,和昌(福建)公司无须承担担保责任。在"南京森浦置业顾问有限公司、南通市海门区人民政府等合同纠纷案"⑤中,法院指出,对于合同相对方而言,除了审查是否加盖了公司公章或法定代

---

① 最高人民法院民事判决书,(2009)民二终字第140号。

② 参见洪某设与泰龙电力集团有限公司、叶某松等民间借贷纠纷案,最高人民法院(2016)最高法民终158号民事判决书;兰州金昌达商贸有限公司、甘肃鑫盛信用担保有限公司借款合同纠纷案,最高人民法院(2018)最高法民申5722号民事裁定书;拜城县滴水铜矿开发有限责任公司、新疆石河子农村合作银行借款合同纠纷案,最高人民法院(2018)最高法民终148号民事判决书;青海贤成矿业股份有限公司、周某与青海贤成矿业股份有限公司、周某等民间借贷纠纷案,最高人民法院(2015)民申字第2086号民事裁定书;邱某枝与江西佳利商城住宅开发有限公司、白某魁等民间借贷纠纷案,最高人民法院(2016)最高法民终384号民事判决书;沈阳福润肉类加工有限公司、平安银行股份有限公司沈阳分行金融借款合同纠纷案,最高人民法院(2018)最高法民终1268号民事判决书;寿光广潍汽车销售服务有限公司、潍坊广潍汽车销售服务有限公司民间借贷纠纷案,最高人民法院(2016)最高法民再207号民事判决书。

③ 参见最高人民法院民事审判第一庭:《公司为公司股东或者实际控制人提供担保的效力问题》,载杜万华主编、最高人民法院民事审判第一庭编:《民事审判指导与参考》(总第63辑),人民法院出版社2016年版,第146页。

④ 最高人民法院民事裁定书,(2018)最高法民申404号。

⑤ 最高人民法院民事判决书,(2020)最高法民终1058号。

表人是否签字外，形式上还必须要审查公司权力机构是否同意公司法定代表人对外投资或担保，否则不构成公司表见代表中的善意相对人。①

这些裁判反映了最高人民法院对越权担保的态度，但这并不意味着法院自此后统一了意见，实践中还衍生出了另外一种裁判观点，即认为倘若关联担保是为了公司利益，即便不存在决议，仍然认定该担保为公司的真实意思表示。例如，在"国富阳光投资管理（北京）有限公司、燕某旺等借款合同纠纷案"②中，最高人民法院指出，虽然案涉担保未经公司决议，但考虑到当前公司治理不规范的现实，关联担保倘若是为了公司利益，即可以认定公司具有对外提供担保的真实意思表示，因而担保合同有效。在"哈密鑫城矿业有限公司、胡某等民间借贷纠纷案"③中，最高人民法院也指出，担保是为了公司利益，即便担保债权人知道或者应当知道没有股东会决议，也应当认定担保合同符合公司的真实意思表示，担保合同有效。

笔者认为，以担保是为了公司利益而认定该担保有效，事实上消解了《公司法》（2018）第16条的意义，一方面，该种裁判观点在规范上欠缺法律渊源，另一方面，为公司之利益忽略公司内部自治程序会模糊裁判的确定性，何为为公司之利益？对忽略公司内部自治程序的容忍程度是多少？这些都会衍生出更多的同案不同判。

对于越权担保合同的责任归属，在"亿阳信通案"中，法院虽然认定担保合同无效，但仍以最高人民法院《关于适用〈中华人民共和国担保法〉若干问题的解释》（法释〔2000〕44号，已失效）第7条之规定，债权人、担保人有过错，担保人承担民事责任的部分，不应超过债务人不能清偿部分的1/2。但该类裁判观点在实践中并不多见，更多的裁判还是主张担保人不负担担保责任，笔者同样主张公司不负担担保责任，盖因倘若最终仍负担相应责任，则完全消解了《公司法》（2018）第16条、《民法典》第504条的规范意义。

---

① 参见黑龙江昆丰农业发展集团有限公司、瓮福集团农资有限责任公司企业借贷纠纷案，最高人民法院（2019）最高法民终1451号民事判决书；湖南航空股份有限公司、中国有色金属工业第十四冶金建设公司建设工程施工合同纠纷案，最高人民法院（2021）最高法民终687号民事判决书；辽宁省节能技术发展有限责任公司、国网辽宁省电力有限公司企业借贷纠纷案，最高人民法院（2019）最高法民终544号民事判决书；牟某强、北京润佳华商投资管理中心第三人撤销之诉，最高人民法院（2019）最高法民申4851号民事裁定书。

② 最高人民法院民事裁定书，（2021）最高法民申3398号。

③ 最高人民法院民事裁定书，（2021）最高法民申1903号。

【典型案例】

钱某明诉华某忠民间借贷纠纷案[①]

基本案情：

华某忠系春天公司高级管理人员，在2018年5月3日，春天公司召开会议，内容为因相关项目中银行要求前后法定代表人一致，为尽快完成申请，两股东一致同意配合银行的需求，将公司法定代表人由张某变更为华某忠，但华某忠只是公司形式上的法定代表人，公司公章、营业执照及其他各项证件仍全部由北京劲杉投资管理有限公司监管，严格按照公司章程和监管协议要求使用，华某忠不得违反上述规定私自以公司法定代表人身份对外签署法律文件及合同，或以公司法定代表人身份对外活动，否则相关行为由华某忠个人承担责任。

钱某明与华某忠系朋友，2018年1月25日，华某忠出具借条并签名，载明其向钱某明借款人民币2670万元，分别由不同公司转给华某忠控制。该借条的拿包人盖章处盖有春天公司印章。同时，华某忠出具借款明细，明确借款事宜和具体数字，上面也盖有春天公司的印章。

春天公司的公司章程第8条规定，公司对外融资、担保、抵押、质押由股东会作出决议。第13条规定，股东会决议必须经代表全体股东2/3以上表决权的股东通过。第26条规定，公司对外合同、文件的签署须加盖公司公章并经法定代表人签字或加盖法定代表人名章方视为有效，任何仅加盖公章或仅加盖法定代表人名章或者仅有法定代表人签字的对外合同、文件均视为无效。

华某忠后因未归还借款被钱某明诉至法院。该案中涉及借款合同的效力、公章的真实性等争议，由于相关争议与本专题所探讨之担保问题关联不大，去除相关探讨也不影响案件事实，故笔者仅保留关于担保问题的争议。

裁判要旨：

一审法院认为，根据《公司法》(2018)第16条和春天公司的公司章程，公司对外提供担保须经全体股东2/3以上表决权的股东通过，2018年1月25日借条及借款明细出具时，华某忠公司仅系春天公司的高级管理人员，并不具有当然的代表公司提供担保的权限。钱某明无法证明春天公司股东会作出同意的决议。因

① 上海市第一中级人民法院民事判决书，(2018)沪01民终10784号；上海市高级人民法院民事裁定书，(2019)沪民申1282号。

此,问题的关键即为钱某明能否基于善意主张表见代理?对此,钱某明应就与担保相关的决议、章程、财务资料等已进行形式审查提供证据予以证明,显然,钱某明无法证明,其在借款时仅查看了华某忠提供的工商登记信息,其作为经商人员,知道并且应当知道获取提供担保公司信息的途径,其未予核实,很难认定其主观上系善意无过失,故不构成表见代理,该担保不能约束春天公司。

二审法院认为,根据《合同法》(已失效),行为人无权代理时,相对人有理由相信行为人有代理权的,该代理行为有效。原审法院认为华某忠不构成表见代理,本院表示认同。

再审法院认为,根据春天公司章程,钱某明在出借款项时,应当查看春天公司章程,并在订立合同时对股东会决议进行审查,但其未提供证据予以证明尽到注意义务,并不属于善意相对人。

裁判评析:

该案一审、二审与再审意见一致,都以《公司法》(2018)第16条与公司章程相结合认定钱某明仅审查了工商登记,未审查股东会决议,甚至未审查公司章程,因此不构成善意第三人,不符合表见代理的构造,该担保不约束春天公司。该案的裁判较具典型性,一方面,其论证了《公司法》(2018)第16条与合同法中的表见代理/代表以及公司章程之间的关系,赋予了《公司法》(2018)第16条实际的执行效力。但表见代理与表见代表之间存在区别,笔者前已述及,其仅仅是行为归于法人的射程远近差别,在担保问题上,并没有本质上的差异,因此,虽然该案并未采取表见代表说,但并不影响最终的裁判,笔者对该思路同样予以支持;另一方面,该案中担保债权人试图通过提供证据证明华某忠为春天公司的实际控制人而规避《公司法》(2018)第16条对于股东会决议的要求,但最终由于证据不足未能得到支持。我们需要认识到,倘若得到支持,该案可能需要适用《九民纪要》第19条之规定,认定该担保系由单独或者共同持有公司2/3以上有表决权的股东签字同意,可以不召开股东会形成决议。

问题二　担保债权人的审查义务

以越权代表为解释路径的公司对外担保问题,虽然区分了恶意与善意,但基于对《公司法》(2018)第16条的解释,担保债权人应当负有审查义务,而争议点在于,这一审查义务的标准如何判断,宜采用形式审查还是实质审查等。

【规范梳整】

关于公司担保中的越权担保债权人的审查义务问题,除"问题一"中的《公司法》(2024)第15条,《民法典》第172、503条外,《民法典》第504条规定是解释审查义务的重要规范,即对于债权人善意的认定应以"不知道且不应当知道"为标准。而于此"不应当知道"之解释将涉及对《公司法》(2024)第15条以及公司章程登记对抗效力的解释。因此,关于公司对外担保中的审查义务,主要规则仍然是审查《公司法》(2018)第16条是否为应当知道之范畴以及该审查的内容与限度。

【理论基础】

越权代表担保合同的效力判断标准在于缔约时担保债权人善意与否,担保债权人善意,担保合同有效;担保债权人非善意,担保合同对公司不生效。根据《民法典》第504条,担保债权人"非善意"可解释为"知道或者应当知道其超越权限",那么担保债权人"善意"则系"不知道且不应当知道其超越权限"。该标准进而取决于担保债权人是否履行审查义务,审查公司是否按照《公司法》(2024)第15条的规定作出担保决议。

一、审查标准

担保债权人的审查义务标准在形式审查和实质审查之间形成标准谱系,谱系两端分别为形式审查和实质审查,中间部分从形式审查向实质审查过渡,担保债权人的审查义务标准亦由低到高。[①] 审查义务标准过低,则罔顾公司及其利益相关者的利益,放任控股股东或者实际控制人操纵公司对外担保;审查义务标准过高,则徒增担保债权人的审查成本,进而增加交易成本,影响市场融资。合理界定担保债权人的审查义务标准,应当权衡担保债权人利益和公司利益,平衡交易安全与公司治理。

实质审查指核实材料的实质要件,即审查材料是否真实、合法、有效。[②] 担保债权人须审查公司担保决议及签章签名是否真实、程序是否合法等事项。担保债权人虽占据获取公司决议的优势地位,但是作为公司外部人,难以了解公司决议情况,且签章签名是否真实在司法实践中尚需依托司法鉴定,对其课以严苛的实

---

① 参见李游:《公司担保中交易相对人合理的审查义务——基于458份裁判文书的分析》,载《政治与法律》2018年第5期。

② 参见梁上上:《公司担保合同的相对人审查义务》,载《法学》2013年第3期。

质审查义务,极大地增加了审查成本和交易成本,损害担保制度优势和市场融资。形式审查仅审查材料的形式要件,即审查材料是否齐全,是否符合法定形式,而不审查材料的真实性、有效性。[①]《九民纪要》即采形式审查标准,第 18 条第 2 款规定,债权人审查标准一般限于形式审查,尽到必要注意义务,标准不宜太过严苛。担保债权人只需审查股东或者董事的身份、公司决议、关联担保中关联股东是否回避表决,无须审查决议是否伪造变造、程序是否违法、签章签名是否不实、担保金额是否超过法定限额等事项。[②] 形式审查标准略显宽松,降低担保债权人的注意义务,有时与无须审查无异,[③]在担保债权人利益和公司利益的天平上仍有偏于担保债权人之倾向,不利于防范金融风险。

在宽松的形式审查和严苛的实质审查标准之间,还存在合理审查标准。合理审查是"审慎的形式审查"[④],将审查义务与一般注意义务标准等同,[⑤]指担保债权人应当尽到与合同注意义务相当的审查义务。[⑥]《民法典担保制度司法解释》即采合理审查标准,第 7 条规定,相对人有证据证明已对公司决议进行了合理审查则认定其为善意。合理审查标准高于形式审查标准,如在非关联担保中,《公司法》(2024)第 15 条赋权公司章程规定董事会或股东(大)会为决议机关。若采形式审查标准,担保债权人无须审查公司章程的具体规定,即便章程规定决议机关为股东(大)会,担保债权人也只用审查董事会决议即可;若采合理审查标准,担保债权人仍须审查公司章程,根据章程规定进而审查具体的股东(大)会决议或者董事会决议。[⑦] 合理审查标准并未过分增加担保债权人审查成本,担保债权人实际上亦有能力获取公司章程,且符合《公司法》(2024)第 15 条的规范意旨。

二、审查对象和内容

审查对象与内容实则与审查标准一脉相承,审查标准是审查对象和内容的抽象原则,审查对象和内容是以审查标准为依据的具体内涵。按照合理审查标准,担保债权人应当尽到一般注意义务,但是其具体内涵因事而异。公司对外担保的

---

① 参见梁上上:《公司担保合同的相对人审查义务》,载《法学》2013 年第 3 期。

② 参见最高人民法院民事审判第二庭编著:《〈全国法院民商事审判工作会议纪要〉理解与适用》,人民法院出版社 2019 年版,第 184—187 页。

③ 参见钱玉林:《寻找公司担保的裁判规范》,载《法学》2013 年第 3 期。

④ 高圣平:《再论公司法定代表人越权担保的法律效力》,载《现代法学》2021 年第 6 期。

⑤ 参见甘培忠、马丽艳:《公司对外担保制度的规范逻辑解析——从〈公司法〉第 16 条属性认识展开》,载《法律适用》2021 年第 3 期。

⑥ 参见王毓莹:《公司担保规则的演进与发展》,载《法律适用》2021 年第 3 期。

⑦ 参见王毓莹:《公司担保规则的演进与发展》,载《法律适用》2021 年第 3 期。

具体情形不同,债权人审查对象和内容亦有所区分。

(一)越权代表与无权代理

公司对外担保的表意人可能是法定代表人、职务代理人或者一般代理人。《民法典》第61条规定法定代表人的行为,法定代表人依照法律或者法人章程的规定,代表法人从事民事活动,法人承受其法律后果;第162条规定一般代理,代理人在代理权限内,以被代理人名义实施的民事法律行为,对被代理人发生效力;第170条规定职务代理,执行法人工作任务的人员在职权范围内,以法人名义实施的民事法律行为,对法人发生效力。关于法定代表人越权代表,学理上虽存在"代表说"与"代理说"的争议,但《九民纪要》明确区分越权代表与无权代理,《民法典担保制度司法解释》亦规定越权代表与《民法典》规定无权代理的责任归属有所不同。

无权代理和越权代表的区别在于:其一,主体不同,无权代理的行为人系公司代理人,可能系职务代理人或者一般代理人,越权代表的行为人是公司法定代表人。其二,适用情形不同,无权代理中行为人是没有代理权、超越代理权或者代理权终止后,而越权代表中行为人系超越权限。其三,权限范围不同,法定代表人是公司的法定意思机关,享有概括授权,无须另行授权即可一般性代表公司从事民事活动,即便超越权限也并非无权限,而职务代理人限于职权范围,一般代理人受限于具体授权范围,且通常是一事一授权,未经授权即无权限。① 法定代表人的权限广于代理人,根据"举重以明轻"的原则,法定代表人并不当然享有以公司名义对外担保的权限,尚且须按照《公司法》(2024)第15条经公司决议,职务代理人和一般代理人未经授权及公司决议,更无权代理公司对外担保。② 其四,责任归属不同,主要表现为公司是否承担民事责任。无权代理分为狭义的无权代理和表见代理,二者主要区别在于相对人是否有理由相信行为人有代理权。若相对人有理由相信行为人有代理权,则构成表见代理,代理行为有效,即担保合同有效,公司承担担保责任;否则,构成狭义的无权代理,代理行为未经被代理人追认的,对被代理人不生效,善意相对人有权请求行为人履行债务或者赔偿损失,相对人知道或者应当知道无权代理的,其与行为人按照各自的过错承担责任,即担保合同对公司不生效,公司无须承担任何民事责任。而在越权代表中,相对人是善意的,担保

---

① 参见最高人民法院民事审判第二庭编著:《〈全国法院民商事审判工作会议纪要〉理解与适用》,人民法院出版社2019年版,第184—187页。

② 参见高圣平:《试论公司担保中的无权代理——基于裁判分歧的展开和分析》,载《商业经济与管理》2022年第5期。

合同有效,公司承担担保责任;相对人是非善意的,担保合同对公司不生效,但公司仍须承担缔约过失责任。

因代表与代理规则有所差异,担保债权人首先需审查表意人的身份,若表意人为公司法定代表人,则按照《公司法》(2024)第15条审查公司决议;若表意人系职务代理人或者一般代理人,债权人则需审查其代理公司对外担保的授权,进而审查公司决议。

（二）公司担保决议适格、瑕疵与豁免

1.公司担保决议适格

担保债权人确认表意人的身份后,进而审查公司决议是否适格,根据《公司法》(2024)第15条及合理审查标准,主要审查公司担保决议的机关及表决比例适格。《公司法》(2024)第15条将公司对外担保分为关联担保和非关联担保,并予以不同限制,担保债权人首先需根据公司章程或者股东名册,判定公司提供的担保属于关联还是非关联担保。

《公司法》(2024)第15条第1款规定非关联担保,即公司为股东或者实际控制人之外的他人提供担保,授权公司章程规定由董事会或者股东(大)会决议以及担保数额。担保债权人需审查公司章程,明确公司对外担保的决议机关及担保数额,进而审查相应的董事会或者股东(大)会决议,确保决议人数及签字人员符合章程规定。但是,公司章程由公司自治,由此衍生出一系列问题:其一,章程未规定决议机关时,由董事会还是股东(大)会决议,抑或无须决议;其二,公司章程规定由股东(大)会决议,实际可否由董事会决议,反之,公司章程规定由董事会决议,实际可否由股东(大)会决议。[①] 对于问题一,公司对外担保系非典型、非常规行为,《公司法》(2024)第15条旨在遏制公司肆意担保的乱象,即便允许章程规定决议机关,该规定亦是对公司担保的法定限制。[②] 基于此种法定限制,章程未规定决议机关,并不代表无须决议。在司法实践中,最高人民法院裁判亦认为"无论章程是否对决议机关作出规定,均不能免除公司对外担保时必经的决议程序"[③]。至于决议由董事会抑或股东(大)会进行,关涉公司内部分权制衡机制。[④]《公司法》

---

① 参见高圣平:《论相对人审查义务视角下的公司担保决议——基于〈民法典〉实施之后的裁判分歧的展开和分析》,载《法制与社会发展》2022年第6期。

② 参见蒋大兴:《超越商事交易裁判中的"普通民法逻辑"》,载《国家检察官学院学报》2021年第2期。

③ 最高人民法院民事裁定书,(2021)最高法民申7306号。

④ 参见高圣平:《论相对人审查义务视角下的公司担保决议——基于〈民法典〉实施之后的裁判分歧的展开和分析》,载《法制与社会发展》2022年第6期。

(2024)第59条股东会职权、第67条董事会职权均未明确包括公司对外担保。公司章程虽未明确担保决议机关，但是发起股东共同制定公司章程，修改公司章程的职权亦归于股东（大）会，意味着公司担保的决议权收归股东（大）会，且股东（大）会作为公司权力机关，是公司担保意思的形成机构，[①]在章程不明的情形下，应当由其决议公司担保事宜。对于问题二，股东（大）会与董事会之间系委托—代理关系，公司章程规定由股东（大）会决议，说明公司担保的决策权为公司所保留，并未授权董事会行使，此时担保债权人必须审查股东（大）会决议，不得以审查董事会决议取而代之。至于公司章程规定由董事会决议，实际由股东（大）会决议，表明股东（大）会作为公司权力机关，对公司担保予以同意或者追认，[②]亦可解释为股东（大）会收回对董事会的概括授权，自行决定公司对外担保事宜。[③] 此时，担保债权人可以审查股东（大）会决议。

《公司法》(2024)第15条第2款和第3款规定关联担保，即公司为股东或者实际控制人提供担保，须经股东（大）会决议，且该股东或者受实际控制人支配的股东须回避表决，由其他股东所持表决权的过半数通过。法律明确关联担保的决议机关限于股东（大）会，不可替代为董事会。担保债权人须审查股东（大）会决议，重点审查是否回避表决，以及是否达到决议通过比例，至于是否需审查公司章程，关联担保虽未明确担保债权人须审查公司章程，实际上其判定关联和非关联担保以及审查表决比例时，必然涉及公司章程载明的股东及所持表决权。问题在于担保债权人如何认定关联担保，公司为股东提供担保时，债权人自可通过公司章程确认；公司为实际控制人提供担保时，债权人何以确认。《公司法》(2024)第265条规定，实际控制人指通过投资关系、协议或者其他安排，能够实际支配公司行为的人。基于投资关系的实际控制人，担保债权人尚可通过国家企业信用信息公示系统、“企查查”、“天眼查”等平台以低成本的查询予以确认。基于协议或者其他安排的实际控制人，担保债权人作为公司外部人难以知悉，所以合理审查标准不应课于其此种严苛的审查义务。[④] 若公司无证据证明，担保债权人知道或者应当知道被担保人系基于协议或者其他安排的实际控制人，担保债权人审查董事

---

① 参见高圣平：《论相对人审查义务视角下的公司担保决议——基于〈民法典〉实施之后的裁判分歧的展开和分析》，载《法制与社会发展》2022年第6期。

② 参见贺小荣主编：《最高人民法院民事审判第二庭法官会议纪要——追寻裁判背后的法理》，人民法院出版社2018年版，第193页。

③ 参见石冠彬：《论公司越权担保的认定标准及法律效果》，载《法商研究》2020年第2期。

④ 参见高圣平：《论相对人审查义务视角下的公司担保决议——基于〈民法典〉实施之后的裁判分歧的展开和分析》，载《法制与社会发展》2022年第6期。

会决议即已履行合理审查义务。

2. 公司担保决议瑕疵

公司决议作为组织法上的法律行为，内容和程序上可能存在效力瑕疵。《公司法》第22条明确规定决议无效与可撤销，《公司法司法解释（四）》进而规定决议不成立，自此确立公司决议瑕疵的“三分法”体系。内容违法的决议无效，内容违反章程、程序瑕疵的决议可撤销，决议不成立的情形则包括未开会、未表决、法定参会人数不足、法定比例不足等。公司对外担保决议亦适用效力瑕疵规则，至于其对担保债权人的影响如何，根据《公司法司法解释（四）》第6条，决议被法院确认无效或者撤销的，公司依据决议与善意相对人形成的民事法律关系不受影响。从立法解释论上来看，该条亦适用于决议不成立，[①]若担保债权人为善意，则其与公司缔结的担保合同效力不受影响，这又回归善意之判定，进而衍生出担保债权人是否需审查决议的效力。

《公司法司法解释（四）》第6条和《民法典担保制度司法解释》第7条所规定“善意”的具体内涵有所交叉。[②] 按照合理审查标准，就决议无效而言，内容违法本身过于抽象而无具体适用情形，司法裁判尚且难以判断，担保债权人更无力审查。但是，法律规定或者授权章程规定关联担保的决议机关为股东（大）会，若担保债权人仅审查董事会决议，可认定为决议内容违法而归于无效，担保债权人非善意。就决议可撤销而言，其一，内容违反章程，担保债权人审查非关联担保中章程对决议机关的规定，章程规定基于法律授权，仍可归于内容违法；其二，程序瑕疵主要指会议召集程序和决议方式违反法律、行政法规或公司章程，担保债权人作为公司外部人难以对其审查。就决议不成立而言，若担保债权人未审查非关联担保符合章程规定的表决比例、关联担保股东或实际控制人回避表决并符合表决比例，其法定比例不足导致担保决议不成立的，担保债权人非善意。至于未开会、未表决，即便担保债权人以合理注意义务审查伪造的担保决议，也应当认定其尽到合理审查义务。易言之，担保债权人并不审查公司担保决议的真实性。[③]

3. 公司担保决议豁免

《公司法》（2024）以担保决议限制公司对外担保的立法本意在于，公司对外担

---

① 参见李建伟：《公司法学》（第4版），中国人民大学出版社2018年版，第315页。

② 参见高圣平：《论相对人审查义务视角下的公司担保决议——基于〈民法典〉实施之后的裁判分歧的展开和分析》，载《法制与社会发展》2022年第6期。

③ 参见马更新：《公司担保中决议形成程序与合同效力认定间牵连关系探析》，载《法学杂志》2020年第6期。

保系非正常经营行为，实践中多为控股股东或者实际控制人操控，并非公司真实意思而损害公司利益。从反面解释，若公司对外担保系正常经营行为，系公司真实意思或者不损害公司利益，则无须以公司担保决议加以限制，公司担保债权人亦不必审查担保决议。

《九民纪要》第 19 条规定无须决议的四种情形：(1)公司是以为他人提供担保为主营业务的担保公司，或者是开展保函业务的银行或者非银行金融机构；(2)公司为其直接或者间接控制的公司开展经营活动向债权人提供担保；(3)公司与主债务人之间存在相互担保等商业合作关系；(4)担保合同系由单独或共同持有公司 2/3 以上有表决权的股东签字同意。《民法典担保制度司法解释》第 8 条将无须决议的情形限缩为三种：(1)金融机构开立保函或者担保公司提供担保；(2)公司为其全资子公司开展经营活动提供担保；(3)担保合同系由单独或者共同持有公司 2/3 以上对担保事项有表决权的股东签字同意。第一种情形是商业惯例，第二种情形相当于公司为自身担保，第三种情形相当于有公司决议。[①]《民法典担保制度司法解释》删除了《九民纪要》中"公司与主债务人之间存在相互担保等商业合作关系"的情形。《九民纪要》规定的初衷是，针对公司与主债务人之间存在着相互担保等商业合作关系的情况，由于过往的一系列担保合作，担保债权人有理由相信，在公司与主债务人之间存在着一个相互提供担保的"默示契约"，这个"默示契约"本身就蕴含了作为公司最高权力机关的股东会的意思表示，所以无须再针对每一次的担保另行决议。但是，实践中存在的问题是，对于互联互保的认定不太好把握，该规定比较容易被规避，从而损害公司利益。比如甲公司为乙公司提供 10 万元担保，乙公司为甲公司提供 1000 万元担保，很难认定双方不存在互保关系。而且，《九民纪要》第 19 条"等商业合作"的描述使得其适用范围过于宽泛，因为通常公司不会给与自己无任何关系的人担保，其与债务人或多或少会存在商业合作关系，上述规定容易导致《公司法》(2024)第 15 条被虚置。此外，《民法典担保制度司法解释》将"公司为其直接或者间接控制的公司开展经营活动向债权人提供担保"限缩为"公司为其全资子公司开展经营活动向债权人提供担保"，这对于防止大股东通过公司担保进行利益输送，维护公司中小股东的利益有着积极的意义。[②]

---

① 参见王毓莹：《公司担保规则的演进与发展》，载《法律适用》2021 年第 3 期。
② 参见王毓莹：《公司担保规则的演进与发展》，载《法律适用》2021 年第 3 期。

三、上市公司与一人公司

因公司类型不同,担保债权人的审查对象和内容亦有所区别。与普通公司不同,在公众性与封闭性的两端存在两种较为极端的公司,上市公司居于公众性一端,一人公司处于封闭性一端。也正是基于上市公司和一人公司的特殊性,其担保债权人的审查义务也不同于普通公司。

上市公司是股票在证券交易所上市交易的股份公司,极具公众性,其对外担保"牵一发而动全身",不仅影响公司、股东及利益相关者,还波及证券市场的交易秩序和安全。因此,上市公司对外担保受法律法规的限制更为严格,《公司法》(2024)第135条规定,上市公司在一年内担保金额超过公司资产总额30%的,应当由股东会决议,且经出席会议的股东所持表决权的2/3以上通过。《证券法》第80条规定,公司提供重大担保,可能对公司的资产、负债、权益和经营成果产生重要影响,在投资者尚未得知时,公司应当立即将有关情况向国务院证券监督管理机构和证券交易场所报送临时报告,并予公告。《上市公司监管指引第8号——上市公司资金往来、对外担保的监管要求》《上海证券交易所股票上市规则》《深圳证券交易所股票上市规则》《北京证券交易所股票上市规则(试行)》严格规定上市公司对外担保事宜,上市公司提供担保(含对控股子公司担保等)属于重大交易,应当公开披露。① 实践中,上市公司合规担保会予以公告,担保债权人在签订担保合同前,应当审查公开披露的信息,否则不应当认定其善意,因为未及时公告的事实本身即应引起债权人的合理怀疑。②《九民纪要》和《民法典担保制度司法解释》均明确规定,相对人与上市公司签订担保合同,应当根据公开披露的担保决议信息。《民法典担保制度司法解释》进一步将担保债权人是否履行审查公告的义务与担保合同效力挂钩,确立了"无公告,无责任"的特殊规则,旨在通过加大债权人审查义务,倒逼上市公司及时履行信息披露义务,维护证券交易市场秩序,保护中小股东和潜在投资者利益。③

一人公司仅有单一股东,投资主体具有排他性和唯一性,所有者权益亦归于一人。依据《民法典担保制度司法解释》第10条规定,一人公司对外提供担保无

---

① 参见《上市公司监管指引第8号——上市公司资金往来、对外担保的监管要求》第12条、《上海证券交易所股票上市规则》第6.1.1条、《深圳证券交易所股票上市规则》(2023年8月修订)第6.1.1条、《北京证券交易所股票上市规则(试行)》第7.1.1条。

② 参见高圣平:《上市公司对外担保特殊规则释论——以法释〔2020〕28号第9条为中心》,载《法学》2022年第5期。

③ 参见王毓莹:《公司担保规则的演进与发展》,载《法律适用》2021年第3期。

须担保决议。一人公司对外担保客观上不损害公司及其他股东利益，[①]不受《公司法》(2024)第15条的限制，即便其为股东提供担保，公司也相当于为自己的债务提供担保，自然无须公司担保决议。[②] 因此，担保债权人无须审查一人公司的担保决议。

【审判实务】

以前述理论基础上对审查义务的分类来看，当前司法裁判对于相对人的审查义务有形式审查、合理审查和实质审查三种。

形式审查。这类审查案例较多，其论述过程多是集中在《公司法》(2024)第15条到《民法典》第504条(或《合同法》第50条)的过程，在得出对相对人应当区分为善意和恶意后，裁判说理部分即以相对人是否审查了股东会决议或者董事会决议为由径直认定其是否为善意第三人。例如，在“十堰市辰泓木材有限公司、中国信达资产管理股份有限公司湖北省分公司金融借款合同纠纷案”[③]中，法院认为，《公司法》(2018)第16条第1款规定就公司对外担保事项对法定代表人的代表权进行了限制，因此，在判断公司法定代表人违反该规定越权签订担保合同是否对公司有效时，还应考察其行为是否构成《民法典》第504条规定的表见代表，即相对人是否为善意，是否尽到了合理的审慎义务。在“王某奎、马某里股权转让纠纷案”[④]中，法院虽指出越权代表行为非为宜顺公司的真实意思表示，但判断真实意思表示的标准仅为股东会或董事会决议。

合理审查。在“山东华盛农业药械有限责任公司、山东新丝路工贸股份有限公司追偿权纠纷案”[⑤]中，法院认为山东华盛农业药械有限责任公司在接受反担保时并未依法审查山东新丝路工贸股份有限公司的章程，也未审查新丝路公司是否有提供担保的股东会决议，并不具有善意。在“安徽正奇融资租赁有限公司、中兴天恒能源科技(北京)股份公司等融资租赁合同纠纷案”[⑥]中，法院指出担保相对人在接受担保时负必要的形式审查义务，该审查义务表现为依照公司章程的要求

---

① 参见高圣平：《论相对人审查义务视角下的公司担保决议——基于〈民法典〉实施之后的裁判分歧的展开和分析》，载《法制与社会发展》2022年第6期。

② 参见最高人民法院民事审判第二庭：《最高人民法院民法典担保制度司法解释理解与适用》，人民法院出版社2021年版，第163页。

③ 最高人民法院民事裁定书，(2017)最高法民申4565号。

④ 最高人民法院民事判决书，(2018)最高法民终298号。

⑤ 最高人民法院民事裁定书，(2020)最高法民申6387号。

⑥ 最高人民法院民事裁定书，(2021)最高法民申7440号。

审查是否存在合法的决议。这一形式审查义务将审查对象明确为依据公司章程规定的合法决议,在较多司法审判中都有体现,虽也表述为"形式审查",但与前述形式审查不同,已在内容上有所拓展。[①]

实质审查。在"上海富控互动娱乐股份有限公司(原上海中技投资控股股份有限公司)、上海智汇未来医疗服务股份有限公司(原上海宏达矿业股份有限公司)金融借款合同纠纷案"[②]中,法院认为该案系上市公司对外提供担保,恒丰烟台分行负有更高的注意义务,应当审查担保合同是否经公司机关决议,且决议的表决程序是否符合《公司法》(2024)第15条的规定。但恒丰烟台分行未能提供证据证明其在订立案涉《保证合同》时对上海富控互动娱乐有限公司和上海宏达矿业股份有限公司的公司机关决议进行了审查,恒丰烟台分行未尽到起码的注意义务,其不构成善意。在"雷士照明(中国)有限公司、广东南粤银行股份有限公司重庆沙坪坝支行金融借款合同纠纷案"[③]中,法院认为广东南粤银行股份有限公司重庆沙坪坝支行对股东会决议上加盖的雷士照明(中国)有限公司的股东印章的真实性没有进一步审查的义务。在"牟某强、北京润佳华商投资管理中心第三人撤销之诉案"[④]中,法院指出,牟某强主张明豪公司担保行为有效,应当提供证据证明其在订立合同时对股东会决议进行了审查,且决议的表决符合法定程序。

笔者认为,结合形式审查与实质审查的优缺点,我们仍然应当采用合理审查标准,兼顾实质正义,也避免过度要求相对人而损害交易安全和交易效率。

【典型案例】

姜某英与运盛(上海)医疗科技股份有限公司、中鑫汇通商业保理有限公司等民间借贷纠纷案[⑤]

基本案情:

2017年4月,甲方(债权人)姜某英与乙方(债务人)中鑫汇通商业保理有限公司(以下简称中鑫汇通公司)、丙方(担保人)运盛(上海)医疗科技股份有限公

---

① 参见蔡某双、庄某桑等保证合同纠纷案,最高人民法院(2021)最高法民申2980号民事裁定书。

② 最高人民法院民事判决书,(2020)最高法民终1228号。

③ 最高人民法院民事裁定书,(2018)最高法民申206号。

④ 最高人民法院民事裁定书,(2019)最高法民申4851号。

⑤ 上海市第一中级人民法院民事判决书,(2018)沪01民终10784号;上海市高级人民法院民事裁定书,(2019)沪民申1282号。

司(以下简称运盛公司)、丁方(平台服务方)上海××有限公司签订《哲辉金融—借贷及担保服务协议》,约定甲方为乙方提供500万元借款本金,年利率10%,期限1年,按半年付息,到期还本;丙方为借款的本金以及利息提供不可撤销的连带责任保证担保,保证期限自债权到期之日起1年。该协议有各方签字盖章。后来,姜某英以债务届期而中鑫汇通公司未按约定偿还借款及利息为由,诉至上海市浦东新区人民法院。

二审法院另查明,运盛公司系上市公司,2016年10月28日,该公司于对外发布董事长钱某高辞职公告,同日对外公布的公司章程第131条的主要内容为公司对外担保数额限制和董事会决议程序。2017年3月3日,运盛公司对外发布公告变更法定代表人为张某。

裁判要旨:

一审法院认为,姜某英履行《哲辉金融—借贷及担保服务协议》出借义务,要求中鑫汇通公司归还借款500万元及借期内利息50万元,符合法律规定。涉案《哲辉金融—借贷及担保服务协议》签署页丙方、法定代表人或授权代理人(签字)处有"运盛(上海)医疗科技股份有限公司"及"钱某高印"印章,运盛公司应当对中鑫汇通公司归还借款及支付借期内利息的付款义务承担连带担保责任。

二审法院认为,该案争议焦点在于运盛公司所提供的担保是否有效。(1)依照我国《公司法》(2018)第16条第1款的规定和运盛公司在该案中提供担保前对外公布的公司章程规定,运盛公司在提供担保前并未经董事会审议,未经董事会决议授权或追认。(2)运盛公司在此之前对外发布了钱某高辞职公告及法定代表人变更信息,故姜某英理应知晓钱某高系超越权限代表公司为中鑫汇通公司提供担保。(3)运盛公司属于公众性的上市公司,该公司对外提供担保未经该公司董事会决议授权或追认,剥夺了其他股东的知情权和决策权,如运盛公司一旦对外承担担保责任又得不到追偿,将严重危害大多数股东和上市公司广大中小公众股东及公司债权人的利益。且上述涉及担保的相关法律规定和公司章程均是通过公众媒体公示的,违反这些法规、章程为大额债务提供担保可能严重危害其他股东和社会公众利益,姜某英在签订协议时,应完全有所意识并且其作为善意相对人为防止社会公众利益受损,同时也为防范自身商业风险,应尽到基本的形式审查义务。故该案中协议所涉及的担保对运盛公司不发生效力,运盛公司不应承担连带保证责任。

裁判评析:

该案的争议焦点是运盛公司是否承担担保责任,关联案例的争议焦点是运盛公司是否承担担保合同无效的缔约过失责任,两案先后历经5年司法诉讼程序,终于尘埃落定。运盛公司系上海证券交易所的上市公司,原法定代表人未经公司担保决议擅自以公司名义为他人提供担保,对于该担保是否有效以及上市公司是否承担民事责任,一审法院和二审法院作出不同判决。

一审法院着眼于运盛公司及法定代表人或者授权代理人的签章真实性问题,因公司申请鉴定但未按期预缴费用而认定缺乏相反证据,进而认可了签章真实,并径行认定运盛公司应当承担担保责任。该判决值得商榷:其一,对《公司法》(2018)第16条的性质及适用把握不准确。该案系公司提供非关联担保,按照该条第1款规定,应当由章程规定的董事会或者股东大会决议。该条是对公司担保的法定限制,一审判决并未适用,在说理部分亦未提及。虽无法断定一审法院对该条的性质界定,但从其未适用该条的行为以及认定公司承担担保责任的结果,至少可推断出一审法院并未采取限制说,认为公司对外担保无须担保决议。其二,陷于"认章不认人"的错误思路。以签章的真实性作为公司承担担保责任的认定标准,而不论法定代表人或者代理人是否真实并获得授权。退而言之,即便签章系伪造,也不能径行认定担保合同无效,因为债权人并无能力审查尚需司法鉴定的签章真实性问题。其三,未涉及运盛公司系上市公司的特殊性。因事实认定部分未查明运盛公司系上市公司,更无所谓上市公司对外担保具备的特殊规则。即便一审法院查明运盛公司系上市公司,基于其认为公司对外担保无须担保决议,其大概率不会考虑到上市公司对外担保的特殊性。

二审法院查明运盛公司系上市公司,原法定代表人钱某高在缔约时早已变更,重新界定《公司法》(2018)第16条的性质及债权人的审查义务,改判担保合同对运盛公司不生效,运盛公司不承担保证责任,值得称赞。其一,明确《公司法》(2018)第16条系对公司对外担保的法定限制。该案属于该条第1款规定的非关联担保,应当由章程规定的董事会或者股东大会决议。按照运盛公司的章程规定及案涉担保款项,应当经由董事会作出担保决议。运盛公司未经董事会决议对外提供担保,担保效力的判断标准在于相对人是否善意。其二,适用上市公司对外担保的特殊规则。运盛公司系上市公司,应当公开披露公司章程、对外担保、法定代表人变更等事宜,担保债权人理应知道法律规定并加以审查,且其审查成本低。债权人姜某英并未审查上述事项,未尽到审查义务,不能被认定为善意相对人。因此,担保合同对运盛公司不生效,其不必承担担保责任。

二审判决也有不足之处:第一,上市公司对外担保中,债权人审查义务究竟采何种标准。二审法院明确担保债权人应当尽到基本的形式审查,即采形式标准。

但该案入选“2019 年度人民法院十大商事案件”时,赵旭东教授点评,担保债权人审查行为人是否享有相应的代表或者代理权限、是否经股东大会或者董事会决议授权的审查义务是实质审查。实际上,二审法院与赵旭东教授所称的担保债权人的审查对象和内容一致,只是对审查标准的命名不同。笔者认为,担保债权人针对上市公司的特殊性,审查法定代表人或者代理人的权限、公司章程、担保决议等事项,尽到合理注意义务,该审查标准界定为“合理审查”更为妥适。因为采形式审查标准,无须审查公司章程对决议机关的规定,而采赵旭东教授所述的“实质审查”标准,仍须审查决议的真实性。第二,未区分代表与代理。二审查明法定代表人已于缔约前变更并公告,认定原法定代表人钱某高系超越权限代表公司提供担保。既然钱某高非法定代表人,其以公司名义对外提供担保并非基于代表行为,至多算代理行为,二审法院认定其越权代表略有瑕疵。当然,瑕不掩瑜,从结果上看,该案担保公司的责任与适用无权代理相同。二审法院以担保合同未经公司追认为由,认定其对公司不生效,公司不承担担保责任。在另案运盛公司是否承担担保合同无效的缔约过失责任中,二审法院再一次改判,认为公司不承担任何民事责任。

该案激浊扬清,二审判决作出于《九民纪要》发布前,《九民纪要》发布后不久即入选“2019 年度人民法院十大商事案件”,裁判要旨又与此后《民法典担保制度司法解释》相契合,对上市公司违法违规担保消除“毒瘤”、整治“顽疾”,营造健康有序的证券市场具有重要意义。

专题二十 资本变动与债权人保护

导 语

资本市场瞬息万变，资本变动顺应商业实践发展需要，符合市场经济的客观规律。公司资本变动关涉股东和债权人利益，债权人期待公司完全清偿其债权，股东又希望从公司获取投资回报，公司资本向股东流出理论上必然危及债权人利益。作为公司责任财产，公司资本变动在逻辑上必然引发股东与债权人之间的利益冲突。为平衡公司股东及债权人利益，在公司资本制度后端改革中存在资本维持原则和偿债能力测试两种模式，二者各有利弊，理论争议颇多。公司资本变动涉及抽逃出资、瑕疵减资等具体问题。现行《公司法》及司法解释未明确规定抽逃出资的认定标准，亦未涉及瑕疵减资的效力及责任承担，导致聚讼不断，司法裁判不一。

公示资本变动所涉问题众多，本专题无法一一述及，拟一探公司资本制度后端改革之争，瑕疵减资的效力及责任承担，并对比资本维持原则和偿债能力测试两种模式，尝试以资本维持原则与偿债能力测试相结合模式重构抽逃出资的认定标准。

问题一 公司资本制度后端改革

公司资本制度分为前端和后端，本书在专题十八，股东的出资与出资责任部分，讲到了股东出资形式的扩展，该部分即公司资本制度的前端改革。但相较而言，资本进入公司后如何使用、如何控制才是公司资本制度的重中之重。可以说，自我国《公司法》颁行以来，围绕公司资本制度后端改革的讨论就没有停止过，资本维持原则与偿债能力测试的探讨更是近些年来学术界的热点，因此，围绕资本变动与债权人保护的问题中，首先应当探讨公司资本制度的后端改革。而探讨资本维持或偿债能力测试，不得不提的就是减资行为，实践中，瑕疵减资引发的争议也不少见，鉴于此，本部分首先探讨资本制度后端改革和瑕疵减资问题。

【规范梳整】

资本维持原则的法律规范集中于《公司法》关于公司资本金、财务等方面的规定，其核心是对禁止抽逃出资、利润分配以及减资程序的规定。本专题问题二将详细阐述禁止抽逃出资规则，本书专题十三也对利润分配规则进行了规定，因此，本部分的规范梳整主要为减资程序问题。

《公司法》（2024）第 59 条明确减资的权力机关为股东会；第 66、116 条对减资表决权数量作出约束规定；第 67 条规定减资方案的制定机关；第 172 条为国有独资公司减资问题；第 224 条规定，公司需要减少注册资本时，必须编制资产负债表及财产清单。公司应当自作出减少注册资本决议之日起 10 日内通知债权人，并于 30 日内在报纸上公告。债权人自接到通知书之日起 30 日内，未接到通知书的自公告之日起 45 日内，有权要求公司清偿或者提供相应的担保。

《公司法》（2024）增加几处如股东失权等的减资要求，以及违法减资的法律责任，同时增加简易减资程序，规定公司弥补亏损后仍有亏损的，可以进行简易减资，但不得向股东分配，也不得免除股东缴纳股款的义务。简易减资后，在法定公积金累计额超过公司注册资本 50% 前，不得分配利润。

当前规则在资本维持原则的指导下，构建了较为严格的减资程序要求，但减资程序的严苛规定对于现实需求的回应并不灵敏，因而引发了学术界对引入偿债能力测试的讨论，甚至于有些学者开始质疑资本维持原则的合理性。

【理论基础】

一、公司资本制度后端改革的学术争议

《公司法》（1993）规定了最严格的法定资本制度，如最低资本额、全面实缴制、股东出资类型、严格约束增资减资等。《公司法》（2005）从降低注册资本、分期缴纳出资、丰富股东出资类型等方面改革资本制度，鼓励投资创业。《公司法》（2013）取消最低资本额，推行全面认缴制，不要求股东货币出资比例，进一步降低公司设立门槛。《公司法》（2018）则完善了公司股份回购条款。纵观历次公司法改革，2005 年和 2013 年两次改革着眼公司资本制度的前端，即股东向公司注入资本，2018 年改革则聚焦公司资本制度的后端，即公司资本向股东流出。公司资本

制度主要表现为前端宽松，后端严苛，体系化构建远未完成。[①]《公司法》(2024)对减资规则作出修改，一定程度完善了后端规则，但仍有缺陷。公司作为商事主体，具备营利性的天然属性，公司资本向股东流出亦是投资人获取投资回报的实际诉求。公司资本变动又关系到债权人利益，因而在股东与债权人之间必然存在利益冲突，为衡平二者利益，《公司法》提供了资本维持原则和偿债能力测试两种不同路径。

（一）资本维持原则

作为“公司资本三原则”之一，资本维持原则素来被公司法学者奉为公司资本制度之圭臬，[②]系指公司成立后应当保持与其资本额相当的财产，以保证交易安全。[③] 该原则在我国《公司法》(2024)上，具体表现为公司成立后股东不得抽回出资、不得以低于股票面额的价格发行股票、除法定情形外不得收购本公司股票、弥补亏损并提取公积金前不得向股东分配利润等规则。在特定历史背景下，“皮包公司”横行市场，严重侵害债权人利益，影响交易安全，其“罪行”擢发难数。为平衡股东与公司债权人之间的利益，限制公司资本流向股东，资本维持原则发挥着举足轻重的作用。

随着社会经济发展和市场机制创新，质疑或支持资本维持原则的理论争议颇多。质疑者认为，资本维持原则剥夺公司及股东的自主权，缺乏灵活的资本撤出机制，投资回报管制严格，严重打击投资者的投资积极性，有悖交易自由原则；缺乏灵敏的市场反应机制，维持非必要的资本额，增加交易成本，浪费有限资本，有悖交易效率原则；公司资本无法反映实际财产，难以实现交易安全目的。[④] 另外，债权人的信赖基础从物质资本转向知识、技术等精神力量，资本制度演变及融资工具多样化动摇“公司资本三原则”的理论根基，“公司资本三原则”逻辑体系存在先天缺陷，[⑤]建议引入偿债能力测试的模式。[⑥]

支持者认为，公司资本雄厚与否、资本维持好坏，关乎公司诚信和信誉；无论

---

① 参见朱慈蕴：《中国公司资本制度体系化再造之思考》，载《法律科学（西北政法大学学报）》2021年第3期。

② 参见冯果：《论公司资本三原则理论的时代局限》，载《中国法学》2001年第3期。

③ 参见朱锦清：《公司法学》（修订本），清华大学出版社2019年版，第66页。

④ 参见施天涛：《公司法论》（第4版），法律出版社2018年版，第169、170页。

⑤ 参见冯果：《论公司资本三原则理论的时代局限》，载《中国法学》2001年第3期。

⑥ 参见邓峰：《资本约束制度的进化和机制设计——以中美公司法的比较为核心》，载《中国法学》2009年第1期；朱慈蕴：《中国公司资本制度体系化再造之思考》，载《法律科学（西北政法大学学报）》2021年第3期；李建伟：《授权资本发行制与认缴制的融合——公司资本制度的变革及公司法修订选择》，载《现代法学》2021年第6期。

采取何种资本制度，均存在资本不足情形，关键在于如何通过制度设置尽量防范；[①]法定资本制改革只是抛弃传统僵化的“法定资本”概念，公司仍然以资本为基石，即使需维持的“资本”更多是通过财务指标或会计术语表达，资本维持原则是公司独立人格与股东有限责任的必然产物，仍是公司法的应有之义。[②] 资本维持原则维持的是资合公司的基础和股东道德底线，单一的资本约束演进模式并不存在，资本维持原则可比照的不仅限于资本还包括净资产与公司实缴资本，其在当下中国并不过时，而引入偿债能力测试存在固有弊端。[③]

（二）偿债能力测试

美国早期贯彻严格的法定资本制度，奉行资本维持原则，1980 年《示范商事公司法》第 6.40 条(c)首创偿债能力测试（insolvency test），以限制公司资本向股东流出。[④] 偿债能力测试包括两项测试标准：其一，衡平清偿能力测试（equity insolvency test），意指若公司分配利润后将无法偿还通常经营过程中的到期债务，则其不得分配利润。通常经营过程中的到期债务包括当前和未来的到期债务。一方面，根据现行产品和服务需求状况，公司获得资金足以应对可预见的债务；另一方面，根据公司财务状况、市场前景和相同企业信贷状况，有合理理由相信公司将获得融资以应对近期到期的债务。[⑤] 其二，资产负债表清偿能力测试（balance sheet insolvency test），意指若公司分配时将被解散，其资产负债表中的总资产将少于总负债，则不得分配利润。[⑥] 该测试以公司资产评估为基石，资产评估极具专业性，但依据不同的会计准则，评估结果亦有所差异。两种测试标准的区别在于，前者依据公司利润表和现金流量表，关注公司经营过程；后者则依据资产负债表，关注公司清算结果。[⑦] 法律以此强化公司董事的信义义务，董事应当根据偿债能力测试的两项标准，判断公司是否分配利润。

---

① 参见顾敏康：《零资本制度下的资本维持原则》，载《人民司法》2015 年第 7 期；杜军：《公司资本制度的原理、演进与司法新课题》，载《法律适用》2014 年第 11 期。

② 参见刘燕：《公司法资本制度改革的逻辑与路径——基于商业实践视角的观察》，载《法学研究》2014 年第 5 期。

③ 参见冯果：《慎重对待“资本维持原则”的存废》，载《中国法律评论》2020 年第 3 期。冯果教授于 2001 年严厉批评资本三原则的局限，近 20 年后，转而认为应当慎重对待资本维持原则的存废。

④ See James J. Jr. Hanks, *Legal Capital and the Model Business Corporation Act*: *An Essay for Bayless Manning*, 74 Law&Contemp. Probs. 213 (2011). See Model Business Corporation Act § 6.40(c).

⑤ 参见朱慈蕴、皮正德：《公司资本制度的后端改革与偿债能力测试的借鉴》，载《法学研究》2021 年第 1 期。

⑥ See Bayless Manning & James J. Hanks, *Legal Capital*, 4th edition, Foundation Press, 2013, p. 69.

⑦ 参见刘燕、王秋豪：《公司资本流出与债权人利益保护——法律路径与选择》，载《财经法学》2020 年第 6 期。

摆脱资本维持原则的桎梏后，美国公司法引入偿债能力测试并将其适用于司法实践，经判例不断发展完善，偿债能力测试如润滑剂一般注入僵化的资本制度，使得公司资本制度的后端宽松而灵活，既促使公司资本高效而顺滑地流向股东，促进经济繁荣发展，又兼顾债权人利益，维护交易安全。20世纪90年代后，各国逐渐引入偿债能力测试，在立法例上主要呈现两种不同的路径：其一，全面引入模式，全盘吸收美国的偿债能力测试，如新西兰、澳大利亚、加拿大等国；其二，折中引入模式，借鉴美国的偿债能力测试并予以改良，如英国、新加坡、日本等国。[①]

至于我国是否引入偿债能力测试，支持与反对之声相持不下。支持者认为，偿债能力测试基于董事信义义务，聚焦保障债权人利益，摆脱对财会指标的过度依赖，顺应公司行为自由化、资本规则抽象化、企业融资便利化、会计专精化的发展趋势。[②] 反对者认为，偿债能力测试的执行会增加成本，无法保护未来债权和长期债权，且极具主观性和不确定性，易沦为董事会操纵公司的工具。[③]

（三）资本维持原则与偿债能力测试之比较选择

世间并不存在完美无瑕的制度，资本维持原则与偿债能力测试各有利弊。我国无论是坚持资本维持原则，还是引入偿债能力测试，首先须厘清两种路径的异同。就核心价值而言，二者皆旨在限制公司资本向股东流出，保护债权人利益。但二者具体手段有所区别，主要表现为：其一，调整的基础概念不同。资本维持原则关注资本和资产之间的关系，强调公司维持与资本相当的资产；偿债能力测试则聚焦资产与负债，强调公司资产足以清偿债务。可见，后者直接契合债权人的关注点，即公司资产与债务相匹配，其债权得以全部清偿。至于公司资产与资本是否匹配，与债权人的诉求并不直接相关。若公司资产低于资本，但其足以清偿债务，仍要求维持与资本相当的资产，实则浪费不必要的资源，增加商业成本。其二，债权人意志对资本流出的影响不同。资本维持原则考虑债权人意志，严格限制减资、回购股份、分配利润等公司资本向股东流出环节，如减资要求通知或公告债权人并经其同意，债权人提出异议的，公司须提前清偿债务或者提供担保，回购股份限于特定情形，分配利润前须弥补亏损并提取公积金。而偿债能力测试则无须经债权人同意，在公司正常持续经营过程中，公司资产足以清偿债务即可分配

---

① 参见朱慈蕴、皮正德：《公司资本制度的后端改革与偿债能力测试的借鉴》，载《法学研究》2021年第1期。

② 参见朱慈蕴、皮正德：《公司资本制度的后端改革与偿债能力测试的借鉴》，载《法学研究》2021年第1期。

③ 参见冯果：《慎重对待“资本维持原则”的存废》，载《中国法律评论》2020年第3期。

给股东,并以董事信义义务为债权人背书。虽然二者皆强调债权人分配顺位优先,但对保障其优先顺位的具体方式有所不同。前者强加债权人意志,以债权人同意为准,虽对其利益保护周全,但程序僵化,影响公司经营效率,有过度保护债权人利益之嫌;后者则弱化债权人意志,以董事责任为债权人强化担保,虽灵活机动,但须配套完善的董事责任制度。其三,对会计标准的依赖程度不同。资本维持原则更加依赖会计准则,以资产负债表作为公司资本分配的决定性标准;偿债能力测试以资产负债表为依据,且公司董事根据公司发展前景、业务规模等其他市场信息,最终决定公司资产分配。资产负债表等会计标准仅反映某一时间节点的公司资产状况,而商事活动瞬息万变,公司经营状态亦变化无常,完全依赖资产负债表决定公司分配,不可谓准确合理。

相较之下,偿债能力测试既符合商事活动规律,尊重投资者逐利的天然属性,又顺应"资本信用"到"资产信用"的发展趋势,保护债权人利益,更有利于股东权益和债权人利益的平衡。但是,基于我国公司法对"公司资本三原则"的路径依赖,不宜完全引入美国式的偿债能力测试,而应采折中引入模式,借鉴美国的偿债能力测试并根据实际情况予以改良,选择偿债能力测试的适用场景,如减资、股份回购、股利分配等。同时,偿债能力测试并非孤立的制度,需完善相关配套制度以助力其妥善实施:信息披露制度以解决股东与债权人之间的信息不对称问题,①合适的会计标准以准确衡量公司偿债能力,董事信义义务于错误分配时救济债权人等。②

二、瑕疵减资的效力及责任承担

根据市场环境和经营情况变化,公司减少资本实属正常。在法定资本制下,减资指减少注册资本;在授权资本制中,减资指减少发行资本;在折中资本制下,减资指减少已授权而尚未发行的资本。③ 公司减资又分为实质减资和形式减资,前者既减少公司资本,又减少公司资产,净资产向股东流出,后者则减少资本额,不发生净资产流动。④ 我国《公司法》(2024)仍采法定资本制,本文所称减资限于减少注册资本。

---

① 参见李建伟:《授权资本发行制与认缴制的融合——公司资本制度的变革及公司法修订选择》,载《现代法学》2021 年第 6 期。

② 参见朱慈蕴:《中国公司资本制度体系化再造之思考》,载《法律科学(西北政法大学学报)》2021 年第 3 期。

③ 参见李智:《公司减资制度初探》,载《政法论坛》2005 年第 1 期。

④ 参见李智:《公司减资制度初探》,载《政法论坛》2005 年第 1 期。

《公司法》(2024)第66条规定有限公司减资决议的条件,第116条规定股份公司减资决议的条件,第224条规定公司减资程序,第254条规定公司瑕疵减资的行政责任;《中华人民共和国公司登记管理条例》(现已失效,《市场主体登记管理条例》亦未对此问题作回应)第31条第2款规定公司减资的变更登记程序,第69条规定公司瑕疵减资的行政责任。但是,均未明确公司瑕疵减资的效力及责任承担问题。公司瑕疵减资的主要类型包括:(1)未编制资产负债表、财产清单;(2)未在法定期间通知债权人或在报纸上公告;(3)未按照债权人的要求清偿债务或提供担保。司法实践中,主要表现为未通知债权人,本文亦以其为研究要点。

(一)瑕疵减资的效力

对于公司瑕疵减资的效力,法无明文规定,理论争议不绝,主要存在无效说、部分无效说、效力待定说和有效说3种主张。主张无效说的理由是:《公司法》及《公司登记管理条例》(已失效)的相关规定系强制性规定,违反法律强制性规定的后果是减资无效,减资股东应当将减资款退还给公司以恢复原状。① 主张部分无效说的理由是:通知产生对抗效力,对已通知的债权人有效,但不得对抗对未通知的债权人,即对未通知的债权人无效。② 主张效力待定说的理由是:借鉴英国立法例,公司减资须经法院审查,法院裁定同意减资前,公司的减资效力待定。③ 主张有效说的理由是:区分决议行为与实施决议的其他行为,合同法上和公司法上都已经为债权人权益保护提供了充分的制度保障,无须也不应当赋予债权人过度介入公司治理与公司决议的权利。④

探究瑕疵减资的效力,首先需明确减资生效的时间。回溯公司减资,须经"编制资产负债表及财产清单—公司决议—通知债权人和公告—债权人要求偿债或担保—实施减资—变更登记"六大程序。逐一检视,公司减资的可能生效时间为公司决议生效时、债权人要求偿债或担保时、变更登记时。根据《公司法》(2024)第34条"未经登记或变更登记的,不得对抗善意相对人",减资变更登记仅产生对抗效力,而非生效效力,因此变更登记并非减资生效的时间节点,其范围限缩至公司决议生效或者债权人同意时,二者仅相差"债权人同意"这一程序,本质区别在

---

① 参见余斌:《公司未通知债权人减资效力研究——基于50个案例的实证分析》,载《政治与法律》2018年第3期。

② 参见刘玉妹:《认缴资本制视野下公司减资制度的构建》,载《法律适用》2016年第7期。

③ 参见曹文兵、朱程斌:《〈公司法〉第177条减资规定的完善和适用研究》,载《法律适用》2019年第14期。

④ 参见刘春梅等:《公司法第一百七十七条之理解与适用:决议减资与债权人保护》,载《人民司法(应用)》2017年第16期。

于债权人意志对公司意志的影响。易言之,于减资过程中如何保护债权人利益,其底层逻辑又陷入资本维持原则与偿债能力测试之争。根据资本维持原则,公司减少资产必然侵害债权人利益,减资须经债权人同意,否则应当提前清偿债务或者提供担保,实则以债权人同意作为减资生效时间。未通知债权人更无所谓经债权人同意,该减资无效或者对未通知的债权人无效。根据偿债能力测试,公司减资无须债权人同意,而是在作出减资决定前,判断公司资产是否足以清偿债务,并且以董事责任对债权人予以救济。未通知债权人并不导致公司减资无效,而是产生对债权人的救济。本文赞同适度引入偿债能力测试,公司减资的效力以减资决议生效时为准。瑕疵减资并不必然损害债权人利益,公司现有资金仍可能清偿债权,由股东、董事、高级管理人员等承担相应责任,可实现对债权人的事后救济。

从区分公司决议与实施决议的其他行为角度,公司减资决议的效力仅受《公司法》(2024)第26、28条及《公司法司法解释(四)》规制,通知债权人系实施决议的其他行为,不影响公司减资决议的效力。就经济效益而言,未通知债权人是轻微的程序瑕疵,由此否定减资效力并产生恢复原状的法律效果,会浪费公司在减资过程中所耗费的人力、财力等成本,不利于社会整体经济效益和公司稳定发展。就公司自治而言,债权人过多介入公司决议不利于公司的治理与有效决策,可能导致公司偿债能力降低,最终危及债权人利益。

（二）瑕疵减资的责任承担

瑕疵减资虽不影响减资的效力,但是未通知债权人导致其利益受损,应当对债权人予以救济。对于债权人的请求依据、责任承担主体及责任形式,主要存在3种不同主张:其一,股东共同侵权,债权人有权请求股东承担连带清偿责任;①其二,类推适用《公司法司法解释(三)》第14条第2款关于抽逃出资的规定,债权人有权请求减资股东在减资范围内对公司债务不能清偿的部分承担补充赔偿责任,协助减资的股东、董事、高级管理人员或者实际控制人承担连带责任;②其三,参照适用《公司法司法解释(三)》第13条第2款关于瑕疵出资的规定,债权人有权请求减资股东在减资范围内承担补充赔偿责任。③

---

① 参见曹文兵、朱程斌:《〈公司法〉第177条减资规定的完善和适用研究》,载《法律适用》2019年第14期。

② 参见薛波:《公司减资违反通知义务时股东的赔偿责任——〈最高人民法院公报〉载"德力西案"评释》,载《北方法学》2019年第3期。

③ 参见刘玉姝:《认缴资本制视野下公司减资制度的构建》,载《法律适用》2016年第7期。

对于这3种主张,笔者认为:第一,适用共同侵权,意味着侵犯债权人与公司之间的债权,实则承认"第三人侵害债权"。我国立法并未明确规定"第三人侵害债权",一般情形下,债权是相对权并非侵权的客体。"第三人侵害债权"只在极其特殊情形下方有用武之地,如《德国民法典》第826条规定了故意以悖于善良风俗方法加害他人之侵权行为案例。[①] 此外,我国虽实行"民商合一"的立法体例,但是将民法上的侵权责任适用于公司组织法中的瑕疵减资责任,存在转换障碍,减资并非股东个人行为,而是经公司决议作出的行为。

第二,类推适用《公司法司法解释(三)》第14条第2款关于抽逃出资的规定。主张者认为:首先,抽逃出资和瑕疵减资的责任基础一致,皆为违反资本维持原则。其次,抽逃出资和瑕疵减资的责任主体一致。抽逃出资中的责任主体系抽逃出资的股东,协助抽逃出资的其他股东、董事、高级管理人员及实际控制人等,瑕疵减资与之相似,股东系公司减资决议的实际参与者和决策者,对"通知债权人"应当尽到审慎合理的注意义务,且减资变更登记需董事、高级管理人员等参与协助。再次,法律后果相似,不当减少公司责任财产,损害债权人获偿利益,股东对公司债务不能清偿的部分承担补充清偿责任。最后,案件类型交叉,司法实践中存在名为减资、实为抽逃出资的案例,难以准确认定。[②] 但是问题在于,抽逃出资系股东个人行为,股东将所缴出资暗中撤回,却仍保留股东身份和原有出资数额的欺诈行为,《公司法司法解释(三)》第12条采取"列举+兜底"的方式规定抽逃出资的表现形式。[③] 瑕疵减资则系公司行为,主要指存在未通知债权人等程序瑕疵,但公司股东并不保有原出资数额。

第三,类推适用《公司法司法解释(三)》第13条第2款关于瑕疵出资的规定。主张者认为:其一,公司不当减资是公司未经法定程序直接将资本分配给股东,其实质属于股东不当出资行为;其二,将公司不当减资对债权人的赔偿责任与股东的赔偿责任合并在一个诉讼中,减少诉累符合经济原则,也更有利于债权人保护。[④] 但是问题在于,瑕疵出资责任系股东个人责任,适用于股东未履行或者未完全履行出资义务的情形,而瑕疵减资中,股东已履行出资义务,或者出资期限尚未

---

① 参见王泽鉴:《侵权行为》,北京大学出版社2009年版,第172—175页。

② 参见薛波:《公司减资违反通知义务时股东的赔偿责任——〈最高人民法院公报〉载"德力西案"评释》,载《北方法学》2019年第3期。

③ 参见《公司法司法解释(三)》第12条规定抽逃出资的形式:(1)制作虚假财务会计报表虚增利润进行分配;(2)通过虚构债权债务关系将其出资转出;(3)利用关联交易将出资转出;(4)其他未经法定程序将出资抽回的行为。

④ 参见刘玉妹:《认缴资本制视野下公司减资制度的构建》,载《法律适用》2016年第7期。

届至,其并未违反出资义务。

综上,无论是共同侵权的规定,还是抽逃出资、瑕疵出资的规定,均无法妥当适用或类推适用于瑕疵减资。瑕疵减资虽经股东会决议,但是决议本身并无效力瑕疵,而是执行减资决议的过程中存在未通知债权人的程序瑕疵。公司因瑕疵减资而无力清偿债务,损害债权人利益,应当对债权人予以救济。其一,究其责任主体,何者对债权人负有通知义务而未通知,则应当承担相应责任。在公司减资过程中,股东会作出减资决议后,该决议由公司董事、监事、高级管理人员或实际控制人等管理层执行。易言之,管理层负有通知债权人的义务,是公司瑕疵减资的责任主体,其理论基础系管理层的扩张的信义义务,公司与管理层之间本质是"委托—代理"关系,我国《公司法》(2024)第180条规定了管理层对公司负有忠实义务和勤勉义务。基于管理层异质化的嬗变,董事信义义务扩张至对公司债权人的义务。[①] 瑕疵减资中,公司管理层违背诚信原则,未合理谨慎地通知债权人,损害债权人利益,有悖其扩张的信义义务。强化管理层责任亦契合适当引入偿债能力测试的需求。瑕疵减资系公司行为,而非股东个人行为。通常情形下,股东系减资受益人,公司资本未经法定程序向其流出,股东属不当得利,且其参与作出减资决议,应当知悉法律关于减资通知债权人的规定,办理变更登记时亦要求提供"公司在报纸上登载公司减少注册资本公告的有关证明和公司债务清偿或者债务担保情况的说明"。而债权人作为公司外部人,因信息不对称,其无义务亦无能力获取公司减资信息。因此,可推定股东对瑕疵减资有过错,除非其有证据证明自己无过错。其二,至于责任形式,公司债权人首先基于合同相对性请求公司承担清偿责任,未能清偿部分方可突破合同相对性请求公司管理层或股东承担补充清偿责任。因此,在瑕疵减资中,未通知债权人导致其债权无法全部实现时,其有权请求公司董事、监事、高级管理人员或实际控制人等管理层在减资范围内承担补充清偿责任;股东无法证明对减资未通知债权人无过错的,债权人亦有权请求其在减资范围内承担补充清偿责任。股东会作出减资决议并由公司管理层执行,二者对未通知债权人的行为属于共同不作为,公司管理层与股东之间系连带责任。可喜的是,《公司法》(2024)第226条明确违法减资的股东责任,这为司法裁判提供了法律依据。但并未赋予债权人要求个别清偿的权利,因此从《公司法》(2024)来看,债权人只能请求股东返还获得的减资或恢复原状,而无权直接请求股东或者

---

① 参见林少伟:《董事异质化对传统董事义务规则的冲击及其法律应对 以代表董事为研究视角》,载《中外法学》2015年第3期。

董事、监事、高级管理人员承担补充清偿责任。

【审判实务】

资本维持原则与偿债能力测试在很大程度上还停留在学界的探讨中，实务中的案例并不多见，相对而言，同为公司资本制度的后端问题，瑕疵减资往往成为实务中频发的纠纷，因此，审判实务部分则聚焦瑕疵减资问题。《公司法》(2018)仅规定瑕疵减资的决议条件、程序及行政责任，未明确瑕疵减资，主要是减资未通知债权人的效力及民事责任。此外，减资是否包括形式减资，所通知的债权人是否包括诉讼中的债权人都无规定。司法实践中，该问题因法律空白而交由法官自由裁量，导致同案异判现象严重。2017 年最高人民法院公报案例“上海德力西集团有限公司(以下简称德力西公司)诉江苏博恩世通高科有限公司(以下简称江苏博恩公司)、冯某、上海博恩世通光电股份有限公司(以下简称上海博恩公司)买卖合同纠纷案”或许将提供指导并引发深思。

在最高人民法院公报案例发布之前，司法实践中对瑕疵减资的裁判不一。有法院认为，减资对未被通知的债权人不生效，类推适用抽逃出资，减资股东在减资数额范围内对公司债务承担补充赔偿责任。[①] 有案例一审法院未明确瑕疵减资的效力，认为股东构成第三人侵权，应当承担连带责任；二审法院则认定瑕疵减资有效，类推适用抽逃出资，股东承担补充清偿责任。[②] 还有案例一审法院认为诉讼中的债权人是已知债权人，瑕疵减资有效，实缴出资减资比照抽逃出资，认缴出资减资比照未出资，股东应当承担补充清偿责任；二审法院则认为诉讼中的债权人并非已知债权人，瑕疵减资有效，通知债权人的义务应由公司履行，股东并无通知义务，因而股东不承担责任。[③] 司法实践中对此的认识并不统一。

2017 年最高人民法院发布公报案例“上海德力西集团有限公司诉江苏博恩世通高科有限公司、冯某、上海博恩世通光电股份有限公司买卖合同纠纷案”，对此后的司法实践具有指导意义。其一，明确通知不同于公告，不得以公告代替通知债权人。《公司法》(2018)第 177 条规定“公司应当自股东会作出减少注册资本决议之日起 10 日内通知债权人，并于 30 日内在报纸上或者统一的企业信息公示系统公告”，通知与公告是“并”的关系。溯及立法本意及实践逻辑，债权人作为公

---

① 参见上海市第一中级人民法院民事判决书，(2011)沪一中民一(民)终字第 1488 号。

② 参见上海市第一中级人民法院民事判决书，(2011)沪一中民终字第 6388 号。

③ 参见上海市第一中级人民法院民事判决书，(2015)沪一中民四(商)终字第 1901 号。

司外部人，无法知悉公司减资情况，公司减资必然减少责任财产，危及债权人利益，应当通知已知及应知债权人，不得以公告代替通知，对潜在债权人则采公告形式，有力保障债权人利益。其二，未直接否定瑕疵减资效力。减资未通知债权人，存在程序瑕疵，但减资决议是有效的。一方面，不以程序瑕疵否定减资效力，节约交易成本，提高商事效率；另一方面，由股东承担责任，对债权人予以救济。其三，明确公司股东不能证明其在减资过程中对怠于通知的行为无过错的，应当对债权人在减资范围内承担补充清偿责任。减资决议取决于股东意志，办理减资手续需股东配合，股东明知减资的法定程序及后果，应当对公司通知义务的履行尽到合理注意义务。股东负有资本充实责任，其明知公司债权仍作出减资决议，且未通知债权人，有损公司清偿能力及债权人利益，与股东违法抽逃出资的实质以及对债权人利益受损的影响，在本质上并无不同。该公报案例对此后该类裁判发挥积极作用，法院普遍认为公司在未通知债权人的情况下，对减资不影响其效力，但股东经公司股东会决议减资退股，违反了公司资本不变和资本维持的原则，与股东未履行出资义务及抽逃出资对于债权人利益的侵害在本质上并无不同，判决股东应在减资范围内对公司债务承担补充赔偿责任。①

诚然，公报案例对统一司法裁判有所裨益，但无法面面俱到，未能全面覆盖司法实践中的问题。其一，如何判定已知及应知债权人，是否包括诉讼中尚未裁判的债权人。减资时债权人与公司处于诉讼程序，法院尚未作出生效裁判，此时的债权人系可能的债权人，公司是否应当对其通知减资事宜，并按其要求清偿债务或者提供相应担保。其二，减资是否包括形式减资。形式减资主要表现为减少认缴而未实缴的资本。有法院认为，形式减资尽管无实际资产流出，事实上使得本应增加的公司资产无法增加，是消极意义上的资产减少，也属于减资范畴。② 其三，股东责任。全体股东抑或减资股东承担责任，其责任基础并不明晰。参照适用抽逃出资抑或瑕疵出资并不妥当，致命痛点在于抽逃出资及瑕疵出资系股东个人行为，其违反出资义务；而瑕疵减资系公司行为，公司负有通知债权人并按其要求清偿债务或者提供相应担保的法定义务。此外，如何认定股东有证据证明其对未通知债权人无过错，未参加股东会作出减资决议，或者参加股东会但对减资决

---

① 类似裁判参见河北省唐山市中级人民法院民事判决书，(2019)冀02民终6648号；江西省九江市中级人民法院民事判决书，(2020)赣04民终1991号；晋江市中级人民法院民事判决书，(2022)闽0582民初1596号。

② 参见上海市第一中级人民法院民事判决书，(2011)沪一中民一(民)终字第1488号；上海市第一中级人民法院民事判决书，(2015)沪一中民四(商)终字第675号。

议投反对票,可否作为股东免责的考量因素。其四,董事、监事、高级管理人员或者实际控制人等管理层的责任。作为公司减资决议的执行者,系通知债权人的第一责任人,其是否对公司债权人承担相应责任。因此,统一司法裁判应当回溯至法律的源头,该重任亦应交给立法者,由其在《公司法》中完善瑕疵减资的效力及民事责任。

【典型案例】

上海德力西集团有限公司诉江苏博恩世通高科有限公司、冯某、上海博恩世通光电股份有限公司买卖合同纠纷案[①]

基本案情:

2011年3月29日,德力西公司与江苏博恩公司签订《电气电工产品买卖合同》,约定,江苏博恩公司向德力西公司购买二十台高压开关柜、一台交流屏、一套直流屏等电气设备,合同总金额为111万元人民币。合同还载明德力西公司营业地址、法定代表人、联系电话等信息。合同签订生效后,德力西公司按约定交付上述全部设备,江苏博恩公司支付货款333,000元,尚欠777,000元未付。

2012年8月10日,江苏博恩公司股东上海博恩公司、冯某、陈某燕召开股东会,一致通过减资决议:同意公司减少注册资本19,000万元(其中认缴额2700万元,实缴额16,300万元),其中冯某减少19,000万元(认缴额2700万元,实缴额16,300万元)。此次减少注册资本后,公司累计注册资本为1000万元人民币,其中,上海博恩公司出资700万元,陈某燕出资300万元。本次减资后,冯某不再具备股东资格。上海博恩公司和冯某、陈某燕在决议上分别盖章签字。2012年8月13日,江苏博恩公司在《江苏经济报》上发布减资公告,并于2012年8月31日出具验资报告,随后办理了工商变更登记。

由于江苏博恩公司减资前结欠德力西公司777,000元货款,未清偿亦未提供担保,德力西公司遂以江苏博恩公司、上海博恩公司和冯某为共同被告向上海市青浦区人民法院提起诉讼,请求判令江苏博恩公司向德力西公司支付货款777,000元,判令上海博恩公司、冯某在减资19,000万元范围内对江苏博恩公司的货款承担补充赔偿责任。

---

① 参见上海德力西集团有限公司诉江苏博恩世通高科有限公司、冯某、上海博恩世通光电股份有限公司买卖合同纠纷案,载《最高人民法院公报》2017年第11期。

裁判要旨:

一审法院认为,江苏博恩公司未能在减资时对德力西公司之债权进行清偿或提供担保,现德力西公司要求其股东冯某在减资范围内对江苏博恩公司的债务承担补充赔偿责任,并无不当,亦应予支持。但德力西公司要求上海博恩公司在减资范围内对被告江苏博恩公司未付清债务承担补充赔偿责任,缺乏事实和法律依据,不予支持。

二审法院认为,德力西公司要求冯某、上海博恩公司对江苏博恩公司的上述债务在19,000万元的范围内承担补充赔偿责任的请求,应予以支持。理由如下:公司减资本质上属于公司内部行为,理应由公司股东根据公司的经营状况通过内部决议自主决定,以促进资本的有效利用,但应根据《公司法》(2018)第177条第2项规定,应当通知和公告通知债权人,以避免因公司减资产生损及债权人债权的结果。江苏博恩公司与德力西公司的债权债务在江苏博恩公司减资之前已经形成。德力西公司在订立的合同中已经留下联系地址及电话信息,且就现有证据不存在江苏博恩公司无法联系德力西公司的情形,故应推定德力西公司系江苏博恩公司能够有效联系的已知债权人。虽然江苏博恩公司在《江苏经济报》上发布了减资公告,但并未就减资事项直接通知德力西公司,故该通知方式不符合减资的法定程序,也使得德力西公司丧失了在江苏博恩公司减资前要求其清偿债务或提供担保的权利。

根据《公司法》(2018)之规定,股东负有按照公司章程切实履行全面出资的义务,同时负有维持公司注册资本充实的责任。尽管《公司法》规定公司减资时的通知义务人是公司,但公司是否减资系股东会决议的结果,是否减资以及如何进行减资完全取决于股东的意志,股东对公司减资的法定程序及后果亦属明知,同时,公司办理减资手续需股东配合,对于公司通知义务的履行,股东亦应当尽到合理注意义务。江苏博恩公司的股东就公司减资事项先后在2012年8月10日和9月27日形成股东会决议,此时德力西公司的债权早已形成,作为江苏博恩公司的股东,上海博恩公司和冯某应当明知。但是在此情况下,上海博恩公司和冯某仍然通过股东会决议同意冯某的减资请求,并且未直接通知德力西公司,既损害了江苏博恩公司的清偿能力,又侵害了德力西公司的债权,应当对江苏博恩公司的债务承担相应的法律责任。公司未对已知债权人进行减资通知时,该情形与股东违法抽逃出资的实质以及对债权人利益受损的影响,在本质上并无不同。

因此,尽管我国法律未具体规定公司不履行减资法定程序导致债权人利益受损时股东的责任,但可比照公司法相关原则和规定来加以认定。由于江苏博恩公司在减资行为上存在瑕疵,致使减资前形成的公司债权在减资之后清偿不能的,上海博恩公司和冯某作为江苏博恩公司股东应在公司减资数额范围内对江苏博恩公司债务不能清偿部分承担补充赔偿责任。

裁判评析:

该案系瑕疵减资,瑕疵之处在于公司减资未通知债权人,造成债权人的利益损失,该案的焦点有二:公司通过登报形式是否算作履行通知债权人义务,股东是否应当承担法律责任。针对焦点一,两审裁判都认为,公司减资时对已知或应知的债权人应履行通知义务,不能在未先行通知的情况下直接以登报公告形式代替通知义务。公司减资时未依法履行通知已知或应知的债权人的义务,应当承担法律责任。对此笔者比较赞同。针对焦点二,二审裁判认为,公司股东不能证明其在减资过程中对怠于通知的行为无过错的,当公司减资后不能偿付减资前的债务时,公司股东应就该债务对债权人承担补充赔偿责任。笔者赞同这一观点,但对论证过程并不赞同,公司减资的结果是股东受益,因此如果减资程序存在瑕疵,股东应当承担责任,这本无可厚非,但通知债权人的义务人为公司,仅以股东知晓该瑕疵即认定其在股东大会上同意减资应当承担责任,并不具有合理性,股东与股东大会存在差异,后者为公司的决策机关,股东的意志并不直接等同于公股东大会意志,该案对此有混淆。

问题二 抽逃出资的认定标准

抽逃出资行为是一个极具实践性的问题,该问题自诞生之初即是回应实践中出现的垫资行为,“实缴制时代”的资本压力催生了一大批专业垫资企业,抽逃出资成了公司设立的常规操作,这无疑给债权人保护带来了极大的压力。在“认缴制时代”,抽逃出资行为也并未断绝,而是演变为大股东掏空公司等行为,抽逃出资的现实意义仍然存在。但也正是如此,抽逃出资的认定开始变得复杂,因其不再像最初的形式,而是隐藏在诸多行为中。因此,抽逃出资的认定标准,成了理论与实务中的难题。

【规范梳整】

《公司法》(2024)第 53 条规定,公司成立后,股东不得抽逃出资;第 252 条规定,公司的发起人、股东在公司成立后,抽逃其出资的,由公司登记机关责令改正,处以所抽逃出资金额5%以上15%以下的罚款。同时，《公司法》（2024）对于股东抽逃出资的行为，明确其返还责任，给公司造成损失的，还应当承担赔偿责任；董事、监事、高级管理人员知道或者应当知道股东有抽逃出资行为而未采取必要措施给公司造成损失的，也应当承担赔偿责任。同时，还将有限责任公司的禁止抽逃出资规则适用于股份有限公司。在罚责处，增加协助抽逃出资的负责主管和其他责任人员的罚款责任。

《公司法司法解释（三）》是关于抽逃出资问题最主要的司法解释，其以5条的规定对禁止抽逃出资规则关涉的具体问题作出解释，第14条第1款明确协助抽逃出资的董事、高级管理人员、其他股东等的连带责任，第2款则明确债权人对股东、董事、高级管理人员等的请求权；第16条授权公司章程或股东会决议对抽逃出资股东的股东权利作出限制；第17条第1款增加股东失权制度，在其抽逃出资经合理催告后仍未返还的，股东会决议可以解除其股东资格，第2款则提示人民法院应当释明，公司应当办理相应的减资程序或由其他人缴纳出资等；第19条则具体规定了诉讼时效问题。

整体而言，《公司法》（2024）夯实了各方的法律责任，《公司法司法解释（三）》则对细节问题作出详细规范，同时还增加股东失权制度。但总体而言，现行立法与解释并未回应抽逃出资的新变化，亦未能回应抽逃出资的认定标准。

【理论基础】

抽逃出资作为资本违法行为，历来为法律人所深恶痛绝。《公司法》（2013）改革公司资本制度，取消法定最低资本额限制，并推行全面认缴制，引发学者对抽逃出资的认识分析和误解，有人认为公司资本可以认而不缴，抽逃出资成为历史，《刑法》亦随之废除了抽逃出资罪对认缴制公司的适用。[①] 事实上，采用认缴资本制并不否定公司资本真实的基本要求，并不免除注册资本之下的股东出资义务和出资责任，抽逃出资仍然是《公司法》当然禁止的违法行为。[②] 抽逃出资并非规范的法律概念，立法及理论未明确其内涵，实践认定标准亦未统一。除前述“规范梳整”内容外，《九民纪要》第5条关于对赌协议的规定，涉及抽逃出资规则的适用，但依旧未涉及抽逃出资的认定标准。

---

① 参见刘宪权：《中国（上海）自由贸易试验区成立对刑法适用之影响》，载《法学》2013年第12期。

② 参见赵旭东：《认缴资本制下的股东有限责任——兼论虚报资本、虚假出资和抽逃出资行为的认定》，载《法律适用》2014年第11期。

一、各认定标准之局限检视

对于抽逃出资的认定标准，法无明文规定，且存在循环定义之嫌，理论争议不绝。为准确认定抽逃出资，理论发展出不同的认定标准，包括“侵蚀股本标准”“侵占公司财产”“非法广义分配”等。

“侵蚀股本标准”主张以资产负债表中的财务数据，作为抽逃出资的认定标准，根据“公司资产＝负债＋所有者权益”的等式，抽逃出资意味着所有者权益中的“股本”减少，可具体分为两种路径：其一，公司“资产”减少，股东将其出资拿回；其二，公司增加“负债”，如公司承诺偿还股东个人债务，以公司财产为其设立担保等。[①] 该标准以直观数据为支撑，简明清晰，且极具操作性。但是，资产负债表作为公司某一时点的统计数据，无法准确反映公司经营过程中的资产变动情况，以静态标准衡量动态变化并不合理。股本未受侵蚀的状态，无法反映公司长期偿债能力或者短期偿债能力。[②] 退而言之，若依“股本侵蚀标准”，当公司净资产超过股本时，股本未被侵蚀，公司为股东清偿个人债务，则无法认定股东抽逃出资。即便净资产超过股本，并不表明公司的现金流足以清偿正常经营状态下的到期债务。因此，“侵蚀股本标准”存在固有局限。

“侵占公司财产”主张，“出资”概念在股东将财产投入到公司前或未完成出资义务时才有意义，而“出资”一旦完成即变成“股权”而不复存在，股东不可能再抽逃其“出资”，其抽逃的只能是公司财产，“抽逃出资”侵害的是公司财产权，故应当用“侵占公司财产”概念取代“抽逃出资”概念。[③] 该主张区分“出资”与公司财产的概念确有道理，但是“资本”与“资产”是资合公司的一体两面，多数情形下股东抽逃出资同时意味着股东非法从公司取得财产，二者是共生关系，而非替代关系。[④] 侵占公司财产系对公司的侵权行为，适用侵权法的相关规定，不仅须满足侵权行为的构成要件，而且股东应当对公司承担损害赔偿责任，[⑤]债权人无权请求股东承担责任，难以保障债权人利益。

---

① 参见刘燕：《重构“禁止抽逃出资”规则的公司法理基础》，载《中国法学》2015 年第 4 期。

② 参见王军：《抽逃出资规则及公司分配制度的系统性改造》，载《法学研究》2021 年第 5 期。“评价一个公司的长期和短期偿债能力（公司在未来一年内不影响正常经营情况下的偿债能力），需要借助一些财务比率工具。前者如资产负债率、负债权益比和利息（保障）倍数等，后者需分析流动资产和流动负债，包括以下几个指标：营运资本、流动比率、速动比率、现金比率等。”

③ 参见樊云慧：《从“抽逃出资”到“侵占公司财产”：一个概念的厘清——以公司注册资本登记制度改革为切入点》，载《法商研究》2014 年第 1 期。

④ 参见刘燕：《重构“禁止抽逃出资”规则的公司法理基础》，载《中国法学》2015 年第 4 期。

⑤ 参见冯静：《抽逃出资民事责任的性质及认定》，载《法学》2015 年第 6 期。

“非法广义分配”主张采用实质意义的广义分配概念，导致公司财产无对价地流向股东的行为均为分配，股权回赎、股份回购以及不公平的关联交易，本质上都是分配。“非法分配”包括“抽逃出资”，非法与否，关键在于是否违反了法定的分配限制规则，抽逃出资的认定，不仅要看是否存在抽回行为，还要看抽回的客体是否为“出资”。[①] 该观点扩张分配概念，将抽逃出资纳入非法分配，阐明禁止抽逃出资规则系公司分配制度的一部分，难以认定抽逃出资的根源系我国分配制度内在的体系缺陷，但是并未提出认定抽逃出资的具体标准。

综上，“侵蚀股本标准”“侵占公司财产”“非法广义分配”等主张均旨在明确抽逃出资的认定标准，但是存在一定固有局限，无法妥善定义抽逃出资并适用于司法实践。

二、认定标准之重构：资本维持原则与偿债能力测试相结合

厘清抽逃出资，应当回溯抽逃出资难以认定的根源并对症下药，同时结合规制抽逃出资的规范目的，重新构建其认定标准。诚如“非法广义分配”标准所揭示的，抽逃出资属于公司分配制度中的一环，难以认定抽逃出资的根源系我国公司分配制度内在的体系缺陷。[②] 规制抽逃出资旨在维持公司资产，既保障公司正常经营，又保护债权人获偿利益。

重构抽逃出资的认定标准，首先应当重构我国公司分配制度。公司分配制度主要存在资本维持原则和偿债能力测试两种模式。我国《公司法》奉行资本维持原则，以资产负债表为依据，严格要求公司成立后，股东不得抽回出资，不得以低于股票面额的价格发行股票，除法定情形外不得收购本公司股票、弥补亏损并提取公积金前不得向股东分配利润等。偿债能力测试则不依赖股本标准，将利润分配、股份回购或回赎、股本返还等事项统合于“分配”概念，要求董事会在决定任何分配事项前，以适当方法检测公司实际偿付一定期限内到期债务的能力，[③]具体测试标准包括衡平清偿能力测试与资产负债表清偿能力测试。采取何种分配制度，历来争议颇多，前文已述及两种模式的利弊及差异，并提出我国应当引入折中的偿债能力测试模式。

资本维持原则与偿债能力测试之间并无“楚河汉界”，亦非泾渭分明的敌对态

---

① 参见张保华：《分配概念解析——兼评〈公司法司法解释（三）〉中的抽逃出资》，载《政治与法律》2011年第8期。

② 参见张保华：《分配概念解析——兼评〈公司法司法解释（三）〉中的抽逃出资》，载《政治与法律》2011年第8期。

③ 参见王军：《抽逃出资规则及公司分配制度的系统性改造》，载《法学研究》2021年第5期。

势。禁止抽逃出资规则作为公司分配制度的一部分,其认定标准可在现行资本维持原则的基础上引入偿债能力测试,资本维持原则作为基础框架,为公司分配行为提供一套相对明确的财务规则;偿债能力测试则发挥机动、兜底的功能,对资本维持规范难以筛除的损害公司债权人利益的行为加以约束。[①] 禁止抽逃出资规则并非独立适用的规则,实际规制各种具体行为。利润分配、股份回购、减资等行为,一方面须以资产负债表为依据,不损害股本;另一方面须经偿债能力测试,公司足以清偿分配后一定时期内的到期债务。

【审判实务】

《公司法》(2018)未明确抽逃出资的认定标准,《公司法司法解释(三)》第12条采"列举+兜底"方式规定抽逃出资的形式,虽从出资环节延伸至分配、交易等环节,但无法完全覆盖司法实践中的具体形式。更为重要的是,禁止抽逃出资规则在当前情况下存在难以适应新现象的困境,其本身也与其他规则之间存在混用或冲突。

一方面,禁止抽逃出资规则难以优先适用于新型以及隐蔽、复杂型分配行为。最高人民法院于2011年发布实施了《公司法司法解释(三)》,该司法解释第12条明确列举了5种抽逃出资行为,试图对当时实践中常发性的几种变相、隐蔽的抽逃出资行为予以明确,统一裁判尺度,确保同案同判。该司法解释确实在一定时期内发挥了十分积极的规范作用。然而,实践中部分抽逃出资行为如同变异毒株一样不断"升级改版"隐藏在特定交易行为中,使禁止抽逃出资规则的解释力不断遭受新的挑战,例如,公司为股东间转让股权提供担保、公司为股东支付股权收购款等情形究竟算不算抽逃出资,[②][③]裁判观点不一,同案异判现象高发。除此之外,部分新型资本交易行为在某些方面具备抽逃出资的表象,但是又具有积极的商业价值,究竟是否将其认定为抽逃出资产生较大争议。这方面比较典型的例子是对赌协议纠纷,在2019年11月《九民纪要》发布前,最高人民法院2012年审理的"海富案"[④]确立的"与目标公司对赌无效"裁判规则曾在理论界和实务界引发巨大争议,投资方要求目标公司回购股权或者给予现金补偿,究竟是变相抽逃出

---

① 参见王军:《抽逃出资规则及公司分配制度的系统性改造》,载《法学研究》2021年第5期。

② 参见最高人民法院民事裁定书,(2017)最高法民申3671号;最高人民法院民事裁定书,(2021)最高法民申2177号。

③ 参见最高人民法院民事裁定书,(2016)最高法民申2970号。

④ 最高人民法院民事判决书,(2012)民提字第11号。

资还是金融交易创新，对此学界和实务界莫衷一是。以上种种，追根溯源是因为禁止抽逃出资规则来自立法者对某类具体资本违法行为的“立法照搬”，系将特定行为的规制直接提升到一般性规则的高度，缺少一般法意义上的归纳和提取公因式的过程，致使禁止抽逃出资规则自产生就面临解释力困境。

另一方面，禁止抽逃出资规则与利润分配规则、股份回购规则等交织不清。在公司法理论上，禁止抽逃出资规则与利润分配规则、股份回购规则、减资规则等同属于资本维持原则，是资本维持原则具体化的子规则。[①] 从逻辑上看，禁止抽逃出资规则是资本维持原则“子菜单”里的基石性原则，发挥着规制兜底的作用。公司的某种“分配行为”，如果难以归入利润分配行为、股份回购行为或者减资行为，但是又有实质性的损害后果，导致公司资本或资产不当地流向股东，就需要用禁止抽逃出资规则进行规制兜底，以满足资本维持原则的要求。[②] 以股份回购问题为例，我国《公司法》（1993）原则上禁止公司回购股份，《公司法》（2005）针对有限公司和股份公司分别明确规定了可以回购股份的若干情形，《公司法》（2018）则进一步扩充了股份公司可以回购股份的情形，且删除了关于回购股份奖励本公司职工此一情形的财产来源限制。股份回购规则的立法变化背后是由一系列的司法案例累积推动的。在此期间，针对《公司法》明确列举的允许公司回购股份情形外的股份回购是否合法问题，产生过很多争议，部分案件中法院适用禁止抽逃出资规则认定此类行为。比如，在“天津硅谷天堂合盈股权投资基金合伙企业与曹某波、山东瀚霖生物技术有限公司合伙协议纠纷案”中，山东省高级人民法院认定当事人约定的由目标公司山东瀚霖生物技术有限公司回购投资方股权的条款违反了公司法上的禁止抽逃出资规则，该约定无效。[③] 即便不考虑法院的裁判结果，“超出法定范围的意定股份回购构成抽逃出资，违法无效”，也是一定时期内很多此类案件中一方当事人近乎通用的抗辩理由。[④] 例如，在最高人民法院指导案例96号“宋某军诉西安市大华餐饮有限公司股东资格确认纠纷案”中，宋某军就主张西安市大华餐饮有限公司章程中的股权回购条款构成抽逃出资，属无效规定。[⑤] 利用禁止抽逃出资规则为股份回购规则兜底的做法，实际上导致抽逃出资与股份

---

① 参见傅穹：《公司资本维持原则的现代思考》，载《社会科学战线》2004 年第 1 期。

② 参见吴飞飞：《资本维持原则的当下意蕴及其对偿债能力测试的借鉴》，载《政法论坛》2023 年第 4 期。

③ 参见山东省高级人民法院民事判决书，（2014）鲁商初字第 25 号。

④ 参见吴飞飞：《论“人走股留”纠纷裁判规则的适用困境与改进》，载《现代法学》2023 年第 1 期。

⑤ 参见最高人民法院：《关于发布第 18 批指导性案例的通知》（法〔2018〕164 号）。

回购的边界变得非常模糊;同样的案情,在此案中被认定为合法的股份回购,在彼案中却有可能被认定为违法的抽逃出资行为。不仅股份回购问题如此,利润分配、减资与抽逃出资的关系同样如此交织不清。例如,在公司减资问题上,违法减资与抽逃出资的边界也十分模糊,争议极大。有观点认为,公司未按法律规定进行减资且导致在减资之前形成的债务不能得到清偿时,公司股东应当承担抽逃出资的责任。针对此类争议,最高人民法院第二巡回法庭通过法官会议纪要的形式明确提出:"公司在减资过程中存在违法情形,与股东利用公司减资而抽逃出资是两个不同的问题,违法减资的责任主体是公司,抽逃出资的责任主体是股东,故不能仅因为公司减资程序违法就认定股东抽逃出资。"①

此外,禁止抽逃出资规则还与公司法人人格否认规则存在混用问题。典型的抽逃出资行为系股东将公司的财产无偿或者变相低价返还给其个人,股东滥用公司法人人格情形中的财产混同通常也有类似情节,所以抽逃出资与财产混同的边界同样不乏争议。而抽逃出资与滥用公司法人人格的法律责任并不相同,通常情况下后者要重于前者,二者的边界模糊就会造成当事人所承担的法律责任畸轻畸重的情况出现。为解决此类案件的裁判争议,最高人民法院在 2021 年公报案例"海南碧桂园房地产开发有限公司与三亚凯利投资有限公司、张某男等确认合同效力纠纷案"中指出:"公司股东仅存在单笔转移公司资金行为,尚不足以否认公司独立人格的,不应依据《公司法》第 20 条第 3 款判决公司股东对公司的债务承担连带责任。但该行为客观上转移并减少了公司资产,降低了公司的偿债能力,根据'举重以明轻'的原则参照《公司法司法解释(三)》第 14 条关于股东抽逃出资情况下的责任形态之规定……"。② 必须承认的是,借助禁止抽逃出资规则为利润分配规则、股份回购规则等其他分配规则作规制兜底,在很多情况下确实可以比较有效地遏制违法、违规的分配行为。但是,不得不承认的是,一方面禁止抽逃出资规则与公司法人人格否认规则之间模糊交织的边界,会导致一些创新型交易行为被法院以抽逃出资规制;另一方面,这其实反映我们对禁止抽逃出资规则的准确含义的理解有失精准,乃至使其成为一个包罗万象的"口袋规则"。所以,有观点认为,应当废除禁止抽逃出资规则,将其规制的各类行为根据各自性质分别纳入利润分配行为、股份回购行为等具体行为类型进行分类规制。③

---

① 贺小荣主编:《最高人民法院第二巡回法庭法官会议纪要(第二辑)》,人民法院出版社 2021 年版,第 21—35 页。

② 最高人民法院民事判决书,(2019)最高法民终 960 号。

③ 参见王军:《抽逃出资规则及公司分配制度的系统性改造》,载《法学研究》2021 年第 5 期。

总的来讲，禁止抽逃出资规则需要作出的修改并非简单的规则调整，而是其本身的内涵需要作出重新厘定。

【典型案例】

河南省中原小额贷款有限公司与雏鹰农牧集团股份有限公司等小额借款合同纠纷案①

基本案情：

2018年5月23日，泰元公司召开股东会，一致同意公司增资扩股，原股东雏鹰农牧集团股份有限公司（以下简称雏鹰公司）认缴新增注册资本17.55亿元，新股东吉腾公司认缴3.85亿元。为履行增资决议，2018年5月28日，雏鹰公司将第一笔投资款3.81亿元汇入泰元公司账户，泰元公司以债权投资形式把该3.81亿元转入有关合作社及其他单位，后者把该款项转入深圳泽赋基金账户，深圳泽赋基金又通过减资的形式把该款项退回雏鹰公司账户，雏鹰公司再次将3.81亿元以增资款形式汇入泰元公司，如此循环6次，金额达到17.55亿元以上，吉腾公司也以同样方式进行增资，金额达到3.85亿元以上，泰元公司的注册资金达到30亿元。

2018年5月28日，新郑农商银行向正通会计师事务所出具4份"银行询证函回函"，分别载明：收到雏鹰公司投资款金额3.28亿元、3.25亿元、3.28亿元、1.49亿元。同日，正通会计向泰元公司出具验资报告，载明：截至2018年5月28日，泰元公司已收到股东雏鹰公司新增注册资本17.55亿元，收到吉腾公司出资3.85亿元。

河南省中原小额贷款有限公司（以下简称中原公司）对泰元公司享有担保债权，并经生效裁判确认。中原公司诉请泰元公司的股东雏鹰公司、吉腾公司分别在抽逃出资的范围内对泰元公司的债务承担连带赔偿责任。新郑农商银行、正通会计师事务所在虚假验资的范围内对上述债务未足额清偿部分承担赔偿责任。

裁判要旨：

一审法院认为，在泰元公司增资扩股的过程中，雏鹰公司、吉腾公司作为泰元公司的股东于2018年5月28日以增资的名义向泰元公司账户多次转款后，又于当日通过新郑市强盛养殖专业合作社、新郑市金繁华养殖专业合作社、新郑市金文华养殖专业合作社、深圳泽赋基金（有限合伙）等数十个单位的银行账户，直接或者间接将其转入泰元公司的款项回转至自己公司的银行账户，雏鹰公司、吉腾

① 河南省高级人民法院民事判决书，（2021）豫民终1034号。

公司上述行为应认定为未履行出资、抽逃出资行为，且未履行出资、抽逃出资的数额分别达到 17.55 亿元以上、3.85 亿元以上。在中原公司的诉讼请求合理范围内，雏鹰公司应当在其未履行出资、抽逃出资数额 17.55 亿元的范围内，吉腾公司应当在其未履行出资、抽逃出资数额 3.85 亿元的范围内对泰元公司所承担的连带清偿责任向中原公司承担补充赔偿责任。

二审法院认为，雏鹰公司将一笔资金，循环多次投入到泰元公司，虚增增资数额，随后此笔资金流入第三方深圳泽赋基金，雏鹰公司又以第三方股东的身份以减资的名义将资金收回，虽然第三方深圳泽赋基金召开合伙人会议，决议退还出资款，雏鹰公司也公告了减资事宜，但因最终收回的款项发生在上述增资款的循环流转中，并非实质来源于深圳泽赋基金，且此减资也未在国家企业信用信息公示系统作变更登记，应当认为雏鹰公司从深圳泽赋基金收回的资金并非减资款，上述收回资金的行为属于抽逃资金，抽逃出资的股东雏鹰公司应当在抽逃出资的本息范围内就泰元公司的债务对债权人中原公司承担补充赔偿责任。中原公司没有直接的证据证明其接受泰元公司提供的担保是基于其增资行为，或使用了新郑农商银行、正通会计在泰元公司增资时为其出具的"银行询证函回函"及验资报告，中原公司未收回贷款的损失与新郑农商银行、正通会计师事务所的验资行为不存在法律上的因果关系，依法不应当承担补充赔偿责任。因此，一审判决并无不当。

裁判评析：

该案入选"2021 年全国法院十大商事案件"，裁判说理透彻，值得肯定。该案典型意义在于：其一，适用"实质优于形式"理念认定股东抽逃出资。该案股东将同一笔出资循环多次增资到目标公司，其后又将该出资流向其控制的第三方，再通过第三方减资来抽回出资，法院认定股东的整体行为构成抽逃出资，应当对公司债权人承担补充赔偿责任。运用"穿透式思维"认定抽逃出资，透过表面复杂的商业交易安排、资金往来，查明当事人真实的交易目的，准确揭示交易模式，根据真实的权利义务关系认定商事行为的性质与效力，以规范市场主体的行为，建立公平诚信的交易秩序。其二，明确中介机构的行为与债权人损失之间存在法律上的因果关系方承担责任。与公司注册资本有关的全部强行法规范的目的都在于保护公司的债权人，任何人违反这些规范造成债权人损害的，都可能成立侵权责任，其成立要件与一般侵权责任无异。[①]

---

① 参见谢鸿飞评论:《2021 年全国法院十大商事案件》，载微信公众号"最高人民法院"2022 年 1 月 29 日，https://mp.weixin.qq.com/s/c_xQtGiqsSOsmbzuWn9SZQ.

Part

第四部分

公司治理

04

专题二十一　董事与高级管理人员的信义义务

导　语

公司董事与高级管理人员作为公司日常经营管理的决策者和执行者，是维系公司生产经营、促进公司稳定发展的核心角色。由董事组成的董事会以及以经理为代表的高级管理人员共同构成了公司这台精密仪器运转的中枢，其作用力可延伸至公司每一个角落，正因如此，董事和高级管理人员的理性决策与审慎工作是实现公司良性运转的必要条件。依据伯利与米恩斯提出的“所有权与控制权分离”命题与詹森·麦克林等提出的企业代理成本理论，以及发生在20世纪的美国并购热潮、股东积极主义运动等，围绕着构建董事会中心主义、控制监管董事会、降低代理成本的立法便成为域外尤其是英美法系公司法的改革的重点。在加强对董事会的控制监管方面，世界各国的立法例勾勒出基于信义义务的行为界限，其关注到董事、高级管理人员与公司之间特别的信任关系，从信义关系的角度为二者创设了义务要求，并且在信义义务之下进一步规定了违反义务产生的违信责任。总体而言，董事与高级管理人员的信义义务是保障以董事会和经理层为核心的公司治理模式平稳妥善运营的重要组成部分。

我国本轮《公司法》修订中，先后发布的《公司法（修订草案一审稿）》、《公司法（修订草案二审稿）》、《公司法（修订草案三审稿）》以及《公司法》（2024）极大地拓展了董事会的职权，强化了其责任，同时也重点修订了董事、高级管理人员信义义务中的关联交易等规则，表现出强烈的完善公司治理制度与规则的倾向。在本轮《公司法》修订背景下，如何完善董事和高级管理人员信义义务以适应董事职权的调整是《公司法》（2024）修订成果能否落实的关键。鉴于此，本专题分为忠实义务、勤勉义务和信义义务转化扩张的三个子问题，分别探讨董事和高级管理人员信义义务的立法、审判与完善，以期为立法、司法和实务工作提供有益借鉴。

问题一　董事和高级管理人员的忠实义务

忠实义务又被称为狭义的信义义务，是信义义务的核心内容。董事忠实义务根源于董事与公司之间的信义关系，信义关系虽然被认为是“英美法系最难捉摸的概念之一”①，但其特征却较为明显，即双方当事人在法律关系上处于不对等的地位，受信人地位相对优势，受益人地位相对弱势，在受益人与受信人之间存在利益冲突时，处于优势地位的受信人存在着为自己利益而损害受益人利益的道德危机，也正因如此（法律）应该对受信人施加信义义务和违信惩罚来约束其行为，而忠实义务即是为了解决这一利益冲突导致的道德危机而设立。

【规范梳整】

在规则与标准的区分下，信义义务具有标准属性，②规则性不强，但在世界各国的立法中，相较于勤勉义务，忠实义务的成文化都普遍较高。在我国，关于董事与高级管理人员忠实义务的立法主要集中于《公司法》《刑法》《证券投资基金法》等，与上市公司相关的行政法规、政府规章以及交易所出台的行业准则同时也会规定董事和高级管理人员应当对公司忠实勤勉，但在内容上多是复制《公司法》的规定。

《公司法》（2024）第八章专章规定公司董事、监事和高级管理人员信义义务，第 180 条第 1 款以一般条款形式规定董事和高级管理人员应当对公司负有忠实义务，应当采取措施避免自身利益与公司利益冲突，不得利用职权谋取不正当利益。第 181 条以及第 182、183 条共详细列举了八项违反信义义务的情形，包括挪用公司资金、将公司资金另开账户、违规借贷或担保、违规自我交易、篡夺公司商业机会、占用交易佣金、泄露公司机密，以及第 6 项“违反公司忠实义务的其他行为”，从第 6 项来看前述行为均应属于违反忠实义务的情形，第 186 条规定了非法收入的归入权；第 188 条明确董事和高级管理人员背信行为造成公司损失的赔偿

---

① Deborah A. DeMott, *Beyond Metaphor: An Analysis of Fiduciary Obligation*, 1988 DUKE L. J. 879 (1988).

② 许德风：《道德与合同之间的信义义务——基于法教义学与社科法学的观察》，载《中国法律评论》2021 年第 5 期。

责任；第189、190条则列置了在程序上对董事和高级管理人员背信行为的审查和追责。

需要注意的是，本轮《公司法》的修改中，《公司法》(2024)对忠实义务的内容作了细化规定，主要为细化关联交易、篡夺商业机会以及竞业禁止规则。针对关联交易规则，在股东会或董事会决议之前，增加了报告制度，细化了表决规则，并规范了广义的关联交易规则；针对篡夺商业机会，增加了2条禁止的例外规定，包括已经报告并经董事会或股东会决议通过以及法律法规或者公司章程规定不能利用该商业机会；针对竞业禁止，同样增加了报告制度。

除《公司法》外，对董事和高级管理人员忠实义务规范较多的主要为《刑法》和《证券投资基金法》。《刑法》第169条之一的背信损害上市公司利益罪中，列明董事和高级管理人员违反忠实义务的情形包括：(1)无偿向其他单位和个人提供资金、商品、服务或者其他资产；(2)以明显不公平的条件，提供或者接受资金、商品、服务或者其他资产；(3)向明显不具有清偿能力的单位或者个人提供资金、商品、服务或者其他资产；(4)为明显不具有清偿能力的单位或者个人提供担保，或者无正当理由为其他单位或者个人提供担保；(5)无正当理由放弃债权、承担债务；(6)采取其他方式损害上市公司利益。《证券投资基金法》第20条列举了董事和高级管理人员的禁止行为：将其固有财产或他人财产与基金财产混同；不公平对待其管理的不同基金财产；利用基金财产或职务之便为基金份额持有人之外的人牟取利益；违规承诺收益或承担损失；侵占、挪用基金财产；泄露未公开信息、利用该信息明示或暗示他人从事相关交易活动；玩忽职守等。

整体而言，董事和高级管理人员的忠实义务都是以《公司法》中规定的忠实义务为基础，在不同行业或者不同法律中对特定公司董事和高级管理人员作出细化的忠实义务规定。

【理论基础】

一、董事和高级管理人员信义义务的来源

信义义务源于特定的信义关系。有定义称，信义关系是指一方承诺将为了另一方最佳利益而行为，或为了双方共同的利益而行为。[①] 信义关系中，双方当事人之间的法律关系事实上处于一种不对等状态，即受信人地位具有相对优势，而受益人地位则相对弱势。受益人与受信人之间的关系基础是信任与信赖，受信人为

---

① 参见张开平：《英美公司董事法律制度研究》，法律出版社1998年版，第149页。

了使受益人利益最大化,应持最真诚的态度行事,这是一种高度道德化的关系。信义关系以信任为基础,法律需要为信任关系提供强有力的保障,降低乃至消除受信人的违信激励。对受信人加以信义义务的目的是保护信任和惩罚违信行为,因此信义义务体现出明确的道德性。

法律所确认的信任不能是纯粹抽象的主观信念,是必须以客观行为为基础建立起来的信任。法律关系中的信任有两种重要类型,一是对受信人有能力履行其任务的信任,二是对受信人能够将受益人利益优先于自身利益的信任,后一种信任是信义关系存在的前提。不同于一般的商事契约关系,受信人如何行使权力,受益人或者本人不能完全依照契约关系加以监督和控制,受信人具有独立意志,受益人往往需要无条件地相信受信人,因此受信人的履职义务应当高于一般契约义务。信义关系的核心是为了保证受益人或本人利益,而需对受信人施以信义义务,信义义务一方面体现民法中的诚实信用原则,该原则调整平等民事主体之间的利益实现,兼具法律与道德双重标准;另一方面,由于信义关系中的信义义务直接面对的是不平等主体之间的法律关系,为了保护信义关系,受信人必须履行法律规定的信义义务,防止滥用权力,义务的标准可能更高于诚实信用原则的要求。[①] 信义关系与公司制度具有关联性,公司所有权与经营权的分离与信义关系中的委托人对受托人宽泛授权相似,此时很可能发生控制权人侵占受益人利益的情形,因此,公司治理机构与信义关系中都需要制定对该控制力施以约束的机制,尤其是商业信托,它不仅结合了企业组织制度也结合了信义法律关系,体现了公司制度和信义法律关系制度的紧密联系。

目前英美法系国家大多在信托法中明确规定,在信托法律关系的主体中受托人处于核心地位,而信义义务的本质就是受托人依据信托文件,承担通过管理或处分财产以实现受益人利益和委托人信托目的的义务。[②] 该义务属于民事义务,因此除了法律直接规定的强制义务,也允许当事人自行约定义务,包括依照信托文件处理信托事务的义务、谨慎义务、忠实义务、亲自和共同管理义务、公平对待不同受益人义务、保密和说明义务、向受益人支付信托利益的义务等。英美法系国家在设定信托法律关系时,当委托人与受托人确定了设立信托的意图,并履行了转移财产的必要步骤后,信托关系即成立。同样的法律关系可以延续到公司当

① 参见徐化耿:《论私法中的信任机制——基于信义义务与诚实信用的例证分析》,载《法学家》2017 年第 4 期。

② 参见余卫明:《信托受托人研究》,法律出版社 2007 年版,第 31 页。

中，以解释董事和高级管理人员信义义务的产生根源。股东通过出资设立公司，以实现股东的共同目标，董事和高级管理人员则是公司资产的直接管理者，为了维护公司整体利益以及持续经营的长期利益，其拥有充分的权力去影响公司内部组织的正常运营和项目参与者的利益，但其并不享有谋取自身利益的权力。董事和高级管理人员的产生源于股东会或股东大会的选举，其被视为与信托法律关系中的受托人一样，拥有对于公司日常事务的经营管理权、最终决策权和掌控公司财产的权力，[①]因此应承担与受托人一样的信义义务。

从信托关系中的信义义务看，董事和高级管理人员的信义义务主要包括注意义务和忠实义务。忠实义务的设定是由于存在受托人存在滥用自由裁量权的情况，其主要功能是控制受托人的自由裁量权。但同时，董事、高级管理人员的信义义务与信托中的受托人义务也存在一定的差别，公司董事和高级管理人员并不能完全定义为受托人，他们不需要对超出其权限范围的行为后果自动地承担责任。在交易条件公允的情况下，法律并不完全禁止董事和高级管理人员与公司自身发生交易，但在信托关系中，原则上不允许受托人与受益人发生关联交易。从公司的设立目的看，信托关系中的受托人对信托财产进行管理时，主要选择风险较低的投资，持保守看管态度；而公司的运营为了追求净资产回报率，往往会做出更加积极的投资行为。[②] 由于董事和高级管理人员并不是公司财产所有权人，因而也明显有别于信托关系中的受托人，总体来看，董事和高级管理人员的信义义务标准与信托关系之下的义务高度相近，但也并不能完全画等号。

二、忠实义务的内涵

忠实义务指董事、高级管理人员在经营管理公司业务时，应毫无保留地为公司最大利益努力工作，当自身利益与公司整体利益发生冲突时，应以公司利益优先。最大限度地保护公司利益是忠实义务的核心所在。在英美法系国家，忠实义务源于信托法的古老原则，即受托人不得从委托人处获得利益，只能是为受益人的利益行事，体现了衡平法上的"不冲突原则"，如果受托人违反了这一原则，那么必须承担相应的违信责任。从本质上讲，忠实义务是公司董事、高级管理人员的"道德准则"，也与民法上的诚实信用原则有关联。如学者所言，"在公司的发展过程中需要发挥公司董事、高级管理人员的义务尤其是董事的忠实义务，以公司最

---

① 参见黄辉：《现代公司法比较研究——国际经验及中国的启示》，清华大学出版社 2011 年版，第 188 页。

② 参见姜雪莲：《信托受托人的忠实义务》，载《中外法学》2016 年第 1 期。

大利益为出发点去经营和管理公司事务,不得图谋自己或第三人的利益;执行公司业务时,应作公正且诚实地判断,防止董事、高级管理人员追求公司以外的利益"①。如果董事、高级管理人员与公司之间存在利益相互冲突的情形,董事、高级管理人员不能以牺牲公司利益作为自己或第三人获益的条件,董事、高级管理人员也不能利用其在公司的优势地位,来为自身或第三人谋取利益,公司董事、高级管理人员应该竭尽所能,正确、适当、合理并诚实地进行公司业务的开展,其中遵循的主要原则还是需要进行自身利益和公司利益的平衡。总体而言,忠实义务实际上围绕"利益冲突方面"展开,呈现两个方面的内涵:从积极方面来说,在不损害公司利益或双方都有利益的情况下,董事、高级管理人员必须将公司利益置于个人利益之上,不得与公司竞争;在消极方面,应避免在利益冲突的情况下寻求自我利益而牺牲公司利益。

三、违反忠实义务的实务认定标准

判断董事、高级管理人员是否履行了忠实义务是一件很困难的事,澳大利亚公司法专家克拉克教授曾提出一种标准:"如果董事、高级管理人员不考虑公司的利益,就背弃了其忠实义务,如果交易是为公司的利益进行的,就不可能有背弃义务的结果。"在英国的司法实践中,法院把"诚实"和"努力"两个条件作为忠实义务的最低要求。《德国股份公司法》第 93 条规定:"董事会成员在领导业务时,应当具有一个正直的有责任心的业务领导人的细心。有关公司的机密数据和秘密,特别是那些他们在董事会工作中了解到的经营或商业秘密,他们必须做到守口如瓶。"诚如前述,我国在忠实义务方面的规定采取了列举方式,因而整体上相较于勤勉义务更加具有可操作性。董事和高级管理人员违反忠实义务的本质在于将自我利益置于公司利益之上,集中表现为对公司利益或股东利益的侵害,当前我国所面对的董事和高级管理人员违反忠实义务的情形主要有以下几种。

(一)不正当自我交易

狭义的自我交易是董事和高级管理人员本人与公司进行的交易,既包括一般意义上的商事交易,也涵盖向公司借款等行为。广义上的自我交易则涵盖一般意义上的关联交易,即虽非董事和高级管理人员本人参与交易,但由与董事和高级管理人员存在关联关系的其他主体参与。由于董事和高级管理人员作为公司的管理人员可以有更直接的机会选择公司的交易对象,且董事和高级管理人员自身的职责是让公司从交易中获取最大的利益,但如果其自身作为公司的交易相对人

---

① 刘连煜:《现代公司法》,新学林出版股份有限公司 2010 年版,第 81 页。

便往往很难平衡自身利益与公司利益之间的矛盾，尤其是在交易价格、交易条件等方面，可能会为更多地实现自身利益而损害到公司利益，从而违反忠实义务之要求。[①] 在民事关系方面，董事和高级管理人员对外相当于公司的代理人，而如果董事和高级管理人员与自我展开交易，则构成了自我代理，在民法当中自我代理是明确被禁止之行为，其本质目的也是保护被代理人之利益，这与传统公司法中对董事和高级管理人员严格禁止自我交易遵循同样的法律逻辑。

但随着商事交易的多元化发展以及市场的复杂化趋势，人们也逐渐发现自我交易并非完全不能够容忍，在一些特殊情况下，自我交易反而能够实现公司利益与董事和高级管理人员利益的双赢，甚至在公司陷入经营困难的时候，董事和高级管理人员如愿意与公司展开交易实际是拯救了公司。因此公司法对自我交易的严格限制愈发体现出局限性，应当予以突破。正如广义的关联交易只要满足特定的审批程序并且交易条件是公允的，即可以承认交易的有效性，董事和高级管理人员的自我交易只要满足一定的条件也同样可以得到认可。从比较法视角来看，现代各国公司法亦普遍对董事和高级管理人员自我交易采取有条件的许可态度，在通过某种程序批准之后，董事和高级管理人员与公司之间的交易可以发生并且生效。

从法律规定与实务中为法官所承认的自我交易的批准程序来看，自我交易区别于普通交易的附加性条件主要有两个方面：一是董事和高级管理人员必须及时披露其在该交易中的利益情形；二是经过公司董事会的批准，对于董事和高级管理人员与公司的某些重大交易，则需经股东会批准。当然，在董事会的表决过程中，参与交易的董事并无表决权，以保障决议的公允性。

（二）利用或篡夺公司机会

公司机会是指董事和高级管理人员在执行公司职务过程中获得的、并有义务向公司披露的、与公司经营活动密切相关的各种机会。公司机会理论的基本理念是如果某一商业机会理应属于公司或为公司所期待，就为公司所有，董事和高级管理人员不得自己获得或抢夺。公司机会对于公司来说等同于公司的财产，董事和高级管理人员基于其在公司中的地位可以接触到大量的商业信息，若他们并非为公司的利益着想篡夺公司机会，就构成对于忠实义务的违反。

实践中比较复杂的问题是公司机会的认定标准。公司机会毕竟不属于实际所获得的利益，具有很大程度的不确定性，而且如何界定公司机会本身就是一项

---

① 参见叶林：《董事忠实义务及其扩张》，载《政治与法律》2021 年第 2 期。

十分困难的问题。忠实义务中对于利用或篡夺公司机会的禁止要求,主要关注到董事和高级管理人员在日常的职务工作中可以有大量机会接触到的一线的市场信息,例如与其他公司磋商谈判过程中对方所提及的其他交易意愿或者掌握的其他交易信息等。董事和高级管理人员在磋商工作中是作为公司的代表,如果没有公司这一平台,董事和高级管理人员并无机会直接接触到此类信息,那么这类信息所指向的未来潜在的交易机会自然也应当由公司所享有。市场中,信息便是商机,交易机会便是利益,如果董事和高级管理人员在掌握了相应的信息后并没有向公司进行反馈,反而是自己利用了该信息并为自身谋得了利益,那么就侵害了本应由公司所可能获得的利益。这一违反忠实义务的行为根源便是董事、高级管理人员与公司之间的信息不对称,信息不对称最终造成了利益的失衡。但之所以实务中对此争议较大,是因为商业机会与最终获得的利益之间还存在一定的距离,在很多情况下,董事和高级管理人员把握了商业机会而获利,但同样的机会若交给公司则可能不一定获得相同的利益,甚至最终会亏损,同时董事和高级管理人员利用商业机会也并非一定会盈利,倘若最终是亏损的反而相当于为公司避免了一定的损失。因此对董事和高级管理人员篡夺公司利益的惩罚更像是法律预先的一种拟制,即法律默认公司同样有能力通过相应的商业机会获取相应的利益,从而把商业机会的潜在价值与期待利益现实化,也要求不论最终结果如何,董事和高级管理人员都不应当侵夺原本应属于公司的机会,哪怕最终公司会因该机会而亏损,商业风险也不应由董事和高级管理人员不当地移转。这一行为要求还是在强调董事、高级管理人员与公司利益的一体化,要求董事和高级管理人员不能够将自身利益放置于公司利益之前。但《公司法》(2024)都规定了董事和高级管理人员篡夺公司商业机会的例外条件,可见,法律对于董事和高级管理人员侵夺公司机会的问题仍保留了一定的允许空间。

(三)从事与公司相竞争的业务

董事和高级管理人员不得从事与公司相竞争的业务,又被称作“竞业禁止”,为忠实义务之下最普遍的行为要求之一。竞业禁止的要求主要还是忌惮于董事和高级管理人员在公司中经营决策者的地位,其可以掌握主要的公司权力,有权决定公司短期甚至长期的经营目标和规划,一旦其利用自身地位和权利谋私损害公司利益,对于公司来说往往是毁灭性的打击。董事和高级管理人员掌握着公司经营中的重大信息,若其从事与公司相同或相似的业务,则很容易泄露公司商业秘密或者掠夺公司的商业机会,导致与公司之间不公平的竞争。在竞争激烈的市场当中,公司的经营方案、投资计划,乃至是一份标书、一份合同都属于非常重大的商业机密，如果竞争对手提前掌握了公司的方案和动向，便可以有针对性地设计应对措施，结果便是公司必然在商业竞争中落于后位。董事和高级管理人员忠实义务的要求是董事和高级管理人员自身利益要让位于公司利益，至少要求董事、高级管理人员与公司利益保持一致，然而如果董事和高级管理人员自身从事竞争性的业务，则意味着董事和高级管理人员自身利益与公司利益是对立的，其为自身从事的业务之利益必然会在竞争市场上损害公司的利益。不论是对商业机会的篡夺还是直接的利益损失，这样的利益对立显然是公司法所不能允许的，否则董事和高级管理人员不仅会窃取其掌握的商业机密，甚至会故意作出不利于公司发展的决策，这完全会将公司内部的治理模式应有的价值追求颠覆。因此，各国公司法基本禁止董事和高级管理人员从事与其所任职公司具有竞争性质的业务，如果其违反竞业禁止义务，公司则可以依法行使归入权，将其违法收益收归公司所有。

当然，除上述三类典型的违反忠实义务行为外，还有一些具体的行为可能在司法实践中被实质性地认定为对忠实义务的违反，法官会根据董事和高级管理人员自身利益与公司利益的对应关系来作出实质认定。

【审判实务】

沿着前述主要情形，对董事和高级管理人员忠实义务之内容和违反忠实义务之认定的审判实务的认识可以遵循从一般到具体的路径，即首先是对董事和高级管理人员忠实义务的一般认识，接着则是具体的情形，如自我交易、篡夺商业机会、违反竞业禁止等。

一、董事和高级管理人员忠实义务的一般认定

司法裁判中，对于忠实义务的描述与认定通常都关注利益冲突和不得利用职权损害公司利益。例如，在“山东海之杰纺织有限公司（以下简称海之杰公司）、艾哈迈德·盖博损害公司利益责任纠纷案”[①]中，法院指出，忠实义务是指公司高级管理人员应当忠实履行职责，其自身利益与公司利益发生冲突时，应当维护公司利益，不得利用高级管理人员的地位牺牲公司利益为自己或者第三人牟利。在“陈某雄、胜利油田胜利泵业有限责任公司损害公司利益责任纠纷案”[②]中，法院指出，董事对公司负有忠实义务，不得将自身利益置于公司利益之上。忠实义务

① 最高人民法院民事裁定书，(2020)最高法民申 640 号。
② 最高人民法院民事裁定书，(2020)最高法民申 4682 号。

的核心在于董事不得利用其董事身份获得个人利益，其应当在法律法规与公序良俗的范围内，忠诚于公司利益。

在违反忠实义务的具体认定上，有法院提出应当从主观和客观角度对忠实义务作出界定，即主观上应当善意、真诚，不存在恶意或者重大过失；客观上不存在不得为的行为或关联人得利的行为。[①] 不过相较而言，公司客观上的损失更为审判所注重，例如在“李某真、宁夏唐华实业有限公司损害公司利益责任纠纷案”[②]中，一审法院在明确公司法定代表人和监事任职期间对公司负有忠实义务和勤勉义务的前提下，应重点审查行为人的行为在客观上是否实际造成了公司财产损失，而对其本身是否恶意并不关注。

总结来看，审判中对于董事和高级管理人员忠实义务的一般描述强调其在主观上对公司忠诚，客观行为上不得将个人利益置于公司利益之上，不得损害公司利益，不得侵害公司财产。在违背忠实义务的认定上，由于如关联交易、滥用权利等有明确规定，因而司法审判中更加倾向于客观归责，对其责任认定会综合考量是否违反法定程序以及是否损害公司利益。

二、董事和高级管理人员关联交易的认定

关联交易规则较之忠实义务的其他情形规则较为明确，但实践中，关联交易的认定在许多情况下并非基于对忠实义务的违反作出判断，由于具体关联交易案件多以契约或侵权行为为载体，因而忠实义务的判断在很大程度上就成了侵权法上的一般注意义务或者合同法上是否存在欺诈等要素的判断。例如，在“浙江宏铭环保有限公司、绍兴海华环境修复技术有限公司等专利合同纠纷案”[③]中，原告公司起诉认为公司执行董事未向公司和其他股东披露关联关系和交易内容，违背了忠实义务，法院裁判基于原告的诉讼请求，集中审查是否存在欺诈等合同无效事由。事实上，正是基于“内外有别”的裁判思路，使得实践中对内的违背信义义务的审查与对外的合同的审查之间存在割裂，通常情况下，即便是违背忠实义务，也很难认定该对外合同无效。但是，在案涉交易为自我交易时，法院通常会直接认定为无效。[④]

当然，也存在直接以信义关系为基础法律关系作出裁判的案例，其中对关联

---

① 参见最高人民法院民事裁定书，(2019)最高法民申4427号。

② 最高人民法院民事判决书，(2019)最高法民再331号。

③ 最高人民法院民事裁定书，(2021)最高法知民终1941号。

④ 参见李某、滕州市绿原机械制造有限责任公司专利权权属纠纷案，最高人民法院(2021)最高法民申5548号民事裁定书。

交易的认定通常要依据客观方面的关联关系和主观方面的明知。例如,在"周某、甘肃中集华骏车辆有限公司(以下简称甘肃华骏公司)纠纷案"[①]中,法院认定被告违背忠实义务,主观上存在明显过错,具体表现为其明知且深知其与青海同海达汽车销售有限公司(以下简称青海同海达公司)之间存在关联关系,且为了避免被认定为关联交易,还采取变更关联公司股权等方式隐瞒关联关系,因而存在主观上的过错(该案将作为典型案例在后文中详述)。

三、董事和高级管理人员篡夺公司商业机会的认定

禁止篡夺商业机会规则的适用难点在于商业机会的认定标准。司法实践中,有法官对于公司机会的认定标准进行了一定的概括,将其归纳为四点:一是该机会与公司经营业务是否有联系;二是第三人是否存在向公司提供该机会的想法;三是公司对该机会是否享有期待利益,公司是否明确放弃或者拒绝;四是区分公司是事前同意还是事后放弃。[②] 在"江苏腾云创智信息技术有限公司与潘某、刘某胜等损害公司利益责任纠纷案"[③]中,法院认为,原告江苏腾云创智信息技术有限公司缺乏资金实力无法履约,而导致其被动丧失商业机会,此后该机会才为公司董事、高级管理人员潘某所控制之云盛公司获取,潘某行为不构成篡夺商业机会。此外,还有法院在对于商业机会的认定中提出了"专属性"要求,即该商业机会是否必然能够为公司获得,在"深圳中艺文化投资发展有限公司、陈某荣损害公司利益责任纠纷案"[④]中,一审法院认为,必须经"招拍挂"程序的商业机会并不一定为目标公司专属的商业机会,而目标公司股东和法定代表人陈某荣即便有不作为,但该行为性质上应属于违反了勤勉义务,而非篡夺商业机会的忠实义务;而二审法院则抛弃了"专属性"的认定,直接以陈某荣未提供证据证明其履行了告知义务,认定其篡夺了公司的商业机会,违反了忠实义务。

总的来看,基于对商业机会本身认定的不同理解,法院的裁判也呈现差异化的特征,但正如"深圳中艺文化投资发展有限公司、陈某荣损害公司利益责任纠纷案"中一审法院所指出,商业机会并不具有专属性,只要能够证明董事和高级管理人员未直接或间接获取该机会,即可认定其并未违反禁止篡夺公司商业机会的忠实义务。

---

① 周某、甘肃中集华骏车辆有限公司纠纷案,最高人民法院(2019)最高法民申2728号民事裁定书。

② 参见江苏省高级人民法院民事判决书,(2012)苏商外终字第0050号。

③ 江苏省高级人民法院民事裁定书,(2020)苏民申1951号。

④ 江西省高级人民法院民事判决书,(2020)赣民终578号。

四、董事和高级管理人员违反竞业禁止义务的认定

从司法实践来看，法院在判断董事和高级管理人员是否违反竞业禁止义务时，主要考量的因素包括是否经过同意、行为发生时间、经营行为性质、业务种类等。

第一，在是否经过同意方面，《公司法》（2024）规定竞业禁止的例外为股东会或股东会同意。考虑到实践中公司治理的不规范，法院对于"股东会或者股东大会的同意"规则采取变通认定。例如，在"哈尔滨麻雀装饰工程设计有限公司、汪某损害公司利益责任纠纷案"①中，最高人民法院指出，哈尔滨麻雀装饰工程设计有限公司诉总经理汪某违反竞业禁止义务，但哈尔滨麻雀装饰工程设计有限公司和股东赵某鸣对汪某成立一秒装饰公司知情且并未表示反对，公司共三位股东，分别为汪某、赵某鸣和其配偶冯某冬，因此不能认为该自营行为未经股东会同意。在"邯郸市冀翔冶金材料集团有限公司、杨某德损害公司利益责任纠纷案"②中，法院则直接以"各位股东均未明确表示反对"为由，认为被告并未违反竞业禁止义务。可见，竞业禁止义务遵守中的同意在实践中实际上已经从主动同意演变为被动不反对。

第二，在行为发生时间方面，通常情况下竞业行为只针对董事、高级管理人员任职期间。对于董事、高级管理人员离任以后经营同类业务的行为是否仍属于竞业行为，应根据公司章程的规定或者双方书面约定来认定。

第三，在经营行为性质方面，主要关注董事、高级管理人员实施的营业活动产生的收益是否由其自己收取。需要被管控的行为包含两类，一类是"自营"，即自己个体经营或独资经营；另一类是"为他人经营"，即参与经营、实际经营以及为他人经营提供相关的支持等，这两类的经营行为可被识别为竞争性经营。例如，在"王某林与淮安恒隆房地产开发有限公司、淮安万润置业有限公司损害公司利益责任纠纷案"③中，法院即以王某林经营与淮安恒隆房地产开发有限公司经营同类业务且未经股东会同意为由，认定其违背了竞业禁止义务。而在"刘某麟、李某安等损害公司利益责任纠纷案"④中，法院则通过对持股数额、身份、年龄、能力等因素的综合衡量，认定被申请人并未通过女儿名义控制该关联公司。

第四，经营的业务种类方面，是否与公司经营业务相同或相类似。无论是公

---

① 最高人民法院民事裁定书，(2021)最高法民申 6043 号。

② 最高人民法院民事裁定书，(2020)最高法民申 4854 号。

③ 江苏省淮安市中级人民法院民事判决书，(2016)苏 08 民终 1606 号。

④ 山西省高级人民法院民事裁定书，(2021)陕民申 4368 号。

司当前正在开展的业务，还是已经计划筹备实施的业务，都属于被竞业禁止所涵盖的业务种类，董事只要从事了此类业务经营，即属于违反忠实义务之行为。[①]

与竞业禁止相关的裁判时常与商业机会的审查相混合，因为通常情况下，董事和高级管理人员篡夺公司商业机会都是通过设立新的竞业公司实现，因而其可能同时违反竞业禁止义务和禁止篡夺公司商业机会义务，这也导致，即便其不被认定为违反竞业禁止义务，也可能因篡夺商业机会而被认定为违反信义义务，进而被追究法律责任。

【典型案例】

甘肃中集华骏车辆有限公司诉周某、高某迎、毛某光关联交易损害赔偿纠纷案[②]

基本案情：

甘肃华骏公司成立于2006年，2007年7月30日，周某任该公司营销部经理（正科级），主持公司销售和采购工作。2009年7月31日，周某担任副总经理，2010年调任陕西中集华骏公司工作。2008年2月29日至2009年7月31日期间，甘肃华骏公司与青海同海达公司签订38份加工承揽合同，后者拖欠车款未按时支付。2011年，双方达成还款协议，法院出具（2011）白中民确字第1号民事调解书，但其后法院在执行中发现，青海同海达公司无营业场所、无银行存款、无车辆登记，其法定代表人申某也下落不明，于是裁定终结执行。2013年2月28日，陕西中集华骏公司开除周某，理由为因工作失误造成经济损失。

青海同海达公司于2007年9月29日成立，由高某迎与毛某光作为发起人以货币出资方式设立，注册资本200万元，该出资由水某于2007年9月20日转入注册，并于次日转出，发起人存在抽逃出资行为。其后该公司股东几经变更，但几乎均为高某迎和毛某光的亲戚或关联人员。

高某迎与周某于2006年确定恋爱关系，2008年5月7日登记结婚。

基于以上事实，甘肃华骏公司将周某诉至法院，主张周某在担任公司经理期间，利用其职务之便，伙同其妻高某迎及毛某光，通过关联交易，谋取不正当利益，

---

① 参见辽宁省沈阳市中级人民法院民事判决书，(2006)沈中民四权初字第1号。

② 最高人民法院民事裁定书，(2019)最高法民申2728号。

给甘肃华骏公司造成了严重的经济损失,应承担赔偿责任。

裁判要旨:

一审判决认为,2007年7月30日,经甘肃华骏公司任命,周某担任该公司营销部经理,在其担任营销部经理期间,甘肃华骏公司未设副总经理,各部门经理直接向董事长负责,对周某担任营销部经理是否属于该公司高管的范围,甘肃华骏公司董事会依据《甘肃中集华骏车辆有限公司章程》作出的说明能够证明周某是该公司的高级管理人员。周某作为公司高管,隐瞒青海同海达公司控股股东和股东系其妻子、岳母和远方表弟的事实,在其担任甘肃华骏公司营销部经理和销售副总期间,对青海同海达公司与甘肃华骏公司2008年2月29日至2009年7月31日期间共计38份《加工承揽合同》的履行、货款回收、交易方的财务状况、交易风险不闻不问。周某同时在庭审中也承认,在其工作期间,甘肃华骏公司交易比较规范,唯独与青海同海达公司的交易对甘肃华骏公司造成了巨大损失,这实际上造成了青海同海达公司占用甘肃华骏公司车款八年有余,且因该公司最终无力偿还导致执行不能,利益输送之目的明确、路径清晰,其消极不作为的行为符合《公司法》第216条第4款规定,构成关联交易,应当承担赔偿责任。

二审判决认为,周某利用职权,在青海同海达公司未能支付货款的情况下,继续与甘肃华骏公司交易,客观上造成了后者的经济损失,构成关联交易,应当承担赔偿责任。

再审判决认为,周某妻子和亲戚成立青海同海达公司及转让公司股权的行为,与周某担任营销部经理及离任具有同步性,周某未能如实向公司报告该事项,利用职权不及时收回资金,造成甘肃华骏公司经济损失,构成关联交易,应当承担赔偿责任。

裁判评析:

该案历一审、二审、再审,虽然周某多次提出新的证据,最终并未对审判结果造成影响。然而该案之所以能够历经多次审判,甚至提起了再审,主要原因在于关联交易历时8年,其间涉及关联交易的合同较多,对合同的属性和是否为关联交易的认定容易产生争议,而案件的事实甚至裁判说理都未有太大变化。相较于其他案件中对于关联交易的损害、关联关系等的认定为案件焦点,该案还包含了一个重要的问题,即周某是否为公司的高级管理人员。

该案中,周某辩称其职位虽然是营销部经理,但其经理权限受到限制,即仅在公司定价的3000元范围内享有合同审批权,超出此权限需经上级部门及财务部门审批,周某的职权未能达到控制公司的程度。一审法院的认定较具说服力,其以经理人直接向董事长负责，且援引该公司章程的规定，从公司实际出发，认定其为公司的高级管理人员，比较符合实际中的公司情况。

我们再以信义义务的基础信义关系为视角来看，周某所在的职位虽然仅有3000元以下的合同审批权，但经过财务部门或上级部门批准所依据的信息往往掌握在其手中，其选择报告哪些内容，选择隐瞒哪些情况，都由其掌握，因此，可以看出，在这起关联交易中，周某处于信息优势地位，公司处于信息弱势地位。故可以认定周某与公司之间系信义关系，周某为公司的高级管理人员，对公司负有信义义务。从现实情况来看，有学者认为，企业治理实践中广泛存在着"代理权下沉"的现象，中国公司的组织构造是一种夹层结构——董事会居于股东会与经理层之间，拥有法律强权的董事会在实践中早已"形式化"。[①] 这一观点反映了经理人不仅在信息上处于优势地位，甚至于其通过个人信息优势已经间接掌握了公司大部分的控制权，因此，对于该案的认定，笔者较为赞同。

问题二 董事和高级管理人员的勤勉义务

勤勉义务强调董事和高级管理人员应当为公司利益勤勉尽职，对公司事务尽到合理注意。勤勉义务在实践中往往与侵权法的一般注意义务相混用，因此也时常被称为注意义务。较之于忠实义务，勤勉义务的标准属性更强，特定事项的发生频率较低，因此违反勤勉义务的认定多依赖法院和监管机关的自由裁量，这也为勤勉义务的类型化带来了障碍。

【规范梳整】

一、勤勉义务的一般条款

依据《公司法》(2024)第180条，董事、监事、高级管理人员应当对公司负有勤勉义务，并且以一般条款的形式细化了勤勉义务的认定标准，即"执行职务应当为公司的最大利益尽到管理者通常应有的合理注意"。按照域外经验，这一标准可被认定为"严格客观标准"，即排除董事和高级管理人员的主观标准，"管理者通常应有的合理注意"表明其理性人标准应高于一般人。

---

① 参见蒋大兴：《公司董事会的职权再造——基于"夹层代理"及现实主义的逻辑》，载《现代法学》2020年第4期。

二、勤勉义务的具体内容

除此之外，《公司法》（2024）并未如忠实义务一样对勤勉义务做列举式规定，对于勤勉义务的细化规定只散见于一些行政法规、部门规章甚至行业准则中。例如，2018 年证监会修订颁布的《上市公司治理准则》第 22 条第 2 款规定，“董事应当保证有足够的时间和精力履行其应尽的职责。董事应当出席董事会会议，对所议事项发表明确意见”。《上市公司章程指引》（2022 年修订）第 98 条以列举式方式提出董事对公司负有的勤勉义务可以包含以下内容：“（一）应谨慎、认真、勤勉地行使公司赋予的权利，以保证公司的商业行为符合国家法律、行政法规以及国家各项经济政策的要求，商业活动不超过营业执照规定的业务范围；（二）应公平对待所有股东；（三）及时了解公司业务经营管理状况；（四）应当对公司定期报告签署书面确认意见，保证公司所披露的信息真实、准确、完整；（五）应当如实向监事会提供有关情况和资料，不得妨碍监事会或者监事行使职权；（六）法律、行政法规、部门规章及本章程规定的其他勤勉义务。”

从《公司法》（2024）的一般条款到《上市公司章程指引》（2022 年修订）的具体情形，勤勉义务的成文化之路并不如忠实义务那样顺利，即便是看到上述列举式的勤勉义务规定，其内容上仍然离不开“谨慎、认真、勤勉”等的表述，缺乏具体的裁判标准。因此，我们可以看出，勤勉义务的标准属性更加明显，适用勤勉义务更多依赖法官自由裁量权。

【理论基础】

一、勤勉义务的内涵

勤勉义务，也称注意义务、善管义务，即董事、高级管理人员应诚信地履行对公司的职责，尽到普通人在类似情况和地位下如同处理自己的事务那样谨慎合理的注意义务，为实现公司最大利益努力工作。勤勉义务在大陆法系被称为“善良管理人的注意义务”；在英美法系被称为“注意义务”“勤勉、注意和技能义务”。勤勉义务要求经营权主体在作出经营决策时，其行为标准必须以公司的利益为出发点，以适当的方式并尽合理的注意履行职责。勤勉义务是对董事、高级管理人员称职的要求，因而属于经营能力的范畴，在罗马法中被称为“善良家父”的义务。[①]

关于勤勉义务的认定标准，世界各国大致形成了主观标准和客观标准两种，

① 参见赵旭东主编：《公司法学》（第 4 版），高等教育出版社 2015 年版，第 312、313 页。

前者以早期英国为代表，主张对董事、高级管理人员是否履行勤勉义务的认定以其个人的知识、能力为判断标准。但这种标准容易陷入一个悖论，即“能力越强，责任越大”，由此会导致实际的不公平。鉴于此，越来越多的国家开始主张客观标准，例如，美国各州公司法对董事、高级管理人员的注意义务采取了较为一致的标准，美国标准商事公司法第8.30条规定，董事、高级管理人员履行其职责时应当：(1)怀有善意；(2)以一个普通智者在类似情况下应有的谨慎去履行职责；(3)依照他能合理地认为符合公司最大利益的方式履行其职责。在大陆法系国家和地区中，有关董事、高级管理人员对公司的勤勉义务的标准是不同的。《德国股份公司法》第93条规定，董事、高级管理人员对其管理的公司事务，应尽“通常正直又严谨的业务领导者的注意”。可以看出，这些认定都采用了客观标准，乃至严格的客观标准。

二、勤勉义务的实务价值

实践中关于董事、高级管理人员勤勉义务的解读和适用一直存在着不小的争议。不同于忠实义务内涵的清晰界定，我国法律对于勤勉义务的态度总显得有些讳莫如深，《公司法》(2018)虽然规定了董事、高级管理人员应负担勤勉义务，但既无对勤勉义务具体内容的列举，也无违反勤勉义务法律后果的规定。本轮《公司法》修订增加了勤勉义务的定义，将其界定为“执行职务应当为公司的最大利益尽到管理者通常应有的合理注意”，但除此以外并无进一步的解释和责任规定。结合此条规定与针对董事、高级管理人员信义义务的体系解释，中国法语境下的勤勉义务应当对标英美法中的注意义务，是对董事、高级管理人员行权过程中必须保持谨慎、理性、小心的义务要求，但在制度借鉴的过程中我国立法者却创造性地使用了“勤勉义务”的称谓。[①] 按文义理解，勤勉义务应当强调董事、高级管理人员行使权力的积极性，无法当然地解释出注意义务之内涵，加之多年来公司法未明确勤勉义务的内涵，导致司法实践中不同的法官和当事人对勤勉义务的理解往往各不相同，且由于法律上请求权基础的缺失，以勤勉义务为诉争对象的案件数量非常稀少，公司法关于董事、高级管理人员勤勉义务的规定仿佛沦为了摆设，既无法对董事、高级管理人员产生实际的约束，也难以供其他主体以此为据追究当事人的责任。其实，注意义务在信义义务体系中是颇为重要的，忠实义务更多是为董事、高级管理人员划定了一条不得逾越的行为底线，是对董事、高级管理人员的最低要求，而注意义务才促使董事成为一名良善的公司经营管理者，其要求公

---

① 参见翁小川：《董事注意义务标准之厘定》，载《财经法学》2021年第6期。

司董事、高级管理人员承担比一般人更高的谨慎决策义务。从某种意义上说，就董事会的权力行使保障而言，注意义务相较于忠实义务有更重大的意义。

针对中国法语境下勤勉义务与英美法中注意义务的内涵偏差的问题，本书认为，对董事、高级管理人员"勤勉"的要求完全可以作为对注意义务内涵的补充，传统的信义义务理论并不能当然解释出对董事、高级管理人员积极行权的要求，但中国法在吸收注意义务内涵的同时若能够正面地规定董事、高级管理人员"勤勉"的义务要求，其实恰好是填补了传统信义义务的内涵缺失。若按《公司法》(2024)的规定，名义上称作勤勉义务，但内涵却强调"合理注意"，难免会引起许多不充分了解信义义务理论之人的误解，也不利于法官的法律适用与裁判说理。诸如保证董事、高级管理人员参加董事会会议的频次、主动组织召集股东会会议、积极行使提名权与提案权、对工作中发现的问题及时汇报与反馈等行为要求都是董事、高级管理人员理所当然应履行的义务，违反这些义务的董事、高级管理人员也理应承担不称职的责任。法律若将这类行为与注意义务的本体要求相并列，共同列举为勤勉义务的义务内容并规定违反该勤勉义务所产生的责任，则为传统的注意义务补充了新的内涵，同时对《公司法》(2018)潜在的缺陷予以弥补，此举当为新型公司治理模式下完善董事、高级管理人员信义义务体系的重要举措，实务中亦应当对我国勤勉义务的体系建构予以高度重视。

【审判实务】

勤勉义务的法律适用依赖法院的自由裁量，对于是否违背勤勉义务的认定并没有量化的指标，这在我国成文法传统下并没有较大的适用空间，因此，针对勤勉义务的司法裁判并不具有明显的典型性，无法就相似问题引发更多的裁判和学术探讨。近些年，关于勤勉义务认定问题，较为具有影响力的莫过于催缴义务是否属于董事、高级管理人员的勤勉义务。因此，针对审判实务的梳理，本专题集中于一般认定和催缴义务两个方面。

一、勤勉义务的一般认定

结合具体案件，勤勉义务的认定标准往往表现为"合理注意""善良管理人""调查核实"等。例如，在"刘某龙、江某河等证券虚假陈述责任纠纷案"①中，法院认为，案涉独立董事未尽独立履行职责之勤勉义务表现在"未积极采取必要、合理的方法对公司进行调查、监督，未就中介机构的财务审计报告等提出进一步沟通

---

① 最高人民法院民事裁定书，(2022)最高法民申101号。

核实要求”。在“海之杰公司、艾哈迈德·盖博损害公司利益责任纠纷案”①中,法院指出,勤勉义务是指高级管理人员履行职责时,应当为公司的最佳利益具有一个善良管理人的细心,并尽一个普通谨慎之人的合理注意。由此可以看出,该案中,法院对于勤勉义务的认定标准采取的是一般客观标准。在“王某、福建众和股份有限公司等证券虚假陈述责任纠纷案”②中,从法院裁判可以看出,证明当事人勤勉履职的标准可归纳为审慎地调查核实,表现形式如相关会议记录等。也有法院并未明确具体认定标准,而是要求当事人提出证据证明。例如,在“张某芬、济南高新发展股份有限公司等证券虚假陈述责任纠纷案”③中,法院指出,“……在本案中也未能提交已勤勉尽责、不存在过错的反驳证据。故曾某秦、王某文、岳某鹏、蒋某、李某召对山东天业公司的虚假陈述行为存在主观故意,应当认定为共同虚假陈述”。

从勤勉义务的一般认定审判中可以看出,虽然勤勉义务缺乏详细的认定标准,但落实到具体问题上,法院仍会以是否调查、是否参加会议、是否核实等作为判断标准。事实上,这样的判断标准较为符合勤勉义务的要求,但存在着较大的缺漏,例如,做到什么样的调查、参加会议、核实才能算作履行了勤勉义务?这显然存在着一个审查的限度,在这个问题上,司法审判并未给出明确的答案。

二、董事催缴义务的法律性质

在“斯曼特微显示科技(深圳)有限公司与胡某生等损害公司利益责任纠纷案”中,法院依据《公司法司法解释(三)》第 13 条第 4 款,认定董事对增资时未缴足的出资承担相应责任。在认缴制下,董事、高级管理人员对公司负有勤勉义务,应当履行催缴义务,若未尽职履行该义务,应当承担连带责任。在“熊某明等与北京银广保联科技有限公司追收未缴出资纠纷案”④中,法院直接认为“熊某明作为北京银广保联科技有限公司的执行董事和经理,应当按照公司章程约定对黎某豪和陈某佳已届期限的出资进行催收,现无证据证明熊某明已尽到此种勤勉义务……”。不过也有相反意见,在“惠州市华晨创业投资有限公司、深圳长银实业有限公司与公司有关的纠纷案”⑤中,法院认为,股东未足额缴纳出资不能当然推导出其董事及高级管理人员未尽到勤勉义务。事实上,对于催缴义务是否能纳入

---

① 最高人民法院民事裁定书,(2020)最高法民申 640 号。
② 福建省高级人民法院民事判决书,(2021)闽民终 540 号。
③ 山东省高级人民法院民事判决书,(2022)鲁民终 1029 号。
④ 北京市高级人民法院民事判决书,(2022)京民终 562 号。
⑤ 最高人民法院民事裁定书,(2021)最高法民申 1235 号。

勤勉义务的范围,理论和实践中都有争议,但《公司法(修订草案一审稿)》和《公司法(修订草案二审稿)》却明确了董事、高级管理人员的催缴义务,《公司法(修订草案三审稿)》以及《公司法》(2024)在保留催缴义务的同时又增加了认缴出资额5年内应当缴足的限制,这又使得催缴义务有了明确指向,显然,这大有将该义务实体化的趋势。笔者认为,催缴义务应当为董事、高级管理人员勤勉义务,勤勉义务要求董事、高级管理人员要为公司利益勤勉尽职,执行职务应当为公司的最大利益尽到管理者通常应有的合理注意。公司资产是公司运营的重要要素,不论是增减资还是利润分配,都需要董事会综合公司的实际情况制订方案交由董事会批准,因此,维持公司足够的运营资本是董事会的应然职责,股东认缴而未缴出资会导致公司资本处于不确定状态,损害公司利益,因此未催缴行为本身可以解释为董事、高级管理人员怠于履行勤勉义务。遵循这一逻辑,董事、高级管理人员未履行催缴义务,本质上是违背勤勉义务,给公司造成损失的,应当承担赔偿责任。

【典型案例】

山东海之杰纺织有限公司诉艾哈迈德·盖博损害公司利益责任纠纷案[①]

基本案情:

海之杰公司系阿齐兰·宾·阿卜杜拉兄弟公司投资的独资公司。盖博自2011年1月在海之杰公司任总经理,其主要职责为:按照公司章程,根据董事会会议通过的各项决议、规定和一系列制度,组织公司的生产经营活动;全权处置理事会授权范围内的有关正常业务,以公司的名义签发各种文件等。

2011年1月8日,祥辉公司向海之杰公司传真合同一份,载明:以下资料乃我司向贵公司订购货品之内容,请核对有关资料,核对无误后请盖章签署后落实。合同约定,货品为男装长袖衬衫,并约定了数量、价款、交货日期等。海之杰公司在该合同上加盖了公司印章,祥辉公司未加盖公司印章。

为履行上述合同,盖博指示海之杰公司的计划部经理分别于2011年1月20日、2011年2月22日与黄冈市金律纺织有限公司(以下简称金律公司)签订《产品采购合同》一份,约定相关采购事宜。经海之杰公司的计划部经理向海之杰公司的投资人阿齐兰·宾·阿卜杜拉兄弟公司请示后,安排祥辉公司订购的男装长

---

① 最高人民法院民事裁定书,(2020)最高法民申640号。

袖衬衫全部生产完毕。后祥辉公司验货时,提出货物瑕疵等问题,不予提货。后海之杰公司无法联系上祥辉公司,该批衬衫未能出售成功。

2013年12月23日至31日,盖博带领公司采购人员到广州市场采购、验收和运输光坯布,共向周某等15位供应商采购布匹,价款共计1,283,892元。

2014年3月盖博从海之杰公司离职。

祥辉公司2009年5月1日已经退出(结束)营业。

后,海之杰公司诉至法院,主张盖博在担任海之杰公司总经理期间,严重违反公司财务制度,采购低劣产品,且在祥辉公司未付定金和预付款情况下指示海之杰公司采购金律公司产品,后衬衫无法出售,给公司造成经济损失,违反勤勉义务,请求判令盖博赔偿给海之杰公司造成的损失人民币200万元。

裁判要旨:

一审法院认为,《公司法》(2018)第147条规定,董事、监事、高级管理人员对公司负有忠实义务,盖博作为公司总经理,对公司负有忠实义务和勤勉义务,其与祥辉公司签订衬衫销售合同、与金律公司签订采购合同以及带领人员到广州采购光坯布行为,均是为开展公司经营而履职的行为。虽然其在履职过程中,在对合同相对方的资格审查、对采购标的物的质量审查方面存在瑕疵,但这仅能说明其存在经营判断过失,并无证据证明其主观上具有损害公司利益的过错,不能认定其违反了忠实义务和勤勉义务,因此而造成的损失,不应由盖博承担。且在与祥辉公司的销售合同中,经过向投资人请示后才安排生产,因而不存在相关过错。

二审法院认为,盖博在担任海之杰公司总经理职务期间,对公司负有忠实义务和勤勉义务。盖博行为没有超越海之杰公司章程规定的职责范围,计划部经理也作证已向投资人请示,因而盖博没有隐瞒或规避内部审批的主观故意。生产完成后被拒收货并非因祥辉公司停止经营,而系包装、吊牌等原因。盖博履职行为存在的产品质量问题,仅说明盖博的经营判断行为存在瑕疵,不能证明盖博存在主观故意违反公司内部审核制度,破坏公司利益。因此,海之杰公司的主张不成立。

再审法院认为,该案海之杰公司并未提供证据证明盖博有获利行为,因此该案为勤勉义务问题纠纷。勤勉义务所要求的尽一个普通谨慎之人在类似情况下应尽到的合理注意,是一个经过实践而被逐渐总结出来的标准。面对市场不断变化的商事交易实践,如果要求每一个经营判断都是正确的,其结果会使公司高级管理人员过于小心谨慎,甚至裹足不前,延误交易机会,降低公司经营效率,最终不利于实现公司和股东权益。特别是在不涉及公司高级管理人员个人利益与公司利益冲突等可能违反忠实义务的情形中,公司高级管理人员依照法律和公司章程履行经营管理职责的行为,应受到法律的认可和保护。盖博作为海之杰公司的总经理,具有依照法律和公司章程主持公司生产经营管理工作的职权。海之杰公司赋予了总经理组织领导公司日常生产技术和经营管理工作的广泛职权。案涉交易中,包括海之杰公司与祥辉公司签订衬衫供货合同、与金律公司签订《产品采购合同》、在广州采购光坯布,均系盖博为开展公司日常经营而履行总经理职权的行为,并未超越海之杰公司章程规定的职责范围。原判决认定盖博未违反公司高级管理人员的忠实义务和勤勉义务,并无不当。

裁判评析:

三审裁判观点相似,不过最高人民法院对该案进行定性,指出该案系对勤勉义务的考察,不涉及对忠实义务的考察。该案三审法院对勤勉义务的审查采取了一个普通谨慎人的合理注意义务标准,同时又以经营判断规则排除了盖博的法律责任,可以称为一种一般的客观标准。勤勉义务的认定标准可以分为主观标准和客观标准,客观标准又可分为严格客观标准和一般客观标准,前者又被称为“专家标准”,即认为公司的董事和高级管理人员应当承担一个理性人应当有的谨慎义务,而这一理性人并非普通的理性人,而是一个典型的商人;后者所谓之“一般”即指普通理性人。该案对盖博是否履行了勤勉义务的认定,首先是一个客观标准,其次,三审法院并未明确有要求盖博之行为必须是一个理性商人的标准,因此,可以称为一般客观标准。

问题三 董事和高级管理人员信义义务的转化与扩张

随着公司实践的不断发展,董事和高级管理人员的信义义务在原本的理论框架之下越发展现出其局限性,在特殊场合和情景之下,信义义务的内涵似乎需要完成特定的转化与扩张,而这种扩张主要体现在信义义务所面向的主体方面。传统的信义义务是董事和高级管理人员对公司需承担的义务,但实践中董事和高级管理人员的决策行为所影响的并不仅限于公司层面,一系列的利益相关者都可能因董事和高级管理人员的职务行为受到其利益方面的影响,例如股东、债权人乃至董事、高级管理人员相互之间,而这种影响尤其体现在一些特殊的场合中,如公司破产、董事和高级管理人员因集体决策失当承担集体决策责任等情况。因此,董事和高级管理人员的信义义务不能仅限于对公司的忠实、勤勉义务,还应当进行相应的扩张,以回应现实需求。

【规范梳整】

《公司法》(2018)第147条明确董事和高级管理人员的信义义务是“对公司”所承担的,《公司法》(2024)也未对此作出修改,这意味着,从《公司法》的规范来看,董事和高级管理人员信义义务的扩张并没有法律依据。理论与实务中主张董事和高级管理人员这些信义义务的对象应当向子公司、债权人、其他董事等的扩张或是基于对《公司法》(2024)第180条的扩张解释,或是基于特定问题中已有规定的解释,如董事和高级管理人员的侵权和违约等。揆诸实践中出现的情形,最为典型且在理论中讨论得最多的就是董事和高级管理人员信义义务向债权人的扩张。

一方面,从公司常态化运营角度来看,《公司法》(2024)关于资本维持的制度可以起到维护公司利益的目的,同时,资本制度的另一重要作用为保护债权人利益。因此,通过对企业资本的维持,董事在某种程度上履行着对债权人的信义义务,例如,股东出资的追缴、股东瑕疵出资的董事责任、违法分配利润的董事责任、股东抽逃出资的董事责任等。

另一方面,从特殊时期的公司来看,在公司面临被收购时,《公司法》(2024)第180条并未区分公司正常运营状态和公司被收购状态,因此,当公司成为被收购目标公司时,赋予董事更高的信义义务有《公司法》的依据,董事与高级管理人员代表的管理层在反收购策略选择、中小股东保护、收购谈判等问题上都应当受信义义务的约束。此外,在公司濒临破产时,董事和高级管理人员信义义务对象是否应当转化为债权人,在学术界尚有争议,倘若依前述对债权人信义义务进行解释,从规范层面来说略显牵强,因此仍然需要立法的明确。

我们必须认识到,由于没有直接的规范法源支持董事和高级管理人员信义义务的转化和扩张,前述梳整的规范仅能间接支撑裁判的说理,而不能援引为裁判法源。

【理论基础】

一、董事和高级管理人员信义义务扩张的理论依据

董事和高级管理人员信义义务能否扩张以及应扩张至哪些主体? 回答该问题需要厘清信义义务的本质特征和对象。

其一,信义义务的本质特征。信义义务产生的原因是双方当事人不对等的信义关系,处于优势地位的董事和高级管理人员掌握着信义财产和与信义财产相关

最为直接且重要的商业信息，其利用自身优势地位偷梁换柱、侵占受益人利益的道德风险较之普通契约关系更大，因此，对受信人以信义义务约束具有正当性和必要性。但优势地位并非信义关系的唯一特征，"关键资源理论"指出，一方（受托人）代表另一方（受益人）行事，同时对属于受益人的关键资源行使自由裁量权时，信义关系就形成了，这里的"代表""自由裁量权"和"关键资源"共同构成了信义关系的核心特征。其中，"关键资源"准确地描述了信义关系的既定类别，并提供了分析这些类别之外关系的框架，该理论表明，受益人的脆弱性源于无法防范受托人对关键资源的机会主义行为，因而信义义务可以因其阻止机会主义行为而被证明是合理的。[①] "关键资源理论"在一定程度上可以终结信义关系"原子论"的状态，[②]使得雇主—雇员、董事—股东、律师—委托人、医生—患者等的关系都可以被描述为对关键资源的自由裁量权，因而处于优势地位的受托人应当对受益人承担信义义务。

其二，信义义务的对象。董事和高级管理人员负有忠实义务和勤勉义务已是普遍的认知，但争议在于这些信义义务的对象包含哪些，即这些信义义务指向谁？依据代理成本理论，股东是委托人，董事是他们的代理人，[③]因此，董事的信义义务指向公司股东。利益相关者理论指出，董事不仅对股东负有信义义务，还应当对更广泛的利益相关者（包括工人、供应商、客户等）负有信义义务。[④] 除此外，基于对信义义务"服务信托"和"个人信托"的区分，[⑤]有学者提出董事不应当是对公司或者股东等个人或主体的信托，而应当是对目的的信托。[⑥] 而在目的信托的视角下，董事和高级管理人员信义义务的对象问题便没有价值了，因为只要是为了实现公司目的，董事和高级管理人员自然应当对相关人员负有信义义务，例如，在企业濒临破产时，董事和高级管理人员的信义义务对象应当转化为债权人，因为此

---

① See D. Gordon Smith, *The Critical Resource Theory of Fiduciary Duty*, 55 VAND. L. REV. 1399 (2002).

② See Deborah A. DeMott, *Beyond Metaphor: An Analysis of Fiduciary Obligation*, 1988 DUKE L. J. 879 (1988).

③ See Michael Jensen & William Meckling, *Theory of the Firm: Managerial Behavior, Agency Costs and Ownership Structure*, 3 J. FIN. ECON. 305, 309 (1976).

④ See Dahlia Tsuk Mitchell. Lord Wedderburn of Charlton, *The Legal Development of Corporate Responsibility: For Whom Will Corporate Managers Be Trustees? In* CORPORATE GOVERNANCE AND DIRECTORS' LIABILITIES 1, 3 – 5 (Klaus J. Hopt and Gunther Teubner eds. 1985).

⑤ See Paul B. Miller & Andrew S. Gold, *Fiduciary Governace*, 57 WM. & MARY L. REV. 513, 519 – 520 (2015).

⑥ See David Ciepley, *Corporate Directors as Purpose Fiduciaries: Reclaiming the Corporate Law We Need*, SSRN, 1 – 79 (2019).

时公司目的已经发生变化。总体上讲,信义义务的扩张在很大程度上使得信义关系变得模糊,对受托人对象的考察早已脱离了信托关系的桎梏,但是,基于“信任”“关键资源”“自由裁量权”等建立起来的信义关系,其信义义务必然存在差别,这突出表现在忠实义务的要求上。因此,董事和高级管理人员信义义务的对象并不固定,其与义务对象的关系也非“一仆不事二主”的朴素观念那样简单,基于信任,掌握着“关键资源”的“自由裁量权”的董事和高级管理人员应当对享有该“关键资源”权益的主体负有信义义务(不论该权益是债权还是股权),而董事和高级管理人员应当如何负责,则表现为“自由裁量权”下的利益衡平。

但是基于前述理论,我们能够在一定程度上证成董事和高级管理人员信义义务对象的扩张,但该信义义务的具体内容,其中所涉及的“关键资源”“信任”等是基于何种公司制度,或者说,信义义务的对象对该“关键资源”何以享有权益以及享有何种权益,仍然要看具体的法律关系。鉴于此,本书后面将对董事和高级管理人员信义义务扩张的对象做进一步的解析。

二、董事和高级管理人员对子公司的信义义务

我们首先来探讨董事和高级管理人员对子公司的信义义务,这一关系较为简单,因为母公司与子公司之间的利益关联较多,资源与资产之间的权利关系较为明确。

从经济的角度来讲,子公司通常为母公司的臂展,在实践中子公司尤其是全资子公司往往是母公司的项目公司,是母公司业务拓展的必要工具。因此,基于对母公司事业的信义义务,董事和高级管理人员的信义义务拓展至全资子公司或者控股子公司不具有解释上的障碍。

从规范的角度来讲,虽然子公司是具有独立地位的法人,但由于其由母公司控股,其董事会等治理机关往往都是由母公司决定,因而二者之间存在着意志传递,在很大程度上保证了意志和利益的一致性。如何管理、处分公司资产通常由股东会或董事会决定,同时,高级管理人员通过搜集信息、提交报告等可以影响股东会、董事会的决策。董事和高级管理人员可以对母公司产生较大影响,而母公司的意志与子公司的意志之间存在一致性,因此,从法律关系上,董事和高级管理人员可以直接对子公司的决策产生决定性影响。据此,主张董事和高级管理人员信义义务向子公司扩张具有合理性。

从信义义务理论的角度来讲,董事和高级管理人员掌握着母公司的关键资源,由于母公司与子公司在意志和利益上的一致性,董事和高级管理人员同时还掌握着子公司的关键资源,因此,基于“关键资源理论”,董事和高级管理人员的信

义义务可以当然地扩张到子公司。

三、董事和高级管理人员对债权人的信义义务

董事和高级管理人员对债权人的信义义务主要从公司资本制度的价值和要求出发解释并证成。资本制度是十分典型的组织法制度,其主要面向债权人设计,公司法所创造的股东有限责任制度,事实上将本应由股东所承担的管理者经营不善及其他商业风险转嫁到债权人来承担,债权人却并无其他合同或法律上的手段来规避此种风险,为避免债权人过度承担此种不利后果,在公司内部应当建立起相应的制度来避免股东有限责任对债权人利益的侵蚀。在公司面临财务困境时,人们首先关注的内容便是公司资本是否充实,是否足以偿还公司所欠债务。尽管公司实际上对外承担债务的财产是公司全部资产而不仅是资本,但资本作为公司的原始资金,资产规模很大程度上受资本规模和其充实程度所影响,公司资本仍在很大程度上作为公司对外的信用依据。我国《公司法》在资本制度方面的几次重大修改,不断放宽股东在出资验资方面的要求,对于债权人而言,资本制度对其保护效用会愈发降低,在这种情况下,董事和高级管理人员对于公司资本的监管和保护义务理应为对保护债权人利益较为羸弱的公司资本制度的一种重要补强性制度。①

在公司法规定的较为宽松的认缴制之下,股东按期履行出资义务对于债权人而言意义更为重大,否则公司未能够实际获得章程所预设的资本,债权人的利益便无法得到切实的保障。董事和高级管理人员作为公司的管理者,法律为其赋予对股东认缴资金足额缴纳的督促义务便是在完全认缴制之下对债权人的保护措施,且这样的规定在司法实践中可以扩展到公司设立时的股东出资瑕疵场合以及公司设立后增资时的增资瑕疵。

除股东在公司设立或增资中未按期缴纳出资可能会对债权人利益产生严重影响外,公司资本的不当减少也可能是股东抽逃出资或公司不当分配利润所导致,因此董事和高级管理人员的信义义务在这两类情形下也应当有所体现。按照资本维持原则的一般要求,公司利润分配遵循着“无盈不分”的准则,且公司资本分配权力也一般归属于公司董事会。从比较法视角来看,《德国股份公司法》、《美国特拉华州普通公司法》以及《日本公司法》都有类似的规定,将提议盈余分配的权力赋予董事行使,《日本公司法》和《美国特拉华州普通公司法》直接规定董事

① 参见李建伟、岳万兵:《董事对债权人的信义义务——公司资本制度视角的考察》,载《中国政法大学学报》2022年第2期。

享有决定分红的权力。如果公司利润分配违反了这一原则,即公司并没有盈余便向股东分配了利润,或者虽有盈余但没有按照规定提取公积金即分配利润,都会使得公司的资产不当减少,公司没有盈余便分配利润的情况事实上属于对公司的非法清算,董事作为决策者应当对这一后果承担责任,严格依据“无盈不分”的原则分配利润也是董事信义义务的必要内容。抽逃出资则属于掏空公司资本的行为,使得公司名义上有充实的资本,但资本事实上已经被不当转移。狭义的抽逃出资指股东采取欺诈等手段将出资抽回,而广义上违法的利润分配、违法的解散公司都可以归入抽逃出资的范畴。抽逃出资的直接责任人一定是股东,但董事很可能在其中提供了相应的帮助,抽逃出资往往需要对公司账目做出更改,抑或虚构不实的交易等,董事作为公司的经营管理者不可能对此毫不知情,即便确实不了解也属于重大的疏忽和不称职,因此董事信义义务中至少应当涵盖对抽逃出资行为的审查义务,而如果董事明知有此类行为却允许或纵容,则显然属于更加严重的违反信义义务之行为。不论是不当分配利润还是抽逃出资,最终影响的都是债权人的利益,将董事高级管理人员的信义义务向此方向加以延伸,最终可以提升对于债权人的利益保护程度,系对资本制度以及信义义务体系的补强与完善。

四、董事间的横向信义义务

横向信义义务是将董事信义义务的承担方向从董事以外的公司、股东以及债权人扩展到董事相互之间,其背后的逻辑聚焦于董事会集体决策的履职方式以及董事违信责任的具体内容。董事违信责任总体上包含个人责任与集体责任两种类型,我国《公司法》所规定的赔偿损失、利益归入等责任形态基本上都属于个人责任,理论上大多数对应于董事违反忠实义务的行为,如对竞业禁止的违反、侵夺公司利益以及不正当的自我交易等行为都是董事利用自身职务所带来的优势地位或掌握的优势信息而从事的非职务行为。上述行为仅与违反义务的董事个人相关,而与董事会的集体决策并无关联,因此仅需董事个人承担相应的责任,其余董事并不会因此而承受自身的利益受损。但董事会决策层面的过失和不当则可能会导致董事集体承担责任,而这类责任通常是由于董事会的集体决策存在严重过失或不谨慎所致,其所对应的是对勤勉义务(准确地说是勤勉义务中的合理注意义务)的违反。当董事会承担集体责任时,只有明确对决议表达反对意见并被记录在案的董事可以免于承担责任,而其余董事则都将面临利益受损。集体责任通常产生于董事的职务行为,系董事集体为董事会的决策行为担责,从此意义上讲,在董事会因经营决策权范围扩大化而成为公司治理的真正核心后,集体责任的承担将成为主要的董事责任形式。在集体担责的情况下,董事为避免自身承担不利后果,会倾向于抓握"表决反对"的免死金牌,既然董事只能因自身表决同意的决策行为而担责,那么面对有风险的决议时董事可能会倾向于投出反对票来避免潜在的危险,但对于董事会整体而言,这样的态度显然是不利的。为应对这种窘境,有学者提出应确立董事之间的横向信义义务,在董事会承担集体责任后允许自身无过错的董事进一步向违反横向义务的董事追偿。①

横向义务的正当性在于,董事会虽然采取的是一人一票制的表决方式,但如果董事会决议事后被证明是未尽合理注意而失当的,那么所有投同意票促使决议通过的董事都会被推定存在过错。然而事实上董事之间就某一项决议也可能存在信息不对称的情况,甚至在特殊情况下董事同意决议正是因为某个董事的误导行为。横向信义义务正是令董事之间互相建立起信赖关系,要求董事对自己掌握的信息充分披露并且不得刻意诱导或误导其他董事做出不正当的决策行为。② 董事信义义务的横向延展将原本信义义务的对象,即公司和股东,扩大到其余董事,本质上是通过对最终责任的转移消除董事因畏惧决策后担责而消极地对多数决议表示反对的情况,只要事后可以证明董事自身的决策行为是因其他某位董事的过错或不当影响而作出,那么其无须承担董事集体责任下的最终责任。③ 董事横向信义义务的确立也有助于董事会就经营事项的决策更加透明化,减少话语权更高的董事个人(如董事长、副董事长等)对董事会集体的影响。当然,董事横向信义义务的立法确认还需要更多层面的检验和论证,但不可否认的是,此种董事信义义务的横向延展同样是董事责任体系完整构建的应有之义。

【审判实务】

较之于理论上热烈的探讨,董事信义义务的转化与扩张在司法实践中却并不多见,其更多表现为一种理论上的主张。

在"张某恒与沧州田霸农机有限公司、朱某峰商标专用权权属纠纷案"④中,最高人民法院指出,董事、监事、高级管理人员对公司的信义义务延续至公司注销前,即在公司解散后、被注销之前这段时间内,公司高级管理人员仍对公司负有忠实义务和勤勉义务。在"李某、深圳市华佗在线网络有限公司(以下简称华佗在线

---

① 参见林少伟:《董事横向义务之可能与构造》,载《现代法学》2021 年第 3 期。

② 参见朱望:《公司董事横向信义义务的理论证成——迈向公司治理现代化》,载《东南大学学报(哲学社会科学版)》2020 年 S2 期。

③ 参见林少伟:《董事横向义务之可能与构造》,载《现代法学》2021 年第 3 期。

④ 最高人民法院民事裁定书,(2014)民申字第 1696 号。

公司)损害公司利益责任纠纷案"中,法院以子公司与母公司之间具有显而易见的利益一致性,提出董事的信义义务穿透适用至公司的子公司。

在"上海兴盛实业发展(集团)有限公司诉王某忠证券欺诈责任纠纷案"①中,被告通过实际控制的多个账户,违反大额持股信息披露义务而违规购买上市公司股票,这类收购人往往被称为"野蛮人"。诉讼中,原告控股股东主张被告侵害了其对公司的控制权和反收购权。法院认为,所谓上市公司控制权并非股东依法所享有的股东权利,况且,为了防止控股股东滥用控制权,我国《证券法》与《公司法》均规定上市公司控股股东应当对公司承担相应的忠实、勤勉的信义义务,因此,上市公司股东的控制权并非法定的股东权利,对原告的主张,法院不予支持。虽然该案并非董事和高级管理人员信义义务的扩张问题,但通过审判可以看出,控股股东尚且不能主张其对公司的控制权是应当被保护的利益,公司的董事和高级管理人员更加难以主张个人利益。虽然我国法律并未禁止如"毒丸计划"等措施,但是《上市公司收购管理办法》(2020年修正)第8条明确被收购公司的董事、监事、高级管理人员对公司负有忠实义务和勤勉义务,应当公平对待收购本公司的所有收购人。因此我们可以看出,在反收购问题上,董事和高级管理人员对目标公司的信义义务并无转化或扩张的空间。

通过这些案例可以看出,董事和高级管理人员的信义义务在一定情况下可以扩张至公司注销前、公司的子公司,但在面对收购问题时,董事和高级管理人员信义义务的要求反而更加成为束缚其行为的重要工具。

【典型案例】

深圳市华佗在线网络有限公司等诉李某损害公司利益责任纠纷案②

基本案情:

美谷佳公司成立于2008年11月21日,李某为该公司的股东,同时担任公司的法定代表人、董事长和总经理。2013年,美谷佳公司全资设立了华佗在线公司。此后,在2014年8月7日,李某通过代持股的方式持有了友德医公司85%的股权,成了该公司的控股股东。2014年1月10日,省二医与华佗在线公司签订了

① 上海市第一中级人民法院民事判决书,(2015)沪一中民六(商)初字第66号。

② 最高人民法院民事裁定书,(2021)最高法民申1686号。

《合作框架协议》，约定双方合作共建互联网医院。然而，在2014年11月20日，省二医与华佗在线公司终止了共建互联网医院的合作项目，转而与友德医公司签订合作协议，将该项目转与友德医公司合作。美谷佳公司、华佗在线公司认为李某违反了忠实义务和竞业禁止义务，将其诉至法院。

裁判要旨：

一审法院认为，虽然美谷佳公司、华佗在线公司均系法人，互为独立的民事主体，但在华佗在线公司、美谷佳公司所称李某损害公司利益行为发生期间，华佗在线公司实际系美谷佳公司全资子公司，故李某如有不当谋取华佗在线公司商业机会、损害华佗在线公司利益等行为，也必然对美谷佳公司利益造成损害，李某作为美谷佳公司股东、法定代表人、董事长、总经理，其行为已违反对公司的忠实勤勉义务，美谷佳公司有权依法向李某主张权利，而李某则须以向华佗在线公司赔偿方式弥补美谷佳公司因华佗在线公司利益直接受损而受到的损失。

二审法院认为，李某为美谷佳公司的董事和总经理，依据《公司法》(2018)第147、148条的规定，对美谷佳公司负有法定的忠实义务和同业禁止义务。关于李某作为母公司美谷佳公司的董事和高级管理人员，是否对子公司华佗在线公司负有忠实义务的问题。美谷佳公司是华佗在线公司的全资股东，子公司华佗在线公司的利益和母公司美谷佳公司的利益具有显见的一致性。因此，李某对母公司所负忠实义务和同业禁止义务应自然延伸至子公司华佗在线公司，方能实现《公司法》为母公司董事、监事、高级管理人员设置忠实义务的立法目的，才能实现对母公司美谷佳公司及其股东合法权益的保护。

再审法院认为，《公司法》关于董事对公司所负的忠实义务、同业禁止义务应不限于董事所任职的公司自身，还应包括公司的全资子公司、控股公司等，如此方能保障公司及其他股东的合法权益，真正实现《公司法》设置忠实义务、同业禁止义务的立法本意。该案中，美谷佳公司是华佗在线公司的全资股东，双方利益具有显见的一致性，李某对美谷佳公司所负的忠实义务和同业禁止义务应自然延伸至美谷佳公司的子公司华佗在线公司。

裁判评析：

该案的典型意义在于，裁判明确了董事的信义义务对象由目标公司拓展至其子公司，甚至于，按照再审的观点，子公司还包含着全资子公司和控股公司等。法院认定的观点主要为母公司与子公司在利益上具有一致性，母公司的行为可能直接影响到子公司的利益。但本书认为，这一论证尚不够充分，在论证利益一致性的同时，还应当从根本上的信义关系说起。本书前已述及，信义关系表现在两个方面,一方面为地位的不平等,董事处于信息和资源的优势地位,而公司处于劣势地位,董事的行为对公司的利益会产生很大的影响;另一方面为董事对公司的资源享有自由裁量权,公司只能对董事进行概括的授权,其与董事之间的关系更多的是建立于信任。根据这一原理,目标公司董事对公司资源掌握自由裁量权,这个资源当然包括股权,这些股权表现为全资子公司的股权和控股公司的股权,通过掌握公司的意志形成,进而影响到全资子公司和控股公司的意志形成,董事可以掌握全资子公司和控股公司资源的自由裁量权。因此,二者之间同样系信义关系,董事也应当对其负有信义义务。

专题二十二　董事责任的承担与免除

导　语

董事责任体系的构建以董事信义义务为基础，负担信义义务是董事掌握权力所直接对应的法律后果，也是法律为防止董事滥用权力而为其划定的行为界限，而违反信义义务产生的相应责任，是董事未能充分履行信义义务要求而产生的进一步的不利后果。董事责任的内容设计是法律平衡的艺术，过于严苛的责任将大大打击董事行使权力的信心和动力，虽说权力行使应当为“戴着镣铐跳舞”，但倘若这具镣铐太过沉重，再好的舞者也难以施展绝妙的舞姿。如果法律对董事施以过分的责任，那么极易引发董事决策时的“寒蝉效应”，反而让董事率先考虑如何保护自身利益，其次才是如何促进公司的最佳发展，这样的结果显然与董事责任的立法目的背道而驰；相反，如果董事责任规定得过于宽松，同样不利于规范董事的权力行使，责任的意义和价值在于其威慑力，威慑不足则难以实现其效用，董事违反信义义务通常是为自身利益而侵损了公司利益，如果经由理性人分析认为董事因违反信义义务所受的惩罚还比不上自身获取的不当利益，那么相当于变相地鼓励董事触犯行为底线，也就无法规范董事权力的行使。因此，如何平衡好董事行权的积极性与违反信义义务而产生责任的严重性当为立法者谨慎考量的内容。鉴于此，本专题将聚焦于董事责任的承担和免除方面，深入剖析理论层面与实务层面对上述问题的态度与见解。

问题一　董事的内部责任与外部责任

董事责任分为内部责任与外部责任，董事的内部责任是指董事因自身不当行为需向公司承担的责任，是董事责任的最主要内容。董事的外部责任是指因其行为导致外部第三人损害时，外部第三人在追究公司责任的同时，还可以请求有过错的董事承担连带责任。董事承担内部责任源于违反其对公司所负担的信义义务,而如前一专题所述,董事信义义务分为忠实义务和勤勉义务,违反这两种义务的情形在法律评价上可能出现与侵权法的耦合,由此而引起的董事责任就可能包含着侵权法上的停止损害、确认无效、赔偿损失,以及利益归入等。董事外部责任受法人人格独立的组织法规则影响,一直以来未能实现突破,但实践层面董事滥权行为却又使得公司不得不承担更大的责任,由此才引发了对董事外部责任的思考与立法的呼声。董事是否应当承担外部责任,其外部责任应当如何表现等是该问题需要重点考量的内容。

【规范梳整】

一、董事的内部责任

关于董事违反信义义务的内部责任规范,主要集中在《公司法》《证券法》《民法典》等规范中。

《公司法》(2024)第 188 条规定,董事、监事、高级管理人员执行职务违反法律、行政法规或者公司章程的规定,给公司造成损失的,应当承担赔偿责任;第 186 条规定,董事、监事、高级管理人员违反本法第 181—184 条规定(忠实义务)所得的收入应当归公司所有;第 190 条规定了股东提起诉讼的权利。《公司法司法解释(三)》第 14 条规定,股东抽逃出资,公司或其他股东请求协助抽逃出资的董事和高级管理人员承担连带责任的,人民法院应予支持;公司债权人请求协助抽逃出资的董事和高级管理人员在其抽逃出资本息范围内对公司债务不能清偿部分承担连带责任的,人民法院应予支持。《民法典》第 84 条规定,董事、监事、高级管理人员利用关联关系造成法人损失的,应当承担赔偿责任。除此之外,即是《民法典》侵权责任编中关于公司侵权行为认定的停止侵权、赔偿损失等责任。《证券法》第 44 条规定,董事和高级管理人员违反股票买卖禁止性质规定的,其获得的收入归公司所有。同样的,关于内幕交易、市场操纵、违规信息披露等行为造成损失的,董事和高级管理人员应当承担赔偿责任,该类赔偿责任主要针对投资者,但因为投资者在上市公司中即表现为股民,所以在《公司法》的一般意义上,投资者,即股民也应当被纳入公司内部人员中。

此外,《公司法》(2024)规定了董事催缴义务,在第 51 条增加了未履行催缴义务董事的赔偿责任。

总结来看,董事内部责任的类型主要为赔偿责任、利益归入,同时若公司遭受因侵权所导致的损失,责任类型还包括停止侵权损害等。

二、董事的外部责任

关于董事对第三人的责任,《公司法》(2018)仅在第189条第3款中有所提及,该款规定,清算组成员因故意或者重大过失给公司或者债权人造成损失的,应当承担赔偿责任。对此我们应当看到,一方面,该款中的董事对第三人的责任限于清算期间;另一方面,在破产清算期间,董事的信义义务实际上应当有所转化,因为清算最为重要的目的即为偿还债务,清算组信义义务的对象虽然仍有公司,但更为重要的是债权人,因此,此时要求董事对债权人承担法律责任,并无不妥。不过,我们也应当看到,这类对第三人的责任并非本专题所探讨的,本专题探讨的是公司正常运行状态下的外部责任。对该类公司正常运行状态下的外部责任,《公司法》(2024)第191条规定:"董事、高级管理人员执行职务,给他人造成损害的,公司应当承担赔偿责任;董事、高级管理人员存在故意或者重大过失的,也应当承担赔偿责任。"由此奠定了董事外部责任的基调。但该修订并未明确第三人的范围,也未明确责任的豁免,可能导致更多的实践和理论的争议。

【理论基础】

一、董事内部责任的法律构成要件及法理基础

令董事向公司承担责任不仅意味着董事需付出严重的代价,董事承担责任后往往很难继续在公司任职,对于公司而言也可能是一种巨大的损失,因此实践中对于董事责任的认定理应是尤其审慎的。从董事做出不当行为到最终承担责任的区间内,有着重要的法律推理问题,只有符合了特定的法律构造方能适用董事责任的规定。由于董事内部责任直接体现为对公司财产利益的侵害,具有最直接的侵权行为性质,因此其法律构成要件也应比照侵权责任要件,分为董事行为的违信性、与违信行为存在因果关系的实际损失以及董事自身的主观过错三方面内容。

(一)董事行为的违信性

一般而言,应当赋予董事以广泛的行为自由,只要董事决策行为并不违反信义义务要求,其出于善意、合理的判断所作出的决策都应该是受到尊重的,否则董事所负担的过度限制反而会抑制其管理公司的动力,不利于公司的发展。但与此同时,信义义务同样也是董事行权的底线,逾越了底线便可能承担严格的责任。以董事行为的违信性作为董事承担内部责任法律要件之一的意义在于两个方面,第一是若董事被追究责任,则要求其必须做出了违反信义义务的行为;第二是董事在信义义务所允许限度内的行为应当一律受到保护。

具体而言,这种董事行为的违信性体现在两个层面,其一是违反了董事信义义务的直接内容,主要指实施了违反忠实义务或勤勉义务的具体行为,此处不过多赘述;其二则是对国家法律或法规的违反,而且此处的法律法规不局限于公司法领域,也应当包括违反《消费者权益保护法》、《产品质量法》乃至《刑法》等法律的规定。第一个层面的违信性是违反信义义务的直接客观体现,与董事及公司间的特殊信义关系直接相关,第二个层面的违信性则突出体现为违法,违信与违法在信义义务的体系中定然是一体的,要求董事诚信、善意地管理公司必然包含着要求其不违反法律的规定,如果其作出的决策有违国家法律的规定,也势必意味着其并未尽到对公司的善管义务(即注意义务),显然也是违反信义义务的直接体现。虽然行为合法作为董事行权的最基本要求并未直接纳入信义义务的具体内涵之中,但是在谈及对信义义务的违反时,违法性也当然是违信性的一个层面。总体上看,对董事行为违信性的判断理应是认定董事是否应该向公司承担责任的第一步,只要其行为是完全在信义义务和法律规定所允许的框架下实施,就应当对其行为予以绝对的保护,这也是董事行权独立性的必然要求。

(二)与违信行为存在因果关系的实际损失

民商法的一个重要的特点是:其归根到底是救济的法律,而不是惩罚的法律。因此在民商法意义上,不论行为人的行为是否是法律所不容许的,受害者是否存在损失都是题中应有之义,无损失则无救济。惩罚性赔偿仅能作为民商法的例外存在,而民事责任最主要的形式还是对实际损失的弥补,尤其在商事领域,许多法律上的价值判断可能因商业交易的属性而有所变通,如果董事的不当行为在结果上并没有给公司带来实际损失,那么也没有必要追究其法律上的责任。公司因董事不当行为所遭受的损失应当包括两类,一类是法律所拟制的损失,主要体现为董事利用自身的地位优势不当谋取了本应由公司所享有的利益,公司本应获取的利益而最终未能获得,属于一种潜在的损失,法律使用利益归入的方式将董事获得的利益拟制为公司的损失;另一类则是公司实际遭受的损失,既包括对外承担的赔偿责任,也包括单纯的资产减少,属于董事违信行为所直接侵害的公司利益。实际损失作为董事责任的法律构成要件意味着,即便董事实施了不当行为,但如果并未给公司带来任何的损失,例如有充分证据证明董事利用的商业机会最终不可能由公司利用,或者侵夺公司机会的董事并未在交易中获利甚至亏损;董事决策虽有不谨慎之处,但未造成严重后果,公司并未蒙受损失。这类情况下,公司可以对董事在内部施以制度上的惩戒,如通报批评甚至终止董事的任职,但董事无须向公司承担财产上的赔偿责任。

当然,需要强调的是,公司所遭受的损失应当是与董事的违信行为之间存在因果关系的,因果关系判断方式可以参照侵权法上的标准。由于实践中在公司治理方面很少会产生关于因果关系的争议,绝大多数情况下不会存在因果关系中断,而且董事责任的因果关系判断相较于侵权责任并无特别之处,故笔者不再将因果关系作为一项单独的法律构成要件加以分析。

(三)董事自身的主观过错

过错原则是民法当中追究特定人责任的重要原则,尤其在侵权法领域,自古有"让损失停留在发生之处"的法谚,这也意味着如果行为人主观上并不存在可归责的过错,那即便其实施了违信行为也造成了实际的损失,也不应该要求其承担相应的责任,因此对于主观过错的判断也势必是董事责任认定过程中最后一步应当考虑的内容。一般而言,董事对忠实义务的违反会在主观上表现为故意,虽然不排除过失行为同样可能导致对忠实义务的违反,但本书认为,忠实义务作为董事行为的红线,只有故意的违反方具有可责性,对于不存在严重主观恶意的行为应该抱以宽容态度,只有董事故意侵夺公司的商业机会、进行不公平的自我交易或者恶意地经营竞争性业务等行为,才值得施以严格的责任。这种恶意通常体现在董事对法定程序的违反、对交易对价的不合理认可以及作出的其他不符合公司实际的决策行为。

违反勤勉义务的主观过错通常是过失,如果董事故意无视交易危险或恶意作出不当决策,其行为将可能过渡到对忠实义务的违反。勤勉义务的违反在主观层面主要有两点内容需要强调:第一是勤勉义务的合理注意标准,由于董事在公司经营方面具备区别于一般人的专业性,在合理注意义务方面也应当高于一般人标准,因此如果董事未能充分地了解交易背景,对决策行为缺乏足够的谨慎,都可以被认定为存在主观过失;第二是商事判断规则的适用,在英美法当中,商事判断规则主要适用于违反注意义务的抗辩当中,即便公司可以证明某项决策从结果上是失当的,但只要董事可以证明这种决策是基于自己的充分知悉和善意所做出的商业判断,法院便不应该追究董事的责任。商业判断规则的关注焦点也在于对董事主观过错的抗辩上,充分知悉、善意以及商事判断等要件的具备则可以排除董事之主观过错,也就相应地不应追究董事责任。综上,对于主观过错的认定往往需要结合多方面因素来加以考虑,如果董事出于故意违反忠实义务并对作出的决策存在主观过失,且无法证明自己是基于善意的商业判断,则应向公司承担赔偿责任。

二、董事内部责任的具体形态

(一)停止侵害

董事向公司承担责任的直接原因是对信义义务的违反,而违反信义义务的直接后果通常体现为对公司利益的侵害，因此从法律性质上看，董事向公司承担的责任应属于侵权责任的类型，其中最首要的要求便是停止侵权行为的持续。这一类责任原则上及于所有类型的违反信义义务的行为，既包括对忠实义务的违反也包括对勤勉义务的违反，但不同类型的违反信义义务的行为相应的停止侵害的方式有所不同。违反忠实义务通常表现为董事实施了某种不当的行为，例如侵夺公司的资产、从事与公司相竞争的业务等。对于这些行为，公司首先的要求便是停止这种侵害公司利益的状态，前者要求董事要及时将侵夺的资产返还，从而让公司恢复被侵害前的资产状况；后者要求董事及时停止竞业行为，减少公司机密进一步泄露的风险，避免公司持续遭受竞业行为而带来的损失。而违反勤勉义务则可能体现为一种消极的不作为，如董事长期未列席会议参与决策，或者对交易的审核未尽合理注意，导致公司遭受了损失。对于这种以消极不作为侵害公司利益的行为，停止侵害自然是要求董事实际履行相应的义务，停止此前的不作为状态。总体而言，停止侵害是违反信义义务行为产生后第一时间由董事承担的责任，这种责任往往不是最终形态，但却是避免损害扩大的必要事项。停止侵害行为自然也是减少董事自身赔偿数额的重要之举，不当行为的持续会给公司带来更多的利益侵害，自然也会增多董事的赔偿责任，所以停止侵害既是董事向公司承担的责任类型，同样也是董事为避免更大赔偿责任而实施的补救措施。

（二）确认无效

与停止侵害相关的责任是确认无效，即公司可以请求法院宣告确认董事实施的不当法律行为不能够产生法律效力。① 确认无效是否应当作为一种直接的责任形态是存在争议的，原因在于法律行为本身具有相对性以及自身的独立价值，宣告法律行为无效固然可以对公司提供最大化的利益保护，但对于另一方相对人而言，这样的结果可能是难以接受的，反而可能侵害了另一方当事人的利益。尤其当另一方当事人是完全善意时，这种确认无效的结果似乎是缺乏公允性的，从宏观层面评价，无异于拆东墙补西墙，牺牲相对人利益而保全了公司利益。试举简单一例，董事因职务行为掌握了一定的交易信息，其利用这一信息与相对人订立了交易合同，谋取了不当利益，而未将该信息向公司予以披露，上述行为属于典型的篡夺公司机会的行为，违反了忠实义务的要求，需要承担相应的责任。那么此时，公司能否要求法院确认董事与相对人的交易合同无效，让公司重新成为交易相对人呢？答案很可能是否定的。按照《民法典》的一般要求，如果法律行为违反

① 参见赵旭东主编：《公司法学》（第4版），高等教育出版社2015年版，第314页。

了法律或行政法规的强制性规定，则可宣告法律行为无效，而《公司法》中关于董事不得侵夺公司机会的规定当然也有解释为是效力性强制性规定的空间，法院确认交易合同无效似乎也可寻得法律依据，但站在交易相对人的角度就不难发现，这种结果对其而言可能是“飞来横祸”。公司董事对相对人而言仅是一个普通的交易对象，如果仅因为其具有一个特别的董事身份，便会有令交易被宣告无效的风险，这无疑是不公平的。相对人可能已经为了这一交易进行了长足的准备，甚至有巨大的利益空间，而如果行为无效则意味着完全不能产生法律效力，其虽可请求有不当行为的董事承担赔偿责任，但法律行为无效的赔偿责任也仅限于信赖利益，其潜在的盈利空间无法得到补偿，而且请求赔偿也等同于不必要的诉累。我国的民商事司法实践在多年前比较倾向于判决法律行为无效，但是近些年来判决合同无效的裁判数量在显著减少，法官愈发倾向于确认法律行为有效，在当事人之间进行利益上的平衡。而且关于董事不得侵夺公司机会的规定虽然位于《公司法》中，但其只作为约束董事和公司内部关系的内部规定，如果因违反这一内部规定而影响到外部关系的效力，可能是超出了这一规定的立法初衷。因此实践中在要求董事承担确认无效的责任时，也应当尤其审慎。

（三）利益归入

利益归入不是一般意义上的侵权法中所包含的责任形态，而是在以信义义务为核心的身份关系中一类特殊的违反信义义务责任。利益归入责任要求董事将其因不当行为所获得的利益收归公司所有，相当于将董事个人利益转化为公司利益，是违反忠实义务所产生违反信义义务责任中的主要形态。对于董事因不正当自我交易、篡夺公司机会以及违反竞业禁止要求等行为而获得的不当利益，公司享有归入权，即可以要求董事将该部分利益转交给公司。[①] 与一般的侵权行为不同的是，董事因上述几类行为给公司带来的损失是间接的损失，更多表现为本可能由公司获得的利益未能实际获得，而这类间接损失在传统的侵权法中往往无法得到赔偿。但董事与公司之间区别于一般民事主体的特殊之处在于二者彼此存在信义关系，公司对董事有远高于普通主体之间的信任，公司相信董事会为公司最大利益而经营决策，此种信义关系的存在也催生了更严格的赔偿责任，因此即使公司的损失仅为潜在的间接损失，也应当由董事予以赔偿。以董事篡夺公司机会的行为举例，按照信义义务的要求，董事应当把自身在履行职务行为过程中所掌握的交易机会信息披露给公司，由公司决定是否要进行交易，而如果董事未进

① 参见周淳：《公司归入权的体系定位与规范构造》，载《财经法学》2021 年第 3 期。

行信息披露，自己直接与对方订立交易合同，便构成篡夺公司机会的违反忠实义务行为。然而从事后角度分析，即使董事及时向公司披露信息，公司是否愿意开展交易当属不确定因素；即便开展了交易，是否能够盈利以及盈利多少同样是不确定因素，因此法律上其实很难具体量化公司因董事篡夺交易机会而实际遭受的损失是多少。但利益归入的责任形态相当于法律做出了一种拟制，即把董事因篡夺交易机会而谋取的利益直接拟制为公司所遭受的损失，推定公司如果实施了交易也同样会获得相同的收益。同时利益归入责任也具有一定的惩戒性质，法律希望通过确立此种责任形式来逼迫董事不会铤而走险实施违反忠实义务之行为，否则其所获得的全部利润都会收归公司所有，董事冒着相应的法律风险最终仍旧是为公司赚钱，反而不如自始就对公司忠诚。

（四）赔偿损失

董事内部责任的另一种责任形式则是狭义的赔偿损失，利益归入属于一种特殊的损害赔偿责任，只不过是对潜在利益的赔偿，且赔偿数额依赖于法律的拟制，而狭义的赔偿损失则是对确定损失的补偿。赔偿损失责任对应于全部类型的违反信义义务行为，此种责任并不关注董事是否因不当行为而获利，只要公司遭受了相应的损失，就可要求赔偿，既包括违反忠实义务之行为给公司资产造成的不当减损，如自我交易行为让公司以不合理高价或低价买入或售出资产；也包括董事决策未尽审慎注意义务，让公司因不当决策对外承担了赔偿责任，公司所遭受的上述类型损失可直接归因于董事的不当行为，自然也可以请求董事向公司赔偿。狭义的赔偿损失是董事侵权行为的直接法律责任和法律后果，并未基于董事的特殊地位而有所特别之处，因此也是实践中最常见的公司追究董事的责任。当然在赔偿损失责任方面也存在着赔偿范围的争议，即公司请求董事赔偿的损失是否包括间接损失。一般意义上的侵权责任通常不包括间接损失的赔偿，但本书认为，董事的赔偿损失责任应当涵盖公司的间接损失。原因有两方面，一方面，董事违反信义义务给公司造成的损失不单具有侵权责任的性质，同时也具备违约责任的属性，董事信义义务虽然是法定义务，但其归根结底是基于董事与公司之间的雇佣关系而产生，故信义义务也可以理解为一种合同义务，因此董事违反信义义务给公司造成了损失当然可以适用违约责任的责任体系，赔偿范围既包括信赖利益也包括履行利益。另一方面，将董事责任完全限定在一般侵权责任的范畴无法彰显董事信义关系的价值，出于特别的信任，董事不损害公司的义务显然应该高于一般人之间的不损害义务，那么相应的责任也应当更加严格。这也同样顺应前文所言的归入责任的逻辑，董事责任为彰显惩戒价值，突出对于董事的反向激励，应该扩大赔偿范围，也为公司谋取最大范围的利益。

三、董事外部责任的法律依据与价值

从比较法上看，董事因职务行为对外直接承担责任的规定可以在其他国家和地区找到相似的制度。例如《日本公司法》第429条规定，“公司管理人员等履行其职务有恶意或重大过失的，该管理人员等应承担由此对第三人造成损害的赔偿责任”；《韩国商法典》第401条规定，“董事因恶意或者重大过失懈怠其任务的，该董事应对第三人承担连带赔偿责任”；《瑞士债法典》第754条规定，“董事会成员、执行公司事务或清算的人，因其故意或过失违反义务，致公司债权人受有损害者，应负赔偿责任”；我国台湾地区“公司法”第28条规定，“公司负责人对于公司业务之执行，如有违反法令致他人受有损害时，对他人应与公司负连带赔偿之责”；英美等判例法国家也曾在若干判例中明确了董事对第三人所直接承担的责任。上述立法例确立了董事对外承担严格责任的规则，只要董事存在主观上的恶意，即使其所为是为公司之利益的职务行为，仍需要对外承担直接的侵权责任。在董事严格责任体系之下，法人独立人格并不能成为董事与外部第三人之间的天然责任屏障，遭受损害的第三人有权直接向董事追究责任。

从立法目的上看，董事对外责任与对公司内部责任存在不同的侧重。内部责任因违反信义义务而产生，更强调董事需为公司之利益而决策；而外部责任则关注董事会决策所产生的外部性，①关注公司以外的第三人利益和社会公众利益的保护。近年来，类似“毒奶粉”“假疫苗”“瘦肉精”之类的恶性案件时有发生，公司为自身获取高额利润而置民众与社会利益于不顾，这些事件往往源于公司管理层的不当决策行为。在董事掌握经营决策权的前提之下，若从纯粹公司利益的角度出发，董事决策时仅考虑如何决策能够为公司创造更大的利润空间，而缺乏外部责任的后果可能是董事明知某种决策行为可能给他人或社会整体造成损害仍然如此决策，只因为这样可以为公司带来更大的收益。当公司因不当的决策行为所致危害面较大、受损主体数量较多时，公司财产或许远不足以填补全部损失。公司可以破产倒闭草草收尾，受损民众的损失却无法完全弥补，若使实际作出决策的董事会成员也因公司法人人格的屏障无法被直接追责，甚至在公司内部也无须承担责任，这种模式确有其不公平之处。规定董事对外连带责任的目的在于，以此迫使董事决策时必须极尽良善，不得为公司盈利而令公司做出有损他人或社会

---

① See Doron Levit & Nadya Malenko, *The Labor Market for Directors and Externalities in Corporate Governance*, The Journal of Finance, Vol. 71:2, p. 775 - 808(2016).

利益之行为,否则需与公司"连坐";对外部的债权人而言,可以将求偿范围追及至作出决策的董事,从而最大化保障其自身权益、填补遭受的损失。因此不可否认的是,董事对外严格责任制度本身的价值是值得肯定的。

四、董事外部责任的正当性反思

在肯定董事外部责任自身价值的同时,也不得不正视这一制度在正当性方面的潜在缺陷,以及径直地适用此项规则在法律实践过程中可能会产生新的难题。

首先,董事对外连带责任与我国《民法典》的相关规定存在冲突。我国《民法典》第 1191 条第 1 款规定,"用人单位的工作人员因执行工作任务造成他人损害的,由用人单位承担侵权责任。用人单位承担侵权责任后,可以向有故意或者重大过失的工作人员追偿",此条款在学理上一般被称作"雇主责任",[①]用人单位需为其雇员的职务行为对外承担无过错的侵权责任,而雇员仅可能承担内部的追偿责任,对外无需向被侵权人直接承担责任。公司与董事之间正属于用人单位与其工作人员之间的雇佣关系,按照《民法典》的这一规定,董事无需对第三人承担侵权责任,公司对外承担责任后可以向有故意或重大过失的董事追偿,然而按照《公司法》(2024)第 191 条之规定,公司董事需直接对外承担连带责任。这样的矛盾将导致司法裁判无法实现一致性,进而产生更多难以解决的纠纷。[②]

其次,在我国现行法未承认董事代表权的前提下,除被选定为法定代表人的董事长以外,其余董事与公司的法律关系只可能是代理关系,而在代理法律关系中,可代理之行为仅有民事法律行为,侵权行为无法适用代理规则。因此董事要么作为独立的个人承担侵权责任,而排除公司的责任;要么由公司对外承担责任,而排除董事的对外责任。董事与公司之间的代理关系并不能导致侵权责任主体从单一主体扩张到多个主体。在侵权行为理论中,多个主体承担连带责任的情况仅在有意思联络的共同侵权方面,[③]但董事的决策行为只属于公司意思形成的依据,侵权的意思表示事实上仅由公司做出,董事与公司间并不存在侵权行为的意思联络,故不能认定为成立共同侵权。因此,虽然董事对外责任有其重要价值,但在法理上或许难以找到支持的依据。

---

① 参见张宏凯:《雇主责任的起源及理论基础》,载《学海》2017 年第 6 期。

② 因《公司法》(2024)与《民法典》之间的矛盾,第三人如以《公司法》(2024)第 191 条为请求权基础,则可以要求董事直接向其承担连带赔偿责任,但如果以《民法典》第 1191 条为请求权基础,则无权请求董事直接向其承担责任。这会导致同样的基础事实由于援引了不同的法律依据作为请求权基础产生不同的裁判结果,不同法院之间也可能基于对两项规定不同的理解出现"同案不同判"现象。

③ 参见梁清华、张亦铭:《非充分条件之客观关联共同侵权责任研究——〈民法典〉第 1172 条的解释论考察》,载《河南师范大学学报(哲学社会科学版)》2023 年第 5 期。

最后，董事对外连带责任的确立可能会进一步引发董事决策的“寒蝉效应”。董事连带责任意味着董事虽实施为公司之利益的职务行为，但可能对外就赔偿款负担无限连带责任，其积极完成决策工作所积攒的工资报酬很可能因某次不当决策而消失殆尽，这样的风险是任何理性人都不愿承担的。如此后果便是，公司董事为了规避潜在的风险，将更倾向于消极地进行决策，对于无关痛痒的决议可以表决同意，而一旦认为决议可能导致风险，便大概率选择反对或弃权，或干脆放弃参会，这与赋予董事会以经营决策权所期待的董事积极行权的初衷显然背道而驰。此外，在诉讼层面，董事与公司承担连带责任的规定会导致涉及公司侵权诉讼中，所有对决议持同意意见的董事都与公司一同成为共同被告，即使是投反对票的董事也可能陷入诉累之中。这不仅会给司法资源带来较大的压力，增加诉讼案件审理的难度，也不利于我国经理人市场整体的发展建设。综合上述几点，董事对外连带责任这一强力的董事“外部锁链”的确立和应用确还需要更多的考量和斟酌。

因而，笔者并不主张扩大董事对外部第三人的法律责任，即便是在《公司法》(2024)似有明确确立董事对外连带责任规制的情况下，笔者也主张至少应当在第三人的范围以及董事责任的限制或豁免方面有所回应，避免无限制地扩大董事对外连带责任。

【审判实务】

经过前述分析，我们可以发现，董事违反信义义务的内部责任可以大致归类为具有侵权法性质的法律责任，包括赔偿损失等；以及纯粹信义法性质的法律责任，主要为利益归入。而确认无效由于涉及外部第三人，本书将在后文探讨。因此，对董事内部责任的审判实务部分，本书将以赔偿损失和公司归入权两种分类分别阐述。由于针对董事外部责任的探讨更多停留在理论探讨上，司法应用较少，对其规则的适当性和可靠性仍然有待司法的检验，因此不在审判实务部分进行讨论，该部分仍主要集中于内部责任这一主要的董事责任部分。

一、赔偿损失

违背信义义务导致公司损害在实务中具有较为明显的可苛责性。这一方面表现为董事和高级管理人员本身存在过错，如故意占用公司资金、掏空公司等；另一方面表现在导致的损害较为直接。诸如关联交易、挪用公司资金、开展竞业业务、接受他人与公司交易的佣金并归为己有等，本书在专题二十一忠实义务与勤勉义务中对其认定有过探讨，不再赘述，本专题集中于损害赔偿本身。

在“陈某、湖南愿景城镇建设投资有限公司等损害公司利益责任纠纷案”[①]中,法院认定,作为长天公司法定代表人的陈某未经公司股东会决议的同意,擅自将案涉4套房进行销售,且售房款未进入长天公司的共管账户,而是进入长天公司名下但是由其实际控制的其他账户,最终付至第三方以偿还个人债务。该行为损害了长天公司利益,依《公司法》(2018)第149条应当承担赔偿责任。在“陈某雄、胜利油田胜利泵业有限责任公司损害公司利益责任纠纷案”[②]中,胜利油田胜利泵业有限责任公司原董事长在收受鹏豪公司5%股份贿赂后,在未经过股东会决议同意的情况下,将胜利油田胜利泵业有限责任公司土地补偿款支付给鹏豪公司,导致胜利油田胜利泵业有限责任公司资金短缺,新厂区无法开工,造成了重大损失,法院认定其未对公司尽到忠实、勤勉义务,应当对给公司造成之损失承担赔偿责任。类似案例较多,不再罗列。

二、公司归入权

公司归入权是指,公司对因利益相关者违反法律规定或者公司章程规定实施的某些交易而取得的溢出利益,享有主张收归公司所有的法定权利。[③]“归入权对公司而言,是基于信赖利益关系而享有的权利”[④]。法律之所以赋予公司归入权,主要是由于董事、高级管理人员的竞业行为给公司造成的损失往往是潜在的,公司很难证明自己的实际损失,通过归入权的行使对违反竞业禁止的董事、高级管理人员予以惩戒,并补偿自己可能的损失。[⑤]

对于归入权的认定,在“李某峰、李某平损害公司利益责任纠纷案”[⑥]中,法院认为,公司行使归入权应满足以下条件:一是行使对象为公司董事、高级管理人员;二是行为人存在违反法定义务的特定行为;三是该行为获得了收入;四是行为与收入之间存在因果关系。据此,在该案中,李某平设立的大华公司与联大公司经营业务相同,其作为联大公司高级管理人员,设立竞业公司的行为虽是违反忠实义务,但其仅在大华公司任职两个月,原告无证据证明这期间存在业务转移,也未提供证据证明存在利益损失,因此对其主张之归入权不予支持。这一观点在实践中具有较多的适用,实践中出现不支持归入权的案例也多为未能证明公司实际

---

① 最高人民法院民事裁定书,(2021)最高法民申7294号。

② 最高人民法院民事裁定书,(2020)最高法民申4682号。

③ 参见江苏省高级人民法院民事判决书,(2015)苏商终字第00680号。

④ 贵州省高级人民法院民事裁定书,(2017)黔民终984号。

⑤ 参见山东省高级人民法院民事判决书,(2015)鲁商终字第532号。

⑥ 湖北省高级人民法院民事判决书,(2017)鄂民终3078号。

损失和董事、高级管理人员的实际收入。

不过,因为归入权引发的争议容易诱发人们对其公平性的质疑,例如在公司没有实际损失的情况下,董事、高级管理人员违背信义义务获得了巨额收入,是否应当支持归入权问题。在“封某祥、罗某合同纠纷案”①中,法院认为,“封某祥当年集资建成的房屋即便现已发生巨额增值,由于封某祥的行为违反法律规定而归于公司所有,也并不有违公平原则”。由此可见,归入权并不因公司实际损失多少以及是否有损失而有所改变。

综合来看,赔偿损失和公司归入是董事承担内部责任的两大主要责任形式,在实践中,这两类主要产生争议的地方在于举证证明损失的多少和收入的多少。

【典型案例】

济南东方管道设备有限公司与李某滨、济南东方泰威机械设备有限公司损害公司利益责任纠纷案②

基本案情:

济南东方管道设备有限公司(以下简称东方公司)于2002年12月28日设立,出资设立人为李某滨等,主营业务为无缝钢管、压力容器等。李某滨任东方公司董事和副总经理。2012年6月20日,李某滨出资设立济南泰威机械设备有限公司(以下简称泰威公司),主营业务亦为无缝钢管、压力容器等,同时,李某滨担任泰威公司的执行董事、经理、法定代表人。2012年7月,东方公司与李某滨解除了劳动关系,李某滨不再担任东方公司副总经理职务。但是,东方公司工商登记显示李某滨目前仍为东方公司董事。自2013年8月31日至2015年5月31日,李某滨在泰威公司的工资薪金所得为71,300元。后东方公司以李某滨未经东方公司同意,擅自设立泰威公司经营具有竞争关系的同类业务,并利用公司客户谋取商业利益为由,要求其停止担任董事,并赔偿经济损失1000万元。

裁判要旨:

该案历经两审,两审法院观点一致,故在此统一叙述。

法院认为:(1)李某滨违反了竞业禁止的法定义务,应当停止担任其他公司董

① 最高人民法院民事裁定书,(2018)最高法民申3964号。

② 山东省高级人民法院民事判决书,(2015)鲁商终字第532号。

事。所谓竞业禁止,是指对与权利人有特定关系之人的特定竞争行为的禁止。我国《公司法》要求公司董事、高级管理人员应当对公司负有忠实和勤勉义务,要求董事、高级管理人员在执行公司业务时或担任公司职位期间需全心全意为公司服务,以公司最佳利益为出发点行事,不得追求公司利益以外的利益,不得追求个人利益。因此,董事、高级管理人员对公司负有竞业禁止义务,即包含禁止自营或为他人从事与公司营业有竞争性的活动,也包含禁止利用职务便利谋取属于公司的商业机会。该案中,李某滨系东方公司的董事、副总经理,属于东方公司的高级管理人员,其在东方公司担任董事期间,发起成立泰威公司并担任泰威公司的执行董事、法定代表人和经理职务,而泰威公司与东方公司的经营范围部分相同,属同类经营。李某滨的行为已构成对东方公司竞业禁止义务的违反,其担任泰威公司的执行董事的行为违反了法律规定。因此,东方公司请求判决李某滨停止担任泰威公司的董事于法有据。

(2)李某滨在泰威公司的工资薪金所得应当归入给东方公司。所谓归入权,是指公司可以要求董事、高级管理人员把其为个人利益或为他人利益而获得的竞业收入、报酬归于公司,把董事、高级管理人员竞业的交易,视为公司的交易。法律之所以赋予公司归入权,主要是针对董事、高级管理人员的竞业行为给公司造成的损失往往是潜在的,公司很难证明自己的实际损失,通过归入权的行使对违反竞业禁止义务的董事、高级管理人员予以惩戒,并补偿自己可能的损失。该案中,李某滨在担任泰威公司执行董事期间,自2013年8月31日至2015年5月31日的工资薪金所得为71,300元,对于东方公司要求应将李某滨的该部分薪金属于东方公司所有的主张,系其对公司归入权的正当行使,于法有据。

(3)对于东方公司主张的收入损失,因其未能提交相应的证据证明其损失实际数额,以及其损失与李某滨相应的违反董事及高级管理人员忠实义务的行为存在因果关系,济南中级人民法院及山东高级人民法院都没有支持。

裁判评析:

归入权的属性并不同于一般的侵权责任,我们前面提到,公司归入权可以归类为一种拟制的损失,即利用职位优势获取了本应属于公司的利益。我们对照着这一定义来看,李某某在泰威公司担任高级管理人员所获得的薪资报酬,是否应当属于一种拟制的损失,也即该损失本应属于公司的利益?显然,公司不可能设立新公司,并派员出任该公司的高级管理人员,只为了获得该公司的薪资收入。同样地,类似情形也表现在其他案例中,例如董事占用公司的资金炒股,获得了股利后又将该占用的公司资金归还,甚至于还多归还了利息,此时其获得的溢价收入,是否应当归入公司?与前述相同,公司虽然拥有该笔财产,但并不意味着其必然会去炒股投资,也不意味着其炒股投资就会获得溢价收入,甚至于,倘若非该高级管理人员进行的投资,该笔炒股投资可能会损失。由此来看,在这一情形下公司并无损失,所以缘何该笔收入应当归入公司?缘何李某某的收入应当归属公司?我们之所以有这样的疑问,根本原因是没有正确理解公司归入权。我们通常在侵权法的损害赔偿视角下理解信义义务问题,我们即便是在对董事内部责任的法律构成要件问题探讨时,也不得不援用侵权法的评价路径,这一方面是源于规范已经形成了思维上的路径依赖,另一方面因为违反信义义务的评价在很多情况下本就是一种纯粹的侵权行为。但在涉及前述问题时,侵权法的路径就面临着障碍。归入权系源于英美法系信义义务的逻辑演绎,其在我们实定法的路径下难以找到契合的规范构造,民法上的侵权、无因管理、不当得利都无法解释归入权,只能将其解释为违反忠实义务之责任的特别规定。① 所以,当我们跳出侵权法的规范路径,将其视为一种全新的、根源于英美信托法里的权利类型时,就会发现,归入权的对象就可以解释为收入本身,或者是净利益,而非损失。此时我们再看前述李某滨的行为,其在担任东方公司的董事期间,违背竞业禁止义务,设立公司获得收入,本身是一种违背了信义义务而获得的收入,因此该笔收入应当归入公司。

问题二 董事责任的限制与豁免

董事承担责任是为其违背忠实义务和勤勉义务所应当付出的代价,但作为商事公司的管理层,其每天面对的是充满商业风险的社会交往,决策可能带来公司收益,同样也可能造成损失,一味地增加其责任而忽视对其责任的豁免只会让董事决策陷入畏首畏尾的境地。因此,限制董事责任乃至豁免其责任是加强董事责任立法中不可或缺的配套措施。

【规范梳整】

《公司法》(2018)第112条第3款是其对董事责任限制或豁免的唯一规则,该款规定,董事应当对董事会的决议承担责任;董事会的决议违反法律、行政法规或者公司章程、股东大会决议,致使公司遭受严重损失的,参与决议的董事对公司负

---

① 参见周淳:《公司归入权的体系定位与规范构造》,载《财经法学》2021年第3期。

赔偿责任,但经证明在表决时曾表明异议并记载于会议记录的,该董事可以免除责任。这一责任限制或豁免显然与英美法系的商业判断规则(business judgment rule)保护和日韩等国的股东大会豁免有所不同。在本轮《公司法》修订强化董事责任乃至增加了第三人责任的情况下,责任限制或豁免的缺乏会对董事执行职务造成不便。《公司法》(2024)增加了董事责任保险制度,规定公司可以在董事任职期间为董事因执行公司职务承担的赔偿责任投保责任保险,公司为董事投保责任保险或续保后,董事会应当向股东会报告责任保险的投保金额、承保范围及保险费率等内容。这表明,我国拟采用董事责任保险制度来实现对董事责任的限制与豁免,这一方式在一定程度上为董事执行职务的行为提供了保障,但该制度是否能够起到良好的效果,仍然有待时间的检验。

【理论基础】

揆诸域外实践,董事责任的限制与豁免主要有商业判断规则、股东会豁免、董事责任保险等模式。其中,商业判断规则是影响力最大的模式。

一、商事判断规则的域外镜鉴

在董事内部责任与外部责任之外,董事责任体系剩余的最后一块拼图应是董事责任的免除规则。内外部责任的建构固然可以督促董事行权过程极尽谨慎,但过度的绑缚也定然会收紧董事大胆决策的手脚,从而让公司失去足够的决断力与活力。如果说内外部责任的构筑是为董事缩紧了权力,那责任免除规则便是为董事松绑,减少不必要的后顾之忧。在我国的《公司法》体系之下,董事责任的免除规则长期是缺失的,但比较法层面以美国公司法判例为先河而构建的商事判断规则,在司法裁判中被广泛适用于对董事因决策行为所产生责任的免除。在本轮《公司法》修改的立法论证过程中,多位学者建议在我国引入类似于商事判断规则的免责体系,但遗憾的是此种观点最终并未被立法所采纳。法律层面的制度确认往往脱胎于司法实务中的尝试,商事判断规则在本源上便是一种司法裁判规则,因此我国也不妨在实务中探求这一制度的本土化适用空间,以求未来将其纳入法律体系之中。

商事判断规则为美国司法实践所产生的审查规则,其雏形源起于 19 世纪初期,经过不断的修正和演进,被普遍认为正式确立并反复援引的规则为 1984 年的 Aronson v. Lewis 案中法官的论述,“商业判断规则建立在这样一种假定之上,即董事在行使决策之职时,会在知悉的基础上,本着善意,为公司的最佳利益行事。如果缺乏董事滥用裁量权的证据,董事的判断受法院的保护。指证董事违反职责的一方应负举证责任,即找到证据推翻前述假设"[①]。从上述标志性的判例论述来看,合理的商事判断被推定为包含以下三方面要件:充分知悉,主观善意,为公司之最大利益。[②] 但美国的商事判断规则最核心的要义并非要求董事主动证明自身决策行为符合上述要件,而是在司法裁判中将举证责任倒置,要求原告证明董事决策行为有违反上述一个或多个要件,否则董事即受商事判断规则的保护,不会被追究责任。[③] 商事判断规则主要的价值在于凸显出经营判断与司法判断之间的界限,默认法官并不如董事等公司经营者了解商事经营事项,从而避免法官在案件裁判中取代经营者来对决策行为是否正当进行实质审查。同时肯定承认结果上的决策失误属于经营决策中的正常风险,只要董事尽到合理的注意义务,出于主观善意和对公司最大利益之考量,哪怕最终客观上导致了不当的后果,也并不具有可责性。[④] 这一规则本质上还是为解放董事决策时的手脚,鼓励其为公司之利益进行大胆决策,减少基于正当商事判断而被客观归责的可能。而且,从商事判断规则适用条件也不难看出,这一规则也绝非董事违反信义义务行为的保护伞,一方面,这一规则仅为一种"假设",即仅在法律程序中推定免责,法律推定意味着可以被反证推翻,[⑤]如果原告举出充分证据证明董事确有违反信义义务之行为,则该董事同样需要被追责;另一方面,该规则仅限于董事因"商事判断"而实施的职务行为,一般只涉及董事被控诉违反注意义务时,[⑥]而董事违反忠实义务则通常无法援引该规则进行抗辩。忠实义务的内容大多为对董事基础性和底线性的要求,违反忠实义务意味着董事恶意地实施了有违公司利益之行为,这种行为并无免责的必要性和正当性,其本质上并不是在进行经营决策行为,自然无援引商事判断规则为其"出罪"的空间。美国法律协会(ALI)出台的《公司治理原则:分析与建议》中明确地将欺诈、违法、利益冲突、自我交易等违反忠实义务之行为排除在商事判断规则的适用范围之外,[⑦]也印证了上述论断。但总体而言,商事判断规则的制定仍为董事服下了一颗"定心丸",只要董事确是基于自己正当的商事判

---

① Aronson v. Lewis, 473 A.2d 805 (1984).

② 参见刘迎霜:《股东对董事诉讼中的商业判断规则》,载《法学》2009 年第 5 期。

③ 参见傅穹、陈洪磊:《商业判断规则司法实证观察》,载《国家检察官学院学报》2021 年第 2 期。

④ See Douglas M. Branson, *The Rule that Isn't a Rule—The Business Judgment Rule*, Valparaiso University Law Review, Vol. 36, p. 631(2002).

⑤ 参见刘迎霜:《股东对董事诉讼中的商业判断规则》,载《法学》2009 年第 5 期。

⑥ 参见夏利民:《董事谨慎职责与经营判断规则之关系刍议——以美国法为视角》,载《比较法研究》2010 年第 6 期。

⑦ See American Law Institute, Principles of Corporate Governance : Analysis & Recommendations, 1994, Volume 1, Part 4.

断作出的善意决策,不会因事后不好的结果被追究责任。

二、商事判断规则的本土化适用

对于我国而言,本轮《公司法》修改试图确立董事会在公司治理中的核心地位,在法律广泛赋予董事会经营决策权又施以公司内外部严格责任的同时,司法实务中颇有必要对责任的限制和免除规则予以界定和明确。尤其在围绕勤勉义务的争议中,在董事被赋予重要权力而法律又未明确勤勉义务具体内涵的前提下,则更需要引入商事判断规则这类条款来对正当决策行为标准加以释明。[①] 进一步而言,在《公司法》确立董事对外连带责任的情况下,我国的董事似乎更加需要此类责任免除规则的保护。从表面上看,董事对外连带责任中"故意或重大过失"的要件与商事判断规则中"善意"的要件相排斥,但从美国商事判断规则的适用来看,这一规则所强调的"善意"通常指代董事对于公司的善意。[②] 在特定的情况下,董事对公司的善意与对第三方主体的善意可能本身是矛盾的,尤其在损害第三方利益会为公司谋取更大利益的情况下,董事选择为公司之利益而牺牲第三方利益固然对第三方来说是非善意的,但对公司而言却是善意的。在董事对外连带责任规定本身存在合理性缺陷的前提下,通过法律解释将商事判断规则中的善意限缩于董事对公司的善意,从而将董事对第三方的恶意排除在商事判断规则所考量的范围内,允许董事以此抗辩,或许是中和这一强力的外部责任对董事决策过度限制的可行之策。

当然,美国法上的商事判断规则采用举证责任倒置的方式对董事的保护程度更高,案件中当事人对于消极事实的举证始终是十分困难的,原告作为股东或公司其实很难举证证明董事决策是"非主观善意"、"未经充分知悉"或"非为公司之最大利益"。此种保护所依赖的前提是,董事作为商事判断者的判断能力非常出色,其对公司经营管理的专业素养非常过硬,如此才能令法官在司法裁判中推定董事之商事判断是合理的。但这一前提在我国还需要很长时间来实现,我国目前的职业经理人市场的建构还远未成熟,董事是否真的能够承担起高于一般人的注意义务,做出的商事判断真的可以被无条件信赖还是需要被怀疑的,这都是有待考察的。因此实践中直接完整引入商事判断规则或许并非绝佳的选择。

笔者认为,我国所需要的商事判断规则应当是一种抗辩规则,即董事在被诉

---

① 参见叶金强:《董事违反勤勉义务判断标准的具体化》,载《比较法研究》2018 年第 6 期。

② See Joseph Hinsey Ⅳ, *Business Judgment and the American Law Institute's Corporate Governance Project: The Rule the Doctrine and the Reality*, The George Washington Law Review, Vol. 52, p. 609 (1983).

请承担责任时,董事可以自行证明决策行为符合商事判断的三方面要件。如此一来,商事判断规则相当于确立了正当理性决策的实践标准,只要能够完成证明抗辩就能成立,可以免于追责。改造后的商事判断规则重点在于强调责任排除的三方面要件,同时反面地对董事注意义务的内涵予以界定,但并未给原告施以过分的举证责任,也未给董事以过度的保障。

我国的司法实践并未将商事判断规则作为一种普适性的裁判规则,最高人民法院也未出台过指导性案例对该规则加以官方性的解读,但实践中也不乏法院参照适用这一规则来进行裁判,这可以视为对商事判断规则的借鉴。当然法院在适用过程中也并不是完全套用美国的裁判规则,更多是将其作为一种说理的论据来推导出最终的判决结果,笔者试举其中比较具有代表性的一例加以简要分析。

【审判实务】

由于立法的阙如,司法实务中对董事责任的限制与豁免主要集中于商业判断规制的解释与适用。但法院在适用中的说理却并不尽如人意,较为明显的表现是裁判中仍存在对案涉问题的实质介入。例如,在"黑龙江鸿基米兰热力有限责任公司、王某玉损害公司利益责任纠纷案"①中,被告王某玉被原告黑龙江鸿基米兰热力有限责任公司指控,在担任公司负责销售的副经理期间,与金源煤炭公司、百润经贸公司签订的《补充协议》致使原告采购成本增加,应当对此承担赔偿责任。法院认为,王某玉签订该《补充协议》的背景是原告不能按期支付货款,在征得公司财务负责人同意的情况下签订的,应当认定其取得了公司许可。事实上,由于公司的高级管理人员在从事商业活动时会面临极大的商业风险,不能要求每一个决策活动均产生最佳效益,否则对实际经营管理者的要求将过于苛刻,王某玉的案涉行为在当时情形下具有一定的合理性,并不违反商业判断规则。该案中,法院虽然以"取得许可"作为裁判的支撑论点之一,但认定《补充协议》的签订背景是原告不能支付货款仍有实质审查的嫌疑。类似的情形还体现在"吕某辉、林某伟损害公司利益责任纠纷案"②中,法院认为,基于公司经营业务的复杂性和商业决策自身的特点,考量公司执行董事经营管理行为的合理性,可以参照商业判断规则。根据执行董事这一公司治理机构的运作特点,如果作出商业判断的执行董事与作出判断的内容没有利害关系,其有正当理由相信其在当时情形下掌握的有

① 黑龙江高级人民法院民事裁定书,(2018)黑民申 2845 号。

② 广东省广州市中级人民法院民事判决书,(2021)粤 01 民终 1056 号。

关商业判断信息充分、妥当、可靠，其商业判断符合公司的最佳利益，就应当认定为忠实、勤勉地履行了义务。该裁判思路也得到其他法院的支持，①但“利害关系”的表述实则是对案涉问题的实质审查。

与之相对，在“衡阳市南东有色金属有限公司与湖南安化渣滓溪矿业有限公司纠纷案”②中，法院指出，公司董事作为股东选举产生的管理者，对公司实务具有独立的决定权，有权依照其对公司经营状况的独立判断作出相应的经营决策选择，只要该经营决策没有故意损害他人的合法权益，即使该经营决策事后被证明对公司造成了损害，董事的该种基于公司经营状况作出商业决策的权利也应受到法律的保护，无须承担责任，这就是所谓的公司管理者的商业判断规则。一审判决以湖南安化渣滓溪矿业有限公司所委派的公司董事未决定在2009年恢复生产为依据，判令湖南安化渣滓溪矿业有限公司应当承担责任，系以法院的事后判断代替了公司经营者的商业判断，违反了《公司法》中的独立经营原则，应予纠正。该案中，法院虽然也提出决策没有故意损害他人合法权益这一要求，但主要还是审查一审是否存在事后判断的行为，较为符合商业判断规则的一般主张。同样地，在“北京百汇恒兴贸易有限公司与XUXIAOQING等其他侵权责任纠纷案”③中，法院认为，项目投资价格是否合理一般应根据商业判断规则进行审查，原告在参与了投资决策并享有一票否决权的情况下，并未在项目投资时提出异议。至于诉争投资项目客观上能否顺利推进并实现预期投资收益属于商业投资风险范畴，在原告无其他证据证明被告在投资决策中存在主观欺诈故意的情况下，其仅以项目估值的合理性为由主张被告恶意串通，尚缺乏足够的事实依据。本案中，法院并未审查项目估值合理性等问题，而以原告未提出异议这一程序性的原因，判断被告行为符合商业判断规则，值得提倡。

总的来看，商业判断规则在司法实践中的适用存在一定的偏差，即部分法院仍然进行了实质审查。对于董事行为是否符合商业判断，本书主张，应量化标准，把是否履行了相应的程序、是否进行了前期调研等程序性事项定为标准，尽量避免进行实质审查。

---

① 参见安徽省合肥市中级人民法院民事判决书，(2017)皖01民终7360号。

② 湖南省高级人民法院民事判决书，(2014)湘高法民二终字第73号。

③ 上海金融法院民事判决书，(2018)沪74民初1364号。

【典型案例】

武汉美之融电器营销有限公司诉范某、蒋某保损害公司利益责任纠纷案[①]

基本案情:

范某与蒋某保在2010—2012年间曾分别在武汉美菱电器营销有限公司(以下简称武汉美菱公司,后更名为武汉美之融电器营销有限公司)担任总经理、财务负责人。二者任职期间,武汉美菱公司与博士来公司签订一份《2012年度美菱冰箱、冰柜、洗衣机区域经销商协议》,协议签订后,武汉美菱公司又与博士来公司签订《补充协议》一份,上述协议均有范某、蒋某保签字并加盖武汉美菱公司公章。2011年11月21日,博士来公司向武汉美菱公司电子转账20万元用途为借款;11月24日武汉市武昌区正光报警设备经营部分两次以转账支票方式向武汉美菱公司支付280万元并注明货款。武汉美菱公司于同日向博士来公司开具收据,载明收到博士来公司300万元现金货款,收款事由为冰箱款。其后武汉美菱公司提供的产成品发货单显示其向博士来公司发送冰箱、洗衣机等家电共约2000台,但收货人是武汉美菱公司员工,博士来公司表示未收到货物。

2013年,博士来公司向湖北省武汉市东西湖区人民法院起诉,要求武汉美菱公司偿还借款2,438,673元及利息损失等,经两级法院审理,湖北省武汉市中级人民法院作出终审判决,要求武汉美菱公司向博士来公司偿还借款2,214,913元及逾期利息。该判决认定,"武汉美菱公司在合同履行期间发送的冰箱、洗衣机等货物,实际收货人均为其公司员工田某,武汉美菱公司向博士来公司发货均由其自行控制,博士来公司并未实际收到,故美菱公司主张双方系买卖合同关系,不能成立。《补充协议》约定博士来公司向武汉美菱公司提供300万元专项资金,但不参加共同经营,也不承担经营的风险责任,不论盈亏均按期收回本金并收取固定利润66万元,与其他证据相互印证,证明博士来公司与武汉美菱公司是明为委托经营,实为借款合同关系"。后博士来公司申请强制执行,双方达成执行和解,履行完毕后经价值评估,武汉美菱公司实际损失1,588,182元。

武汉美菱公司认为,范某、蒋某保未经过董事会同意签订了《补充协议》,《补充协议》最终被法院认定为借款协议而非经销协议,二人故意隐瞒行为,损害了公

① 安徽省合肥市中级人民法院民事判决书,(2017)皖01民终7901号。

司利益，向博士来公司承诺保底付息和固定回报，导致武汉美菱公司利益受损，损失数额为1,588,182元，故诉请范某、蒋某保向其赔偿损失。

裁判要旨：

一审法院认为，范某于2010年6月28日担任武汉美菱公司总经理至2012年2月29日，蒋某保于2010年12月20日担任武汉美菱公司财务负责人至2012年5月16日，两被告担任原告公司高级管理人员，期间两人以原告名义与博士来公司签订《2012年度美菱冰箱、冰柜、洗衣机区域经销商协议》《2012年度开盘协议》《补充协议》，上述协议经武汉市中级人民法院以（2014）鄂武汉中民商终字第01345号民事判决认定为借款合同关系，该判决已发生法律效力。原告为此支付博士来公司借款本息240万元，原告仅收回存放于咸宁仓库的美菱冰箱、洗衣机等共计748台，经评估价值为811,818元，原告实际损失为1,588,182元。

武汉美菱公司章程规定：决定公司重大资金借贷等事项，须由1/2以上董事表决通过；资金拆借和关联交易等重大事项应及时向董事会报告；董事、总经理、监事执行公司职务时违反法律、行政法规或者公司章程的规定，给公司造成损害的，应当承担赔偿及相应法律责任。该案中，范某、蒋某保违反原告公司章程的规定，在未向原告董事会汇报，未经董事会审议通过的情况下，与博士来公司签订借款合同，该借款合同已经武汉市中级人民法院生效判决予以确认。范某、蒋某保的前述行为违反公司章程的规定，给原告造成实际损失1,588,182元，应对原告的上述损失承担赔偿责任。

二审判决认为，公司高级管理人员对公司的赔偿责任成立，须同时满足行为的不当性（违反法律、行政法规或者公司章程的规定），有损害结果，不当行为与损害结果之间存在因果关系三个构成要件。

首先，关于行为的不当性，基于公司经营业务的复杂性和商业决策自身的特点，考量公司高级管理人员的责任，应当参照商业判断规则。如果作出商业判断的高级管理人员与作出判断的内容没有利害关系，其有正当理由相信其在当时情形下掌握的有关商业判断信息充分、妥当、可靠，其商业判断符合公司的利益的，就应当认定为忠实、勤勉地履行了义务，对由此发生的合理经营判断失误造成的损失，可以减轻或者免除责任。2011年11月18日，范某、蒋某保代表武汉美菱公司与博士来公司签订《2012年度美菱冰箱、冰柜、洗衣机区域经销商协议》及《补充协议》，经武汉市中级人民法院审理后，以（2014）鄂武汉中民商终字第01345号民事判决认定上述合同明为委托经营，实为借款合同关系。而根据武汉美菱公司章程的规定，范某作为总经理，应当向董事会报告实为资金借贷的案涉合同。范某称由于其主观上认为该合同不属于借款合同,是其职权范围内的经销商协议,未正式形成董事会决议,但实际上告知了公司,并未对公司隐瞒。即使签订的这一系列协议明为委托经营、实为借款合同,由于武汉美菱公司实际占有、使用了博士来公司交付的300万元,范某、蒋某保个人也未从中获利,且公司对此也知情,亦无证据证明该协议的签订不符合当时的商业判断,不应认定上述签约行为违反了高级管理人员对公司的勤勉、忠实义务。

其次,关于损害结果,武汉美菱公司与博士来公司签订《2012年度美菱冰箱、冰柜、洗衣机区域经销商协议》及《补充协议》虽被法院认定为明为委托经营、实为借款合同关系,但仍是有效的合同。因被上诉人未完全履行上述协议约定的义务,被博士来公司诉至法院,相关案件已审理、执行终结。由于案涉协议实为借款合同关系,公司亦占有、使用了博士来公司提供的300万元资金,应承担相应利息。美之融公司所遭受的损失主要体现为货物丢失、贬值的损失。

最后,关于行为与损害结果的因果关系,由于武汉美菱公司遭受的损失主要体现为货物丢失、贬值的损失,而货物丢失、贬值的损失是合同履行过程中产生的,与合同签订无关。范某、蒋某保已提供证据证明两人因公离职时已与公司办理了全面交接手续,武汉美菱公司未提供证据证明货物丢失、贬值是因范某、蒋某保执行公司职务时违反法律、行政法规或者公司章程的规定所致。因此,被上诉人遭受的损失与范某、蒋某保的行为不具有因果关系。

综上,武汉美菱公司提供的证据不足以证明范某、蒋某保损害公司利益,本院对其要求范某、蒋某保承担赔偿责任的诉讼请求不予以支持。

裁判评析:

该案历经两审判决,一审支持了武汉美菱公司的诉讼请求,二审改判驳回,其中二审关于商事判断规则部分的论述颇值得赞赏和关注。范某、蒋某保二人是公司的总经理和财务负责人,并非公司董事,但高级管理人员承担责任的底层逻辑与董事责任无异,该案中武汉美菱公司主张二者向公司隐瞒了协议签订的细节,擅自在《补充协议》中向交易相对方承诺了固定回报,导致协议被认定为借款协议而非经销协议,最终给公司造成了损失,属于违反勤勉义务之行为。类似的案件在公司实践中并不罕见,主要涉及董事和高级管理人员自主权力的边界,公司常常会以事后的结果来倒追当时作出决断的主体,认为只要客观上给公司造成了损失,便应当追究作出决定的董事或高级管理人员的责任。信义义务在此类案件中便成了追责的口袋,尤其对于没有清晰内涵界定的勤勉义务而言,在这类案件中很可能被滥用于对董事、高级管理人员的事后追责,反而忽视了其正当商事判断的价值。二审法院就注意到了这一点,其在判决书说理中虽然就行为正当性、损害结果与因果关系三方面内容都进行了分析,但其中主要的支持判决结果的理由还是其中第一点,即认为范某、蒋某保二人的行为本身并不具有不正当性,并且直接写明应“参照商业判断规则”,这一判决论理显然十分具有代表性和开创性。“参照适用”意味着判决并没有将商事判断规则作为直接的裁量依据,但是却借鉴了其逻辑和价值,写出了“作出商业判断的高级管理人员与作出判断的内容没有利害关系,其有正当理由相信其在当时情形下掌握的有关商业判断信息充分、妥当、可靠,其商业判断符合公司的利益的,就应当认定为忠实、勤勉地履行了义务,对由此发生的合理经营判断失误造成的损失,可以减轻或者免除责任”这样的判词,而此段论述正是与商事判断规则的内涵不谋而合,包括后文对于证据规则的适用,也暗含着商事判断规则关于举证责任倒置的证据要求,因此可以说本判决是充分吸收了商事判断规则的逻辑,正面肯定了公司高级管理人员基于正当商业判断的行为可免于追责。

由于我国并非判例制国家,这一判决虽由中级人民法院作出,不一定能产生直接的示范效用,但是该判决已经前瞻性地尝试将商事判断规则作为一种重要的论理来对董事和高级管理人员行为的正当性加以论证,可以视为是一次重大的突破。商事判断规则不仅是对董事、高级管理人员责任的免除规则,更重要的是为公司董事高级管理人员除去沉重责任枷锁造成的过度威慑,促使其大胆作出决策。公司法也不应当充当“事后诸葛亮”的角色,不能完全以最终的结果来倒推看待决策行为的正当性。商事判断规则的本土化适用无疑能够促进董事责任体系的进一步完善,未来也希望实务中能有更多案例吸收借鉴这一规则,来对董事和高级管理人员的责任认定作出更充分的考量。

专题二十三　独立董事的权责问题

导　语

独立董事是指不在公司担任除董事职务之外的其他任何职务,并与其所受聘的上市公司及该公司主要股东不存在一切可能妨碍其进行独立客观判断关系的特定董事。[①] 独立董事制度发端于英美法系国家,被认为是所有权与控制权分离背景下改善上市公司治理、降低代理成本、制衡内部人控制、提高监督效率的有效治理机制,有助于实现公司价值和股东利益的最大化。独立董事制度在英美法系国家创设后,世界许多国家和地区都引入该制度,至今独立董事的配置已经成为现代上市公司治理结构中不可或缺的一环。

我国于2001年发文《关于在上市公司建立独立董事制度的指导意见》(证监发〔2001〕102号),正式在上市公司中引入独立董事制度。《公司法》(2005)修订也确认了该制度的地位。我国引入独立董事制度的初衷在于解决我国公司治理中长期存在的股权结构不合理、内部人控制、监事会监督效果乏力等现实问题,但从其实践来看,这种立法设想尚未如愿。由于独立董事功能定位模糊、监督职能实现路径冲突、权责配置失衡等缺陷的存在,使得独立董事成为“花瓶董事”“印章董事”的代名词,并且在康美药业案后,这一“花瓶董事”又演变为“责任花瓶”,[②] 引发了一股独立董事辞职热潮。因此独立董事的功能定位、职权范围与法律责任已经成为立法与实践的关键问题。鉴于此,本专题分为独立董事的功能定位与职权范围及其责任承担两个部分,分别阐述独立董事“权”与“责”两个方面的问题,以期为独立董事的立法、司法与实践提供有益借鉴。

---

① 参见赵旭东主编:《公司法学》(第4版),高等教育出版社2015年版,第302页。

② 参见王涌:《独立董事的当责与苛责》,载《中国法律评论》2022年第3期。

问题一　独立董事的功能定位与职权范围

独立董事以其具有的独立性为履职保障,独立性是独立董事制度的根本要求,但各国对“独立性”的界定标准和依据差异较大,例如不得存在亲属关系、不得存在重大股权关系、不得存在重大交易关系等。在学理上独立董事的独立性具体体现为法律地位的独立性、意思表示的独立性、职能设置的独立性和履职的独立性等。而且除了独立性的根本要求之外,其“外部董事”“兼职董事”等称呼似乎进一步彰显了独立董事的职责在于监督公司的经营管理决策事项,而非日常性地参与公司的经营管理工作。但该种认知与独立董事制度的本源设置目标实则存在一定的差异,也为我国的公司治理结构设置带来难题。如何厘清我国独立董事的职能定位,探索独立董事监督职能的实现路径,力求重塑独立董事规则,补齐制度短板,使得公司治理结构实现破茧成蝶的制度迭代和革故鼎新,此为笔者讨论的重点内容。

【规范梳整】

2022 年 1 月,中国证监会发布《上市公司独立董事规则》(中国证券监督管理委员会公告〔2022〕14 号)(已失效),对独立董事的职权进行细致规定,除规定董事的一般管理职权之外,上市公司还应当赋予独立董事特别职权,包括重大关联交易的认可和判断、提议聘用或解聘会计师事务所、提请召开临时股东大会、提议召开董事会、向股东征集投票权、独立聘请外部审计机构和咨询机构等特别权限。

除了以上规定,证监会和部分证券交易所还要求独立董事承担以下职责:(1)独立董事应当在年度股东大会上作出述职报告;[①](2)上市公司制定利润分配政策时应当充分听取独立董事的意见,在制定现金分红具体方案时独立董事应当发表明确意见,独立董事可以提出分红提案;[②](3)独立董事应审议并对管理层收购上市公司的提案作出决议,发表独立意见并予以公告;[③](4)上海、深圳证券交易所通过《上海证券交易所上市公司自律监管指引第 1 号——规范运作》《深圳证券交易所上市公司自律监管指引第 1 号——主板上市公司规范运作》等自律规则,进

---

① 参见《上市公司股东大会规则》(2022 年修订,中国证券监督管理委员会公告〔2022〕13 号)第 28 条。

② 参见《上市公司监管指引第 3 号——上市公司现金分红》(2022 年修订,中国证券监督管理委员会公告〔2022〕3 号)第 3、6 条。

③ 《上市公司收购管理办法》(2022 年修订,中国证券监督管理委员会令第 166 号)第 51 条。

一步细化了独立董事的具体行为标准，例如规定独立董事对上市公司重大事项发表独立意见的具体事项类型、独立董事积极主动履行尽职调查义务的情形、独立董事向交易所进行报告的事项类型、独立董事年度述职报告的内容要求等。

值得注意的是，当前《公司法》（2018）仅在第122条中规定上市公司应当设立独立董事，具体办法则由国务院规定。《公司法（修订草案一审稿）》第140条对该条定义作出细化规定，指出独立董事不得在上市公司担任除董事以外的其他职务，且不得与上市公司存在任何可能影响其独立客观判断的关系。《公司法（修订草案二审稿）》第121条将独立董事的设置扩展至所有股份有限公司，并在《公司法（修订草案一审稿）》的基础上增加审计委员会的规定，明确审计委员会中独立董事应当过半数，且至少一名独立董事是会计专业人士。然而遗憾的是，这一规则变化在《公司法（修订草案三审稿）》中被删除，第136条又回归现行法的规范，只是明确由国务院证券监督管理机构规定，《公司法》（2024）维持该规定。由于立法上的犹豫不决，使得对于独立董事的规制最终还是回归到了前述《上市公司独立董事规则》的原点。

由此可见，独立董事在职权方面可谓是全面超越了公司内部执行董事，立法者无疑是将独立董事的职能定位为“全能董事”。但是该种全能董事的职权定位，未能考虑外部的兼职董事与内部的专职董事之间的定位差异，与我国独立董事履职现状存在一定的偏离。具体而言，一是独立董事作为外部兼职董事，其职能紧密依赖于执行董事和经营管理人员所提供的信息，以此了解公司的业务和运作情况，该种信息不对称的存在导致独立董事无法也不可能承担监督信息提供者的责任；二是有学者通过问卷调查发现，在主客观方面独立董事均不具备履行公司内部董事职责的条件。① 从主观层面上看，独立董事较少认为自己属于公司内部非执行董事，即多数上市公司独立董事依然仅认可其专业人士身份而不认可其公司董事身份；从客观层面上看，独立董事不具备履行公司内部董事全部职责的条件，存在投入的时间精力有限、薪酬津贴水平过低等客观条件的约束。由此可见，立法者对独立董事的职权定位过高，这与现实中独立董事行权的履职困境形成鲜明的对比。

【理论基础】

一、监督职能与战略咨询职能制度定位的冲突与协调

关于独立董事的功能定位，我国理论界对此存在争议。理论上独立董事的职能

---

① 参见曾洋：《重构上市公司独董制度》，载《清华法学》2021年第4期。

包括四个方面，一是管理职能，二是监督职能，三是咨询职能，四是其他职能（例如政治功能、危机处理功能等）。已有的理论争议主要集中在前两个方面的协调问题，一种观点认为独立董事既要发挥管理职能，又要发挥监督职能；另一种观点则认为独立董事应当以监督职能为主，不应被赋予公司内部董事之全部管理职责。①

从我国独立董事的实践效果来看，上市公司的独立董事难以肩负全能的管理职能，即区别于内部执行董事，独立董事难以有效发挥战略控制职能。其症结在于，一方面，从制度目标上看，董事会本身具有管理和监督的职能，董事的工作任务在于执行股东大会的交易决策，并对公司的经营与管理决策工作负责。但是独立董事制度的架构并非为了改善公司的经营管理水平，而是为了弥补我国监事会制度的监督失效、解决内部人控制现象等公司治理问题，因此其制度重心在于监督而非管理决策。该种制度目标的定位与独立董事制度的历史密切相关，对域外独立董事制度进行考察，可以发现监督职能才是独立董事的最重要职能。美国纽约证券交易所从 1997 年开始就要求上市公司必须设立由独立董事组成的审计委员会，后从财务审计逐渐扩展至公司治理的各个环节，包括但不限于判断是否采取反收购措施、决定是否提起公司派生诉讼等。在独立董事占董事会的比例不断增加的同时，独立董事职权从业务咨询逐渐向财务或重大事项的监督职能靠拢。②从我国独立董事制度的引入背景来看，我国在上市公司引入独立董事制度，其目的在于发挥监督作用，保证信息披露制度的真实、准确、完整，避免出现内部人控制现象，进而保护广大中小股东的利益，故而独立董事的职能定位应当以公司治理结构监督为主。③ 另一方面，从实践情况上看，囿于独立董事时间精力不足、薪酬津贴水平过低、资源调动能力有限以及信息严重不对称等因素的存在，其不应也无法全面介入公司治理的日常活动。因此，我国学界普遍的共识在于，独立董事一般不直接参与上市公司的日常经营管理活动，其履行职责的核心在于对公司的经营活动进行独立的监督；若以监督职责为观察视角，可以发现我国独立董事的功能定位历经了从混合职能到监督职能的转变。

---

① 需要指出的是，公司内部执行董事也负有一定的监督义务，例如应当督促上市公司建立日常信息搜集与报告机制，定期了解和审查相应职能部门的经营情况，促进公司建立合规保障机制，监督公司的商业行为符合国家法律、行政法规等正式规则，督促公司建立风险管理的内部控制机制等。但笔者认为，对于内部执行董事而言，上述监督义务附着于管理职能之上，即属于管理职能的延伸，故与独立董事以监督职能为主的制度架构存在一定程度的差别。关于上市公司董事的监督义务，参见吕成龙：《上市公司董事监督义务的制度构建》，载《环球法律评论》2021 年第 2 期。

② 参见傅穹：《司法视野下独立董事的责任反思与制度创新》，载《法律适用》2022 年第 5 期。

③ 参见赵立新：《走出困境：独立董事的角色定位、职责与责任》，法律出版社 2010 年版，第 42 页。

当然，如何界定独立董事的监督职能的范畴，仍是学界议论纷纷的命题。有学者认为独立董事的监督职能应当有所侧重，即独立董事无须以"全能董事"的身份再行内部全面监督职能，监督和限制"控制权私人利益"才是独立董事的制度目标，即独立董事制度的基本目标是监督和限制管理层控制权下的私人利益，对利益输送、关联交易、篡夺公司交易机会、过度薪酬和在职消费等行为进行重点规制，而不需要介入公司公共收益的这一正常的生产经营过程，不必过度介入公司事务。[①] 此外，有学者认为独立董事的战略功能、政治功能、危机处理功能等职能都是建立在其监督职能的基础上，应当认定这些职能为其监督功能的延伸，处于附属地位。[②] 应当说，在我国独立董事的监督职责之界定必然涉及其与监事会之间的职能配置问题，下文将以此为主线讨论独立董事监督职能的实现路径，以进一步厘清独立董事的权责范围。

二、独立董事监督职能的实现路径

独立董事制度的功能定位在于监督，但实践中独立董事的监督功能却总是未能如愿实现，因为在我国的公司治理结构的制度安排中，独立董事与监事会的职能显然极易出现冲突，因此对二者监督职能的协调已成为我国公司内部监督机制改造的核心内容和公司法改革的重点关注内容。理论界对此存在 4 种不同的备选方案：(1)较为激进的观点是，引进公司治理结构的单层委员会制及其配套的独立董事制度，废除现行公司治理结构模式和监事会模式；(2)较为保守的观点是，进一步改良监事会制度，排除单层制和独立董事制度；(3)独立董事制度与监事会制度并存；(4)授权公司在其章程中选择单层制或者双层制，单层制不设监事会，双层制需要借鉴德国的董事会制度和监事会制度。[③]

需要承认的是，独立董事发挥作用所需的背景与我国资本市场的实际情况存在一定的偏差。在英美法系国家，资本市场的流通性较强，上市公司的股权较为分散，董事会的独立性较强，可以实现对经理层等管理人员的监督和控制，故不需要单设监事会作为公司内部的监督机构，其内部机关设置采取的是"一元制"模式，即公司不设置监事会，而是在董事会下设置由独立董事占多数的委员会，进而监督、约束经理层做出的各种经营行为。此时独立董事制度的目的在于，解决股权分散前提下所有权与控制权分离而产生的代理成本问题。但相较于英美法系

① 参见曾洋：《重构上市公司独董制度》，载《清华法学》2021 年第 4 期。

② 参见赵立新：《走出困境：独立董事的角色定位、职责与责任》，法律出版社 2010 年版，第 42 页。

③ 参见范健、王建文：《公司法》（第 5 版），法律出版社 2018 年版，第 351 页。

国家,大陆法系国家的上市公司股权相对集中,所有权与控制权未能实现完全分离,公司的内部控制人现象严重,故单设监事会专司监督权以实现监督经营管理者的目的。

从我国上市公司治理的矛盾来看,我国的主要矛盾存在于大股东与中小股东之间,即股权过度集中导致的大股东滥用控制现象严重,这需要专门设置监事会以监督控制股东的滥权行为。由此可见,在我国公司治理中设立监事会与大陆法系的设立监事会的设立背景更为相似,但我国还存在监事会成员任免机制与人员构成先天不足、监事会权利缺乏实质性内容和基本保障、对监事缺乏必要的激励机制和相应的约束机制等问题,[①]导致我国监事会制度难以实现监督控股股东的滥权行为的目的。因此,引入独立董事制度是为了抑制控股股东的滥权行为,以更好地构建我国公司治理监督机制,强化公司内部权力的分立与制衡关系,实现对管理层的有效监督和制约。简言之,解决我国上市公司治理难题的重点不在于推行独立董事制度,而在于解决大股东对公司的控制问题,因此,在重构独立董事制度的立法过程中,应当以此为核心主线,合理地配置独立董事的权责。

我国现有的公司内部监督模式为上述第三种方案,即独立董事制度与监事会制度并存。关于独立董事制度与监事会制度并存的公司治理问题,理论界存在多种学说争论。一种观点认为独立董事与监事会的制度设计存在较大差异,一是独立董事享有普通董事的权力,对董事会决策享有表决权和其他特别职权,而监事只能列席董事会,对决策无表决权;二是独立董事多为兼职人员,而监事会是公司内部的常设机构;三是独立董事的监督功能体现为事前和事中监督,监事会的监督则为事后监督,后者具有一定的被动性。因此,独立董事制度和监事会制度可以实现互补,单一的监事会的内部监督制度是存在有效边界的,对内部监督和外部监督加以配比,灵活地兼采多种制约手段,才是提升公司监督绩效的良方。[②] 基于此,有的学者指出我国上市公司内部监督机制的建设,应坚持以独立董事制度为主、监事会制度为辅的原则,故在监督职权授予上应适当向独立董事倾斜。[③]

另一种观点则认为独立董事和监事会的职能存在冲突。一是从制度设计目

---

① 参见李建伟:《论我国上市公司监事会制度的完善——兼及独立董事与监事会的关系》,载《法学》2004 年第 2 期。

② 参见季奎明:《中国式公司内部监督机制的重构》,载《西南民族大学学报(人文社会科学版)》2020 年第 4 期。

③ 参见李建伟:《论我国上市公司监事会制度的完善——兼及独立董事与监事会的关系》,载《法学》2004 年第 2 期。

的上看，独立董事制度产生于英美法系国家，而我国公司法采用的则是大陆法系“三角制”的组织结构体系。我国的监事会作为专门维护股东利益、监督董事会履行股东大会决议、监督董事和经理的常设机关而存在，在此前提下如若引入独立董事，则必将在多个方面与现有的监事会职能发生冲突，甚至会削弱两者的功能发挥。① 二是从外部机制上看，英美法系国家独立董事制度的前提是存在相当发达完善的经理人市场，上市公司的独立董事是由专业人员担任的，其信誉是通过长期的管理成绩而得到的市场评价，该种外部约束机制在我国尚未形成，再加上我国上市公司股权集中的现实情况，独立董事的独立性实则较弱，反而会成为大股东和管理层控制公司的工具。

笔者认为，基于现有法律对公司内部监督权力的划分，独立董事的职权确实与监事的职权存在一定程度的重合和模糊，但应当意识到的是，监督规则的设立以监督职能有效发挥为中心，而公司内部监督规则的目的在于维护股东利益，无论独立董事设置与否，公司的监督机制都应当以此为最终目标。因此对上市公司内部监督机制的配置并非必须坚守单设监事会或者独立董事的模式，而是应以维护股东权益为主线来配置监督资源。从立法理念上看，我国公司法应当淡化“必设”机关的概念，促进不同机关设置之间的联动与平衡，并且法律应当在自由度越高的领域提供多重选项以提升当事人的参与度，从而促进公司从形式自治走向实质自治。②《公司法》(2024)对公司监督机制进行了重大改革，例如第69、121条规定在董事会中设审计委员会的，可以不设监事会或监事。上市公司监事会与独立董事之间的职权划分问题长期存在争议，选择对上市公司进行单层制改革，或将在机构设置层面对此问题在根源上予以彻底化解，我国《公司法》将引入董事会审计委员会，并区分有限公司和股份公司分别设定了监事会的选择性设置要求，对可能继续存在的监事会，则进一步强化其法律地位与职权，优化监事会制度。③该种规范供给凸显我国公司治理结构的本土化经验和需求，力图对独立董事制度和监事会制度作出规范协调，有助于厘清二者的权限边界和职能范畴。

【审判实务】

实务中通常认为独立董事的功能定位在于监督，而对其职权范围，则一方面

---

① 参见李建伟：《论我国上市公司监事会制度的完善——兼及独立董事与监事会的关系》，载《法学》2004年第2期。

② 参见周游：《从被动填空到主动选择：公司法功能的嬗变》，载《法学》2018年第2期。

③ 参见刘斌：《公司治理中监督力量的再造与展开》，载《国家检察官学院学报》2022年第2期。

依据勤勉义务作出一般解释，另一方面根据其实际担任的职务作细化解释。

关于独立董事的功能定位，在“刘某龙、江某河等证券虚假陈述责任纠纷案”[①]中，法院认为，“刘某龙作为独立董事，独立履行职责，不受公司主要股东、实际控制人或者其他与公司存在利害关系的人影响……（但是）考虑到独立董事不参与公司日常经营管理，不执行具体业务，其获取信息的主要渠道是公司管理层提供或者公司委托中介机构所做的审计报告，其不可能第一手获取公司的生产经营及收入状况的信息，无法对公司财务数额的真实性作出直观判断……”该案充分考虑到独立董事的现实履职状况，抛弃“全能董事”的描述，结合独立董事的履职环境判断独立董事注意义务的限度。在上述同一公司的“北京同德普惠投资管理中心（以下简称同德普惠中心）、江某河等证券虚假陈述责任纠纷案”中，山东省高级人民法院即指出，独立董事是独立于公司股东且不在公司内部任职，并与公司经营管理者没有重要的业务联系或专业联系，对公司事务作出独立判断的董事。为防止控股股东及管理层的内部控制，损害公司利益，我国在公司治理体系中引入独立董事制度。[②] 可见，实务中认识的独立董事之功能更加倾向于监督，其监督的对象为控股股东及管理层的内部控制等行为。

关于独立董事的职权范围，在“范某、中国证监会金融行政管理（金融）再审审查案”[③]中，法院指出，独立董事基于其法律地位，不但具有公司法等规定赋予董事的一般职权，还具有特别职权，应当对公司重大事项勤勉尽责履职。在上市公司信息披露方面，根据《证券法》第 85 条，董事应当对上市公司信息披露的真实性、准确性、完整性承担较其他人员更严格的法定保证责任。在“张某国与中国证券监督管理委员会二审案”[④]中，法院注意到，张某国是具有财务背景的独立董事，且其为审计委员会成员，其在参与相关会议审查涉案定期报告时，应重点核查与业务相关的信息是否真实、准确、完整。在“戚某妹等与中安科股份有限公司等证券虚假陈述责任纠纷案”[⑤]中，当事人指出，“……为独立董事并非专业人士，要求其持续关注标的公司‘班班通’项目的履行进程，并对标的公司经营状况的材料进行审核，显然已经超出了独立董事的履职范围……内部董事对公司所负有的勤勉尽责义务标准应高于独立董事”。对此，法院裁判虽未正面回应，但最终裁判也免除

---

① 最高人民法院民事裁定书，(2022)最高法民申 101 号。
② 山东省高级人民法院民事判决书，(2020)鲁民终 3132 号。
③ 最高人民法院行政裁定书，(2019)最高法行申 329 号。
④ 北京市高级人民法院行政判决书，(2021)京行终 1923 号。
⑤ 上海金融法院民事判决书，(2022)沪 74 民初 1188 号。

了独立董事的法律责任。综上我们可以看出,实践中对于独立董事的职责范围和责任认定主要以勤勉义务为解释法源,间或根据其实际承担的职务作更为细致的认定。由于勤勉义务的标准性,对其认定采一种较为主观的标准,因此对独立董事职责认定,较少会援引《上市公司独立董事规则》等规则的规定。当然,该规则发布时间较短,之前实践中所能够援引的法律也仅为《公司法》(2018)关于独立董事的原则性规定,进而援引第六章关于董事信义义务的规定。

总的来看,实务界对独立董事的功能认识倾向于监督方向,对其职能范围缺乏立法的明确规定,多是由勤勉义务而衍生的偏向于主观的认定标准。

【典型案例】

杨某胜与中国证监会金融行政复议纠纷案[①]

基本案情:

2017年3月,证监会向沈机集团昆明机床股份有限公司(以下简称昆明机床)作出调查通知书,对昆明机床信息披露违法行为立案调查。2018年2月5日,证监会作出行政处罚决定书,查明昆明机床2013年至2015年期间存在虚增收入、虚增利润、年度报告中披露的存货数据存在虚假记载等违法行为;杨某胜为昆明机床时任的独立董事兼审计委员会主任委员,在2013年、2014年、2015年年报上签字,应当保证上市公司所披露的信息真实、准确、完整,但其未按照勤勉尽责要求,对相关信息披露事项履行确认、审核职责,应对昆明机床信息披露违法行为承担一定责任,属于"其他直接责任人员"。证监会根据当事人违法行为的事实、性质、情节与社会危害程度,依据《证券法》第93条之规定,决定:对昆明机床责令改正,给予警告,并处以60万元罚款;对杨某胜给予警告,并处以3万元罚款。杨某胜不服该行政处罚决定及行政复议决定,起诉至北京市第一中级人民法院,请求撤销该行政处罚决定中针对其所作出的处罚决定,一并撤销行政复议决定。

裁判要旨:

一审法院认为,(1)昆明机床已对证监会认定违法事实的相关证据予以确认,该案行政处罚决定及行政复议决定认定事实清楚;(2)董事勤勉尽责不能停留于履行一般职责上,而是要在审慎、全面调查的基础上,对公司的重要事项进行确

---

① 最高人民法院行政裁定书,(2019)最高法行申12736号;北京市高级人民法院行政判决书,(2019)京行终747号;北京市第一中级人民法院行政判决书,(2018)京01行初887号。

认。不可否认，杨某胜确实在推动昆明机床完善相关财务制度方面作出了一定的努力，例如曾多次提出要完善公司财务管理、要求公司解决成本核算上的问题等，但对上述问题除了在会议上提出口头意见之外，并没有证据证明其采取了积极措施以监督公司完善成本核算和内控制度，特别是在审计机构就公司财务提出重大质疑时还予以消极处理；(3)昆明机床的成本核算及内控问题是杨某胜自2013年任独立董事开始就明知的事实，但至2016年时其除了在相关会议上口头提出意见之外，不仅没有采取实质性意义的监督措施，反而还继续在相关决议上签字，杨某胜的上述行为显然达不到勤勉尽责的要求；(4)关于杨某胜主张自己只是作为具有会计背景的独立董事，无法基于会计账册发现公司违法行为的问题。审计报告只是董事履职的基础技术性材料，董事的勤勉尽责不是对财务审计报告再行复核，审计报告也不能成为董事减轻或者免除勤勉义务的依据。会计专业背景只是杨某胜担任审计委员会主任委员所必需的专业能力要求，而不是其承担法律责任的依据。

二审法院认为，(1)杨某胜确实多次在董事会审计委员会会议及董事会会议中对公司财务方面存在的问题提出过建议、异议，甚至发表过达不到相关要求其将拒绝签字的意见，但从历次董事会会议及相关会议的结果看，杨某胜对会议记录进行了签字，亦没有投出反对票；(2)杨某胜向有关机关报告之时已距昆明机床最后一次信息披露违法行为发生一年之久。故判决驳回上诉，维持一审判决。

再审法院认为，再审申请人(杨某胜)自担任昆明机床独立董事、审计委员会主任委员以来，围绕昆明机床的财务信息及其披露事宜与外部审计机构开展了一定的工作，也多次在董事会审计委员会会议及董事会会议中对公司财务方面存在的问题提出过异议、建议，存在积极履职的行为。但是，综合在案证据来看，尚不足以证明再审申请人对案涉信息披露行为已尽勤勉义务。第一，再审申请人未穷尽其应当采取的合理措施主动调查、获取履行相关职责所需要的信息；第二，再审申请人根据已获取的有限信息即作出决策，有失审慎；第三，再审申请人未采取实质性措施应对已发现的重大事项。根据现有证据，再审申请人未穷尽其应当采取的合理措施主动调查、获取决策所需要的信息，并未在此基础上作出审慎决策，且未能就已发现的重大事项予以实质性应对，原审法院据此认定再审申请人未尽到勤勉尽责义务，并无不当。同时，被申请人考虑到再审申请人任职期间亦有积极履职行为，且存在信息披露违法行为被发现前主动向证券监管机构报告等从轻情节，对再审申请人处以3万元的罚款处罚，亦无不当。故驳回再审申请人杨某胜的再审申请。

裁判评析：

该案对独立董事勤勉尽责义务的具体判断提供了可供借鉴的思路。

其一，独立董事不能盲目信赖从专业机构或人士处所获取的资料信息。在该案中，杨某胜主张自己向公司聘请的审计机构提出了审计要求，能够信赖审计机构出具的审计报告，但法院认为独立董事不能仅依据外部审计机构的工作结论作出判断，而应当采取合理措施，主动开展必要的调查工作并获取决策所需要的信息。此处需要注意两个方面，一方面，独立董事内部应当根据其具体知识水平进行差异化责任设置。在该案中，对于担任审计委员会主任委员等需要特别的专业知识技能的独立董事而言，其必须充分发挥以其专业知识技能所要求的能力，才能被认定为勤勉尽责。另一方面，只要独立董事在履职过程中尽到应有的注意义务，即使最终披露的信息违法，该签署确认意见的独立董事也未必需要承担法律责任。独立董事的勤勉义务和注意义务并非对财务会计数据等的准确性承担保证责任，而是结合自身能力情况，在履职过程中做到勤勉尽责即可。该案中独立董事承担责任并非单纯因为财务会计数据不准确，而是因为其“未穷尽其应当采取的合理措施主动调查、获取决策所需要的信息，并在此基础上作出审慎决策”。这两个方面都是实现独立董事权责一致的内在要求。

其二，法院对该案中独立董事的权限范围认定较为宽泛，并以此为基础确认独立董事应当承担较高的勤勉尽责义务。该案中法院结合杨某胜的职务、任职时间和所在公司的运营情况、行业背景等因素进行综合考虑，例如指出与存货有关的内部控制缺陷对生产型企业存在严重影响等问题，进而准确界定了独立董事的勤勉义务范围，以达到权责一致。法院还着重指出，法律赋予独立董事聘请中介机构进行审核调查的权限，故独立董事理应结合所在公司的特征，必要时借助中介机构对公司的财务报告、审计报告等进行调查核实，这也是勤勉尽责的内在要求。因此，独立董事的勤勉尽责要求并非固定不变的，以动态视角来平衡独立董事的权利、义务和责任，是合理评判独立董事责任范畴的前提。

其三，仅仅发表异议却赞成相关文件披露的，不能认定为已勤勉尽责。该案中独立董事虽多次对公司财务问题提出过异议，但最终仍在相关会议记录上签字，亦没有投出反对票，因此不能认定为完全勤勉尽责。

其四，在行政处罚案件中，独立董事的抗辩事由大概率会被驳回，只要独立董事在公司的违法会议文件上签署书面确认意见、同意通过虚假财务报告，即会产生“签字即处罚”的效果。但尽管上述抗辩事由不会成为独立董事免责的依据，但是可以成为裁判机构考量减轻独立董事责任的因素。该案中法院即认为考虑到独立董事任职期间亦有积极履职行为，且存在信息披露违法行为被发现前主动向证券监管机构报告等从轻情节，对其可以从轻处罚。

问题二　独立董事的责任承担

独立董事的责任承担是引发当前独立董事辞职热潮的重要原因，由于康美药业案中，法院裁判独立董事小比例但大数额的赔偿，使得独立董事的“当责”演变成一种“苛责”，让平时既不掌握实权、又没有高额回报的独立董事“人人自危”。因此，如何正确认识独立董事的责任承担，立法当如何回应独立董事的权责问题，是当下对独立董事的法律约束从“苛责”走向“当责”的关键因素。

【规范梳整】

独立董事的责任问题可以划分为直接的法律责任和对该法律责任的抗辩两个方面。

针对直接的法律责任，《证券法》第 84 条规定了董事违背公开承诺的损害赔偿责任；第 85 条规定了董事在发行人违规信息披露中的连带赔偿责任；第 180 条规定了违规发行证券的行政责任；第 189 条规定了违规买卖公司股票的行政责任；第 191 条规定了内幕交易的行政责任；第 192 条规定了操纵证券市场的行政责任；第 193 条规定了编造、传播虚假信息或者误导性信息，扰乱证券市场行为的行政责任；第 197 条规定了违规信息披露的行政责任。除此外，还包括大量关于证券公司董事等法律责任的规定。独立董事的法律责任主要分为行政责任和民事责任，当然，《刑法》也规定了其刑事责任，但由于该责任并非主流，笔者不对其展开探讨。对独立董事的行政责任与民事责任进行分析可以看出，责任承担主要源于两方面，一方面为主动的违法行为，如内幕交易等；另一方面为未履行法定义务的法律责任，如未履行监督责任而致违规信息披露、虚假陈述等。虽然实践中考虑到独立董事较少参与公司治理，存在信息不对称等因素而对其法律责任适当减轻，但这并不妨碍独立董事全方位承担民事和行政责任的可能。而与之对应的是，如前文所述，立法虽然对独立董事赋予了较为全面的职权范围，实践中独立董事却演变成了“花瓶董事”，但若使其在承担责任时又转变为了“责任董事”，显然，这样的责任配置是不妥当的。

针对法律责任的抗辩方面，最高人民法院于 2022 年 1 月发布了《关于审理证券市场虚假陈述侵权民事赔偿案件的若干规定》（以下简称《虚假陈述司法解释》），该规定第 16 条第 1 款列举了独立董事的可抗辩事由或具体免责事由，包括:(1)在签署相关信息披露文件之前,对不属于自身专业领域的相关具体问题,借助会计、法律等专门职业的帮助仍然未能发现问题的;(2)在揭露日或更正日之前,发现虚假陈述后及时向发行人提出异议并监督整改或者向证券交易场所、监管部门书面报告的;(3)在独立意见中对虚假陈述事项发表保留意见、反对意见或者无法表示意见并说明具体理由的,但在审议、审核相关文件时投赞成票的除外;(4)因发行人拒绝、阻碍其履行职责,导致无法对相关信息披露文件是否存在虚假陈述作出判断,并及时向证券交易场所、监管部门书面报告的;(5)能够证明勤勉尽责的其他情形。该规定在一定程度上缓解独立董事承担责任的严苛标准,其所列举的抗辩事由也具有代表性、典型性,是权责一致的最佳彰显。

【理论基础】

一、我国独立董事的责任承担现状与困境

法律制度的制定和实施是以权责有机统一为前提,独立董事在行使监督职能、履行忠实勤勉等义务的同时,也需要严格遵守行为规范,为其自身违反义务或者滥用权利的行为承担相应的法律责任。此处重点讨论独立董事责任的性质、内部责任的适当区分和责任数额的确定三个问题。

一是责任的性质问题。法律责任一般区分为民事责任、行政责任、刑事责任和违宪责任,独立董事的法律责任仅涉及前三种责任形态,但在我国,民事责任和刑事责任的追究较为少见,独立董事承担的法律责任以行政处罚和纪律处分为主。原因在于,其一,最高人民法院于2003年发布的《关于审理证券市场因虚假陈述引发的民事赔偿案件的若干规定》(已失效)规定了前置程序制度,[①]投资者提起民事赔偿诉讼时,必须提交有关机关的行政处罚决定或者人民法院的刑事裁判文书,该种提起民事诉讼的前置程序要求明显限缩了投资者起诉的资格和范围,加上独立董事的薪酬津贴和资金实力较为有限,投资者一般都较少要求独立

---

① 最高人民法院2003年发布的《关于审理证券市场因虚假陈述引发的民事赔偿案件的若干规定》(已失效)第6条规定,投资人以自己受到虚假陈述侵害为由,对虚假陈述行为人提起的民事赔偿诉讼,应当以有关机关的行政处罚决定或者人民法院的刑事裁判文书为依据。该种民事诉讼的前置程序要求显然不利于维护投资者的合法权益,废除证券虚假陈述等民事诉讼的行政前置程序是证券市场发展的现实需求和司法改革的方向,最高人民法院2022年1月发布的《虚假陈述司法解释》第2条明确指出,原告提起证券虚假陈述侵权民事赔偿诉讼,符合民事诉讼法第122条规定并提交相应证据或者证明材料即可,人民法院不得仅以虚假陈述未经监管部门行政处罚或者人民法院生效刑事判决的认定为由裁定不予受理。

董事承担连带责任,[①]故在我国证券市场实践中,民事责任的存在对于保护中小投资者合法权益、维护证券市场秩序的意义较为有限;其二,我国对独立董事的任职设置了消极条件,且独立董事的遴选多会考虑到人员的素质和社会声誉,这就从客观上降低了独立董事从事违法犯罪行为而承担刑事处罚的可能性。但在上市公司证券虚假陈述案件中,独立董事被认定为《刑法》(2020 年修正)第 161 条(违规披露、不披露重要信息罪)的"其他直接责任人员"而承担刑事责任的可能性也是存在的。需要注意的是,行政责任的处罚未必比民事责任和刑事责任的处罚更轻,我国 2019 年修订的《证券法》大幅度提升了对独立董事等"其他直接责任人员"的行政罚款数额,且增设了投资者保护机构作为代表人提起集团诉讼的规定,显著提高证券违法犯罪的成本,也提高了独立董事承担高额责任的风险,有助于更好地保护公众投资者的合法权益。

二是内部责任的适当区分问题。关于是否需要对独立董事和其他董事追究不同的责任,实践中存在两种不同做法,一是认定独立董事应和其他董事承担相同的民事责任,二是对独立董事和其他董事追究不同的责任,仅要求独立董事在投资者损失的一定范围内承担责任。尽管现有法律规定未明确区分独立董事和普通董事的责任,司法实践中对此也未有统一的裁判标准,但部分法院仍能认识到独立董事履职和担责的特殊性,对独立董事的责任予以适当的限定。例如在康美药业一案中,法院结合相关主体是否参与造假、报告签署情况、担任职务情况等因素对相关人员进行责任划分,以独立董事为兼职、不参与日常经营管理、过失相对较小为由,判决签署多份报告的独立董事在 10% 的范围内承担连带责任,签署一份报告的独立董事在 5% 的范围内承担连带责任,以此达到权责一致。

三是责任的数额确认问题。我国现行法律法规并未对独立董事的责任数额单独作出具体翔实的规定,《证券法》第 85 条仅规定了违法违规信息披露情形下,发行人的控股股东、实际控制人、董事、监事、高级管理人员和其他直接责任人员以及保荐人、承销的证券公司应当与发行人承担"连带赔偿责任",但是能够证明自己没有过错的除外。该规则未能具体界定独立董事的责任界限。司法实践中对独立董事责任的认定,历经了从"补充赔偿责任"到"比例连带责任"的变化趋势。补充责任是指在责任人的财产不足以承担其应负民事责任时,由相关的人对

---

① 参见上市公司治理研究课题组:《独立董事在上市公司信息披露中法律责任问题研究》,载《证券市场导报》2022 年第 5 期。

不足部分予以补充的责任。[①] 补充赔偿责任对独立董事的负担相较比例连带责任明显更轻,其裁判思路为,法院或行政机关应当结合独立董事的履职能力、过失轻重、专业知识背景等因素综合认定独立董事承担特定范围内的补充赔偿责任。在部分案件中法院明确指出,基于独立董事的职能定位、工作时间、工作方式以及信息获取的先天性不足考虑,其往往不可能全方位地掌握公司经营信息,因此主观上不具有信息造假和虚假陈述的恶意,其主观过错仅体现为未对公司相关信息尽到审慎调查核实的义务,故其与公司不存在共同侵权的意思联络,其承担责任的方式不宜认定为连带责任,最终法院判决独立董事在特定范围内承担补充赔偿责任。[②] 相比之下,康美药业案中法院判决独立董事承担比例连带责任明显体现了独立董事承担责任的趋严倾向。

该种比例连带责任的认定,无疑对我国的独立董事制度形成负面影响,凸显了权责失衡的制度设计弊端。实际上,1995 年的《美国私人证券诉讼改革法》已经将董事对于虚假陈述的连带责任改为按过错大小承担比例责任,包括独立董事在内的董事责任大为减轻,这一立法变革趋向值得我国证券立法加以借鉴。[③] 应当说,独立董事责任的认定应当考虑当事人的主观状态和客观行为等因素,独立董事囿于职权定位的模糊、履职行权的困难、严重的信息不对称、工作时间和方式有限、薪酬津贴有限等原因,在具体的违法案件中所起到的作用较为有限,故不应当贸然认定独立董事与其他董事一样承担比例连带赔偿责任。学理上对此存在多种不同的解决方案以减轻独立董事的责任,一是立法明确设定独立董事的责任性质为补充赔偿责任,或直接取消独立董事的比例连带责任;二是追究董事长、执行董事、财务总监与中介机构等公司内部重要人员的比例连带责任;三是对独立董事的问责采取过错推定的原则,设定相应的抗辩事由;四是采用有限责任的方式,设定固定的赔偿限额,将独立董事的责任限定在其在职的总薪酬范围之内;五是推广引入独立董事的责任保险机制,通过风险转移的方式填补独立董事的损

---

① 参见魏振瀛主编:《民法》,北京大学出版社、高等教育出版社 2000 年版,第 48 页。

② 参见福建省福州市中级人民法院民事判决书,(2021)闽 01 民初 354 号。

③ 参见郭富青:《我国独立董事的制度悖论、缺陷与解决途径——对“康美药业案”引发的独立董事辞职潮的思考》,载《学术论坛》2022 年第 1 期。

失,或者推行独立董事薪酬差异化政策;六是采取经验判断规则,[①]降低独立董事受罚的评价标准;七是采取公司内部的责任限制机制,即在公司内部对独立董事违反勤勉义务所应当承担的赔偿责任进行数额上的限制甚至全部免除。

需要注意的是,如若仅考虑降低独立董事的担责范围,实际上对提升独立董事制度价值的作用十分有限。构建有效的独立董事制度,既要厘清独立董事的职权定位,又要界定独立董事担责的范围,权责的平衡才是提升独立董事制度价值的关键点。

二、权责平衡是独立董事履职行权的关键所在

上述问题背后的深层原因在于独立董事权责失衡的制度设计。我国独立董事制度异化的表征之一为,上市公司中独立董事权利、义务及法律责任配置存在严重不对等的机制缺陷,独立董事没有能力和动力去改善公司治理,从而降低自身责任风险,因此,辞职可能是当前独立董事规避将来责任风险的唯一可行的理性选择。[②] 重构上市公司独立董事制度,必然应当重点关注权责平衡的制度设计。

我国现有独立董事制度的失衡,主要体现在以下几个方面。

其一,担任独立董事的风险成本和收益失衡。现有制度设计的后果是,独立董事既无法控制责任风险,又无承担责任的能力。一方面,作为兼职的独立董事存在信息不对称、时间精力有限、调动资源较难等先天制度缺陷,即使法律赋予其较宽泛的职权范畴,独立董事实际履职行权效果仍然堪忧,其难以真正控制公司的运营风险;另一方面,担任独立董事所得的仅为固定津贴,除此之外未能有其他的收益激励措施或者免责保护途径。相较之下,域外公司法实践为独立董事提供多种不同的保护路径,如公司章程免责、公司购买独立董事保险乃至公司对独立董事予以赔偿等,而这些规定在我国尚付阙如。我国也有学者主张独立董事应当

---

① 美国《公司治理原则:分析与建议》对商业判断规则的适用作出了具体的概述:高级主管或董事在作出商业判断时符合下列条件的,即履行了诚信义务:(1)与该商业判断的有关事项没有利益关系;(2)所知悉的有关商业判断的事项的范围是高级主管或董事在当时情况下合理相信是恰当的;(3)理性地相信该商业判断是为公司最佳利益作出的。参见美国法律研究院通过并颁布:《公司治理原则:分析与建议》(上卷),楼建波等译,法律出版社2006年版,第159、160页。我国在引入商业判断规则以化解董事因勤勉义务履行所引致的责任风险时,有学者提出可以采取推定董事遵守勤勉义务、减轻董事证明责任的实现路径,以增加了勤勉义务问责标准的弹性空间,赋予独立董事更多的决策自由与法律保障。参见傅穹、曹理:《独立董事勤勉义务边界与免责路径》,载《社会科学》2011年第12期。

② 参见郭富青:《我国独立董事的制度悖论、缺陷与解决途径——对"康美药业案"引发的独立董事辞职潮的思考》,载《学术论坛》2022年第1期。

对虚假陈述承担过错赔偿比例责任，并适用经验判断原则。[①] 总之，从现有的独立董事规则来看，担任独立董事的风险成本和收益极为不匹配，这是独立董事权责失衡的重症。

其二，独立董事与内部执行董事的权责配置失衡。我国现行法律对违反勤勉义务的责任主体界限认定仍较为模糊。《公司法》(2024)第125条第3款规定，“董事应当对董事会的决议承担责任。董事会的决议违反法律、行政法规或者公司章程、股东会决议，给公司造成严重损失的，参与决议的董事对公司负赔偿责任。但经证明在表决时曾表明异议并记载于会议记录的，该董事可以免除责任”。该规定并未区分独立董事和内部董事的权责差异。从职权配置上看，我国法律对独立董事的期望实在过高，盲目赋予其一般董事之外的大量特别职权，将独立董事定位为“内部全能型董事”，而独立董事被赋予的职责越多、权力越大，也就意味着其肩负的义务和法律责任越重。该种职权配置模式，直接导致独立董事不仅需要与其他董事一起承担共同的忠实义务和勤勉义务，还需要承担额外的特别注意义务。然而问题在于，独立董事作为公司的非执行董事，在时间、权力范围、专业知识背景、履职内容、信息获取等方面都不同于公司的内部执行董事，进而当上市公司运作和治理的环境不利于独立董事行使权力，甚至无法行使权力时，这些职权则会演变为单纯的义务和法律责任。[②]

其三，独立董事内部的差异化设置被忽视。我国独立董事成员多是由法律、经济、会计财务等专业的学者专家组成，各专业独立董事的知识背景、结构不同，而现有法律对独立董事勤勉义务的统一化规定，未能正视独立董事内部的背景和能力差异，以至于未能对内部的责任范围作出清晰的廓清。笔者认为，应当对不同专业的独立董事设置差异化法律责任，例如财务会计专业的独立董事对财务报告违法风险的评估能力显然超过其他专业的独立董事，故应当承担更加充分的审核和调查义务；[③]在涉嫌重大关联交易问题上，法律专业的独立董事如未能充分发挥作用，则应承担公司违法行为的更多(主要)责任，毕竟关联交易构成与否涉及法律专业知识的掌握和运用。[④] 我国的司法解释已经逐渐意识到独立董事的差异

---

① 参见郭富青：《我国独立董事的制度悖论、缺陷与解决途径——对“康美药业案”引发的独立董事辞职潮的思考》，载《学术论坛》2022年第1期。

② 参见郭富青：《我国独立董事的制度悖论、缺陷与解决途径——对“康美药业案”引发的独立董事辞职潮的思考》，载《学术论坛》2022年第1期。

③ 当然，这并不意味着独立董事需要对最终的财务报告数据内容的“准确性”承担责任。

④ 参见李建伟、林树荣：《我国独立董事制度的四个发展趋向》，载《人民法院报》2021年12月23日，第7版。

化责任问题,《虚假陈述司法解释》第 16 条第 1 款第 1 项规定,在签署相关信息披露文件之前,独立董事对不属于自身专业领域的相关具体问题,借助会计、法律等专门职业的帮助仍然未能发现问题的,人民法院应当认定其没有过错。该规定在一定程度上肯定了独立董事自身的专业水平差异,尚存的疑惑是,独立董事对属于自身专业领域的相关具体问题,是否仍能借助专业职业的帮助并对其产生信赖。

【审判实务】

如前所述,独立董事的追责以行政处罚为主,民事追责并不多见。因此关于独立董事的法律责任问题,笔者除分析审判案例外,同时也增加了对行政处罚的探讨。

一、独立董事承担责任的实务认定标准

通过对近年来独立董事行政处罚决定书的梳理发现,独立董事被证监会处罚的主要理由是独立董事所任职的上市公司信息披露不符合法律法规要求,而被处罚的独立董事在公司相关报告文件上签署了书面确认意见,进而被认定为未勤勉尽责而受到行政处罚。

具体而言,上市公司信息披露违法行为主要包括四类,一是信息披露义务人在报告或招股说明书中进行虚增收入、虚增利润等虚假记载,即信息披露义务人披露的信息中对相关财务数据进行重大不实记载,或者对其他重要信息作出与真实情况不符的描述;二是信息披露义务人未及时披露相关更正、确认信息,致使已经披露的信息因不完整、不准确而具有误导性;三是信息披露义务人违反关于信息披露的规定,对重大事件或者重要事项等应当披露的信息未予披露,例如对关联方占用非经营资金、出现重大诉讼仲裁案件等事项未予以及时披露;四是信息披露义务人未在规定日期披露年度报告等不正当披露行为。符合上述情形的信息披露都会被认定为违法披露,而如果独立董事对上述信息披露违法行为的文件签署了书面确认意见,则必将承担严格的责任。由此可见,我国司法实务中对独立董事担责的认定标准过于严格,即所任职公司出现违法行为且独立董事签署了书面确认意见,该标准未能全面考虑独立董事自身的主客观情况。

在司法裁判中,法院的认定有着不同的标准,如在“杨某胜、中国证监会金融行政管理(金融)再审审查案”[①]中,法院指出,董事的勤勉义务是一种过程性义务

---

① 最高人民法院行政裁定书,(2019)最高法行申 12736 号。

和积极的注意义务,不以其履行职责行为必然防范违法行为的发生为要件,也不以其明知违法行为为要件。在"同德普惠中心、江某河等证券虚假陈述责任纠纷案"①中,山东省高级人民法院指出,独立董事刘某龙、王某明未积极采取必要、合理方法对公司进行调查、监督,未就中介机构的财务审计报告等文件提出进一步沟通核实要求,以尽独立履行职责之勤勉义务,存在一定过错,但仍需考虑以下情形,即独立董事不参与公司日常经营管理,不执行具体业务,其不可能第一手获取公司的生产经营以及收入状况的信息,无法对公司财务数额的真实性作出直观判断……进而酌定二者在5%范围内承担连带赔偿责任。如此处理,既有利于引导独立董事依法正确履行职责,又有利于独立董事制度的可持续发展。

二、独立董事承担责任的可抗辩事由

董事对公司违法行为所承担的责任为过错推定责任,即董事应当对董事会的决议承担责任,但经证明其在表决时曾表明异议并记载于会议记录的,该董事可以免除责任。在信息披露案件中,上市公司董事应当对公司信息披露的真实性、准确性、完整性、及时性、公平性负责,但有充分证据表明其已经履行勤勉尽责义务的除外。

对此,独立董事提出用以证明自身已履行勤勉尽责义务的抗辩事由一般包括以下几种情形,一是主张自己已尽到勤勉、注意义务,例如在履职期间认真审阅公司报告、依据个人专业,独立形成意见并明确表达,对相关问题曾提出改进建议等;二是独立董事作为非专业人员,在处理专业问题时,对审计等专业机构或专业人员的文件产生信赖,且认为自身已经尽到初步的审查义务;三是认为自己对违法事项不具有可归责性,例如主观上对公司的违法行为事前、事后均不知情,客观上公司未向独立董事提供相关材料和信息或者公司管理层刻意隐瞒,独立董事无法防范该些违法行为的发生;四是在知悉财务报告存在虚假记载后,多次督促公司采取解决措施。此外,亦有独立董事对证明责任分配问题提出异议,主张不能采取过错推定原则,而是认为未勤勉尽责的事实以及责任大小均应由处罚机关举证证明。②

我国关于独立董事勤勉义务的问责标准主要由证监会通过行使行政处罚权的方式确立。然而,实际上我国对独立董事承担责任的审查标准仍较为模糊,上

① 山东省高级人民法院民事判决书,(2020)鲁民终3132号。

② 参见张婷婷:《独立董事勤勉义务的边界与追责标准——基于15件独立董事未尽勤勉义务行政处罚案的分析》,载《法律适用》2020年第2期。

述独立董事的抗辩事由较难被行政机关或司法机关所认可。我国现有立法并未对独立董事规定清晰明确的行为标准和责任认定路径，而实务中如前文所述，证监会认定独立董事行政责任成立的唯一标尺，即是否在违法决议上签字。[①] 该种结果导向的独立董事勤勉义务判断无疑是遵循严格责任问责标准，即只要独立董事在公司违法决议上签署同意意见，即应当承担法律责任；而认真审阅公司报告、对专业意见形成信赖、事前事后均不知情、多次督促公司采取解决措施等抗辩事由均未被纳入考虑之中。因此如何改变该种对独立董事所采取的机械式审查标准，已经成为目前独立董事制度争论的热点问题。

【典型案例】

顾某骏、黄某香等诉康美药业证券虚假陈述责任纠纷案[②]

基本案情：

2001 年 3 月 19 日，康美药业在上海证券交易所主板上市，证券代码 600518。2017 年 4 月 20 日、2018 年 4 月 26 日、2018 年 8 月 29 日，康美药业在上海证券交易所网站和巨潮资讯网及中国证监会指定报纸上先后披露了“2016 年年度报告”“2017 年年度报告”“2018 年半年度报告”。2018 年 10 月 15 日晚开始，网上陆续出现文章质疑康美药业货币资金的真实性，指出可能存在财务造假等问题。这些文章被多家影响范围较大的媒体转载，引起强烈反响，康美药业股票 10 月 16 日盘中一度触及跌停。2019 年 8 月 17 日，康美药业公告该公司及相关当事人收到中国证监会“行政处罚及市场禁入事先告知书”（处罚字〔2019〕119 号），该告知书主要内容为：经中国证监会查明，康美药业涉嫌存在以下违法事实：(1)“2016 年年度报告”“2017 年年度报告”“2018 年半年度报告”中存在虚假记载。其中，“2016 年年度报告”虚增营业收入 89.99 亿元，多计利息收入 1.51 亿元，虚增营业利润 6.56 亿元，占合并利润表当期披露利润总额的 16.44%。“2017 年年度报告”虚增营业收入 100.32 亿元，多计利息收入 2.28 亿元，虚增营业利润 12.51 亿元，占合并利润表当期披露利润总额的 25.91%。“2018 年半年度报告”虚增营业收入 84.84 亿元，多计利息收入 1.31 亿元，虚增营业利润 20.29 亿元，占合并利润表当期披露利润总额的 65.52%。(2)“2016 年年度报告”“2017 年年度报告”

---

① 参见傅穹、曹理：《独立董事勤勉义务边界与免责路径》，载《社会科学》2011 年第 12 期。

② 广东省广州市中级人民法院民事判决书，(2020)粤 01 民初 2171 号。

“2018年半年度报告”中存在虚假记载，虚增货币资金。(3)“2018年年度报告”中存在虚假记载，虚增固定资产、在建工程、投资性房地产。(4)“2016年年度报告”“2017年年度报告”“2018年年度报告”中存在重大遗漏，未按规定披露控股股东及其关联方非经营性占用资金的关联交易情况。上述行为违反了《证券法》第63、65、66条，构成了第193条第1款所述的行为，对康美药业及其董事、高级管理人员等给予行政处罚。2020年5月15日，康美药业公告称公司收到中国证监会行政处罚决定书(〔2020〕24号)，该行政处罚决定书查明的主要事实与“行政处罚及市场禁入事先告知书”基本一致，作出的行政处罚亦与“行政处罚及市场禁入事先告知书”一致。在这一系列行政处罚的基础上，顾某骏、黄某香等55,326名投资者将康美药业及其董事、高级管理人员等诉至法院，要求就其虚假陈述所导致的投资者利益损失承担赔偿责任。

裁判要旨：

该案一审终审。法院认为，依据《最高人民法院关于审理证券市场因虚假陈述引发的民事赔偿案件的若干规定》(已失效)第18条之规定以及原告实际损失等，原告之交易行为与被告虚假陈述行为之间存在因果关系，原告的损失也与该虚假陈述行为之间存在因果关系。在此基础上，法院认为，康美药业的实际控制人组织策划相关虚假陈述行为，副董事长、副总经理、实际控制人明知且实施组织行为，应当负主要责任。江某平、李某安、张某为兼职的独立董事，不参与康美药业日常经营管理，过失相对较小，酌情判令其在投资者损失的10%范围内承担连带赔偿责任；郭某慧、张某为兼职的独立董事，过失相对较小，且仅在“2018年半年度报告”中签字，酌情判令其在投资者损失的5%范围内承担连带赔偿责任。

裁判评析：

康美药业案虽然影响巨大但实际案情却并不复杂，如前所述，对于独立董事的责任认定主要是基于对勤勉义务的解释，即认为独立董事对该披露信息负有真实性、准确性、完整性的担保义务，尤其是真实性的担保义务。即便独立董事并未实际参与组织虚假陈述，但由于其对该披露信息真实性所负有的勤勉义务，着令其承担较少的连带责任自无法律上的障碍。该案产生的巨大影响在于，虽然法律赋予独立董事较大的职能权限，塑造了一个“全能董事”的形象，但其信息的来源、实际掌握的职权等与这一规则上的全能形象并不匹配，如此导致的问题是，独立董事并不实际掌握实权，甚至连报酬较之于一般非独立董事都少之又少，却不得不负担着巨大的潜在赔偿风险，本想当个“花瓶董事”，最终却可能演变成“责任董事”，这一职权与风险的巨大不匹配也导致了独立董事的离职潮。

康美药业案折射出当前关于董事职权与责任配置的不均衡,虽然法院已尽量降低独立董事之责任,但其收益与风险的不均衡仍然导致独立董事成为一个高危但并没有高收益的行业。未来立法对独立董事,或是应当增加抗辩和豁免,或是认清现实,明确其与普通董事法律责任之间的区分。

专题二十四　公司内部监督

导　语

公司受到的监督可能来自公司外部，也可能来自公司内部。对于内部监督，我国《公司法》(2018)仅承认股东会和董事会并行的双层制公司治理结构，公司的内部监督机构以监事会为核心。但现实却与立法者的预期背道而驰，自我国《公司法》(1993)首次承认监事会作为公司内部监督机构的法律地位时起，监事会在公司治理实践中的效果始终不尽如人意，这是我国"一股独大"的股权结构特征、监事会成员的任职资格、监事会的职权与职责、监事履职的激励机制等多方面因素共同造就的结果。监事会职权虚化的现象受到我国公司法学界的广泛诟病，学者们提出了或完善或废除的观点。在修订《公司法》的过程中，立法者折中采纳了学界的观点，既对监事会的地位和职权进行了强化，又丰富了我国公司的治理结构，增设单层制的公司治理结构，允许公司在满足法定条件后"选出"监事会，转而以审计委员会代行公司内部监督机构职权。这些立法变化促进了我国公司内部监督机构的优化，但仍有不完善之处。本专题旨在以公司内部监督为主题，探讨包括公司监事会、审计委员会以及独立董事在内的诸多公司内部监督机构设置问题。

问题一　双层制中的监事会与单层制中的审计委员会

公司是一个以营利为目的的组织，在经营的过程中会涉及多方主体的利益，既包括股东、董事、高级管理人员等公司内部人员的利益，又包括债权人等公司外部人员的利益，还包括社会公众的利益。在不同目标的驱使下，各方利益可能会产生一定的冲突。为平衡各方利益，特别是避免公司经营者滥用对公司的控制权损害其他主体的利益,公司及其经营者的行为应当受到监督。这种监督可能来自公司内部,由公司内部监督机构或股东实施;也可能来自公司外部,由债权人、政府、社会公众或市场实施。由公司内部监督机构实施的监督落入公司法研究的范畴,在不同模式的公司治理结构之下,承担公司内部监督职责的组织机构及其设置方式存在区别。我国《公司法》(2018)仅承认了双层制的公司治理结构,规定监事会(或规模较小的有限责任公司的监事)是公司的必设机构。然而,这一制度设计与我国公司治理的现实情况相脱节,监事会职权虚置的现象十分普遍,立法者预期的制度效果并没有实现。为回应我国公司治理的现状和公司法实践的现实需求,《公司法》(2024)丰富了我国公司的治理结构,除传统双层制公司治理结构之外,还增加了单层制公司治理结构。相应地,有权履行公司内部监督职责的组织机构也从单一的监事会扩大至审计委员会。

【规范梳整】

针对有限责任公司,《公司法》(2024)第 76 条规定,“有限责任公司设监事会,本法第六十九条、第八十三条另有规定的除外。监事会应当包括股东代表和适当比例的公司职工代表,其中职工代表的比例不得低于1/3,具体比例由公司章程规定。监事会中的职工代表由公司职工通过职工代表大会、职工大会或者其他形式民主选举产生。监事会设主席一人,由全体监事过半数选举产生。监事会主席召集和主持监事会会议;监事会主席不能履行职务或者不履行职务的,由过半数的监事共同推举一名监事召集和主持监事会会议。董事、高级管理人员不得兼任监事”。第 77 条规定,“监事的任期每届为 3 年。监事任期届满,连选可以连任。监事任期届满未及时改选,或者监事在任期内辞职导致监事会成员低于法定人数的,在改选出的监事就任前,原监事仍应当依照法律、行政法规和公司章程的规定,履行监事职务”。第 78 条规定,“监事会行使下列职权:(1)检查公司财务;(2)对董事、高级管理人员执行公司职务的行为进行监督,对违反法律、行政法规、公司章程或者股东会决议的董事、高级管理人员提出解任的建议;(3)当董事、高级管理人员的行为损害公司的利益时,要求董事、高级管理人员予以纠正;(4)提议召开临时股东会会议,在董事会不履行本法规定的召集和主持股东会会议职责时召集和主持股东会会议;(5)向股东会会议提出提案;(6)依照本法第一百八十九条的规定,对董事、高级管理人员提起诉讼;(7)公司章程规定的其他职权”。第 79 条规定,监事可以列席董事会会议,并对董事会决议事项提出质询或者建议。监事会发现公司经营情况异常,可以进行调查;必要时,可以聘请会计师事务所等协助其工作，费用由公司承担”。第 81 条规定，“监事会每年度至少召开一次会议，监事可以提议召开临时监事会会议。监事会的议事方式和表决程序，除本法有规定的外，由公司章程规定。监事会决议应当经全体监事的过半数通过监事会决议的表决，应当一人一票。监事会应当对所议事项的决定作成会议记录，出席会议的监事应当在会议记录上签名”。

针对股份有限公司，除适用有限责任公司规定外，还对监事会召开次数、监事会行使职权的费用承担、监事会的结构等作了特别规定。

以上为双层制下的监事会制度，《公司法》(2024)还规定了单层制的董事会制度，“有限责任公司可以按照公司章程的规定在董事会中设置由董事组成的审计委员会，行使本法规定的监事会职权，不设监事会或者监事”。该条同样适用于股份有限公司。《公司法》(2024)审计委员会成员为 3 名以上，过半数成员不得在公司担任除董事以外的其他职务，且不得与公司存在任何可能影响其独立客观判断的关系。对于审计委员会的职权，《公司法》(2024)规定在上市公司中，董事会对下列事项作出决议前应当经审计委员会全体成员过半数通过：(1)聘用、解聘承办公司审计业务的会计师事务所；(2)任免财务负责人；(3)披露财务会计报告；(4)国务院证券监督管理机构规定的其他事项。对于国有企业，规定国有独资公司在董事会中设置由董事组成的审计委员会行使本法规定的监事会职权的，不设监事会或者监事。

《公司法》(2024)为公司提供了更多的选择方案，其既可以选择双层制下的监事会行使内部监督，又可以不设监事会，直接由审计委员会行使相应内部监督职权。这一选择方案的提出，更加适应不同企业的需求，若能通过，将是一个立法上的重大进步。

【理论基础】

一、双层制公司治理结构中的监事会

双层制的公司治理结构是指经营管理公司的职责与监督公司的职责相分离的公司治理结构。在这一公司治理结构中，经营管理公司的职责由董事会承担，而监督公司的职责则由监事会承担。

(一)监事会的人员构成

各国立法例对公司监督机构的人员构成方式采取了不同的立法模式，主要可分为两种。第一种为独任制，即公司仅需委任监事或检查人个体承担监督职责；

第二种为集体制，即公司须设立由一定数量的监事或检查人组成的监事会。[①] 我国《公司法》采取的是混合式的立法模式，允许特定类型的公司视其具体情况和需求选择委任个体监督人员或设立监事会。具体而言，规模较大的公司应当设立由3名以上成员构成的监事会；规模较小的公司则可以选择设立成员至少为3人的监事会，或不设监事会仅委任一至两名监事。这一规定不仅适用于有限责任公司，也适用于股份有限公司，这是我国本次《公司法》修订的亮点之一。根据我国《公司法》(2018)的规定，仅规模较小的有限责任公司享有选择独任制或集体制的权利，而股份有限公司无论其规模大小均须按照同一标准设立监事会。此种"一刀切"式的立法模式没有考虑到实践中股份有限公司的多元化特点，非但没有回应规模较小的股份有限公司的制度需求，反而增加了这类公司的治理成本。鉴于此，我国《公司法》(2024)赋予规模较小的股份有限公司在组建公司监督机构的具体方式上的选择权。值得注意的，无论公司设立的是监事会还是监事，两者享有的职权、承担的职责都是一样的。

对于公司监督机构组成人员的身份及任职资格，我国《公司法》对集体制和独任制所作规定不完全相同。在集体制下，监事会由股东代表和公司职工组成，其中公司职工代表的比例不得低于监事会成员总数的1/3；在独任制下，我国《公司法》未对监事的身份做特别要求，公司可以自行选任合适的主体担任监事一职。然而，考虑到双层制公司治理结构的本质是公司经营管理职权和监督职权的二分，无论是在集体制还是独任制下，公司的董事或高级管理人员都不得兼任监事。除此之外，担任公司监事的主体还须满足《公司法》(2018)第178条及其他相关法律法规规定的任职条件。

(二)监事会的职权

同公司其他组织机构一样，公司监督机构的职权分为法定职权和章定职权，前者由《公司法》做强制性规定，后者则由各公司根据实际需求在公司章程中做个性化的授权。对于监事会的法定职权，我国《公司法》采取了列举式立法，主要包括以下三个方面。

1. 财务监督权

"公司财务"是一个内涵丰富的概念，涉及公司金融市场、金融行为等多方面的管理活动，因此又称"公司金融"。在实践中，与公司财务相关的行为具体包括公司筹集资金、对外投资、担保、捐赠、重组、给经营者发放报酬、向股东分配税后

---

① 参见施天涛：《公司法论》(第4版)，法律出版社2018年版，第371、372页。

利润等。[①] 监事会享有的财务监督权之对象也理应涵盖上述行为。但是,在实证法层面上,我国《公司法》并未列举监事会财务监督权的具体内容,而是概括性地授予了监事会"检查公司财务"的权力。

2. 经营管理事项监督权

股东是公司的所有者,"股东会在行使所有者权力的同时,对公司经营管理者的行为进行监督是理所应当的权力"[②]。但是,股东会毕竟是一个非常设机构,如果对公司的日常经营管理活动进行方方面面的监督必然会导致召集股东会的成本急剧增加,未必会得到全体股东的同意。为了在节约成本的同时实现对公司经营管理活动的高效、有序监督,股东会应当选择将部分与公司日常经营管理相关的监督权下放至作为公司常设机构之一的监事会。在我国《公司法》(2024)中,这些监督权的内容包括对董事、高级管理人员执行职务的行为进行监督;要求董事、高级管理人员提交执行职务的报告;要求董事、高级管理人员纠正损害公司利益的行为;对公司经营异常情况进行调查;主持和召集股东会会议和临时股东会会议;以公司名义提起诉讼维护公司合法权益;聘任外部审计机构;等等。

(1)人事监督权

董事和高级管理人员是监事会行使财务监督权和经营管理事项监督权的主体对象。当董事和高级管理人员违反法律、行政法规、公司章程或者股东会决议时,除追究相关主体的法律责任外,监事会还有权提出罢免其职务的建议。需要注意的是,监事会人事监督权的权力范围仅限于提出罢免建议,而没有扩展至直接作出罢免的决定。根据"委托—代理"规则,解聘董事的决定应当由股东会作出,解聘高级管理人员的决定应当由董事会作出。因此,监事会的罢免建议也应分别向股东会或董事会提出。

(2)监事的职责

同董事和高级管理人员一样,监事享有公司内部监督权的基础也是基于股东会的委托。受人之托便应忠人之事,监事在履行职权的过程中对公司同样负有信义义务。但是,相较于对董事和高级管理人员所负信义义务及违反信义义务责任的规定,我国《公司法》(2018)对监事会的规定过于概括、单一。具体而言,我国《公司法》(2018)仅规定监事"对公司负有忠实义务和勤勉义务""执行公司职务

---

① 参见刘燕:《公司财务的法律规制:路径探寻》,北京大学出版社2021年版,第34—36页。

② 朱慈蕴等:《公司内部监督机制:不同模式在变革与交融中的演进》,法律出版社2007年版,第27页。

时违反法律、行政法规或者公司章程的规定，给公司造成损失的，应当承担赔偿责任。"针对董事和高级管理人员，除以上规定外，还详细列举了违反忠实义务的具体行为，规定了公司的归入权。这一立法层面的差异极大地削弱了实践中督促监事依法依规履行职权、追究监事法律责任的可操作性，给监事会制度目的的实现带来了负面影响。鉴于此，我国在《公司法》(2024)时对监事的信义义务及违反信义义务的责任作了较大修改，将其与董事、高级管理人员的相关规定进行全面的统一，全方面地强化了监事的职责。[①]

3. 我国《公司法》(2024)对监事会职权虚化现象改善

从前述分析可见，我国《公司法》(2024)对于监事会制度的修改重心主要在于丰富监事会的法定职权和强化监事的法定职责，这与我国长期存在的监事会职权虚化的现象有关。自我国《公司法》(1993)规定监事会制度以来，监事会的运行效果一直差强人意，监事会或是懈怠不履行职权，或是没有客观中立地按照法律、行政法规和公司章程的规定履行职权，被形象地称为"傀儡""聋子的耳朵"。而造成这些现象的原因也是多方面的，至少包括以下几点：(1)《公司法》对监事的任职资质未作特别要求，有的监事并不具备履行职权的知识和能力；(2)我国股权结构普遍呈现出"一股独大"的特点，在控股股东的强大影响力之下监事和监事会缺乏必要的独立性；(3)监事会的职权内容不够完善；(4)对监事的必要激励机制和相应的约束机制不完备。[②]

对此，我国学者提出了两种解决方案。一种是"头痛医头、脚痛医脚"式的方案，即在保留监事会公司内部监督机构的法律地位的基础上，视具体薄弱环节逐一完善《公司法》中相关制度的规定。[③] 另一种是"釜底抽薪"式的方案，即直接取消监事会的设置，将监督职权收归董事会或股东会，[④]在过渡阶段至少应当允许公司自行选择是否设置监事会。[⑤] 从我国《公司法》(2024)的条文规定来看，立法者折中采纳了学界的观点，既拓宽了监事会法定职权的范围、完善了监事的追责机

---

① 关于董事和高级管理人员职责的详细分析请参阅本书"专题二十一：董事与高级管理人员的信义义务"。

② 参见赵旭东主编：《公司法学》(第 4 版)，高等教育出版社 2015 年版，第 304、305 页。

③ 参见施天涛：《让监事会的腰杆硬起来——关于强化我国监事会制度功能的随想》，载《中国法律评论》2020 年第 3 期。

④ 参见傅穹、曹理：《公司治理模式：全球一体化与中国本土化的相互渗透》，《国家检察官学院学报》2012 年第 1 期；石少侠：《我国新〈公司法〉中的公司治理结构》，载《当代法学》2007 年第 6 期；甘培忠：《论完善我国上市公司治理结构中的监事制度》，载《中国法学》2001 年第 5 期。

⑤ 参见赵旭东：《中国公司治理制度的困境与出路》，载《现代法学》2021 年第 2 期。

制,又将其由法定必设机构规定为任意机构。如此一来,公司自治在内部监督机构设置方面便得到了进一步的尊重。但是,我国《公司法》(2024)并没有完全解决此前已经存在的监事会职权虚化问题,监事任职资质、公司股权结构、监事履职激励机制等方面的问题依旧突出,《公司法》(2024)实施后监事会的运行效果能否得到优化还有待实践的检验和考察。

二、单层制公司治理结构中的审计委员会

与双层制公司治理结构相反,单层制的公司治理结构是指经营管理公司的职责与监督公司的职责均由董事会承担的公司治理结构。借鉴域外立法经验,我国《公司法》(2024)引入了单层制公司治理结构,同时依据我国不同类型公司的不同特点和公司治理需求规定了两种不同模式的单层制公司治理结构。具体而言,我国《公司法》(2024)为国有独资公司设计的是绝对的单层制公司治理结构,国有独资公司在董事会中设置由董事组成的审计委员会行使本法规定的监事会职权的,不设监事会或者监事。非国有独资企业则适用相对的单层制公司治理结构,公司可以自行选择设立监事(会)或在董事会中设立审计委员会。此外,《公司法》(2024)还对审计委员会的设置条件和职权作了特别规定。

(一)审计委员会的设置

在机构职能定位上,审计委员会和监事会均是公司的内部监督机构,两者在理论上应为可相互替代的关系,公司择一设立便可。然而,鉴于监事会制度在我国公司法律制度中由来已久,相较于审计委员会制度更为国人所熟知和接受,我国《公司法》(2024)仍预设公司首先会选择设立监事(会),公司也可依据实际需求"选出"监事(会),即在董事会中设立审计委员会。

对于公司选出监事(会)的条件,在《公司法(修订草案一审稿)》中立法者再次采取了区分式的立法思维。一方面,封闭性和人合性较强的有限责任公司在选出监事(会)上有更大的自治权,一旦公司决定设置审计委员会就意味着监事(会)被选出。在审计委员会的人员构成方面亦是如此,除必须由董事构成外,在《公司法(修订草案一审稿)》中对有限责任公司审计委员会委员的人数、任职资格等均未作其他特殊要求。另一方面,股份有限公司则与此相反,在选出监事会时受到较多约束。股份有限公司可以在董事会中设置其他委员会,审计委员会为其中之一。这意味着,在股份有限公司中,可能出现审计委员会和监事(会)同时存在的现象。不过,《公司法》(2024)已经统一,不再区分。此时,如若股份有限公司欲以审计委员会替代监事(会),其成员必须满足一定的条件,即过半数成员不得在公司担任除董事以外的其他职务,且不得与公司存在任何可能影响其独立客观判断的关系。

(二)审计委员会的职权与职责

与上述公司通过设置审计委员会“选出”监事会的规则相反,《公司法》修订过程中,《公司法(修订案一审稿)》在审计委员会的职权和职责问题上采取的是统一式的态度。职权方面,无论是有限责任公司还是股份有限公司,都是“审计委员会负责对公司财务进行检查”;职责方面,由于审计委员会的成员均为公司董事,因而适用有关董事职责的规定。

从文义解释的角度出发,审计委员会的法定职权仅对标监事会的财务监督权而不包括经营管理事项监督权和人事监督权。这是否为法律漏洞?对此,立法者的回答是否定的。“将审计委员会的监督职权聚焦于财务会计监督,系立法者的主动选择而非规范漏洞,也是对审计委员会监督效用进行理性定位后的职权配置。值得注意的是,除了财务会计监督职权之外,人事监督、会议召集与提议等职权虽然处于次要地位,但在公司治理中并非毫不重要。《公司法》对这些职权的省略,将对其他关联制度产生关联影响,原本通过监督机制实现的公司利益冲突治理,将不得不转而寻求其他机制解决。”[①]而所谓“其他机制”是指公司章程的规定,即除财务监督权外,审计委员会“一并行使公司章程规定的其他职权。”所幸《公司法》(2024)都不再限制,直接规定审计委员会取代监事会。

从立法规定可见,我国《公司法》(2018)在审计委员会职权配置方面给予了公司极大的自主权,是对公司自治的尊重。然而,此种表面上的自由却未必符合公司治理的实际需求,反而可能会增加公司的负担。我国《公司法》(2024)对董事会职权规定的修改也存在同样的问题。[②] 公司法对董事会职权的列举性规定具有公共产品的属性,蕴含着独特而不可取代的功能和价值,不仅符合我国公司投资者的行为方式和现实需求,也是行之有效的中国立法模式和中国特色,不应全盘地否定。[③] 对于审计委员会而言,考虑到我国长期存在的公司内部监督机构职权不完善问题,这一论断更应成立,对审计委员会的职权作专门的列举式规定或设置专门的引致条款是有必要的。

---

① 刘斌:《公司治理中监督力量的再造与展开》,载《国家检察官学院学报》2022 年第 2 期。

② 对于董事会的职权,我国《公司法》(2018)采取的列举式的立法模式,规定董事会享有召集股东会会议,执行股东会的决议,决定公司的经营计划和投资方案,制订公司的年度财务预算方案、决算方案、利润分配方案、弥补亏损方案,增加或者减少注册资本以及发行公司债券的方案等职权;《公司法》(2024)改采概括式的立法模式,规定董事会“行使本法和公司章程规定属于股东会职权之外的职权”。

③ 参见赵旭东:《公司组织机构职权规范的制度安排与立法设计》,载《政法论坛》2022 年第 4 期。

【审判实务】

较之于其他公司治理问题，内部监督中单纯涉及监事会问题的纠纷并不多见，多数情况下，监事会或监事问题附着于其他的公司内部纠纷问题上，也因此，监事会在很大程度上不仅为公司治理实践所忽视，在司法实践中也并非公司治理的重点问题。但监事会职能被虚置的现实却是显而易见的，例如，在实践中，存在当事人“为虚设公司监事会，聘请某领导干部担任兼职监事会主席，被拒绝后，直接伪造材料进行工商登记，‘伪任’其为公司监事会主席，设立‘纸上监事会’，甚至案发时当事人都不知情”①的情况。除此之外，更有甚者，在实践中为解决部分员工的待遇问题，聘请这些为公司监事会成员，致使公司出现几百名监事的现象。可见，实践中，监事会被虚置的现象已经非常严重。

但职能被虚置并不意味着监事不承担法律责任，我国《公司法》(2018)关于公司董事、监事、高级管理人员义务一章明确规定监事应当承担信义义务，因此，违背信义义务的监事仍然要承担背信责任。例如，在“高某用与中国证监会警告、罚款一案”②中，证监会对相关监事作出行政处罚，当事人不服诉至法院，两审法院指出，当事人未提交充分证据证明其作为公司监事尽到了勤勉尽责的法定义务，监事会对其处以警告及罚款并无不当。在“李某承、甘某损害公司利益责任纠纷案”③中，法院指出，两名当事人作为公司的董事、监事，对公司负有忠实义务和勤勉义务，但李某承任由甘某以个人账户长期存储公司资金，给公司造成损害，当事股东有权提起诉讼。不过，即便《公司法》(2018)赋予公司监事以相应的内部监督权利，并不意味着对其权利的行使没有限制。在“卢某云、珠海博朗教育咨询有限公司(以下简称博朗公司)侵权责任纠纷案”④中，法院指出，监事行使法定监督权不能违反《公司法》和公司章程，如认为股东有损害公司利益之行为，可行使法定诉权或监督权，不得径直以“保管名义”取走公司财产。

虽然实践中，监事会时常处于被虚置的状态，但在司法实践中仍可通过严格监事责任的方式夯实其职权，监事制度的改革仍然紧迫。

---

① 参见《用假材料进行工商登记 他伪造“纸上监事会”》，载海外网2021年5月12日，https://baijiahao.baidu.com/s?id=1699526731533535408&wfr=spider&for=pc。

② 北京市高级人民法院行政判决书，(2022)京行终2830号。

③ 浙江省高级人民法院民事判决书，(2017)浙民终622号。

④ 广东省珠海市中级人民法院民事判决书，(2019)粤04民终2466号。

【典型案例】

珠海博朗教育咨询有限公司诉卢某云侵权责任纠纷案①

基本案情：

博朗公司为某教育机构，其章程第10条规定，股东享有以下权利……(6)对公司的业务、经营和财务管理工作进行监督，提出建议或质询。有权查阅、复制公司章程、股东会会议记录和财务会计报告……第11条规定，股东履行下列义务：……(6)支持公司的经营管理，提出合理化建议，促进公司业务发展。第23条规定，监事行使下列职权：(1)检查公司财务；(2)对执行董事、高级管理人员执行公司职务的行为进行监督，对违反法律、行政法规、公司章程或者股东会决议的执行董事、高级管理人员提出罢免的建议；(3)当执行董事、高级管理人员的行为损害公司的利益时，要求执行董事、高级管理人员予以纠正；(4)提议召开临时股东会议，在执行董事不履行本章程规定的召集和注册股东会会议职责时召集和主持股东会会议；(5)向股东会会议提出议案；(6)依照《公司法》(2018)第152条的规定，对执行董事、高级管理人员提起诉讼。

工商登记显示余某敏和卢某云均为博朗公司股东，余某敏为法定代表人和执行董事，卢某云为监事。

2018年12月28日，卢某云强行从博朗公司搬走物品。经确认，卢某云拿走的物品包括：电脑一台、POS机一台、保险箱一个以及工作资料(蓝色文件夹一个、笔记本两本、章程一叠、报销底单若干)。该电脑中保存的是招生资料。

博朗公司主张的经济损失为：卢某云返还从博朗公司搬走的物品，转交博朗公司上课的学生拖欠的学费38,701元，按环比10%增长率计算1月至4月的经营损失为663,659元。

裁决要旨：

该案两审判决观点相似，在此统一叙述。

法院认为，案系因卢某云强行拿走公司财物而引发的纠纷。卢某云辩称拿走上述物品以及不退还的理由是，其在行使股东和监事的职权。根据博朗公司章程第10、23条的规定，公司股东、监事确有权检查公司财务，查阅、复制会计报告等，但也仅限于查阅、复制等行为。同时，公司监事与股东也只享有公司章程规定的

① 广东省珠海市中级人民法院民事判决书，(2019)粤04民终2466号。

查账权利等。卢某云在并非博朗公司法定代表人或者根据公司章程、股东会决议占有或处置公司财物的情况下，强行侵占公司财物并拒不退还的行为，属于侵占公司财物所有权的行为。

裁判评析：

监事是公司中常设的监督机关的成员，主要负责监督公司的财务状况，公司高级管理人员的职务执行情况，以及其他由公司章程规定的监督职责。监事享有法律和公司章程授予的参与管理、监督公司事务的职权，同时负有对公司的忠实和勤勉义务，在执行公司职务时，应当依照法律和公司章程行使职权，履行义务，维护公司的利益。该案中，当事人卢某云主张行使监事之权利，强行侵占公司财产，本质上是一种侵权行为，并非合适且妥当的行使监事职权的方式。该案中，涉案公司的公司章程中载明，监事行使监督职权的方式主要有检查财务、提出罢免建议、要求行为人纠正行为、提议召开股东会、提起议案、提起诉讼等。卢某云之行为显然超出了公司章程对监事行使监督权的方式要求，已经涉及侵犯公司财产，对于法院的认定，笔者较为赞同。

实践中，监事行使职权的形式并非如通常以为的质询、审查等，在一些小型公司中，监事行使职权较为简单粗暴，如该案中，直接带走公司财产。实务中应当注意，监事履行义务应当以法律授权和公司章程规定的行为和范围为准，其行为应当与履行监督责任有关。

问题二 作为内部监督机制的独立董事

独立董事的制度重心在于内部监督，其通过参加董事会的方式实现对公司内部经营的监督，其职权形式不同于监事会或者审计委员会的日常监督，后者是通过提案、审查等方式来评估决策，而独立董事则直接通过作决策来达到监督的效果。本书在专题二十三中专门探讨了独立董事，本专题则着重从其监督功能视角来看待独立董事问题。

【规范梳整】

本书前一专题已述及，独立董事内部监督职能主要体现于《上市公司独立董事规则》以及证监会和证券交易所规定的独立董事职责，其内部监督职能的发挥主要表现为，一般管理职权、重大关联交易的认可和判断、提议聘用或解聘会计师事务所、提请召开临时股东大会、提议召开董事会、向股东征集投票权、独立聘请外部审计机构和咨询机构等特别权限。证监会和证券交易所还要求独立董事对相关利润分配政策、收购行为等事项提出相应的意见或提案等。

可以看出,独立董事发挥内部监督职能的方式较多,但总的来看,主要为直接决策,或是间接影响决策。

【理论基础】

一、独立董事与公司内部监督机构的关系与协调

独立董事指的是不在公司担任除董事外的其他职务,并与其所受聘的公司及其主要股东不存在可能妨碍其进行独立客观判断的关系的董事,其承担监督职能,主要存在于股份有限公司之中。在双层制的公司治理结构中,监事(会)是除规模较小的有限责任公司之外所有类型公司的必设机构,并且上市公司还必须同时设独立董事。而在单层制的公司治理结构中,监督职能由董事会中的审计委员会承担,此时,股份有限公司审计委员会的成员还包括独立董事。

综上,对于选择双层制公司治理结构的上市公司而言,公司中同时存在两个不同的监督机构,对部分事项同时享有监督权。从比较法的角度来看,这样的公司内部监督机制具有中国特色。但这究竟是值得借鉴的经验,还是我国内部监督机制设置存在的不足,理论界有不同的观点。有观点认为,独立董事制度回应了我国国内上市公司存在的“一股独大”以及“内部人控制”的现实,有利于优化我国上市公司董事会结构、强化内部制衡机制,更好地发挥董事会的监督职能。[①] 也存在与之相反的观点,有学者主张,我国借鉴英美法律制度引入的独立董事制度并不适应我国的现实国情,不会明显打破我国上市公司现有结构中各方利益的平衡。[②] 两者相比,后一种观点更加贴合独立董事制度在我国上市公司治理实践中的实际情况。实践中,独立董事的表现差强人意——“独立董事的平均现场办公时间畸少,亲自出席会议的比例偏低,尤其是在大股东、董事会提名独立董事的背景下,对相关事项提出异议的次数微乎其微”[③]。这一情况在由国企改制而成的上

---

①　参见朱慈蕴:《中国引入独立董事制度应注意的若干问题》,载[日]滨田道代、吴志攀主编:《公司治理与资本市场监管——比较与借鉴》,北京大学出版社 2003 年版。

②　参见季奎明:《中国式公司内部监督机制的重构》,载《西南民族大学学报(人文社科版)》2020 年第 4 期。

③　季奎明:《中国式公司内部监督机制的重构》,载《西南民族大学学报(人文社科版)》2020 年第 4 期。

市公司中尤其明显。[①] 不仅如此,研究还发现,独立董事的数量、任期与公司业绩成反比;[②]具有法律背景的独立董事甚至会在一定程度上包庇上市公司的违法行为,阻碍政府实施监管。[③] 可见,我国目前实施的“监事会”加“独立董事”的内部监督机制并不能发挥其作用,不仅无益于公司的发展,还会对交易安全、市场经济秩序造成一定的不利影响。我国上市公司双层制下的公司内部监督机制应当改革。

对此,我国学者的观点主要分为两派。一派观点坚持独立董事制度对上市公司治理的积极意义,主张保留“监事会 + 独立董事”的公司内部监督机制,认为解决由此引发的问题的关键在于区分监事会和独立董事的职权与职责内容,同时强化独立董事的激励与惩戒机制。[④] 另一派观点则认为应当采取“釜底抽薪”式的改革措施,不再要求设立监事会的上市公司同时设独立董事,彻底废除“监事会 + 独立董事”的公司内部监督机制,同时强化监事会的职权和激励、惩戒机制,构造“独立监事”,使其发挥预期中独立董事制度能够实现的效果。[⑤] 其实,日本 2002 年修改商法时也遇到了类似的问题。日本立法者最终的解决思路是允许公司自行选择设置监事会或由独立董事主导的委员会,最大限度地尊重公司的自主决定权,降低因机构设置给公司治理增加的不必要成本。在本次修改《公司法》的过程中,我国立法者虽也似日本立法者那样允许上市公司自行选择设立由独立董事主导的审计委员会作为公司的监督机构,但是如果公司选择的是双层制的公司治理结构,独立董事仍然需要和监事会一并设立。抛开这一规定的合理性不谈,如此一来,区分监事会与独立董事职权范围、强化其履职可行性的相关配套制度也应完善。如果《公司法》中无法做到这一点,国务院证券监督管理机构所作的专门规定中也应该实现这一点。

二、独立董事与执行董事民事责任的区分规则

从学理的角度分析,被冠以“董事”的公司内部人员有多种分类方式,相应地,

---

① 参见罗礼平:《监事会与独立董事:并存还是合一?——中国上市公司内部监督机制的冲突与完善研究》,载《比较法研究》2009 年第 3 期。

② 参见朱慈蕴、林凯:《公司制度趋同理论检视下的中国公司治理评析》,载《法学研究》2013 年第 5 期。

③ 参见吕荣杰、郝力晓、吴超:《法律背景独立董事:监督还是包庇?》,载《上海对外经贸大学学报》2017 年第 6 期。

④ 参见张斌:《独立董事和监事会在上市公司监督机制中的关系》,载《新疆社会科学》2008 年第 4 期;李莉娟:《浅论上市公司独立董事与监事会关系的协调》,载《青海社会科学》2008 年第 4 期。

⑤ 参见罗礼平:《监事会与独立董事:并存还是合一?——中国上市公司内部监督机制的冲突与完善研究》,载《比较法研究》2009 年第 3 期;季奎明:《中国式公司内部监督机制的重构》,载《西南民族大学学报(人文社科版)》2020 年第 4 期。

公司“董事”也存在着多种不同的具体名称。一方面，以是否负责公司的日常经营管理事务为分类标准，公司董事可分为“执行董事”和“非执行董事”，前者在公司的日常经营活动中承担主要的管理职责，后者则不直接参与公司的日常经营管理活动；另一方面，以是否与公司或其主要股东存在利益冲突为分类标准，公司董事可分为“独立董事”和“非独立董事”，前者具有独立性，与公司及其主要股东之间不存在利益冲突关系，后者则相反。当两种分类标准联用之时，公司董事可分为四种，即独立执行董事、独立非执行董事、非独立执行董事、非独立非执行董事。从实证法的角度分析，我国法律意义上的“独立董事”仅存在于上市公司之中，且《上市公司独立董事规则》强调其必须“不在上市公司担任除董事外的其他职务，与其所受聘的上市公司及其主要股东不存在可能妨碍其进行独立客观判断的关系”，所以我国实证法上的独立董事仅指“独立非执行董事”，而不包括非独立非执行董事或独立执行董事。而对于“董事”，我国《公司法》(2024)并未对其独立性作特别要求，但却要求其承担日常经营管理的职责。因此，我国除独立董事以外的“董事”均为执行董事。

独立董事和执行董事虽均为公司董事，但两者在公司中所扮演的角色、所承担的职责、参与公司日常经营管理的程度、所掌握的公司内部信息资源等方面都存在着较大差异，这也就决定了两者在公司实施的违法违规行为中发挥的作用不同。因此，在民事责任构成、民事责任承担等方面两者也应适用不同的判断标准，不能因为两者均属于公司“董事”便采取同样的责任追究路径，让独立董事承担与执行董事完全相同的注意义务和法律责任，既不合理又显失公平。

《虚假陈述司法解释》施行之前，我国相关法律法规并未对独立董事与执行董事民事责任的区分规则作明确规定。《虚假陈述司法解释》在总结我国司法实践的基础上设置了分别适用于独立董事和执行董事的过错推定反证抗辩规则，明确了独立董事和执行董事不存在过错的不同情形，在责任构成阶段区分独立董事和执行董事的非违法事由。这是《虚假陈述司法解释》的一大亮点。

除责任构成阶段之外，在责任承担阶段，独立董事与执行董事的民事责任区分规则也应存在适用的空间。比较法上，考察美国、英国、澳大利亚、加拿大、德国、日本和法国等证券市场发达国家的司法实践可见，独立董事的责任范围均已被“大幅限制”，即“除非该类董事从事了不公正的自我交易，否则其在公司法和证券法下的责任风险可能是‘接近为零’的”①。然而在我国，不仅现行法律法规中

---

① 汤欣：《谨慎对待独董的法律责任》，载《中国金融》2019年第3期。

缺乏相应的明确规定,司法实践中各法院的裁判观点也尚未完全统一,有的法院认为独立董事应当承担与执行董事相当的赔偿责任,有的法院则主张独立董事的责任轻于执行董事。

【审判实务】

相较于其他董事,对独立董事的追责事由往往是其没有履行好监督职责,例如,在“周某添、魏某志、陈某娇、何某增诉中国证监会行政处罚案”①中,法院即认为,独立董事应当勤勉尽责,实施必要、有效的监督。四名独立董事对涉案“代持股”问题并未实施必要、有效监督,被认定未尽监督义务,未勤勉尽责,应当对鸿基公司信息披露违法行为承担责任并无不当。在“北京同德普惠中心诉亨达公司等证券虚假陈述责任纠纷案”②中,法院即认为,案涉独立董事对于公司的虚假陈述未尽勤勉责任,应当承担法律责任,独立董事的制度设计即是为了监督控股股东,避免内部控制等行为。

关于独立董事的案例本书在专题二十三中有较多阐述,此处不再赘述。本质上,关于独立董事法律责任的追究往往是其没有尽勤勉义务,但这一勤勉义务的体现,通常是履行监督职责。

【典型案例】

北京同德普惠投资管理中心诉亨达公司等证券虚假陈述责任纠纷案③

基本案情:

2015 年 1 月 15 日,亨达公司股票在全国股转系统挂牌转让,证券名称为亨达公司,系一家非上市公众公司。

2015 年同德普惠中心(甲方)与亨达公司(乙方)签订《定增协议》,约定甲方拟以货币方式对亨达公司投资,本次投资 400 万元,认购 50 万股股份,折合 8 元/股,并就相关定增事项进行约定。

---

① 《最高人民法院发布 10 起人民法院经济行政典型案例》,载北大法宝网 2015 年 10 月 22 日,https://www.pkulaw.com/chl/f26e6a9f0c8ea91ebdfb.html? tiao = 1&keyword = % E5% 91% A8% E5% 8F% AF% E6% B7% BB% E3% 80% 81% E9% AD% 8F% E8% BE% BE% E5% BF% 97。

② 山东省高级人民法院民事判决书,(2020)鲁民终 3132 号。

③ 山东省高级人民法院民事判决书,(2020)鲁民终 3132 号。

2017年1月12日，亨达公司发布停牌公告，称于2017年1月12日收到全国中小企业股份转让系统问询，为维护投资者利益，避免公司股价异常波动，应股转公司要求，经申请，公司股票自2017年1月13日开时起暂停转让。其后，公司发布公关于收到证监会调查通知书的公告，主要原因为公司信息披露涉嫌违反相关法律规定，正在接受立案调查。2018年12月17日，亨达公司公告了证监会青岛监管局作出的行政处罚书，内容为亨达公司存在虚假陈述以及未按规定披露信息行为，包括虚增收入等行为，记载相关虚假陈述信息的董事会决议上有相关董事的签字，包括独立董事刘某龙和王某明。此后，亨达公司股价一路下跌，2017年1月12日停牌日前的价格为1.71元。

据此，同德普惠中心诉至法院，请求亨达公司及其董事、责任人承担赔偿责任。

裁判要旨：

该案涉及裁判焦点较多，此处仅介绍涉独立董事部分。

一审法院认为，刘某龙与王某明系亨达公司独立董事，独立董事是独立于公司股东且不在公司内部任职，并与公司或公司经营管理者没有重要业务联系或专业联系，并对公司事务作出独立判断的董事。为防止控股股东及管理层的内部控制，损害公司利益，我国在公司治理体系中引入独立董事制度。证券侵权责任的判定应当兼顾投资者合法权益的保护和公平地认定侵权责任。在确定独立董事承担侵权赔偿责任的方式和数额时，应该考虑独立董事在上述虚假陈述行为中的过错状态和过错程度，使责任与过错相适应，以保障证券市场健康发展。考虑王某明、刘某龙不参与公司日常经营管理，不执行具体业务，虽其获取信息的主要渠道是公司管理层提供或者公司委托中介机构所做的审计报告，但也应保持必要的职业审慎，其未采取必要、合理的调查方法以避免虚假陈述行为发生，存在过失，但情节较为轻微，酌定刘某龙、王某明在10%即22.015万元范围内承担连带赔偿责任。

二审法院认为，针对刘某龙与王某明的赔偿责任，为防止控股股东及管理层的内部控制，损害公司利益，我国在公司治理体系中引入独立董事制度。独立董事是独立于公司股东且不在公司内部任职，并与公司或公司经营管理者没有重要的业务联系或专业联系，并对公司事务作出独立判断的董事。独立董事独立履行职责，不受公司主要股东、实际控制人或其他与公司存在利害关系的人的影响。对于该案中独立董事的勤勉义务范围，亨达公司为新三板挂牌公司，实施虚假陈述时并未有新三板挂牌公司独立董事的相关履职指引规定，参考当时上市公司协会所制定的《上市公司独立董事履职指引》以及目前关于新三板挂牌公司独立董事的相关治理指引,该案中独立董事刘某龙、王某明未积极采取必要、合理的方法对公司进行调查、监督,未就中介机构的财务审计报告等提出进一步沟通核实要求,以尽独立履行职责之勤勉义务,刘某龙、王某明存在一定过错。但同时考虑到,独立董事不参与公司日常经营,不可能第一手获取公司生产经营以及收入状况的信息,无法对数据真实性作直观判断。且二人未参与虚假信息的制作,其投赞成票,某种程度系基于对专业会计机构已出具无保留意见的信赖。故酌定两位独立董事在5%范围内承担连带赔偿责任。如此处理,既有利于引导独立董事依法正确履行职责,又有利于独立董事制度的可持续发展。

裁判评析:

该案的典型意义在于,一审否认了全能型独立董事的角色定位,指出其未参与公司经营,不应当承担主要责任;二审则直接指出,独立董事不仅未参与公司经营,而且其投票结果还是基于对专业会计机构的信赖所为,因而主观过错程度亦较小,据此酌定减少其赔偿责任至5%。笔者比较赞同二审的裁判观点,独立董事平素并不参与公司经营,因而对其责任认定应当有较为明确的标准,即证明其已经履行监督职能的证据,这包括认真审阅相关材料、咨询专业意见、做相关市场调查等。该案中,专业会计机构出具的报告已经足以让两位独立董事产生信赖,据此可认定其对虚假陈述并不存在故意,甚至于两位独立董事也是被虚假陈述误导的对象,但作为董事,其仍然要为其未做进一步调查而承担未尽监督义务的法律责任,只是相较而言,其赔偿责任应酌定减轻,5%较为合适。

此外,该案两审法院都提到了一个重要问题,即独立董事的设置是为了监督控股股东,避免内部人控制等问题。我国不论是单层制的监督机制还是双层制的监督机制,对于监事会和审计委员会的监督职责都未明确涉及控股股东,在实践中,监事在一定程度上也受股东委托监督董事会,因而独立董事的出现弥补了这监督职能的空白。由此,本案再次重申独立董事在监督控股股东方面的监督职能值得肯定。